Ketzerei
im Mittelalter

Malcolm Lambert

Ketzerei
im Mittelalter

Häresien von Bogumil bis Hus

Bechtermünz

Titel der Originalausgabe *Medieval Heresy – Popular Movements from Bogomil to Hus*
Erschienen 1977 bei Edward Arnold Ltd., London

Genehmigte Lizenzausgabe für
Verlagsgruppe Weltbild GmbH, Augsburg
Copyright © der Originalausgabe 1977 by Malcolm D. Lambert
Copyright © der deutschen Ausgabe
by Georg D. W. Callwey GmbH & Co. KG, München
Übertragung ins Deutsche: Gerhard Windfuhr
Umschlaggestaltung: KURZE DESIGN, Düsseldorf
Umschlagmotiv: AKG, Berlin
Gesamtherstellung: Clausen & Bosse, Leck

Printed in Germany

ISBN 3-8289-4886-3

2004   2003   2002
Die letzte Jahreszahl gibt die aktuelle Lizenzausgabe an.

Alle Rechte vorbehalten.

Inhalt

VORWORT   7

ERSTER TEIL – DIE ANFÄNGE

Das Problem der Ketzerei   17
Formen des Dualismus im Osten
   und erste Ansätze von Ketzerei im Westen   22
Das Wiederaufleben des Ketzertums im Westen, 1000–1051   47

ZWEITER TEIL – DAS 12. JAHRHUNDERT

Die Reform der Orthodoxie und das Ketzertum   69
Die Ketzerprediger und der Aufstieg des Katharertums   83
Die Waldenser und die Vertiefung der Krise   108

DRITTER TEIL – DAS KETZERTUM UND DIE KIRCHE

Der Gegenangriff: Von Innozenz III. bis zu Innozenz IV.   145
Die Katharer   165
  Die Anziehungskraft des Katharertums   165
  Spaltungen und Niedergang   189
Die Waldenser nach der Synode von Bergamo   227
Spannung und Unsicherheit: Von Gregor X.
bis zu Johannes XXII.   245
Die Inquisition und ihr Mißbrauch   250
  Das Problem der Inquisition   250
  Die Sekte des Freien Geistes und die häretische Mystik   256
Die Franziskaner-Spiritualen und die häretischen Joachimiten   270

VIERTER TEIL – AM EVANGELIUM ORIENTIERTE HÄRESIEN IM SPÄTEN MITTELALTER

Kirche und Gesellschaft: Von Benedikt XII. bis zu Eugen IV.   307
John Wyclif   319
  Die englische Kirche im 14. Jahrhundert   319
  Die Entwicklung der Häresie Wyclifs   322
Die englischen Lollarden   343
  Von Wyclif bis zu Oldcastles Aufstand   343
  Die Lollarden im Untergrund   366
Die böhmische Reformbewegung   395
Die Politik und das Hussitentum, 1409–1419   418
Erfolg und Scheitern: Vom Prager Fenstersturz
  bis zum Iglauer Vergleich   456

Nachwort
Das mittelalterliche Ketzertum und die Reformation 488

Anhang

A Quellen über die Ketzerei des 11. Jahrhunderts 497
  1. *Orléans 1022* 497
  2. *St. Gerhard von Csanád* 501

B Johannes von Walter und die Pauperes Christi 505

C K. V. Selges Darstellung der Anfänge
der Waldenserbewegung 510

D Ortsnamenverzeichnis und Anmerkungen zu den Karten 514
  1. *Westliche Häretiker und östliche Dualisten* 515
  2. *Die Lollarden im Untergrund* 524
  3. *Die Märtyrer zur Zeit Marias der Katholischen in England* 528

E Das Testament des Gost Radin 532

Ketzerglossar 540

Abkürzungen 544

Literatur 547

Dank für Rat und Hilfe 553

Bildnachweis 555

Register 556

Vorwort

Dieses Buch ist eine Arbeitssynthese des derzeitigen Standes der Forschung über volkstümliche Ketzerbewegungen in Westeuropa zwischen dem 8. und 15. Jahrhundert. Es ist sowohl für den Studenten bestimmt, der eine einbändige Einführung benötigt, als auch für den Forscher, der über ein Teilgebiet auf diesem weiten Felde arbeitet und ein Nachschlagewerk braucht, anhand dessen er sich rasch über das gesamte Stoffgebiet informieren kann. Das Adjektiv »volkstümlich« soll Bewegungen bezeichnen, deren hauptsächliche Anhänger aus Laien bestanden. Individuelle Ketzerepisoden, die lediglich eine kleine Anzahl von Menschen betrafen, konnten nur insoweit erfaßt werden, als sie ein Stadium bei der Herausbildung einer Bewegung größeren Maßstabs markieren. Die Häresie der Gebildeten wäre Gegenstand eines anderen Buches – hier ist sie nicht berücksichtigt worden, es sei denn, sie regte eine volkstümliche Ketzerei unmittelbar an. So wurde zum Beispiel der Fall Abaelards trotz der allgemeinen Anteilnahme, die er erregte, ausgelassen. Andererseits wurde Wyclif wegen seiner Einwirkung auf die Lollarden ein ganzes Kapitel gewidmet, ebenso den gelehrten Disputen über Wyclif und seine Lehre an der Prager Universität, weil sie für das Verständnis des Hussitenaufstands, der seinerseits eine Volksbewegung war, wesentlich sind.

Eine genaue Datierung von derartigen Sachverhalten ist nicht möglich. Zu Anfang werfe ich zwar einen flüchtigen Blick auf das erste Aufflackern von Ketzerei im Westen während des 8. Jahrhunderts und auf die gleichzeitige Volksbewegung des Paulikianismus; meinen ersten wesentlichen Ausgangspunkt bilden jedoch die Ursprünge des Bogomilentums in Bulgarien mit dem Dorfpriester Bogomil im 10. Jahrhundert. Ein Exkurs in die Geschichte dieser Ketzerei im Osten, die sich von Bulgarien aus auf das ganze Byzantinische Reich ausdehnte, wurde für nötig befunden, um die Ursprünge der westlichen Ketzerei des Katharertums, das direkt vom Bogomilismus abstammte, zu erklären. Auch die Beachtung, die das Ketzertum in Byzanz und auf dem Balkan findet, hebt den Kontrast zur Geschichte des Ketzertums im Westen hervor. Mein Überblick hört kurz vor der Reformation auf. Bestimmte mittelalterliche Häresien – die der Hussiten, der Waldenser, der Lollarden und der böhmischen Brüdergemeinde – überdauerten zwar bis zur Reformationszeit; aber die genaue Art ihres Einflusses sowie mögliche Verbindungen zu den Glaubensäußerungen der Reformatoren sind noch immer ein Gegenstand der Forschung, und die Lage ist alles andere als klar. Nur aufgrund von detaillierten Untersuchungen der Lage im 16. Jahrhundert, die an Ort und

Stelle durchgeführt werden müssen, wird sich das Problem des 16. Jahrhunderts lösen lassen. In meinem Nachwort beschränke ich mich auf einen kurzen Ausblick auf dieses Thema. Die Geschichte der Hussitenbewegung, durch die bedeutende Kräfte eines Königreichs die mittelalterliche Kirche in Fragen der Lehre herausforderten, bildet einen natürlichen Abschluß. Obgleich die verschiedenen Richtungen, die beim Aufstand der Hussiten sichtbar wurden, über das 15. Jahrhundert hinaus weiterbestanden, markiert der Iglauer Vergleich, bei dem sich die gemäßigten Hussiten gegenüber ihren radikaleren Feinden in Böhmen durchsetzten und sich 1436 der Kirche und ihrem eigenen Herrscher unterwarfen, das Ende eines wichtigen Abschnitts in der Geschichte dieser Ketzerei und den Abschluß dieses Buches.

Die Geschichte des mittelalterlichen Ketzertums ist eine solche des Scheiterns; denn keiner der hier betrachteten Bewegungen gelang es, ihre Anschauungen der westlichen Kirche zu oktroyieren oder aber hinsichtlich ihrer Glaubensmeinungen und ihres Brauchtums deren Duldung zu erlangen. Wenn das Papsttum ihren Glauben als ketzerisch verdammte, so hatte dies – auch bei noch so großer Verzögerung und vielem Auf und Ab – entweder eine wirksame Unterdrückung und damit die Auslöschung zur Folge, wie im Falle der Katharer, oder ein oft gefahrvolles Überleben im Untergrund, wie in den Fällen der Lollarden oder der Waldenser. Die dogmatische Einigkeit der Kirche in wesentlichen Fragen wurde teils mit Gewalt aufrechterhalten, teils durch einen beständigen Einsatz der Öffentlichkeit für die Sache der Orthodoxie. Als dieser zusammenbrach und als ketzerisch verurteilte Glaubensrichtungen sich erfolgreich gegen alle Anstrengungen, sie zu unterdrücken, durchsetzten, war das Mittelalter zu Ende.

Ich habe als Historiker, nicht als Theologe geschrieben. Für mich bedeutet Ketzerei das, was das Papsttum explizite oder implizite während des betreffenden Zeitabschnitts verdammte. Es muß natürlich zugegeben werden, daß die Zunahme des Ketzertums und das Scheitern der örtlichen Behörden, wenn es darum ging, mit ihm fertig zu werden, mit der Ausweitung der päpstlichen Macht in der Kirche zusammenhing, und daß es einige Zeit dauerte, bis aus der im 11. und 12. Jahrhundert herrschenden Ungewißheit eine klare kirchenrechtliche Konzeption dessen, was man unter Ketzerei verstand, hervorging: trotzdem wird diese Definition eine passende Arbeitsgrundlage sein. Sie mag gelegentlich Kritik hervorrufen, was das Verhältnis zu den Hussiten anbetrifft: manche Historiker sehen nicht ohne Grund in dem gemäßigten Flügel der Hussiten eher Reformatoren als Ketzer und vermerken, daß die Verurteilung des Hus das Werk eines Konzils war, das seinerseits unorthodoxe Ansichten über das Papsttum vertrat. Aber Hus stritt die mittelalterliche Lehre über das Papsttum ab, und selbst die gemäßigten Utraquisten wurden vom Papst verdammt. Ich habe daher die hussitische Bewegung konsequent als ketzerisch behandelt. Was das byzantinische Ketzertum betrifft, habe ich mich an die Entscheidungen des Patriarchats von Konstantinopel gehalten; was die Anfänge der Ketzerei betrifft, an die Entscheidungen der großen Konzilien der noch ungeteilten Kirche.

Bei der Behandlung gewisser Häresien im Westen habe ich mich dazu berechtigt gefühlt, eine Unterscheidung zu treffen zwischen »echten« Ketzereien, die eine beträchtliche Entstellung des orthodoxen Glaubens oder Brauchtums herbeiführten, und »künstlichen« Häresien, die insgesamt nicht als lebendige Bewegung in einem gesellschaftlichen Zusammenhang in Erscheinung traten, wie die Bewegung des »Freien Geistes« im späten Mittelalter. Die nach der Armut Christi benannte Bewegung und die Häresie der *fraticelli* nimmt eine eigenartige Stellung ein. Es scheint mir, daß hier echte Ketzerei vorlag, welche den Gegenmaßnahmen der Kirchenbehörde zeitlich voranging. Die darin beschlossene Verzerrung des Armutsideals drohte die christliche Ethik aus dem Gleichgewicht zu bringen. Die praktischen Entscheidungen jedoch, durch die der damalige Papst sie verdammte und ihnen die Grundlagen ihrer Gedanken innerhalb des Franziskanerordens zu entziehen versuchte, basierten in der Tat auf rein technischen Fragen und können wohl »künstlich« genannt werden. Die Annahme »künstlicher« Häresie gibt mir auch Gelegenheit, jenen Fällen Beachtung zu zollen, in denen unbeliebte Gruppen oder Einzelne von Kirchenbehörden auf verschiedenen Ebenen und von der öffentlichen Meinung am Ort mit verleumderischen Klagen besudelt wurden, und auf das eng verwandte Thema der Hexerei anzuspielen.

Wieviel Raum einer einzelnen Bewegung beigemessen werden konnte, hing von der Erwägung ihrer wirklichen Bedeutung sowie von der Verfügbarkeit der Sekundärliteratur ab. Dem Katharertum und seinen Vorgängern wurde reichlich Platz eingeräumt. Dies läßt sich damit rechtfertigen, daß die von ihm ausgelöste Gegenbewegung in der Kirche eine besondere Bedeutung erlangte und daß es keine Zusammenfassung in englischer Sprache gibt. Auf der anderen Seite ist die Waldenserbewegung – die einzige von denen, die verdammt wurden, die dennoch vom 12. Jahrhundert an bis in die Gegenwart hinein ununterbrochen fortbesteht – etwas zu kurz gekommen, weil sie trotz der Flut von Forschungsarbeiten in unserer Zeit noch in keiner Hinsicht reif ist für eine zusammenfassende Schau. Sowohl der Joachimismus als auch die Probleme der Franziskaner sind in englischer Sprache bereits ausführlich behandelt worden, und die Forschung ist auf den neuesten Stand gebracht worden – die Berichte hierüber konnten deshalb kurz gefaßt werden. Das Lollardentum nach 1414, das unter dem Gesichtspunkt der Verfolgungen auf englisch gut erfaßt ist, wird mit einer Ausführlichkeit behandelt, die durch die Bedeutung seiner Anhänger kaum gerechtfertigt erscheint; es gewährt uns jedoch innerhalb eines begrenzten Gebietes einen wertvollen Einblick in das Verhalten von Ketzern, die unter Verfolgung stehen. Dem Hussitentum wurde der breiteste Raum von allen Bewegungen zugemessen, weil es das größte Potential hatte, um die Lehrhoheit der römischen Kirche zu beseitigen. In diesem Fall ist die Politik unentwirrbar mit dem Wachstum der Ketzerei verschlungen, so daß nur eine ausführliche Darstellung genügend Aussagekraft hat. Ein Kapitel über die offenbar dualistische Kirche Bosniens, als Teil der Darstellung des Katharertums, mußte wegen Raummangels ausgelassen werden und wurde durch eine kurze Zusammenfassung mit Bibliographie ersetzt.[1]

Platzmangel und die geringe Zeit, die mir für die Forschungsarbeit zur Verfügung stand, veranlaßten mich, die spanischen Königreiche und Polen beiseite zu lassen. Alle wesentlichen Volksbewegungen sind jedoch berücksichtigt, und die Gebiete Westeuropas, die am stärksten von Ketzerei betroffen waren, sind genügend erwähnt.

Gewisse Schwierigkeiten, die sich auf solchen Gebieten ergaben, in denen die Forschung unzulänglich oder im Irrtum befangen ist oder über die das Quellenmaterial unzureichend ist, habe ich auf meine eigene Weise bewältigt – manchmal vom allgemeinen Trend oder von einer anerkannten Autorität abweichend oder in Übereinstimmung mit wenig bekannten Ansichten einer Minderheit:
I. Das Wiederaufleben von Ketzerei im Westen während des 11. Jahrhunderts wurde ebenso wie eine Anzahl von Vorkommnissen zu Anfang des 12. Jahrhunderts vom byzantinischen Bogomilismus beeinflußt. Eine Hypothese, wonach das Eindringen des Bogomilentums in aufeinanderfolgenden, zunächst oberflächlichen Anstößen, die bis in die vierziger Jahre des 12. Jahrhunderts hinein immer stärker wurden, erfolgte, erscheint mir haltbarer als der Standpunkt, daß die bogomilische Lehre erst von den vierziger Jahren an vertreten worden sei, so daß man gleichsam eine Schwelle annimmt, vor welcher eine Existenz dieser Lehre abgestritten wird.[2]
II. Dr. K. V. Selges neu bearbeitete Darstellung der Ursprünge des Waldensertums, wonach das Bedürfnis zu predigen das Hauptanliegen in dieser Bewegung sei, die Armut als Lebensform der Prediger aber erst in zweiter Linie hinzukomme, läßt sich aus den ursprünglichen Quellen nicht rechtfertigen.[3]
III. Das Waldensertum im späten Mittelalter war kein wesentlicher Faktor; seine Bedeutung als Grundlage für das Hussitentum kann leicht übertrieben werden.[4]
IV. Das Hauptverdienst der Inquisition war der Zusammenbruch des

Katharertums: wenn auch die friedliche Gegenpredigt und Veränderungen im geistlichen Klima zu seiner Vernichtung beitrugen – worauf es ankam, war die Tatsache, daß Gewalt angewandt wurde.[5]
V. Unter den Franziskanern, ihren Tertiariern und Sympathisanten in der franziskanischen Ordensprovinz Provence rührte sich das Ketzertum lange vor 1318; es wurde nicht erst durch Johannes XXII. und seine Verfolgung »ins Leben gerufen«.[6]
VI. Das Lollardentum – nicht ein bloßer Antiklerikalismus – bestand in England noch nach 1430; dies läßt sich anhand der Strafregister nachweisen, in denen von Verfolgung wegen Besitzes verdächtiger Bücher die Rede ist. Andererseits war es kein sehr bedeutsamer Faktor bei der Veränderung der öffentlichen Meinung am Vorabend der Reformation.[7]
VII. Die Bedeutung der Städte hinsichtlich des Aufkommens von Ketzerei ist übertrieben worden. Die interessante Hypothese Norman Cohns, wonach ein Hauptanstoß für die Ketzerei des Tausendjährigen Reiches in der psychologischen Situation von Handwerkern zu sehen ist, die in bestimmten Städten ihre Orientierung verloren hatten, beruht mindestens zum Teil auf falscher Auswertung von Zeugenaussagen über mittelalterliches Ketzertum.[8] Im weiteren Zusammenhang waren Historiker allzuschnell bei der Hand mit ihrer Annahme, gelegentliche Hinweise auf Predigten in Städten, die Verwendung gebräuchlicher Ausdrücke für Sektenanhänger und die Ausnutzung der zentralen Lage von Städten beim Verfolgen der Ketzer wiesen darauf hin, daß ketzerische Bewegungen häufiger in Städten entstanden. Hierfür fehlen Beweise – auch herrschte auf dem Land viel Ketzerei.[9]

Jeder über das Ketzertum arbeitende Historiker muß sich gefaßt machen auf den Meinungsstreit zwischen jenen Forschern, welche die Wichtigkeit der religiösen, und jenen, die die Bedeutung der sozialökonomischen Faktoren als erste Beweggründe bei der Entstehung von Ketzerei betonen. Er reicht mindestens zurück bis zu dem noch immer gültigen Werk von G. Volpe und hat seit dem letzten Kriege durch politisch begründete Spaltungen unter den Gelehrten neue Impulse bekommen. Meines Erachtens gibt der verstorbene Professor H. Grundmann die beste Einführung in die volkstümlichen Ketzerbewegungen des Mittelalters; genau wie er halte ich es für notwendig, daß der über Ketzerei arbeitende Historiker zunächst einmal das religiöse und geistige Klima der Orthodoxie untersuchen muß, wenn er die Abweichungen von ihm verstehen will. Andererseits haben die Verfechter der »religiösen« Betrachtungsweise, zu denen auch ich zu rechnen bin, nicht immer die konkrete Situation, in der eine Ketzerei entsteht, genügend ins Auge gefaßt und haben sich allzuleicht zufriedengegeben mit lediglich negativen Widerlegungen von höchst vereinfachten sozialökonomischen Betrachtungsweisen. Ich bin davon überzeugt, daß hierüber noch mehr zu sagen ist und daß eine ins einzelne gehende Untersuchung von Ketzereifällen, besonders im ausgehenden Mittelalter, worüber das Quellenmaterial sehr viel vollständiger ist, unser Verständnis in Zukunft voranbringen wird.[10] Bei meiner Einsichtnahme in die kontroverse Sekundärliteratur fiel mir auf, daß es an konkreter Information über die Herkunft, die soziale Einstufung und die Besitzverhältnisse der Ketzer fehlt, obwohl diese doch eine wesentliche Voraussetzung für jegliche allgemeine Erörterung sein muß. Die Zusammenarbeit zwischen dem religiösen und dem ökonomischen Historiker ist immer noch unzureichend, und wir wissen über die grundlegenden Tatsachen zuwenig Bescheid.

Der Umfang einer einbändigen Einführung erzwingt notgedrungen, daß der stärkste Nachdruck auf den religiösen Aspekt gelegt wird; indem ich dies niederschreibe, bin ich mir bewußt, daß ich über den oftmals komplizierten gesellschaftlichen und wirtschaftlichen Hintergrund der von mir behandelten Bewegungen weniger habe sagen können, als wünschenswert gewesen wäre. Nichtsdestoweniger können die von mir aufgenommenen Karten über die Ausbreitung der Ketzerei in etwa diesen Mangel ausgleichen. Es handelt sich um Skizzen, die in den meisten Fällen notgedrungenermaßen unvollständig sind; denn sie sagen nichts aus über die gesamte Verbreitung von Ketzerei an einem Ort, sondern berichten lediglich über die Verbreitung von aufgedeckter Ketzerei – und das kann etwas sehr Verschiedenes sein. Sie sind abhängig von mancherlei für Untergrundbewegungen charakteristische Eigenarten von Zeugenaussagen; ich hoffe jedoch, daß sie einen Anreiz bilden werden zur weiteren und ausführlicheren Untersuchung der Gründe, warum sich an bestimmten Orten Ketzerei bilden konnte. Das Ortsnamenverzeichnis zur ersten Karte, das auf einer neuen Auswertung der Quellen über das westliche Ketzertum im 11. Jahrhundert beruht, ist ein Beweis für die negative Schlußfolgerung, daß sich über die soziale Zugehörigkeit dieser Ketzer überhaupt keine allgemeinen Aussagen machen lassen, da die Quellen in dieser Hinsicht unzureichend sind. Die aus Dr. M. Nicksons Werk übernommene Karte über die Verbreitung der Waldenser in Österreich zeigt, wie eine Ketzerei in der Landschaft verwurzelt sein kann. Das gleiche gilt für die Karte über die Ausbreitung der Katharer im Lauraguais, die auf Dr. Y. Dossats Werk zurückgeht: zusammen mit einem Nachweis von Bestrafungen bei der in den Jahren 1245–1246 durchgeführten Inquisition gibt sie uns einen Hinweis auf die Anzahl der Menschen, die damals in Ketzerei verstrickt waren. Die aus dem Werk von Dr. J. V. Fearns übernommene Karte über die im ersten Jahrhundert ihres Bestehens erfolgte Ausbreitung der Waldenser, die von dem ursprünglichen Kern in Lyon ausging, zeigt, in welch verschiedenartiger Umgebung die Ketzerei Fuß fassen konnte. Die auf der Arbeit von S. Ćirković beruhende Kartenskizze über den Zusammenbruch der Bosnischen Kirche macht deutlich, daß in diesem Fall – entgegen der allgemeinen Annahme – der zunehmende Handel und die Berührung mit der Außenwelt die Entwicklung der Ketzerei nicht beschleunigte, sondern im Gegenteil zu ihrem Untergang beitrug. Die auf Dr. J. A. F. Thomsons und Dr. J. Fines' Arbeiten über Strafverfolgungen basierende Kartendarstellung der Lollardenbewegung im Untergrund zeigt, wie eine Ketzerei sich aufgrund der Tätigkeit eines einzelnen Predigers in Dörfern und Weilern ausbreiten kann; gleichzeitig macht sie die Verbindung deutlich, die zur Zeit des späten Lollardentums zwischen der Ketzerei und den Gebieten mit Textilindustrie bestand. Eine weitere Karte, die auf einer Auswertung der *Martyrs* von Foxe beruht, macht den Gegensatz zum Lollardentum deutlich, indem sie die Herkunftsorte der marianischen Märtyrer und die Städte, wo sie verbrannt wurden, kennzeichnet. Es ist zu hoffen, daß sie für andere von Nutzen sein wird bei ihrem Versuch, die Beziehungen zwischen dem mittelalterlichen Ketzertum und der Reformation zu erhellen. Bei einer weiteren Karte, welche die dualistischen Kirchen und die Ausbreitung des Streites unter den Ketzern erfaßt, geht es nicht so sehr um die geographische Verbreitung oder den sozialen Ursprung der Ketzerei; sie soll vielmehr dem Leser bewußt machen, in welchem Ausmaß das Katharertum des ausgehenden 12. Jahrhunderts von den Dualisten auf dem Balkan und im Byzantinischen Reich abhing.

Die Pionierarbeit bei den neueren Studien über die mittelalterliche Ketzerei hat für den englischen Leser L. C. Lea geleistet, der Historiker der Inquisition: sein dreibändiges Werk[11], das in mancher Hinsicht stark veraltet ist, bleibt die umfassendste Darstellung des Gegenstandes und kann noch immer mit Gewinn benutzt werden. Leas Darstellung ist von mächtiger Entrüstung erfüllt. Er haßte das Mittelalter und seine Kirche, und er brachte keinerlei wohlwollendes Verständnis für die Ideale der Kirchenmänner auf, die sich der Verfolgung hingaben. Doch wenn der Leser auch mit Lea und seinem Mangel an Perspektive nicht übereinstimmt, so muß er sich immerhin ins Gedächtnis rufen lassen, daß die Geschichte des mittelalterlichen Ketzertums eine grausame Geschichte ist – eine Geschichte von Männern und Frauen, die wegen ihrer religiösen Überzeugungen verfolgt wurden.

Hinweise
zum Stichwort *Ketzerei in der Stadt und auf dem Land:* Über Ketzerei im 11. Jahrhundert s. Anhang D Teil 1 (bes. den Abschnitt über die soziale Zusammensetzung); über J. B. Russells Analyse der geographischen Ansiedlung des frühen Ketzertums s. S. 65, A. 38.

Beachte bes. den ländlichen Ursprung in der Rückständigkeit alpiner Gebirgsregionen bei der Häresie des Peter Bruis (S. 85–91) sowie den Umstand, daß Tanchelm nicht nur in Antwerpen predigte, sondern auch in dem unerschlossenen Seeland (S. 91–92); Eon de l'Etoile war womöglich gar kein Ketzer (S. 96–97), falls doch, dann sicherlich eine bäuerliche Gestalt (S. ebd., a.a.O.). Beachte die Stellung des Landadels beim Aufkommen des Katharertums im Languedoc (S. 131; über das Lauraguais s. S. 199 und Karte Nr. 4). Im Languedoc bestand keine Kluft zwischen Stadt und Land. Über die Waldenser in ländlichen Gebieten s. S. 235–237, im Gebirge s. S. 229; über Dolcinos bäuerliche Anhänger s. S. 284; über das späte englische Lollardentum auf dem Lande s. S. 347–49, 368–72, 376–84 und Karte Nr. 9.

Die Bekehrung des Waldes wurde durch den Händlergeist in einer Stadt angeregt (S. 108–111), seine Predigttätigkeit ging von Lyon aus (S. 112); auch in Norditalien waren Städte von großer Bedeutung für die Ketzerei (S. 130, 177); die Beginen der Franziskanerprovinz Provence fand man hauptsächlich in Städten, zweifellos deshalb, weil dort die Franziskaner saßen (S. 291); Wyclifs Ketzerei entstand in der Universitätsstadt Oxford (S. 319 ff.), und die Stadt und Universität Prag waren von wesentlicher Bedeutung für das Aufkommen des Hussitentums (S. 395–451). Aber die Lollarden predigten häufig auf dem Lande; die Lage der Zentren hängt vom Sitz der Schutzherrn ab (S. 370–372), und Tabor war der Mittelpunkt einer Bauernbewegung (S. 448, 459–460).

Über die Terminologie s. S. 54, über die Beweismittel der Inquisition s. S. 250–253.

Anmerkungen:
[1] S. S. 209–217. Betr. eine Gesamtschau des Waldensertums s. a. S. 241 A. 1
[2] S. bes. S. 56, 88–90
[3] S. die Ausführungen über die Entstehung des Waldensertums u. S. 108–112 sowie die Kritik der Hypothese Selges im Anhang C
[4] S. a. S. 489–493
[5] S. bes. S. 197–208
[6] S. S. 296
[7] S. S. 492–493
[8] Über sein Werk s. S. 79–80
[9] Betr. Hinweise zu diesem Thema im vorliegenden Buch s. die Anmerkung am Schluß des Vorworts.
[10] Die Vorschläge zu einer anthropologischen Behandlung bei Nelson, J. L.: Society, Theodicy and the Origins of Heresy: towards a Reassessment of the Medieval Evidence, in: *SCH*, IX, S. 65–77, sollten beachtet werden. Eine allgemeine Übersicht über diesbezügliche Hypothesen findet sich bei Russell, J. B.: Interpretations of the Origins of Medieval Heresy, *MS*, XXV, 1963, S. 26–53
[11] Lea, H. C.: *A History of the Inquisition of the Middle Ages,* New York 1888; Besprechung: Dahlberg-Acton, J., *EHR* III, 1888, S. 773–788

Erster Teil
Die Anfänge

Das Problem der Ketzerei

Das Ketzertum an sich und der Schrecken, den der Begriff einflößt, ist mit der Geschichte der Kirche eng verbunden. Jesus warnte seine Jünger vor den falschen Propheten, die sich seines Namens bedienen würden, und im Brief an Titus wird bemerkt, daß ein Mensch, der Spaltungen verursache, nach ein- oder zweimaliger Verwarnung ausgestoßen werden müsse. Paulus jedoch sagt in seinem Brief an die Korinther: »Oportet esse haereses«, wie die lateinische Vulgata seinen Satz wiedergibt – »Es muß ja wohl Spaltungen unter Euch geben, damit die Erprobten unter euch erkennbar werden«[1] –, und für die Geistlichen der mittelalterlichen Kirche galt es als selbstverständlich, daß sie darauf gefaßt sein mußten, durch Häresien belastet zu werden.

Die Erscheinung der Häresie war in den ersten Jahrhunderten von großer Wichtigkeit für die Kirche, weil sie dadurch in fortschreitendem Maße gezwungen war, ihre Lehre klar zu umreißen und abweichende theologische Lehrmeinungen zu verdammen. Zeitweise schien die Häresie die Kirche sogar vollkommen zu überschatten, so in den großen Bewegungen des Arianismus und der Gnosis. Die Kenntnis der einzelnen Häresien und der Definitionen, mit denen sie verurteilt wurden, gehörte zum Rüstzeug des gelehrten Christen; die Kirchenväter rangen in ihren Schriften mit diesen Abweichungen, und ganze Übersichtslisten über Häresien und Handbücher hielten diese Erfahrungen der ersten Jahrhunderte fest und gaben sie an das Mittelalter weiter.

Auch Ereignisse nach der Zeit, als das Christentum bereits zur offiziellen Religion des Reiches geworden war, formten weiterhin die Postulate, mit denen sich die Kirche des Mittelalters dem Ketzertum stellte. Seit Konstantins Bekehrung hatten Christen faktisch die Gewalt im Staate inne, und wenngleich mit einigem Zögern, benutzten sie diese, um die Einheitlichkeit des Glaubens zu erzwingen. Sowohl in den östlichen als auch in den westlichen Teilen des Reiches wurde zum Gesetz erhoben, daß hartnäckige Häretiker mit Verbannung, öffentlicher Kennzeichnung, Einziehung ihrer Habe oder dem Tode bestraft werden sollten. Diese Bestimmungen überdauerten den Zerfall des Reiches und mit ihnen auch das Postulat, es sei das Recht der Kirche, vom Staat zu fordern, das Ketzertum zu unterdrücken.

Die Ketzerei wurde nicht als das Produkt des grübelnden Verstandes einzelner oder frommer Männer und Frauen, die nach einem höheren sittlichen Leben trachteten, angesehen – noch weniger als das Verlangen unterdrückter niederer Klassen nach besseren Lebensbedingungen, wobei diese ihre rein wirtschaftlichen Forderungen mit religiösen Ausdrucksformen ihrer Zeit kaschierten. Alle diese Deutungen sind von modernen Historikern mittelalterlicher Ketzerei vorgebracht worden; aber sie entsprechen in keiner Weise den Vorstellungen der Kirchenmänner, gleich ob es sich um solche des Mittelalters oder der ersten Jahrhunderte der Kirche handelt. Diese glaubten, Ketzerei sei ein Werk des Teufels. Ketzerbeschreibungen bedienten sich spezieller Adjektive und Textformen, wurden von einem Autor zum anderen weitergegeben und waren nur allzuoft das Ergebnis kärglicher Urteilskraft über die Ketzer, ihre Glaubensformen und Frömmigkeitsübungen.[2] Einige gelangten als Erbe aus der Zeit der Kirchenväter ins Mittelalter; andere bildeten sich im Mittelalter selbst heraus. Die Beschreibungen dienten in erster Linie dazu, einige konventionelle Charakteristika des Ketzer-Typus zu entwickeln: seinen Stolz, der ein Grundzug seines Wesens sein muß, denn er hat sich ja gegen die Lehre der Kirche aufgelehnt; seine nur scheinbare Frömmigkeit, die absichtlich täuschen will und nicht echt sein kann, da er ja in Wirklichkeit ein Feind des Glaubens ist; seine Heimlichtuerei, die im Gegensatz zur Offenheit der katholischen Predigt steht. Er kann wohl auch als ungebildet beschrieben werden (wenn dies auch nicht die ganze Wahrheit trifft), da ihm a priori das Handwerkszeug des rechtgläubigen Klerikers fehlt; er kann der vorgetäuschten Frömmigkeit bezichtigt werden, wohingegen er sich in Wirklichkeit dem Libertinismus hingibt – ein Vorwurf, der eigenartigerweise denjenigen wieder aufgreift, den heidnische Schriftsteller den frühen Christen machten, und der sich manchmal auf die gleichen Tatsachen zu berufen scheint. Das, was er glaubt, kann in etwa mit den Häresien des patristischen Zeitalters verglichen werden, selbst wenn es jeglicher Beziehung dazu entbehrt, obschon diese Tendenz sich als nicht mehr haltbar erweist, seitdem eine genauere Kenntnis des tatsächlichen mittelalterlichen Ketzertums die konventionellen Vorstellungen durchdringt. Die meisten Quellen schöpfen aus den repressiven Kräften oder den Chronisten auf katholischer Seite. Ihre Beschreibungen sind daher von diesen Konventionen geprägt. Was uns an Äußerungen der Ketzer direkt erhalten geblieben ist, so daß wir selbst die Art ihrer Lehre erkennen können, ist sehr viel spärlicher, entweder, weil die betreffende Häresie öfter mündlich als schriftlich überliefert wurde oder weil während der Unterdrückung Dokumente zerstört wurden.

Der Historiker sieht sich also, was die Beweiskraft der Aussagen betrifft, vor erhebliche Probleme gestellt, wenn er das Verhalten des mittelalterlichen Ketzers sowie seine Motive und seinen Glauben untersuchen will. Meist hat er es mit Untergrundbewegungen hinter einer Wand von Geheimhaltung zu tun – und da Kirche und Staat sich fast immer gegen sie zusammengetan haben, handelt es sich *nolens volens* um geheime Oppositionsbewegungen, die jeglicher Autorität feindlich gegenüberstehen. Als moderner Historiker muß er Motive aus Quellen herausfinden, die sich sehr selten mit ihnen befassen, und von seinen Originalen ganze Schichten von Konventionen und Vorurteilen ablösen, um ein wahrheitsgetreues Bild der Ketzer zu zeichnen.

Die Aufgabe hat auch ihre zwei Seiten. Um eine Häresie als solche ins Leben zu rufen, bedarf es einerseits des Häretikers mit seinem abweichenden Glauben und religiösen Verhalten, andererseits der Kirche, die seine Ansichten verurteilt und definiert, welches die rechtgläubige Lehre ist. Unter Ketzerei verstand man den beharrlichen Widerstand gegen die Lehre der Kirche: Irrtum wurde Ketzerei, wenn der Eigensinnige, nachdem seine Abweichung erwiesen war, sich weigerte zu gehorchen und zu widerrufen. Im 13. Jahrhundert stellte Robert Grosseteste in seiner Definition fest:»Ketzerei ist eine von menschlicher Erkenntnis vorgezogene und der Heiligen Schrift zuwiderlaufende Glaubensmeinung, sofern sie öffentlich bekannt und hartnäckig verteidigt wird.« Die Kirche, die vom 12. Jahrhundert an mit Herausforderungen durch feindliche Sekten konfrontiert wurde, sah sich gezwungen, nach und nach herauszufinden, wie sich diese Sekten von denen des späten Altertums unterschieden, und neue Maßnahmen zu ergreifen, um mit ihnen fertig zu werden. Man entwickelte ein Verfahren, mit dessen Hilfe sowohl die Lehre definiert wurde als auch jene zum Schweigen gebracht wurden, die sich weigerten, die Entscheidungen der kirchlichen Autorität zu akzeptieren.[3] Nicht alle diese Entwicklungen sind aber von den Medievalisten bereits vollständig untersucht worden. Obwohl wir seit Lea über die Ursprünge und die Arbeitsweise eines Repressionsmittels, nämlich der Inquisition, viel erfahren haben, muß noch mehr darüber geforscht werden, wie die Lehrentscheidungen der kirchlichen Autorität zustandekamen und wie der mittelalterliche Begriff des Ketzertums herausgebildet wurde. Darüber hinaus wird das Bemühen um Verständnis der ketzerischen Beweggründe den Historiker tiefer in das Studium der mittelalterlichen Gesellschaft und der ökonomischen Veränderungen hineinführen, in die Probleme, die sich aus der Grundhaltung der Gläubigen ergeben, in die Verhältnisse in regionalen Kirchenbezirken und die Auswirkung von Mißbräuchen hinsichtlich des Aufkommens von Häresien. All dies sind offene Forschungsthemen, bei denen – selbst in Anbetracht der begrenzt vorhandenen Quellen – das letzte Wort noch nicht gesprochen wurde.

Angesichts dieser Schwierigkeiten, die sich sowohl aus der vielfältigen Natur des Gegenstandes als auch aus den problematischen, bisweilen voreingenommenen Quellen ergeben, kann es kaum überraschen, daß das Studium der mittelalterlichen Häresien bisher nicht mit der Erforschung anderer Gebiete der mittelalterlichen Geschichte Schritt hielt. Doch waren gerade Häresien in einer Reihe von Ländern ein wesentlicher Bestandteil des mittelalterlichen Lebens, und ihr Wachstum ist eine Erscheinung, die neben solch bekannten Entwicklungen wie dem Aufstieg der päpstlichen Macht, der Herausbildung des kanonischen Rechts, dem Aufkommen der religiösen Orden und der Entwicklung des Kreuzzugideals einherläuft und sie oft direkt beeinflußt. Die Notwendigkeit, Ketzereien aufzudecken und zu unterdrücken, formte die westliche Kirche fortan im guten wie im bösen Sinne und war in der politischen Geschichte gelegentlich von entscheidender Bedeutung, wie es das Beispiel der Albigenserkreuzzüge in der französischen Geschichte und das der Hussitenkrise für die Länder der böhmischen Krone zeigen. Die Ketzerbewegungen des Mittelalters verfehlten zwar ihren Zweck, doch sie beeinflußten den Lauf der Ereignisse nachhaltig.

Ihre relative Vernachlässigung hat in den letzten Jahren einem Aufschwung des Interesses unter den Gelehrten Platz gemacht. Eine Anzahl von Entdeckungen hat das Arsenal der von Ketzern selbst geschriebenen Werke vergrößert oder uns zumindest in die Lage versetzt, ihren Ideen näherzukommen und einige Entstellungen des katholischen Quellenmaterials abzuschütteln. Die Zeit ist nunmehr reif für eine zusammenfassende Darstellung, die das ganze Gebiet überblickt und vor allem auch in die jüngsten Fortschritte einführt. Dabei ist immer zu bedenken, daß neue in ständigem Fluß befindliche Forschungen auf einem Gebiet zwangsläufig gängige Verallgemeinerungen verändern werden und daß der »Brechungsspiegel« mittelalterlicher Vorstellungen von Ketzerei und die Tatsache, daß uns nur selten das erforderliche Quellenmaterial zur Verfügung steht, immer dazu beitragen, daß wir in der Erkenntnis der Wahrheit behindert sind.

Was die Existenzbedingungen mittelalterlicher Ketzer beeinflußte, war nicht nur die allgemeine Annahme, daß die Verfolgung religiöser Abweichler Pflicht des Staates und der Kirche sei, auch nicht das Aufkommen eines Verfahrens, mit dessen Hilfe man sie ausfindig machte und verhörte – sondern sie waren ebenso einem allgemeingültigen Grundprinzip mittelalterlichen Christentums unterworfen, nämlich dem, daß der Ketzer, der willentlich auf seinem Irrtum bestand, zu ewigen Höllenstrafen verurteilt sei. So trotzte der hartnäckige Abweichler nicht nur einer sichtbaren Autorität – welche übrigens, wie wir noch sehen werden, nicht immer klar in Erscheinung trat, d. h. die Ketzer aktiv verfolgte –, sondern er forderte auch die Furcht vor Verdammnis heraus und vertrat seine eigene Ansicht oder die seiner Gruppe gegenüber einer geistlichen Autorität, welche die Macht hatte, über sein ewiges Schicksal zu entscheiden. Daß in der mittelalterlichen Gesellschaft Gruppen von Männern und Frauen dazu bereit waren, diesen Trotz zu bieten, ist eine der höchst beachtlichen Tatsachen, die es festzuhalten gilt; und eines der Hauptthemen dieses Buches wird, soweit dies möglich ist, in der Überprüfung der Motive, die sie dazu führten, bestehen. Erst an zweiter Stelle steht die Frage, warum alle mittelalterlichen Ketzerbewegungen, die mit einer solchen Herausforderung auftraten, auf die Dauer nicht überleben konnten. Warum, so stellt sich die Frage, waren diese Häretiker, nachdem sie einmal die kirchliche Autorität herausgefordert hatten, als einzelne unfähig, die Unabhängigkeit ihrer Glaubensvorstellungen aufrechtzuerhalten?

Anmerkungen:
    [1] Titus 3.10: I. Kor. 11. 19. Grundmann H.: Oportet et haereses esse. Das Problem der Ketzerei im Spiegel der mittelalterlichen Bibelexegese, *AKG,* XLV, 1963, S. 129–164. Zur Bedeutung des griechischen Ausdrucks, von dem »Häresie« im Titusbrief und in anderen frühen Quellen abgeleitet ist, siehe Goppelt L.: *Die apostolische und nachapostolische Zeit,* in: *Die Kirche in ihrer Geschichte,* Bd. 1, Lief. A, Göttingen 1962, S. 1–156. Ich verdanke diesen Hinweis Herrn W. K. Ford.
    [2] Grundmann, H.: Der Typus des Ketzers in mittelalterlicher Anschauung, *Kultur- und Universalgeschichte, Festschrift für Walter Goetz,* Leipzig und Berlin 1927, S. 91–107 (grundlegend zur Einführung in das Quellenmaterial).
    [3] Über den mittelalterlichen Begriff »Häresie« siehe *MBPH,* S. 1–7 (beachte bes. die Analogie zwischen Häresie und Krankheit), und *The Concept of Heresy: the Middle Ages (Medievalia Lovanensia,* IV [erscheint in Kürze]). Siehe auch das Vorwort zu Leff, G.: *Heresy in the Later Middle Ages. The Relation of Heterodoxy to Dissent ca. 1250 – ca. 1450,* Manchester, New York 1967, 2 Bde. (Überblick, der die verstandesmäßigen Faktoren betont): Rezensionen, Offler, H. S., in: *EHR* LXXXIV, 1969, S. 572–576: Lambert, M. D., in: *History* LV, 1970, S. 75–79.

Formen des Dualismus im Osten und erste Ansätze von Ketzerei im Westen

Einleitung

Der Dualismus muß als eine der beständigen Glaubensformen der Menschheit angesehen werden.[1] Spuren von ihm hat man in geographisch so verschiedenen Gebieten wie z. B. in China und in den Jagdgründen der Irokesen gefunden sowie in weit auseinanderliegenden Epochen – 2000 v. Chr. und im 20. Jahrhundert. Auf das rechtgläubige Christentum wirkt er sich grundsätzlich schädlich aus: der Dualist übertreibt und entstellt die asketischen, weltverneinenden Texte der Heiligen Schrift und postuliert, daß die geschaffene Materie böse sei. Was man mit den Augen erfassen kann, ist böse: selbst das Fleisch ist die Schöpfung eines bösen Gottes oder eines gefallenen Geschöpfs und ist dem Bösen verfallen. Nur was nicht mit den Augen erfaßt werden kann, ist geistig. Der letzte Sinn der menschlichen Existenz besteht darin, der bösen materiellen Welt zu entfliehen. Diese Glaubenssätze wirken sich tief auf die orthodoxe Lehre aus: die Fleischwerdung Christi wird als nichtig hingestellt; Christus kann nicht wirklich menschliche Natur angenommen haben, da der menschliche Leib Teil der bösen Schöpfung ist. Mit der Leugnung der Inkarnation ist auch die orthodoxe Lehre von der Erlösung nichtig; die Sakramente der Kirche müssen, soweit sie sich böser Materie bedienen – Wasser bei der Taufe, Brot und Wein bei der Eucharistie –, verworfen werden. Die Einstellung gegenüber der Sünde und dem freien Willen verändert sich. Der Fleischgenuß wird verworfen. Logischerweise muß die Ehe gemieden werden, denn sie verewigt den menschlichen Leib, der ein Teil der bösen Schöpfung ist.

Der dualistische Glaube hat die starke Breitenwirkung des Einfachen. Er bietet einem unwissenden Konvertiten oder einem, der aus dem Heidentum kommt, ein eindeutiges Weltbild und er scheint für das immerwährende theologische Problem der Anwesenheit des Bösen in einer Welt, die von einem guten Gott erschaffen wurde, eine Lösung bereitzuhalten.

In den frühen Jahrhunderten der Kirche stellten verschiedene Formen dualistischen Glaubens eine große Herausforderung dar. Die geistigen Strömungen, die insgesamt unter dem Namen Gnosis bekannt sind, lebten in jener Zeit neben den christlichen Kirchen her, waren aber auch mit ihnen eng verbunden.[2] Erst nach einigem Hin und Her wurden diese Glaubensrichtungen zur Häresie erklärt und ihre Lehrer aus den Gemeinden verbannt; ein beträchtlicher Kampf war erforderlich, um die Rechtgläubigkeit gegen sie aufrechtzuerhalten. Der Manichäismus, jene Häresie des 3. Jahrhunderts, die den alten Zarathustraglauben mit den Offenbarungen des eigenen Führers, des iranischen Priesters Mani, verband, konnte sich seinerzeit einer Anhängerschaft rühmen, die von Turkestan bis in den Westen reichte. Innerhalb der Interessensphäre der byzantinischen Kirche gewann er viele Anhänger und überdauerte den gnostischen Dualismus; ja er überlebte sogar die Verfolgungen der Kaiser Justin und Justinian und zerbrach in der byzantinischen Welt erst im 7. Jahrhundert, wobei er auf einen kleinen Überrest reduziert wurde.

Sowohl in der östlichen wie in der westlichen Hälfte der ungeteilten Kirche gab es dieselbe Abneigung gegenüber der Häresie. In beiden manifestierte sich diese Abneigung letztlich in einem Gesetzesapparat, der dazu bestimmt war, ihre Erscheinung zu beschränken und ihre hartnäckigen Anhänger zu bestrafen. Die Umstände fügten es jedoch, daß die Anwendung der antihäretischen Gesetze im Osten in einer sehr viel massiveren Weise erfolgte als im lateinischen Westen. Die Jurisdiktionssphäre der Ostkirche grenzte an die Kernländer des religiösen Synkretismus im Nahen Osten, von woher religiöse Spekulationen in die byzantinischen Gebiete hineinströmten und wo die Häretiker jeder Art auf der Flucht vor Verfolgung sowohl Zuflucht als auch eine Ausgangsbasis für ihr weiteres Eindringen finden konnten. Der griechische Geist war subtiler und fruchtbarer beim Hervorbringen neuer Richtungen als der lateinische. Kein noch so massenhaftes Eindringen von Barbaren vermochte jene katastrophale Senkung des Kulturniveaus herbeizuführen wie dies im Westen der Fall war, wo als Nebenprodukt die spekulative geistige Tradition, die im späten Altertum so oft Häresien ausgebrütet hatte, ausgelöscht wurde.

Die byzantinischen Kaiser gaben sich große Mühe, die Häresie auszurotten und waren sehr erfolgreich, wie z. B. Justinian. Doch obwohl sie einige Häresien zerstörten, nahmen andere alsbald deren Platz ein. In Byzanz lebten weiterhin Häresien der verschiedensten Art in der gleichen Form wie in den ersten Jahrhunderten der Kirchengeschichte fort – das heißt als organisierte Bewegungen mit Führern und Lehren, die von einer Generation zur nächsten weitergegeben wurden. In der Geschichte der byzantinischen Kirche ist die Häresie zu keiner Zeit restlos eliminiert worden.

Erste Ansätze von Ketzerei im Westen

Im Westen sorgten die Auswirkungen der Barbareneinfälle für eine Art *tabula rasa* für die Orthodoxie. Der Katholizismus unter dem Papst zu Rom errang in den Gebieten, die unter seiner Jurisdiktion standen, einen nahezu vollständigen Sieg.[3] Das Arianertum, jene unter den mittelgermanischen Stämmen durch die Predigten Wulfilas verbreitete Häresie des 4. Jahrhunderts, welche die wahre Gottheit Christi leugnete, hatte zwar eine Zeitlang verhindert, daß die Einheit zustandekam, war aber schließlich überwunden worden. Die Zeitereignisse hatten die Umwelt, in der sich die Häresien der ersten Jahrhunderte einst ausgebreitet hatten, verändert. Die Geistlichen waren völlig damit in Anspruch genommen, die Kirche zu verteidigen und unter den heidnischen Barbaren das Evangelium zu verbreiten. Ein kultiviertes Laientum gab es nicht mehr. Die Jahrhunderte nach dem Fall Roms waren von Kriegen erfüllt. Die Häresie alten Stils hörte praktisch auf zu existieren. Ihren Platz nahmen das Heidentum und der Aberglaube mit seinem Widerstand gegen das Christentum ein – kurz gesagt, die Apostasie trat an die Stelle der eigentlichen Häresie.[4]

Ausbrüche dogmatischer Abweichung, die gelegentlich noch vorkamen, wurden von den kirchlichen Autoritäten mit Milde behandelt, vermutlich deshalb, weil sie für die Kirche keine wesentliche Herausforderung darstellten[5]: sie pflegten entweder das Werk einzelner Theologen zu sein, die zwar eine echte Häresie entwickelten, aber keine Volksbewegung um sich scharten, oder dasjenige von schlichten Predigern, auf deren Geheiß zwar Massen reagierten, die aber selbst kaum mehr als isolierte Rebellen und Exzentriker waren. Vier Episoden solcher Art, die sich im 8. und 9. Jahrhundert ereigneten, einer Zeit großer Ruhe und Ordnung, seien herausgegriffen, um dies zu verdeutlichen. In dem einen Fall handelt es sich um die Asketen, auf die Bonifatius in Germanien stieß. Einige von ihnen enthielten sich der Speisen, »die Gott zu unserem Gebrauch bestimmt hat«, andere waren Männer, die von Milch und Honig lebten, vielleicht deshalb, weil sie sich an Gottes Verheißungen für das Land Kanaan erinnerten, oder weil sie Johannes des Täufers Ernährung von Heuschrecken und wildem Honig nachahmten.[6] Zwei weitere sind ländliche Prediger. Aldebert, der zur Zeit des Bonifatius zuerst in der Gegend von Soissons auftauchte, behauptete von sich, er sei ein Heiliger, verteilte unter seine Anhänger seine abgeschnittenen Haare und Fingernägel, und reiste mit dem Anspruch, das Leben der Apostel zu führen, umher, wobei er großen Volksmengen predigte. Im 9. Jahrhundert schlug Theuda in den Dörfern rings um Mainz eine ähnliche Laufbahn ein, wobei sie eine besondere Offenbarung und die Kenntnis des genauen Datums des bevorstehenden Weltendes für sich beanspruchte.[7] Ein vierter ganz andersartiger Fall ist der des Bischofs Claudius von Turin und einstmaligen Magisters einer Gelehrtenschule in Aquitanien, der seinen Sitz durch die Gunst Ludwigs des Frommen zwischen 814 und 820 bekam.[8] Er verwarf den Gebrauch von Bildern im christlichen Gottesdienst und ließ sie aus seiner Diözese entfernen. Die Verehrung des Kreuzes erregte sein Mißfallen: in einer *reductio ad absurdum* warf er die Frage auf, warum man denn, wenn man das Kreuz verehre, nicht aus ähnlichen Gründen auch allen Jungfrauen Verehrung zollen solle; Christus sei ja doch immerhin neun Monate im Leibe einer Jungfrau gewesen und nur sechs Stunden am Kreuz. Er verwarf den Heiligenkult und stellte den Wert von Pilgerfahrten in Frage. Die Autorität des Papstes wurde von ihm aus dem Grunde in Zweifel gezogen, weil der Primat des heiligen Petrus nur für jenen selbst gegolten habe und bei seinem Tode erloschen sei; apostolische Autorität beruhe viel eher auf einer guten Lebensführung als auf einer institutionellen Stellung. So nahm ein Theologe des 9. Jahrhunderts auf unheimlich treffsichere Weise einen Teil der englischen Lollardenhäresie des 15. Jahrhunderts vorweg.[9]

Von den vieren war Theuda eine exzentrische Prophetin, wie sie zu allen Zeiten der Kirchengeschichte immer wieder auftreten. Aldeberts Predigt hatte etwas mehr positiven Lehrgehalt – eine Zurückweisung des Reichtums scheint in seinem schlichten Gewand und in seinem Anspruch auf ein apostolisches Leben zum Ausdruck zu kommen. Die germanischen Asketen sind schwer einzuordnen. Natürlich muß man die Basis für ihr Verhalten in der Heiligen Schrift annehmen, aber solange sie nicht behaupteten, ihre Art sich zu ernähren sei für alle Christen Pflicht, waren sie nicht im strengen Sinne Ketzer. Alle unterscheiden sich von Claudius, der eine dogmatische Häresie, wenn auch keine sehr tiefgreifende, verbreitete; er hinterließ jedoch weder Nachfolger noch eine Lehrtradition.

In diesem Stadium verbinden sich volkstümliche Impulse zur Abweichung nicht mit dogmatischer Häresie, um gegen die Kirche gerichtete Bewegungen ins Leben zu rufen. Der Adoptianismus, den Felix von Urgellis im 8. Jahrhundert in seiner Diözese Toledo lehrte, bildet da, obwohl er das Volk erreichte, kaum eine Ausnahme. Zu jener Zeit stoßen wir weder dort noch anderswo auf den eingeschworenen Sektierer mit Lehrgebäude und Organisation von der Art, wie sie in den ersten Jahrhunderten existierte und noch in Byzanz anzutreffen war. Im Westen blieb die Häresie damals sehr selten, sie trat nur sporadisch und formlos auf.

In der Periode erneuter Unordnung, die auf den Tod Ludwigs des Frommen und den Zusammenbruch des Karolingischen Reiches folgte, begegnen wir während einer Zeitspanne von hundert Jahren im Westen keinem einzigen Fall von Häresie.[10] Die Männer der westlichen Kirche benutzten die überlieferten Schriften der Kirchenväter und die Texte der Konzilien der ersten Jahrhunderte, in denen die Häresie verurteilt und kategorisiert wird: sie blieben bei dem Glauben, sie sei eine tödliche Sünde und eine der Hauptwaffen des Teufels gegen die Kirche; doch bis ins späte 10. Jahrhundert hinein machte niemand von ihnen mit einer lebendigen Häresie persönliche Erfahrung.

Die Paulikianer

Die byzantinische Welt hingegen mußte erleben, wie im 8. und in einem großen Teil des 9. Jahrhunderts auf dem Boden Kleinasiens eine Sekte heranwuchs, die eine bis in die ersten Jahrhunderte zurückreichende Lehrtradition hatte und für das Byzantinische Reich geradezu eine militärische Herausforderung darstellte. Die Paulikianer, benannt nach ihrer angeblichen Anhängerschaft an den »armen, kleinen Paulus« – den adoptianistischen Häretiker des 3. Jahrhunderts, Paulus von Samosate –, waren im Königreich Armenien, einem Nachbarstaat von Byzanz, aufgekommen.[11] Sie hielten an einer Reihe von Glaubenssätzen fest, die für das frühe Christentum in Syrien, welches in Armenien missionarischen Einfluß ausgeübt hatte, charakteristisch gewesen waren: eine tiefe Verehrung für die Taufe, ein Mißtrauen gegenüber dem Gebrauch von Bildern im Gottesdienst und der Glaube, Christus sei nicht von Natur aus Gott gewesen, sondern aufgrund eines Gnadenaktes, indem er vom Vater bei seiner Taufe, als er dreißig Jahre alt war, »adoptiert« wurde.[12] Hellenisierende Reformen in der armenischen Kirche hatten Glieder dieser frühen syrischen Gruppe formell zu Ketzern gestempelt und die Verfolgung eingeleitet. Aus Armenien kamen sie auf geheimen Wegen ins Byzantinische Reich, genossen dann eine Zeitlang die Gunst der Kaiser des 8. Jahrhunderts, welche die Bilderstürmerei begünstigten und mit ihnen wegen ihrer Abneigung gegen Ikonen sympathisierten.[13] Bis zu Beginn des 9. Jahrhunderts hatten sie auf diese Weise schon eine lange Geschichte hinter sich, die sie in ununterbrochener Linie mit den Glaubensformen der ersten Jahrhunderte verband.

Zu Anfang des 9. Jahrhunderts tauchte ein großer Führer in der Sekte auf: Sergius, Kirchengründer und Verbündeter der Muslime bei ihren militärischen Angriffen gegen das Imperium. Im Zusammenhang mit dem Nachlassen des Ikonoklasmus am kaiserlichen Hof verursachte er einen neuen Ausbruch der Verfolgung. Die Paulikianer, die in den kleinasiatischen Themen zahlreich vertreten waren, schlugen zurück.[14] Unter Karbeas, einem ehemaligen kaiserlichen Stabsoffizier, der während der Verfolgung von 843 geflohen war, gründeten sie einen unabhängigen Staat am oberen Euphrat nahe der Westgrenze Armeniens. Unter seinem Nachfolger Chrysocheir, auch er einst Soldat im byzantinischen Heer, fielen die Paulikianer in das Kaiserreich ein bis weit in den Westen nach Nizäa und Ephesus und hatten die Kühnheit, einer Gesandtschaft aus Konstantinopel gegenüber Anspruch auf alle Provinzen östlich des Bosporus zu erheben. Aber die

Heere Basilius' I. übten Vergeltung. Sie zerstörten ihre Hauptstadt Tephrikē in den Jahren 871-872 und vertrieben sie endgültig aus den kaiserlichen Provinzen Kleinasiens. Reste von ihnen flohen über die Ostgrenze hinaus zu den Arabern und in ihre alte Heimat Armenien, wo sie lange Zeit überlebten, wenn auch in weniger dramatischer Form als im Imperium. An der Westgrenze, auf dem Balkan, existierte bereits eine Gruppe, die dort als Garnison gegen die Bulgaren von dem ikonoklastischen Kaiser Konstantin V. im Jahre 747, zu einer Zeit, als die Häretiker in Gunst standen, angesiedelt worden war.[15] In diesem Gebiet verzeichnete die Sekte ihren nächsten Erfolg gegen Byzanz.

Im 9. Jahrhundert, lange vor dem Zusammenbruch des paulikianischen Staatsgebildes, tauschte ein namhafter Teil der innerhalb des Imperiums lebenden Paulikianer bei einer obskuren Mutation, die wahrscheinlich mit Sergius begann und zur Zeit des Karbeas vollendet war, ihre adoptianistische Häresie mit dualistischen Glaubensrichtungen aus.[16] Anstelle der orthodoxen Lehre von der Schöpfung des Himmels und der Erde durch einen Gott postulierten sie die Existenz zweier Wesen: das eine war der himmlische Vater, dem zwar die Zukunft gehörte, der aber keine Macht in der sichtbaren Welt hatte, das andere ein böses Wesen, Satan, der die sichtbare Welt geschaffen hatte und Gewalt über sie ausübte.[17] Andere Häresien ergaben sich daraus: Christus konnte nicht mehr wie in der orthodoxen Lehre als wahrer Mensch und wahrer Gott angesehen werden – einen Körper wie andere Menschen gehabt zu haben, hätte ihn zu einem Teil der bösen Schöpfung des Satans gemacht. Man glaubte, sein Leib sei vom Himmel herabgekommen. Er sei nicht von Maria geboren; der Ausdruck *theotokos,* den byzantinische Geistliche auf sie anwandten, wurde statt dessen auf das Himmlische Jerusalem übertragen. Da Christus nicht den Körper eines normalen Menschen gehabt habe, könne er nicht wirklich bei der Kreuzigung gelitten haben. Die Sakramente, die sich des Stoffes bedienten, den Satan geschaffen habe, wurden verworfen: Brot und Wein der Eucharistie wurden allegorisch, nämlich die Lehre Christi bezeichnend, interpretiert. Die in der byzantinischen Kirche gebräuchliche Taufe mit Wasser wurde mit dem Zitat der Worte Christi »Ich bin das lebendige Wasser« verworfen.[17a] Das böse Wesen, welches der Schöpfer der sichtbaren Welt sei, wurde mit Jehova, dem Gott der Juden gleichgesetzt, und seine Offenbarung im Alten Testament als das Werk des Teufels betrachtet.

Der Einfluß der früheren syrisch-armenischen Tradition wurde nicht völlig verdrängt – denn sie modifizierte den neuen Dualismus. An Stelle der in dualistischen Sekten üblichen äußersten Askese, welche die Ehe verwarf, weil sie Satans Schöpfung verewige, und von den

Eingeweihten strengen Verzicht auf Speisen und Getränke verlangte, behielten die byzantinischen Paulikianer die Einstellung ihrer armenischen Vorfahren bei; sie verweigerten die in der byzantinischen Kirche üblichen Fastenzeiten, aßen während der Quadragesima Milch und Käse und akzeptierten die Ehe. Eine ungewöhnliche Doktrin, die Verwerfung der Jungfräulichkeit Marias, wurde aus der früheren Tradition beibehalten. Auch die Verwerfung der Kreuzesverehrung war, obgleich sie mit dem Dualismus im Einklang stand, ein Erbe aus der Vergangenheit. Durch diese interne dogmatische Entwicklung im 9. Jahrhundert nahm eine Sekte, die schon durch ihren Widerstand gegen Verfolgung Elastizität gezeigt hatte, die mächtige Waffe des Dualismus als weiteres Rüstzeug auf.

Es ist ein charakteristischer Zug der dualistischen Häresie, daß sie für ein Wiederaufleben nur eine knappe Basis benötigt; selbst wenn sie einmal besiegt wurde, kann sie sich doch leicht wieder erheben. Sie ist eine Glaubensform, die durch bloße Selbstentzündung wieder in Erscheinung zu treten vermag oder zumindest aus einem Häuflein schwelender Asche, einem kleinen Kern überlebender Lehrer, einer knappen Menge schriftlichen Materials – wieder zu Flammen entfacht werden kann. Dies scheint im Byzantinischen Reich der Fall gewesen zu sein: der gnostische Dualismus war dahingeschwunden; der Manichäismus war fast vernichtet;[18] und der verwandelte byzantinische Paulikianismus nahm ihren Platz ein. Seine Funktion in der byzantinischen Häresie war gleichzeitig die eines Sammelbeckens und Nährbodens, er sollte als organisierte Körperschaft den Dualismus an spätere Generationen weitergeben.

Der bulgarische Bogomilismus

Nach dem Fall von Tephrikē im Jahre 872 und der Vertreibung der Paulikianer aus Kleinasien ereignete sich die nächste größere Landnahme des Dualismus etwa sechzig Jahre später in Bulgarien. Der Akzent verlagert sich also aus dem Kernland von Byzanz in ein Randgebiet, eine Pionierzone für die Mission der byzantinischen Kirche und einen Pufferstaat, der erst ab 972 allmählich in das Imperium eingegliedert wurde. Bulgarien war ein Land von Barbaren, wo eine aus Bulgaren, einem turko-tatarischen Stamm aus Südrußland, gebildete Aristokratie ein slawisches Kleinbauerntum beherrschte.[19] Seit langem schon hatte es eine Bedrohung für die westliche Reichsgrenze dargestellt. Im Jahre 864 empfing sein Herrscher Boris I. unter dem Druck einer byzantinischen Armee die Taufe der griechisch-orthodoxen Kirche. Die Missionare konnten nun darangehen, das Land zu bekehren, aber sie befanden sich selbst in einer verworrenen Lage. Das Heidentum, das von der Aristokratie gestützt wurde, weil diese im unklaren über Boris' Ziele war, als er die neue Religion einführte, war in den ersten Jahren stark genug, um zweimal eine Rückkehr zu den alten Göttern zu bewirken. Außerdem wetteiferten Strömungen aus verschiedenen Ländern und Glaubensrichtungen – griechische, armenische, katholische, jüdische und islamische – um Anhänger unter einer rückständigen Bevölkerung.[20]

In diesem schwierigen Missionsgebiet gelang es den byzantinischen Geistlichen niemals, eine starke Kirche aufzubauen, und zwar hauptsächlich aus politischen Gründen. Die Feindschaft zwischen Bulgarien und Byzanz reichte vor jene Zeiten zurück, in denen das Christentum eingeführt wurde. So konnte die Kirche trotz des Gebrauchs einer slawischen Liturgie und der Entwicklung einer florierenden Übersetzerschule für religiöses Schrifttum die unheilvollen Auswirkungen der engen Verbindung der griechischen Orthodoxie mit der verhaßten politischen Macht an den Grenzen des Landes nicht überwinden. Die Byzantinisierung vertiefte die Kluft zwischen der bulgarischen Aristokratie, die in kultureller Hinsicht nach Konstantinopel orientiert war, deren wirtschaftliche Maßnahmen jedoch einigen der schlimmsten Entwicklungsformen des damaligen Reiches gleichkamen, und dem von ihr unterdrückten Bauerntum. Innerhalb der Kirche bewirkten parallele Entwicklungen eine Spaltung zwischen einer wohlhabenden griechischen oder griechisch orientierten höheren Geistlichkeit, den *presviteri,* die ihr Amt oft geringschätzig behandelten, und einer armen bulgarisch sprechenden Dorfpriesterschaft mit geringer Bildung. Das Ketzertum konnte die patriotische Opposition gegen eine pro-byzantinische Kirche und den Groll der Bauern gegen ihre Herren in eine Bahn lenken und schuf sich so in Bulgarien eine natürliche Plattform.

Der Paulikianismus hatte im benachbarten Thrakien durch die Errichtung der dortigen Garnison unter Konstantin V. Fuß gefaßt. Im 8. Jahrhundert wären diese Häretiker noch Anhänger des adoptianistischen Flügels der Sekte gewesen: im 9. waren sie offen für die Verwandlung in einen Dualismus, der von der Tradition der byzantinischen Paulikianer beeinflußt war, oder für den Einfluß der Dualisten, die sich nach dem Fall von Thephrikē verstreut hatten, und bildeten auf diese Weise eine potentielle Quelle für dualistische Missionstätigkeit. In der Mitte des 10. Jahrhunderts sprach eine in Byzanz verfaßte Geschichte der Paulikianer, die fälschlicherweise Peter von Sizilien zugeschrieben wird, davon, daß die Häretiker Missionare nach Bulgarien entsandten.[21] Etwa ein Jahrzehnt früher holte sich der Patriarch von Konstantinopel, Theophylaktos Lekapenos, beim Zaren Peter Rat über eine neue Häresie in Bulgarien, die er als »mit Paulikianismus vermischten Manichäismus« bezeichnete. Das Wort »Manichäismus«

wird im polemischen Quellenmaterial der Byzantiner meist als ein allgemeiner Ausdruck für dualistische Häresie benutzt: der erstere Ausdruck präzisiert die Beziehungen.[22] Johannes der Exarch, ein hervorragender bulgarischer Geistlicher, bezog sich in einer Quelle, die möglicherweise auf das Jahr 915, sicher jedoch vor 927 zu datieren ist, auf »schmutzige Manichäer und alle heidnischen Slawen« in Bulgarien, die da sagten, der Teufel sei der älteste Sohn Gottes.[23] Die Andeutung einer Allianz zwischen der heidnischen Reaktion und dem Dualismus ist wohl durchaus bezeichnend. Die ersten Übersetzerschulen in Bulgarien wählten zur Übersetzung eine Anzahl von byzantinischen polemischen Werken aus, die ganz oder teilweise gegen die dualistische Häresie gerichtet waren – eine Tatsache, die es nahelegt, daß die junge Kirche dem Dualismus als einem wirklichen Problem nicht lange nach der Zeit der Bekehrung gegenüberstand.[24]

Bogomil, ein bulgarischer Priester, der wahrscheinlich diesen Namen mit der Bedeutung »des Erbarmens Gottes würdig« als Pseudonym angenommen hatte[26], brachte die häretischen Ideen, die er schon im Lande vorfand, in ein System und verschmolz es mit anderen, um daraus während der Regierungszeit des Zaren Peter (927–969) eine neue Häresie zu bilden. Kosmas, ein bulgarischer Geistlicher, der seine Häresie in einer wahrscheinlich im Jahre 972 geschriebenen Abhandlung beantwortete, sagte, Bogomil predige die Häresie »zum ersten Mal« im Lande Bulgarien;[26] aber der Nachweis von der Existenz des dortigen paulikianischen Einflusses versetzt uns in die Lage, über diese Sicht der Dinge hinauszugehen.

Die Häresie, deren Anhänger im folgenden Jahrhundert als Bogomilen[27] bekannt wurden, läuft auf eine neue Verwandlungsform des Dualismus hinaus.[28] Die Bogomilen glaubten, der Teufel sei der Schöpfer der sichtbaren Welt der Materie. Obwohl Kosmas nur in unklarer Weise auf diesen Punkt eingeht, dürfen wir aus seinen gelegentlichen Kommentaren und aus einer späteren Aussage über die Sekte annehmen, daß dies die gleichen Folgen hatte wie für die Paulikianer, nämlich den häretischen Glauben, Christus habe keinen gewöhnlichen Körper gehabt, sei nicht von Maria geboren worden und habe nicht wirklich gelitten.[29] Die Sakramente, die sich der Materie, des Teufels Schöpfung, bedienen, wurden verworfen;[30] Christus habe das Abendmahl nicht eingesetzt. Die Hinweise auf Brot und Wein im Abendmahl, so erklärte man, bedeuteten die vier Evangelien und die Apostelgeschichte. Die orthodoxe Taufe mit Wasser wurde verworfen zugunsten von Initiationsriten, bei denen der Gebrauch von Wasser durch Handauflegen ersetzt wurde.[31] Der Teufel wurde mit Jehova identifiziert, dessen Offenbarung im Alten Testament nicht anerkannt wurde.³² Soweit entsprachen die von der Sekte gelehrten Ablehnungen denen des Paulikianismus.

Aber die Bogomilen waren nur teilweise von diesen Elementen in dem dualistisch-byzantinisch-paulikianischen Lehrmischmasch, der sich aus ihrer syrisch-armenischen Vergangenheit herleitete, beeinflußt. Wie die Paulikianer lehnten sie die Verehrung des Kreuzes Christi ab: wenn ihnen Kreuze in die Hände fielen, zerhackten sie sie und benutzten sie als Werkzeuge.³³ Es scheint, daß sie durch Abstreiten der Jungfräulichkeit Marias den byzantinischen Paulikianern folgten, obwohl Kosmas' Ausdrucksweise wiederum vage ist, was diesen Punkt angeht.³⁴ Auf dem Gebiete der Ethik allerdings unterschieden sich die Bogomilen von ihren paulikianischen Vorgängern. Im Unterschied zu anderen dualistischen Sekten verlangten die Paulikianer von ihren Anhängern keine extreme Askese. Dies jedoch taten die Bogomilen.³⁵ Die Ehe mißbilligten sie *per se;* sie heilige sexuelle Beziehungen, die dazu dienten, daß Satan seine Herrschaft über den Menschen fortführe. Aus dem gleichen Grunde war das Zeugen von Kindern, welches das Fleisch als Teil von Satans böser Schöpfung verewige, verboten. Die Bogomilen ließen ihre feindliche Einstellung gegenüber der Zeugung sogar an den Kindern aus. Sobald sie Kinder im Täuflingsalter sahen, berichtet uns Kosmas, pflegten sich die Bogomilen wie von einem üblen Geruch abzuwenden, spien aus und hielten sich die Nase zu.³⁶ Auch Fleisch war als Zeugungsprodukt verboten: es zu berühren hieß, so meinten sie, dem Gebot des Teufels zu gehorchen. Auch Wein wurde verdammt.

Bei ihrer Ablehnung der griechisch-orthodoxen Kirche waren die Häretiker so radikal wie man nur sein kann.³⁷ Kirchengebäude lehnten sie ab und wollten keine Ikonen, Bilder oder Kreuze verehren. Die Liturgie sahen sie lediglich als menschliche Erfindung des Chrysostomus an. Alle Sakramente der Kirche wurden in Abrede gestellt; darin eingeschlossen war natürlich die Beichte gegenüber der orthodoxen Priesterschaft. Die von der Kirche anerkannten Heiligen wiesen sie zurück, mit Ausnahme der Apostel und der Märtyrer, die es ablehnten, Götzen zu verehren.³⁸ Der Sonntag wurde nicht als Festtag eingehalten, sondern sowohl zum Fasten als auch zum Arbeiten benutzt. Die üblichen Hilfsmittel zur Interpretation der Heiligen Schrift wurden ausgesondert,³⁹ die Kirchenväter nicht als maßgebend anerkannt. Eine spätere Quelle berichtet uns, daß sie den Lehrern der orthodoxen Kirche, Basilius, Gregor von Nazianz, Johannes Chrysostomus, besonders feindlich gesonnen waren.⁴⁰ Der Schrifttext wurde mit Hilfe einer typisierten, subjektiven Exegese allegorisiert, die zum Beispiel aus allen Wundergeschichten der Evangelien lediglich symbolische Erzählungen machte.⁴¹

Die orthodoxe Priesterschaft mit ihrer Liturgie, ihrer Lehre und ihrer gottesdienstlichen Praxis ersetzten die Bogomilen durch eine betont schlichte Gemeinschaft.[42] Sie vermieden es sogar, den Ausdruck »Kirche« auf sich anzuwenden, obwohl sie erklärten, sie seien die einzigen wahren Christen. Das Gebet der Sekte bestand lediglich aus dem Vaterunser, das an jedem Tag und in jeder Nacht viermal wiederholt wurde. Die Beichte fand innerhalb der Gruppe statt und zwar offenbar nicht gegenüber bestimmten Männern, sondern unterschiedslos gegenüber Sektenmitgliedern, Frauen wie Männern. Es gab besondere Geheimlehren, die Kosmas nur andeutet.[43] Einige Sektenmitglieder verfügten über ein besonderes Verständnis der Schrift und konnten die Zukunft vorhersagen. Eine Andeutung von *gnosis* findet sich in dem Satz des Kosmas, daß die Bogomilen von sich glaubten, sie seien bereits Himmelsbürger;[44] seiner Beschreibung nach lehrten sie, daß Handarbeit zu verachten sei, und zitierten die Worte Jesu, nach denen sie sich nicht um den morgigen Tag sorgen sollten.[45] Der Vergleich mit anderen dualistischen Sekten läßt vermuten, daß es einen Unterschied gegeben haben muß zwischen den Eingeweihten, von denen man erwartete, daß sie alle Entsagungen auf sich nahmen, und bloßen Anhängern, bei denen dies nicht der Fall war.[46] Aber direkt sagt Kosmas darüber nichts aus.

Zwei Neuerungen im Bogomilismus unterscheiden diese Sekte von anderen Häresien. Die eine bestand in der Beschränkung jeglichen Gebets auf das Vaterunser. Die andere ist nicht in einer bestimmten Lehre oder Gepflogenheit zu sehen, sondern in einem neuen Bestandteil ihrer kosmologischen Mythen. Kosmas ist nicht daran interessiert, seinen Hörern diese »Fabeln« mit allen Einzelheiten weiterzugeben. Wenn wir aber späteren Quellen unsere Aufmerksamkeit schenken, können wir entdecken, von welcher Art sie waren.[47] In fesselnder Erzählform erklärten diese Mythen den Ursprung des Bösen mit dem Fall eines einstmals guten Wesens aus dem Himmel, das dann in besonderer Weise die sichtbare Welt und den Menschen erschuf. Die Bogomilen scheinen diesen Erzählungen eine Interpretation des Gleichnisses vom verlorenen Sohn hinzugefügt zu haben, wonach der Teufel einst der älteste Sohn Gottes war und Christus der zweite, der Teufel aber wegen seines Ungehorsams gegenüber dem Vater degradiert wurde. Ferner fügte man weitere Einzelheiten in eine Geschichte über die Erschaffung des Menschen durch den Teufel ein, die dazu bestimmt waren, die äußerste Unvereinbarkeit zwischen der menschlichen Seele, dem Geschöpf des guten Gottes, und seinem Körper, dem Geschöpf des Teufels, in bildhafter Form zu demonstrieren.[48]

In Bulgarien hat die Häresie eine lange Geschichte: ihre letzten Spuren verschwinden dort erst im 17. Jahrhundert.[49] Kosmas nennt, oder besser noch impliziert einige Gründe für ihre Beliebtheit zu seiner Zeit.[50] Ein Hauptgrund lag seiner Ansicht nach in dem Zustand der bulgarischen Geistlichkeit, der Spaltung zwischen ihren oberen und unteren Schichten, der Unwissenheit der Dorfpriester und der fehlenden Bereitwilligkeit des höheren Klerus, sie zu unterrichten; ihr Widerstand gegen den Gebrauch des Slawischen, über den wir aus anderen Quellen Bescheid wissen, zeugt von dieser mangelnden Bereitschaft. Der Zustand des Klerus erklärt die Heftigkeit der Ketzerangriffe gegen die Priester – »blinde Pharisäer«,[51] betrunken und faul – und die Bischöfe, die sie nicht in Schranken halten, ferner die extrem radikale Art, in der sie alles zurückweisen, was mit der griechisch-orthodoxen Kirche zu tun hat.

Analog dazu verhält sich die Feindseligkeit der Häretiker gegenüber der staatlichen Macht. »Die Häretiker«, sagt Kosmas, »lehren ihre eigenen Leute, den Herren keinen Gehorsam zu leisten, sie schmähen die Reichen, hassen den Zaren, machen die Ältesten lächerlich, tadeln die Bojaren, betrachten die Diener des Zaren als eine Schande vor Gottes Angesicht und untersagen jedem Leibeigenen, für seinen Herrn zu arbeiten.«[52] Unter den sozialen Verhältnissen des 10. Jahrhunderts, als Pachtgüter vom Typ der *prostasia* verbreitet waren und die Bauern unterdrückt wurden, mußte diese Denkweise einfach Anhänger gewinnen.[52a] Der Gebrauch des Ausdrucks »Mammon« für den Teufel und jenes eigenartige Wort, in dem die Bogomilen Kinder als »die Kinder des Reichtums« beschreiben, weisen auf die Besorgnis der Ketzer über die Stellung der Wohlhabenden in Bulgarien hin.[53]

Eine Häresie, die ihre Lehrmeinung vereinfachte und eine Antwort auf das immerwährende Problem der Existenz des Bösen in einer Welt, die ein guter Gott geschaffen hat, zu geben schien, behauptete ihren Platz in einem eben erst bekehrten Volk. Kosmas zitiert eine Frage, von der wir uns vorstellen können, daß sie ein bulgarischer Christ gestellt hat: »Warum erlaubt Gott dem Teufel, daß er den Menschen angreift?«[54] Der Polemiker machte sich nicht viele Gedanken über die Frage; trotzdem war sie triftig genug, und die Dualisten schienen eine Antwort darauf bereit zu haben.

In den Lehren der Bogomilen und in den Argumenten, die vorgebracht wurden, um sie zu stützen, gibt es Anzeichen dafür, daß fehlgeleitetes logisches Denken am Werk war.[55] Wenn die Häretiker die Verehrung des Kreuzes Christi ablehnten, so führten sie folgendes Argument zur Bestätigung an: »Wenn jemand den Sohn des Königs mit einem Stück Holz getötet hätte, könnte dann dieses Holz dem König lieb und teuer sein? So verhält es sich mit dem Kreuz für Gott.«[56] Die Analogie läßt ein völliges Mißverständnis der Erlösungslehre erkennen: man kann sie mit dem Ausruf des barbarischen Herrschers

Chlodwig vergleichen, als er zum ersten Mal die Erzählung vom Leiden Christi hörte: »Wäre ich mit meinem Heere zugegen gewesen, hätte ich seine Wunden gerächt.«

Kosmas betont zwar, wie sehr es von Bedeutung ist, daß Unwissenheit den Boden für die Lehre der Ketzer vorbereitet, aber er bringt nicht so klar zum Ausdruck, daß die Lehrer der Sekte selbst wirklichen Mißverständnissen ausgesetzt sind und nach Wahrheit suchen. Eine Beschränkung des Gebets auf das Vaterunser allein ist eindeutig das Ergebnis eigener Lektüre und rigoristischer Auslegung der Worte Christi in der Schrift. Möglicherweise setzte sich die Verwerfung des Alten Testaments in Bulgarien infolge eines akuten Mangels an Büchern fest; Kosmas spricht von einer Bücherknappheit. So waren Angehörige des niederen Klerus, die der Sekte beitraten, vielleicht um so eher geneigt, das Alte Testament auszuschließen, weil sie zu Teilen von ihm keinen Zugang hatten.[57]

Andererseits erleichterten die Verhältnisse in Bulgarien den Zugang zu der Häresie. Die orthodoxe Kirche hatte bei manchen Bulgaren eine Ehrfurcht vor dem monastischen Leben erweckt. Zahlreiche Klöster waren gegründet worden, und bei den vorworrenen Zuständen im 10. Jahrhundert trat eine Flucht in das Mönchtum ein;[58] Kosmas tadelt die Pfarrgeistlichen, die ihre Frauen und Kinder verlassen, um Mönche zu werden.[59] Zur gleichen Zeit herrschte Unordnung: unwürdige Bewerber wurden in den Klöstern aufgenommen, und es gab umherwandernde, fragwürdige Mönche. Der Bogomilenadept, bleich vom Fasten, arm und anspruchslos gekleidet, sah wie ein guter Mönch aus, der sich von den Unwürdigen durch seine offenkundige Tugend unterschied, und was er lehrte, schien beim ersten Anhören der orthodoxen Lehre zu entsprechen. Der Dualismus war sozusagen die Versuchung für das griechisch-orthodoxe Mönchtum. Seine äußerste Askese hatte für den eifrigen Mönch Anziehungskraft; umgekehrt konnten häretische Lehrer von der Ehrfurcht vor dem Mönchtum bei orthodoxen Christen profitieren.

Der Bogomilismus ist ein ungewöhnlicher Fall in der Geschichte der Häresie. Nirgendwo sonst, vielleicht mit Ausnahme in Ungarn im 11. Jahrhundert, hat sich in einem Lande eine Häresie gebildet, die dem Heidentum so nahe kommt. Rückfall ins Heidentum ist eine allgemeine Erscheinung in Ländern, die im frühen Mittelalter durch die Vermittlung des Herrschers bekehrt wurden; er ist eine Erscheinung, in dem sich zugleich eine konservative Haltung in religiöser Hinsicht und ein Widerstand gegen die sich ausdehnende Gewalt der Herrscher ausdrücken. Das eigentliche Ketzertum tritt erst in einem späteren Stadium ein, wenn das Christentum die Gegend erobert hat und die Glaubensinhalte von der Bevölkerung aufgenommen worden sind.[60]

In dieses Schema paßt Bulgarien nicht hinein: es erlebte zwei heidnische Reaktionen der üblichen Art in den Jahren 866 und 889. Im 10. Jahrhundert jedoch, wahrscheinlich schon in den vierziger Jahren, bildete sich eine christliche Häresie heraus zu einer Zeit, als die Orthodoxie noch nicht völlig assimiliert worden war.

Die Gründe sind darin zu sehen, daß es in Bulgarien schon in einem frühen Stadium eine organisierte, festgefügte Alternative zur griechisch-orthodoxen Kirche in der Form des Paulikianismus gab sowie darin, daß der Dorfpriester Bogomil dazu fähig war, dessen Dualismus den dortigen Menschen verständlich zu machen.[61] Im frühen Mittelalter konnten die heidnischen Götter nicht verpflanzt werden; selbst das modernisierte Heidentum, das die Obotriten an den Ostgrenzen des westlichen Reiches gegen die christlich-germanischen Siedler des 11. und 12. Jahrhunderts verteidigten, war eine Religion, die ausschließlich für sie selbst galt und nicht leicht anderswohin übertragen werden konnte. Eine Häresie jedoch ist von universaler Art und kann ebenso leicht verpflanzt werden wie die Orthodoxie.

Durch seine dualistischen Glaubensinhalte verdient der Bogomilismus als eine Mutation einer der universalen Religionen eingestuft zu werden. In Bulgarien verdankte er seine Anziehungskraft offenbar weitgehend einem ortsgebundenen Protest gegen die Macht in Kirche und Staat, welcher der Volksstimmung, die heidnischen Reaktionen in eben erst bekehrten Ländern zugrundeliegt, nicht unähnlich war. Nachdem sie sich aber einmal herausgebildet hatte, war die neue Häresie von einer objektiven religiösen Anziehungskraft, die über die bulgarischen Grenzen hinausging. In einer ungewöhnlichen Aufeinanderfolge breitete sich die Häresie dann vom Missionsfeld zurück in das Byzantinische Reich aus, um in Kleinasien und selbst in der Hauptstadt Konstantinopel Anhänger zu gewinnen.

Die Ausbreitung des Bogomilismus im Byzantinischen Reich

Die Bahn, die sich die Bewegung brach, verlief durch die westlichen Gebiete Kleinasiens; dort verbreitete ein falscher Mönch namens Johannes Zurillas die Häresie um Smyrna, im Gebiet des thrakischen Themas und in dem des Themas Opsikion so lange, bis er nach einem Verfahren in der Diözese Acmonia wahrscheinlich zu Anfang des 11. Jahrhunderts verurteilt wurde.[62] Im Thema Opsikion waren die Häretiker als Phundagiagitai bekannt: im Thema Kibyrrhaeot, das weiter südwestlich in Kleinasien lag, und »im Westen«, d. h. in den Balkanprovinzen des Imperiums, an den Grenzen Bulgariens, nannte man sie Bogomilen.[63] Im 11. Jahrhundert waren sie in der Hauptstadt, wo Euthymios, ein Mönch des Klosters Periblepton und ein antibogomilistischer Polemiker, vier Konvertiten unter seinen Mitbrüdern entlarvte.[64] In der Mitte des 11. Jahrhunderts wurde in Thrakien eine Häresie festgestellt, die, oberflächlich betrachtet, aus einer Mischung von Bogomilismus und Messalianismus zu bestehen schien.[65] Dieser war eine andere Form des byzantinischen Dualismus, der auf die ersten Jahrhunderte zurückging: in ihm nahm das Böse die Gestalt eines Dämons im Herzen des Menschen an, der bei jeder Schwangerschaft eingepflanzt wurde. Anfang des 12. Jahrhunderts enthüllte eine Untersuchung des Kaisers Alexios, daß der Bogomilismus unter den aristokratischen Familien Konstantinopels eine Anhängerschaft gefunden hatte: sie wurde von dem Gelehrten Basilios, der schon seit zweiundfünfzig Jahren in der Sekte gewirkt hatte, unterrichtet.[66]

Offenbar zeigen uns die vorliegenden Informationsquellen nur einen Teil des vollen Ausmaßes bogomilischer Häresie im Byzantinischen Reich des 11. Jahrhunderts. Diese Quellen sind relativ mager. Die Häretiker zeigten missionarischen Eifer: Euthymios von Peribleptos beschreibt uns, wie sie nach Art der Apostel das Los zogen, um untereinander ihre Predigtgebiete aufzuteilen. Genau wie in Bulgarien blieben sie eine Untergrundbewegung: sie gingen zur Kirche, ließen sich taufen, küßten die Ikone, empfingen sogar die hl. Kommunion, doch insgeheim praktizierten sie ihre Glaubensformen und trafen sich zum gemeinsamen Gebet.[67] Ihre Riten waren sehr einfach. Euthymios beschreibt uns eine ihrer Zusammenkünfte: Der führende Sprecher begann mit einer Aufforderung zum Gebet: »Lasset uns anbeten den Vater, den Sohn und den Heiligen Geist«, die Gruppe antwortete: »Passend und recht ist es«,[67a] und dann verfielen sie in mehrmaliges Beten des Vaterunsers, wobei sie sich zu Boden warfen und »ihre Köpfe wie Besessene ruckartig auf und ab bewegten«. In Konstantinopel scheinen sie sich unter der Leitung des Basilios einem intellektuelleren Mitgliederkreis angepaßt zu haben, betonten stärker ihre Kosmologie und sprachen wohlhabendere Konvertiten an, die sich gerne mit Spekulationen befaßten.[68]

Gleichzeitig stand die Askese bei ihnen weiterhin in sehr hohem Ansehen. Die Hingabe des Eingeweihten übte eine ganz besondere Wirkung aus. »Ein Bogomile«, schrieb Anna Komnena, des Kaisers Tochter und Chronistin, »sieht düster aus, ist bis an die Nase bedeckt und geht gebückt einher . . .«[69] Die Gemeindeleiter waren Persönlichkeiten. Zurillas hatte in dem Dorf Chilioi Kapnoi – vielleicht sein Heimatdorf – die Einwohner so sehr für sich eingenommen, daß kaum zehn Leute orthodox blieben, und in seiner dreijährigen Predigttätigkeit breitete sich die Botschaft durch den ganzen Westen Kleinasiens aus. Basilios hielt auch nach seiner Gefangennahme verbissen an seinem Glauben fest; selbst bei seiner Verbrennung zeigte er großen Mut: er klatschte in die Hände, schlug sich auf die Schenkel und wandte seine Augen ab, als er den Scheiterhaufen sah, ließ jedoch in der Zuversicht auf seine Errettung durch Gott den Mut nicht sinken.

Die Unterdrückung war unwirksam. Im 11. Jahrhundert hatte die byzantinische Regierung hauptsächlich mit schwerwiegenden Problemen weltlicher Art zu tun. Die Kirche hatte sich seit langem an das Vorhandensein einer Häresie in irgendeinem Teil des ihr unterstehenden Gebietes gewöhnt. Man hatte kein regelrechtes Verfahren für die Aufdeckung von Häresie entwickelt. Nur der Zufall oder die Hartnäckigkeit eines Geistlichen konnte dazu führen. Die lange, ununterbrochene Tätigkeit des Basilios ist ein Beweis für die relative Wirkungslosigkeit byzantinischer Polizeiaktionen gegen die Häresie.

Byzantinische Quellen geben uns eine Vorstellung von den Riten und Lehren.[70] Es gab zweierlei Initiationszeremonien: ein *baptisma* für die Neubekehrten, wobei ihm oder ihr das Johannesevangelium aufs Haupt gelegt und das Vaterunser wiederholt gesprochen wurde: eine *teleiosis* für die Eingeweihten, welche nur aufgrund eines Nachweises von Fasten, Entsagung und Gebet und mit Zustimmung der anderen Mitglieder gewährt wurde, wobei man ihnen wiederum das Johannesevangelium aufs Haupt legte. Anschließend legten ihnen die männlichen und weiblichen Mitglieder die Hände auf und sangen einen Hymnus. Die beiden Zeremonien entsprachen im ersten Falle einer allmählichen Einführung in die Geheimnisse der Sekte, im anderen den vollen Härten der Entsagung. Die Unterweisung war zunächst einfach, sie bestand aus elementaren Lehren und ausdrücklichen Ermahnungen; dann aber ging sie mehr in die Tiefe, wobei sie den Neubekehrten immer weiter von der Lehre der byzantinischen Kirche entfernte. Die orthodoxe Taufe mit Wasser verband den, der sie empfing, mit Satans böser Schöpfung und mit der Kirche, die unter seiner Gewalt stand. In der *teleiosis* ging der eigentlichen Initiationszeremonie eine rituelle Reinigung voraus, bei der eine Waschung mit Schwämmen voll schmutzigen Wassers alle bösen Nachwirkungen dieser satanischen Taufe tilgte.

Dem Initiationsritus lag eine Kosmologie zugrunde, deren wesentlicher Ausgangspunkt die Annahme war, daß der eigentliche Schöpfungsakt der sichtbaren Welt und des Menschen das Werk einer bösen Macht sei. In der Lehre der Bogomilen war der Teufel, mit seinem ursprünglichen Namen Satanaēl, der erstgeborene Sohn Gottes, der einst zu Seiner Rechten auf dem Throne saß, die gleiche Gestalt hatte und das gleiche Gewand trug, im Namen des Vaters die Verwaltung ausübte und über alle himmlischen Mächte gebot.[71] Aber seine Stellung stieg ihm zu Kopf und er zettelte unter den Engeln Gottes eine Verschwörung an, indem er sie durch das Versprechen, er werde ihre Bürde erleichtern, in seine Machenschaften hineinzog. Wie der ungerechte Verwalter im Gleichnis[72] ging er vom einen zum anderen und fragte sie, wie hoch ihre Schulden, d. h. ihre Pflichten gegenüber ihrem Herrn seien. »Hundert Krüge Öl«. Er antwortete: »Nimm deinen Schuldschein, setze dich und schreibe schnell fünfzig.« Der Vater bekam Kunde von der Verschwörung und stürzte Satan mit seinen Engeln aus dem Himmel.

Obwohl er ausgestoßen war, behielt Satan dennoch die schöpferische Kraft eines Gottessohnes und machte sich mit Hilfe der mit ihm gefallenen Engel und Mächte an sein Schöpfungswerk.[73] Er erschuf ein Firmament, einen zweiten Himmel, als seine eigene Residenz, dann nach und nach, wie es in der Genesis beschrieben ist, die sichtbare Welt. Den Leib Adams erschuf er aus Erde und Wasser, versuchte aber vergeblich, ihn zu beleben: aus der rechten großen Zehe floß Wasser und die Elemente wollten einfach nicht zusammenhalten.[74] Daraufhin blies er in den Körper, um ihn mit Leben zu erfüllen; aber auch der Atem entwich durch die Zehe und beseelte das Wasserrinnsal, das schon entwichen war; es wurde zur Schlange, der Gehilfin Satans. Unfähig, Adam zu beleben, rief er schließlich den Vater an, dessen Geist, das *pneuma,* ihm endlich Leben gab. Nach einer anderen Version[75] stahl der Teufel die Seele von Gott und steckte sie in den Körper, den er gemacht hatte, aus dem sie aber immer wieder entwich. Dreihundert Jahre lang ließ der Teufel den unbeseelten Körper Adams liegen. Dann kehrte er zurück, verstopfte die Öffnungen des Körpers, um das Entweichen der Seele zu verhindern, und erbrach in Adams Mund unreine Geschöpfe, die die Seele besudelten und sie im Körper gefangenhielten.

Die Erschaffung Evas folgte auf die Adams. Der Geschlechtstrieb in Adam und Eva war das Werk des Teufels, der Eva als erster verführte und ihr Kinder verschaffte: Kain und dann eine Tochter, Kalomena.[76] Darauf verführte Eva den Adam zum sexuellen Verkehr, und sie brachten Kinder hervor, zuerst Abel, wodurch sie des Teufels Herrschaft infolge der durch ihn bewirkten Einkerkerung der Seelen in den Körpern verewigten.

Durch den Ehebruch mit Eva verlor der Teufel sein Gewand, seine göttliche Gestalt und seine schöpferische Macht: er wurde schwarz und häßlich. Eine Geschichte will wissen, daß er einen weiteren Grad von Entwürdigung beim Abstieg Christi zur Hölle erreichte, als dieser den Teufel ergriff und in Fesseln legte. Die Endung »-ēl«, Zeichen seiner einstmals großen Macht, verschwand aus seinem Namen, und Satanaēl, der frühere Gottessohn, wurde Satan. Die alttestamentlichen Erzählungen berichteten, so glaubte man, von Satanaēls Gewaltherrschaft, wie er zuerst die Welt erschuf und dann, nachdem der Verkehr zwischen den Töchtern der Menschen und den gefallenen Engeln Riesen hervorgebracht hatte, die ihm Trotz boten, eine Flut über sie kommen ließ. Als er schließlich von des Vaters Plan, Christus in die Welt zu senden, erfuhr, sicherte er sich die Gefolgschaft Moses' und gab ihm das Gesetz am Sinai, welches die Menschen an seine Macht binden sollte. Als der Vater die Leiden der unter Satan eingekerkerten Seelen sah, sandte er seinen Sohn Christus für die Zeit von 33 Jahren aus, und zwar in den Jahren 5500 bis 5533, vom Anbeginn der Welt an gerechnet.[77] Er wurde nicht von Maria geboren, sondern drang durchs Ohr in sie hinein; am Kreuze litt er nicht wirklich, sondern es schien nur so; und am Himmelfahrtstage ließ er seinen Leib in der Luft zurück, bevor er zum Vater zurückkehrte, um sich in ihm aufzulösen. Satan hatte, obwohl besiegt, keineswegs seine ganze Macht verloren; ein Kampf setzte sich fort, der nicht in einer Auferstehung des Leibes und der Seele sein Ende finden sollte, sondern in einer Zerstörung des Leibes mitsamt der ganzen bösen Schöpfung Satans und mit einer Aufnahme der Seelen in den Himmel des Vaters und seiner Engel.

Durch die Riten der Bogomilen und die mit ihnen verbundenen Gebete und Entsagungen konnte ein Mensch der Gewalt Satans entrinnen. Das ihm durch die Sektenangehörigen vermittelte Wissen über die wahre Bedeutung des Alten Testaments und die Stellung der byzantinischen Kirche, über das Wesen der sichtbaren Welt und vor allem über das Wesen des Menschen – eine gewaltsame Zusammensetzung von unvereinbaren Elementen aus den jeweiligen Schöpfungen des Vaters und Satans – zeigte ihm seine wahre Lage und die Mittel, kraft deren er sich aus ihr befreien konnte: Verzichtleistungen, die für den byzantinischen Bogomilen den Befehl einschlossen, kein Blut zu vergießen[78] und sich aller Zeugungsprodukte, wie Käse, Eier und Fleisch zu enthalten[79], entzogen den Eingeweihten, soweit es einem Menschen möglich war, der Welt der Materie. Die *teleiosis* vollendete seine Weltflucht. Danach empfing er die Gaben geistlicher Erleuchtung und galt als einer der *theotokoi,* die durch ihre Lehre das Wort gebaren und die allein imstande waren, die Dämonen in die Flucht zu jagen.[80]

Aus dieser Beschreibung kann jeder, der sich mit den Häresien der frühen Kirche befaßt, erkennen, in wie mannigfaltiger Weise der Bogomilismus einer gnostischen Häresie ähnelte. Nachdem er sich im ausgehenden 9. und beginnenden 10. Jahrhundert innerhalb des Bereiches der byzantinischen Kirche und ihrer Gerichtsbarkeit entfaltet hatte, bediente er sich zwangsläufig häufig christlicher Symbolik und Terminologie; er übernahm jedoch einen hervorstechenden Wesenszug des frühen Gnostizismus durch seine Fähigkeit, von einer anderen Religion die äußere Hülle von Sprache, Namen und Zeremonien zu übernehmen, um dann diese Hülle mit seinem eigenen Glaubenskern zu füllen. Wie die christlichen Gnostiker höhlten die Bogomilen in wirksamer Weise das Mark des orthodoxen Glaubens an die Fleischwerdung, Erlösung und Dreieinigkeit aus, um es durch ihr eigenes Verständnis des bösen Wesens der sichtbaren Welt und der Errettung von ihm durch *gnosis* und asketische Übungen einer auserwählten Gruppe von Eingeweihten zu ersetzen. Entschiedene Ablehnung des griechisch-orthodoxen Glaubens und religiösen Lebens, verbunden mit einer gewissen radikalen »logischen« Denkweise, die den Bogomilen eigentümlich war, bildeten gemeinsam mit diesem Kern eines von Gnostizismus geprägten Glaubens eine neue Häresie.

Ein Teil der Häresie entwickelte sich selbständig; ein anderer Teil leitete sich, wie wir gesehen haben, direkt von den Paulikianern her. Der Einfluß weiterer Sekten ist weniger wahrscheinlich. Die Manichäer sind vielleicht dafür verantwortlich, daß die Bogomilen für einen asketischen Dualismus anfällig wurden, aber die Unterschiede zwischen ihnen und den Bogomilen sind zu groß, als daß ein starker Einfluß wahrscheinlich wäre.[81] Die Manichäer glaubten an ein Prinzip des Bösen, das mit dem Prinzip des Guten gleichwertig und gleich ewig sei; sie waren keine gemäßigten Dualisten, die an eine letztliche Kontrolle des Guten über die Kräfte des Bösen glaubten wie die Bogomilen. Die Messalianer, die glaubten, daß ein Dämon im Herzen des Menschen existiere, und daß er sündlos werde, wenn einmal der Dämon ausgetrieben sei, beeinflußten wahrscheinlich den Bogomilismus in Byzanz vom 12. Jahrhundert ab.[82] Wie der Bogomilismus sprach der Messalianismus natürlich Mönche an. Indessen kann keine bogomilistische Lehre vor dem 12. Jahrhundert als deutlich messalianisch angesehen werden.

Von den Einzelheiten der paulikianischen Mythologie wissen wir wenig. Sie kann mit dazu beigetragen haben, daß die Lehre an die Bogomilen weitergegeben wurde. Sie fand offensichtlich Eingang durch das gnostische und gnostisch beeinflußte Schrifttum, welches aus den frühen Tagen der Häresie erhalten geblieben war.[83] Die dogmatischen Normen waren in den ersten Jahrhunderten nicht so streng wie sie es später wurden, und das damals kursierende Schrifttum konnte Werke enthalten, die zu einer doketischen Christologie hin tendierten oder zu einer Häresie über die Trinität. Erzählungen mit gnostischem Anflug waren noch immer in freiem Umlauf in der byzantinischen Welt. Der lebendige Hintergrund des gnostischen Denkens war längst verlorengegangen, und man benützte Schriften ganz naiv als Übermittler einer Märchenliteratur. In den Händen der Bogomilen aber wurden sie zu einer Giftquelle: so wurde altes Gedankengut, das auf die spätjüdische Apokalyptik sowie auf den Gnostizismus zurückging, dazu verwendet, um der häretischen Lehre eine Form zu geben.

So schuf eine lange Folge von Ereignissen auf byzantinischem Gebiet die ausgeprägte Häresie des Bogomilismus mit einem Lehrgefüge, das von dem der Orthodoxie radikal verschieden war, und einer Klasse von hingebungsvollen Eingeweihten, die sich der Kluft, welche sie von der Kirche trennte, bewußt waren und die begierig waren, ihre Botschaft zu verbreiten. Im 11. Jahrhundert waren sie, wie die erste Übersichtskarte der Häresien zeigt[84], in den westlichen Themen Kleinasiens und in Konstantinopel vertreten. Die ältere dualistische Form des Paulikianismus blieb auf dem Balkan weiterhin bestehen und zwar weniger, so scheint es, in der Form von Gemeinden im Untergrund, wie dies bei den Bogomilen der Fall war, als in alten Ansiedlungen. Manchmal stellten sie Truppen auf, um für den Kaiser zu kämpfen; öfter jedoch verbündeten sie sich mit Feinden von Byzanz wie den Kumanen und den Petschenēgen.[85] Soldaten aus dem Westen begegneten ihnen auf ihrem Wege zum ersten Kreuzzug; Bohemund und seine Normannen setzten eine von ihnen bewohnte befestigte Stadt im makedonischen Distrikt Pelagonien in Brand; ihr Name, der in den bösen Ausdruck »Publicani« verwandelt wurde, ging in das Vokabular westlicher Häresiologen als eine allgemeine Umschreibung für »Ketzer« ein. In Philippopolis hielten sie sich noch lange und bewahrten die ihnen eigentümlichen Glaubensformen, bis sie im 17. Jahrhundert endlich zum Katholizismus bekehrt wurden.[86]

Fern an den östlichen Rändern des Imperiums und in Armenien hielt sich der adoptianistische Flügel der Paulikianer.[87] Obwohl sie nicht dualistisch eingestellt waren, hatten sie bestimmte Glaubenssätze mit ihren dualistischen Sektengenossen und mit den Bogomilen gemeinsam: sie verwarfen Bilder und die Verehrung des Kreuzes Christi. Das 11. Jahrhundert war für sie eine harte Zeit, denn in den ersten Jahren wurden sie in Armenien verfolgt, als die kaiserlichen Truppen die vom armenischen Klerus in die Wege geleiteten Unterdrückungsmaßnahmen unterstützten, und dann wieder in der Mitte des Jahrhunderts, als Gregorij Magistros, der Beauftragte des Kaisers, sie in den Gebieten Armeniens, die unter seiner Kontrolle standen, zur Strecke brachte. Dennoch überlebten sie wiederum, indem einige von ihnen weiter nach Osten in ihr Ursprungsland Syrien flohen, wo sie in muslimischen Heeren im Kampf gegen die Kreuzfahrer wieder auftauchten; andere blieben in Armenien, wo sie im Untergrund sogar bis ins 19. Jahrhundert überdauerten.

Anmerkungen:

[1] Bianchi, U.: Le Dualisme en Histoire des Religions, *RHR,* CLIX, 1961, S. 1–46
[2] Jonas, H.: *The Gnostic Religion,* Boston 1963². Auf dieses Werk habe ich mich in meiner Sicht des Gnostizismus gestützt. Betr. Überblick über den Dualismus vom Gno-

stizismus bis zu den Katharern siehe Runciman, S.: *The Medieval Manichee*, Cambridge 1947; Rezension von Manselli, R., in: *RR*, XX, 1949, S. 65–94; von Mani und Priscillian bis zum byzantinischen und westlichen Dualismus siehe Manselli, R.: *L'Eresia del Male*, Neapel 1963. Rat verdanke ich Hochw. F. R. Walters.

[3] Marrou, H. L.: L'Héritage de la Chrétienté, *HS*, S. 51–54; auf S. 53 (siehe *HS* betr. umfangreiche Artikel über Häresie und Gesellschaft sowie die Seiten über die begleitende Diskussion aus dem originalen Kolloquium in Royaumont).

[4] Giesztor, A.: Mouvements para-hérétiques en Europe centrale et orientale du 9e au 11e Siècle: Apostasies, in: *HS*, S. 159–167.

[5] Betr. alle frühen westlichen Häresien, Russell, J. B.: *Dissent and Reform in the Early Middle Ages*, Berkeley u. Los Angeles 1965, bes. S. 251–252. Ich verdanke Prof. Russell hilfreichen Kommentar und freien Gebrauch seiner Karten – was um so großzügiger ist, als wir in unserem wissenschaftlichen Urteil nicht übereinstimmen.

[6] Das letztere ist Russels Vermutung, a. a. O., S. 11; über die Episode siehe ebd., S. 10–11, und ferner vom selben Autor, St. Boniface and the Eccentrics, *CH*, XXXIII, 1964, S. 3–15.

[7] Russell, S. 102–108

[8] Ebd., S. 13–17

[9] s. u. Kap. 15

[10] Russell, S. 17–18

[11] Alle vorausgehenden Arbeiten über die Paulikianer sind überholt durch Garsoïan, N. G.: *The Paulician Heresy*, Den Haag u. Paris 1967; über ihren Namen siehe S. 145, 213–214; Rezension von Fine, J. V. A. jr., in: *Speculum* XLIV, 1969, S. 285–288. Weitere Literatur bei Loos, M., *Dualist Heresy in the Middle Ages*, Prag 1974; der Autor nimmt marcionitischen Einfluß bei den Paulikianern an. Garsoïan ist vorzuziehen. *Anm. d. Übers.*: vgl. hierzu Borst, A.: *Die Katharer*, Stuttgart 1953, S. 65, Anm. 29: »Daß die Paulikianer mit Paulus von Samosate verwandt wären«, ist . . . von H. Grégoire, in: *Précisions géographiques et chronologiques sur les Pauliciens, ARBB*, Bd. 33, 1947, endgültig widerlegt worden. Woher ihr Name kommt, ist . . . ungewiß.

[12] Garsoïan, *Paulician Heresy*, S. 220–230

[13] Ebd., S. 122–124

[14] Ebd., S. 125–130; siehe auch S. 72, 119–120

Anm. d. Übers. zum Ausdruck »Themen«: Bezeichnung für die seit Heraklius (610–641) in Themen = Stammrollen-Bezirken (von gr. thesis = im militärischen Sprachgebrauch »Aktenbündel«) angesiedelten Feldtruppen, bes. im östlichen Teil Kleinasiens zur Verteidigung gegen die Perser und Araber.

[15] Ebd., S. 122–123. Der Chronist Georgios Kedrenos sagt, Paulikianer seien in Konstantinopel angesiedelt gewesen.

[16] Rekonstruktion von Garsoïan, die auf einer Neubewertung des relativen Gewichts armenischer und griechischer Quellen beruht. Ich akzeptiere ihre Hypothese betr. die späte Datierung und den kompilatorischen Charakter Peters von Sizilien, den springenden Punkt des Buches. Über den historischen Zusammenhang der Mutation siehe ebd., S. 182–185.

[17] Ebd., S. 169–173

Anm. d. Übers. [17a]: Zu dem in dieser Form im NT nicht vorkommenden Zitat vgl. Joh. 4.10, 7 58 f.

[18] Puech, H. C. und Vaillant, A.: *Le Traité contre les Bogomiles de Cosmas le Prêtre*, Paris 1945 (das feinsinnige Standardwerk über die Bogomilenlehren, einschlägig auch für das Katharertum), S. 304.

[19] Historischer Zusammenhang bei Obolenskij, D.: The Empire and its Northern Neighbours, 565–1018, in: *CMH*, IV, i, Hrsg. Hussey, J. M., Cambridge 1966[2], S. 473–518; und *The Bogomils*, Cambridge 1948 (Schilderung der Geschichte der Bogomi-

len mit Hypothese ununterbrochener Folge seit Mani), S. 59–110; über Rückschlüsse aus Kosmas von A. Vaillant, siehe Puech-Vaillant, Traité, S. 19–37. Nützliche Literatur in: Loos, Dualist Heresy, aber mit Hypothese marcionitischen Einflusses.

[20] Aussage der *Responsa ad consulta Bulgarorum*. Der katholische Einfluß war kurz und oberflächlich. Dujčev, I.: Die Responsa Nicolai I. Papae ad Consulta Bulgarorum als Quelle für die bulgarische Geschichte, in: *Medioevo Bizantino-Slavo*, I, Rom 1965, S. 125–148.

[21] Garsoïan, *Paulician Heresy*, S. 55, 57. Datierung auf 954–959 ebd. vermutet, S. 77, Anm. 182.

[22] Obolenskijs Übersetzung, *Bogomils*, S. 115. Als Beweismittel ist der Brief durch literarisches Material von ungewisser Erheblichkeit verderbt (Puech, in: Puech-Vaillant, S. 132–134). »Paulikianismus« ist eine Verbesserung für »Paulianismus« im Original. Siehe Garsoïan, S. 216, über fehlenden Kontakt zwischen Paulikianismus und Manichäismus sowie über die Gründe für die lockere Verwendung des Ausdruckes in Byzanz (S. 186–197).

[23] Obolenskijs Übersetzung, *Bogomils*, S. 95; zur Beschreibung und Datierung siehe Puech-Vaillant, S. 20–23 (Vaillant), S. 132 (Puech).

[24] Dujčev, I.: I Bogomili nei paesi slavi e loro storia, in: *Medioevo Bizantino-Slavo*, I, S. 251–282.

[25] Vaillants Ableitung findet sich in Puech-Vaillant, *Traité*, S. 27, und Puechs, ebd., S. 282–283, sie ist derjenigen Obolenskijs vorzuziehen, *Bogomils*, S. 117, Anm. 4. Die Historizität Bogomils wird in Frage gestellt durch Kiselkov, V. S., in: Szöstesztvuvalli e pop Bogomil?, *IP*, XIV, 1958, S. 57–67 (auf bulgarisch); Zusammenfassung der Kontroverse siehe Werner, E.: Theophilos Bogomil, *BS*, VII, 1966, S. 49–60 (auf deutsch), und Bogomil – eine literarische Fiktion?, *FF*, XXXIII, 1959, S. 24–28; Werners Ansicht von der Historizität ziehe ich vor, nicht hingegen seine Ableitung des Namens; siehe auch Puech, in: Puech-Vaillant, S. 283–289; weitere Argumente für Authentizität durch I. Dujčev, in *Medioevo Bizantino-Slavo*, I; über Bogomils Werk Puech, in: Puech-Vaillant, S. 289–290.

[26] Puech-Vaillant, S. 54
[27] Ebd., S. 280–283
[28] Einfühlsame Rekonstruktion, die Kosmas' späteren Quellen gegenübergestellt, durch Puech, in: Puech-Vaillant, S. 129–343; chronologische Entwicklung in Obolenskij, S. 59–110.
[29] Ebd., S. 205–209. Alle weiteren Angaben beziehen sich, falls nicht anders vermerkt, auf Puechs Analyse, was auch für die Textangaben gilt.
[30] Ebd., S. 223–230
[31] Ebd., S. 250–260
[32] Ebd., S. 168–174
[33] Ebd., S. 58 (Wortlaut); S. 234–237 (Puech)
[34] Ebd., S. 208–209
[35] Über ihre Asketik s. a. a. O., S. 260–272
[36] Ebd., S. 81 (Wortlaut)
[37] Hierüber und über die folgenden Punkte siehe Puechs Analyse a. a. O., S. 213–237
[38] Ebd., S. 216; vgl. Obolenskij, *Bogomils*, S. 214, A. 8
[39] Puech-Vaillant, S. 174–177
[40] Ebd., S. 217
[41] Ebd., S. 209–210. 214–215; Obolenskij, *Bogomils*, S. 217–218. Über einen byzantinischen Bogomilen-Kommentar zum Matthäus-Evangelium.
[42] Puechs Analyse, in: Puech-Vaillant, S. 237–260
[43] Ebd., S. 161–163
[44] Ebd., S. 77 (Wortlaut)

⁴⁵ Ebd., S. 276–277. Puech würde dies nur für die Eingeweihten gelten lassen.
⁴⁶ Ebd., S. 277–279. Dies ist eine glaubhafte Hypothese, man muß jedoch berücksichtigen, wie schwach die direkten Aussagen über die Existenz zweier Taufriten im Bulgarien des 10. Jahrhunderts sind (ebd., S. 250–255).
⁴⁷ Ebd., S. 188–196
⁴⁸ Ebd., S. 190–192, 198–201, 336. Schöpfungsmythen sind aus byzantinischen Quellen bekannt; über die Geschichten siehe Obolenskij, *Bogomils,* S. 180–181, 208.
⁴⁹ Puech-Vaillant, S. 167
⁵⁰ Vaillants Analyse, in: Puech-Vaillant, S. 27–35 (mit starker Betonung des sozialen Aspektes); auch Puech, ebd. S. 163–164.
⁵¹ Ebd., S. 64 (Wortlaut)
⁵² Übers. und Kommentar in Obolenskij, *Bogomils,* S. 137; Puech-Vaillant, S. 85 (Wortlaut), 275 (Puech). Marxistische Auslegung, die solche Feststellungen als fundamental interpretiert, in D. Angelovs Rezension Obolenskijs, *Byzantinoslavica,* X, 1949, S. 303–312 (auf französisch) und in seinem *Bogomilstvoto v Bulgarija,* Sofia 1957 (auf bulgarisch); Rezension von Werner, E. (ebenfalls Marxist), in: *Byzantinoslavica,* XVIII, 1957, S. 97–103 (auf deutsch); Kommentar (enth. in der 2. Aufl.), in: Die Bogomilen in Bulgarien: Forschungen und Fortschritte, *SM,* 3. Serie, III, 1962, S. 249–279. Eine französische Ausgabe Angelovs (Angelov, D.: *Le Bogomilisme en Bulgarie,* Toulouse 1972), mit einer Einführung von J. Duvernoy, S. 7–15, wurde veröffentlicht, nachdem diese Anmerkungen geschrieben waren.
Anm. d. Übers. zu dem Begriff *prostasia:* bed. Vorstandschaft, Leitung, Fürsorge, hier etwa: Patronatsverwaltung.
⁵³ Vaillant, in: Puech-Vaillant, S. 28–29
⁵⁴ Ebd., S. 75 (Wortlaut)
⁵⁵ Angelov, D.: Aperçu sur la Nature et l'Histoire du Bogomilisme en Bulgarie, in *HS,* S. 75–81 (marxistische Sicht), bes. S. 81; Morghen, R.: L'Origine de l'Hérésie au Moyen Age, ebd., S. 121–138, auch S. 125–126 (betont die wörtliche Berufung der Bogomilen auf die Hl. Schrift).
⁵⁶ Puech-Vaillant, S. 59 (Wortlaut)
⁵⁷ Ebd., S. 33
⁵⁸ Oblenskij, *Bogomils,* S. 101-108
⁵⁹ Puech-Vaillant, S. 93–94
⁶⁰ Giesztor, A., in: *HS,* S. 159–169; über die Begrenzung der ersten Missionierungen siehe Baker, L. G. D., The shadow of the Christian symbol, *SCH,* VI, S. 17–28.
⁶¹ Über die Beziehung des Bogomilismus zu früheren Häresien siehe Puech, in: Puech-Vaillant, S. 292–366; über den Paulikianismus, S. 317–325; vgl. Vaillant, ebd., S. 27; Dujčev, in: *Medioevo Bizantino-Slavo,* I, S. 265–269 (zur Beurteilung der Originalität Bogomils siehe S. 269; zur Einstellung zu Psellos, S. 258).
⁶² Zum byzantinischen Bogomilismus siehe Obolenskij, *Bogomils,* S. 168–229; seine Zusammenfassung, die den übernationalen Charakter der Sekte, welchen die byzantinische Verpflanzung mit sich brachte, betont, findet sich in: Bogomilism in the Byzantine Empire, in: *Actes du VIe Congrès International des Etudes Byzantines,* I, Paris 1950, S. 289–297; zum Unterschied seiner Auffassung von Angelov siehe sein Le Christianisme oriental et les Doctrines dualistes, *L'Oriente cristiano nella storia della civiltà,* Accademia Nazionale dei Lincei, Rom 1964, S. 643–653; und Angelov, D.: Le Mouvement bogomile dans les Pays slaves balkaniques et dans Byzance, ebd., S. 607–618. Die Datierung des Verhörs von Zurillas nimmt Obolenskij vor in: *Bogomils,* S. 174. Überlieferte Verbreitung der Bogomilen siehe unter Karte 1 und Anhang D, S. 1.
⁶³ Ficker, G.: *Die Phundagiagiten,* Leipzig 1908; Obolenskij, *Bogomils,* S. 177, S. 14. *Anm. d. Übers.* zu den Namen der Themen: vgl. Anm. 14. Der auf die Eroberung Konstantinopels gerichtete Vorstoß der Araber zwang die byzantinischen Kaiser dazu, das

System der Grenzverteidigungszonen (s. o.) auch auf die westlichen Gebiete Kleinasiens auszudehnen. Man zog ganze Heere aus Thrakien ab, um sie gegen die arabischen Angreifer Stellungen beziehen zu lassen. So wurden dem Thema *Opsikion* (von lat. obsequi) – der kaiserlichen Privatarmee – in Bithynien und im Gebiet der Meerengen Stellungen angewiesen. Eine zweite europäische Armee, die früher in Thrakien gestanden hatte, erhielt den Abschnitt Smyrna zur Verteidigung angewiesen. Die dritte militärische Einheit aus Europa, die Donauflotte, mußte den Schutz der lykischen Küste im Südwesten Kleinasiens übernehmen, denn die Araber hatten sich für ihre auf dem Seewege gegen Konstantinopel vorgetragenen Angriffe eine Stützpunktkette geschaffen, die von Cypern über Rhodos, Kos, Chios, Smyrna bis in das Marmarameer zur Halbinsel Kyzikos reichte. Der Einsatz der Donauflotte erfolgte auf einem ursprünglich in Cypern entwickelten Schiffstyp, den Kibyrrhaeōt, von den Byzantinern Kábari genannt. Daher wurde diese Einheit Thema Kabarisianon oder Thema *Kibyrrhaeot* genannt.

[64] Ebd., S. 174–183; über Euthymios siehe Puech, in: Puech-Vaillant, S. 140–142.
[65] Psellos, Michael; die Quelle ist unzuverlässig. Vgl. Obolenskij, *Bogomils*, S. 183–188 (vorsichtige Annahme) gegen Dujčev, *Medioevo Bizantino Slavo*, I, S. 257–258 (Psellos' Aussage kann nur für die Tatsache dienen, daß eine Häresie vorhanden war); Angelov, *Bogomilstvoto* (siehe Werner in *SM*, 3. Serie, III, 1962, S. 249–279, beachte jedoch sein Zitat aus Joannou, P.: Les Croyances démonologiques au XIe Siècle à Byzance, *Actes du VIe Congrès des Etudes byzantines*, I, S. 245–260). Über den Messalianismus s. u. S. 46, Anm. 82.
[66] Obolenskij, *Bogomils*, S. 197–205
[67] Über die Motive hierfür siehe Puech-Vaillant, S. 149–161
Anm. d. Übers. zur Entstellung der Ablaßformel s. u. Kap. 8, Anm. 170
[68] Obolenskij, *Bogomils*, S. 202
[69] Obolenskijs Übersetzer, ebd., S. 199
[70] Hauptsächlich Euthymios Zigabenos, der von Alexios zum Schreiben beauftragt war. Puech, in: Puech-Viallant, S. 142–143; Zusammenfassung in Obolenskij, *Bogomils*, S. 206–219. Seine Beschreibung der Initiation bezieht sich hauptsächlich auf die Gruppe des Basilios. Siehe Puech, in: Puech-Vaillant, S. 250–255, der byzantinische Quellen mischt.
[71] Ebd., S. 181–196. Über Teufelsmythen siehe Marrou, H. I.: Un Ange déchu, un Ange pourtant, Satan, EC, XXVII, 1948, S. 28–43; Puech, H. C.: Le Prince des Ténèbres en son Royaume, ebd., S. 136–174; s. u. S. 46, Anm. 83.
[72] Lukas 16, 1–8
[73] Puech, in: Puech-Vaillant, S. 196–201
[74] Version des Euthymios Zigabenos; Zusammenfassung in Obolenskij, *Bogomils*, S. 208.
[75] Euthymios von Peribleptos; Zusammenfassung in Obolenskij, *Bogomils*, S. 180.
[76] Zum Folgenden siehe Puech, in: Puech-Vaillant, S. 201–205. Man sollte seine Verwendung der *Interrogatio Johannis* beachten, der apokryphen, auf einer bulgarischen Quelle basierenden lateinischen Schrift des 12. Jahrhunderts. S. u. S. 183.
[77] Puech, in: Puech-Vaillant, S. 178–181, 205–209, 211–213
[78] Euthymios von Peribleptos; Obolenskij, *Bogomils*, S. 182. Obolenskij unterscheidet (ebd., S. 143–144) pazifistische Bogomilen von kriegerischen Paulikianern; Angelov (Werner, in *SM*, 3. Serie, III, 1962, S. 249–279) vertritt die Auffassung, Pazifismus und Arbeitsverweigerung seien Gewohnheiten der Eingeweihten, nicht der normalen Gläubigen.
[79] Euthymios Zigabenos; Obolenskij, *Bogomils*, S. 214.
[80] Puech, in: Puech-Vaillant, S. 257–260
[81] Ebd., S. 185–188, 304–316

⁸² Ebd., S. 325–336; zur Methode Puechs siehe ebd., S. 292–304. Obolenskij, *Bogomils*, S. 251, ist anderer Meinung. Ich ziehe Puechs skeptische Behandlung der Quellen vor und neige dazu, den messalianischen Einfluß später anzusetzen als Obolenskij, und ihn allgemein weniger zu betonen.

⁸³ Hintergrund bei Jonas, *Gnostic Religion;* byzantinisches apokryphes Schrifttum bei Runciman, *Medieval Manichee*, S. 21–25. Obolenskij und Runciman geben Einblicke in Ivanov, J.: *Bogomilski knigi i legendi,* Sofia 1925 (auf bulgarisch). Abhängigkeit von alter Literatur weist Turdeanu, E., Ivanov korrigierend, nach, in: Apocryphes bogomiles et pseudo-bogomiles, *RHR,* CXXXVIII, 1950, S. 22–52, 176–218; Vaillant, A.: Un Apocryphe pseudo-bogomile: La Vision d'Isaïe, *RES,* XLII, 1963, S. 109–121. Mögliche Kanäle für die Übertragung der Häresie werden erörtert in Dando, M.: *Les Origines du Catharisme,* Paris 1967.

⁸⁴ S. Karte 1

⁸⁵ Garsoïan, *Paulician Heresy,* S. 13–17; Obolenskij, *Bogomils,* S. 188–195.

⁸⁶ Runciman, S. 45–46

⁸⁷ Garsoïan, S. 139–145 (Geschichte), S. 151–167 (Lehre), S. 231–233 (Zusammenfassung).

Das Wiederaufleben des Ketzertums im Westen
1000–1051

Während Bogomil und seine Glaubensgenossen ihre Ketzerei in Bulgarien predigten, gab es im Westen nichts über irgendwelche Häresien zu berichten. Als sich das Bogomilentum Ende des 10. oder Anfang des 11. Jahrhunderts in den Kernländern des Byzantinischen Reichs ausbreitete, zeigten sich im Westen die ersten Anzeichen einer Wiederkehr häretischer Vorgänge. Abweichungen in der Lehre tauchten erst wieder auf, als die Menschen langsam seßhafter wurden. Die durch die Wikinger verbreiteten Unruhen fanden ein Ende; im Inneren nahm die Ordnung allmählich zu; gleichzeitig mit dem Wiederaufkommen wirtschaftlichen Lebens regten sich in der Kirche Reformbestrebungen und etwas Häresie. Die nachstehende Aufstellung zeigt die Reihenfolge des Auftretens von Häresie von etwa 970 bis 1100 und Konzile und andere Instanzen, die Häresie verurteilten.[1]

Häretische Episoden im Westen von ca. 970–1100

Sardinien		Ravenna	1030–1046
(auch Italien, Spanien)	um 970	Venedig	1030–1046
Châlons-sur-Marne	um 1000	Verona	1030–1046
Lüttich	1010–1024	Châlons-sur-Marne	um 1046–1048
Aquitanien	1018	Lüttich	um 1048–1050
Toulouse	um 1022	*Reims*	
Orléans	1022	*(Konzil, auf dem*	
Lüttich	1025	*Häresie verurteilt wird)*	1049
Arras	1025	Oberlothringen	1051
Monforte	um 1028	*Sisteron*	
Charroux		*(Brief, der »Afros«*	
(Konzil, auf dem Häresie		*in einer alten Glaubensformel*	
verurteilt wird)	1027–1028	*verurteilt)*	1060
Csanád	1030–1046	Nevers	1075

Zunächst trat Ketzerei in sehr begrenztem Maße auf; zwischen 970 und 1018 wird nur von vier Fällen berichtet. In dem Jahrzehnt von ungefähr 1018 bis 1028 nahmen die Ausbrüche sprunghaft zu, laut Ketzerberichten aus Frankreich, Italien und den Niederlanden. Danach gab es wieder weniger Vorfälle, bis diese Phase ihren Abschluß fand mit der Aufdeckung einer Gruppe von Ketzern in Oberlothringen, die von ihrem Herzog zum kaiserlichen Hof in Goslar gebracht und dort im Jahre 1051 gehenkt wurden.[2] Danach tritt bei den Chronisten Schweigen ein: obgleich in der Polemik zwischen der gregorianischen Reformbewegung und deren Gegnern Anklagen wegen Ketzerei erhoben wurden[3], traten bis 1100 keine weiteren verbürgten Fälle wirklicher Ketzerei auf, abgesehen von der zweideutigen Aussage eines Briefes Nikolaus' II. nach Sisteron, in dem Ketzerei verurteilt wird[4], und einer Zeile von einem einzelnen Chronisten, der von einem Fall in Nevers im Jahre 1075 berichtet.

Die Ausbrüche ereigneten sich auch isoliert voneinander. Außer in der Diözese Châlons-sur-Marne und der Stadt Lüttich wurde während dieser Periode Häresie niemals zweimal am selben Ort aufgedeckt. Wir müssen die Ungenauigkeiten der Berichterstattung in einem durch Dokumente schlecht bezeugten Zeitalter in Rechnung stellen; trotzdem sieht es so aus, als sei in dieser Zeit die Unterdrückung so erfolgreich gewesen, daß häretische Kreise, nachdem sie einmal entdeckt waren, ausgemerzt wurden, so daß kein Rest von Proselytenmachern von der Gruppe übrigblieb, der dann in der Lage gewesen wäre, die Häresie wieder aufleben zu lassen, nachdem die aufsehenerregenden Ermittlungen abgeschlossen waren.

Die geographisch unzusammenhängende westliche Häresie im 11. Jahrhundert ist auch, was ihre Lehre anbetrifft, jeweils von besonderer Art. Nach den fünf Fällen zu urteilen[5], über die uns die Chronisten genügend Information hinterlassen, so daß wir eine detaillierte Rekonstruktion der häretischen Lehren wagen können, kann die betreffende Häresie nicht ausschließlich mit den Merkmalen einer früheren charakterisiert oder als Teil einer homogenen Bewegung angesehen werden. Jeder Ausbruch hat seine besonderen Einzelzüge, wobei die Gesamtheit der verbreiteten Lehrmeinungen – selbst wenn sie sich, wie wir vermuten, teilweise aus dem Bogomilismus herleitet – innerhalb des häretischen Kreises an einem Ort jeweils als ein Ganzes entwickelt wurde. Westeuropa war noch nicht reif dafür, eine kontinuierliche häretische Bewegung von der Art aufleben zu lassen, wie sie sich in Byzanz in der bogomilischen und paulikianischen Häresie darstellte. In ihrem sporadischen und individuellen Charakter ähnelt die westliche Häresie des 11. Jahrhunderts noch dem Typus der zufälligen, unorganisierten Häresie, die im 8. und 9. Jahrhundert gelegentlich auftrat.[6]

Wenn sich jedoch die Aufmerksamkeit auf die Fälle konzentriert, bei denen eine Rekonstruktion der Lehrmeinungen möglich ist, besonders auf solche, die in dem aktiven Jahrzehnt von 1018 bis 1028 liegen, wird ein Unterschied zwischen dieser wiederaufgelebten Häresie und jener der ersten Jahrhunderte offenkundig. Während wir in der Vergangenheit einen Theologen wie Claudius von Turin mit einer voll ausgeprägten dogmatischen Häresie, aber ohne Anhängerschaft finden, oder alternativ dazu, ländliche Agitatoren vom Schlage Theudas oder Aldeberts, der eine Anhängerschaft, aber keine feste dogmatische Häresie hat, stoßen wir nun auf Bewegungen, bei denen ein Lehrer durch eine dogmatische Herausforderung der Kirche einen lebendigen häretischen Kreis um sich geschart hat.[7]

Die erste tritt um das Jahr 1000 auf. Sie zeigt uns den Bauern Leuthard im Dorfe Vertus bei Châlons-sur-Marne;[8] nachdem er in einem Traum von Bienen gepeinigt worden war, die durch seine Geschlechtsteile in seinen Körper eindrangen, kehrte er vom Felde heim, verjagte seine Frau, »als ob er die Trennung auf Weisung des Evangeliums ausführe«, ging zur Kirche und zerschlug das Kruzifix; danach versammelte er die Bauern, um ihnen seine Ansichten mitzuteilen – zweifellos mit Hilfe seiner willkommenen Anschauung, daß es nicht nötig sei, den Zehnten zu zahlen. Der Zuspruch, den er bekam, gründete sich zum Teil auf einen auszugsweise benutzten Schrifttext; er soll gelehrt haben, »die Propheten hätten einige nützliche Dinge bekannt gemacht und einige, die man nicht glauben sollte.«[9] Der Bischof entlarvte die Schwächen dieses ungehobelten Agitators, der daraufhin Selbstmord verübte, indem er sich in einen Brunnen stürzte, dennoch gab es etwa fünfzehn Jahre später immer noch Spuren von seinen Anhängern.[10] Die Verschrobenheiten, die Bienen und sein Anspruch auf besondere Erleuchtung stellen ihn auf eine Stufe mit Aldebert und Theuda; trotzdem scheinen uns selbst die Unklarheiten eines schwachen Chronisten Anhaltspunkte für eine ernsthaftere dogmatische Häresie zu geben. Sie ist sicherlich schwer zu erfassen, aber die Verstoßung seiner Ehefrau »wie auf Weisung des Evangeliums« klingt wie eine Verwerfung der Ehe und die Demonstration in der Kirche wie eine Verwerfung von Kreuzen und Heiligenbildern.

Ein zweiter Fall, der sich im Jahre 1022 in Orléans zutrug, ist besser bezeugt.[11] Eine vornehme Gruppe, vielleicht an die zwanzig Leute, darunter Kanoniker der Heiligkreuz-Kirche, Nonnen und andere Frauen, Mitglieder des Klerus und des Adels sowie ein früherer Beichtvater der Königin von Frankreich, waren in eine gründlich durchgeformte Ketzerei verstrickt, deren Spuren in Orléans bis ungefähr 1015 zurückreichen. Der Kern ihrer Glaubensmeinungen war eine Art *gnosis,* zu welcher der Zugang durch eine Zeremonie der Handauflegung gewährt wurde. Die von der Befleckung durch jegliche Sünde befreiten Eingeweihten wurden vom Heiligen Geist erfüllt, der ihnen volles Schriftverständnis vermittelte. Orthodoxe Lehren, die davon ausgingen, daß Christus einen menschlichen Leib besessen habe, wurden in der Gruppe geleugnet: »Christus wurde nicht von der Junfrau Maria geboren. Er litt nicht für die Menschen. Er wurde nicht wirklich in der Gruft begraben und erstand nicht von den Toten auf.«[12] Die Gültigkeit der kirchlichen Sakramente wurde rundweg abgelehnt: »Durch die Taufe gibt es kein Abwaschen der Sünden.«[13] Die Priesterweihe wurde ebenso verworfen wie die Messe. »Die Konsekration des Leibes und Blutes Christi durch einen Priester ist kein Sakrament«, so glaubten sie nach den uns vorliegenden Berichten.[14] Auch die Buße wurde verworfen. Der Eingeweihte, der innere Erleuchtung gewonnen hatte, stand über diesen Dingen, denn er befand sich ja nun auf einer anderen Seinsebene, wo er sich von himmlischer Speise ernährte und engelgleiche Visionen hatte. So wurden Priestertum und Kirche abgewertet, indem man sie mit der Erfahrung eigener Erleuchtung verglich.

Die Verwerfung der Ehe durch die Gruppe von Orléans und, nach einer weiteren Quelle, ihre offenkundige Verwerfung des Fleischgenusses weisen auf ein anderes Motiv für die Verleugnung der Sakramente hin – den Abscheu vor der Materie. Als man die Sektierer zum Verhör vor den französischen König und einige seiner Bischöfe brachte, erklärten die Leiter der Gruppe ihre Ablehnung der Orthodoxie mit Ausdrücken, die eine Mischung aus Skeptizismus und einer jenseitsorientierten Zurückweisung irdischer Dinge zum Ausdruck brachten. Als der Bischof von Beauvais ihnen darlegte, daß sich das Leiden Christi und seine Auferstehung tatsächlich ereignet hatten, erwiderten sie: »Wir waren nicht dabei, und wir können nicht glauben, daß das wahr ist«, und auf seine Frage nach der jungfräulichen Geburt: »Was gegen die Natur ist, ist niemals in Harmonie mit dem Schöpfer.« Als er sie fragte, ob sie an die Lehre der Schöpfung des Vaters durch den Sohn glaubten, boten sie ihm Trotz, indem sie ihre Kenntnis des Gesetzes, das durch den Heiligen Geist in ihre Herzen geschrieben sei und direkt vom Schöpfer herstamme, deutlich von des Bischofs Lehre unterschieden, die geeignet sei zur Weitergabe an »jene, die nur irdische Weisheit besitzen und an die Erfindungen fleischlicher Menschen glauben, die auf Tierhäute gekritzelt wurden«.[15]

Bei einem dritten Ausbruch stammten die Sektierer, wahrscheinlich Stadtbewohner ohne systematische Ausbildung, aus Italien, wo sie durch einen Italiener namens Gundolf unterwiesen worden waren, und kamen nach Lüttich und Arras mit der Absicht, Menschen zur Konversion zu bewegen.[16] Sie verwarfen die Sakramentenlehre zumindest ebenso drastisch wie die Gruppe von Orléans. Sie lehnten die Taufe ab, bezeichneten die Messe als ein *vile negotium,* »ein schmutziges Geschäft«, und verwarfen Buße und Beichte. Im Zusammenhang mit ihrer radikalen Ablehnung des gesamten äußerlichen Zubehörs des kirchlichen Gottesdienstes richteten sie ihre Angriffe gegen die Benutzung von Kirchengebäuden, Altären und Weihrauch, Glocken und Kirchengesang, gegen den Brauch, sich durch Priester auf geweihtem Boden begraben zu lassen und gegen bildliche Darstellungen Christi und der Heiligen sowie die Verehrung des Kreuzes Christi. An deren Stelle setzten sie die Erfahrung ihrer Gruppe mit dem Weg der Rechtschaffenheit *(justitia),* indem sie dieser Welt entsagten, »ihr Fleisch«, wie sie es ausdrückten, »von fleischlichem Verlangen zurückhielten«, von ihrer Hände Arbeit lebten und zu allen, die bestrebt waren, ihrer Lebensweise zu folgen, freundlich waren.

Diese sittliche Lebenshaltung schloß die Notwendigkeit einer Taufe aus. Wenn *justitia* beachtet werde, so meinten sie, sei die Taufe überflüssig; wenn nicht, könne auch sie den Menschen nicht retten. Antiklerikale Stimmung und ein Bestehen auf der Verantwortlichkeit des einzelnen beeinflußten sie gegen dieses Sakrament in einer Weise, die im Laufe des 12. Jahrhunderts im Westen zu einer vertrauten Erscheinung werden sollte. Dieses Sakrament sei ohne Wert wegen des schlechten Lebenswandels derer, die es verwalteten, wegen der Gewißheit, daß die Sünden, denen man in ihm entsage, im späteren Leben wiederholt würden, und weil es einem Erwachsenen unmöglich sei, stellvertretend für ein Kind dem Bösen abzuschwören. In Arras nahm der Rigorismus große Ausmaße an. Man schloß die Bekenner von der Verehrung aus, so daß nur die Apostel und Märtyrer übrigblieben. Wie der Bischof auf seiner Synode feststellte, interpretierte man die Enthaltung von »fleischlichem Verlangen«, von der man behauptete, sie sei ein Gebot des Evangeliums, so, als ob Menschen, die heirateten, nicht gerettet werden könnten.[17] Man beschränkte die Schrift »auf die Anweisungen der Evangelien und der Apostel«.

Bei einem vierten Fall von Ketzerei, der ein paar Jahre später auf einem Schloß oberhalb von Monforte im Piemont aufgedeckt wurde, aber nach Ansicht des Chronisten »aus einem unbekannten Teil der Welt außerhalb Italiens« stammte, ähnelte die gesellschaftliche Zusammensetzung der Teilnehmer, unter denen sich eine Gräfin und Leute vom Adel befanden, derjenigen der Gruppe von Orléans, auch bei ihnen hatte die Erfahrung der Erleuchtung eine zentrale Bedeutung für ihren Glauben.[18] Absolution für begangene Sünde liege nicht in den Händen des Papstes, Bischofs oder Priesters. »Wir haben nicht jenen römischen Hohenpriester«, antwortete Gerhard, der Vertreter der Sekte, dem Erzbischof von Mailand, »sondern einen anderen, der täglich unsere Brüder, die in der Welt verstreut sind, besucht, und wenn er Gott zu uns bringt, dann wird uns Vergebung für unsere Sünden zuteil.«[19]

Die Gruppe erlegte sich strenge Enthaltsamkeit auf. Geschlechtlicher Verkehr war als an und für sich unrecht verboten. Von Jungfrauen erwartete man, daß sie ihre Jungfräulichkeit bewahrten, von verheirateten Männern, daß sie ihre Frauen so behandelten, als ob sie ihre Mütter oder Schwestern wären. Als man Gerhard befragte, was seine Gruppe von der Fortpflanzung als dem Ziel der Ehe halte, antwortete er, wenn das Menschengeschlecht sich einig wäre, »nicht der Korruption anheimzufallen« (d. h. Geschlechtsverkehr miteinander zu treiben), dann würde es »ohne Koitus, wie bei den Bienen« gezeugt. Die Ketzer aßen kein Fleisch, sie fasteten und hatten kein privates Eigentum. In einem geheimnisvollen Satz sagte Gerhard: »Keiner von uns beendet sein Leben ohne Qualen, auf daß wir so den ewigen Qualen entgehen.«[20] Es stellte sich heraus, daß dies bedeutete, daß ein Mitglied der Sekte, wenn es dem Tode nahe war, »auf bestimmte Weise« von einem seiner Genossen getötet wurde. Die Schrift des Alten und Neuen Testaments und die »heiligen Regeln« wurden täglich verlesen.

Diese Schriftauslegung vertrug sich mit Glaubenssätzen, die offensichtlich die Existenz Christi als historische Gestalt leugneten und die orthodoxe Lehre von der Trinität entleerten. Der Sohn, sagte Gerhard, sei »die von Gott geliebte Menschenseele« und der Heilige Geist »der Inbegriff göttlicher Wahrheiten, durch den alle Dinge, jedes für sich, gelenkt würden«. Als man ihn mit Nachdruck über die genaue Art seines christologischen Glaubens befragte, wiederholte Gerhard, was er schon gesagt hatte, und fügte eine Identifizierung Marias mit der Heiligen Schrift hinzu. »Er, den ihr Jesus Christus nennt, ist des Menschen Seele, im Leibe geboren von der Jungfrau Maria, das heißt, geboren aus der Heiligen Schrift.«[21] Einbeschlossen in die Glaubenssätze der Gruppe war eine Verleugnung der Kirche, welche ebenso radikal war wie die der Gruppe von Arras, jedoch ohne deren Antiklerikalismus. Auf die Frage nach der Macht des Priestertums, Leib und Blut Christi zu konsekrieren, antwortete Gerhard mit einer Verwerfung jeglichen Priestertums zugunsten einer unmittelbaren Erfahrung der Wirkungsweise des Heiligen Geistes. »Es gibt keinen anderen Hohenpriester außer unserem Hohenpriester«, so gibt uns der Chronist seine Aussage wieder, »aber dieser hat keine Tonsur auf dem Kopf oder irgendein heiliges Mysterium.« Spuren einer Organisation innerhalb der Sekte erkennt man an der Erwähnung der Gemeindeleiter, die Tag und Nacht in Schichten beteten, so daß keine Stunde ohne Gebet zu Gott verstrich, sowie der Ältesten *(maiores),* deren Einverständnis offenbar benötigt wurde, bevor Neubekehrte, die ihre Jungfräulichkeit verloren hatten, aufgenommen werden konnten. Aber in Anbetracht der radikalen Verwerfung der Welt der Materie, die der Gruppe eigentümlich war, nehmen wir nicht an, daß die Ältesten sakramentale Funktionen hatten. Schließlich zwangen die Bewohner der Stadt sie, bei ihrer Hinrichtung zwischen dem Kreuz und dem Scheiterhaufen zu wählen – vermutlich deshalb, weil die Ketzer die Verehrung des Kreuzes verschmähten.

In einem fünften Fall erfahren wir durch einen Brief aus den Jahren 1048–1050, den Theoduin, der Bischof von Lüttich, an Heinrich I. von Frankreich schickte, etwas über Ketzer (die der Bischof irrtümlich für Anhänger des Theologen Berengar von Tours hielt), welche die Wirklichkeit des Leibes Christi leugneten mit der Behauptung, er sei ein Schatten, die ferner die Ehe verwarfen sowie die Lehre von der Kindertaufe untergruben.[22]

Der Charakter des Ketzertums im 11. Jahrhundert

Die radikale Art, in der die Kirche in jeder dieser fünf Episoden dogmatisch herausgefordert wurde, legt die Vermutung nahe, daß sich im religiösen Bewußtsein der Menschen des Westens einige völlig neue Elemente regten. Was alle diese Ketzereien gemeinsam haben, ist eine Betonung der Weltflucht, ein Erpichtsein auf Reinheit, ein positiver Widerwille, so möchte es scheinen, gegen Materielles, gegen den menschlichen Leib und seine Gelüste, wie er in der Tatsache zum Ausdruck kommt, daß jede dieser Gruppen, vielleicht mit Ausnahme Leuthards, die Ehe verwarf.[23] Der gleiche weltverneinende Zug taucht als Teil der Ketzerbeschreibungen bei zwei weiteren Ausbrüchen auf, die in jener Zeit stattfanden, nämlich in Aquitanien (1018) und in Châlons-sur-Marne (1046–1048), wo Informationsmangel oder vielleicht auch die Ungenauigkeit des Chronisten eine genaue Analyse der betreffenden Ketzerei unmöglich machen. Sie bezieht sich eindeutig auf das Vorhandensein einer stark durch mönchische Ideale beeinflußten Reformbewegung, die damals die Laien zu beschäftigen begann. Eine Wiederbelebung des Mönchtums, die in den Klostergründungen von Cluny und Gorze im vorausgehenden Jahrhundert ihren Anfang genommen hatte, war im Begriff, dem Untergang geweihte Klöster in ganz Westeuropa zu reinigen wie eine Welle, die naturgemäß auch die Laienwelt erfaßte. In wachsendem Maße machte sich das Verlangen nach Reform auch im säkularen Bereich der Kirche mit einem Ruf nach mehr Reinheit und Frömmigkeit unter den Klerikern bemerkbar. Mönche waren oft die Anstifter der Reform und verbreiteten ihre Ideale, von der Tendenz begleitet, die Welt als wertlos einzuschätzen. Ein radikaler Pessimismus hinsichtlich der natürlichen

Ordnung der Dinge ist ein ausgeprägter Wesenszug dieser Reform. Das gleiche gilt für den von den Reformern gepredigten Gegensatz zwischen der Kirche der Apostel, wie sie die Schrift bezeugt, und dem Zustand des zeitgenössischen Priestertums und der Hierarchie.

Diese beiden Züge trugen mit dazu bei, daß man sich in diesen Häresien gegen die Welt der Materie wandte und mit einem Rückzug in die Askese reagierte, und weiterhin, daß sich ihre Berufung auf die Heilige Schrift, wenn sie auch noch so verworren war, gegen die zeitgenössische Kirche und deren Praktiken richtete.[24] In einem gewissen Sinne erlebte ein Teil der Laienwelt in den entwickelten Ländern des Westens im 11. Jahrhundert eine Bekehrung. Die frühmittelalterliche Festung der Christenheit gab unter den günstigeren sozialen Bedingungen der Zeit einer Religion Raum, zu der der Verstand des Laien einen Zugang hatte. Anzeichen davon sind bei einigen dieser Ausbrüche zu erkennen, besonders in Arras, wo man bei der Verweigerung der Kindertaufe auf der Verantwortung des Erwachsenen bestand, und in Orléans in Gestalt der Skepsis gegenüber der Jungfrauengeburt. So verläuft die Häresie im 11. Jahrhundert, wie so oft, parallel zur Orthodoxie, wobei sie die innerhalb der Kirche verbreiteteren Gedankenströmungen widerspiegelt und verzerrt.

Alle sozialen Klassen wurden bei diesen Episoden in Mitleidenschaft gezogen – Aristokraten und Kleriker in Orléans, Aristokraten in Monforte, Städter wahrscheinlich in Arras und Lüttich, vielleicht in vier anderen Fällen auch Bauern.[25] Die Situation ist deshalb verworren, weil die Kirchenschriftsteller aus einer Konvention heraus abfällig von den Ketzern als von Leuten niederen Standes sprechen, *plebs, rustici* und dergleichen, weil es sich um Menschen ohne Bildung handle, die sich in kirchliche Angelegenheiten einmischten, die sie eigentlich nichts angingen.[26] Ihre Ausdrucksweise ist ungenau und kränkend. Vor allem bleiben die sozialen Faktoren, die sich hinter der Häresie verbergen, schwer erfaßbar, weil wir so wenig über die soziale Zusammensetzung bei den Ausbrüchen wissen. Bestenfalls beträgt die Zahl der Ausbrüche, bei denen die Zusammensetzung bekannt ist, acht von insgesamt siebzehn Fällen (oder sogar etwas mehr als siebzehn, wenn wir die allgemeinen Verurteilungen von Ketzerei in bestimmten Quellen als Zeugnis mit dazurechnen). Im übrigen sind von diesen acht Fällen einige nur unzureichend nachgewiesen.[27] Die soziale und wirtschaftliche Seite kann jedoch nicht gänzlich außer acht gelassen werden, selbst wenn sie zwangsläufig ungenau bleibt. Denn damals eröffnete das sich entfaltende Wirtschaftsleben Handelswege, die ihrerseits zur Verbreitung von Ideen beitrugen. Das Anwachsen der Bevölkerung schuf neue Probleme, die Horizonte weiteten sich. Insbesondere regte sich damals jene Bewegung, aus der später die unabhängigen Gemeinden hervorgingen. Die Entwicklung der Städte rief eine neue Art von Gemeinwesen ins Leben. Diese Tatsache kann einer der Gründe für ein gänzlich neuartiges Phänomen im Ketzertum des 11. Jahrhunderts sein – man schloß sich zu Gruppen unter einem Führer zusammen und gab in Orléans, Arras und Monforte der Erfahrung der Gruppe deutlich den Vorzug gegenüber der Lehre der Kirche. Die religiöse, wirtschaftliche und soziale Entwicklung in der ersten Hälfte des 11. Jahrhunderts lieferte die Bedingungen, unter denen die Häresie wiederum in einer neuen Form im Westen erscheinen konnte. Für sich gesehen jedoch sind diese nicht verantwortlich für einige überraschende Züge in den fünf untersuchten Fällen.

In jedem einzelnen Fall enthalten die Lehren insgesamt Elemente, die man nicht einfach aus einer westlichen Reformbewegung oder irgendeinem anderen Unruheherd in der Gesellschaft jener Epoche herleiten kann. Sie machen es erforderlich, daß wir die Vermittlung einer nicht-westlichen Kraft als gegeben voraussetzen.[28] Die Ketzer in Orléans und jene in Lüttich, die in dem Brief des Bischofs Theoduin von 1048/50 erwähnt sind, und die da sagten, Christus habe keinen menschlichen Leib besessen, oder jene in Monforte, die offensichtlich glaubten, er habe überhaupt nicht existiert – sie alle setzten sich über einige der fundamentalsten Lehren der Kirche hinweg. Die drastische Verleugnung der Inkarnation mit dem Einfluß monastischer Ideen zu erklären, die man dahingehend mißverstand, daß die Materie an sich böse sei, erscheint kaum hinreichend. Die Verwerfung der Ehe ist mit westlicher Denkweise leichter zu erklären, wenn man sich die Ausdrucksweise einiger Reformer, den in jenem Jahrhundert so machtvollen Hang zum Mönchtum sowie einige paulinische Worte über die Spaltung zwischen Körper und Geist in Erinnerung ruft. In Arras und Monforte jedoch gingen die Ketzer eindeutig über die Forderung der Ehelosigkeit für einige Christen hinaus und bezogen die extreme Position, daß Ehe und Geschlechtsverkehr an sich sündhaft seien. Selbst die von allen orthodoxen Schreibern anerkannte Ehe zum Zwecke der Fortpflanzung wurde in Monforte ausdrücklich ausgeschlossen. Das verträgt sich nur schwer mit der westlichen Tradition.[29] Das gleiche gilt für die Verwerfung des Alten Testaments in Arras, welche das ausschließliche Vertrauen der dortigen Ketzer auf die Evangelien und die apostolischen Schriften implizierte. Dies war im späteren Mittelalter bei der Häresie rein westlichen Ursprungs nicht üblich. Die Waldenser, die in ihrer Betonung des Neuen Testaments nicht ihresgleichen hatten, gerieten nie so weit ins Wanken, daß sie wegen ihrer Begeisterung für das Neue Testament die Autorität des Alten verleugnet hätten.[30] Ferner fällt in Arras der extreme Radikalismus auf, den die Ketzer materiellen Gegenständen und entsprechenden Begleitscheinungen im Gottesdienst, wozu sie sogar den Kirchengesang rechneten, entgegenbrachten. Insgesamt ist er eine nicht gerade naheliegende Abkehr von westlichem Denken.

Das Kreuz war als Symbol schon seit vielen Jahrhunderten angebetet worden, und wenn man es in Châlons-sur-Marne, Arras und Monforte plötzlich verschmähte, so stellte dies einen krassen Bruch mit dem im Westen üblichen Brauch dar. Mag es auch denkbar sein, daß sich eine solche Verschmähung spontan im Geist eines Ketzers entwickelt, wie das Beispiel des Claudius von Turin zeigt[31], so ist dies doch für einen Christen ein recht unwahrscheinlicher Grundsatz. Das wird durch das äußerst seltene Vorkommen dieser Ansicht in der rein westlich beeinflußten Häresie des 12. Jahrhunderts bewiesen.[32] Schließlich scheinen wir es in Orléans mit einer gnostischen Sekte zu tun zu haben, die eine Initiationszeremonie und die Gabe besonderer Erleuchtung für wenige Auserwählte kannte. Jeder Leser der Schrift kann in der Apostelgeschichte die Bedeutsamkeit des Handauflegens für die Urkirche bestätigt finden. Ob er aber ebenso leicht Präzedenzfälle für die aus Orléans berichtete Entwicklung finden würde, ist sehr zweifelhaft.

Wenn wir es bei einem Ausbruch mit nur einem Glaubenssatz dieser Art zu tun hätten, so ließe sich dies – auch wenn er noch so exzentrisch wäre – sicher leicht damit erklären, daß er allein im Westen spontan auftrat. Wenn wir aber , wie in den fünf erörterten Fällen, solche Glaubenssätze in geballter Form antreffen, müssen wir über die orthodoxen Entwicklungen innerhalb der westlichen Kirche hinaus auf die Tradition des Bogomilentums blicken, von dem wir wissen, daß es sich im Byzantinischen Reich während dieses Jahrhunderts ausbreitete. Jede der erörterten Doktrinen bildet, wie wir gesehen haben, einen Teil der Lehre der byzantinischen Bogomilen. Diese besagten, Christus habe keinen Leib gehabt und sei in Wahrheit nicht geboren oder gekreuzigt worden oder auferstanden. Sie verwarfen die Ehe und den Geschlechtsverkehr als an und für sich sündhaft. Sie erkannten das Alte Testament nicht an. Sie verwarfen in Bausch und Bogen die Formen der Liturgie, den Kirchengesang und die Kirchengebäude. Sie wollten das Heilige Abendmahl nicht empfangen. Sie verwarfen die Verehrung des Kreuzes Christi. Sie nahmen, wie Zigabenos uns berichtet, Eingeweihte durch Handauflegen in ihren Kreis auf. Seit der Zeit des Johannes Zurillas, wenn nicht schon eher, verwarfen sie den Fleischgenuß überhaupt, wie es einige der westlichen Ketzer taten.

Obwohl theoretisch jeder dieser Glaubenssätze spontan und nur im Westen aus einem verzerrten Verständnis der christlichen Überlieferung hätte aufkeimen können, so hat doch die Hypothese, daß sie geschlossen aus dem byzantinischen Bogomilismus übernommen wurden, größere Wahrscheinlichkeit. Keime des byzantinischen Dualismus, die durch Handelsbeziehungen oder auch durch bewußte Missionsarbeit in den Westen getragen wurden, vielleicht auf dem Wege über die griechischen Kolonien, die immer noch in Italien bestanden[33], fielen hier und da auf fruchtbaren Boden, vorbereitet durch die Einwirkung der westlichen Reformtradition mit ihren stark asketischen Obertönen und, wenn auch noch zaghaft, durch die kritische Geisteshaltung, die sich unter den Laien regte.

Die Schreiber, die von diesen Episoden berichteten, wußten nichts vom Bogomilismus. Manche von ihnen beschrieben die Ketzer als Manichäer – eine Beschreibung, die im strengen Sinne falsch war, denn der Manichäismus war im Westen schon etwa fünf Jahrhunderte früher ausgestorben, und diese Ausbrüche zeigen keine Spur von seinen deutlich ausgeprägten Doktrinen und seiner Organisation. Adémar von Chabannes machte von der Bezeichnung ausführlichen Gebrauch: er wandte sie auf drei der Episoden zwischen 1018 und 1028 an und ebenso auf die Verurteilung beim Konzil von Charroux, das man einberufen hatte, um sich mit der Ketzerei auseinanderzusetzen. Landulf der Ältere wandte sie auf die Sektierer von Monforte an, ein anderer Chronist auf die Ketzer in Oberlothringen und ein Bischof, der über Ketzerei in Châlons-sur-Marne berichtete, entstellte seinen Bericht durch die Meldung, daß ihre Anhänger glaubten, Mani sei der Heilige Geist. Es ist in der Tat unwahrscheinlich, daß diese Abweichler überhaupt jemals etwas von Mani gehört hatten. Die Schreiber benutzten den Ausdruck lediglich deswegen, weil sie bei den Ausbrüchen etwas von Dualismus witterten, und der Manichäismus war für westliche Schreiber dank den Erfahrungen Augustins die bekannteste Form des Dualismus.[34] Trotzdem tauchte die Bezeichnung bei den Chronisten von 1018 aufgrund eines durchaus richtigen Instinkts wieder auf, denn von dieser Zeit an, wenn nicht schon vorher, übte eine Form des orientalischen Dualismus auf die einheimische Häresie ihren Einfluß aus.

Im 11. Jahrhundert waren die Berührungen mit dem Bogomilentum zu schwach, als daß ein voll entwickelter Dualismus hätte importiert werden können. Eine häretische Kosmologie wird nur einmal bezeugt und das nur andeutungsweise.[35] Wie bereits herausgestellt wurde, werden in einigen Fällen, in denen bogomilische Glaubenssätze gelehrt werden, keine bogomilischen Gründe für sie angegeben.[36] In Monforte zum Beispiel vertraten die Ketzer zwar den Glaubenssatz der Bogomilen, daß Geschlechtsverkehr an sich sündhaft sei, ließen jedoch durch den Mund Gerhards ihren Wunsch nach einer Fortpflanzung des Menschengeschlechts durchblicken, was ein Mitglied der byzantinischen Sekte sicherlich zurückgewiesen hätte. Die Ausbrüche unterscheiden sich hinsichtlich des Ausmaßes, in dem sie eine Durchdringung durch die Lehre der Bogomilen angenommen haben. Am nächsten kommt dem Bogomilentum der aus der Oberschicht gebildete Kreis in Orléans mit seiner Ablehnung der Auffassung, Christus habe einen Leib gehabt, seiner Verwerfung der Ehe und des Fleischgenusses, seinem festen Stamm von Eingeweihten und seinem Brauch der Handauflegung zum Übertragen einer besonderen Erleuchtung – was alles der *teleiosis* der byzantinischen Quellen entspricht. In Arras wiederum finden wir zwar die drastische Verwerfung der Kirche, die den Bogomilen eigentümlich ist, aber das Ablehnen von Kirchengebäuden, die Verwerfung des Kreuzes und des Kirchengesangs, die Betonung der *justitia* sind besondere Merkmale der Gruppe und die Verwerfung der Taufe ist ein typisch westlicher Glaubenssatz. *Gnosis* scheint ganz zu fehlen. Von allen hat Monforte die eigentümlichste Form entwickelt, mit Glaubenssätzen wie dem, daß Christus die von Gott geliebte Menschenseele gewesen sei, was weder zum Abweichlertum westlicher Reformer noch zur bogomilischen Tradition paßt. In allen Fällen bleiben typisch westliche Faktoren wirkungsvoller als die der Bogomilen; ohne die ersteren hätte es zu jener Zeit im Westen kein Ketzertum gegeben. Eine einheimische Bewegung, die erst halb ausgeprägt war und aus sich heraus noch nicht fähig war, eine Herausforderung für die Lehren der Kirche aufrechtzuhalten, wurde vom Bogomilentum durchdrungen, aber nicht von ihm übernommen. Die Häresien sind von eigener Art, lassen sich unmöglich vollständig einordnen[37], sind eine Zwischenstufe zwischen westlichem Abweichlertum und östlichem Dualismus und werden am besten mit »Proto-Dualismus« umschrieben.

Verbreitung und Ursprünge der Häresie

Auf nebenstehender Karte sind in paralleler Übersicht der westliche Proto-Dualismus und andere Häresien im 11. Jahrhundert sowie das gleichzeitige Auftreten von Dualismus im Byzantinischen Reich und seinen Nachbarländern dargestellt, um die geographische Lage deutlich zu machen, in der diese Durchdringung stattfand. Sie erfaßt die paulikianische Bewegung in einem späten Stadium ihrer Entwicklung, als sie von Kleinasien bis an die Grenzen des Reiches verstreut war, wobei der adoptianische Flügel auf der armenischen Seite lag und die Dualisten auf dem Balkan saßen. Die Bogomilen waren in Bulgarien und in bestimmten Teilen des Byzantinischen Reiches und seiner Hauptstadt ansässig. Die andere Seite der Karte zeigt das verstreute Vorkommen des Dualismus von Lüttich und Arras im Norden bis nach Monforte im Süden. Nach unserem spärlichen Quellenmaterial zu urteilen, blieben weite Teile Europas von der Häresie unberührt –

Wiederaufleben des Ketzertums im Westen

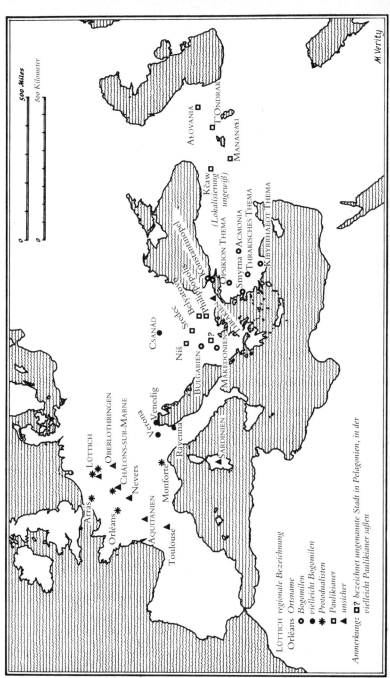

Karte 1   Ketzer im Westen und Dualisten im Osten im 11. Jahrhundert

das Heilige Römische Reich mit Ausnahme von Oberlothringen, Spanien (abgesehen von der schwer faßbaren Häresie, die Glaber mit Sardinien verknüpft), ganz Süditalien, die Britischen Inseln sowie die skandinavischen Länder.[38] Die proto-dualistischen und unbekannten Episoden konzentrieren sich in Frankreich, vor allem im Norden, und in den Niederlanden – das heißt, in einigen der damals schon weiter entwickelten Gegenden Westeuropas. Es läßt sich eine Verbindung mit Italien erkennen bzw. mit dem Landwege dorthin. Bei der Diözese Châlons-sur-Marne, die zwei Episoden aufweist, hat man an die Messen zu denken, welche die Handelskontakte zwischen dem Norden und dem Mittelmeer herstellten. Arras, wohin die Ketzer aus Lüttich und letztlich aus Italien kamen, hatte durch seine Tuchmanufaktur eine Verbindung mit der Mittelmeerwelt. In Orléans trat die Ketzerei einer schwachen Quelle zufolge durch die Tätigkeit einer Missionarin aus Italien auf.[39] Italien selbst wird durch Monforte, Venedig, Verona und Ravenna repräsentiert. Sardinien jedoch, das am weitesten südlich gelegene Gebiet, in dem Ketzerei vorkam, fällt aus dem Rahmen: in diesem Fall ist die Beschreibung des Chronisten zu verworren, als daß wir irgend etwas über Personen oder Lehren erkennen könnten.

Csanád mit Ravenna, Verona und Venedig bietet sich als mögliche Zwischenstation an zwischen dem Gebiet der westlichen Häresie und des byzantinischen Dualismus, die ansonsten auf der Karte so weit auseinanderliegen; aber wegen der unbestimmten Ausdrucksweise unseres Informanten, St. Gerhards von Csanád, ermangelt diese Annahme jeglicher soliden Bestätigung.[40] Gerhard, ursprünglich ein Mönch aus dem venetianischen Kloster San Giorgio, wirkte als Missionsbischof in dem soeben erst christianisierten Land Ungarn, wo er einen impulsiven und weitschweifigen Kommentar *Super hymnum trium puerorum* irgendwann zwischen seiner Ernennung im Jahre 1030 und seinem Märtyrertod im Jahre 1046 verfaßte. Darin erzählt er uns von einer aktiven Häresie in seinem Missionsgebiet, welche verdächtig an den Bogomilismus erinnernde Züge aufweist. Unmittelbar darauf spricht er von Häresie in Frankreich, Griechenland und Italien und erwähnt dabei besonders die drei Städte am nordwestlichen Ende der Adria, die aktive Handelsbeziehungen mit dem Osten hatten. Csanád, eine Stadt, wo die lateinische und die byzantinische Einflußsphäre aufeinandertreffen, grenzte an die Wiege des Bogomilentums in Bulgarien. Aber obgleich die geographische Situation eine Hypothese bulgarischer Infiltration genügend nahelegt, ist Gerhards Verständnis des Ausdrucks *haereses* zu ungenau, sind die Verbindungen, die er in seiner Vorstellung zwischen der Häresie in Ungarn und jener in den italienischen Städten zieht, zu ungewiß, als daß das Ganze mehr als eine faszinierende Möglichkeit bleibt.

Die westliche Häresie des 11. Jahrhunderts ist für den Historiker deshalb so interessant, weil mit ihr das Studium der Anfänge verbunden ist. Nach einer Lücke von hundert Jahren lebt die Häresie wieder auf, sie ist durch völlig neuartige Elemente charakterisiert. Für sich gesehen sind die Häresien individuelle Kompositionen – gewissermaßen Sammlerstücke – mit Zügen, die sich später nicht wiederholen. Das Wachstum der Dissidenz im Westen erreicht ein neues Stadium, das nicht nur von modernen Analytikern erkannt wird, sondern auch von Zeitgenossen wahrgenommen wurde. Ein neues Geistesklima macht sich bemerkbar, nicht nur bei den Ketzern selbst, sondern auch bei ihren Gegnern. Nach 1018 stoßen die Ketzer in gewissen Fällen auf Gewalt.[41] Im allgemeinen ist das Laientum hierfür verantwortlich. In Orléans gibt der König den Befehl, den Widerspenstigen zu verbrennen, stößt die Königin ihrem Beichtvater mit einem Stock das Auge aus, versucht der Pöbel die Ketzer zu lynchen. In Goslar war es der Kaiser, der die Ketzer aus Oberlothringen aufhängen ließ, weil sie sich weigerten, als Probe ein Küken zu töten. Aber der Klerus gab zu diesen Todesstrafen offenbar seine Zustimmung, und der Bischof von Cambrai-Arras wandte Gewalt an bei dem Versuch, aus der Gruppe von Arras Bekenntnisse herauszupressen. Andererseits plädierte Bischof Wazo von Lüttich für ein tolerantes Verhalten. »Laßt den Weizen zusammen mit dem Unkraut bis zur Zeit der Ernte wachsen«, meinte er.[42] Dies war ein Rat, den man im Mittelalter im allgemeinen nicht befolgte. Beide Seiten wurden von den neuen religiösen Strömungen erfaßt: einige Gruppen wurden in diesem Jahrhundert förmlich zum Ketzertum getrieben und die Rechtgläubigen zu wütenden Gegenreaktionen angestachelt.

Die Erwartungen des Historikers werden jedoch durch die Spärlichkeit der Berichterstattung für immer enttäuscht. Hier und da scheinen wir ein Fragment der tatsächlichen Ketzerworte in der für sie charakteristischen Haltung zu entdecken, wenn sie versuchen, ihren unorthodoxen Glauben hinter sanft klingenden Sätzen zu verbergen, wenn sie durch beharrliche Verhöre ausgeholt werden.[43] In den meisten Fällen jedoch ist die Ausdrucksweise zu mehrdeutig und sind die Eintragungen in die Chroniken zu knapp, als daß wir uns ein befriedigendes Bild machen könnten. Selbst bei den bedeutenderen Episoden, die uns eine Rekonstruierung ermöglichen, bleibt man sich immer dessen bewußt, daß eine Hypothese aufgrund einer dünnen Schicht von Belegen behutsam abgewogen werden muß. Auch können wir angesichts der Dokumentation in jener Zeitspanne nicht erhoffen, daß eine größere neue Entdeckung Licht auf das Problem wirft. Die Ketzerei jener Zeit wird immer ein dunkles und quälendes Problem bleiben.

Der Grund liegt vielleicht nicht nur in der Unzulänglichkeit des literarischen Rüstzeugs in jenem Zeitalter oder in der Unerfahrenheit der Ketzerbefrager, die mit einem neuen Problem fertig werden mußten, denen es aber nicht gelang, die Gedanken aus den Ketzern vollständig herauszulocken: er kann ebenso gut darin zu suchen sein, daß es den Ketzern, jenen einfältigen, schlecht beratenen Menschen auf der Suche nach Reinheit, selbst an logisch entwickeltem Verständnis ihres eigenen Glaubens mangelte. Unfähig, sich deutlich zu erklären, hinterlassen sie einen verschwommenen Eindruck in den Quellen.

Schließlich haben wir es erst mit den Prolegomena zu der ununterbrochenen Geschichte westlichen Ketzertums zu tun. Nach seinem Wiederemporkommen im zweiten Jahrzehnt des Jahrhunderts schwand das Ketzertum dahin, vielleicht durch die heftige Aktivität von Klerus und Laienvolk erstickt, tauchte noch einmal auf und verschwand dann ebenso geheimnisvoll wie es gekommen war. Das Bogomilentum wirkte zu ersten Mal ein, konnte es aber nicht zu jener dauerhafteren Verbindung bringen, aus der im 12. Jahrhundert die Katharerkirchen entstehen sollten. Es war dies die erste flüchtige Begegnung zwischen Ost und West, danach verlief die Entwicklung wieder getrennt.

Anmerkungen:

[1] Aufstellung nach Russell, *Dissent and Reform,* ohne Mainz 1012, weil der Fall einer Konversion zum Judentum vorlag (Giesztor, in: *HS,* S. 160, 166); Rom 1016, weil unbegründeter Verdacht auf Ketzerei bestand (Theloe, H.: *Die Ketzerverfolgungen im 11. und 12. Jahrhundert,* Berlin und Leipzig 1913, S. 8); Lüttich, weil die Datierung auf das 12. Jahrhundert wahrscheinlicher ist (s. u., S. 106, Anm. 56). Meine Karte, Bogomilen, Paulikianer und westliche Häresien um 970–1100, in: *Atlas zur Kirchengeschichte – Die christliche Welt in Geschichte und Gegenwart,* Hrsg. Jedin, H., Latourette, K. S., Marten, I., Freiburg i. Breisgau 1970, S. 57, bedarf in diesen Punkten der Verbesserung. Analyse von Episoden, aber nicht von allgemeinen Denunziationen, im Ortsnamenverzeichnis s. u. Anhang D, T.l. Kurze Darstellung bei Borst, A.: *Die Katharer,* Stuttgart 1953, S. 71–80 (das Buch ist die gültige Darstellung der Katharer, besonders was Lehre und Ethik betrifft). Quellen bei *Ilarino da Milano: Le eresie popolari del secolo XI nell' Europa occidentale,* in: Studi Gregoriani, Hrsg. Borino, G. B., II, Rom 1947, S. 43–89. Werner, E.: *Häresie und Gesellschaft im 11. Jahrhundert,* SSAWL, Philologisch-historische Klasse CXVII, 1975, S. 5–83, und Cracco, G.: *Riforma ed Eresia in momenti della Cultura Europea tra X e XI secolo,* Florenz 1972, erreichten mich zu spät, um in diesem Kapitel Verwendung zu finden.

[2] Über diese und alle anderen Episoden bei Borst, *Katharer* und Russell, *Dissent,* siehe Ortsnamenverzeichnis unter Anhang D,T.l; andere Autoren werden, wenn nötig, zitiert.

[3] Russell, *Dissent,* Kap. 5, passim

[4] Ebd., S. 182, 198–199; zur Abweisung der Quelle von Sisteron als irrelevant siehe Moore, R. J.: The origins of medieval heresy, *History* LV, 1970, S. 21–36 (Überblick über das frühe Ketzertum mit neuer Orientierung), S. 24, Anm. 1. Über Verurteilungen von Ketzerei auf den Konzilen von Charroux und Reims (s. u. S. 47), siehe Russell, S. 35, 41–42.

⁵ Arras 1025 (siehe auch Lüttich 1025), Châlons-sur-Marne um 1000, Lüttich um 1048–50, Monforte um 1028, Orléans 1022.
⁶ Hierin stimme ich mit Moore überein (a. a. O., S. 32–33), dennoch glaube ich, daß im 12. Jahrhundert noch ein besonderes Element hinzukommt, welches anzuerkennen er ablehnt. Siehe A. 36 und Anhang A, T. 1.
⁷ Siehe oben, S. 23–25
⁸ Übers. der Quelle mit diesen Zitaten in *WEH*, S. 72–73 (größte Sammlung von übersetzten Texten mit historischer Skizze, S. 1–55). Ich verdanke Prof. Wakefield die Information.
Anm. d. Übers.: Schreibweise des Dorfes Vertus (sic!), nicht wie im Text.
⁹ Nicht eine Unterscheidung zwischen »angenehmen« und »nicht angenehmen« AT-Schriftstellern wie Borst *Katharer*, S. 73 und Thouzellier, C.: *Tradition et Résurgence dans l'hérésie médiévale*, in: *HS*, S. 105–120, S. 107, implizieren.
Anm. d. Übers.: Bei Borst ist a. a. O. nur davon die Rede, daß Leuthard »den Propheten des Alten Testaments nicht mehr glauben will«.
¹⁰ Russell, J. B.: »A propos du Synode d'Arras«, *RHE*, LVII, 1962, S. 66–87, S. 86
¹¹ Siehe Ortsnamenverzeichnis, S. 514f. und Anhang A, T.1. Die Darstellung der Lehre beruht auf einer Trennung von zuverlässigen und unzuverlässigen Quellen. Die Geschichte von der Orgie ist als Einschiebung ausgelassen. Übers. von Paul von S. Père de Chartres, in: *WEH*, S. 76–81; *MBPH*, S. 10–15 (enthält die neueste Einführung in die Volkshäresie des 11. und 12. Jahrhunderts und Übersetzungen von Originaltexten).
¹² Moores Übers., a. a. O., S. 26
¹³ »in baptismo nullam esse scelerum ablutionem« *(Gesta Synodi Aurelianensis,* bei Bouquet, X, S. 536)
¹⁴ Übers. *WEH,* S. 78 (adaptiert)
¹⁵ Über Rekonstruktionen der Häresie von Orléans, die von meiner abweichen, siehe Moore, a. a. O., S. 25–28, 33, und Manselli, *Eresia,* S. 125–129.
¹⁶ Hinsichtlich der Lokalisierung und Datierung folge ich Russell, in: *RHE*, LVII, 1962, S. 66–87. Synodalakten teilweise übers. in: *WEH*, S. 82–85 (im allgemeinen hier benutzt) und *MBPH*, S. 15–19. Russell *(Dissent,* S. 23–27) plädiert für eine Diskrepanz zwischen dem Bekenntnis der Ketzer in den Prozeßakten und der Darstellung des Bischofs. Der Bischof, sagt er, legte den Ketzern willkürlich Dualismus zur Last. Ich bin anderer Meinung. Es gibt in des Bischofs Bericht kein Anzeichen von Entstellung im sprachlichen Ausdruck, er nennt die Ketzer nicht Manichäer; sowohl der Bischof als auch das Bekenntnis betonen *justitia* als das Leitprinzip der Ketzer.
¹⁷ »dicentes conjugatos id sortem fidelium nequaquam computandos« (Mansi, XIX, Sp. 449)
¹⁸ Vielleicht Monforte d'Alba in der Diözese Alba. Glaber gibt jedoch die Diözese Asti an; siehe Ilarino da Milano, in: *Studi Gregoriana*, II, S. 68, Anm. 35. Was die Quellen anbetrifft, siehe Ortsnamenverzeichnis, S. 514f. Anhang D, T.1. Übers. von Landulf d. Älteren, in: *WEH*, S. 86–89, *MBPH*, S. 19–21. Eine Interpretation, die sich von meiner unterscheidet, bei Violante, C.: *La società milanese nell'età precomunale*, Bari 1953, S. 176–186. Runciman *(Medieval Manichee,* S. 117–118) hält sie für Dualisten.
¹⁹ Übers. in *WEH,* S. 88
²⁰ Ebd., S. 87. Parallele in einer Abschwörungsformel für Katharer aus Moissac um 1150 in Manselli, R.: Per la storia dell'eresie nel secolo XII. Un abiura del XII secolo dell'eresia catara, *BISIAM*, LXVII, 1955, S. 212–234
²¹ *WEH,* S. 87–88
²² Siehe Zusammenfassung in Russel, J. B.: Les Cathares de 1048–1054 à Liège, *BSAHDL*, XLIV, 1961, S. 1–8, auf S. 6–7; über den ganzen Artikel s. u. Anhang D. Zu Russels Wandel in seiner Einstellung zur Art der Häresie seit 1961, siehe *Dissent,* S. 206. Die von Theoduin beschriebenen Glaubenssätze können kaum mit dem Werk des um-

strittenen Theologen Berengar von Tours in Verbindung gebracht werden. Allerdings sagt mir Frau Dr. M. Gibson, daß Berengar entgegen der herrschenden Meinung (Russell: *Dissent*, S. 163–164) beim Volke Anhänger fand; siehe ihr The Case of Berengar of Tours (SCH, VII, S. 61–68) zu Berengars Verurteilung. Ich bedaure, daß ich nicht in der Lage war, den Hinweisen, die sie mir gab, nachzugehen.

[23] Vgl. demgegenüber Moores Ansicht, daß die Gruppen »wenig gemeinsam« hatten (a. a. O., S. 33). Seine Meinung beruht zum Teil auf seiner Interpretation der Quellen betr. Orléans und Arras, die sie eigenwilliger hinstellt als ich annehmen würde. Vgl. demgegenüber Borst *Katharer*, S. 71 (Überschrift) und S. 80: »Eine weltfeindliche Bibelbewegung«.

[24] *RB* (die klassische Interpretation mittelalterlicher Häresie) S. 476–483; eine ausschließliche »westliche« Erklärung dieser Häresien findet man in Morghen, R.: *Medioevo cristiano* Bari 1953, vom *ADRSP*, LXVII, 1944, S. 97–151, was eine Kontroverse hervorruft bei Dondaine, A.: L'Origine de l'Hérésie médiévale, *RSCI*, VI, 1952, S. 43–78; weitere Arbeiten von Morghen in: *HS*, Bibliographie und S. 121–138 (siehe bes. E. Delaruelles Frage S. 137); Wiedergabe der Fakten bei Thouzellier (a. a. O., S. 105–116) und Russell, *Dissent*, mit dem zentralen Thema des westlichen Ursprungs der Häresie, aber auch einer neuen Dimension der Häresie vor 1000; Überblick von Brooke, C. N. L.: Heresy and Religious Sentiment: 1000–1250, *BIHR*, XLI, 1968, S. 115–131 (Nachdruck in seinem *Medieval Church and Society*, London 1971, S. 139–161).

[25] S. u. Ortsnamenverzeichnis im Anhang D,T.1.

[26] Grundmann, in: *Kultur- und Universalgeschichte. Festschrift W. Goetz*, Leipzig und Berlin 1927, S. 91–107. Riché, Cf. P.: Recherches sur l'Instruction des Laics du Xe au XIIe siècle, *CCM*, v, 1962, S. 175–182; Moore, a. a. O., S. 30, Anm. 42.

[27] Die beste Analyse sozialer Faktoren bei Russell: *Dissent*, S. 230–241 (sie umfaßt Episoden vor und nach dem 11. Jahrhundert).

[28] Die Annahme stammt vom Forschungspionier Döllinger, I. von: *Beiträge zur Sektengeschichte des Mittelalters*, I, München 1890, S. 51–74; Dondaine, in: *RSCI*, VI, 1952, S. 43–78 (beachte jedoch die Kritik von Puech, H. C.: Catharisme médiéval et Bogomilisme, in: *Oriente ed Occidente nel Medio Evo*, Rom 1957, S. 84–104); Borst: *Katharer*, S. 71–80 und, auf Arras bezogen, mit einer scharfsinnigeren Technik der dogmatischen Analyse als Dondaine, Fearns, J. V.: Peter von Bruis und die religiöse Bewegung des 12. Jahrhunderts, *AKG*, XLVII, 1966, S. 311–335. Ich verdanke Dr. Fearns Kommentare und Information.

[29] Prof. Russell erinnert mich an einige harte Aussprüche über geschlechtlichen Verkehr bei den Kirchenvätern; Bultot, R.: *La Doctrine du Mépris du Monde*, Louvain und Paris 1963, ist informativ. Aber die Lehren der Ketzer erscheinen mir dennoch extrem.

[30] Siehe Fearns, a. a. O., S. 326

[31] Russell, S. 16–17. Datierung und Situation machen einen Einfluß des Dualismus auf den Bildersturm von Byzanz und anderswo unwahrscheinlich.

[32] Fearns, a. a. O., S. 324–325

[33] Sproemberg, H.: Rezension von Borsts *Katharer* (DLZ, LXXVIII, 1957, Sp. 1095–1104). Sproemberg stellte die Karte, von der er hier spricht, nie fertig (lt. Information von Prof. E. Werner); ich verdanke die Idee, eine zusammenzustellen, seiner Rezension.

[34] Russell, S. 192–196; zum Gebrauch von »Manichei« usw. siehe S. 208. Der Gebrauch im 11. Jahrhundert stammt von einem Vermerk über Aquitanien bei Adémar um 1018.

[35] In des Bischofs Rückfrage zu Orléans über die *creatio ex nihilo* durch den Sohn, siehe Paul von S. Père de Chartres (Bouquet, X, S. 539). Die Bogomilen glaubten an eine Schöpfung durch den Teufel. Aber die Formulierung der Frage in einer Quelle, die lange nach der Begebenheit geschrieben wurde, könnte leicht zufällig sein.

³⁶ Moore, a. a. O., S. 30
³⁷ Vgl. A. Borst in: *Atti del X Congresso Internationale di Scienze Storiche,* Rom 1957, S. 349–350.
³⁸ Erörtert bei Russell, S. 243–247
³⁹ Glaber, Raoul: *Les Cinq Livres de ses Histoires (900–1044),* Hrsg. Prou, M., III, VIII, Paris 1886, S. 74–81.
⁴⁰ *Sancti Gerardi Chanadiensis scripta et acta,* Hrsg. Ignatius, Graf Batthyáni, Alba-Carolinae 1790, S. 98–99; hrsg. von Silagi, G.: *Untersuchungen zur »Deliberatio supra hymnum trium puerorum« des Gerhard von Csanád,* München 1967, S. 97–98 (fol. 46ʳ–7ʳ im Original); mißverstanden von Döllinger, in: Beiträge, I, S. 61–62. Neue textkritische Ausgabe des Werkes von Gerhard von Csanád in: Silagi, G. Hrsg.: *Corpus Christianorum Continuatio Medievalis* 49, Turnholti 1978, S. 98–99 (fol. 46ᵛ–47ʳ im MS).
⁴¹ Allgemeines über die Unterdrückung der Ketzerei bei Russell, S. 249–256
⁴² Ebd., S. 40, *MBPH,* S. 21–24
⁴³ In Arras, Monforte (in gewissem Maße: vgl. frühere und spätere Antworten Gerhards nach Landulf d. Älteren) und Orléans, gegenteilige Ansicht bei Morghen, *Medioevo,* S. 204–281.

Zweiter Teil
Das 12. Jahrhundert

Die Reform der Orthodoxie
und das Ketzertum

Besonderheiten des Ketzertums im 12. Jahrhundert

Das Schweigen eines halben Jahrhunderts in der Geschichte des westlichen Ketzertums wurde zu Anfang des 12. Jahrhunderts gebrochen: ein neuer Rhythmus macht sich bemerkbar[1], Ketzerepisoden ereignen sich häufiger. Das Ketzertum verändert seinen Charakter. Die häretischen Gruppen des 11. Jahrhunderts hatten versucht, durch Weltflucht ihre strenge Lebenshaltung zu verwirklichen. Sie begnügten sich im allgemeinen mit persönlicher Entsagung und mit einer Reihe von eigenwilligen Ansichten, die in einem abgeschlossenen Kreis von Erwählten erörtert wurden. Bei der neuen Art von Ketzern handelt es sich um aggressive Reformer; sie bestehen auf Veränderungen in der Kirche, die den Katholizismus mit ihren eigenen Ideen in Einklang bringen sollen. Die Gruppen des 11. Jahrhunderts hatten ihre Ansichten in aller Stille durch persönliche Kontakte verbreitet; bei dem urkundlich am besten bezeugten Beispiel, in Orléans, gab es insgeheim unter Geistlichen eine häretische Gruppe; sie breitete sich durch stille Missionsarbeit über Jahre hinweg aus, bevor sie die Aufmerksamkeit der kirchlichen Autorität auf sich zog. Die Ketzer des 12. Jahrhunderts gehen von anderen Voraussetzungen aus. Die Häresie wird mehr durch offene und aggressive Predigt verbreitet. Die Hörer werden zu bestimmten Aktionen herausgefordert. Es kann vorkommen, daß Kreuze niedergerissen und verbrannt werden, daß Frauen ihren Schmuck weggeben oder daß, wie das Beispiel des Mönchs Heinrich in Le Mans zeigt, eine ganze Stadt sich gegen ihre Oberherrn auflehnt. Ketzerführer scheuen sich nicht, physische Gewalt anzuwenden: Eon de l'Etoile stellt ein Bauernheer auf, um die Kirchen in der Bretagne auszuplündern; Arnold von Brescia verbündet sich mit den Streitkräften der Republikaner, um Rom gegen den Papst zu verteidigen; Tanchelm von Antwerpen, gleichgültig, ob er nun ein verdächtiger Reformer oder ein Ketzeranführer war, bedient sich einer militärischen Leibwache. Die Ketzerführer und ihre Anhänger fordern, daß die gesamte Kirche sie anhören und sich aufraffen soll, ihnen Folge zu leisten. Die tiefere soziale Bedeutung des Evangeliums wird zu einem neuen Anliegen, und es regt sich ein Verlangen nach radikalen Veränderungen im Klerus und in den Beziehungen zwischen der Kirche und der Gesellschaft.

Nach den Gründen für diese Veränderung brauchen wir nicht lange zu suchen. Eine orthodoxe Reformbewegung, die zuerst von den

Mönchen und von den unteren Schichten der Geistlichkeit ausgegangen und dann vom Papsttum energisch aufgegriffen worden war, hatte schließlich im Laientum weithin die Gewissen aufgewühlt.[2] Der Streit zwischen der kaiserlichen und der päpstlichen Partei, der in Flugschriften und von den Kanzeln herab geführt wurde, trug die Erörterung über die rechtmäßige Stellung der Kirche in der Welt in Kreise hinein, die bis dahin von solchen Angelegenheiten unbehelligt geblieben waren. Mit Gregor VII. hatte eine beherrschende Persönlichkeit das päpstliche Amt inne; er war dazu bereit, Fragen von grundsätzlicher Bedeutung zur allgemeinen Diskussion zu stellen und denen, die sich gegen einen Simonie treibenden Klerus ereiferten, seine Unterstützung angedeihen zu lassen.

Ein besonders eindrucksvolles Bild von den Kräften, die durch die Reformbewegung zum Wirken kamen, vermittelt die Laienbewegung der Pataria in Mailand, deren Anfänge noch vor dem Investiturstreit lagen.[3] Die Predigttätigkeit des Diakons Ariald entfachte einen regelrechten Aufruhr gegen die Macht einer simonistischen und unkeuschen höheren Geistlichkeit. Soziale Spannungen spielten eine Rolle, wenn einfache Bürger, von einem Gegner als »Lumpenhändler« verspottet[4], die Herrschaft eines Feudaladels angriffen, der im Bunde mit dem Domkapitel stand, dessen sündiges Leben sich kaum von dem seiner adeligen Genossen unterschied. Weitere Gegenspieler waren der Patriotismus einer Stadt und ein Erzbistum mit ehrwürdiger Vergangenheit sowie die rivalisierenden Interessen von Papst und Kaiser. Wie eine Volksbewegung durch einen Eid zusammengehalten, setzte die Pataria ihre aufrührerische Agitation von 1057 bis 1075 fort und machte ihren Einfluß in den Städten Brescia, Piacenza und Cremona geltend. Aus Florenz und aus der Reformbewegung des San Giovanni Gualberti holten sie sich unverdorbene Priester nach Mailand.[5]

Die Beteiligung der Laien war beachtlich, obgleich auch der niedere Klerus die Agitation unterstützte; zwei Laien, der Ritter Erlembald und sein Bruder Landulf, ein Notar der Mailänder Kirche, waren die Anführer. Mit den wütendsten Ausdrücken wurden würdelose Geistliche angegriffen, ihre Häuser geplündert und die Sakramente, die sie verwalteten, boykottiert. Landulf soll gesagt haben, die Leute sollten von ihren Messen denken, sie seien Hundedreck, und von ihren Kirchen, sie seien Viehställe. Als Laie predigte er anscheinend ohne besondere Erlaubnis und wurde deshalb von einem Chronisten angegriffen. Man beschuldigte sich gegenseitig der Ketzerei: die Konservativen in Mailand warfen den Reformern vor, sie seien Ketzer; vornehme Mitglieder der Reformpartei in Rom gingen zur gleichen Zeit mit dem Wort »Ketzerei« als einem Schimpfwort für sittliche Mängel im Klerus großzügig um.⁶ Die Reformer schrieben ihre polemische Kritik zu einer Zeit nieder, als man noch kaum darauf achtete, eine strikte und sachlich klare Grenze zwischen Ketzerei und Rechtgläubigkeit zu ziehen; dennoch war der Gebrauch des Wortes von Bedeutung. Wenn schon Simonie im Klerus mit Ketzerei gleichzusetzen war, mochten allerdings außergewöhnliche Maßnahmen zu ihrer Abschaffung gerechtfertigt erscheinen. Gegen Ende seiner Laufbahn war Erlembald nahe daran, sich eine geistliche Funktion anzumaßen, als er eine Entscheidung über die Durchführung der Taufe traf. Um zu vermeiden, daß von einem Unwürdigen geweihtes Öl verwendet wurde, ließ er den Chrisam von einem Patarenenpriester konsekrieren und spenden.

Strenggenommen ging keine Maßnahme der Patarenen über die Richtlinien hinaus, welche die orthodoxen Reformer auf der Ostersynode zu Rom im Jahre 1059 festgesetzt hatten und die es den Laien untersagten, an den Messen verheirateter Priester teilzunehmen. Sie waren keine Ketzer: sie waren nicht gewillt, gegen das sakramentale und dogmatische System der katholischen Kirche einzuschreiten.⁷ Aber die Vorbehalte, denen selbst ein so radikaler Reformer wie St. Petrus Damiani über das Verhalten der Pataria Ausdruck gab, hatten ihre Berechtigung; denn ihr Reformeifer drohte jede kirchliche Autorität zu erschüttern und setzte Kräfte in Bewegung, deren Zielrichtung man nicht voraussehen konnte. Dies war jedoch kein Hinderungsgrund für die Unterstützung, die Gregor VII. der Bewegung vor und während seines Pontifikats gewährte: von ihm beeinflußt, hatte Alexander II. Erlembald ein Banner verliehen, das ihn zu einer Art *gonfaloniere* der römischen Kirche machte. Als Erlembald im Jahre 1075 bei Straßenkämpfen getötet wurde, ehrte ihn Gregor als einen Märtyrer. Daß Gregor ein Vorgehen gegen unverbesserliche Geistliche und den Boykott ihrer Sakramente öffentlich guthieß, kam darin zum Ausdruck, daß er Ramihrdus rehabilitierte, einen Priester in Cambrai, der als Ketzer verbrannt wurde, nachdem er sich geweigert hatte, das Sakrament aus den Händen unwürdiger Geistlicher zu empfangen. Ramihrdus hatte in Cambrai und Umgebung eine Bewegung ins Leben gerufen, die mit der Pataria geistig verwandt war, und er selbst war höchstwahrscheinlich nichts anderes als ein glühender Reformer wie Ariald.⁸ Gefährlich schmal jedoch war die Grenzlinie zwischen dem Boykott der Messen unverbesserlicher Kleriker und der Irrlehre, daß die Messen unwürdiger Geistlicher für ungültig angesehen wurden, eine Einstellung, die wir der Kürze halber Donatismus nennen können; in der reformgeladenen Atmosphäre, in der durch Predigten und Flugschriften die Laster des nicht reformierten Klerus angeprangert wurden, war es nur ein kleiner Schritt zur Ketzerei. Indem die gregorianische Reformbewegung den Laien dazu aufrief, gegen unwürdige Geistliche einzuschreiten, erwartete sie von ihm eine gewisse persönliche Verantwortung. Diese im Westen relativ neue Gesinnung sollte sich auf die kommende Entwicklung des Ketzertums schicksalhaft auswirken.

Kirchliche Reform und Ketzerei sind auf bedeutungsvolle Weise miteinander verbunden. Das revolutionäre Programm der Gregorianer setzte der Kirche Ziele, die niemals voll verwirklicht werden konnten und ließ bei einigen Geistlichen und bei vielen Laien das Wunschbild einer freien Kirche auftauchen, von der man nicht erwarten konnte, daß sie bei den sozialen und politischen Zeitumständen jemals voll zu realisieren war. Zunächst konnten die Gregorianer in der Pataria und anderswo mit volkstümlichen Laienbewegungen zusammenarbeiten: so wurde der Eifer des einfachen Mannes, bei dem in den fortgeschrittenen Gebieten Westeuropas der Reformgeist geweckt worden war, in orthodoxe Bahnen gelenkt. Diese Tatsache erklärt den Umstand, daß es in dem halben Jahrhundert, das zwischen den Hinrichtungen in Goslar und dem Wiederauftreten der volkstümlichen Ketzerei lag, sozusagen keine Häresie gab.[9]

Mit der Zeit aber machte sich in der Richtung der päpstlichen Reform eine Veränderung bemerkbar, und ihre Ziele bekamen einen mehr klerikalen und juristischen Charakter. Schlimmstenfalls konnte diese Entwicklung Klerus und Laienvolk einander entfremden, ohne die Frömmigkeit und den Amtseifer der Geistlichkeit notwendig zu beleben. Die folgenschwere Frage nach der Freiheit der Kirche und der Würde der Anwärter auf ein Bistum schrumpfte zu dem bedeutungsloseren Problem zusammen, wer berechtigt sei, dem Bischof die Insignien seines geheiligten Amtes auszuhändigen. Als schließlich durch das Wormser Konkordat im Jahre 1122 ein Kompromiß in dieser Frage erzielt wurde, war wohl zu spüren, daß der frühere Ruf nach Reinigung etwas von seiner Wirkung eingebüßt hatte, und daß die orthodoxe Reformbewegung in Disputen über Einzelheiten steckenblieb. Schon vor Worms begann die Reform mit ihrer höchst unmittelbaren Einwirkung auf die Laienwelt im Sande zu verlaufen, und in demselben Maße, wie dies geschah, häufte sich das Auftreten von Ketzerei. Ein Hauptgrund für das Wiederaufflackern der Ketzerei im Westen lag in den Erwartungen, welche die gregorianische Reform geweckt hatte, und in ihrem Unvermögen, sie zu erfüllen.

Seinen dauerhaftesten Erfolg beim Volke erlebte das Papsttum in der Zeit der Kreuzzüge. Damals erweckten Urban II. und seine Nachfolger eine echte Volksbegeisterung, jene treibende Kraft, die so viele militärische und politische Niederlagen überdauerte und die in solch offensichtlich spontanen und improvisierten Unternehmungen ihren

Ausdruck fand wie dem Kreuzzug Peters des Einsiedlers, der dem ersten eigentlichen Kreuzzug voranging, oder dem Kinderkreuzzug des 13. Jahrhunderts. Wie tief die Kreuzzüge in das Volksbewußtsein eingedrungen waren, ersieht man aus dem Glauben der Einwohner jener urtümlichen Gegend Westfrankreichs, die von der Bretagne, Anjou und Maine begrenzt wird, daß nämlich die Einsiedler aus den Wäldern, die in zerlumptem Aufzug als Wanderprediger auftraten, Sarazenen seien, die durch einen geheimen Tunnel aus ihrem Heimatland gekommen seien, um den Westen von innen her zu verführen.[10]

Die Kreuzzugspredigten erweckten endzeitlichen Enthusiasmus. Das Heilige Land wurde als ein Land hingestellt, das buchstäblich von Milch und Honig überfließe, der Erfolg des Kreuzzugs, so glaubte man, werde das neue Königreich in Jerusalem sein, welches den Streitigkeiten der Menschen ein Ende machen und die dem Weltende vorangehende Ära des Überflusses einleiten werde. Weiterhin erregten die Kreuzzüge beim Volke ein tiefes Mitgefühl für die Leiden Christi bei seiner Kreuzigung und einen entsprechenden Haß auf die Juden: in einer Reihe von Städten waren die Aufrufe zum Kreuzzug von Pogromen begleitet und trugen mit zu einer eschatologischen Begeisterung bei, in der das Hinmetzeln der Feinde Christi die dem Weltende voraufgehenden Ereignisse herbeiführen sollte. So schuf man eine Stimmung religiöser Begeisterung, die überspannte Führer hochkommen ließ und leicht in unorthodoxe Bahnen geraten konnte.[11]

Der Ablauf der Kreuzzüge und die Errichtung von Kreuzfahrerkönigreichen in Palästina, die deren sichtbares Ergebnis waren, führte zu einer erneuten Berührung mit dem Ketzertum im Osten. Ein unmittelbarer Kontakt der Kreuzfahrer mit einer Häresie ist kaum bezeugt. Nur über einen Fall liegt uns eine entsprechende Information vor, und zwar, daß sie zu einem *castrum* kamen, das von Ketzern, höchstwahrscheinlich Paulikianern, bewohnt wurde. Die Kreuzfahrer reagierten so, daß sie die Anlagen zerstörten und die Einwohner umbrachten.[12] Die Kreuzzüge waren zugleich ein wichtiges Bindeglied in der Kette, die die Völker Westeuropas mit Byzanz und dem Balkan enger zusammenschloß[13], und es ist anzunehmen, daß die verstärkte Handelstätigkeit, die zum Teil durch das Vorhandensein der Kreuzfahrerstaaten hervorgerufen wurde, die offiziellen und inoffiziellen Kontakte mit den Untergrundkirchen der Bogomilen in Konstantinopel, in Kleinasien und auf dem Balkan erleichterte.

Unmißverständlich bezeugt ist die Anwesenheit von Bogomilen in den vierziger Jahren des 12. Jahrhunderts, aber wahrscheinlich kann sie schon früher nachgewiesen werden. Gewisse Züge in häretischen Episoden vor jener Zeit, besonders die in Bucy-le-Long im Jahre 1114, sehen verdächtig nach Bruchstücken bogomilischer Lehre aus, und es besteht, wie wir noch sehen werden, Grund zu der Annahme, daß der frühe Ketzer Peter von Bruis bogomilischen Einfluß erfahren hatte. Eine Hypothese, wonach der Kontakt mit den Bogomilen allmählich zunahm und seinen Höhepunkt in der Errichtung voll ausgeprägter dualistischer Kirchen im späteren Verlauf des Jahrhunderts fand, scheint den uns bekannten Tatsachen am besten gerecht zu werden. Die Kreuzzüge bilden nur ein Glied unter anderen in der Kette der Kontakte, die dazu beitrugen, daß dieser Einfluß im Westen immer realere Formen annahm.

Trotzdem hätte der Dualismus im Westen nie wieder Eingang gefunden, wenn der Boden für die Aufnahme der Häresie nicht wohl vorbereitet gewesen wäre. Eine Reaktion gegen die Orthodoxie, eine nicht in der Lehre begründete Unzufriedenheit an der Kirche war notwendigerweise die erste Voraussetzung, welche Gruppen von Abweichlern befähigte, in größeren Scharen und auf lange Zeit hinaus wesentliche Bestandteile einer durchgreifend asketischen Religion hart am Rande des Katholizismus anzunehmen. Diese Unzufriedenheit war das Produkt einer Reform, die für manche eine abgestandene Sache war, oder die Auswirkung von Starre und Konservatismus in einer Kirche, die nicht dazu fähig war, neue Auffassungen vom christlichen Leben zu akzeptieren.

Fast ein Jahrhundert mußte vergehen, ehe die kirchliche Autorität in der Lage war, ihre Auffassung anzupassen und eine klare Politik zu verfolgen; angesichts der Zweifel und des Zögerns, des Zurückgreifens auf undurchdachte und heftige Verurteilungen, die ihrerseits wieder eine unsichere Autorität erkennen ließen, sahen sich die häretischen Gruppen veranlaßt, sich von der Kirche zu trennen. Zu Anfang des 13. Jahrhunderts zeichnete sich unter Innozenz III. zum ersten Mal die Lösung der seit langem gärenden Krise ab. Bis dahin waren die Besorgnisse der Geistlichkeit über die Ausbreitung des Ketzertums nicht unbegründet, denn die Gesamtheit Kirche des 12. Jahrhunderts verstand nicht, welche Kräfte hinter den volkstümlichen Ketzerbewegungen am Werke waren, und hatte für sie keine wirksame Antwort bereit.

Orthodoxe Wanderprediger

Das Tückische der Ketzerei des 12. Jahrhunderts bestand darin, daß sie von Natur aus relativ unsystematisch war und (zumindest, bis das Katharertum sich gegen Ende des Jahrhunderts zu konsolidieren begann) keine fest umrissenen dogmatischen Positionen hatte, ferner darin, daß sie mit den Idealen und der Voreingenommenheit der orthodoxen Frömmigkeit eng verwandt war. Die meisten volkstümlichen Häresien wurden in dem Zeitalter vor der Erfindung der Druckerei auf

Reform der Orthodoxie und Ketzertum 75

spontane Weise durch Wanderprediger ins Leben gerufen. Die des 12. Jahrhunderts bildeten darin keine Ausnahme. Aber die Predigt, welche die Bevölkerung aufstörte und unbeabsichtigt dazu beitrug, sie für die tonangebenden »evangelischen« und dualistischen Häresien des Jahrhunderts empfänglich zu machen, war oft orthodoxen Ursprungs. Das haben wir an der Tätigkeit der Mailänder Pataria-Bewegung erkannt. In Frankreich wurde die Predigt von wandernden Eremiten übernommen, die in der katholischen Kirchengeschichte als Gründer freier religiöser Gemeinden wohlbekannt sind. Es handelte sich nicht um die planmäßige Missionsarbeit einer organisierten Sekte. Ihr Ziel war völlig orthodox, die Predigt der Buße, ein Aufruf zur Reform, der sich an Klerus und Laien richtete. Hier haben wir es sozusagen mit einem überströmenden Ausdruck der fanatischen Askese in den Wäldern von Westfrankreich zu tun, mit dem Wirken von Reformen und Mönchen, die auf dem normalen Betätigungsfeld des durch Ordensregeln gezügelten klösterlichen Lebens oder inmitten des säkularen Klerus keine volle Befriedigung gefunden hatten. Ihre Predigttätigkeit wurde von der Kirche keineswegs mißbilligt; einige konnten sogar eine päpstliche Erlaubnis zur Wanderpredigt vorweisen, die vergleichbar war mit der Predigterlaubnis anläßlich des ersten und zweiten Kreuzzugs; aber die Prediger selbst waren fanatisch und eigenwillig, und die Predigtreisen hatten nicht immer angenehme Folgen.

Der früheste von ihnen, dessen Tätigkeit Johannes von Walter in seiner Pionierarbeit über die Wanderprediger Frankreichs untersucht, war Robert von Arbrissel, und sein Fall ist typisch für die Reaktion auf die hergebrachte religiöse Praxis.[14] Robert war einst am bischöflichen Hofe zu Rennes und hatte an der gregorianischen Reformbewegung teilgenommen, aber er verzichtete auf eine konventionelle kirchliche Laufbahn und wählte das Leben eines Einsiedlers in dem riesigen Waldgebiet von Craon; dort gewann er Anhänger und ging von dort auf Predigtreisen. Ein anderes Beispiel dafür, wie man gegen die gewohnte Form religiösen Lebens anging, ist das seines Anhängers Bernhard von Thiron. Er war Mönch geworden, dann Prior von St. Savin-sur-Gartempe, wo er mit dem Abt Gervasius über das Problem der Simonie Streit bekam; dann wiederum wurde er Abt von St. Cyprian bei Poitiers, wo er mit seinen Mönchen, die keine Reform annehmen wollten, aneinandergeriet. Nach einem erfolglosen Disput mit Cluny mußte er sein Amt aufgeben. Seine Lösung des Problems bestand darin, daß er der Fruchtlosigkeit mönchischer Gemeinschaften und der Gesuche in Rom den Rücken kehrte und in die Wälder bei Craon floh.

Ein weiterer Wanderprediger, Vitalis von Savigny, war Kaplan des Grafen Robert von Mortain und Chorherr an der Kirche St. Ebrulf zu

Mortain gewesen; aber seine Liebe zur Armut trieb ihn in die Einöde und veranlaßte ihn, siebzehn Jahre lang in Dompierre, östlich von Mortain, das Leben eines Einsiedlers zu führen. Der bekannteste aus der Gruppe, die von Walter untersuchte, ist Norbert von Xanten; er hatte die Reform in Kanonikerkreisen als unzureichend befunden und ging als Wanderprediger auf die Straße. Was für die anderen galt, zeigte sich auch bei ihm: sein frommer Eifer war mit den vorhandenen kirchlichen Strukturen nicht leicht zu vereinbaren – ein erster Versuch, ihn zum Leiter einer Gruppe von Augustiner-Chorherren zu machen, scheiterte, weil die Chorherren sich seinen Reformen widersetzten; dadurch sah er sich veranlaßt, in Zusammenarbeit mit dem Bischof von Laon eine neue Vereinigung zu gründen, die sich zum Prämonstratenserorden entwickelte.

Mag auch der Hintergrund jedesmal verschieden sein, so weist doch die Gruppe der Wanderprediger gemeinsame Züge auf, die von einigen interessanten neuen Strömungen in der Volksfrömmigkeit Zeugnis ablegen. Auffallend ist ihre Liebe zur Armut. Robert trat bei seinen Predigtreisen in Lumpen gekleidet auf, so daß er fast die Anstandsregeln verletzte; er trug einen Bart, eine graue Mönchskutte und ging barfuß; Bernhard von Thiron erschien in verwildertem Aufzug, lief barfuß oder ritt zum Zeichen der Demut auf einem Esel. Im Walde ernährten sie sich von Früchten und Beeren oder vom Ertrag grober Handarbeit, zum Beispiel vom Drechseln, oder von den Produkten einfacher Gärten, die sie selbst, d. h. ohne Hilfe von Laienbrüdern oder gemieteten Arbeitskräften bearbeiteten. Ihr Verhalten war manchmal absonderlich: Robert von Arbrissel hatte eine besondere Vorliebe für die religiöse Betreuung von Frauen und wurde von einem Gegner unzulässiger Intimitäten beschuldigt – ein Vorgang, der weiter nichts als einen charakteristischen Mangel an Diskretion erkennen läßt. Bernhard weinte während der ganzen Messe fortgesetzt bei seinen Betrachtungen des Leidens Christi, und wo er ging und stand, waren seine Schultern von Tränen naß.

Die Zuhörerschaft, die diese eigentümlichen Gestalten bei ihren Predigtreisen an sich zogen, war nicht nur von Bewunderung für die Kraft ihres Wortes erfüllt, sondern auch von einer unbestimmten Ehrfurcht vor äußerster Askese und Armut. Die Armut war mit der Predigt eng verbunden: der Umstand, daß der Prediger keine regelmäßigen Einnahmen hatte und völlig abhängig war von den freiwilligen Spenden seiner Zuhörer, galt diesen als eine Garantie für seine Unabhängigkeit und Aufrichtigkeit. Eine Anhängerschaft bildete sich rasch, zum Teil auf ganz normale Weise; denn ein Eremit, der sich in die Wälder zurückzieht, bleibt dort selten lange ohne Besucher, die eines heiligen Mannes Segen und Rat erflehen;[15] zum Teil waren es gemischte Gruppen von Männern und Frauen, die sich den Predigern anschlossen, wenn diese im Lande umherreisten. Das Anprangern verheirateter Kleriker und die allgemeinen Schmähungen der vorgregorianischen Welt, die in Roberts Predigten eine so große Rolle spielten, zogen die verstoßenen Frauen reformierter Kleriker an, die ein Reformer wohl mit einigem Recht als Prostituierte bezeichnen konnte.[16]

Diese Haufen aus Leuten beiderlei Geschlechts erregten bei der geistlichen Autorität nicht ganz ohne Grund Besorgnis. Man fragte nach der Predigterlaubnis: Norbert zum Beispiel wurde im Jahre 1119 nach der Legitimität seiner Predigttätigkeit befragt. Man wirkte auf die Prediger ein, sie sollten ihre Anhänger veranlassen, seßhaft zu werden und ein geregeltes religiöses Leben in der Gemeinschaft zu wählen. So wurden die Wanderprediger zu Kloster- und Ordensgründern, einige einfach aus Glaubenseifer, einige auf Betreiben eines für Reformen aufgeschlossenen Diözesanbischofs, der sich um die geistliche Wohlfahrt der ihm Anvertrauten sorgte – wie es bei Hermann von Laon der Fall war –[17], einige auf Drängen beunruhigter Kirchenbehörden hin.

Es überwog jedoch die Eigeninitiative: die Gründungen waren nicht konventioneller Art. Einige, wie Robert, ließen den seit langem nicht mehr üblichen Gedanken an ein Doppelkloster wiederaufkommen. Alle zeichneten sich durch besondere Betonung der Armut und eine Zurückweisung bestimmter Formen von Besitztum aus. In der ersten Hälfte des 12. Jahrhunderts trugen die Gründungen zur Mannigfaltigkeit des religiösen Lebens bei. An der slawischen Grenze verfolgte Prémontré missionarische Ziele. Dies war jedoch eine Ausnahme. Die Gründung Roberts von Arbrissel in Fontévrault, im Anfang ein Pionierwerk mit ungewöhnlich starkem Akzent auf der Rechtsstellung der Frau, wurde schließlich ein religiöses Stift für Töchter und Witwen aus französischen Hof- und Adelskreisen. Obwohl diese Klöster gewisse originelle Züge hatten, konnte das apostolische Leben in Armut, wie es die Wanderprediger verstanden, in ihnen nicht verwirklicht werden. Anstatt ein solches Leben zu führen, zogen sich die Anhänger der Prediger aus der Welt zurück in ein durch Gelübde streng geregeltes Leben.

Es ist auffällig wie die Quellen, sowohl was die Ketzerbewegungen als auch was die Wanderprediger angeht, das apostolische Leben als ein Kennzeichen dieser spontanen Phänomene erwähnen. Die Kleidung der Prediger kam einer Uniform gleich: sie liefen barfuß, der Körper war nur soweit bedeckt, wie es der Anstand erforderte, und der Esel war das Zeichen besonderer Demut derer, die das apostolische Leben führten. Das Bemerkenswerte daran ist, daß das apostolische Leben nicht mehr ausschließlich in der traditionellen Weise verstanden wurde als Gemeinschaftsleben von Mönchen oder Nonnen nach dem Vorbild der frühen Christen in Jerusalem, die in Gütergemeinschaft gelebt und sich im Gebet und in der Nächstenliebe an Notleidenden geübt hatten. Ein neues Verständnis apostolischen Lebens kam auf: es gründete sich auf die Stellen im Matthäus- und Lukasevangelium, in denen davon die Rede ist, wie Christus die Siebzig aussendet, damit sie predigend durch die Dörfer wandern, ohne Tasche, Sack und Schuhe und ohne Geld.[18]

Nach der älteren Auffassung gab die Bibel die Rechtfertigung für das Leben der Mönche; sie war sehr alt und im 12. Jahrhundert, jener Zeit kräftiger Entfaltung neuer Formen monastischen Lebens, immer noch beherrschend.

Aber die Verbreitung der Reformen kanonischen Lebens förderte die Entfaltung der zweiten, »modernen« Ansicht vom apostolischen Leben. Die deutliche Betonung der Armut bei dieser Interpretation erklärt sich zum Teil aus den asketischen Wurzeln der Bewegungen mit ihrem Merkmal halb-mönchischer Formen, zum Teil aus der nachgregorianischen Reaktion gegen eine mit zu vielen Pfründen ausgestattete Kirche. Daß Armut beim Volke außerordentlich geachtet war, wird zum Beispiel an der Existenz des Grammontenserordens offenkundig, der, obwohl schwach an Zahl, den Verzicht auf weltliche Güter mit allem Nachdruck vertrat. Nur wenige schlossen sich ihm an, um die strenge Genügsamkeit auf sich zu nehmen; sehr viel mehr Kinder dieser Welt blieben bewundernd abseits.

Die Armutsbewegungen waren eine Reaktion gegen die wohlhabende Kirche und gegen ein Bürgertum, das sich in einer Zeit raschen wirtschaftlichen Wachstums entfaltete.[19] Die Wohlhabenheit wurde ganz unübersehbar im aufwendigen Lebensstil eines Kaufmanns und seiner Familie zur Schau getragen. In der Kritik an der übermäßig reichen Kirche machte sich auch eine zunehmende Erkenntnisfähigkeit im Volke bemerkbar: mit einem erwachenden Sinn für Geschichte konnte man in tastender Weise Vergleiche anstellen zwischen der schlichten Kirche der Apostel und der komplizierten hierarchischen Kirchenstruktur des 12. Jahrhunderts. Was ein Führer und Prophet der Kirche wie St. Bernhard von Clairvaux in seiner an den Papst gerichteten Schrift *De consideratione* formulieren konnte, um ihm die Einfachheit der Urkirche als Beispiel vor Augen zu halten, das konnte auf volksnahem Niveau auch in ungeschminkterer Form verstanden werden und, wenn dies ungeschickt geschah, ins Ketzertum abgleiten. Ein Geschichtsschreiber, der seine Begegnung mit einem Ketzer in Bonn in der ersten Hälfte des Jahrhunderts beschreibt, gab dessen Verachtung für die Mitglieder der kirchlichen Hierarchie Ausdruck: ihre Lebensweise beleidige den Sinn für Gesetz und Moral »*irrationabiliter*« –

das Wort macht deutlich, welche Kräfte unter der Oberfläche gegen eine traditionelle, konservativ eingestellte Hierarchie am Werke waren.[20]

Gegen diesen verschwommenen Fortschritt im Verstehen, die Verbreitung einer neuen Logik auf volkstümlichem Niveau, war die Kirche kaum gewappnet. Die Massen, die einem Volksprediger zuströmten, machten das Bedürfnis nach mehr zusammenhängender Unterweisung deutlich, welches die Kirche auf der unteren Ebene keineswegs ernsthaft befriedigte. Bekanntlich scheiterten Vorschläge, nach denen Ausbildungsstätten für den Klerus entstehen und die Kathedralen zu Schwerpunkten einer volkstümlichen Theologie werden sollten. Vor dem Auftreten der Bettelmönche blieb der Ausbildungsstand auf einem niedrigen Niveau. Eine systematische Unterweisung der Laien war eine Seltenheit. Zeitgenössische Beschreibungen erhellen manchmal blitzartig die Situation in den größer werdenden Städten, mit der die Reformer fertig werden mußten. Ein erschreckendes Beispiel ist die junge Industriestadt Antwerpen im frühen 12. Jahrhundert, zur Zeit Tanchelms, wo angeblich ein Simonist, der in Sünde mit seiner Nichte lebte, in der einzigen Kirche der ganzen Stadt Dienst tat. Nur verhältnismäßig langsam begann die Kirche sich der Probleme anzunehmen, die durch das Fehlen einer angemessenen seelischen Betreuung in den Städten hervorgerufen wurden.[21]

Dies waren im wesentlichen die Chancen, die sich die Ketzer zunutze machten – ein großer Eifer im Volk, der sich gegen eine konservative, noch sehr reformbedürftige Kirche richtete, eine primitive Folgerichtigkeit im Denken, die sich mit der Kirche als Festung, wie sie im Zeitalter der Barbaren bestanden hatte, nicht mehr zufrieden gab, ein neues Verständnis gewisser Schriftstellen, welches dem Volke ins Bewußtsein gedrungen war[22] und das mit den kirchlichen Praktiken, die einige Eiferer in ihrer Umgebung bemerkten, nicht in Einklang zu bringen war; und schließlich, wiederum bei wenigen, das Abstandnehmen von einem rohen, blutbefleckten Zeitalter mit seinem grob materialistischen Denken. Ihr Sehnen nach einer neuen Art apostolischen Lebens wird erklärlich, wenn man es vor diesem Hintergrund sieht. Ein talentierter Prediger, dessen asketische Haltung bekannt war und der Mißbräuche anprangerte, war seiner Zuhörerschaft sicher; dies galt, gleichgültig, ob sich seine Anschauungen im wesentlichen innerhalb der Grenzen orthodoxer Reform befanden oder nicht. Diese Tatsachen erklären den Erfolg der Wanderprediger in Frankreich – doch auch den Erfolg der Ketzerprediger, die fast gleichzeitig mit ihnen wirkten.

Cohns *Millennium*. Cohn untersucht die Formen, welche die Erwartung des Tausendjährigen Reiches bei den Volksbewegungen vom 11.

bis zum 16. Jahrhundert annahm, unter Einbeziehung Tanchelms, Eons de l'Etoile, der Pastorellen, Flagellanten und Taboriten. Er will damit zeigen, daß die häufige Unterstützung von religiösen Abweichungen durch eine psychologisch begründete Unruhe der unterdrückten Bauern und besonders der Handwerker in den übervölkerten Industriestädten hervorgerufen wurde (Cohn, S. 24–32). Bestimmte Ideen kehrten nach seiner Behauptung immer wieder: die einer Elite von moralisch indifferenten Übermenschen, ferner die eines schlafenden Erlöserkönigs oder -kaisers. Das Cohnsche Werk ist für das einführende Studium sehr anregend; es ist sehr umfassend, gibt viele interessante Aufschlüsse, besonders über den religiösen Wahn, und es faßt mutig das Motivationsproblem der Ketzer an. Aber seine Schwächen liegen erstens in der Behandlung der Quellen, zweitens in seinen Mutmaßungen über die Wirtschaftsgeschichte und das städtische Leben des Mittelalters. Was den ersten Punkt betrifft, müssen wir beachten, daß man mit volkstümlichen apokalyptischen Ideen sorgfältig umgehen soll. Unter den Beispielen, die er anführt, kann es sich bei Tanchelm durchaus um einen verleumdeten gregorianischen Reformer gehandelt haben (s. S. 91–94), bei Eon de l'Etoile um einen Straßenräuber, der sich verrückt stellte (s. S. 96–97) und bei der Freigeist-Bewegung um eine künstliche Häresie, die von den Ketzerverfolgern übermäßig hochgespielt wurde (s. S. 256–266). Die Darlegungen über Joachim machen keinen Unterschied zwischen Joachim und seinen wirren Anhängern. Zum zweiten Punkt müssen wir anmerken, daß ein Unterschied besteht zwischen einer Produktion auf der Basis von »Familienunternehmen«, die lokale Marktbedürfnisse befriedigt, und Großunternehmen, die den Schwankungen des internationalen Marktes unterworfen sind. Bei den letzteren arbeiteten entwurzelte ehemalige Bauern, die keinerlei Schutz genossen; ihre Orientierungslosigkeit brachte es mit sich, daß sie Millenniumsenthusiasten Gehör schenkten. Doch in wie vielen Städten gab es solche Industrien, in denen eine psychologische Kluft zwischen Land und Stadt spürbar wurde, und war das Ketzertum eine so ausgeprägte Erscheinung der Städte? Die Industriestädte in den Niederlanden passen am besten auf seine Beschreibung; jedoch erläutert der Autor nicht, warum die dortigen Wirren im frühen 14. Jahrhundert so wenig religiösen, geschweige denn millennarischen Beigeschmack hatten (a. a. O. S. 95, 98).

Anmerkungen:
[1] Borst, *Katharer,* S. 83; über die neuesten Arbeiten zur Ketzerei des 12. Jahrhunderts siehe Grundmann, H.: *Ketzergeschichte des Mittelalters,* in: *Die Kirche in ihrer Geschichte, ein Handbuch,* Hrsg. Schmidt, K. D., Wolff, E., Band II, Lieferung G, 1. Teil, Göttingen

1963, S. 15–20. Sein Forschungsbericht, Neue Beiträge zur Geschichte der religiösen Bewegungen im Mittelalter, *AKG*, XXXVII, 1955, S. 129–168, findet sich auch in *Relazioni*, III, S. 357–402 und als Anhang in der dritten Auflage von *RB*, Darmstadt 1970, S. 487–538 mit Nachträgen S. 539–543. Moore, R. I.: *The Origins of European Dissent*, wird eine neue Analyse mit Erörterung der sozialen Faktoren bringen.

[2] Volpe, G.: *Movimenti religiosi e sette ereticali nelle società medievale Italiana (secoli XI–XIV)*, Florenz 1926 (ein anregender Überblick, immer noch von Nutzen); RB, S. 13–16.

[3] Violante, C.: *La pataria milanese e la riforma ecclesiastica*. I, *Le premesse (1045–57)*, Rom 1955; das Standardwerk Cowdrey, H. E. J.: The Papacy, the Patarenes and the Church of Milan, *TRHS*, 5th ser., XVIII, 1968, S. 25–48; Miccoli, G.: Per la storia della pataria Milanese, *BISIAM*, LXX, 1958, S. 43–123; Werner, E.: *Pauperes Christi*, Leipzig 1956, S. 114–164 (marxistischer Überblick, der die Hypothese bogomilistischen Einflusses einschließt, welche ich nicht akzeptiere); Kommentar bei Dupré Theseider, F.: *Introduzione alle Eresie Medievali*, Bologna 1953, S. 77–94.

[4] Die Ableitung des Namens Patareni ist umstritten, ich ziehe jedoch Muratoris Hypothese vor. Borst, *Katharer*, S. 250, Werner, *Pauperes Christi*, S. 142–143, Manselli, *Eresia*, S. 138, Frugoni, A., in: *BISIAM*, LXV, 1953, S. 129–135, Dondaine, A., in: *AHDLMA*, XXVII, 1952, S. 110–114, und *AFP*, XXIX, 1959, S. 275–276, Werner in *IP* XIII, 1957, S. 16–31, und zuletzt Thouzellier, C.: *Hérésie et Hérétiques*, Rom 1969, S. 204–221.

[5] Violante, C.: Hérésies urbaines et Hérésies rurales en Italie du 11e au 13e Siècle, *HS*, S. 171–198 (individuelle Hypothese über die sozialen Gründe für Italiens Fruchtbarkeit im Hervorbringen von Häresien), auf S. 177.

[6] Leclercq, J.: Simoniaca haeresis, in: *Studi Gregoriani*, 1, S. 523–530. Ich verdanke den Hinweis Herrn D. Bethell.

[7] Dupré-Theseider, S. 77

[8] Russell: *Dissent*, S. 43–44; *MBPH*, S. 24–26

[9] *RB*, S. 483; Brooke in *BIHR*, XLI, 1968, S. 119. Ich habe die Geschichte der Anhänger Berengars von Tours im 11. Jahrhundert nicht untersucht; sie könnte unter Umständen allgemeine Urteile über das Fehlen von Häresie nach 1051 modifizieren. Siehe oben, S. 63, Anm. 22.

[10] Bernhard von Thiron, *Vita (PL*, CLXXII, col. 1409b)

[11] Über Abweichungen, die mit den Kreuzzügen zusammenhängen, siehe Cohn, N.: *The Pursuit of the Millennium*, London 1957, übers. ins Deutsche *(Das Ringen um das 1000jährige Reich)*, Bern und München 1961, Französische (1962), Italienische (1965); Rezensionen: Reeves, M. E., in: *MA* XXVIII (1959), S. 225–229; Smalley, S., in: *EHR*, LXXIV, 1959, S. 101–103; Winter, E., in: *DLZ*, LXXXIII, 1962, Sp. 998–1001, Grundmann, H., in: *HZ*, CXCVI, 1963, S. 661–666; Manselli, R., in: *RSLR*, III, 1967, S. 532–538. Siehe Zusammenfassung von Cohns Theorie und Definition der Ausdrücke in seinem »Medieval Millenarism: its Bearing on the Comparative Study of Millenarian Movements«, in: *Millennial Dreams in Action*, Hrsg. Thrupp, S. L., Den Haag 1962, S. 31–43.

[12] Siehe Ortsnamenverzeichnis, Anhang D, T.1 (Pelagonia)

[13] Thouzellier, C.: Hérésie et Croisade au XIIe Siècle, *RHE*, XLIX, 1954, S. 855–872 (Hypothese, die Entwicklung häretischer Lehre mit den Kreuzfahrern des zweiten Kreuzzugs in Verbindung bringt; über ihre Schwäche Borst, A., *DA*, XI, 1954–1955), S. 617–618, Manselli, R., in: *BISIAM*, LXVII, 1955, S. 221, Runciman, S., in: *JEH*, XVIII, 1967, S. 89–90; siehe jetzt die revidierte Ausgabe von Thouzelliers Artikel in ihrem *Hérésie et Hérétiques*, S. 17–37 (beachte das Diagramm auf S. 37).

[14] *Die ersten Wanderprediger Frankreichs*, Leipzig, 1903–1906, 2 Bde. Ein geistreicher, doch im Grunde erfolgloser Angriff von Böhmer, H., in: *TLZ*, XXIX, 1904, S.

330–334, mit Erwiderung von Walters, *Wanderprediger,* II, S. 169–179. Ausführliche neuere Darstellung von Becquet, J.: L'Erémitisme clérical et laïc dans l'Ouest de la France, in: *L'Eremitismo nei Secoli XI e XII,* Mailand 1965, S. 182–211; und sein Erémitisme et hérésie au moyen âge, in: *HS,* S. 139–145.

[15] Grundmann, H.: Zur Vita S. Gerlaci eremitae, *DA,* XVIII, 1962, S. 539–554; ökonomische Deutung der Eremitenbewegung bei Werner, *Pauperes Christi,* S. 25–52.

[16] Böhmer in *TLZ,* 1904, S. 330–334

[17] Dereine, C.: *Les Origines de Prémontré, RHE,* XLII, 1947, S. 352–378

[18] Dereine, C.: *Chanoines,* in: La Problème de la Vie commune chez les Canonistes, d'Anselm de Lucques à Gratien, *Studi Gregoriani,* III, S. 287–298. Chenu, M. D.: Moines, Clercs, Laïcs au Carrefour de la Vie évangélique (XIIe Siècle), *RHE,* XLIX, 1954, S. 59–89.

[19] Überblick von Grundmann, H.: *Soziale Wandlungen – Kaufleute, Bürger, Städte,* in: *Über die Welt des Mittelalters: Propyläen Weltgeschichte, Summa historica,* Berlin etc. 1965, S. 435–442. Mollat, M.: *La Notion de la Pauvreté au moyen âge. Position de Problèmes, Revue d'Histoire de l'Église de France* LII, 1966, S. 6–23.

[20] Morghen, *Medioevo cristiano,* S. 253; Ekbert von Schönau, *PL,* CXCV, Sp. 88. Ratio kann »Recht« bedeuten; Morghen legt dar, daß hier die Bedeutung »Unlogik« ebenso wie »sittlicher Makel« impliziert ist. Ich verdanke Prof. C. N. L. Brooke Kommentar.

[21] Russell, *Dissent,* S. 60, 283; farbige Anekdoten über moralisches Versagen allgemein bei Lea, *Inquisition,* I, S. 1–56; Andeutung einer scharfsinnigeren Behandlung der Beziehung zwischen der Ketzerei und pastoralen Mängeln in Brooke, C. N.L.: The Church in the towns, 1000–1250, in: *SCH,* VI, S. 59–83, bes. S. 79; ausführlichere Erörterung s. S. 135–138.

[22] Morghen, *Medioevo cristiano,* S. 204–281 passim

Die Ketzerprediger und
der Aufstieg des Katharertums

Heinrich der Mönch und Peter von Bruis

Heinrich der Mönch bietet ein gutes Beispiel dafür, wie sich in einem Wanderprediger die Ideen einer durchgreifenden Reform, die noch weitgehend auf der Linie der Gregorianer liegt, zu einer theologischen Häresie entwickelten, in der trotzdem die Frage nach dem tatsächlichen Verhalten noch an erster Stelle stand.[1] Hierin war er typisch für den theologisch nicht durchgebildeten Protest des 12. Jahrhunderts im Unterschied zu den ausgeprägteren Gedanken des 13.

Seine Herkunft ist unbekannt. Sein Erfolg als Prediger in Gebieten französischer Sprache legt die Vermutung sehr nahe, daß er irgendwo in Frankreich geboren wurde oder in einem Teil des Reiches, in dem man Französisch sprach. Heinrich war ein abtrünniger Mönch, wahrscheinlich auch ein Priester, der als Bußprediger auf die Landstraße gegangen war. Der erste genaue Bericht über seine Tätigkeit kommt aus Le Mans: als er im Jahre 1116 in die Stadt einzog, gingen zwei Jünger vor ihm her, die ein Kreuz an einem Stab mit eiserner Spitze trugen; sie hatten lange Bärte, liefen barfuß und waren spärlich bekleidet.[2] Zuerst wurde er vom Bischof willkommen geheißen; der ließ ihn dort unvernünftigerweise ein paar Monate lang frei herumlaufen, während er selbst sich nach Rom aufmachte. Bei seiner Rückkehr fand er die Stadt in einem einzigen Wirrwarr vor; die Leute hatten die Geistlichen öffentlich gebrandmarkt und ihr Ansehen erschüttert, nachdem Heinrich sie durch seine außerordentliche Beredsamkeit in reumütige Stimmung versetzt hatte.

In diesem Stadium war Heinrich noch immer ein radikaler gregorianischer Prediger voll ätzender Kritik an den Sünden des Klerus. Aber er ließ ein besonders soziales Anliegen erkennen, welches lautstark genug war, um den üblichen Ruf nach dem Zölibat zu übertönen. Seine Anhänger wurden dazu aufgefordert, zum Zeichen ihrer Nächstenliebe bekehrte Prostituierte zu heiraten; eine Mitgift war untersagt. Man legte großen Wert auf Armut – einige Leute verbrannten sogar Schmuck –, jedoch nicht mit dem Nachdruck, wie andere Prediger die Askese betonten, besonders, was die Ernährung betraf. Er konnte als Prediger eine lange Zeit wirken, erschien mehrmals in Lausanne, Poitiers und Bordeaux, ebenso in Le Mans, um die Bevölkerung gegen die Geistlichkeit aufzuwiegeln, bevor er sich in das Herrschaftsgebiet des Grafen von Toulouse begab, wo sich seine Spur nach

1145 verliert. Auf dem Konzil von Pisa im Jahre 1135 machte man einen Versuch, ihn vom Ketzertum abzubringen; er versprach in ein Kloster einzutreten und das Wanderpredigen aufzugeben; das Konzil verfuhr relativ milde mit ihm und verurteilte nur drei seiner Lehrsätze.

Daß ihm diese glimpfliche Behandlung durch das Konzil in einer Zeit zuteil wurde, als die Männer der Kirche der Ketzerei gegenüber nicht gerade zur Sanftmut neigten, läßt vermuten, daß er damals noch eher ein unbändig radikaler Prediger als ein eigentlicher Ketzer war.[3] Aus einer Widerlegung der Lehre Heinrichs durch einen unbekannten Mönch namens Wilhelm wissen wir, daß er schließlich dennoch ein Ketzer von der gefährlichen Sorte wurde.[4] Das Grundthema seiner Häresie war radikaler Antiklerikalismus. Heinrich verwarf die mittelalterliche Rolle des Klerus als Spender der göttlichen Gnade zugunsten der Verantwortlichkeit des Einzelnen.[5] Darin ging er, unter Einbeziehung des Pelagianismus, außerordentlich weit.[6] Die Erbsünde wurde verworfen: der Einzelne werde sündig durch sein eigenes Tun, nicht aufgrund irgendeiner Befleckung von Adam her. Die Taufe sei ein Akt persönlicher Verantwortlichkeit und könne deshalb nicht unmündigen Kindern, die noch keinen Verstand hätten, zuteil werden. Entsprechend hätten Fürbitten für die Verstorbenen keinen Wert, denn so etwas würde deren Selbstverantwortlichkeit für ihr Verhalten im Leben aufheben.

Diese beiden Mißachtungen kirchlichen Brauchtums waren an sich nicht so bedeutsam, denn sie entsprachen im 12. Jahrhundert der normalen Reaktion eines zur Verantwortung erwachenden Laientums. Der besondere Eindruck jedoch, den Heinrich hinterläßt, besteht darin, daß er bestritt, daß der Klerus überhaupt zu irgendetwas von Nutzen sei. Das sakramentale Geschehen in der Kirche, welches von einer geweihten Priesterschaft verwaltet wurde, hörte für ihn einfach auf zu existieren. Das Meßopfer wurde abgelehnt, die Eucharistie verworfen, den Priestern die Gewalt zu binden und zu lösen abgesprochen und das Sündenbekenntnis vor dem Priester durch ein gegenseitiges Sündenbekenntnis unter den Laien ersetzt. Bei der Eheschließung genügte die Einwilligung der betroffenen Personen: der Vermittlung eines Geistlichen bedurfte man nicht mehr.

Diese ablehnende Haltung erklärte sich aus einem brennenden Verlangen nach Einfachheit. Gotteshäuser waren überflüssig. Alles was nach Heinrichs Meinung seit der Zeit des Neuen Testaments hinzugekommen war, sollte abgeschafft werden. Dem Klerus stünden weder Geld noch Ehren zu – ein extremer, aber keineswegs ketzerischer Standpunkt. Der Gottesdienst sollte in Übereinstimmung mit dem Wortlaut des Neuen Testaments vereinfacht werden. Die Letzte

Ölung und die Verwendung von Öl bei der Taufe sollten abgeschafft werden, da sie in der Schrift nicht bezeugt seien, ebenso Ring, Mitra und Hirtenstab. Ein leidenschaftliches Bekenntnis zum Neuen Testament führte, nicht zum ersten oder zum letzten Mal, zu einer vollständigen Verwerfung allen Brauchtums, das nicht ausdrücklich durch die Schrift bezeugt zu sein schien.

Was Heinrich vorschwebte, war ein armer Wanderklerus ohne sakramentale Funktionen, doch von ganz entscheidender Bedeutung für die Predigt und Ermahnung, ohne jeglichen Rückhalt und ein Zusammenwirken aufgrund von Institutionen; und er dachte solche Ideen mit höchst erregender Konsequenz bis zum Ende durch. Während die orthodoxen Reformer betonten, daß die Moral der Geistlichen der Reform bedürfe, hieb Heinrich einfach den Knoten durch, indem er die besonderen Aufgaben des Klerus schlechterdings beseitigte. Zweifellos nahm er damit die unter Ketzern sehr verbreitete Haltung ein, daß gerade die Unwürdigkeit der Geistlichen die Sakramente wertlos mache, besonders die von ihnen zelebrierte Messe. Darüber hinaus jedoch stellte er sich auf den ungewöhnlichen Standpunkt, die Messe sei überhaupt abzuschaffen. Konnte er zu diesem Standpunkt aufgrund seines Nachdenkens über das gregorianische Ideal sowie seiner eigenen Erfahrung gekommen sein? Gewiß ist dies möglich. Trotzdem ist man versucht anzunehmen, daß jemand anders seine Schritte beeinflußte. J. V. Fearns vermutet, daß ihm der endgültige Schritt vom radikalen Prediger zum Ketzer erleichtert wurde durch den Einfluß Peters von Bruis, des Ketzerführers aus der Hochgebirgsgegend von Embrun, der wie Bogomil seine Laufbahn als Dorfpriester begann.

Petrus der Ehrwürdige, der Abt von Cluny und unsere Hauptquelle über die Ansichten und den Lebensweg Peters von Bruis, glaubte, als er seine Schrift gegen die Sekte, *Tractatus contra Petrobrusianos,* schrieb, Heinrich sei ein treues Mitglied von Peters Sekte.[7] Später, als er seinen Einführungsbrief zu dem Traktat schrieb, hatte er mehr über Heinrich erfahren und billigte ihm größere Unabhängigkeit zu. Er erkannte, daß Heinrich seinen eigenen Weg als Agitator beschritten hatte, bevor er auf Peter von Bruis traf. Ein Vergleich der Ansichten beider Männer bestätigt Heinrichs Abhängigkeit von Peter, aber auch seinen Eklektizismus. In einer Reihe von Punkten stimmen sie überein, vielleicht am auffälligsten in ihrer totalen Verwerfung der Eucharistie, doch auch in ihren Angriffen gegen die kirchliche Überlieferung, gegen das Opfer für die Verstorbenen und in der Ablehnung von Gotteshäusern. Die zeitgenössische Quelle *Actus pontificum Cennomannis* sagt, nachdem Heinrich die Erlaubnis erhalten habe, die Synode von Pisa zu verlassen, habe er einen neuen Weg bei einer anderen Sekte beschritten.[8] Es kann sich dabei kaum um andere als die Petrobrusianer gehandelt haben. Er tat dies jedoch mit bezeichnenden Veränderungen.

Bei all seinem Glaubenseifer für die Schlichtheit des Neuen Testaments ging Heinrich nie so weit wie Peter von Bruis, daß er das Alte Testament verworfen oder die Verehrung des Kreuzes Christi abgelehnt hätte. Heinrich begann seine Laufbahn in der evangelischen, nachgregorianischen Reformtradition, und obwohl ihn der dogmatischere Häretiker Peter über die Grenze der Orthodoxie hinauszog, blieben er und seine Anhänger doch immer mehr in der Nähe der vom Evangelium her bestimmten Häresie als die Petrobrusianer.[9] Dies wird deutlich an seiner Haltung gegenüber der Armut und der *apostolica vita*. Für Heinrich, der in der Tradition der Wanderprediger stand, war ein Leben in Armut eine entscheidende Vorbedingung für den geistlichen Stand; für Peter und seine Anhänger spielte dies keine besondere Rolle. Auf das Recht, frei zu predigen, legte Heinrich ebenso großen Wert wie seine orthodoxen Vorläufer. Wie etliche von diesen beanspruchte auch er es aufgrund von Christi Befehl, die Heilsbotschaft allen Geschöpfen zu verkünden. Bei den Petrobrusianern hören wir hiervon wenig.

Wenn wir dem *Actus* entsprechend annehmen, daß die neue Sekte mit den Petrobrusianern identisch war, fand die entscheidende Begegnung zwischen Peter und Heinrich nach der Synode von Pisa im Jahre 1135 statt.[10] Dies würde mit dem Wirken Peters, der seit langem in der Verborgenheit des Hochgebirges Häresie gepredigt hatte, zusammenpassen; allerdings scheint er, kurz bevor *Contra Petrobrusianos* geschrieben wurde, seine Tätigkeit auf die blühenden Landstriche des Languedoc ausgedehnt zu haben. Heinrich könnte ihm wohl bei seiner Rückkehr aus Italien dort begegnet sein und danach seine Arbeit als Agitator in Südfrankreich begonnen haben.

Der Bereich, in dem die beiden Ketzer predigten, ist von Bedeutung. Als Peter, der obskure Gebirgspriester, seinen Wirkungsbereich ausdehnte, streifte er durch die wohlhabenden Städte Südwestfrankreichs und brachte dort große Volksaufläufe zusammen. Zu der Zeit, als Petrus Venerabilis schrieb, hatte sich die Ketzerei in der Provinz Narbonne, westwärts in Richtung Toulouse und in der umliegenden Ebene, ausgebreitet und schließlich, als er seinen Einleitungsbrief fertiggestellt hatte, in der Diözese Arles und in der Gascogne.[11] In St. Gilles endete Peters Laufbahn mit einem gewaltsamen Tod.

Heinrich wurde vom Erzbischof von Arles der Synode in Pisa vorgeführt; deshalb können wir annehmen, daß er in seiner Diözese als Prediger tätig war. Nach seiner Rückkehr aus Pisa begann er den zweiten Teil seiner Tätigkeit im Languedoc; seine Reisen fanden ihr Ende in Toulouse, wo St. Bernhard, wenn wir dessen Panegyriker Glauben schenken, Heinrich seines Rückhalts bei der Bevölkerung beraubte.[12] Der Schaden war jedoch einmal angerichtet. Es kann kaum ein Zufall sein, daß das Gebiet, in dem Peter und Heinrich im dritten Jahrzehnt des Jahrhunderts erfolgreich waren, ungefähr identisch ist mit jenem, das in der letzten Hälfte des Jahrhunderts, als die Kirche ihre größte Krise zu bewältigen hatte, vom Katharertum durchsetzt wurde. Peter und Heinrich verdienen es, daß man sich ihrer nicht nur als Gründer häretischer Gruppen zur Zeit der Wiedergeburt des Ketzertums erinnert, sondern auch als Wegbereiter des Erfolgs der Katharer im Languedoc.[13]

Die Anfänge von Peters Häresie werfen Probleme auf. Peter fing als Pfarrgeistlicher an und wurde dann aus seinem Amt entlassen. Wahrscheinlich begann er danach seine Laufbahn als Ketzeragitator, die etwa zwanzig Jahre lang dauerte, von etwa 1119 bis zu seinem Tode um 1139–1140. Bruis war ein Dörfchen in dem heutigen Kanton Rosans des Departements Hautes-Alpes; hier war entweder Peters Geburtsort oder seine Pfarrei. Die ersten Jahre seiner Predigttätigkeit verbrachte Peter in den Hochgebirgsregionen von Embrun, Gap und Die. Was uns überrascht, ist der geographische Ursprung seiner Häresie: die Hochalpen würde man eher für ein zurückgebliebenes Gebiet halten, wo vielleicht heidnisches Brauchtum überleben konnte, aber nicht für die Heimat einer im 12. Jahrhundert »modernen« Häresie. Natürlich könnte Peter sich seine eigene Häresie ausgedacht haben. In unseren Quellen bleibt seine Gestalt zu schattenhaft, um zu irgendwelchen klaren Vorstellungen über seine Persönlichkeit und seine Fähigkeiten zu kommen. Jedoch gibt uns die geographische Lage von Bruis einen Hinweis auf eine mögliche Quelle. Es liegt an einer der Alpenstraßen, die nach Italien führen. Auf diesem Wege könnten neuartige häretische Ideen in die Gebirgsdörfer gekommen sein; sie wurden vielleicht von Leuten verbreitet, die jenen Teil Westeuropas bereisten, der für Einflüsse von außen am meisten aufgeschlossen war, und die dann wieder zurückkehrten.[14]

Peters Theologie war interessanter und eigenwilliger als die Heinrichs, da nur ein Teil seiner Lehre dem gedanklichen Gemeingut früherer und zeitgenössischer Sekten des 12. Jahrhunderts ähnelte. Die Lehre der Sekte hatte etwas Radikales und Gewaltsames. Ihre Ansichten wurden durch einen handgreiflich praktischen Anschauungsunterricht unter die Leute gebracht. Im Verlauf eines solchen, als er die Bevölkerung von St. Gilles dazu aufstachelte, mit ihren Kruzifixen ein Freudenfeuer zu entfachen, kam Peter zu Tode: Er wurde nämlich von seinen Widersachern selbst ins Feuer gestoßen und verbrannt. Bei anderen Gelegenheiten pflegten er und seine Anhänger Mönche aus ihren Klöstern zu zerren und sie zur Ehe zu zwingen oder, wie dies bei einer

Zeremonie geschah, die das Verhalten der radikalen Lollardengruppe von Norwich im 15. Jahrhundert vorwegnimmt, am Karfreitag Fleisch zu essen.[15]

Ihren verschiedenen Lehrsätzen lag ein Glaube an die Kirche als die geistliche Einheit der Gemeinschaft der Gläubigen zugrunde.[16] Was in späteren Zeiten hinzugekommen war, wurde abgestreift, um die eigentliche, wahre Natur der Kirche zu enthüllen. Der Grundton bestand – wie bei den von ihnen beeinflußten Henricianern – in einer Verwerfung aller äußeren Formen. Die negativen Glaubenssätze der Sekte, die naturgemäß die Hauptangriffspunkte Petrus' des Ehrwürdigen bilden, sind die Nichtanerkennung der Autorität des Alten Testaments, der Kirchenväter und aller kirchlichen Überlieferungen, die Verwerfung der Kindertaufe, der Lehre von der Eucharistie und dem Meßopfer sowie der Fürbitten für die Verstorbenen. Die Benutzung von Kirchengebäuden wurde verdammt, ebenso die Kreuzverehrung und der Kirchengesang. Aber hinter dieser ablehnenden Haltung verbargen sich verschiedene Gedankengänge, die sich nicht einfach mit der allgemeinen Gärung volkstümlicher religiöser Ideen zu Peters Zeit vereinbaren lassen. Die Verwerfung so vieler äußerlicher Punkte des gottesdienstlichen Ritus entsprang dem Verlangen nach einer Entmaterialisierung des Gottesdienstes. Die formellen Gegenstände, die der Verehrung dienen – Bauwerke, Kreuze, Altäre –, wurden als regelrechte Behinderungen für die Ausübung der wahren Frömmigkeit angesehen und mit Gewalt entfernt.

Die Verwerfung der Eucharistie, so wie die zeitgenössische Kirche sie feierte, und der Praxis der Kindertaufe gründete sich auf den Wortlaut der Evangelien. Die Ablehnung der Eucharistie entsprang nicht der üblichen Verwerfung der unwürdigen Verwalter des Sakraments, sondern einem mit äußerster Konsequenz durchgeführten Schriftverständnis. So wie die Sekte die Evangelien auffaßte, hatte die Verwandlung von Brot und Wein in Leib und Blut Christi nur einmal stattgefunden, nämlich beim Letzten Abendmahl Jesu mit seinen Jüngern, und war nach ihrer Meinung ein Wunder, das seitdem nie wieder von jemandem vollzogen werden konnte. Christus habe nicht die Absicht gehabt, einen Ritus zu stiften, der auf den Altären der Kirche wiederholt werden sollte; nicht einmal ein symbolischer Vollzug der Handlung kam in ihrer Gruppe in Betracht. Dies ist ein außergewöhnlich radikaler Standpunkt, zu dem sich nicht leicht eine Parallele findet: er paßt weder zu dem Dualismus der früheren Bogomilen noch zu dem der späteren Katharer; denn die Petrobrusianer leugneten nicht, daß Christus sein Fleisch und Blut droben im Himmel zum Opfer gebracht habe. Sie wurden nicht, wie es bei den Bogomilen der Fall war, durch eine Verwerfung der Materie dazu gezwungen, das Handeln Christi bei jenem Anlaß rein sinnbildlich zu verstehen. Wie Fearns vermutet, besteht die Wahrscheinlichkeit, daß Peter, was diesen Punkt anbetrifft, einen ganz persönlichen Beitrag zur Ketzerei leistete.[17]

Vier ungewöhnliche Lehrsätze der Petrobrusianer legen die Erwägung nahe, daß Peter, der Stifter ihrer Sekte, irgendwann einmal bogomilischem Einfluß ausgesetzt war. Es handelt sich um die Ablehnung des Kreuzkultes, die Verwerfung des Alten Testaments, der Kirchengebäude, der Kirchenmusik und des Kirchengesangs. Hierfür fehlen im allgemeinen die Parallelen in der ersten Hälfte des 12. Jahrhunderts, obgleich man dies weder von Arras im 11. Jahrhundert noch von unseren Quellen für die Bogomilen sagen kann. Genau wie bei den Petrobrusianern die Anhänger Kruzifixe niederrissen und sie verbrannten, war bei den Bogomilen das Kreuz gewalttätiger Entweihung ausgesetzt, und sein Holz wurde zum Herstellen von Werkzeugen benutzt.[18] Auch die Verwerfung des Alten Testaments ist ein ganz typischer Zug des Bogomilentums. Um eine Ablehnung zu finden, die so klar und unmißverständlich wie die Peters von Bruis ist, muß man schon bei den Dualisten nachforschen. Eine Verwerfung des Alten Testaments wegen einer verzehrenden Leidenschaft für das Neue – das erscheint nicht ganz ausreichend. Und wiederum: was die Frage der Kirchengebäude betrifft, bietet das 12. Jahrhundert keine Parallelen vor der Zeit der Waldenser außer Heinrich, und der war, wie wir wissen, von den Petrobrusianern beeinflußt. Später sagten die Waldenser, ein Gebet könne man auch aus Ställen oder Kammern zu Gott emporschicken; wenn man aber eine frühere Parallele sucht, muß man bis zu den Bogomilen und Paulikianern zurückgehen, deren Zurückweisung des Gedankens, daß eigens für den Gottesdienst ausgestattete Räume wünschenswert seien, die Folgerung aus ihrem Dualismus war.[19] Sonst müßte man nach Präzedenzfällen schon bei den Ketzern von Arras suchen, die da glaubten, ein Altar und eine Kirche seien nicht mehr als Zement und Stein und für den Gottesdienst nicht besser geeignet als Zimmer in einem Wohnhaus.[20] Der vierte Glaubenssatz, die Verwerfung der Kirchenmusik und des Kirchengesangs schlechthin, verbindet wiederum die Ketzer von Arras, die Bogomilen und die Petrobrusianer. Ein Widerstand gegen die Vermehrung ritueller Observanzen und einer Verfeinerung des Kultes war den monastischen Kreisen gemeinsam; die Tatsache, daß sich die Zisterzienser gegen Cluny erfolgreich durchsetzten, zeugt von der Kraft dieser Entwicklung, und solche Gedanken drangen auch bis ins Laientum hinein. Die ablehnende Haltung der Petrobrusianer jedoch, wie Petrus der Ehrwürdige sie uns berichtet, ist von extremer und radikaler Art, da sie nicht bloß übermäßigen Gesang abschaffte, sondern die gesamte Ausübung von Musik im Gottesdienst.

Zusammengefaßt kristallisieren sich bei einer dogmatischen Analyse vier Punkte heraus: die Verwerfung des Alten Testaments, die Ablehnung des Kreuzes, der Kirchenmusik und des Kirchengesangs sowie der Kirchengebäude; alles dies findet sich insgesamt wieder in den Glaubenssätzen der Petrobrusianer, der Ketzer von Arras und der Bogomilen. Das Zusammentreffen von vier Lehren scheint eine Übertreibung zu sein und gibt der Hypothese bogomilistischen Einflusses von außen, so wie Fearns sie vertritt, Gewicht.[21] Man kann die Theorie vertreten, daß ketzerische Ansichten des Arras-Typs sich unbemerkt im Hochgebirge erhalten haben; oder, alternativ dazu, die Einwirkung von Reisenden betonen, die direkt aus Gegenden mit Bogomilen kamen und die Saat ihrer Ketzerei entlang einer Alpenroute ausstreuten.[22] Die Ketzerei von Arras wurde bekanntlich aus Italien ins Land gebracht. Wenn wir für einen bogomilistischen Einfluß eintreten, müssen wir allerdings berücksichtigen, daß es sich nur um eine unvollkommene Reflexion des Originals handelt, in der die dualistische Metaphysik und die Schöpfungsmythen der Gnosis fehlen. Peter, ein Zuhörer, der schon die Anlage zum Ketzer in sich hatte, nahm das auf, was er für sein eigenes System benötigte. Die negativen Aussagen der Bogomilen paßten besser zu der Situation im Westen. »Er wählte aus und legte sich zurecht, was mit seinen Zielen übereinstimmte; die fremde Theologie und das Ritual, welche diesen Zielen zuwiderliefen, ignorierte er.«[23] Er war kein Dualist, doch er wirkte wie eine Art Johannes der Täufer für die organisierten dualistischen Kirchen der zweiten Jahrhunderthälfte, indem er im Volk einen Weg für sie bereitete.

Bei einem anderen Ausbruch von Ketzerei um 1114 predigten zwei Bauern, Clemens und Ebrard, aus dem Dorfe Bucy-le-Long in der Nähe von Soissons eine Häresie, die auch dem Bogomilismus ähnelte.[24] Christus sei nicht wirklich Mensch geworden; Brot und Wein würden nicht wirklich in Leib und Blut Christi verwandelt; der Mund des Priesters sei der Schlund der Hölle. Sie nannten sich selbst Anhänger des apostolischen Lebens und lebten streng asketisch. Da sie die *vita apostolica* erwähnen und die unwürdige Priesterschaft anprangern, muß man sie in die westliche Ketzerströmung einordnen; aber der Doketismus ist kein gemeinsamer Zug selbständig entwickelten westlichen Ketzertums und macht sie eher den Bogomilen ähnlich. Besonders bezeichnend für sie ist das, was sie mißachteten. Sie verweigerten alles, was aufgrund von Geschlechtsverkehr hervorgebracht wurde. Als Gottesmänner wurden sie von den Bauern verehrt; aber ihr Leben endete dennoch damit, daß der Pöbel sie verbrannte.

In einer anderen ländlichen Gegend, in dem Dorfe Ivoy, kam eine Gruppe von Ketzern im ersten Viertel des Jahrhunderts insgeheim zusammen und lehrte ihre Anhänger, die Eucharistie und die Kindertaufe zu verwerfen.[25] Der Fall mag als typisch für die Episoden gelten, in denen die Quellen nicht hinreichen, um die Art der Ketzerei vollständig aufzudecken. Wir erfassen nur andeutungsweise, wie sehr die Menschen auf die religiöse Verantwortung des Einzelnen bedacht waren – das übliche Motiv für die Verwerfung der Kindertaufe.

Tanchelm und Arnold von Brescia

Tanchelm von Antwerpen und Arnold von Brescia, zeitlich und örtlich klar voneinander getrennt – der eine in den Niederlanden, der andere in Italien –, zeigen, wie die Gärung der Reformideale im nachgregorianischen Zeitalter zur Ketzerei führen konnte. Tanchelms Fall ist umstritten. Norman Cohn hat ihn benutzt, um zu zeigen, wie sich bei bestimmten Formen von Ketzerei im Mittelalter eine Anhängerschaft durch den psychologischen Druck sozialer Bedingungen bildete.[26] Als Demagoge mit einer phantastischen und »gestörten« Einbildungskraft, so führt er aus, konnte Tanchelm in einer der übervölkerten Städte der Niederlande Anhänger gewinnen. Hier hätte die plötzliche Industrialisierung die Menschen aus ihren Familienbindungen und den Sitten des bäuerlichen Lebens auf dem Lehnshof herausgelöst und sie den bekannten wirtschaftlichen Notlagen ausgesetzt, die durch die Abhängigkeit des Wollhandels vom internationalen Markt mit seiner launenhaften Folge von Aufschwung und Niedergang bedingt waren.

Aber es ist zu fragen, ob die Quellen die chiliastische Häresie bestätigen, die nach Cohns Aussage besonders in diesen neu entstandenen Industriegebieten vorherrschte.[27] Tanchelm ist als ein typischer Vertreter für diese Entwicklungen angesehen worden[28], aber es ist fraglich, ob er dem theoretischen Gewicht, das man seiner Gestalt verleiht, standhält. Dem traditionellen Bericht zufolge verdankte Tanchelm sein Emporkommen der Tatsache, daß die kirchlichen Autoritäten die sich entfaltende Stadt Antwerpen auf eklatante Weise vernachlässigten. Vom Zustand der Kirche angewidert, begann Tanchelm seine Predigt, beherrschte bald das religiöse Leben in der Stadt und dehnte seine Predigtreisen nach Flandern, Seeland und Brabant aus. Seine Zuhörer kamen wohl aus den unteren Schichten, aber der Erfolg seiner Predigten in Seeland muß als Beweis dafür angesehen werden, daß sich diese Hörer keineswegs ausschließlich aus Städtern zusammensetzten; denn jene Gegend blieb, wirtschaftlich gesehen, ein relativ unentwickeltes Land mit Fischern und Bauern. Tanchelm verwarf die Kirche und ihre Sakramente total und sagte, die Kirche sei ein Bordell geworden. Die bekannteste Quelle, ein Brief des Domkapitels zu Utrecht, beschreibt groteske Szenen, in denen Tanchelm sich als Gott ausgab, eine symbolische Ehe mit einer Marienstatue einging und, von einem ehemaligen Priester und einem Schmied begleitet, in goldenen Gewändern und unter dem Schutz von Bewaffneten durch Antwerpen zog.[29] Das gemeine Volk verehrte ihn als Gott und trank sein Badewasser. Doch das groteske Zwischenspiel fand schon drei Jahre später ein Ende, als er im Jahre 1115 von einem Priester erschlagen wurde.

Wenn auch sein Kult individualistische Züge hat, so hielten sich seine Anhänger doch noch eine Weile nach seinem Tode. Tanchelm, so wurde argumentiert, profitierte einerseits von den örtlichen Drangsalen des städtischen Lebens, welche die unterdrückten Handwerker nur allzusehr Befreier herbeisehnen ließen, die sie vom irdischen Leiden erlösen und eine Zeit der Fülle einleiten würden, andererseits von dem Trend zum chiliastischen Denken, welches sich durch den Einfluß der Kreuzzüge regte.[30]

Nicht alle Merkmale des Kultes, den man in Antwerpen betrieb, müssen notwendig Verdacht erregen. Die seltsame Badewasser-Episode ist auf verschiedene Weise gedeutet worden, nämlich als Zeichen der überwältigenden Ehrfurcht leichtgläubiger Mitläufer oder als ein Mißverständnis des Schreibers, der nicht begriffen hatte, warum Tanchelm an seine Anhänger verwässerten Wein austeilte.[31] Wer sich in der zwielichtigen Sphäre volkstümlicher Formen der Ehrerbietung auskennt, mag sich zugunsten der ersten Hypothese daran erinnert fühlen, daß Garibaldis Diener ohne Wissen seines Herrn guten Absatz für dessen Badewasser fand. Andere Züge in der üblichen Beschreibung sind jedoch nicht ganz überzeugend. Wenn Tanchelm ursprünglich bei seinem Protest von der Verderbtheit der rechtgläubigen Kirche und der Unmoral ihrer Priesterschaft ausging, warum war er dann selbst ein Libertinist, der seinen Einfluß auf die Frauen dazu ausnutzte, um seine sexuellen Bedürfnisse zu befriedigen?[32] Libertinismus bietet sich fast von selbst an als Anklagegrund gegen einen volkstümlichen Ketzer, der seine Hörerinnen beeinflußt. Die Hauptquelle stammt von Tanchelms Feinden im Utrechter Kapitel, die ihn im Jahre 1112 bei Erzbischof Friedrich von Köln anzuschwärzen suchten und sich womöglich jedes feindseligen Gerüchtes bedienten, das über Tanchelm im Umlauf war. Nicht alles, was über den Fall bekannt ist, springt unmittelbar ins Auge. Hinter den Anklagen auf Ketzerei könnte sich ebensogut eine Episode aus dem Streit für und wider die Gregorianer verbergen, wie ja auch anläßlich der Pataria-Bewegung in Mailand und der des Ramihrdus in Cambrai recht unbegründete Anklagen auf Ketzerei verbreitet worden waren, was sich dann im Falle des Lambert le Bègue in Lüttich wiederholen sollte.[33] Eine solche Deutung wird einleuchtender, wenn man bedenkt, daß sich in dem Brief von Utrecht

Anzeichen einer direkten Entlehnung von Einzelheiten aus der Chronik Gregors von Tours aus dem 6. Jahrhundert finden.[34]

Pirenne brachte etwas Licht in die Angelegenheit, als er vermutete, Tanchelm habe auf seiten des Grafen Robert II. von Flandern, eines Parteigängers der Gregorianer, gestanden, der die Unterstützung seiner Leute dazu ausnutzen wollte, einen Teil des Bistums Utrecht, der damals in den Händen der kaiserlichen Partei war, für das flämische Bistum Tournai zu gewinnen.[35] Aus dieser Sicht der Dinge spielte Tanchelm die Rolle des Demagogen, der das Volk gegen einen laxen, kaisertreuen Klerus aufwiegeln und die Notwendigkeit einer gregorianischen Reform in dieser Gegend allen deutlich machen sollte, was wiederum die vom Grafen gewünschten Veränderungen in der Diözese fördern konnte. Pirenne sah indessen die Verbindung zu eng: er irrte sich, wenn er glaubte, Tanchelm sei ein Laie und einstiger Notar des Grafen gewesen.

Jetzt scheint deutlich zu werden, daß Tanchelm zu den Ketzerführern gerechnet werden muß, die aus dem Klerus stammten. Aber war er schon Gregorianer, als er sich an den Grafen um Hilfe wandte? Vieles hängt von der zeitlich genauen Festlegung ab.[36] Den Brief aus Utrecht kann man auch dahingehend deuten, daß er nicht ein feindseliger und bewußt entstellender Bericht über einen Volksprediger mit gnostischen Untertönen war, sondern eine Zusammenstellung von Verleumdungen, die Tanchelms Reformtätigkeit gewollt entstellen. Der Brief kann uns zu dem Schluß führen, daß Tanchelm zunächst keineswegs in der erregten Atmosphäre der Stadt Antwerpen mit ihren Handwerkerwohnungen tätig war, sondern in Seeland[37], weil dies die Gegend war, die man dem Bistum Utrecht entreißen wollte. Der Brief sagt, Tanchelm lehne die Kirche ab; darunter kann man auch die örtliche Kirche verstehen, die durch Unsittlichkeit und durch ihre Beziehungen zum Kaisertum befleckt war. Die Verwerfung der Transsubstantiation kann man entsprechend verstehen als eine Zurückweisung von Amtshandlungen unwürdiger Priester, die angebliche Vereinigung mit Gott, die Tanchelm göttliche Kräfte verleihen sollte, als eine rechtgläubige Ermahnung zur mystischen Vereinigung mit Christus. Die Verlobung mit Maria unter Benutzung von Ringen konnte eine Art Werbefeldzug sein, durch den man die Frauen dazu bringen wollte, dem Luxus zu entsagen und ihre Ringe einer Marienstatue zu schenken. Eine derartige Deutung, wie sie von W. Mohr vorgeschlagen wird, würde aus dem wirren chiliastischen Agitator einen gregorianischen Reformprediger machen. Selbst wenn man diese Umdeutung akzeptiert, bleiben die Schwierigkeiten bestehen; es gibt nämlich in anderen Quellen, die nicht notwendig von dem Utrechter Brief abhängig sind, trotzdem eine böswillige Überlieferung. Die Wahrheit wird sich nie ganz klären lassen, aber wir können mit einiger Sicherheit annehmen, daß hier sehr viel weniger Häresie und Ausschreitung im Spiele war, als die Quellen vermuten lassen, so daß wir mit einigem Recht in Tanchelm einen Gregorianer sehen können, der, besonders zum Schluß, in den Donatismus abglitt.[38]

Hinsichtlich Arnolds von Brescia sind die Quellen nicht dunkel, obwohl sie keine Bestätigung enthalten, daß es sich um direkte Aussagen des Ketzerführers in Wort und Schrift handelt. Arnold deckte seine Karten zum esten Male auf, als er einer Gemeinschaft regulierter Chorherren in seiner Heimatstadt Brescia vorstand, die einst unter dem Einfluß der Pataria-Bewegung gestanden hatte und um 1130 der Schauplatz einer Auseinandersetzung um das Bistum zwischen Villano und Manfred war, zwei Verfechtern der rivalisierenden Ansprüche auf die päpstliche Tiara, die Anaklet II. und Innozenz II. erhoben.[39] Während Manfred, der erfolgreiche Kandidat, von seiner Stadt abwesend war, verband sich Arnold mit den Anhängern einer Kommune und nutzte die Gelegenheit, um eine drastische Reform der Geistlichkeit in Angriff zu nehmen. Manfred zog sich Arnolds Feindschaft nicht etwa deswegen zu, weil er ein adliger Müßiggänger im bischöflichen Amt gewesen wäre, sondern einfach deshalb, weil seine gemäßigten Reformpläne, die bereits auf den Widerstand des örtlichen Klerus gestoßen waren, jenem nicht weit genug gingen. Für Arnold verwirklichte sich das Muster apostolischer Lebensführung im Leben von Kanonikern, die einer strengen Regel unterworfen waren, und die Lösung der Probleme, die sich aus einem wohlhabenden, simonistischen und unkeuschen Klerus ergaben, bestand darin, daß man ihm ganz einfach das aufzwang, was man im eigentlichen Sinne unter dem Leben regulierter Chorherren verstand.

Obgleich Arnolds Vorhaben in etwa der Pataria-Bewegung und derjenigen des Ramihrdus von Cambrai ähnelte, ging es doch in mancher Hinsicht über deren Ideen hinaus. Auch versagte Innozenz II. Arnold die Unterstützung, die Gregor VII. einst der Pataria gegeben hatte. Arnold wurde im Jahre 1139 verurteilt und mußte Italien verlassen; er machte sich nach Paris auf, wo er früher unter Peter Abaelard studiert hatte. Dort trugen ihm seine Angriffe gegen den Klerus und überraschenderweise auch gegen St. Bernhard von Clairvaux eine Verurteilung auf dem Konzil von Sens im Jahre 1140 ein, wo man ihn auf etwas rhetorische Art als Schüler Abaelards mit dem Scheitern seines Lehrers in Verbindung brachte. Auf seiner Flucht befreundete er sich mit Guy, dem päpstlichen Legaten für Böhmen, der ihn dazu überredete, sich zu unterwerfen und Buße zu leisten. Papst Eugen III. lud ihn, falsch beraten, nach Rom ein, damit er ihn dort im Auge behalten konnte. Er mußte jedoch erleben, daß das Schauspiel einer verfallenden Kurie und eines in weltliche Angelegenheiten verstrickten Papsttums Arnold zu einer um so heftigeren Wiederaufnahme seiner Agitation trieb. Er kam zu der Überzeugung: »Der Papst selbst war nicht das, was er vorgab zu sein – ein Apostel und Seelenhirt –, sondern ein Mann der Gewalttat, der seine Autorität mit Feuer und Schwert aufrechterhielt . . .«[40] Die Bürger Roms mit ihren begründeten Klagen boten für seine Predigten eine bessere Ausgangsbasis als die kommunale Bewegung in Brescia; mit ihrer Hilfe vertrieb er den Papst und erklärte die Stadt für unabhängig. Hier versuchte er dann, sein Ideal eines armen Klerus zu verwirklichen – der predigt, die Sakramente austeilt und gänzlich unbelastet ist von Besitztümern oder politischer Macht. Eine Zeitlang empfahlen ihn seine Anschauungen der kaiserlichen Partei, besonders seine Verwerfung der Konstantinischen Schenkung und seine Meinung, der Kaiser sollte seine Krone von den Bürgern Roms empfangen anstatt aus den Händen des Papstes. Obwohl der Papst mit militärischer Hilfe zurückkehrte, wurde er im Jahre 1150 erneut vertrieben. Arnolds Reformpläne in jenem Jahr enthüllten jedoch, wie radikal er war; er konnte seine Stellung nur mit Hilfe einer Verschwörung seiner treuen Anhänger aus der unteren Klasse halten und verlor die Unterstützung des Adels. Die Logik seiner radikalen religiösen Einstellung führte ihn zu einer extrem demokratischen Haltung in der Politik. Schließlich wurde er als Revolutionär, der sich mit zahlenmäßig beschränkter Unterstützung an der Macht hielt, unter Papst Hadrian IV. zur Strecke gebracht und im Jahre 1155 hingerichtet.

Seine Beredsamkeit und seine Wirkung auf die Massen rücken ihn in die Nähe der geistbegabten Wanderprediger Frankreichs; völlig im Einklang steht er mit den Ideen seiner Zeit, indem er den Wert der Armut übermäßig betont. Sein Unterschied zu den Wanderpredigern bestand jedoch in der Bereitschaft, politische Macht zu gebrauchen, um seine Ziele zu erreichen, und darin, daß er ein Programm hatte, und zwar nicht nur für die Errettung des Einzelnen, sondern auch für die Kirche insgesamt – ein Programm, zu dessen Verwirklichung er auch bereit war, zu den Waffen zu greifen. Seine grundlegende Lehre war, daß Geistliche und Mönche, die Besitztum hatten, nicht erlöst werden könnten. Es gab noch andere, die Sakramente betreffende Irrtümer in seinen Anschauungen, die mit seiner grundsätzlichen Einstellung zur Armut zusammenhingen. Die Sakramente als solche wurden zwar nicht geleugnet, aber die allgemein verbreitete nachgregorianische Auffassung, daß die Sakramente durch die Würdelosigkeit der geistlichen Amtsträger wertlos geworden seien, fand generell bei ihm Anerkennung. Wie man es von dem pragmatisch eingestellten Arnold erwarten konnte, gab es bei ihm keine tiefgreifende dogmatische Differenz mit der Orthodoxie, und so wurde er denn auch nie formell der Ketzerei beschuldigt.[41] Die geistliche Macht Roms wurde von ihm geleugnet wegen ihrer Verstrickung in die Dinge dieser Welt. Das Predigen stand allen frei und war nicht von einer besonderen Ausbildung oder Erlaubnis abhängig, sondern lediglich von der Lebensführung des Predigers.

In Wirklichkeit schreckten fast alle vor den einschneidenden Verzichtleistungen zurück, die Arnold von der Hierarchie verlangte. Er war allzu radikal, um sich mit Reformern innerhalb der Kirche auf die Dauer zu verstehen. Die Sympathie Guys, des Kardinallegaten in Böhmen, und seine frühere Bereitschaft zur Reue zeigten, daß er anfangs nicht weit von der Kirche entfernt stand. Aber seine Erfahrung, die unmittelbare Berührung mit der dunkleren Seite Roms, sowie seine Leidenschaftlichkeit machten ihm schließlich eine Aussöhnung unmöglich.

Als organisierte Macht spielten die Arnoldisten nie wieder eine bedeutende Rolle in Italien, denn ihre Kraft war durch die Ereignisse, die auf die Wiedererrichtung der Kommune im Jahre 1150 folgten, gebrochen. Immerhin war Arnold einer von jenen abtrünnigen religiösen Führern, deren Macht sich nicht mit großer geistiger Originalität erklären läßt, sondern mit ihrer Fähigkeit, eine weitverbreitete Unzufriedenheit auf einen Punkt zu lenken, und diese Unzufriedenheit war es, die seine Bewegung noch lange überdauerte. Die Glaubenssätze der Arnoldisten würdigte Bonacursus von Mailand in seinem polemischen Werk *Manifestatio haeresis Catharorum*, das zwischen 1176 und 1190 geschrieben wurde, immerhin einer Widerlegung. Es kommt darin ein Abschnitt vor, in dem er die Meinung angreift, evangelische Armut sei obligatorisch, die sich in ihr übenden Laien hätten uneingeschränktes Predigtrecht, und die Priester sowie die übrigen Mitglieder der Hierarchie würden durch ihre Sünden unfähig gemacht, die Sakramente zu verwalten und die Gewalt zu binden und zu lösen innezuhaben.[42] Obwohl der Arnoldismus damals eher eine Geistesströmung als eine Sekte darstellte, wurde sein Name in den Katalog der Ketzereien aufgenommen, die von den Päpsten immer wieder verurteilt wurden; so lebte er immerhin in Bannbullen weiter bis zum Jahre 1511.[43]

Eon de l'Etoile (oder Eudo de Stella)

Der Fall Eons führt uns zurück zu den planlosen ländlichen Agitatoren Aldebert, Theuda und Leuthard.[44] Obwohl er selbst des Lesens kundig und wahrscheinlich ein jüngerer Sproß aus dem bretonischen Adel war, setzte sich Eons Gefolge ausschließlich aus leichtgläubigen Bauern zusammen. Die Quellen berichten davon, daß er seine Anhänger an abgelegenen Orten zum Gebet versammelte, daß er sich in seinen

Predigten gegen Kirchengebäude aussprach, sie mit seinen Anhängern überfiel und ihres Schmucks beraubte. Er hielt sich selbst für den Sohn Gottes und schwatzte seinen Anhängern den Glauben auf, er sei »eum« aus einer lateinischen Exorzismusformel, die ihm wahrscheinlich bekannt war: Jesus Christus, der wiederkommen würde in Herrlichkeit – »per eum qui venturus est cum gloria judicare vivos et mortuos et seculum per ignem«.[45] Seine Jünger benannte er mit Namen von Engeln, Propheten und Aposteln. Sein Stab war sozusagen ein Szepter in der Form eines Y – solange die Gabel nach oben zeigte, gehörten zwei Drittel der Welt Gott Vater, ein Drittel Eon; wenn er die Gabel umdrehte, war die Lage umgekehrt. Das Konzil von Reims im Jahre 1148 hörte sich diese Offenbarungen mit Gelächter an und steckte Eon ins Gefängnis, wo er bald starb.

Einige Kommentatoren haben ihn vernünftigerweise für verrückt gehalten; andere haben offensichtlich gnostische Züge an ihm festgestellt.[46] Werner weist auf den tiefen Aberglauben der Bretonen hin, der sich dort so stark festgesetzt habe, daß im 17. Jahrhundert ein Teil der Bretagne tatsächlich durch die Jesuiten neu bekehrt werden mußte.[47] Russell beschreibt ihn als aufrichtig, aber geistesgestört. Ob er nun verrückt war oder nur »geistig leichte Schlagseite hatte« mit dem Ziel, Kirchen zu plündern und dem Todesurteil in Reims zu entgehen – ein sicheres Kennzeichen dieses Falles ist die jämmerliche Verfassung der Anhänger Eons. Ihre Ketzerei gründete sich offensichtlich auf eine tiefe Unwissenheit.

Die frühen Katharer

In den ersten drei Jahrzehnten des Jahrhunderts hing die Ketzerei sehr stark von der Persönlichkeit eines Predigers ab; sobald sein Einfluß beseitigt war, tauchte das Gefolge, das er um sich gesammelt hatte, unter oder verschwand völlig. Zu Eons Zeit (um 1140) machten sich die ersten Zeichen dafür bemerkbar, daß diese Phase in der Geschichte des Ketzertums im Westen zu Ende ging; denn die Schreiber und Chronisten schildern, wie eine ganz und gar internationale Bewegung aufkam, die zwar in den einzelnen Ländern verschieden benannt wurde, aber deutlich gemeinsame Grundzüge in der Glaubenslehre und Organisation aufwies.[48] Letztere deuten auf eine Verbindung mit den Bogomilen von Byzanz und vom Balkan.

Die Anonymität der neuen Häresie beunruhigte einige rechtgläubige Beobachter. Als St. Bernhard von ihr erfuhr, gab er seiner Überraschung darüber Ausdruck, wie sehr sie sich von den Häresien der frühen Kirche unterscheide, die nach ihren Gründern benannt worden waren: Mani und die Manichäer, Sabellius und die Sabellianer, Arius und die Arianer.[49] Als sich während der folgenden zwei Jahrzehnte diese bogomilistisch beeinflußte Häresie im Westen weit ausbreitete, bestätigten sich seine Befürchtungen.

Der erste Ausbruch, von dem uns berichtet wird, ereignete sich im Rheinland. Dort beschrieb 1143-1144 der Prämonstratenser-Propst Everwin von Steinfeld dem hl. Bernhard von Clairvaux die Züge einer in Köln entdeckten Ketzerei, die ihren eigenen Bischof und ihre eigene Organisation hatte.[50] Es gab drei Arten von Anhängern – Hörer, Gläubige und Erwählte; der Übergang von der untersten Kategorie zu der der Gläubigen und von den Gläubigen zu den Erwählten vollzog sich während einer Zeremonie der Handauflegung und durch einen Läuterungsprozeß. Die durch die Handauflegung erlangte Taufe »im Feuer und im Geist« wurde mit der Wassertaufe Johannes des Täufers kontrastiert. Die Gruppe weigerte sich, Milch zu trinken oder Produkte eines Zeugungsprozesses zu verzehren, und sie verwarf die Ehe. Everwin berichtet, daß sie bei den täglichen Mahlzeiten ihre Speisen und Getränke mit dem Vaterunser »konsekrierten«. Sie behaupteten, ihr Glaube gehe zurück bis auf die Zeit der Märtyrer und sie hätten Glaubensbrüder in »Griechenland« (d. h. Byzanz) und »gewissen anderen Ländern«. Der Bischof, sein Assistent und ein paar andere behaupteten ihren Standpunkt in der Debatte, und als sie sich weigerten zu widerrufen, wurden sie vom Volke verbrannt.

Die Unterscheidungen zwischen den Mitgliedern der Gruppe, die Existenz einer Klasse von Eingeweihten, den Erwählten, die doppelte Einweihungszeremonie mit dem Handauflegen wie beim *baptisma* und der *teleiosis,* von denen Euthymios Zigabenos in Byzanz weiß,[51] der Gegensatz zwischen dieser Art der Taufe und der Wassertaufe des Johannes, das Ablehnen von Milch und Zeugungsprodukten sowie die Verwerfung der Ehe und schließlich die Annahme, daß in Byzanz Glaubensbrüder lebten – alles das beweist hinreichend, daß das Eindringen des Bogomilismus ernster zu nehmen war als je zuvor. Was in Everwins Bericht fehlt, ist die Erwähnung des Doketismus oder einer dualistischen Kosmogonie; vielleicht fehlen diese Züge deshalb, weil Everwin die Glaubenslehren der Sekte nicht restlos durchschaut hatte, vielleicht aber auch, weil der Dualismus für diese Ketzer keine große Bedeutung hatte.

Everwins Beschreibung macht die Gründe deutlich, warum sich der Einfluß der Bogomilen zu dieser Zeit im Westen festigen konnte. Die Kölner Ketzer nahmen für sich in Anspruch, so sagte er, sie allein seien die wahre Kirche insofern, als nur sie in Christi Fußspuren gingen. Sie lebten auch jetzt noch wirklich nach dem Vorbild der Apostel, sie fragten nicht nach den Gütern dieser Welt, wie Christus besäßen sie weder Haus noch Acker . . . « ›Ihr hingegen‹, so sagen sie zu uns, ›bringt Haus auf Haus und Acker auf Acker in euren Besitz und trachtet nach den Dingen dieser Welt. Ihr treibt dies so weit, daß diejenigen unter euch, die als die Vollkommensten gelten, wie Mönche und Regularkanoniker, wenn sie auch nichts zum Eigentum haben, sondern alles als Gemeinschaft behalten, dennoch alles dies besitzen.‹« Von sich selbst sagten sie: »Wir, die Armen Christi, die wir keinen festen Wohnsitz haben, sondern von Ort zu Ort ziehen wie die Schafe unter Wölfen, werden verfolgt, wie es den Aposteln und Märtyrern geschah . . .«[52]

Das apostolische Leben war der entscheidende Punkt gewesen.[53] Während die geistliche Macht das Apostolat für die Kirche beanspruchte, da ihre Bischöfe in der Nachfolge der Apostel stünden und ihre Lehre von der frühen Kirche her überliefert würde, umgingen die Ketzer diesen Anspruch, indem sie die Verwirklichung des apostolischen Lebens forderten. Sowohl die Ketzer als auch eindeutig ihre Hörer verstanden darunter das ungesicherte Wanderleben der Jünger nach dem Vorbild von der Aussendung der Siebzig. Rechtgläubige gregorianische Prediger, für die die Eremiten Westfrankreichs die bekanntesten Beispiele sind, trugen dazu bei, daß man nach diesem Muster apostolischen Lebens geradezu verlangte. Diese Sehnsucht wurde von der rechtgläubigen Kirche jener Zeit infolge ihres Konservatismus jedoch nie erfüllt. Die Ketzer hatten den Nutzen davon.

Indessen nahmen nicht alle Kölner Ketzer den bogomilistischen Einfluß an. Eine andere von Everwin beschriebene Gruppe vertrat Glaubenslehren eines »westlichen Typs«; sie waren sittlich streng, forderten eine schlichte, geistliche Kirche, die frei war von der befleckten katholischen Geistlichkeit, und sie legten besonderen Wert darauf, daß jeder dem Ruf seines Gewissens folgte. Sie bestritten die Gültigkeit katholischer Messen, sagte Everwin, »weil kein Priester der Kirche gültig ordiniert ist. Denn das apostolische Amt ist durch Verstrickung in weltliche Geschäfte verderbt worden . . . Der, der auf dem Stuhle Petri sitzt, hat die Gewalt zu weihen, die Petrus verliehen wurde, verloren. Und weil der Apostolische Stuhl diese Gewalt nicht hat, können die Erzbischöfe und Bischöfe, die innerhalb der Kirche ein weltliches Leben führen, von diesem Stuhl auch nicht die Macht empfangen, jemanden zu weihen.« Sie empfingen die Erwachsenentaufe, »von Christus getauft, gleichgültig, wer gerade das Sakrament verwaltet«, aber sie verwarfen die Kindertaufe, da sie nicht im Einklang mit der Schrift stehe. In der Schrift fanden sie auch eine Stütze für ihre eigentümliche Lehre, daß nur die Ehe zwischen Unberührten gesetzlich gültig sei, und auch für ihre Verwerfung des Fegfeuers. Die Buße hielten sie für unnötig, »weil an jedem Tage, da der Sünder seine Sünden bedauert, sie alle vergeben sind«.[54] Nur von Christus oder den Aposteln aufgestellte Regeln seien annehmbar.

Wenn sie auch in ihrem sittlichen Anliegen und in ihren Angriffen gegen die Geistlichkeit gleich waren, zeigten die Gruppen doch in ihren positiven Glaubenslehren merkliche Unterschiede. Uneinigkeit zwischen ihnen führte dazu, daß sie entdeckt wurden.

Als der hl. Bernhard von Clairvaux im Jahre 1145 seine mehrtägige Predigt gegen die Anhänger Heinrichs des Mönchs in Toulouse hielt, kam er vielleicht auch auf eine andere Häresie zu sprechen, die in einer ungenauen Wendung offenbar als jene der »Weber und Arianer« beschrieben wurde.[55] In Lüttich entdeckte man eine Gruppe, die ihre eigene hierarchische Ordnung hatte und unter den Anhängern eine Trennung zwischen Eingeweihten, die »Gläubige« genannt wurden, und »Hörern«, welche die Neubekehrten in der betreffenden Ketzerei waren. Sie verwarfen die Sakramente einschließlich der Ehe samt und sonders.[56]

Unter den Manuskripten des Klosters Moissac in Südfrankreich, die aus der Mitte des Jahrhunderts stammen, finden sich ein Glaubensbekenntnis und eine Abschwörungsformel; beide weisen auf die Existenz einer Häresie hin, welche die Taufe, die Eucharistie, die Ehe und den Fleischgenuß verwirft und eine Glaubensansicht einschließt, wonach Vergebung der Sünden nur durch Handauflegung oder das »Martyrium« der betreffenden Sekte erlangt werden könne.[57]

Im Périgord beschrieb ein Mönch um 1160 Ketzer, die das apostolische Leben befolgten, kein Fleisch aßen, alle drei Tage nur eine bestimmte Menge Wein tranken, sich weigerten, mit Geld umzugehen und hundertmal am Tage niederknieten – aber sich bezeichnenderweise weigerten, das Kreuz anzubeten. Sie hatten ihre Anhänger im Klerus ebenso wie unter den Mönchen und Nonnen, welche »als Täuschungstaktik« die Messe feierten und dann die Hostie neben dem Altar zu Boden warfen oder sie ins Meßbuch steckten, denn sie glaubten, sie bleibe nichts als ein Stück Brot. Ihre Verwendung einer Doxologie, die in der byzantinischen Kirche gebräuchlich war und nicht im Westen, sagt etwas über die Herkunft zumindest eines Teils ihrer Lehren aus.[58]

Im Rheinland zeigte ein Verhör zu Köln im Jahre 1163, daß die zwei Jahrzehnte früher vorgenommenen Verbrennungen wirkungslos geblieben waren; hier gab es immer noch eine Ketzerei westlicher Art. Sie hatte sich jedoch der Hauptquelle zufolge, einer Beschreibung Eckberts, des späteren Benediktinerabts von Schönau, mit der bogomilistisch beeinflußten Gruppe vereinigt.[59] Unter den Irrtümern, an denen einige von ihnen festhielten, befand sich der, daß nur eine Ehe zwischen Unberührten legitim sei – ein Zeichen, daß die »westliche« Häresie ihren Einfluß noch nicht verloren hatte. Aber die Uneinigkeit zwischen den Gruppen schien verschwunden zu sein – die »Westlichen« bildeten jetzt einen äußeren Kreis, der ketzerische Glaubensinhalte aus den Evangelien lehrte, während ein innerer Kreis von Eingeweihten eine Geheimlehre hatte, welche den Glauben an eine doketische Christologie, die Seelenwanderung und die Weltschöpfung durch einen bösen Gott einschloß. Die Aufnahme in den Kreis der Eingeweihten erlangte man bei einer Geheimzeremonie durch die Handauflegung. Eckbert nahm an, die Häresie habe internationalen Charakter. In Flandern, von wo die Ketzer gekommen waren, so sagte er, hießen sie »Piphli«, in Frankreich »Texerant« ihrer Weberei wegen und in Deutschland »die Katharer«, ein griechischer Ausdruck, welcher »die Reinen« bedeutet.[60] Letzterer ist von modernen Autoren am meisten verwendet worden als ein Ausdruck für die neue Ketzerei des 12. Jahrhunderts, die sich durch die Verschmelzung westlich evangelischer Häresie und bogomilistischer Einflüsse aus dem Osten bildete.

In gewisser Weise stellten Eckberts Predigten einen Fortschritt auf dem Wege der kirchlichen Polemik gegen das Ketzertum dar, denn sie versuchten, die dogmatische Grundlage, auf der die Kölnische Häresie beruhte, in ihrer Gesamtheit zu erläutern. Wenn auch diese Einstellung im Gegensatz zu derjenigen der meisten Schreiber bis zu diesem Zeitpunkt fortschrittlich war, weil sich jene mit flüchtigen und oberflächlichen Bemerkungen über Leugnung der Rechtgläubigkeit zufrieden gegeben hatten, so wurde Eckberts Werk dennoch stark beeinträchtigt durch seine fatale Neigung, die Lehren der Manichäer des 4. Jahrhunderts, die Augustinus angegriffen hatte, auf den Bericht über die Kölner Sektierer als Ganzes zu übertragen.[61] Seine Darstellung der Lehre der Eingeweihten mit ihrem extremen Dualismus muß mit Skepsis behandelt werden: möglicherweise kann man lediglich folgern, daß die von Everwin um 1140 beschriebene erste Kölner Gruppe noch immer fortbestand, daß sie einen dualistischen Glauben hatte und weiterhin, daß man rationalistische Propaganda nur deswegen betrieb, um Anhänger zu gewinnen. Obgleich der eigentliche Grund für ihre Verwerfung der Messe in ihrer Verwerfung von Brot und Wein als Teil einer bösen Schöpfung zu sehen ist, bedienten sich die Ketzer einer primitiven Logik: Christi Lcib müsse so groß wie ein Gebirge gewesen sein, wenn er damit die Gläubigen so lange habe speisen können.[62]

Zwei Jahre nach dem Ausbruch in Köln ließ eine in Lombez, einem Schloß in der Nähe von Albi, im Süden Frankreichs abgehaltene Konferenz erkennen, daß die katharischen Ketzer in einer ihnen wohlgesinnten Umgebung relative Freiheit hatten.[63] Örtliche Ketzerführer, die als »die guten Menschen« bekannt waren, debattierten mit ihren Gegnern vor einer erlauchten Versammlung, zu der auch Wilhelm, der Diözesan, der Erzbischof von Narbonne, andere Bischöfe, der Vicomte de Béziers, in dessen Gebiet Lombez lag, und Constance, die Schwester des Königs von Frankreich, gehörten.

Die Vertreter der Rechtgläubigkeit mußten ihre Darlegungen insofern beschränken, als sie Textbelege nur aus dem Neuen Testament zitieren durften, da die Ketzer das Alte nicht anerkannten. Die »guten Menschen« strichen die Laster in der Lebensweise der Geistlichen und ihre Überlegenheit auf diesem Gebiet heraus. »Sie sagten auch«, so lautet der Bericht über die Versammlung, »Paulus stelle in seinem Brief fest, welche Arten von Bischöfen und Priestern in den Kirchen ordiniert werden sollten, und daß die Ordinierten dann, wenn sie nicht so seien, wie Paulus es aufgeführt habe, keine Bischöfe und Priester seien, sondern reißende Wölfe, Heuchler und Verführer, solche, die Begrüßungen auf dem Marktplatz lieben . . . sich von den Leuten dem Gebot Christi zuwider gerne Rabbi und Meister nennen lassen, Chorhemden und glänzende Kleidung anlegen, mit Juwelen besetzte Goldringe an ihren Fingern zur Schau tragen, was ihr Herr und Meister Jesus ihnen nicht befohlen habe . . .«[64] Die Geistlichen versuchten ihre Gegner auf dem Gebiet der Lehre auszuhorchen, um ihre Abweichungen von der Rechtgläubigkeit bloßzustellen. Aber die Ketzer ließen sich nicht aushorchen. Sie sollen gesagt haben, daß sie sich über ihren Glauben nicht festlegen lassen wollten. Als schließlich die Bischöfe die Oberhand zu gewinnen schienen, wandten sich die »guten Menschen« an die Menge und gaben eine Erklärung ab, die recht katholisch klang. Aber sie weigerten sich, sie zu beschwören, da sie den Worten des Jakobus und der Evangelien zufolge alle Eide für unrechtmäßig hielten. Auf jeden Fall hatten sie genug gesagt, um der Ketzerei überführt zu sein, obgleich die Bischöfe in keinem Augenblick bis zum Kern ihres Glaubens vorstießen.

Die Debatte sollte laut glaubhafter Versicherung eine Art Rechtsstreit vor einem bedeutenden Laienpublikum sein. Es sollte dabei offenkundig werden, daß die »guten Menschen« Ketzerei predigten, und die weltliche Autorität dadurch zum Handeln bewogen werden.[65] In Köln hatte es ein formelles Verhör gegeben, welches augenblicklich zur Bestrafung führte; in Lombez war die richterliche Entscheidung gegen den Glauben der »guten Menschen« ohne jegliche Wirkung.

Eine ähnliche Demonstration der Stärke und Unabhängigkeit des Katharertums im Midi fand ein paar Jahre nach Lombez bei dem internationalen Dualistenkonzil statt, das in dem Dorf St. Félix im Lauraguais abgehalten wurde. Bei dieser Gelegenheit teilte man das am stärksten vom Katharismus durchsetzte Gebiet in Bistümer auf, deren territoriale Grenzen sich nach dem katholischen Muster richteten.[66] In der Lombardei führte man im fünften oder zu Anfang des sechsten Jahrzehnts des Jahrhunderts eine katharische Mission ein. Ein Jahrhundert später beschrieb eine wohl auf mündlicher Überlieferung beruhende Erzählung des Inquisitors Anselm von Alessandria, wie eine Gruppe von Ketzern aus Nordfrankreich nach Norditalien zog und einen Totengräber namens Markus aus der Mailänder Gegend bekehrte. Er wurde zum Apostel der Katharer Italiens und gründete zusammen mit seinen Freunden Johannes Judaeus, einem Weber, und Joseph, einem Schmied, eine Missionsbasis in Concorezzo nahe seinem Geburtsort.[67] In diesem halb legendären Bericht widersprechen einander Bruchstücke späterer Informationen über die Ausbreitung byzantinischer Häresie durch die französischen Eroberer Konstantinopels im Jahre 1204[68] und über Katharer, die im 13. Jahrhundert vor der Inquisition aus dem Midi in die Gegend von Cuneo flohen.[69] Doch wir können daraus die anderswo bezeugte Tatsache entnehmen, daß der Katharismus vor 1167 in die Lombardei kam und sich dort festigte, sowie, mit geringerer Sicherheit, aber hoher Wahrscheinlichkeit, die überraschende Folgerung, daß der Anreiz dazu von Missionaren aus Nordfrankreich gegeben wurde. Unter Markus' Leitung breitete sich die Ketzerei in der Lombardei aus und von dort in der Mark Treviso und in der Toskana.

Zusätzlich zu diesen bezeugten Beispielen gab es andere, unvollständig belegte Ausbrüche mit einem Anflug von Katharismus, so der Fall des Schreibers Jonas in Cambrai[70], eine Episode in Vézelay im Jahre 1167[71] oder jenes Beispiel, wo eine Gruppe von Fremden, die entweder aus dem Rheinland oder aus Flandern kam, in England landete, wo sie auf dem Konzil von Oxford im Jahre 1166 gebrandmarkt und, auf die Straße gesetzt, dem Hungertode preisgegeben wurde.[72] Diese Fälle gehörten vielleicht zu ein und derselben Bewegung.[73] Es gibt Zeugnisse, aber keine Einzelheiten darüber, daß die Katharer schon früh in Nordfrankreich eine starke Anhängerschaft hatten.[74]

Die Hauptstärke der Bewegung bestand in ihrer sittlichen Wirkung auf Bevölkerungskreise, die von der religiösen Zeitstimmung soweit erfaßt waren, daß ihnen Armut und Opferbereitschaft etwas bedeuteten, wenn sie auch der rechtgläubigen Belehrung ermangelten. Die Schlüsselfiguren waren eine Reihe von höchst hingebungsvollen Missionaren, deren fanatische Askese unmittelbare Wirkung hatte, und die so mutig ins Feuer gingen, daß sie sogar die katholischen Chronisten beeindruckten. Ihre entschiedenen Riten, ihre totale Opposition gegen die Kirche, die noch dazu mit einem beachtlichen Geschick in der Kunst des Ausweichens gepaart war, bestärkten schon vorhandene Ketzerbewegungen, mit denen sie einige Glaubenssätze gemeinsam hatten, aufs neue. Auf katholischer Seite waren die Schreiber noch nicht fähig, die zentralen Glaubensaussagen der Bewegung völlig zu durchschauen; wahrscheinlich blieben ethische Fragen eine Zeitlang wichtiger als dogmatische, selbst für die Eingeweihten.

In den etwa zwei Jahrzehnten seit dem zweifelsfreien Einsetzen bogomilistischen Einflusses in Köln breitete sich die neue Ketzerei vom Rhein bis zu den Pyrenäen und auf die italienische Halbinsel aus.[75] Die Glaubensüberzeugungen und religiösen Praktiken, zu denen sich unter den Bulgaren gerade erst vom Heidentum Bekehrte hingezogen fühlten, und die in gleicher Weise Christen ansprachen, die seit Generationen zur Kirche gehörten, die in Dörfern Kleinasiens oder in den Klöstern und kultivierten aristokratischen Kreisen Konstantinopels lebten, bewiesen nun in einem Nachspiel zu den gregorianischen Reformen ihre Kraft unter dem Klerus und dem Laienvolk in Westeuropa.

Anmerkungen:

[1] Meine Hauptquelle ist Fearns, J. V.: The Contra Petrobrusianos of Peter the Venerable, Ph. D. thesis, Univ. of Liverpool 1963, Teil I, Kap. 3, Peter of Bruis and Henry of Lausanne; einige Folgerungen desselben Autors finden sich in dem Artikel Peter von Bruis und die religiöse Bewegung des 12. Jahrhunderts, in: AKG XLVIII, 1966, S. 311-335. Ich bin Dr. Fearns zu Dank dafür verpflichtet, daß er mir großzügigerweise seine Dissertation zur Verfügung gestellt hat. Frühe Darstellung bei von Walter.: *Wanderprediger*, II, S. 130-140; neue Textausgabe mit Kommentar bei Manselli, R.: Il monaco Enrico e la sua eresia, *BISIAM*, LXV, 1953, S. 1-63; s. a. seine *Studi sulle eresie del secolo XII*, Rom 1953, S. 45-67 (Überblick, der die Evangeliums-Häresien des Heinrich, Peter von Bruis und Waldes miteinander verbindet; Kritik in Ilarino da Milano, *RSCI*, IX, 1955, S. 424-431). Über die Prediger Brooke, R. B.: *The Coming of the Friars*, London 1975.

[2] Übers. des Originaltexts des *Actus pontificum Cennomannis* in: *WEH*, S. 108-114, *MBPH*, S. 33-38.
Anm. des Übersetzers: Der vom Autor gebrauchte Ausdruck »he had taken to the roads« bedeutet im alten Sprachgebrauch »er war ein Straßenräuber geworden«. Diese Bedeutung ist für den englischen Leser zumindest impliziert, wenn auch wahrscheinlich nicht wörtlich zu verstehen.

[3] Fearns' Gedanke findet sich in »Contra Petrobrusianos«, S. lxxxvii. Übers. des Textes in: *WEH*, S. 114-115, *MBPH*, S. 39.

[4] S. diese Seite, A. 10; Text hsg. v. Manselli in: *BISIAM* lxv, 1953, S. 36-62, übers. *WEH*, S. 115-117, *MBPH*, S. 46-60. Wilhelm war möglicherweise Wilhelm von St. Thierry.

[5] Diese Erklärung verdanke ich Fearns' Contra Petrobrusianos.

[6] Siehe Mansellis Kommentare, *Studi*, S. 57-59

[7] Hrsg. Fearns, J. V., in: *Corpus Christianorum, Continuatio mediaevalis*, X, Turnhout 1968; zur Datierung siehe Fearns, The Contra Petrobrusianos, Kap. 4.

[8] Hrsg. Mabillon, J., in: *Vetera Analecta*, Paris 1723, Sp. 323 A; Fearns, Contra Petrobrusianos, S. lxxxviii; *WEH*, S. 115. Nachträglicher Einführungsbrief zu Petrus' Traktat, ed. Fearns, *Corpus Christianorum*, a. a. O. S. 3-6; er sollte auf etwa 1139-1140 datiert werden (s. *MBPH*, S. 60; übers. ebd. S. 60-62, *WEH*, S. 118-121).

[9] Fearns, Contra Petrobrusianos, S. XCII.

[10] Ich habe Fearns' Datierung (ebd., S. lxxxvii) derjenigen Mansellis in *BISIAM*, lxv, 1953, S. 1-63 vorgezogen: Das Erscheinungsdatum der Widerlegung durch Wilhelm

den Mönch ist der ausschlaggebende Punkt.

[11] Fearns, Contra Petrobrusianos, S. xliv; Übers. des Briefes Petrus' des Ehrwürdigen in WEH, S. 118–121; geographische Hinweise im Text und im Einführungsbrief ed. Fearns, Corpus Christianorum, S. 3, 10.

[12] Vgl. die Texte, übers. WEH, S. 122–126, MBPH, S. 39–46. Die Vita prima des hl. Bernhard (PL, CLXXXV, col. 313) besagt, daß Heinrich gefangengenommen und in Ketten zum Bischof gebracht wurde. Dies kann sich im Jahre 1145 zugetragen haben; s. WEH, S. 680.

[13] Griffe, E.: Les Débuts de l'Aventure cathare en Languedoc (1140–1190), Paris 1969 (Übersicht über die frühen Katharer im Midi mit gutem Einfühlungsvermögen in die örtlichen Gegebenheiten), S. 21–48.

[14] Fearns, in: AKG, XLVIII, 1966, S. 329, A. 92; über mögliche Berührung mit bogomilenverseuchten Gebieten vgl. ebd., S. 332 und A. 100.

[15] S. u. S. 371

[16] Fearns, Contra Petrobrusianos, S. xlvii

[17] Ebd., S. lvii–lix

[18] Fearns, in: AKG, XLVIII, S. 324–325

[19] S. o. S. 30–32

[20] S. o. S. 51; Fearns, in: AKG, XLVIII, S. 327

[21] Fearns, Contra Petrobrusianos, S. lx–lxix

[22] Beachte den Kommentar über mögliche Auswirkungen zufälliger Übertragung, ebd., S. lxxvii.

[23] Ebd., S. lxxvi

[24] Borst, Katharer, S. 84; eine andere Deutung in Russell, Dissent, S. 78–81 (beachte den Kommentar zum Glaubensbekenntnis des Bischofs Joscelin); Quelle in: WEH, S. 102–104. Ich nehme an, die Geschichte von der Orgie ist nicht authentisch.

[25] Russell, Dissent, S. 54–56; Quelle in: WEH, S. 105–107

[26] Cohn, Millennium, S. 35–38

[27] Anführung der Umstände, die zu der Hypothese führten, ebd. S. 21–32; s. o. S. 80.

[28] Grundmann, in: HZ, CXCVI, 1963, S. 661–666

[29] Übers. in: WEH, S. 96–100; MBPH, S. 28–31

[30] Cohns allgemeine Hypothese

[31] Borst, Katharer, S. 85, A. 13

[32] Ebd., Russell, Dissent, S. 65 (das beste Verzeichnis der Quellen und ihrer Datierung, S. 265–269, 282–283)

[33] Ebd., S. 90–96; über Lambert s. MBPH, S. 101–111

[34] Mohr, W.: Tanchelm von Antwerpen, eine nochmalige Überprüfung der Quellenlage, Annales Universitatis Saraviensis, III, 1954, S. 234–247; von Werner verworfen (Pauperes Christi, S. 205–207).

[35] Pirenne, H.: Tanchelin et le Projet de Démembrement du Diocèse d'Utrecht vers 1100, ARBB 5e série, XIII, 1927, S. 112–119

[36] Ich schließe mich Russell an (Dissent, S. 282).

[37] Nicht zuerst durch das Versagen eines Geistlichen angestachelt (wie in Borst, Katharer, S. 84); Richtigstellung durch Russell, S. 283.

[38] Russell (S. 64) geht weiter als ich, wenn er ihm Ketzerei zuschreibt, und zwar teilweise analog zu dem exzentrischen, ungehobelten Propheten Aldebert im 8. Jahrhundert. Ich neige eher zu der Annahme, daß er verleumdet wurde, und halte Ausschweifungen bei einem Mann von Aldeberts Herkunft für wahrscheinlicher als bei Tanchelm.

[39] Frugoni, A.: Arnaldo da Brescia nelle fonti del secolo XII, Rom 1954 (betont den Einfluß des Evangeliums auf Arnold in Morghens Art); Rezension von Ilarino da Milano (RSCI, IX, 1955, S. 417–433); Kommentar von Dupré Theseider, Introduzione, S.

134–137; Violante (*HS*, S. 177) erörtert das relative Fehlen von Ketzerei in Italien vor Arnold.
⁴⁰ Johannes von Salisbury, *Historia Pontificalis*, übers. v. M. Chibnall, London 1956 (unter 1149); und *WEH*, S. 148. S. a. die in *MBPH* S. 66–71 übers. Texte.
⁴¹ Grundmann, *Ketzergeschichte*, S. 20
⁴² Ilarino da Milano: La »Manifestatio heresis catarorum«, *Aevum*, XII, 1938, S. 281–333 (siehe den dritten Abschnitt der Abhandlung); die Arnoldisten erörtert er in seinem *L'Eresia di Ugo Speroni nella confutazione del Maestro Vacario*, Vaticano 1945, S. 444–452. Beachte den warnenden Hinweis von Wakefield, W. L. (*WEH*, S. 146), daß die Verbindungen zwischen Arnold und den Arnoldisten nicht völlig gesichert sind.
⁴³ Kurze, D.: Die festländischen Lollarden, *AKG*, XLVII, 1965, S. 68, A. 81 (wichtiger Artikel, was die Terminologie und das Studium der Volksfrömmigkeit anbetrifft).
⁴⁴ Russell, S. 118–124; beachte die Erörterung seines Namens, S. 120–121, 289. *Anm. des Übers.:* Vgl. Cohn, Millennium, S. 42: »sich selbst legte er den Namen Äon zu. Diese Namensgebung läßt zwar auf gnostische oder neomanichäische Einflüsse schließen; doch ist von Eudos Lehre nur soviel bekannt, daß er sich wie Tanchelm als Gottes Sohn ausgab.«
⁴⁵ Borst, *Katharer*, S. 87, A. 20. Oder eine Ableitung von »per eundem dominum nostrum Jesum Christum« (Russel, S. 120). Übers. der Quellen in: *WEH*, S. 141–146, *MBPH*, S. 62–66.
⁴⁶ Hinweise in *WEH*, S. 685–686, Russell, S. 120 und Anm. Ich stimme mit Russell darin überein, daß wenig daran ist.
⁴⁷ *Pauperes Christi*, S. 180
⁴⁸ Borst, *Katharer*, S. 89–96
⁴⁹ Sermo 66, *PL*, CLXXXIII, Sp. 1094; *RB*, S. 50, A. 85
⁵⁰ *PL*, CLXXXII, Sp. 676–680; übers. in: *WEH*, S. 127–132; zu dieser Korrespondenz siehe Manselli, *Studi*, S. 89–109; *MBPH*, S. 74–78.
⁵¹ S. o. S. 37
⁵² *WEH*, S. 129. Anm. d. Übers.: *RB*, S. 20
⁵³ *RB*, S. 18–27
⁵⁴ *WEH*, S. 130–131
⁵⁵ *PL*, CLXXXV, Sp. 411; Manselli: Una designazione dell'eresia Catara »Ariana Haeresis«, *BISIAM*, LXVIII, 1956, S. 233–246; Griffe, *Débuts*, S. 33–37. Moore, R. I. (St. Bernhard's Mission to the Languedoc in 1145, *BIHR*, XLVII, 1974, S. 1–10) führt aus, daß Bernhard dort nicht, wie manchmal behauptet wird, den Ketzertyp der ersten Kölner Gruppe antraf.
⁵⁶ *WEH*, S. 139–141; *MBPH*, S. 78–79. Ich habe Silvestre, H., in: *RHE*, LVIII, 1963, S. 979–980, vorgezogen sowie Bonenfant, P., in: *LMA*, LXIX, 1963, S. 278–279, über die Datierung gegenüber J. B. Russell (Les Cathares de 1048–1054 à Liège, *BSAHDL*, XLII, 1961, S. 1–8), der die Quelle, einen Brief der Gläubigen zu Lüttich an den Papst »L«, in die Zeit des Pontifikats Leos IX. (1048–1054) rechnet. Siehe Ortsnamenverzeichnis, Anhang D, T. 1, unter Lüttich.
⁵⁷ Manselli, in: *BISIAM*, LXVII, 1955, S. 212–234; Zusammenfassung ebd., *Eresia*, S. 165–168
⁵⁸ *PL*, CLXXXI, Sp. 1721–1722; übers. in: *WEH*, S. 138–139, *MBPH*, S. 79–80 (Moores Datierung ist überzeugend). Siehe Borst, *Katharer*, S. 92, A. 11. Die Doxologie heißt (in Wakefields Übers.): »Denn Dein ist das Reich, und Du wirst für immer und ewig über die ganze Schöpfung regieren. Amen.«
⁵⁹ *Adversus Catharos*, *PL*, CXCV, Sp. 11–102; Auszug übers. in: *MBPH*, S. 88–94; Rekonstruktion der Ereignisse in Russell, S. 220–224.
⁶⁰ »hos nostra Germania Catharos, Flandria Piphles, Gallia Texerant ab usu texendi appellat«, (*PL*, CXCIII, Sp. 193); die für die Ketzer allgemein gebräuchlichen Aus-

drücke in *RB*, S. 29–38. Ich glaube allerdings, Grundmann unterschätzt die Hinweise auf die Weberei an dieser Stelle und anderswo; siehe unten S. 174. Der Ausdruck »Katharer« sollte im strengen Sinne nur auf die führende Klasse in der Ketzerei angewandt werden; ich habe ihn als allgemeinen Ausdruck für die Sekte verwendet, weil er sich so sehr eingebürgert hat.

[61] Borst, *Katharer*, S. 6–7; Manselli, *Eresia*, S. 163–164

[62] von Manselli (a.a.O., S. 164) bemerkt.

[63] Bouquet, XIV, S. 431–434; Übers. *WEH*, S. 190–194; *MBPH*, S. 94–98; die beste Analyse stammt von Griffe (*Débuts*, S. 59–67).

Anm. des Übers.: Zum Ausdruck *boni homines* vgl. Borst, *Katharer*, S. 242.

[64] Übers. in *WEH*, S. 191

[65] Griffe, *Débuts*, S. 60–61

[66] Siehe unten S. 190

[67] Dondaine, A.: La Hiérarchie cathare en Italie, *AFP*, XIX, 1949, S. 282–312; XX, 1950, S. 234–324 (Handschriftenfunde mit Analyse, Listen der Ketzerbischöfe, wichtig für die interne Geschichte der italienischen Katharer). Erörterung Anselms in: *AFP*, XX, 1950, S. 259–262; dieser Teil von Anselms Text findet sich in *TDH*, S. 308–309; übers. in: *WEH*, S. 168–170. Siehe unten S. 189.

[68] Dies scheint mir die klare Bedeutung der Stelle zu sein »postea francigene iverunt Constantinopolim ut subiugarent terram et invenerunt istam secta, et multiplicati fecerunt episcopum, qui dicitur episcopus latinorum« (sic) (*AFP*, XX, 1950, S. 308). Ich weise Dondaines Vermutung zurück, dies könne der zweite Kreuzzug bedeuten (a.a.O., S. 240).

[69] Dupré Theseider, E.: Le Catharisme languedocien et l'Italie, *CF*, III, S. 299–316; auf S. 300

[70] Russell, S. 217–218

[71] Maisonneuve, H.: *Etudes sur les Origines de l'Inquisition*, Paris 1960, S. 115–116 (Bericht über den legislativen Aspekt der Inquisition, mit einem Überblick über das Ketzertum).

[72] Russell, *Dissent*, S. 224–226; zur Datierung und zu den Quellen s. ebd., S. 309–310; übers. in: *WEH*, S. 245–247. Siehe Morey, A., und Brooke, C. N. L.: *Gilbert Foliot and his Letters*, Cambridge 1965, S. 241–243.

[73] Ich vermute, daß die von Gerhoh von Reichersberg in seinem Werk über den Antichrist aus den Jahren 1161–1162 beschriebene Sekte rein literarischen Ursprungs ist. Zum Text siehe Heisig, K.: Eine gnostische Sekte im abendländischen Mittelalter, *ZRG*, XVI, 1964, S. 271–274.

[74] Zeugnis von Anselm von Alessandria (*AFP*, XX, 1950, S. 308) über die Gründung eines Bistums von Nordfrankreich; zur Hypothese über die Lokalisierung in der Diözese Châlons-sur-Marne in Montwimers, alias Mont-Aimé, siehe Borst, *Katharer*, S. 91, 93 und vgl. S. 123, A. 14, 231. Das Problem wird durch die unsichere Datierung des Briefes aus Lüttich, der Montwimers erwähnt, kompliziert. Borst entscheidet sich, wie ich es (oben, S. 100) getan habe, für 1144–1145.

[75] Borst, *Katharer*, S. 92

Die Waldenser und
die Vertiefung der Krise

In den letzten dreißig Jahren des 12. Jahrhunderts war das Katharertum die Ketzerei, von der die Obrigkeit am meisten in Anspruch genommen war. Es wurde nicht niedergeworfen: in Nord- und Mittelitalien sowie im Languedoc gelang es ihm sogar, seine Stellung auszubauen. Gleichzeitig bestanden die anderen Ketzerströmungen weiterhin, und innerhalb der »evangelischen« Tradition tauchten zwei neue Gruppen auf – die Humiliaten und die Waldenser, schlichte, auf dem Evangelium gegründete Bewegungen, deren Mitglieder das Recht beanspruchten, ihre Mitchristen wachzurufen. Beide gerieten über der Frage, ob ihnen das Recht zu predigen zustünde, in Konflikt mit der geistlichen Obrigkeit; obwohl beide im Anfang von Ketzerei unbefleckt waren, glitt sie, nachdem sie Zurückweisung erfahren hatten, vom Ungehorsam in Unorthodoxie. Unter Lucius III. machte das Papsttum einen energischeren und auf breiterer Basis angelegten Versuch, das Problem wirksamer Unterdrückung der Ketzerei anzupakken, aber eine Lösung konnte es nicht finden;[1] am Ende des Jahrhunderts gab es mehr Ketzerei als je zuvor. Der religiöse Eifer der Humiliaten und Waldenser war der Kirche verlorengegangen, und in den beiden gefährlichsten Gebieten, in Italien und im Languedoc, konnten die Ketzerlehrer ihre Gedanken nahezu ungehindert verbreiten.

Die Waldenser und die Humiliaten

Das Waldensertum, die letzte und zäheste der Wanderprediger-Bewegungen des 12. Jahrhunderts, bildet das klassische Beispiel einer Bewegung, deren Ziel eigentlich die Reform war, die jedoch durch das Ungenügen der geistlichen Autorität ins Ketzertum getrieben wurde. Waldes, ihr Gründer[2], war ein reicher Geschäftsmann aus Lyon, den ein fahrender Sänger zutiefst aufrührte mit seinem Vortrag vom Leben des heiligen Alexius, dem bußfertigen Sohn eines reichen Mannes, der seine frisch Vermählte verließ, um ein Leben in Armut zu führen, und nach vielen Jahren in sein Vaterhaus zurückkehrte, um dort unerkannt und mittellos zu sterben. Die Erzählung hatte zur Folge, daß Waldes, nachdem er einen Magister der Theologie befragt hatte, den Beschluß faßte, seinem Reichtum und der Welt zu entsagen. Es war ein franziskanischer Zug in seiner religiösen Leidenschaft, die ihn dazu brachte, daß er sein Geld auf die Straße schleuderte, die wucherischen Geschäftsmethoden, die ihm Reichtum eingetragen hatten, verwarf und darauf bestand, daß er seine Nahrung von anderen erhielt, so daß der

Erzbischof ihn zwingen mußte, bei seiner Frau zu essen. Diese versorgte er ausreichend und versah seine Töchter mit einer Mitgift, so daß sie ins Kloster Fontévrault eintreten konnten; er selbst jedoch trat nicht in ein Kloster ein. Sein Ziel war das Leben und Predigen in apostolischer Armut im Sinne jener Textstellen im Evangelium, wo von der Aussendung der Siebzig die Rede ist.³ Was ihn jedoch von den

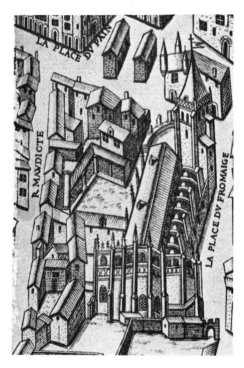

I   Rue Maudicte in Lyon,
in der Petrus Waldes gewohnt haben soll

frühen Wanderpredigern unterscheidet, ist sein Bestreben, sich als Laie mit Hilfe von Übersetzungen der Schrift und der Väter in die Volkssprache selbst zu belehren. Stefan von Bourbon, der den erbaulichen Bericht von seiner Bekehrung in der anonymen Chronik von Laon ergänzt, erzählt uns, daß er »nicht sehr gebildet war, aber beim Anhören der Evangelien begierig war, genau zu erfahren, was in ihnen steckte«;⁴ deshalb gab er Übersetzungen in Auftrag und zog dann Anhänger an sich. Es verlangte ihn zu predigen, und er und seine Anhänger machten sich daran, es zu tun.

Alsbald geriet er in Konflikt mit der geistlichen Macht. Die herkömmliche Deutung der kirchlichen Rangordnung behielt das Recht zu predigen und Seelsorge zu treiben dem Papst und den Bischöfen als den Nachfolgern des Petrus und der Zwölfe sowie den Priestern als den Nachfolgern der Siebzig vor.[5] Das kanonische Recht beschränkte die Predigt auf den Klerus; davon gab es nur wenige Ausnahmen.[6] Waldes' Bewegung kam beim Volke an, was wahrscheinlich beim örtlichen Klerus Furcht und Eifersucht hervorrief. Infolge einer örtlichen Kontroverse wandte sich die Gruppe an den Papst[7] und schickte Vertreter nach Rom zum dritten Laterankonzil im Jahre 1179; dort zeigten sie ihre Übersetzungen vor und baten den Papst um seine Erlaubnis, predigen zu dürfen. Die Antwort war, nach Walter Map, dem im Dienste Heinrichs II. stehenden Chronisten, ein theologisches Examen, das ihre Eignung zur Predigt nachweisen sollte. In ihm stellte jener Weltgeistliche ihre Schwächen bloß, indem er sie der Reihe nach fragte, ob sie an Gott, den Vater, den Sohn, den Heiligen Geist und dann, ob sie an die Mutter Christi glaubten. Auf jede dieser Fragen antworteten sie mit »ja«, womit sie nur Gelächter ernteten, weil sie dieselbe Antwort auf die Frage nach Maria erteilten, sei es nun, daß sie in ihrer Naivität Maria mit der Trinität gleichsetzten oder daß in ihrer Antwort nestorianische Gedanken mitschwangen. Sie zogen sich, wie Map sagt, verwirrt zurück.

Map braucht nicht ernst genommen zu werden. Er wollte sich über die Waldenser lustig machen, genauso wie er seinen Bericht über die Katharer, der dieser Anekdote unmittelbar vorangeht, bewußt entstellte.[8] Aber wir können aus ihm zumindest darauf schließen, daß eine Prüfung stattfand und daß der Gruppe damals keine volle, generelle Predigterlaubnis erteilt wurde. Der Chronist aus Laon sagt, Papst Alexander III. habe Waldes umarmt, »billigte sein Gelübde zu freiwilliger Armut, versagte aber sowohl ihm als auch seinen Anhängern die Erlaubnis zu predigen, es sei denn, sie würden von ihren Ortsgeistlichen dazu ermuntert«.[9] Der Ortsklerus verhielt sich nicht ermunternd, und so kam des Papstes Entscheidung praktisch einer Verweigerung gleich.

Daß die Billigung des Armutsgelübdes mit kritischer Vorsicht hinsichtlich des Predigens verbunden war, ist für die traditionelle Einstellung charakteristisch. Die Praxis einer frommen Lebensführung innerhalb des Mönchtums oder in seinen Randbezirken wurde begrüßt; Predigen jedoch blieb die eigentliche Aufgabe des Klerus. Maps Bericht ruft einen anderen Aspekt der Situation ins Bewußtsein – die Furcht des Klerus vor einem Einbruch in seine exklusive Stellung. Seiner Beschreibung des Lebensstils der Waldenser – sie gingen immer zu zweit, barfuß, in wollene Gewänder gekleidet, hatten keinen Besitz, hielten alles gemeinsam wie die Apostel und folgten entblößt einem entblößten Christus – fügte er die scharfe Beobachtung hinzu: »Jetzt sind sie noch demütig und schüchtern und tun so, als ob sie kaum einzutreten wagten; wenn wir sie aber hereinlassen, dann werfen sie uns hinaus.«[10]

Im darauffolgenden Jahr gehörten Waldes und seine Anhänger noch immer zur Kirche. Der päpstliche Legat Henri de Marcy, ein hochgestellter Zisterzienser, der die führende Kraft bei den auf höchster Ebene angestellten Versuchen, das Anwachsen des Katharertums im Midi zu verhindern, geworden war, hatte den Vorsitz bei einem Diözesan-Konzil zu Lyon, wo Waldes ein Bekenntnis zum rechtmäßigen Glauben ablegte.[11] Die große Sorge der Kirchenbehörde, so scheint es nach diesem Dokument, bestand darin, daß waldensische Begeisterung vom katharischen Ketzertum durchdrungen würde. Das Bekenntnis war vorsorglicher Natur; man wollte Waldes dadurch warnen, vor den Gefahren auf der Hut zu sein, und sich insbesondere versichern, daß er eine Anzahl dualistischer Glaubenssätze verwarf, die von ihm entweder aus der Erfahrung des 12. Jahrhunderts heraus auf autodidaktischem Wege übernommen worden waren oder sich aus einem Glaubensbekenntnis herleiteten, das im 5. Jahrhundert zusammengestellt und früher bei der Bischofsweihe nach gallikanischem Ritus verwendet worden war. Andere, nichtdualistische Glaubenssätze, wie die donatistische Verwerfung der von würdelosen Priestern verwalteten Sakramente, waren bei ganz verschiedenartigen Gruppen im 12. Jahrhundert gängige Münze und können ebensogut auch aus der Erfahrung der Katharer im Midi gestammt haben. Hinzu kam eine sorgfältige Aufzählung der anzuerkennenden Sakramente, ein paar weitere abzulehnende Irrtümer, die wahrscheinlich zum Katharertum keine Beziehung hatten, und eine typisch »waldensische« Entschließung, in welcher Waldes seine Absicht bekundete, der Welt zu entsagen, arm zu sein und sich nicht um den kommenden Tag zu sorgen, weder Gold noch Silber anzunehmen und die Weisungen des Evangeliums als Befehle anzusehen. Es war dies eine Lebensregel, die er von der Aussendung der Siebzig herleitete – doch über das Recht zu predigen herrschte völliges und bedeutsames Schweigen. Waldes bekundete seinen Willen zum Gehorsam und zum rechten Glauben, indem er das Glaubensbekenntnis ablegte; sozusagen als Gegenleistung dafür durfte er vorbringen, was seine Gruppe beabsichtigte.

Unruhe stellte sich wiederum aufgrund lokaler Verhältnisse ein. Am Schluß seines Bekenntnisses hatte Waldes unorthodoxe Eiferer zurückgewiesen, die sich des Namens seiner Vereinigung bedienten; vielleicht war er am Ende gar unfähig, deren Eindringen zu verhindern. Stefan von Bourbon beschreibt die verworrene, Feindschaft weckende Predigt jener »dummen und ungebildeten« Personen, die »durch die Dörfer zogen, in die Häuser hineingingen, auf den Plätzen und sogar in den Kirchen predigten...«[12] Johannes von Canterbury, der Erzbischof von Lyon, verhinderte ihre Predigt möglicherweise durch Ernennung eines Propstes, nachdem er vergeblich versucht hatte, sie unter Kontrolle zu bringen; diese Bevormundung wiesen sie jedoch zurück, daraufhin wurden sie exkommuniziert und aus dem Gebiet, das dem Erzbischof unterstand, vertrieben.[13]

Für den Ungehorsam war eine Reihe von Faktoren verantwortlich. Einer war, nach dem späteren waldensischen Schrifttum zu urteilen, das Gefühl, Waldes habe einen direkten Auftrag von Gott; ein anderer war der Zustand, in dem sich die Kirche befand, und das Ressentiment gegen eine würdelose Geistlichkeit; ein weiterer mag wohl die zweideutige Sprache des Glaubensbekenntnisses gewesen sein, durch das Waldes seinen Entschluß kundtat, die Weisungen des Evangeliums wie Befehle zu befolgen. Hatte nicht der Erlöser in demselben Zusammenhang, in dem er seinen Jüngern gebot, weder Gold noch Silber anzunehmen und weder Tasche noch Stab mit sich zu führen, die Anweisung zum Predigen erteilt? Die Jünger, in deren Fußspuren die Waldenser gehen wollten, hatten den Auftrag bekommen, das Evangelium aller Kreatur zu predigen, und Petrus hatte sich vor dem Hohen Rat auf eine höhere Verpflichtung berufen, als er sagte, man müsse Gott mehr gehorchen als den Menschen. Die Treue zur Heiligen Schrift und der göttliche Auftrag schienen die Predigt zu erfordern. Auf solche Weise wurde diese Vereinigung zur Abspaltung geführt.

Ähnliche Kräfte waren bei den Humiliaten Norditaliens am Werk.[14] Wie andere Büßergemeinschaften waren sie bestrebt, ein sittlich reineres Leben zu führen, das im Einklang mit den Evangelien stand, ohne daß sie auf die Ehe verzichteten. Anders als es im kommerziellen Leben Italiens der Fall war, blieben sie frei von den Versuchungen des Wuchers und verdienten ihr Brot in verschiedenen lombardischen Städten durch einfache Handarbeit, meistens in der Wollindustrie. Zum Zeichen ihrer Demut trugen sie Gewänder aus ungefärbter Wolle und erhielten ihren Namen entweder wegen ihrer Lebensweise oder wegen ihrer Kleidung. Ein buchstabengetreues Verständnis der Evangelien brachte sie dazu, Eide sowie Lügen abzulehnen und auf die Durchführung von Rechtsstreitigkeiten zu verzichten. Ihre soziale Herkunft war unterschiedlicher Art – sie hatten auch Kleriker in ihren Reihen. Sie verschmähten das Ansammeln von Reichtümern und gaben alles, was überflüssig war, als Almosen weg.[15]

Der Drang zum apostolischen Leben fand hier eine andere Ausdrucksform, in der kein Raum war für Umherziehen und Betteln, wohl aber ein Verlangen zu predigen und der Wunsch, ein geistliches

Amt auszuüben, dem die Lenkung von Seelen oblag. Sie scheinen als erste aller rechtgläubigen Gruppen innerhalb der Kirche auf den Gedanken gekommen zu sein, das Ketzertum durch Predigt zu widerlegen, wobei sie selbst eine Auslegung der Evangelien und des apostolischen Lebens befolgten, die nicht weniger streng war als jene der führenden Ketzer.[16] Wieder einmal machte man also einen Versuch, jene Grenzlinie zu überschreiten, aus der Übung einer besseren sittlichen Lebensführung innerhalb oder außerhalb des Mönchtums, die Berechtigung zur Seelsorge abzuleiten – und man erteilte ihnen die gleiche Abfuhr wie den Waldensern. Alexander III. hörte und verweigerte ihr Ersuchen um Predigterlaubnis. Wie die Waldenser bestanden sie weiterhin darauf zu predigen und verfielen so dem Kirchenbann.

Im Jahre 1184 erörterte man in Verona das Problem der Waldenser und Humiliaten. In einer Hinsicht bedeuteten die Gesetze, die bei der Versöhnung zwischen Papst und Kaiser nach ihren langen Streitigkeiten als ein Nebenergebnis entstanden, im Kampf der Kirche gegen das Ketzertum einen Schritt nach vorn. Die Bulle *Ad abolendam*, welche den Kaiser Friedrich Barbarossa in die aktive Ketzerverfolgung einbezog, ist in dem ganzen Jahrhundert der erste Versuch, die Herausforderung des Ketzertums von einem übernationalen Gesichtspunkt aus zu behandeln. Bis dahin hatte die Bürde des Handelns schwer auf dem einzelnen Bischof gelastet, wenn er seiner Pflicht als Nachfolger der Apostel dahingehend nachkam, daß er als Wächter der Rechtgläubigkeit fungierte und das Ketzertum, von oben wenig unterstützt, zurückdrängte. Die Bischöfe hatten dem Auftreten von Ketzerei in ihrer Diözese auf sehr verschiedene Weise entgegengewirkt, die jeweils von ihrem Gutdünken abhängig war.[17] Einige Bischöfe verhielten sich gänzlich passiv; andere, die eingriffen, waren unsicher, welches Verfahren sie einschlagen sollten. Als das bäuerliche Bruderpaar in Bucyle-Long der Ketzerei verdächtigt wurde, hatte der Bischof von Soissons zunächst das primitive Verfahren eines Gottesurteils durch Wasser angewandt; als sich herausstellte, daß einer der beiden Verdächtigen die Probe nicht bestand, war er im ungewissen, was nun zu tun sei, und er ging, um sich Rat zu holen; während seiner Abwesenheit stürmte der Pöbel das Gefängnis und verbrannte die Verdächtigen.[18] Ein Konzil zu Reims im Jahre 1157 hatte ausdrücklich erwähnt, die Laien hätten die Pflicht, dem Bischof dadurch zu helfen, daß sie ihm Fälle von Ketzerei hinterbrachten, aber noch war kein genaues Verfahren festgelegt worden.[19]

Das Papsttum gab schwankende Richtlinien. Als Leute aus flandrischen Städten, die der Ketzerei beschuldigt wurden, sich an Alexander III. wandten, versuchte der Papst zunächst, sie mit Briefen an den Erzbischof von Reims zurückzuschicken. Als sie daraufhin Einwände erhoben, weil sie ja gerade erst von diesem an ihn verwiesen worden waren, beschloß er, sich weiter mit dem Erzbischof, Ludwig VII. von Frankreich und anderen zu beraten. Sein Brief an den Erzbischof befürwortete eher Zurückhaltung als Härte, gab aber keine Richtlinien, auf welche Weise er nachweisen sollte, ob diese Stadtbewohner wirklich Ketzer seien oder nicht.[20]

Die einzige Gegend, welche die Päpste über Generationen hinweg beschäftigte und wo sie wiederholte Warnungen gegen Ketzerei aussprachen, war das Languedoc – und zwar nicht nur das Kerngebiet (wo das Problem letzten Endes akut wurde), sondern auch die Gascogne und die Provence.[21] Von der Zeit des Toulouser Konzils im Jahre 1119 an richteten sich sporadische Provinzialsynoden unter päpstlichem Vorsitz warnend gegen das Vorhandensein von Ketzerei und baten die weltlichen Lokalherren dringend darum, Ketzern keinen Schutz zu gewähren. Offensichtlich ließ gerade die Duldsamkeit der Barone gegenüber der Ketzerei Besorgnis aufkommen.

Das Dekret *Ad abolendam* strebte mehr als eine die Provinz Midi betreffende Gesetzgebung an, denn es bezog sich auf das gesamte Gebiet der Ketzerei, nicht bloß auf das im Süden Frankreichs, und es versuchte den Bischöfen bei ihrer Ketzerbekämpfung den Rücken zu stärken.[22] Mit dem Ketzertum in Italien, dem Ursprungsland eines guten Teils der verurteilten Sekten, verfuhr es streng. Weiterhin wurde in der Kirche jegliche Ausnahme von der bischöflichen Jurisdiktionsgewalt in Sachen der Häresie abgeschafft; der Bischof oder seine Bevollmächtigten mußten die Pfarreien, in denen man Häresie vermutete, ein- oder zweimal im Jahr aufsuchen und den Ortsbewohnern einen Eid abnehmen, mit dem sie sich verpflichteten, ihm jeden Fall von Ketzerei in ihrem Wohnort anzuzeigen. Die weltlichen Machthaber mußten dieser Befragung unter Androhung von weltlichen und kirchlichen Strafen beiwohnen. Diesen Anordnungen sollte durch die höhere Geistlichkeit ein Höchstmaß an Publizität verliehen werden.

Durch diese Entscheidungen wurde jedoch die Situation keineswegs zum Vorteil der Kirche verändert. Die Aufdeckung von Ketzerei hing noch immer davon ab, ob die Leute sie zufällig anzeigten – dort, wo es eine allgemeine Stimmung gegen das Ketzertum gab, waren die Maßnahmen hinreichend wirksam, wie in Nordfrankreich; von geringem Nutzen waren sie allerdings in solchen Gegenden wie dem Languedoc oder Norditalien, wo Trägheit und Duldsamkeit vorherrschten. Das Verfahren, wonach man das Vorhandensein von Ketzerei in einem förmlichen Prozeß nachweisen oder das Gegenteil erweisen wollte, blieb primitiv; es bestand immer noch aus Eidesleistung und Gottesurteil, erbrachte aber nicht die geeignete Lösung,

d. h. die Befragung von Verdächtigen durch erfahrene Theologen. Lucius III. gab zwar durch seine Bulle der bischöflichen Inquisition eine neue Ordnung, sah aber kein geeignetes Mittel vor, um sicherzustellen, daß die Bischöfe ihrer Pflicht zur Durchführung derselben auch wirklich nachkamen. Was sich schließlich am allernachteiligsten auswirkte, war der Umstand, daß *Ad abolendam* keine Lösung dafür anbot, wie man eine Häresie erkennen und einordnen sollte. Eine Reihe von Gruppen wurde namentlich erwähnt und es wurde über sie der Bann ausgesprochen – »die Katharer und Patarener und diejenigen, die sich fälschlich Humiliaten oder Arme von Lyon nennen, die Passaginer, die Josephiner, die Arnoldisten...«;[23] die einzige Unterscheidung, die gemacht wurde, war die zwischen denen, die ohne Befugnis predigten, und denen, die regelrechte Irrlehren verkündeten. Die Waldenser und die Humiliaten gehörten zur ersten Kategorie – im lateinischen Text durch *vel* verbunden, nicht unbedingt deswegen, weil sie sich zusammengetan hätten, sondern weil sie in einem schmähenden Wortspiel als Lügner miteinander verbunden werden, die fälschlich den Namen »die Demütigen« oder »die Armen« auf sich bezogen, ohne zu diesem Titel berechtigt zu sein.[24] Für den Verfasser des Dokuments konnte weder die Demut noch die Armut echt sein, weil sie nicht von einem rettenden Gehorsam gegenüber der Autorität der Kirche begleitet war; durch einen gemeinsamen Bannfluch wurden sie in einen Topf geworfen mit der tiefgreifenden Ketzerei der Katharer, gegen die sie eine erbitterte Feindschaft hegten. Die Gläubigen wurden lediglich darüber informiert, woran man Ketzer erkennen kann, nämlich an ihrem unbefugten Predigen, ihren Irrlehren über die Sakramente oder durch Verlautbarungen der Bischöfe. Dies war eine grobe Handhabe der Kennzeichnung; es fehlte jegliches klärende Wort über den Wesenskern der falschen Lehre, der die Sektierer zu ihrer Verleugnung der Sakramente oder zu ihrer Predigt veranlaßt hat, ferner jegliche Ermutigung für die Männer der Kirche, die vielleicht den Wunsch hatten, feiner zu unterscheiden zwischen den Widerspenstigen und jenen, die mit sanfteren Methoden wieder zur Kirche zurückgeführt werden konnten.

Auf diese Weise wies also das Dekret *Ad abolendam* die Waldenser endgültig zurück. Es folgte eine Phase der Ungewißheit, in welcher das Edikt nur teilweise wirksam war.[25] Praktisch wurde das Waldensertum an zweiter oder dritter Stelle hinter den Katharern als kirchenfeindlich angesehen, und die allgemeine Wirkungslosigkeit der Unterdrückungsmaßnahmen trug dazu bei, daß es bestehen blieb. Die Strafe der Ausweisung – oft die schwerste Strafmaßnahme, die man anwandte – war nur dazu geeignet, ihren Einfluß weiter zu verbreiten. Überdies war die Auswirkung der Entscheidungen von 1184 gedämpft. Im Languedoc stellte der Erzbischof von Narbonne, Bernard-Gaucelin, eine Untersuchung über waldensische Glaubensaussagen an und sprach wahrscheinlich zwischen 1185 und 1187 eine offizielle Verurteilung aus. Dies hatte jedoch keine Wirkung. Das einfache Volk bewunderte die sittliche Lebensführung der Waldenser; Angehörige des niederen Klerus sahen sie als Helfer an und waren ihnen wohlgesinnt. Ihre Prediger konnten sich frei bewegen, ja, sie wurden sogar eingeladen, an Debatten teilzunehmen, bei denen häretische und orthodoxe Standpunkte zur Sprache kommen durften. Nur in Montpellier, wo Graf Wilhelm VIII. ihnen feindlich gesinnt war, scheint es eine wirksame Gegenaktion gegeben zu haben. In Aragonien gaben Alfonso II. im Jahre 1194 und Pedro II. im Jahre 1198 Edikte gegen die Waldenser heraus, von welchen das letztere für hartnäckige Fälle die Todesstrafe vorsah. Vielleicht waren diese Erlasse ebensosehr gegen die Verhältnisse in den Lehnsgebieten der Könige von Aragonien auf der französischen Seite der Pyrenäen gerichtet wie gegen diejenigen im Königreich selbst: in keinem der beiden Gebiete scheinen sie die Prediger jedoch ernsthaft behindert zu haben. Nördlich des Languedoc, in Lothringen und in den Grenzlanden zwischen Frankreich und dem Reichsgebiet war die Waldensermission erfolgreich, obwohl in Toul im Jahre 1192 der Bischof die Aushebung der »Valdoys« befahl. Am Ende des Jahrhunderts waren die kirchlichen Behörden in Metz so schlecht informiert, daß es ihnen, als sie auf Laien stießen, die in nicht genehmigten Versammlungen die Heilige Schrift lasen, nicht einmal klar wurde, daß sie hier Waldenser vor sich hatten. In Italien hatte die Unfähigkeit der Hierarchie, bei dem Versuch gegenüber der Ketzerei in den Städten die Oberhand zu gewinnen, zur Folge, daß die Waldenser an der allgemein freiheitlichen Atmosphäre Anteil hatten. Nur in der Zeit von 1196–1206 war zum Beispiel der Erzbischof von Mailand in der Lage, die Beseitigung einer Schule zu erzwingen, die sie seit langem unbehelligt in der Stadt aufrechterhalten hatten.

Fast dasselbe galt für die Humiliaten[26], die sich in den Städten ausbreiteten, manchmal auch im *contado* (in der ländlichen Umgebung), wo einige ihrer Gruppen herstammten. Industriearbeiter und Handwerker oder auch Bauern, die erst vor kurzem in die Städte gekommen waren, fühlten sich von ihnen angesprochen; ihre Werkstätten und Häuser befanden sich gewöhnlich in den Außenbezirken, wo die Handwerker wohnten. Die Waldenser gewannen Anhänger durch die Hingabe, mit der sie das Evangelium predigten. Ihre Missionsarbeit wurde durch die Austreibung aus Lyon, die auf ihre Exkommunikation durch Erzbischof Johannes folgte, eher gefördert als behindert, und sie fanden eine neue Heimat in der antiklerikalen Atmosphäre der Lombardei, wo sie folglich radikaler wurden.[27]

Im Languedoc scheint sie die Schwäche, mit der die Hierarchie das religiöse Geschehen kontrollierte, geradezu angezogen zu haben. Sie konnten mancherorts predigen, ohne daß jemand einschritt, und waren bestrebt, die Gelegenheit auszunutzen, um deutlich zu machen, wie ungerecht ihre Exkommunikation sei und wie sehr ihre Aussagen dem rechten Glauben entsprächen, wenn sie gegen die Katharer predigten und ihnen in Debatten entgegentraten. Von Lyon aus gingen sie in den Nordosten Frankreichs sowie in die Gebiete deutscher Sprache am Rhein und darüber hinaus.[28]

Sie fanden zunächst bei allen Schichten der Bevölkerung Anklang. In der Frühzeit der Bewegung gaben die Gefährten des Waldes der Beschreibung nach ihr Hab und Gut auf und vermachten es den Armen – eine Tatsache, die beweist, daß sie es ernst meinten. Die Mehrheit bestand aus Laien, es gab aber auch flüchtige Mönche und Nonnen sowie einige Priester und *litterati* (Gebildete). Aus höheren Gesellschaftsschichten bekamen sie Unterstützung, wenn auch in geringerem Maße, als dies bei den Katharern der Fall war; Männer aus der Klasse der Ministerialen – des niederen Adels, der im Dienste des Reiches stand – wurden zum Beispiel als Anhänger im Bereich der Diözese Metz festgestellt.[29] Katholische Schreiber bemerkten mit scheelem Blick, welchen Einfluß das Predigen auf die Frauen hatte. Frauen, die man für geeignet hielt, hatten, gleichberechtigt mit den Männern, das Recht zu predigen. Dies machte wohl die Bewegung für solche Gemüter anziehend, die mit den begrenzten Möglichkeiten, welche die Orthodoxie den Frauen im Gottesdienst ließ, unzufrieden waren.[30]

Die Entwicklung der Organisation und der Glaubenssätze der Waldenser

Aus den Händen des Waldes oder seiner Zeitgenossen ist uns keine Regel für die neue Gemeinschaft überkommen; aber die Statuten der Armen Katholiken, jener Gruppe von fügsamen Waldensern, die ihren Lebensstil mit Billigung der Kirche im frühen 13. Jahrhundert fortsetzten, zusammen mit gelegentlichen Hinweisen von Waldensern und ihren Gegnern geben ein hinreichend klares Bild vom Leben der Gruppe, wie es sich in den Jahrzehnten nach der Bulle *Ad abolendam* entwickelte.[31] Führend in der Bewegung waren die Prediger; sie waren bekannt als die *pauperes spiritu, fratres, sorores* und später in der Lombardei und in deutschsprachigen Ländern als *magistri, magistrae*, »Apostel«, »Herren«; sie reisten, in Übereinstimmung mit den Worten des Evangeliums, zu zweit, trugen schlichte, apostolische Gewänder; man sah sie zuerst offenbar unbeschuht, aber mit einer bestimmten Sorte von Sandalen an den Füßen, die dann als Zeichen ihres besonderen Status diente. Das Recht, die Sandalen zu tragen, wurde zu-

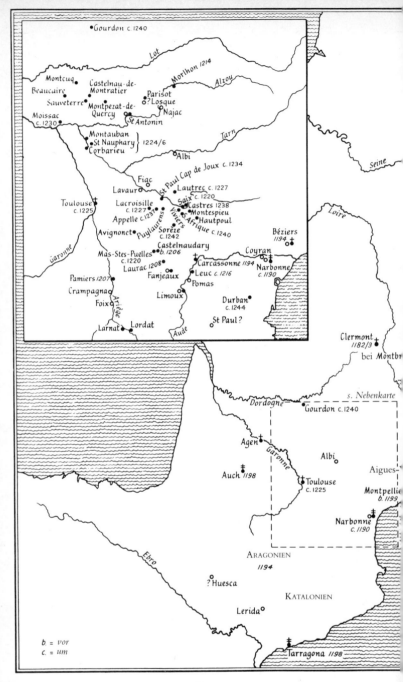

Karte 2 Die Waldenser (1177–1277)

Hinweis: Die Waldenser in Österreich, die bei einer Inquisition um 1266 entdeckt wurden, sind auf Karte 6 zu finden.

sammen mit dem Recht zu predigen verliehen. Katholische Schreiber nannten sie deswegen manchmal *Insabbatati* (von dem Wort sabot).[32] Wie Waldes mußten sie der Welt entsagen und sich von ihrer Habe trennen, bevor sie Prediger werden konnten. Doch obwohl sie verbürgtermaßen ein Teil der Wanderpredigerbewegung des 12. Jahrhunderts waren, hatte die Armut für sie nicht eine solch mitreißende Kraft wie ehemals bei den Eremiten Westfrankreichs oder später bei den Franziskanern. Nachdem Waldes in ähnlicher Weise mit der Welt des Besitzes gebrochen hatte wie der heilige Franziskus von Assisi und so wie er durch die Spannung zwischen dem christlichen Gewissen und der Welt der Geschäftemacherei beeinflußt war, fühlte er nicht den gleichen Drang, beständig nach der höchstmöglichen Form der Entsagung zu streben.[33] Der Grundton der Waldenser war eher auf Genügsamkeit als auf völlige Bedürfnislosigkeit abgestimmt.

Die Predigt bestand aus schlichter Ermahnung, dem Ruf zur Buße und dem Tadeln der Sünden sowohl des Einzelnen wie der gesamten Kirche; hinzu kam das wiederholte Zitieren vieler Schriftstellen, die in den Schulen der Bewegung oft in erstaunlichem Umfang auswendig gelernt wurden.[34] Die für das Predigen erforderliche Ausbildung, die auf der französischen Seite der Alpen später fünf bis sechs Jahre und auf der lombardischen Seite ein bis zwei Jahre dauerte[35], konzentrierte sich hauptsächlich auf das unmittelbare Studium und das Memorieren des reinen Schrifttextes in landessprachlicher Übersetzung. Erst nachdem die Prediger sorgfältig ausgewählt und ausgebildet worden waren sowie Verzicht auf weltliche Habe und auf die Ehe geleistet hatten, durften sie mit ihrer Missionstätigkeit beginnen. So waren sie in gewissem Sinne wie katholische Priester von der übrigen Gesellschaft ausgesondert. Der Unterschied bestand darin, daß in der Gemeinschaft eine Weihe durch den Bischof nicht für nötig gehalten wurde – das Recht zu predigen konnte, wie erwähnt, auch Frauen gewährt werden, und man machte keinen Unterschied zwischen denen, die zufällig die Priesterweihe empfangen hatten, und den anderen, die Laien waren.

Das Predigen trug dazu bei, daß weitere Kandidaten für das Predigtamt angeworben wurden. Von Ermahnungen bewegt, konnte der Hörer dann den geistlichen Rat annehmen, das von ihm begangene Unrecht wieder gutzumachen; er konnte somit zum Status der »neu Bekehrten« aufsteigen, die in einer Art Noviziat geprüft und zur Vorbereitung für ihre Missionstätigkeit unterrichtet wurden.[36] Andere blieben in der Welt als »Freunde« *(amici)*, die die Prediger durch ihre Almosen unterstützten und am Studium der volkssprachlichen Schrifttexte teilnahmen. Ihre Aufgabe war es, für die leiblichen Bedürfnisse der Prediger Sorge zu tragen, eine Art Kirchensteuer unter den Anhängern einzusammeln, die man später in Italien *talea* nannte, und die Schulen der Gemeinschaft zu unterhalten, die sich im allgemeinen in Privathäusern befanden.[37] Wie bei den Predigern war auch bei ihnen die Bibelkenntnis oft bemerkenswert. Schon die Kinder fingen damit an, die Evangelien und Episteln auswendig zu lernen. Es war für einen des Lesens unkundigen Anhänger nichts Ungewöhnliches, wenn er die Evangelientexte von vierzig Sonntagen auswendig wußte; ja, aus dem Österreich des 13. Jahrhunderts berichtete ein verhältnismäßig objektiver katholischer Beobachter, der Passauer Anonymus, über einen Fall, wo ein Mitglied das ganze Buch Hiob auswendig konnte.[38]

Die Kirche nahm zu Übersetzungen der Bibel in die Volkssprache (sofern sie von gewöhnlichen Leuten benutzt werden sollten) meist eine ablehnende Haltung ein, zum Teil auch deswegen, weil Ketzerprediger von ihnen in der Praxis Gebrauch machten. Waldensische Übersetzungen wurden von den Kirchenbehörden nicht deshalb zurückgewiesen, weil sie als solche ungenau gewesen wären – in einem berühmten Brief anläßlich der Festnahme von Waldensern in Metz lobte Innozenz III. sogar das Verlangen, die Heilige Schrift zu verstehen. Ansonsten jedoch kritisierte er in diesem Zusammenhang, daß man Übersetzungen mit unbefugtem Predigen und »geheimen Zusammenkünften« in Verbindung brachte, und erklärte weiterhin, daß »die verborgenen Geheimnisse des Glaubens nicht... allen Menschen an allen Orten erklärt werden sollten... Denn solchermaßen ist die Tiefe der göttlichen Schrift, daß nicht nur der Verstand der Einfachen und Ungebildeten, sondern sogar derjenige der Klugen und Gelehrten bei dem Versuch, sie zu verstehen, keineswegs völlig ausreicht.«[39] Hier war der springende Punkt. Das Studium der Schrift verlangte Ausbildung und Sachkenntnis, der richtige Umgang mit ihr bildete einen untrennbaren Bestandteil der Kirchenlehre. Die Schrift sollte den Gläubigen durch die dazu befugten Prediger sozusagen vermittelt werden; der bloße Text sollte nicht in jemandes Hände gelangen, der ihn mißbrauchen und mißverstehen konnte. Die Waldenser wiesen natürlich diesen Gesichtspunkt zurück und waren eher geneigt zu glauben, daß die Kirchenbehörden und die Gelehrten die Gemüter unnötig einnebelten. Sie legten Wert auf das wörtliche Textverständnis und die unmittelbare Erfüllung von Christi Forderungen in ihrem eigenen Leben.

Sie glitten allmählich immer tiefer ins Ketzertum hinab. In dem Maße, wie die ursprüngliche Mäßigung des Waldes und der Gruppe von Lyon aufgegeben wurde, breiteten sich die Waldenser aus und entwickelten ihre Lehre unter neuen Bedingungen weiter. Die Abtrennung von der Kirche aber forderte einen seelischen Tribut. Man kann diesen Prozeß verfolgen in den Jahren zwischen der Bulle *Ad abolendam* und 1205, dem Jahr, in dem sich der französische und der lombardische Flügel der Bewegung voneinander trennten.

Waldes selbst brachte seinen Einfluß immer mäßigend zur Geltung im Hinblick auf die letztliche Aussöhnung mit Rom, die er nie endgültig ausgeschlossen zu haben scheint. Er wurde von einigen Konvertiten aus dem Klerus unterstützt, deren bester Vertreter, der frühere Priester Durandus von Huesca, im Languedoc gegen die Katharer tätig war. Sein *Liber antiheresis* entstand als Handbuch in den späten achtziger oder neunziger Jahren; es war dazu bestimmt, lateinkundige frühere Geistliche für ihre Auseinandersetzung mit Katholiken sowie Katharern auszurüsten, und es ist ein Beweis dafür, daß ein paar Jahre nach der Verdammung durch *Ad abolendam* der Wille zum rechten Glauben in einigen Bereichen durchaus lebendig war.[40]

Durandus mußte an zwei Fronten kämpfen: einerseits gegen die orthodoxen Polemiker, die den Einwand erhoben, die Waldenser hätten kein Recht zu predigen und lebten als Parasiten von ihren Hörern, obgleich sie eigentlich ihr Brot durch ihrer Hände Arbeit verdienen sollten; andererseits gegen die Katharer, die für sich selbst beanspruchten, das apostolische Leben zu führen und den Einwand machten, die Waldenser seien keine Glieder der Kirche, weil sie, im Unterschied zu ihnen selbst, keinen geistlichen Stand mit Bischöfen, Priestern und Diakonen hätten. Indem Durandus die Waldenser rechtfertigt und seine Leser wappnet gegen die schwachen Punkte des Katharertums – seinen Dualismus und den Mangel an Genügsamkeit in der Klasse der Gläubigen –, bleibt er zumeist frei von ketzerischen Gedanken. Der Kern seiner Ausführungen war natürlich das Recht zu predigen, auch nachdem die Kirchenbehörde es untersagt hatte, und zu dessen Rechtfertigung verwies er darauf, daß Gott Waldes berufen habe. Hierdurch wurde die kirchliche Autorität direkt herausgefordert. Aber als praktisch orientierter Polemiker mit einem missionarischen Ziel benutzt Durandus die Streitfragen nicht als Grundlage für eine ausgeführte Ketzertheologie. In seinem Eifer, die katharische Lehre über die Prädestination zu widerlegen, gleitet er zwar in einen Pelagianismus ab, im ganzen jedoch ist die schlicht biblisch begründete Frömmigkeit des *Liber antiheresis* rechtgläubig.[41]

Manche Leute zogen radikalere Folgerungen aus der allgemeinen waldensischen These, daß der Einzelne für sein Schicksal in erster Linie selbst verantwortlich sei, und verwarfen den katholischen Glauben an den Wert von Fürbitten für die Toten oder gingen sogar noch weiter, indem sie das Fegfeuer überhaupt verneinten. Andere gingen von dem waldensischen Verlangen nach Treue gegenüber dem Text des Evangeliums aus; sie vertraten die Ansicht, daß Jesu Worte, wie zum

Beispiel sein ausdrücklicher Befehl »ihr sollt überhaupt nicht schwören«, wörtlich zu nehmen seien, und daß nach diesem Grundsatz alle Lügen als Todsünden anzusehen und Eidesleistung und Blutvergießen unter allen Umständen verboten seien. Die Mitglieder einer Gruppe im Languedoc trieben den Rigorismus so weit, daß sie behaupteten, als wahre Jünger Christi könnten nur sie allein die Taufe ausführen, wozu weder die Katharer noch die Katholiken in der Lage seien. Waldes wies sie um 1200 zurück, woraufhin sie sich zu einer eigenen Kirche mit einer geistlichen Rangordnung von Bischöfen, Priestern und Diakonen zusammengeschlossen zu haben scheinen.[42]

Die rechtgläubige Kirche war in ihrer Frühzeit mancherlei Druck ausgesetzt. Die Tatsache, daß man sich ihrer moralischen Unzulänglichkeit bewußt wurde – welches die Haupttriebfeder der Bewegung war –, konnte die Prediger leicht dazu bewegen, sich nicht nur mit einer Kritik an gefallenen Geistlichen zu begnügen, sondern auch die von ihnen gespendeten Sakramente zu verwerfen. Das Studium der Heiligen Schrift in der Volkssprache konnte in den Gemütern von Idealisten neue Fragen über die Glaubensformen der Zeit aufwerfen. Anfangs wurde die Lektüre der Heiligen Schrift durch ein begleitendes Studium der Kirchenväter abgestützt und eingeschränkt – Waldes' anfänglicher Bestand an Übersetzungen schloß auch patristische Texte ein[43] –, aber unter denen, die sich hier zusammengeschlossen hatten, waren viele einfache Leute, und der Kampf mit der Hierarchie um die Rechtmäßigkeit ihrer Predigt veranlaßte die Waldenser immer wieder, sich auf den Text der Heiligen Schrift zu berufen. Von dort führte der Weg zu einer ausgesprochen biblizistischen Haltung, für welche alles, was nicht durch den Schrifttext allein gerechtfertigt war, nicht rechtmäßig war. Auch führte die Auseinandersetzung mit den Katharern dazu, sie vom Pfade der Rechtgläubigkeit wegzuleiten, denn sie fühlten sich dadurch bedrängt, daß sie im Kampf um die Seelen der Menschen im Vergleich mit ihren Gegnern als nicht weniger schrifttreu erschienen, andererseits aber nicht als bloße Kollaborateure der moralisch befleckten katholischen Kirche dastehen wollten. Lügen, Schwören und Blutvergießen wurden von den Katharern gänzlich verworfen: konnten die Waldenser es sich da leisten, in diesen Punkten weniger bibeltreu als diese zu scheinen? Dadurch, daß man in der Bewegung auf das Bußetun Wert legte, wurde vermehrt gebeichtet, was eine Geistlichkeit, die daran gewöhnt war, höchstens einmal im Jahr Beichte zu hören, kaum bewältigen konnte. Die niedrige Einschätzung des Charakters der katholischen Priesterschaft hinderte auch die Menschen daran, bei ihnen Zuflucht zu suchen, deshalb kam im Kreise der Waldenser die Beichte vor Laien als Ersatz hierfür auf. Aus einem ähnlichen Motiv – welches übrigens aufschlußreich ist für die pastoralen Bedürfnisse ihrer Anhänger – feierten die Waldenser das Abendmahl unter sich in Gegenden, wo es aus den Händen katholischer Priester nicht leicht verfügbar war.[44] Als der ehemalige Waldenser Bernhard Prim 1210 wieder in die Kirche aufgenommen wurde, gestand man Waldensern, die so etwas taten, redliche Motive zu.[45] Aber der Schritt war gefährlich, weil er den Weg frei machte für eine rivalisierende Kirche und Organisation, die ihre eigenen »reinen« Sakramente hatte, im Gegensatz zu den »unreinen« der sündigen Priester innerhalb der römischen Kirche.

Spontane Schritte, die von dieser wegführten, wurden durch die geographische Zerstreuung der Bewegung, deren Anhänger zum Teil weit entfernt von ihrem ursprünglichen Kern saßen, erleichtert. Radikalere Ansichten tauchten unter den Waldensern auf, die 1199 in Metz entdeckt wurden. Obwohl sie noch keinen ausgesprochenen Donatismus vertraten, waren sie gegenüber dem Klerus höchst kritisch eingestellt und neigten zu einer exklusiven Haltung gegenüber ihren eigenen Predigern und Übersetzungen: sie machen den Eindruck einer Gruppe, die gerade im Begriff war, eine Gegenkirche zu bilden.[46] Die Waldenser, die die Alpen nach Italien hin überquerten, wurden immer extremer. Im letzten Jahrzehnt des Jahrhunderts beschreibt Ardizzo von Piacenza in seinem Bericht über sie, wie sie beim Gewinnen von Anhängern Ehen auseinanderrissen, Nonnen aus den Klöstern holten und lehrten, daß nur bei ihnen das Heil zu finden sei.[47] Die Humiliaten wirkten in anderer Weise auf die Neuankömmlinge ein: sie suchten sie zu bewegen, ihre eigene ortsgebundene Lebensweise mit manueller Arbeit anzunehmen; das sollte selbst für Prediger an Stelle ihrer ursprünglichen Reisetätigkeit gelten. Für Waldes war dies gänzlich unannehmbar: die Evangelientexte waren für die Predigerklasse verbindlich – sie verpflichteten diese, ihren Lebensunterhalt von ihren Hörern bestreiten zu lassen, anstatt sich selbst abzumühen.

Weiterhin wurde der Zwiespalt dadurch genährt, daß die lombardische Gruppe Amtsträger auswählte, die die Aufgabe hatten, die Sakramente zu verwalten, während es jenseits der Alpen in Frankreich üblich war, daß man nur vorübergehende, der jeweiligen Situation gemäße Regelungen traf. Diese Entscheidung hatte symbolische Bedeutung: während Waldes noch immer an die Aussöhnung mit Rom dachte, so daß für ihn und seinesgleichen die waldensische Art, die Sakramente zu verwalten, lediglich bedeutete, daß man sich für eine begrenzte Zeit in die Notwendigkeit fügte, wünschten die Lombarden eine Einrichtung auf Dauer zu schaffen, und es war ihnen gleichgültig, wie sich dies auf ihre Beziehungen zu Rom auswirken würde.

Ein dritter Faktor, der die Herbeiführung der Krise beschleunigte, war die Wahl des Johannes von Ronco zum Kirchenvorsteher, eine

Maßnahme, die bei Waldes auf erbitterten Widerstand stieß, weil der alleinige Führer der Gemeinschaft nur Christus sein könne. Sodann spielten persönliche Dinge eine Rolle. Die Lombarden entdeckten bei Waldes despotische Züge; Johannes von Ronco scheint eine ungeschlachte Person gewesen zu sein – in einem späteren Bericht zeiht ihn der katholische Polemiker Salvo Burci der Unwissenheit und des Mangels an Bildung.[48] Seine Wahl führte im Jahre 1205 zu einer Spaltung, die allen Wiedervereinigungsversuchen zum Trotz nie beseitigt wurde: für den Rest des Mittelalters blieben die Waldenser geteilt in die Lyoneser Gruppe, die Waldes treu blieb, und die Armen Lombarden[49], wie sie genannt wurden, die ihre stärkste Stellung in Norditalien hatten. Nach 1205 entfernten sich die letzteren noch weiter von der Kirche und wandten sich entschieden dem Donatismus zu.

Die Abspaltung der Italiener war ein weiterer Schritt auf dem Wege der allgemeinen Entfremdung der Waldenser von der Kirche. Von der ersten Zurückweisung des Predigtverbots zu Lyon in den frühen achtziger Jahren des 12. Jahrhunderts an ließ man sie allmählich über die Entfremdung hinaus bis in die eigentliche Ketzerei abgleiten. Die geistliche Macht hatte aus der Auseinandersetzung nicht gerade das Beste gemacht; denn das Verbot hatte die Ausbreitung der Bewegung nicht allzu sehr behindert, obzwar es zu ihrem Verfall beitrug. Man durfte die Hoffnung auf baldige Aussöhnung noch nicht aufgeben; auch vertiefte eine wirkungslose Verfolgung nur die Feindschaft der Waldenser gegenüber der Kirche; der Verzicht auf Lehre und Hilfe von katholischer Seite eröffnete unvermeidbar den Weg zu volkstümlichen Ketzereien innerhalb der Bewegung. Es drängt sich uns der Eindruck auf, daß das Papsttum und die Bischöfe die Kraft der Gesinnung, aus der heraus die waldensischen Forderungen gestellt wurden, gänzlich unterschätzt hatten und daß hier eine Ketzerbewegung hauptsächlich aufgrund der Haltung der Kirche entstanden war.

Die Speronisten

Während die Waldenser der rechtgläubigen Kirche in die Welt der Sekten entglitten waren, bildete sich in der Lombardei eine andere Gruppe von Ketzern, die Speronisten.[50] In einer Hinsicht ähneln sie den Waldensern: die Gruppe wurde von einem Laien gegründet – im übrigen stellte sie etwas dar, für das wir keinen Präzedenzfall haben, wenn wir die Anhänger Eons de l'Etoile einmal ausnehmen; denn diese glichen zu sehr einer Räuberbande, als daß man sie überhaupt zu erörtern brauchte.

Speroni war Jurist und als solcher einstmals befreundet mit einer bedeutenden Autorität auf diesem Gebiet, einem Mann namens Vacarius, dessen Widerlegung der Häresie Speronis wir fast unsere gesamte

Kenntnis über die Sekte verdanken. In den Jahren 1164, 1165 und 1171 war Speroni Konsul in Piacenza und zwischen 1177 und 1185 fachte er eine gegen die Kirche gerichtete Bewegung an, die fünfzig Jahre anhielt. Piacenza war und blieb ihr Zentrum. Einen Ausgangspunkt hat man wahrscheinlich in Speronis Verstrickung in die lange Auseinandersetzung über die Rechte des Klosters Santa Giulia in Piacenza zu sehen, in der er und andere Vorkämpfer der Stadt auf den Widerstand des Papsttums stießen.

Die Ketzerei gefiel sich in einer extremen Verwerfung jeglicher kirchlichen Autorität. Sie konnte sich in Piacenza deshalb so gut verbreiten, weil der antiklerikale Geist dieser Stadt jede Widerstandsbewegung gegen die Kirche begünstigte. Sogar die Priesterschaft selbst wurde abgesprengt. Hierin unterschied sich Speroni von dem Ansatz Arnolds von Brescia, dessen Ablehnung der Stellung, die die Priesterschaft einnahm, sich aus einer Kritik ihrer Laster ergab: weil sie so tief gesündigt hatten, waren ihre Amtshandlungen ohne jeglichen Wert; und weil die römische Kirche am Besitztum beteiligt war, hatte sie das Recht verloren, sakramentale Gewalt auszuüben. Speroni war viel radikaler. Zweifellos wurden seine Ansichten durch eine Reaktion gegen das machthungrige Priestertum ausgelöst; aber in seiner religiösen Vorstellung war von vornherein und aus Prinzip kein Platz für eine Priesterschaft. Es gab einfach keine Aufgabe für sie; denn Speroni verurteilte alle Sakramente – besonders Taufe, Messe und Buße – als ihre törichten Erfindungen. Alle formalen Gottesdiensthandlungen und jegliches äußere Brauchtum bedeuteten für ihn eine abgöttische Verdinglichung des geistlichen Gottesdienstes; sie stellten ganz einfach ein Hindernis dar. Die Arnoldisten oder das Gefolge der Wanderprediger mochten wohl noch zu offenen Gewalthandlungen geschritten sein – die Petrobrusianer zum Beispiel empfanden eine so tiefe Abscheu vor den Entartungserscheinungen der Kirche in ihrer Zeit, daß sie sich über jene Handlungen in dramatischen Szenen erhoben, indem sie Kreuze verbrannten oder ostentativ zu verbotener Zeit Fleisch aßen. Für die Speronisten war dies alles unnötig. Ihre Mitglieder lebten bereits im Bewußtsein der Vereinigung mit dem göttlichen Wort; in Speronis Ausdrucksweise besaßen sie den Heiligen Geist, den Geist Jesu und der Weisheit und waren im Glauben und in der Liebe mit Jesus vereint. Sie konnten deswegen ruhig an der Messe teilnehmen, während sie mit ihren Gedanken woanders waren, konnten *alieno mente* der inneren Ruhe und Gerechtigkeit nachhängen, in denen ihr Glaube ruhte.

Der Kern ihrer Frömmigkeit war eine Art innerer Taufe, eine geistliche Vereinigung mit Gott. Die Bewegung war keineswegs asketisch und hatte nichts gemein mit dem Streben nach apostolischem Leben, welches für das 12. Jahrhundert so typisch war[51] – im Gegenteil, Speroni und seine Anhänger verwarfen asketische Praktiken, die guten Werke und die moralische Betätigung des Einzelnen zugunsten einer totalen Hingabe an die innere Heiligung. Was allein zählte, war das innere Leben des Einzelnen. Speroni leugnete die Erbsünde, unterschied aber zwei Kategorien von Menschen: die Vorherbestimmten und die Vorherbekannten. Die Vorherbekannten seien zur Verdammnis bestimmt; im Gegensatz dazu bleibe die vorherbestimmte Seele heilig, selbst wenn sie, vom Standpunkt äußerer Gerechtigkeit gesehen, ein sündhaftes Leben führe.

Eine solche Theologie konnte kaum die Grundlage einer wirksamen Organisation sein. Speroni war auch am Predigen gar nichts gelegen. Trotzdem blieb seine Anhängerschaft bestehen. Ein Hauptgrund – so können wir annehmen – war das Bewußtsein der Speronisten, sie seien vorherbestimmt. Speronis Vorliebe galt dem Dienst am geschriebenen Wort, und wir dürfen vermuten, daß er seine Anhänger in gebildeteren Kreisen fand. Die Bewegung überdauerte zwar seinen Tod, wurde jedoch nie zu einer dynamischen Kraft im Leben Italiens. Das 1235 von Salvo Burci, ebenfalls einem Piacenzer Bürger, geschriebene *Liber supra stella* ist ein Beweis dafür, daß sie etwa fünfzig Jahre später noch existierte.[52]

Die Krisengebiete

Die Speronisten fielen zwar, zeitlich gesehen, in ihrem Jahrhundert aus dem Rahmen, nicht jedoch lokal gesehen. Die Lombardei und in geringerem Maße auch Mittelitalien geriet in diesen Jahrzehnten rasch in den »Vorzug«, das Ketzerland schlechthin zu sein, mit dem es nur noch das Languedoc aufnehmen konnte. Dies war in der wirtschaftlichen, sozialen und politischen Entwicklung all jener Gebiete begründet, in denen die halb unabhängige Kommune zu einem bestimmenden Faktor des öffentlichen Lebens geworden war. Ein blühendes Wirtschaftsleben, das gleichartigen Entwicklungen in anderen Teilen Europas voraus war, verursachte eine soziologische Vermischung. Die Gesellschaftsschichten waren außerordentlich beweglich: Bauern aus dem *contado* zogen in die Städte oder aus einem Teil des *contado* in einen anderen, die Barone vom Lande kamen in die Städte und nahmen an den dortigen sozialen Auseinandersetzungen teil, Handel und Gewerbe zogen ihren Gewinn aus alledem. Es bildeten sich neue Klassen von Handwerkern, Notaren und kleinen Geschäftsleuten; die Kommunen trotzten einer externen Autorität und begannen für die Herrschaft über ihr eigenes Gebiet zu kämpfen. Die gesellschaftliche Veränderung und Beweglichkeit, so hat Violante vermutet, brachte es mit sich, daß die Menschen dazu bereit waren, mit der religiösen Tradition zu brechen, und sich unorthodoxen Gedanken gegenüber aufgeschlossen zeigten.[53] Das lebhafte Wirtschaftsleben Italiens nährte die Opposition gegen die Geschäftswelt und das mit ihr verbundene Wuchertum; es führte den in Armut lebenden häretischen Gruppen Idealisten zu, die zum gewaltsamen Widerstand gegen die Hierarchie aufriefen; diese wiederum verurteilte zwar offiziell den Wucher und stand einer Kirche vor, die auf ein zum Verzicht mahnendes Evangelium gegründet war – selbst jedoch war sie zutiefst in den Gelderwerb verstrickt. In diesem Italien wurde die Tradition der Laienbildung weitergeführt; das kommerzielle Leben und die hochgespannte politische Atmosphäre in den Kommunen hielten die geistige Beweglichkeit wach. Dies machte den Weg frei für Proteste gegen eine bürokratische Kirche, die für ihre Laien nur begrenzte Möglichkeiten vorsah, und verhalf Ketzergruppen zum Wachstum, die ihrerseits den Laien einen Platz für Predigt, Schriftlesung und geistliche Orientierung einräumten. Die gleiche Beweglichkeit mitsamt dem dazugehörigen kritischen Geist war auch ein Nährboden für solche Elemente, die aufgrund eindeutigen Unglaubens andere Beweggründe für einen Dissens um der Spaltung willen mit hineintrugen. Die Begeisterung im Kreise der Rechtgläubigen, wie sie sich an der Flucht ins Eremitentum oder an vermehrter Tätigkeit reisender Prediger zeigte, rief im Verein mit wirtschaftlichen Faktoren eine ständige Bewegung hervor, welche die Macht herkömmlicher kirchlicher Formen und ihrer Organisation so sehr erschütterte, daß diese die Gläubigen nicht mehr zu fesseln vermochte. Durch die heterogene Zusammensetzung der Reisenden wurde der Gedankenaustausch erleichtert. Sie bewegten sich zwar nicht so sehr auf den großen internationalen Durchgangsstraßen als vielmehr auf den Nebenstraßen, wo das Reisetempo weniger aufregend war und wo niedere Geistliche, wandernde Händler und Handwerker sowie Pilger zwanglos miteinander in Berührung kamen.[54] Die geographische Lage Italiens und die Öffnung der Wege durch den Handelsverkehr erleichterten sowohl das Eindringen von Missionaren als auch die Flucht der um ihres Glaubens willen Verfolgten in andere Gegenden. Diese Bewegung schuf von selbst ein psychologisches Klima, in dem es einem leichter fiel, einen Schritt abseits vom rechten Glauben zu tun.

Die kommunalen politischen Auseinandersetzungen waren eine Hilfe für das Ketzertum, weil sie die Autorität der natürlichen Glaubenswächter, der Bischöfe, schwächten und den Streit zwischen Orthodoxie und Häresie mit dem Kampf der Kommunen für Unabhängigkeit von bischöflicher und päpstlicher Macht vermengten. Der Investiturstreit hatte dazu geführt, daß der Bischof die Kontrolle über seine Stadt verlor. Er blieb eine beachtenswerte Figur wegen seiner hohen Herkunft und seiner Verbindungen mit den herrschenden Familien sowie wegen der mit seinem Bischofsamt verbundenen Landeshoheit und seiner Rechte. Aber seine Interessen waren nur ein politischer Faktor in einer Reihe von anderen geworden, und er besaß keine Macht mehr, um sicherzustellen, daß die Glaubensregeln aufrechterhalten und Ketzereien mit Gewalt unterdrückt wurden. So konnten wohl häretische Gruppen in den Kommunen geduldet werden, und zwar nicht etwa deswegen, weil der größte Teil der Bevölkerung unter ihrem Einfluß stand, sondern weil sie Unabhängigkeit von bischöflicher Kontrolle demonstrierten.

Ähnliche Einflüsse gingen von dem Kampf des Papstes gegen die weltlichen Machtansprüche der Kaiser in Italien aus. Es herrschte eine natürliche Allianz zwischen Ketzern und Ghibellinen, jener Partei, die sich zwar auf lokale und familiäre Interessenverbände gründete, doch insgesamt sich dem Reich gegenüber verpflichtet fühlte. Das Ketzertum war der Prügel, mit dem die Anhänger des Kaisers das Papsttum schlagen konnten, welches eher wegen seiner politischen als wegen seiner religiösen Ansprüche unbeliebt war. Die Ghibellinen schufen also das günstige Milieu, in dem die Ketzer sich bewegen konnten. Gleichzeitig wurden die Päpste durch ihre Bemühungen, Geld einzuziehen, Truppen auszuheben und in diesen Auseinandersetzungen Druck auszuüben, leicht zu Demonstrationsobjekten für den von den Predigern aufgestellten klassischen Gegensatz zwischen einer verweltlichten und reich gewordenen Kirche, die in den Nahkampf der italienischen Politik verwickelt war, und der einfachen Schar von Aposteln, die sich um Jesus versammelten oder, wie in der Apostelgeschichte beschrieben, an der Front standen.[55] In Italien zeigte sich der Klerus nur allzu oft in der Gestalt von Politikern, Steuereinnehmern oder Kriegern anstatt in der von Seelenhirten. Das offensichtliche Paradoxon, daß im Mittelalter das Ketzertum am leichtesten in den Gebieten aufkam, die dem Sitz der Päpste am nächsten lagen, erklärt sich aus dem Umstand, daß das Papsttum in Italien in die Politik verwoben war.

Auf eine Aufwärtsbewegung in der Entwicklung des Ketzertums in ganz Westeuropa, die von Wakefield in der Mitte des Jahrhunderts angesetzt wird[56], folgte in den sechziger Jahren ein heftiger Streit um Italien zwischen Alexander III. und Kaiser Friedrich Barbarossa. Dieser hatte zur Folge, daß die Päpste vom Problem der Ketzerei abgelenkt wurden und die Versuche, sie fest in den Griff zu bekommen, immer wieder aufschoben. *Ad abolendam* folgte auf die Aussöhnung zwischen Papst und Kaiser und war eine erste Frucht des neuen Friedens. Während der Konflikt noch im Gange war, wurde in Italien vieles zerstört; der von Barbarossa geschürte Kampf und das Schisma im Papsttum zerrütteten das religiöse Leben und trugen zur Schwächung der kirchlichen Autorität bei – wovon das italienische Ketzertum nur profitierte. Höchst aufschlußreich ist der Bedeutungswandel, der mit dem Ausdruck »Patareni« vor sich ging zwischen seinem Aufkommen im 11. Jahrhundert als Bezeichnung für die Anhänger der zwar radikalen, doch orthodoxen Reform in Mailand, die vom Papsttum begünstigt wurde, und seinem Wiederauftauchen beim dritten Laterankonzil des Jahres 1179 und schließlich in dem Dekret *Ad abolendam*, lange nach dem Aussterben der Pataria, als besondere Bezeichnung für die italienischen Ketzer, die am häufigsten auf die Katharer angewandt wurde.[57] Dies war ein Anzeichen dafür, daß die Päpste des ausgehenden 12. Jahrhunderts die religiöse Stimmung im Volk nicht mehr führend beeinflußten – diese hatte jetzt eher eine Tendenz, die von der Kirche wegführte statt zu ihr hin.

Zwei Beispiele mögen genügen, um zu zeigen, wie die Lage im damaligen Italien beschaffen war: das eine steht für einen Teilerfolg, das andere für die Niederlage der orthodoxen Kräfte in den letzten Jahrzehnten des Jahrhunderts. In Mailand begann St. Galdinus, der während der Barbarossakriege im Exil weilende Erzbischof von Mailand, im Jahre 1167 in seinem Erzbistum nach dem Rechten zu sehen und – schon gegen Ende seiner Amtszeit – gegen die Katharer zu predigen, die sich damals in der Stadt ausbreiteten.[58] Seine *Vita* schreibt seinen Bemühungen viel Erfolg zu; vielleicht können wir die Bekehrung des Ketzerlehrers Bonaccorsi, der in seiner *Manifestatio* die von ihm aufgegebene Häresie beschrieb, auf die Auswirkungen seiner Bemühungen zurückführen.[59] Ein charakteristischer Zug der *Vita* ist die Verschwommenheit, mit der die Häresie erwähnt wird, ein Zeichen, daß die Katholiken damals über ihren Feind nicht sehr gut informiert waren; weiterhin fällt die Tatsache auf, daß St. Galdinus keine andere Waffe benutzte als die Ermahnung. Offenbar konnte er die Bürger nicht dazu zwingen, das Katharertum fallenzulassen. Er unterband das Aufkommen der Ketzerei nur für eine gewisse Zeit. Im ersten Jahrzehnt des 13. Jahrhunderts sagte Jakob von Vitry mit der Übertreibung eines Moralisten, Mailand sei ein Ketzerloch.[60] Tatsächlich handelte es sich um Minoritäten, die untereinander zerstritten waren; aber sie waren energisch, und jede einzelne Gruppe scheint dort mehr Anhänger gehabt zu haben als irgendwo sonst.

Das andere Beispiel ist Orvieto, wo das Katharertum kurz nach der Mitte des Jahrhunderts zuerst auftrat. Bis etwa 1170 kam es nur mäßig voran, dann aber erhitzte sich das Klima nach der Ankunft zweier Prediger aus Florenz. Schließlich veranlaßte eine territoriale Auseinandersetzung mit dem Papsttum Innozenz III., über Orvieto das Interdikt auszusprechen. Der Bischof zog sich zurück, und die Katharer erzielten während seiner Abwesenheit Einbrüche. Innozenz' Maßnahme hatte den entgegengesetzten Erfolg: noch während auf der Stadt der Bann lag, fing ein Ketzerprediger aus Viterbo an zu predigen und riß viele mit sich.[61] Als die Katholiken der Stadt sich zusammentaten und Pietro Parenzo beauftragten, die Ordnung wiederherzustellen, wurde dieser ermordet. Als die darauf einsetzende Volksverehrung für den toten Pietro eine Gegenbewegung auslöste und die Wunder sich häuften, gingen die Katharer in den Untergrund. Aber sie überlebten, und die Geschichte lehrte, wie man *mutatis mutandis* in allen von Kommunen beherrschten Teilen Italiens das Ketzertum zu behandeln hatte. Das Katharertum und die Evangeliumshäresien, von denen einige zum Teil durch die Katharerbedrohung ins Leben gerufen worden waren, hatten sich in vielen Städten einen Platz erobert. Die Verantwortung dafür, ob sie weitere Fortschritte machen oder unterdrückt werden würden, lag hauptsächlich bei den Laien, wie das Beispiel von Orvieto zeigt. Päpste und Bischöfe konnten bei ihrer Niederwerfung mit keinerlei Unterstützung rechnen. Die verlorene Macht der Geistlichkeit über das Ketzertum und das offensichtliche Scheitern des Dekrets *Ad abolendam* führte gegen Ende des Jahrhunderts in Italien einen Zustand herbei, der einer Krise gleichkam.

Im Languedoc, dem zweiten Hauptunruheherd, waren es andere Verhältnisse als in Italien, die das Ketzertum begünstigten[62], obwohl auch hier als Endergebnis kleine, aber hartnäckige häretische Minderheiten aufkamen und die Geistlichen die Macht verloren, sie in ihrer Gewalt zu behalten. Die Widerstandskräfte bildeten sich nicht so sehr in den Städten, die kleiner als jene in Norditalien waren und denen die Unabhängigkeit fehlte, als vielmehr auf dem Lande, wo die Barone ihnen Rückhalt verliehen. Saint-Gilles und Toulouse hatten zwar internationale Handelsverbindungen; außerdem gab es entlang der Mittelmeerküste bis nach Italien hinein sprachliche und kulturelle Gemeinsamkeiten. Gleichwohl war der Handel im Midi von geringerem Ausmaß als der in der Lombardei. Die Industrie produzierte hauptsächlich für den regionalen Markt; dadurch gab es keine nennenswerten Schwankungen. Es fehlte die ständige Bewegung in den sozialen Schichten als Folge der außergewöhnlichen wirtschaftlichen Vitalität Italiens, welche ebenso die geistige Beweglichkeit und das höhere Niveau der Laienbildung hervorrief.

In den von Ketzerei betroffenen Gebieten des Languedoc war die Vorbedingung für deren Erfolg in der chronischen politischen Anarchie zu sehen, die durch den allmählichen Autoritätsverlust der Grafen von Toulouse verursacht wurde seit der Zeit, als Graf Raymond IV. am ersten Kreuzzug teilnahm[63], und durch den Mangel an Gleichgewicht, den die rivalisierenden und unentschiedenen Hoheitsansprüche von drei verschiedenen Mächten hervorriefen – den Königen von

Frankreich, den Königen von England und den Grafen von Barcelona mitsamt ihren Erben, den Königen von Aragon. Außerdem trugen die örtlichen Verhältnisse dazu bei, daß keine dominierende politische Autorität zustande kam: da auch die Frauen durch Erbteilung in den Besitz von Ländereien gerieten, kam es zu einer verhängnisvollen Aufteilung von Grundrechten. Diese wiederum behinderte das Aufstellen von Truppen auf feudaler Basis. Infolgedessen wurden meistens Söldnerheere verwendet, und Geistliche, die das Wachstum der Häresie anprangerten, beklagten sich gleichzeitig über die Plünderungen jener *routiers*.[64] Beständige Kriegführung zerrüttete das kirchliche Leben und band den Bischöfen die Hände, wenn sie sich tatkräftig einen Überblick über die ländlichen Pfarrgebiete verschaffen wollten, in denen sich die Ketzerei zuerst festsetzte. Sie brachte auch einen Zustand der Gesetzlosigkeit mit sich – weltliche Herren plünderten Kirchenbesitz, und es gab viele kleine Reibereien, die dazu führten, daß der Einfluß der Geistlichen in rein religiösen Angelegenheiten herabgesetzt und dementsprechend die Beliebtheit einer zutiefst antiklerikalen Häresie, die jegliche kirchliche Autorität verwarf, gesteigert wurde. Die Unordnung behinderte die größeren Machthaber im Lande, als der Ruf an sie erging, das Ketzertum niederzuwerfen; es fehlte ihnen die Macht dazu, und bei den unsicheren Zuständen konnten sie es sich nicht leisten, sich irgendwelche Untertanen zu entfremden.

Der kleine Landadel erfreute sich eines hohen Maßes an Unabhängigkeit von seinen Lehnsherren, jedoch keiner allzu gesicherten Stellung. Die Erbteilung ließ eine große Zahl von Rittern aufkommen, deren Mittel nicht ausreichten, um sich zu erhalten, und die sich kaum anders als kriegerisch betätigen konnten. Unter diesen Leuten war es Usus, daß sie sich den Zehnten selbst anmaßten. Der Klerus auf dem Lande war aus diesem Grunde arm und vom Ortsadel sehr stark abhängig. Der letztere war voreingenommen, wenn es darum ging, den berechtigten Ansprüchen der Geistlichen Gerechtigkeit widerfahren zu lassen; er hielt es lieber mit dem antiklerikalen Ketzertum und seiner Lehre, daß die Kirche kein Recht habe, von den Laien die Entrichtung des Zehnten zu verlangen. Wie in Italien bildete der Antiklerikalismus den Hauptnährboden für das Ketzertum. Es war jedoch ein Antiklerikalismus, der sich enger auf lokale Rechte berief und sich weniger mit hohen politischen Ansprüchen befaßte. In dieser antiklerikalen Atmosphäre der Anfangszeit waren die Männer mehr die Schutzherren, Gönner oder Mitläufer der Häresie und die Frauen die eigentlich Bekehrten. In dem Maße, wie sie sich den Vollkommenen unter den Katharern anschlossen oder ihren Predigern rückhaltlose Unterstützung gewährten, begann die Ketzerei Fuß zu fassen. In der darauffolgenden Generation leisteten schon mehr Männer den Verzicht, der für die Zulassung zur führenden Klasse der Vollkommenen gefordert wurde, oder sie wurden zumindest Gläubige. Unter dem Schutzschirm des Adels predigte man den unteren Schichten die Ketzerei. Sowohl damals als auch schon vorher hinterließ sie in einigen Städten, besonders in Toulouse, ihre Spuren – dort brachte sie sogar einflußreiche Leute auf ihre Seite. Ihre sicherste Unterstützung fand sie jedoch immer auf dem Lande.[65]

Dem Klerus im Midi fehlte entweder der Wille, die Fähigkeit oder die Unterstützung, um den Ketzerpredigern wirksam entgegenzutreten.[66] Die Unordnung wirkte sich auch auf die höhere Geistlichkeit aus. Oft stand sie mit ihrem weltlichen Widerpart nicht auf gutem Fuß. Es gab unwürdige Prälaten unter ihnen – der Erzbischof zu Narbonne von 1190–1212 versagte wegen dauernder Abwesenheit – und die besten unter ihnen waren allenfalls kompetent, aber nicht mitreißend. Bis auf Fulk von Toulouse (der im Jahre 1206 ernannt wurde) hatte keiner von ihnen die Fähigkeit, die ihnen anvertrauten Laien für die leidenschaftliche Ablehnung des Ketzertums zu begeistern. Die Kleriker, die mit den Ketzern am meisten in Berührung kamen, waren durch Armut behindert, was sich nicht zum geistlichen Segen, sondern als Erschwernis auswirkte, da diese Armut nicht freiwillig war. Soweit wir davon Kenntnis haben, stand der niedere Klerus sittlich nicht auf einer tieferen Stufe als beispielsweise der niedere Klerus in der Normandie, wo es kein Ketzertum gab;[67] aber er war kaum ausgebildet und aufgrund seiner Behandlung durch die Laien demoralisiert. Gegenüber den hingebungsvollen Asketen, die das Ketzertum repräsentierten, wirkten diese Männer armselig. Außerdem lebten sie in einer Gegend, in der die Entfaltung katholischer Intelligenz qualitativ nicht gerade bemerkenswert war.[68]

Die Leistung des Midi auf kulturellem Gebiet lag im Studium des römischen Rechts und in seiner Literatur des Minnesangs, die an den Höfen der führenden Aristokraten gefördert wurde, und zwar besonders von adeligen Damen. Sie war nicht ketzerisch orientiert, obgleich sie durchaus ihren Anteil an der vorherrschenden antiklerikalen Stimmung hatte. Ihr Einfluß war auf eine kleine Gesellschaftsschicht beschränkt und im Hinblick auf die Ketzerei irrelevant.[69] In religiöser Hinsicht war das Land unterentwickelt: es gab dort nicht die Schulen, die dem Norden Frankreichs Glanz und geistige Spannkraft zum Kampf gegen die Ketzerei verliehen; und obwohl es dort eine rege orthodoxe Predigttätigkeit gegeben hatte, die sich in einer besonderen Verbundenheit mit dem Kreuzzugsideal auswirkte, war das kirchliche Leben von größeren Reformen unberührt geblieben. So wie in anderen Gegenden wurde auch hier das Verlangen nach apostolischer Lebensführung in armer Wanderpredigttätigkeit nicht von den Rechtgläubigen, sondern von den Ketzern befriedigt. Kennzeichnend für die Gegend war, daß man hier verschiedene Ansichten und Rassen duldete. Juden wurden gut behandelt[70], ebenso Ketzer; Waldenser konnten sich ebenso frei bewegen wie Katharer.[71] In Anbetracht der Unfähigkeit der lokalen Mächte, der Lage Herr zu werden, konnte ein Eingreifen von außerhalb des Midi wohl als die einzig mögliche Antwort erscheinen. Man machte zwar den Versuch in Form eines Aufrufs, den Raymond V., der Graf von Toulouse, im Jahre 1177 an Ludwig VII. von Frankreich richtete, und eines Briefes an die Zisterzienser, aber die Sache wurde nicht konsequent genug verfolgt, und die Ergebnisse blieben oberflächlich.[72] Der Plan eines gemeinsamen Feldzugs der Könige Frankreichs und Englands zerschlug sich. Die Entsendung eines päpstlichen Legaten brachte insofern einigen Erfolg, als ein reicher Ketzer, Pierre Maurand, in Toulouse verurteilt wurde und zwei Ketzerführer, von denen einer wahrscheinlich der Katharerbischof von Toulouse war, zu einem öffentlichen Streitgespräch in der Stadt veranlaßt wurden. Aber die zwei kamen unter sicherem Geleit und konnten am Schluß frei ihrer Wege gehen, zwar exkommuniziert, doch nicht anderweitig bestraft.[73] Im Jahre 1181 übte man durch einen Kreuzzug nach Lavaur Druck auf den Vizegrafen von Béziers aus dem Geschlecht der Trencavel aus, der in die Ketzerei verwickelt war, und erzwang die Herausgabe zweier Ketzer, die 1178 freigelassen worden waren. Sie legten rechtzeitig ein Bekenntnis ab.[74] Aber solche kurzfristigen Unternehmungen berührten das Problem nur an der Oberfläche und wurden durch die Unkenntnis der jeweiligen örtlichen Situation behindert.

Das Ganze war ein Teufelskreis. Die Geistlichen im Midi packten das Problem nicht an. Die nicht im Lande lebenden Kirchenvertreter hatten keinen Einblick in die Verhältnisse und konnten sie darum nicht verstehen. Unter der Oberfläche war wahrscheinlich mehr verborgen, als die Legaten begriffen. Raymonds V. Appell kann man auch als einen Versuch interpretieren, für seine alte Auseinandersetzung mit den Vizegrafen von Béziers frische Kräfte ins Land zu ziehen.[75] Der Verdacht liegt nahe, daß Maurands Hervortreten als Hauptverdächtiger in Toulouse etwas mit den dortigen sozialen Spannungen und mit seinem eigenen geschäftlichen Erfolg zu tun hatte.[76]

Die Legaten taten, was sie konnten. Von Henri de Marcy, jenem gewissenhaften Zisterzienser, der an der ersten Mission teilnahm und die zweite anführte, konnte man nicht gut erwarten, daß er sich als ein zweiter Bernhard von Clairvaux erwies. Er hatte nicht allzu viel für den Midi übrig und lehnte das Angebot, das Bistum Toulouse zu übernehmen, ab.[77] Mit seinem Abtreten von der Bühne endete diese Phase der Intervention. Alexander III. hatte nach Auflösung der Krise mit dem Reich dem Problem seine besondere Aufmerksamkeit gewidmet. Nach dem Fall Jerusalems im Jahre 1187 jedoch war das Papsttum wieder anderweitig in Anspruch genommen. Für die Sanierung des verseuchten Gebietes Languedoc wurde offenbar ein Druckmittel gegen die Aristokraten benötigt, die es ablehnten, der Ketzerei gegenüber Gewalt anzuwenden. Unbedingt notwendig war eine ausgedehnte Predigttätigkeit von Geistlichen, die mit der Sprache und der Örtlichkeit vertraut waren. Solche Männer gab es in der Gegend jedoch nicht.

Da kein neuer Eingriff erfolgte, entwickelte sich die Lage eher zum Schlimmeren als zum Besseren hin. Allerdings war nicht der ganze Süden in Mitleidenschaft gezogen. Die in der Gascogne festgestellte Ketzerei wuchs sich nicht zu einem Problem aus. Die Mittelmeerküste war nur hier und da betroffen. Das entscheidende Gebiet lag vielmehr westlich davon im Landesinneren, d. h. im Ostteil der Grafschaft Toulouse, dem Bistum Carcassonne und dem östlichen Teil des Erzbistums Albi mitsamt ihren Hauptstädten.[78] An bestimmten Orten innerhalb dieser Gebiete waren die Katharer gegen Ende des Jahrhunderts infolge der Haltung einiger Adliger nahe daran, die katholische Kirche zu verdrängen, die Pfarrgeistlichen hilflos zu machen, die Verwaltung der Sakramente zu verhindern und sich praktisch das Recht der freien Predigt zu sichern. In Toulouse und anderen Städten bildeten sie eine bekannte, doch unbelästigte Minderheit und hatten einflußreiche Männer in ihren Reihen. Die führenden Aristokraten waren noch immer keine wirksamen Verfolger, ja, Raymond VI., der als Graf von Toulouse im Jahre 1194 seines Vaters Nachfolge antrat, ließ sich in seiner Einstellung zur Häresie weniger festlegen als sein Vorgänger.[79] In vielen *castra,* den befestigten Wohnsitzen auf dem Lande, saß die führende Klasse der Katharer fest in den Häusern, lenkte Männer und Frauen bei ihrem genügsamen Leben, predigte und erteilte Rat und nahm sogar die Gelder in Empfang, die normalerweise den Pfarrgeistlichen zustanden. Waldenser, die offiziell unter dem Bann der Kirche standen, wurden praktisch kaum behelligt.

Schlußfolgerung

Ein Überblick über die Gebiete Italiens und des Languedoc, in denen die Kirche die Macht verloren hatte, Gehorsam für ihre Lehren zu erzwingen, bildet einen passenden Abschluß für ein Kapitel über das Ketzertum im 12. Jahrhundert, weil er von verpaßten Möglichkeiten und von einer nur teilweise erfolgreichen Unterdrückung berichtet: bis zum Ende des Jahrhunderts hatte sich das Gleichgewicht im Kampf zwischen häretischen Minderheiten und kirchlicher Autorität eindeutig zuungunsten der Kirche verändert. Man sollte dabei vorsichtig sein mit einer wörtlichen Übernahme der Kritik jener Prediger und Reformer, die die Sünden und Schwächen der Kirche so lauthals bloßstellten. Die mittelalterliche Kirche besaß trotz ihrer Ärgernisse und Mängel eine große Lebenskraft und war stets fähig, in ihrer Organisation Auswüchse von Frömmigkeit und Verderbtheit zu bewältigen. Von einem massenhaften Abfall von der Kirche konnte nirgends die Rede sein. Nur der schillernde Charakter jener antiklerikalen Stimmung, in der sich die eigentliche Ketzerei bewegte, konnte eine solche Befürchtung aufkommen lassen. Den Willen zur Häresie muß man unterscheiden sowohl von kleinmütiger Rechtgläubigkeit als auch von dem Wunsch, jegliches Anwachsen weltlicher Macht in der Kirche zu unterbinden. Schließlich war die Zahl der engagierten Ketzer allen Anzeichen nach durchaus nicht sehr groß.

Nichtsdestoweniger war die Lage besorgniserregend, umso mehr als die Hierarchie keine Ideen zu haben schien, wie sie der Herausforderung begegnen könnte. Tragischerweise war bereits viel echte Begeisterung für die Kirche verlorengegangen und dem zwielichtigen Abgrund der Sektenwelt anheimgefallen. Dennoch stellten die häretischen Gruppen des Jahrhunderts bis auf wenige Ausnahmen keine tiefgreifende dogmatische Herausforderung für die Kirche dar. Ihre Forderung richtete sich ganz entschieden auf ein christliches Leben, und die Menschen strömten ihnen vor allem deswegen zu, weil die ernsthafte und fromme Hingabe und die Kraft der Mahnung zu einem sittlichen Leben, die von vielen ihrer Lehrer ausging, auf die Zuhörer eine anziehende Wirkung ausübte. Zweifellos lag es an den im Vergleich zur ausgehenden Römerzeit gänzlich veränderten Umständen, unter denen sich die Häresien des Hochmittelalters verbreiteten, daß die geistige Basis des Ketzertums sich nicht auf die Lehre eines bedeutenden Denkers gründete, wie es bei den klassischen Häresien, die in den ersten Jahrhunderten verdammt worden waren, der Fall gewesen war. Die geistige Zugkraft der Ketzerführer im 12. Jahrhundert ist sehr beschränkt, und obwohl sie häufig aus Ordenskreisen kamen, war unter ihnen niemand mit einem ausgesprochen akademischen Hintergrund. Was sie gemeinsam hatten, war der Aufruf zu einem apostolischen Leben, dessen Grundlage die Wanderpredigt in Armut war; und wo sie dies vorlebten, konnten sie Massen von Zuhörern gewinnen.

Bisweilen scheint es fast so, als ob die Frage, ob diese Anhängerschaft rechtgläubig bleibt oder eine Sekte bildet, vom Zufall abhinge. Die Unterweisung war nicht dazu geeignet, die Gläubigen vor dem Abweichen vom rechten Glauben zu schützen; die Lage änderte sich dauernd. Die Führer der Ketzergruppen waren sich selbst nicht immer klar darüber, wohin ihre Gedanken sie führten. Unter solchen Umständen waren die Entscheidungen der kirchlichen Autorität besonders einflußreich: es gab in den Sektenbewegungen Elemente, die zu einer Rückkehr in die Kirche durchaus geneigt waren, vorausgesetzt, man schaffte ihnen Betätigungsfelder für ihre Begeisterung. Das stets wiederkehrende Thema war das Verlangen, Predigten zu hören und selbst zu predigen. Desgleichen spielte das Bedürfnis nach Einfachheit eine Rolle; manchmal war es die in einer romantischen Schau vorgestellte Schlichtheit der Urkirche sowie die Ungeduld über hochgeistige Erklärungen. Ihre Führer fühlten sich von bestimmten Worten der Evangelien getroffen, weil sie eine sofortige wörtliche Befolgung verlangten. Man wollte das, was die Evangelien enthielten, unmittelbar verstehen. Die Askese übte eine eigene Anziehungskraft aus, ohne Rücksicht auf die Motivation und die dogmatische Grundlage. Der Antiklerikalismus war allgemein das Reizmittel für das Ketzertum und lieferte ebenso den schützenden Vorwand. Die allgemeinsten Glaubenssätze der Ketzer bezogen sich auf den Machteinfluß der Priesterschaft und die Forderungen des Gewissens – darin eingeschlossen war die Frage nach der Gültigkeit von Sakramenten, die von unwürdigen Priestern verabreicht wurden, und nach dem Wert der Kindertaufe im Gegensatz zur bewußten Annahme des Glaubens durch den erwachsenen Menschen. Im Zusammenhang mit den Abweichungen vom rechten Glauben standen soziale Spannungen, die in den Quellen eher angedeutet als deutlich enthüllt werden, ferner das Fehlen von Wirkungsmöglichkeiten religiös eingestellter Frauen, Machtkämpfe in den Städten, Armut und Reichtum.

Daß eine Reform im Leben des Klerus dem Ketzertum des 12. Jahrhunderts manches von seinem Stachel genommen hätte, versteht sich von selbst. Die Schwierigkeit lag zum Teil in den steigenden Erwartungen des Laientums und dem Anreiz, der von den gregorianischen Reformen ausging. Die zwangsläufige Folge jener Denkweise, die der Weihe priesterlichen Amtes eine solche Bedeutung beimaß, war die Forderung, daß des Priesters Leben einer so hohen Berufung würdig sein müsse. Die Verwirklichung blieb im Hinblick auf die Probleme des Nachwuchses und die Beaufsichtigung des Klerus, seine Ausbildung sowie das Niveau der höheren Geistlichkeit in vielen Gegenden äußerst schwierig.

Es war klar, daß, wollte man der Herausforderung der Ketzerei begegnen, es nicht genügen würde, an den hergebrachten Formen weiter festzuhalten. Auf der untersten Ebene war die bischöfliche Ketzerbefragung kein geeignetes Mittel, um Straffällige herauszufinden. Ihr Vorgehen war allzu stark abhängig von der Frage, ob der einzelne Diözesanbischof Energie anwandte oder nicht. Das Verständnis der häretischen Lehren war bei weitem noch nicht ausreichend, obgleich man darin im Laufe des Jahrhunderts Fortschritte gemacht hatte, besonders seit dem Erscheinen ausführlicher Zusammenfassungen unorthodoxer Glaubenslehren nach 1160. Teile des Languedoc und große Teile Nord- und Mittelitaliens boten eindeutig besondere Schwierigkeiten wegen der weit verbreiteten Begünstigung und des Schutzes der Häresie. Von höherem Gesichtspunkt aus betrachtet, war das Verlangen und die Begeisterung der Volksbewegung für Predigt und apostolisches Leben an und für sich keineswegs ketzerisch, obwohl man mit manch überliefertem und kanonischem Recht in Konflikt geriet und daran nicht interessierte Gruppen gegen sich aufbrachte. In Lyon und Verona verschlossene Türen konnten wieder geöffnet werden. Es konnte noch mehr getan werden, um fehlgeleiteten Enthusiasmus von widerspenstigen Elementen zu trennen, um die fremdartige Eingebung des Katharismus in den Brennpunkt zu rücken und um solche Anhänger von ihm abzubringen, die sich nicht bewußt waren, was er an dualistischen Gedanken enthielt. Im ganzen konnte die Grenzlinie zwischen Ketzerei und Rechtgläubigkeit klarer gezogen werden.

Die Zeit drängte. Seit dem Beginn des Jahrhunderts hatten die Sekten an Zusammenhalt und Ausdauer gewonnen. In den ersten Jahrzehnten überdauerten sie kaum den Tod ihrer Stifter und waren offenbar in starkem Maße abhängig von der Kraft der einzelnen charismatischen Persönlichkeit. Dann entwickelte sich der Katharismus zu einer übernationalen Ketzerei, deren Bestehen bei weitem nicht mehr so sehr von einzelnen Persönlichkeiten abhing, wenn diese auch noch wichtig genug waren. Die Bewegung konnte sich halten, weil sie über ein ausgeprägtes Ritual und eine straffe Organisation und die dogmatische Form verfügte, in der sich die abweichende Meinung ausdrückte. Je mehr die Zeit fortschritt, desto ausdauernder schienen auch die auf dem Evangelium begründeten Häresien zu werden – das Waldensertum kam auf als Höhepunkt der voraufgegangenen Wanderpredigerbewegungen und gekräftigt durch das neuartige Element von Übersetzungen der Heiligen Schrift in die Volkssprache.

Gegen Ende des Jahrhunderts hatte das Ketzertum zugenommen. Es war fester verwurzelt, und zwei Krisenherde waren entstanden. Dieser düsteren Szene sah sich der junge Papst Innozenz III. bei seiner Erhebung zur Papstwürde im Jahre 1198 gegenübergestellt.

Anmerkungen:

[1] Siehe die Erörterung des Dekrets *Ad abolendam* S. 113–115. Auf den neuesten Stand gebrachte Übersicht über die päpstliche Politik bei Bolton, B: Tradition and Temerity: Papal Attitudes to Deviants, 1159–1216, in: *SCH*, IX, S. 79–91 siehe *RB*, S. 50–69.
[2] Selge, K.V.: *Die ersten Waldenser*, I, *Untersuchung und Darstellung;* II, *Liber antiheresis*

des Durandus von Osca, Berlin 1967 (Zusammenfassender Überblick über Waldes' Leben und die Vorgeschichte des Waldensertums im 3. Kap.; meine Analyse s. u. Anhang C; Rezension von Grundmann, H. *DA,* XXIV, 1968, S. 572–573; Selges französische Fassung, Caractéristiques du premier Mouvement vaudois et Crises au cours de son Expansion, in: *CF,* II, S. 110–142; Wiedergabe der Quellen, in: *EFV* (Standardsammlung der Waldenserquellen) und Analyse von Gonnet, G.: La Figure et l'Œuvre de Vaudés dans la Tradition historique et selon les dernières Recherches, in: *CF,* II, S. 87–109; Böhmer, H.: Die Waldenser, in: *RPTK,* XX, S. 799–840 (zum Teil durch Handschriftenfunde veraltet, aber immer noch von Wert).

Anm. d. Übers.: der Drucksatz des Werkes von H. Böhmer ist ganzseitig, nicht, wie von L. angegeben, in Spalten. Diese Feststellung bezieht sich auf die engl. Originalausgabe und wird bei den weiteren Zitaten beibehalten.

[3] Matth. 10,7–13. *Chronicon universale anonymi Laudunensis,* Hrsg. Waitz, G. in: *MGH Scriptores,* XXVI, S, 447; *WEH,* S. 200–202; *MBPH,* S. 111–113; Bekehrung 1173 (Laon), 1176 (Böhmer, in: *RPTK,* XX, S. 806).

[4] Lecoy de la Marche, A.: *Anecdotes historiques, Légendes et Apologues tirées du Recueil inédit d'Etienne de Bourbon, Dominicain du XIIIe siècle, SHF Publications,* CLXXXV, Paris 1887, S. 291; *WEH,* S. 209. Über die Sprache der in Auftrag gegebenen Übersetzung (jene der Gegend von Grenoble) siehe Carrières, M.: Sur la Langue de la Bible de Valdo, *BSSV,* LXXV, 1946, S. 28–34.

[5] *RB,* S. 63; Dondaine, A.: Aux Origines du Valdéisme: Une Profession de Foi de Valdés, *AFP,* XVI, 1946, S. 191–235 (Belege und Überblick über den Hintergrund); s. u. A. 11.

[6] Selge, *Waldenser,* I, S. 22, A. 10,23, A. 15, und bes. S. 25.

Anm. d. Übers.: die bei Selge zitierten Stellen lauten: »Laicus...praesentibus clericis (nisi ipsis rogantibus) docere non audeat« (*Decretum Dist.* XXIII, c. 29) und »praeter Domini Sacerdotes nullus audeat praedicare, sive Monachus, sive Laicus ille sit, qui cuiuslibet scientiae nomine glorietur« (Leo I., *Decretum* CXVI, Q. I, c. 19)

[7] Ebd., S. 23; siehe Erörterung S. 21–35, 243–259.

[8] W. Map, *De nugis curialium,* Hrsg. M. R. James, Oxford 1914, S. 60–62; übers. in *WEH,* S. 202–204. Die Interpretation verdanke ich Prof. C. N. L. Brooke.

[9] *Chronicon universale,* Hrsg. Waitz, S. 449, übers. in: *WEH,* S. 203. Über Probleme der Chronologie s. Gonnet in: *CF,* II, S. 94–97.

[10] *De nugis,* in: *WEH,* S. 204.

Anm. d. Übers.: zitiert nach *RB,* S. 62.

[11] Wortlaut bei Dondaine in: *AFP,* XVI, 1946, S. 231–232, Selge, *Waldenser,* II, S. 3–6, Gonnet, in *EFV,* S. 31–36; Analyse bei Thouzellier, C.: *Catharisme et Valdéisme en Languedoc,* Louvain u. Paris 1969², S. 27–36 (s. bes. die sorgfältige Analyse der zeitgenössischen Kontroversliteratur), übers. *WEH,* S. 204–208; Datierung S. 709, A. 1. Entweder 1180 oder 1181 ist möglich.

[12] Lecoy de la Marche, *Anecdotes,* S. 291; *WEH,* S. 209

[13] Auch als Bellesmains bekannt: siehe Pouzet, P.: *L'Anglais dit John Bellesmains,* Lyon 1927, S. 7–9; Clay, C. T., in: *Yorkshire Archeological Journal,* XXXV, 1940–1943, S. 11–19. Ich verdanke diese Hinweise Prof. C. N. L. Brooke. Die Ereignisse und Beweggründe der Waldenser bei Selge, *Waldenser,* I, S. 76, 84, 184–185, 254–259 (Datierung 1181–1182; Gonnet, *CF,* II, S. 97, zieht 1182 oder 1183 vor); allg. Texte über die Waldenser übers. bei Russell, J. B.: *Religious Dissent in the Middle Ages,* New York 1971, S. 41–53.

[14] Bolton, B.: Innocent III's Treatment of the Humiliati, in: *SCH,* VIII, S. 73–82. Dokumentation bei Tiraboschi, G.: Vetera Humiliatorum Monumenta, I–III, Mailand 1976–1768; Zanoni, L.: *Gli Umiliati,* Mailand 1911; ältere Zusammenfassung bei Davison, E. S.: *Forerunners of St. Francis,* New York 1927, Kap. 5; Vernet, F.: Humiliés, in:

DTC, VII, sp. 313-21; *RB,* S. 157-161.

[15] Bolton, B.: The poverty of the Humiliati (unveröffentlicht). Ich bin Miss Bolton dankbar für die Benutzung dieses Werkes und für Ratschläge.

[16] *RB,* S. 65

[17] Ebd., S. 51-52; auch Maisonneuve, *Etudes,* Kap. 2: Thouzellier, C.: La Répression de l'Hérésie et les Débuts de l'Inquisition, in: *Histoire de l'Eglise,* Hrsg. Fliche A. et Martin V., X, Paris 1950, S. 291-340

[18] S. o. S. 105, A. 24.

[19] Maisonneuve, *Etudes,* S. 108-111

[20] *RB,* S. 55-57

[21] Ebd., S. 52-55; zur Definition des Languedoc s. u. S. 141, A. 62. Die Grafschaft Provence lag im Reichsgebiet.

[22] Mansi, XXII, Sp. 476-478; Maisonneuve, *Etudes,* S. 151-156: über die wechselnde Einstellung zur Unterdrückung der Ketzerei zwischen 1179 und 1184 s. Manselli, R.: De la »persuasio« à la »coercitio«, in: *CF,* S. 175-197.

[23] Mansi, XXII, Sp. 447. Über die Passaginer s. *WEH* S. 173-185, Manselli, I Passagini *BISIAM,* LXXV, 1963, S. 189-210, über die Josephiner *WEH* S. 31.

[24] *RB,* S. 67, A. 120, Kommentare S. 68-69; Selge, *Waldenser,* I, S. 177, A. 151 *Anm. d. Übers.:* die von beiden Verfassern zitierte und kommentierte Stelle lautet: »In primis ergo Catharos et Patarinos et eos qui se Humiliatos vel Pauperes de Lugduno falso nomine mentiuntur«, woraus hervorgeht, daß sowohl das im mehrfachen Sinn des Verbs *mentiri* implizierte Wortspiel wie auch das Bindewort vel zunächst auf die beiden letztgenannten Gruppen bezogen werden und nicht, wie L. unklar formuliert, auf Waldenser und Humiliaten.

[25] Über diese Phase und die u. a. Beispiele s. Thouzellier, *Catharisme et Valdéisme,* S. 50-51, 133-138; Selge, *Waldenser, I, S. 131, A., 279-281, 287, 290-291; Vicaire, M. H.: Saint Dominic and his Times* (im Original Histoire de Saint Dominique, Paris 1957, übers. Pond, K., London 1964, die Standardbiographie, S. 75; Innozenz III., *Epistolae,* XII, 17, (PL, CCXVI, Sp. 29 f.) über die Schule in Mailand.

[26] S. o., S. 139, A. 14; Vermutungen über Gesellschaftsschichten von Bolton, in: *SCH,* VIII, S. 79-80; Bemerkung über Arbeitsstätten von Violante, in: *HS,* S. 179.

[27] Selge, *Waldenser,* I, S. 259-263, 284-288

[28] Ebd., s. 288-293

[29] *RB,* S. 161-164, Selge a. a. O., S. 266-269, Böhmer, in: *RPTK,* XX, S. 809. Koch, G.: *Frauenfrage und Ketzertum im Mittelalter,* Berlin 1962 (Marxistische Schau, nicht immer konventionell, im Westen unterschätzt; Rezension von Delaruelle E., in: *REH,* LX, 1965, S. 159-161), S. 156-157. Koch ist hinsichtlich der Klassenfrage einseitig, bemerkt jedoch den Mangel an frühen Quellen. Ich spreche bei dieser Gelegenheit mein Bedauern über Dr. Kochs tragisch frühen Tod aus. Zur Klassenstruktur nach 1250 S. 235-38.

[30] Koch, *Frauenfrage,* S. 158-159

[31] Böhmer, in: *RPTK,* XX, S. 811-812; Überblick über Leben und Ideen auf S. 811-819.

[32] Ebd. s. 806, 812, 813; Selge, a. a. o., S. 270, A. 118.

Anm. d. Übers.: das Wort *Insabbatati* dürfte sich eher von *savate* ableiten, vgl. den auch heute noch im Französischen gebräuchlichen Ausdruck *traîner la savate* = im Elend leben; le sabot ist der Holzschuh, la savate = der »Latschen«.

[33] Über meine abweichende Meinung von Selges Meinung zur Armutsfrage s. u. Anhang C.

[34] Böhmer, in: *RPTK,* XX, S. 814

[35] Ebd., S. 812

[36] Predigttätigkeit in Selge, a. a. O., S. 95-127, 142-147; das Bekenntnis betreffend (wobei der Name in Durandus von Huesca zu ändern ist, s. u. A. 40), S. 95-98.

[37] Böhmer, in: *RPTK*, 815, 829–830 (vermutet, daß ein späterer Brauch sich von früher her erhalten hat; Belege für die talea ebd., S. 830).
[38] Ebd., S. 815 u. verw. Stellen; über den Passauer Anonymus s. u. S. 242, A. 19.
[39] *Epistolae (PL*, CCXIV, Sp. 695–699); übers. von Deanesly, M., in: *The Lollard Bible,* Cambridge 1920, S. 31 (ein bemerkenswert undatierter Überblick über Einstellungen zur Bibellektüre im Westen); in Kap. 2 findet sich eine Einführung in die Waldenserbewegung; Böhmer, in: *RPTK*, XX, S. 815.
Anm. d. Übers.: vgl. I. Kor. 1, 26f.
[40] S. o. S. 138,A. 2; Datierung Selge, *Waldenser,* II, S. xvii-xviii; Absicht, ebd. I, S. 45; Thouzellier, *Catharisme et Valdéisme,* S. 60, 271. Name Durandus von Huesca (Aragón) und nicht Osca (ebd., S. 213–214 der 2. Aufl. die Theorie von Dossat korrigierend).
[41] Prolog zum *Liber,* Selge, *Waldenser,* II, S. 8. Erörterung a. a. O., I, Kap. 1; zur Prädestinationsfrage bei Durandus s. Thouzellier, *Catharisme et Valdéisme,* S. 75; Selge, K. V.: Discussions sur l'Apostolicité entre Vaudois, Catholiques, et Cathares, in: *CF,* II, S. 143–162.
[42] Betr. diesen Abs. s. Selge, a. a. O., Kap. 2; Kommentar von Grundmann, in: *DA,* XXIV, 1968, S. 572–573.
[43] Etienne de Bourbon bei Lecoy de la Marche, *Anecdotes historiques,* S. 290; Selge, a. a. O., S. 152, A. 73.
[44] Selge, *Waldenser,* I, S. 155–157 (ihre Reaktion auf die Katharer), 146–149 (Bekenntnis), 159–163 (Eucharistie).
[45] Ebd., S. 159; Innozenz III., *Epistolae, xiii, 94 (PL,* CCXVI, Sp. 291); zu Prim s. Thouzellier, *Catharisme,* S. 232–237, 262–267
[46] *PL,* CCXIV, Sp. 695–699 (s. o. S. 78, A. 39); Selge, a. a. O., S. 290–293
[47] Brief des Ardizzo, Bischof von Piacenza, Hrsg. Dondaine, in: *AFP,* XXIX, 1959, S. 273–274 (der Artikel wird auch u. zitiert S. 162, A. 14).
[48] *WEH,* S. 272
[49] Gründe der Aufspaltung s. Selge, a. a. O., S. 172–188; über den wichtigsten Ausgangspunkt s. u. S. 147
[50] Ilarino da Milano: *L'eresia di Ugo Speroni nella confutazione del Maestro Vacario,* Studi e Testi, CXV, Vaticano 1945; Analyse der Häresie und Polemik des Vacarius: Wortlaut, S. 483–583; s. bes. über Speroni (S. 37–75) Rekonstruktion des Kerns der Häresie (S. 411–22); Bedeutung im italienischen Raum (S. 423–469); Auszug in: *WEH,* S. 152–158.
[51] Ilarino da Milano, *Eresia,* S. 435
[52] Ilarino da Milano: Il »Liber supra stella« del piacentino Salvo Burci contro i Catari e altre Correnti ereticali, Aevum XVI, 1942, S. 272–319; XVII, 1943, S. 90–146, XIX, 1945, S. 218–341; s. sein *Eresia,* S. 42.
[53] HS, S. 171–198; italienischer Hintergrund bei Volpe, *Movimenti religiosi;* Versuch einer Widerlegung durch Morghen in *Medioevo Cristiano,* S. 204–281.
[54] Violante: *La Pataria Milanese,* I, Rom 1955, S. 103–125
[55] Volpe, *Movimenti religiosi,* S. 38–48, Morghen, *Medioevo Cristiano,* S. 275–281
[56] *WEH,* S. 28
[57] S. 81, A. 4; zur häretischen Nomenklatur s. Thouzellier, *Hérésie et Hérétiques;* über die Patarener S. 204–221.
[58] *Acta sanctorum,* April 18, II, S. 591; *WEH,* S. 151
[59] Ilarino da Milano: La manifestatio heresis catarorum quam fecit Bonacursus, *Aevum,* XII, 1938, S. 281–333; *WEH,* S. 170–173
[60] *Lettres de Jacques de Vitry,* Hrsg. Huygens, R. B. C., Leiden 1960, S. 72–73
[61] Natalini, V.: *S. Pietro Parenzo: la Leggenda scritta dal maestro Giovanni canonico di Orvieto,* Rom 1936, S. 155–156; zitiert in Manselli, *Eresia,* S. 186. S. *MBPH,* S. 127–132.
[62] Wakefield, W. L.: *Heresy, Crusade and Inquisition in Southern France 1100–1250,*

London 1974 (knapper Überblick mit Übersetzung der Quellen) Kap. 3 und Bibl.; Wolff, P. u. a., Histoire du Languedoc, Toulouse 1967; Strayer, J. R.: The Albigensian Crusades, New York 1971 (klar betr. Politik und Krieg, aber überholt betr. Häresie); Wolff, P.: France du Nord, France du Midi. Les Luttes sociales dans les Villes du Midi français, Annales, II, 1947, S. 443-454. Definition des Languedoc und anderer geographischer Ausdrücke bei Wakefield, Heresy, Crusade, S. 50, Strayer, Albigensian Crusades, Kap. 1.

[63] Dupont, A.: Les Cités de la Narbonnaise première depuis les Invasions germaniques jusqu'à l'Apparition du Consulat, Nimes 1942, S. 686-687

[64] Griffe, Débuts, S. 7-14, 117-124; Vicaire, M-H.: »L'Affaire de Paix et de Foi« du Midi de la France, in: CF, IV, S. 102-127

Anm. d. Übers.: im 12. Jahrhundert bedeutete der Ausdruck routier soviel wie Straßenräuber.

[65] Griffe, Débuts, Kap. 7 (Kommentar S. 182, A. 14). Betr. den sozialen Zusammenhang s. Bru, C. P.: Eléments pour une Interprétation sociologique du Catharisme occitan, in: Spiritualité de l'Hérésie: le Catharisme, Hrsg. Nelli, R., Paris 1953, S. 23-59 (klärender Überblick, in dem die These aufgestellt wird, daß das Katharertum nicht spezifisch städtisch war (S. 36). Koch, Frauenfrage, Kap. 1, T. 1 legt zu starkes Gewicht auf die Städte und Textilarbeiter (sagt aber auf S. 26-28 Griffes Hypothese voraus; s. die Erörterung der Motivation S. 31); Mundy, J. H.: Europe in the High Middle Ages, London 1973, S. 534-549, ist scharfsichtig.

[66] Dossat, Y.: Le Clergé méridional à la Veille de la Croisade albigeoise«, RHL, I (1944), S. 263-278, »La Répression de l'Hérésie par les Evêques, in: CF, VI, S. 217-251; Vidal, H.: Episcopatus et Pouvoir épiscopal à Béziers á la Veille de la Croisade albigeoise, 1152-1209, Montpellier 1951; Emery, R. W.: Heresy and Inquisition in Narbonne, New York 1941; Delaruelle, E.: Le Catharisme en Languedoc vers 1200: une Enquête, AM, LXXII, 1960, S. 149-167 (anregende Reihe bohrender Fragen); Rezension von Smith, C. E.: The University of Toulouse in the Middle Ages, Milwaukee 1958, in: AM, LXXIII, 1961, S. 124-125; über den Ausbildungsstand s. CF, V; Wakefield, Heresy, Crusade, Kap. 4 (behandelt im Überblick die Kirche, erörtert eine Reihe von Ketzern, S. 68-71); über die Beziehung zwischen Reform und Häresie vgl. Griffe, Débuts, S. 16-19, korrigiert Fliche, in: Histoire de l'Eglise, Hrsg. Fliche u. Martin, IX, 91. S. u., S. 163, A. 21, 22.

[67] Strayer, Albigensian Crusades, S. 18

[68] Bibl. bei Ourliac, P.: La Société languedocienne du XIIIe Siècle et le Droit romain, CF, VI, S. 199-216

[69] Zorzi, D.: Valori religiosi nella Letteratura provenzale. La Spiritualità trinitaria Mailand 1954; Koch, Frauenfrage, S. 139-144

[70] B. Smalley rezensiert die 2. Aufl. von Thouzellier, Catharisme in JEH, XXI, 1970, S. 184-186.

[71] S. o., S. 117

[72] Gervase of Canterbury, Chronicon, Hrsg. Stubbs, W., LXXIII, i (RS), London 1879, S. 270-271; Datierung von Raimunds Aufruf bei Thouzellier, Catharisme, 2. Aufl., S. 19, A. 23; Briefe, PL, CCIV, Sp. 235-242; CXCIX, Sp. 1120-1124.

[73] Quellen übers. von Roger von Hoveden, WEH, S. 194-200; ähnlicher Text übers. in: MBPH, S. 113-116.

[74] Schilderung 1173-1181 in Griffe, Débuts, Kap. 4 und 5; über Lavaur, S. 126-132

[75] Wakefield, Heresy, Crusade, S. 83

[76] Mundy, J. H.: Liberty and Political Power in Toulouse, 1050-1230, New York 1954, S. 60-62 (Verbindungen zwischen dem Ketzertum und der sozialen Spannung, S. 74-84) und sein Europe, S. 304.

[77] Griffe, Débuts, S. 113-114, 137-139

[78] Ebd., S. 176-177; (s. u. die Karte 2)

[79] Ebd. S. 207

Dritter Teil

Das Ketzertum und die Kirche

Der Gegenangriff:
Von Innozenz III. bis zu Innozenz IV.

Mit Innozenz III. wurde der päpstliche Stuhl zum ersten Male von einem Kirchenvertreter besetzt, der die Behandlung des Ketzertums und die damit verbundene religiöse Bewegung zu einem der Hauptanliegen seines Pontifikats machte.[1] Im voraufgegangenen Jahrhundert hatten sowohl Alexander III. wie Lucius III. Schritte unternommen, um mit dem Problem fertig zu werden. Doch im Vergleich zu der scharfsichtigen Art, in der Innozenz die Schwierigkeiten meisterte, erscheinen ihre Lösungsversuche linkisch und unvollkommen. Im übrigen folgten auf Innozenz drei weitere Päpste, nämlich Honorius III., Gregor IX. und Innozenz IV., die alle dem Gegenangriff auf das Ketzertum ihre Aufmerksamkeit widmeten. Das Werk zweier Heiliger, Dominikus und Franziskus, und das Aufkommen der Bettelorden, die von Innozenz gefördert und von seinen Nachfolgern unterstützt wurden, wirkte sich auf das religiöse Leben des 13. Jahrhunderts mächtig aus und sorgte für geschulte Persönlichkeiten, die gegen das Ketzertum predigten und seine widerspenstigen Anhänger verfolgten. Ein vermehrtes Studium des Ketzertums und die Anwendung scholastischer Methoden bei seiner Widerlegung zeitigten ihre Früchte in Abhandlungen und Handbüchern, die häretische Lehrsätze klassifizierten und klarer herausstellten, wo die genaue Grenze zwischen einer Ketzerei und der Rechtgläubigkeit lag.[2] Unter Gregor IX. rief man, gestützt auf die übergreifende Autorität des Papsttums, eine päpstlich geleitete Ketzerbefragung ins Leben, um so die Mängel der bischöflichen Ketzerverfolgung zu beseitigen und beim Aufspüren und Verhören von Straffälligen neue Energien aufzubringen. Bis zur Mitte des 13. Jahrhunderts waren die Leitprinzipien für die kirchlichen Gegenmaßnahmen festgesetzt, und die zur Unterdrückung erforderliche Verfahrensweise wurde zum größten Teil bereits angewandt und brauchte für den Rest des Mittelalters im wesentlichen nicht mehr geändert zu werden.

Innozenz' Anteil an der Aufwärtsentwicklung der Orthodoxie war der eines Initiators, welcher die Leitgedanken für das künftige Handeln aufstellte. Er ging von zwei Seiten an seine Aufgabe heran: er bot den Enthusiasten, die vom Wege abgewichen waren, eine Möglichkeit, in die Kirche zurückzukehren, und verminderte die Gefahren des Wanderpredigertums im Zeichen der Armut dadurch, daß er diese Form apostolischen Lebens innerhalb der Kirche unter Sicherungsvorkehrungen guthieß; gleichzeitig versuchte er, die Anwendung von

Gewalt gegen solche, die das Ketzertum begünstigten, und gegen hartnäckige Ketzer selbst wirksamer zu gestalten. Er handelte nach dem Gleichnis des Bauern, der zwischen dem Weizen und dem Unkraut in seinem Feld sorgsam unterscheidet und sich davor hütet, das eine mit dem anderen auszureißen.[3] Die angemessene Behandlung des Ketzerproblems verlangte eine genaue und sorgfältige Prüfung dessen, was die Ketzer glaubten, und vor allem eine Überprüfung ihres Verhaltens gegenüber der kirchlichen Autorität. Falls sie bereit waren, sich zu unterwerfen, konnten Vorkehrungen getroffen werden, mit denen man den Bedürfnissen von Enthusiasten entgegenkam, soweit sie nicht in direkten Konflikt mit der rechtgläubigen Lehre gerieten. Wenn sie aber halsstarrig waren, dann durfte jedes Mittel angewandt werden, um sie der Gerechtigkeit zuzuführen und um jene, die sie beschützten, dazu zu zwingen, ihre Unterstützung aufzugeben.

Innozenz durchforschte alle Wege, die das kanonische Gesetz für solche volkstümlichen religiösen Gemeinschaften offenließ, die sich bis dahin an der Grenze der Orthodoxie bewegt oder diese gar mißachtet hatten. Die Humiliaten, die nach Anerkennung drängten, wurden akzeptiert und unter Regeln gestellt, die ihnen die Fortführung ihres Bestrebens auf drei verschiedenen Wegen ermöglichten: der erste war der geistliche, der zweite bestand darin, daß Männer und Frauen des Laienstandes in Gemeinschaften lebten, und auf einem dritten taten sich verheiratete Männer zusammen, die bei ihren Familien lebten – alle drei Wege waren mit den bestehenden gesetzlichen Normen vereinbar.[4] Eine sorgfältige Erläuterung machte ihnen deutlich, daß es bei bestimmten Gelegenheiten legitim sei, Eide zu schwören, andererseits aber erlaubt, solche, die nicht unbedingt notwendig waren, zu vermeiden; und man gestattete ihnen, andere besondere Züge ihres apostolischen Lebens aus der Zeit, da sie noch unter dem Kirchenbann standen, beizubehalten. Die grundsätzliche Verweigerung des Predigtrechts, die die Humiliaten nach dem dritten Laterankonzil zu Ketzern gemacht hatte, wurde mit einer feinen Unterscheidung zurückgenommen: Mitglieder der dritten, verheirateten Gruppe, die »im Glauben verständig und in ihrer Frömmigkeit erprobt« waren, erhielten die Erlaubnis zu predigen, mit der Einschränkung, daß sie sich auf die Sittenpredigt beschränkten und theologische Fragen in ihrer Predigt vermieden – diese seien die eigentliche Domäne der Geistlichen.[5]

Durandus von Huesca, der sich nach einer Disputation mit den Vertretern der Orthodoxie zu Pamiers im Jahre 1207 bekehrte, bekam zusammen mit den Genossen, die mit ihm in den Schoß der Kirche zurückkehrten, das Recht, ein Wanderpredigerleben ohne eigenen Besitz zu führen, und sich dabei der Bekehrungsarbeit gegen das Ketzertum zu widmen, also fast genauso zu leben, wie er es getan hatte, solange er noch ein Waldenser war; Voraussetzung war, daß er die katholische Autorität anerkannte und Irrtümer wie den Donatismus, der bei einigen Waldensern im Schwange gewesen war, verwarf. Er und seine Gruppe erhielten den Status von Büßern innerhalb der Kirche, die unter dem dreifachen Gelübde von Armut, Keuschheit und Gehorsam lebten und die »Katholischen Armen« benannt wurden.[6] Bernardus Primus, der ebenfalls ein Waldenser aus dem Languedoc war und 1210 übertrat, erfuhr eine ähnlich wohlwollende Behandlung. Wie für die Gruppe des Durandus war die Grundlage für seine Aussöhnung mit der Kirche das Glaubensbekenntnis, das Henri de Marcy Waldes abverlangt hatte, unter Hinzufügung einiger Punkte über die Sakramente und unter Verwerfung des Predigtrechts für Frauen.[7] Der bedeutsame Unterschied zwischen diesem und dem Fall des Waldes war der, daß das Predigen erlaubt wurde, nachdem die Verwerfung von Irrtümern einmal abgeschlossen war. Durandus und Prim durften, nachdem sie sich unterworfen hatten, im wesentlichen den gleichen Lebensstil als arme Wanderprediger fortführen.

Diese Entscheidungen veranlaßten eine kleine Gruppe von Gemäßigten dazu, sich von der Bewegung der Waldenserprediger zu lösen, und hielten viele Humiliaten im Bereich der Kirche. Eine Zeitlang mochte es wohl so scheinen, als ob Innozenz' Politik weiterreichende Auswirkungen haben sollte, da nach Durandus' Bekehrung hundert Waldenserprediger in Italien darum baten, von der Kirche unter gewissen Bedingungen anerkannt zu werden.[8] Wir wissen jedoch nicht, was mit ihnen passierte; nach 1212 jedenfalls hören wir nichts mehr von solchen Gesuchen. Innozenz' verständnisvolle Annäherung konnte sich nur so lange auswirken, als die Waldenser selbst Schritte zur Aussöhnung taten; aber das Gros der Bewegung machte keine weiteren Annäherungen an Rom, sondern versuchte, die Einigkeit in den eigenen Reihen wiederherzustellen.

Im Gefolge der Aufspaltung der Waldenser im Jahre 1205[9] blieb die Lage zunächst verworren. Unter den Lombardischen Armen, die in Italien stark in der Mehrzahl waren, gewannen donatistische Ansichten an Boden. Die Mitglieder des Lyoneser Flügels, die der Tradition des Waldes treu blieben, gingen jedoch nicht völlig unter. Nach einer Synode der Lombarden in der Zeit zwischen 1208 und 1209, als Johannes von Ronco die Eucharistie feierte, stieß eine Henne den Kelch um, und die anwesenden Frauen trampelten auf dem verschütteten Wein herum. Einige der italienischen Mitglieder befürworteten daraufhin eine Mäßigung, und es kam zu einer Spaltung. Einige entrüstete Brüder erklärten auf eine solche Störung der Ordnung hin, das Sakrament solle nur von römischen Priestern verwaltet werden.[10]

Die Kontakte zwischen den Lombarden und den Lyonesern jenseits der Alpen waren damit nicht gänzlich abgebrochen. Zur rechten Zeit schien der Tod des Johannes von Ronco und des Waldes persönliche Hindernisse für eine Wiedervereinigung aus dem Wege zu räumen, und es wurde ein letzter Versuch gemacht, die beiden Flügel wieder zusammenzubringen. Er ergab sich wahrscheinlich daraus, daß die Waldenser damals die Auswirkungen der Verfolgung im Languedoc zu spüren bekamen. Sechs Vertreter von jeder Seite trafen sich zu einer Synode bei Bergamo im Jahre 1218, um ihre Differenzen zu beseitigen. Die Lyoneser waren dazu bereit, in Punkten, die sie bis dahin entzweit hatten, großzügige Konzessionen zu machen: sie gestatteten, wenn die Lombarden darauf bestünden, daß Pröpste und Sakramentsverwalter auf Lebenszeit ernannt würden, und ließen Waldes' starre Opposition gegen ihre Vereinbarungen über die Handarbeit fallen. Es kam jedoch zur Entzweiung über dem Donatismus der Lombarden und der zwar untergeordneten, doch emotional höchst bedeutsamen Frage nach der Erlösung des Waldes und seines Gefährten Vivet. Die Lyoneser bestanden darauf, sie seien im Paradies, worauf die Lombarden kühl zur Antwort gaben, sie wären es, wenn sie vor ihrem Tode Gott gegenüber Abbitte für ihre Sünden getan hätten. Die Abendmahlslehren bildeten schließlich den Punkt, über dem es in dogmatischer Hinsicht endgültig zum Bruch kam – die Lombarden machten die Würdigkeit des Priesters, nicht sein Amt, zum Kriterium für die Gültigkeit des Sakraments, und nach unserer Quelle über die Synode zählten sie in einem Informationsschreiben an die Anhänger der Armen Lombarden in Deutschland Autoritäten aus der Schrift und den Kirchenvätern auf, die ihre Ansicht bestätigten; ihre Opponenten hingegen bestanden auf der katholischen Auffassung, daß das Sakrament nur dann Gültigkeit habe, wenn der Zelebrant ein Priester sei, ohne Rücksicht auf seine Lebensführung.[11]

So waren zwei rivalisierende Überlieferungen entstanden. Die Leute des Lyoneser Flügels, der sich an Waldes orientierte, hatten auch 1218 noch immer nicht unwiderruflich mit der Kirche gebrochen. Sie waren fest in dem Glauben, ihre Prediger hätten einen direkten Auftrag von Gott, und sie wiesen die Exkommunikation seitens der Kirche zurück. Sie bestanden nicht wie die Lombarden unbedingt darauf, alles Brauchtum der Kirche einer strengen Prüfung im Lichte der Heiligen Schrift und des Vorbilds der Urkirche zu unterwerfen. Wenn sie auch der römischen Hierarchie und der Priesterschaft gegenüber kritisch eingestellt waren, so hatten sie diese doch noch nicht aus der Kirche verdrängt. Das hatten die Lombarden jedoch getan, und sie nötigten die anderen, das gleiche zu tun.

Nach dem Scheitern in Bergamo kamen die beiden Flügel nie wieder zusammen, obwohl auch weiterhin gelegentliche und nicht ganz und gar feindselige Verbindungen zwischen ihnen bestanden, was vielleicht durch die Tatsache begünstigt wurde, daß ihre missionarischen Bestrebungen sich normalerweise auf verschiedene Gebiete erstreckten.[12] Die Gemäßigten kehrten nicht in die Kirche zurück. Von freiwilligen Aussöhnungen wie denjenigen des Durandus und Primus wird uns nicht wieder berichtet. Statt dessen bestärkte die Verfolgung eine immer grundlegendere Gegnerschaft zur Kirche. Die günstige Gelegenheit einer Wiedervereinigung mit ihr schien vorbei zu sein.

Die Rückkehr der Waldensergruppen in die Kirche war ein Teilerfolg. Die Gruppe Prims fügte dem kirchlichen Gottesdienst ein Apostolat hinzu, dessen Grundlage ein Leben in Armut war und in dem die sittliche Ermahnung sowie auch etwas Handarbeit ihren Platz hatte. Die Armen Katholiken unter Durandus verfolgten eine gelehrtere Missionsarbeit; sie hatten ein Hospiz zu Elne im Roussillon, welches auch ein Zentrum für die Hervorbringung antihäretischen Schrifttums war.[13] Durandus war ein gewissenhafter Polemiker. Er folgte eifrig den Windungen der sich entwickelnden dualistischen Lehre und überbot seine Gegner an Schriftkenntnis. Er arbeitete unermüdlich weiter und gewann zwischen seinem waldensischen *Liber antiheresis* und seiner katholischen Schrift *Contra Manicheos* mehr und mehr an Profil.[14] Beide Gruppen hatten gegenüber den Ketzern den Vorteil, daß sie selbst, und zwar ein jeder in eigener Person, das apostolische Leben der Predigt in Armut verwirklichten. Aber sie waren nicht in der Lage, die Aversion der Bischöfe zu überwinden oder sich größere Beliebtheit beim Volke zu verschaffen. Im Rückblick auf die Kirchengeschichte des 13. Jahrhunderts erscheinen sie als unfertige Skizzen der erfolgreichen Bettelorden. Die ausgesöhnten Humiliaten verdienten sich 1216 das Lob Jakobs von Vitry für ihre antihäretische Predigt in Mailand – ihm waren etwa 150 ihrer Häuser bekannt.[15] Doch ihr Erfolg war zeitlich begrenzt. Die Humiliaten blieben auf Italien beschränkt und es gelang ihnen nicht, einen Orden von herausragender Bedeutung zu bilden. Daß die Form des apostolischen Lebens durch die Wanderpredigt in Armut für die Missionsarbeit der Kirche dienstbar gemacht wurde, war erst möglich, als zwei Heilige die günstige Stimmungslage in der Bevölkerung und Innozenz' Bereitschaft zum Experiment ausnützen konnten.

Im Jahre 1206, als eine Missionsgruppe der Zisterzienser bei einer Predigtaktion im Languedoc nicht recht vorwärtskam, weil sie trotz ernsthafter Bemühung durch die offizielle Form und die äußeren Bedingungen behindert wurde, kamen der kastilische Bischof Diego von Osma und sein Subprior Dominikus auf den Gedanken, in Armut zu predigen in Übereinstimmung mit den Worten des Evangeliums und unter den gleichen Bedingungen wie ihre Feinde, die Katharer. Dominikus, der von Innozenz stets ermutigt und unterstützt wurde, ließ sich in Fanjeaux, dem Zentrum des Katharerlandes, nieder und gründete ganz in der Nähe, in Prouille, ein Haus für Frauen und Mädchen, die man vor den Katharern gerettet hatte.[16] Im Jahre 1215 zog er nach Toulouse um. In den Jahren 1216/1217 bekam er die Anerkennung für seinen Predigerorden, der in der Geschichte als der Dominikanerorden bekannt wurde – in Wirklichkeit aber eine besondere Entwicklungsform des Lebensstils der augustinischen Kanoniker ist, zu denen Dominikus gehörte. Da sie einer verbreiteten Forderung entgegenkamen, wuchsen sie schnell zu einem großen internationalen Orden heran, der sich der Glaubenspredigt widmete und der sich unter anderem die Widerlegung des Ketzertums zum Ziel gesetzt hatte.[17] Sie übten ihren Einfluß auf die gesamte religiöse Umwelt aus, indem sie für die Predigt neue Maßstäbe setzten, in die Universitäten eindrangen, um dort eine Hauptrolle bei der Entwicklung der Scholastik zu spielen. In den Städten, in denen das Ketzertum Anhänger fand, entfalteten sie ihren frommen Eifer – außer auf dem Gebiet der Seelsorge – dadurch, daß sie gegen Katharer und Waldenser das stillschweigende, aber sehr wirkungsvolle Argument ihrer eigenen Observanz apostolischen Lebens zum Tragen brachten. Entschlossene päpstliche Unterstützung, gute Planung durch Dominikus und seine Nachfolger sowie die Notlage im Languedoc – all dies bewahrte den jungen Orden davor, im Konservatismus zu erstarren, obgleich der Widerstand der Weltgeistlichen gegen das Predigtrecht der Brüder, ihr Recht, die Beichte zu hören und sich in die Angelegenheiten der Pfarreien einzuschalten, auf lange Zeit das kirchliche Leben mitbestimmte.

Fünf Jahre vor dem vierten Laterankonzil, auf dem die Pläne des heiligen Dominikus erörtert wurden, erbat der heilige Franziskus von Assisi zusammen mit elf Gefährten in Rom die Erlaubnis und Bestätigung, ein Leben in äußerster Armut führen zu dürfen, das mit einer auf die Evangelien, besonders auf den Bericht von der Aussendung der Siebzig gegründeten Predigt verbunden war.[18] Franziskus' erste Regel bestand hauptsächlich aus Schriftworten; sie gründete sich keineswegs auf eine schon vorhandene Regel. Im übrigen schienen die Verzichtleistungen, um deren Genehmigung er bat, über menschliche Kräfte hinauszugehen. Der Papst scheint gezögert zu haben, wurde jedoch durch das Argument überzeugt, daß eine Ablehnung der Bitte des Franziskus gleichbedeutend wäre mit der Aussage, das Evangelium könne als solches nicht befolgt werden. Er kam der Bitte auf noch nie dagewesene Art entgegen, indem er die Lebensweise des Franziskus mündlich bestätigte. Franziskus und durch ihn auch seinen Anhängern wurde ein

Recht zu predigen eingeräumt, dessen Bedingungen jenen ähnelten, welche die Humiliaten bekommen hatten. Die Gruppe, die zuerst eine Laienvereinigung war, erhielt die Erlaubnis zur Bußpredigt – sie durfte sich für sittliche Ermahnung einsetzen, sich jedoch nicht mit theologischer Predigt befassen, denn diese war den Geistlichen vorbehalten. Das rasche Anwachsen ihrer Mitgliederzahl, die damaligen Bedürfnisse und die päpstliche Politik führten dazu, daß sie alsbald zu einem großen internationalen Brüderorden mit geistlicher und oftmals gelehrter Prägung wurde, der volles Predigtrecht und manche Gemeinsamkeiten mit den Dominikanern hatte.

Der heilige Franz selbst kam kaum jemals auf Ketzerei zu sprechen. In seinem Testament findet sich ein Hinweis darauf, daß verdächtige Ordensmitglieder zu fesseln seien, damit sie sicher ihrem obersten Schutzherrn vorgeführt werden könnten. Stefan von Bourbon berichtet von einem Zusammentreffen mit einem Ketzer, der sich bei Franz über die Missetaten eines Priesters im Konkubinat beklagte. Franziskus' Antwort war, er solle einfach des Priesters Hand zum Zeichen der Ehrerbietung für sein Amt küssen.[19] Predigen war für ihn ein spontanes Ausströmen seines inneren Lebens. Er hatte nicht wie Dominikus das Ziel, speziell die Ketzerei zu widerlegen, sondern sah in seinem Orden Hilfskräfte für die Priesterschaft, die Buße predigten und dadurch zweifellos Menschen aus dem Irrtum zurückriefen. Die Umstände führten in diesem Punkt eine Änderung herbei – die Franziskaner übernahmen schließlich eine wichtige Rolle im direkten Kampf gegen das Ketzertum durch ihre Predigt, die geistige Widerlegung des Irrtums, die Verfassung von Abhandlungen sowie durch ein volles Apostolat in den Städten, welches durch die Einrichtung des dritten Ordens noch wirksamer gemacht wurde. Doch ihr bedeutendster Beitrag lag in der geradezu revolutionären Wandlung der Volksfrömmigkeit, durch die vertiefte Betrachtung des Lebens und Leidens Christi, durch ihre Hinwendung zur Schöpfung und zur Freude an der Natur. Er war die indirekte Antwort auf die Weltverneinung der Katharer und ihren nichtmenschlichen Jesus.[20]

Nachdem die Zentren des Ketzertums in dem problematischen Gebiet des Languedoc einmal klar erkannt waren, begann Innozenz charakteristischerweise auf zwei Wegen gleichzeitig nach Lösungen zu suchen. Zum einen ließ er das religiöse Leben durch Predigt wieder anregen, wie es in dem Rat an seine zisterziensischen Legaten zum Ausdruck kommt, »so vorzugehen, daß die Lauterkeit eures Verhaltens jedermann klar vor Augen steht«,[21] ferner in seinem Ansporn zur Missionstätigkeit des Diego und des heiligen Dominikus. Zum andern übte er Druck aus auf den unwilligen Episkopat dieser Gegend und auf den führenden Adel, der das Ketzertum nicht niederwerfen wollte.

Der zweite Weg wurde als der wichtigere angesehen, nachdem der päpstliche Legat Pierre de Castelnau im Jahre 1208 unter Umständen, die einen Verdacht auf Graf Raymond VI. von Toulouse warfen, ermordet wurde. Innozenz rief zu einem Kreuzzug auf. Damit mobilisierte er nordfranzösische Barone, die nach Raimunds Landbesitz trachteten.[22] Als das Pontifikat zu Ende ging, war Raimund fast aller seiner Ländereien beraubt, mit Ausnahme seiner Besitztümer in der Provence, und die meisten Bischöfe waren abgesetzt und durch andere ersetzt worden, die – so hoffte Innozenz – gegenüber der Ketzerei mehr Eifer zeigen würden. Die Auswirkungen des Krieges führten jedoch zunächst einmal dazu, daß die Interessen des Lokalpatriotismus sich mit der Sache der Ketzer ganz und gar vereinigten. Innozenz verlieh dem Kreuzzug volle legale Rechtfertigung, die sich insbesondere auf sein eigenes Dekretale von 1199, *Vergentis in senium*, gründete, in welchem Ketzerei gleichgestellt wird mit dem Majestätsverbrechen im Römischen Recht mit den dazugehörigen Strafen der Gütereinziehung.[23] Aber nachdem der Kreuzzug einmal eröffnet war, zeigte sich der Papst außerstande, ihn unter Kontrolle zu behalten oder ein kanonisch gerechtfertigtes Vorgehen zu garantieren. Die Länder Raymonds VI. wurden konfisziert, ohne daß ein gerichtliches Verfahren stattfand; auch andere südfranzösische Adlige wurden willkürlich enteignet. Der Krieg hatte sein eigenes Gesetz. Simon de Montfort, der Vorkämpfer der Kirche, war ein guter Feldherr, dem aber die Gabe eines Politikers fehlte. Innozenz wurde nicht Herr der Geister, die er beschworen hatte.

Auf die Dauer gesehen verhalf der Kreuzzug dazu, daß eine neue politische Situation geschaffen wurde, in der die Nordfranzosen dominierten und in der eine wirksame Verfolgung möglich wurde. Aber er hatte auch seine Nebenwirkungen. Ein Kreuzzug war ein grobes Werkzeug. Als es noch einmal angewandt wurde, um die Dualisten in Bosnien unter dem Pontifikat Gregors IX. auszumerzen, erhöhte es nur deren Sicherheit im Land.[24] Der Bischof von Bremen rief 1234 zu einem Kreuzzug gegen die Stedinger auf, Bauern, die sich seiner Herrschaft widersetzten und den Zehnten verweigerten, als ob sie Ketzer wären, und er zeigte damit, wie leicht dieses Mittel unrechtmäßig angewandt werden konnte.[25] Im übrigen bleibt anzuzweifeln, ob eine derartige Gewaltanwendung bei der Situation im Languedoc erforderlich war, ob nicht Innozenz, fern vom Schauplatz der Ereignisse, über den wahren Charakter und das Ausmaß des Ketzertums im Midi falsch unterrichtet war, durch den autoritären Peter von Castelnau.[26]

Aufs Predigen wurden nicht viele Jahre verwandt. Dominikus hatte nur wenige Helfer, und im Anfang stand ihm bloß das eine Kloster in Prouille zur Verfügung.

Das tatkräftige Pontifikat Innozenz' III. hinterließ eine Fallrechtssammlung – Präzedenzfälle und bereits erlassene Gesetze zur Behandlung der Ketzerei –, welche die bischöfliche Ketzerbefragung, wie sie durch die Bulle *ad abolendam* vorgeschrieben war, ergänzte und verbesserte, aber nicht grundsätzlich änderte. Durch Ermahnung, durch den Einsatz von Legaten mit übergreifenden Machtbefugnissen – ja, sogar durch Absetzung unwürdiger Bischöfe wie im Languedoc – kurbelte er die bischöfliche Ketzerverfolgung an oder dämpfte gegebenenfalls deren Auswüchse. Am Schluß faßte man beim vierten Laterankonzil die bestehende Gesetzgebung kanonisch zusammen, und eine dogmatische Satzung, die hauptsächlich gegen die Katharer gerichtet war und sich eng an das von Henri de Marcy dem Waldes vorgelegte Glaubensbekenntnis anlehnte, gab eine genaue Vorstellung von den zu unterdrückenden Irrtümern.[27]

II Belagerung der Stadt Béziers durch die Kreuzritter am 22. Juli 1208

Eine theologisch-intellektuelle Häresie, nämlich die Ansichten des kalabrischen Abtes Joachim von Fiore über die Trinität, wurden auf dem Konzil ebenfalls verdammt, wenn auch dabei betont wurde, daß Joachim sich noch zu Lebzeiten dem Papsttum unterworfen habe.[28] Joachims Irrtum war in einem heute verlorenen *libellus* enthalten; er griff darin die Trinitätslehre des Petrus Lombardus an, welcher der Autor des maßgebenden Lehrbuchs »Sentenzen« war und an der Pariser theologischen Schule, welcher Innozenz selbst einmal angehört hatte, einen führenden Einfluß ausübte. Bei seiner eigenartigen literarischen Haupttätigkeit wandte Joachim traditionelle exegetische Methoden auf die Heilige Schrift an, um die Strukturen im Geschichtsablauf zu begreifen und die Zukunft vorauszusehen. Seine Schriften wurden nicht verdammt, obwohl sie neben vielen orthodoxen Gedanken eine möglicherweise subversive Vorstellung von einer bevorstehenden Ära des Heiligen Geistes enthielten, welche in gewissem Sinne die bestehenden Ordnungen der gegenwärtigen Ära des Sohnes ablösen werde.[29] Eine Gruppe von Anhängern des Amalrich von Bène, eines um 1206 verstorbenen Pariser Magisters, war im Jahre 1210 verurteilt worden – einige von ihnen zum Tode, andere zu lebenslänglicher Gefangenschaft.[30] Amalrich war durch seine Lektüre des Theologen Johannes Scotus Eriugena aus dem 9. Jahrhundert in pantheistischem Sinne beeinflußt worden, und bestimmte Teile seiner Lehre hatten schon zu seinen Lebzeiten einen Skandal hervorgerufen. Diese Anschauungen, welche durch Geistliche mit pastoralen Aufgaben in mißverstandener Form weitergegeben worden waren, gelangten in eine Gruppe von Laien, vorwiegend Frauen, die in Diözesen der Umgebung von Paris wohnten und die Sekte der Amaurianer oder Amalrikaner ins Leben riefen. Sie zogen undurchdachte Schlüsse aus paulinischen Texten, glaubten, der Heilige Geist habe in ihnen Gestalt angenommen und sie hätten einen Zustand der Sündlosigkeit erreicht, in dem sie nicht mehr der Kirche und ihrer Sakramente bedürften. »Alle Dinge sind eins«, so zitierte man sie, »denn alles, was ist, ist Gott«.[31] Selbst das Vaterunser wurde »gereinigt«, um es von solchen Stellen zu befreien, die nicht mit ihren extravaganten Ansichten übereinstimmten.[32] Es war dies ein klassischer Fall von Entstellung theologischer Lehre durch Leute, die ungeeignet sind, sie zu verstehen. Das Eigenartige bei den Amalrikanern ist ihr Glaube, die Ära des Geistes stehe bevor, sie seien dessen Vorläufer, und dann würden alle Menschen sozusagen »geistlich«: das klingt wie eine unverarbeitete Wiedergabe von Joachims Ära des Heiligen Geistes.[33] Die pantheistischen Anschauungen Amalrichs wurden ebenso wie Joachims trinitarische Darstellung in ein und demselben Konzilskanon verdammt. Bei anderer Gelegenheit wurde im selben Pontifikat auch Ortlieb von Straßburg verdammt, weil er die Lehre verbreitet hatte, der Mensch müsse sich aller äußeren Dinge enthalten und nur dem Geist in sich Folge leisten[34], und im Jahre 1210 wurde ein von Pantheismus durchdrungenes Werk des David von Dinant ebenfalls verbrannt. Nach den uns vorliegenden Zeugnissen scheint unter Innozenz eine Art Aufblühen »spiritualisierender« Häresie im Keime erstickt worden zu sein. Von Joachim jedoch sollte noch weiterhin die Rede sein.[35]

Innozenz' Nachfolger Honorius III., der zugleich weniger resolut und weniger einfallsreich war, baute dennoch die antihäretische Gesetzgebung weiter aus, indem er sicherstellte, daß Gesetze über die Pflichten der weltlichen Mächte, die Ketzerei zu unterdrücken und den Kirchenbehörden Hilfe zu leisten, in die weltlichen Gesetzessammlungen aufgenommen wurden. Kaiser Friedrich II. machte solche Gesetze zu einem Teil der kaiserlichen Gesetzgebung – eigentlich war dies seine Gegenleistung für seine Krönung durch den Papst – und legte die Verbrennung als Strafe für die Widerspenstigen fest.[36]

III Zeitgenössische Darstellung einer Inquisition

Die wesentlichere Neuerung jedoch kam unter Gregor IX., nachdem er verschiedene Verfahrensweisen ausprobiert und festgestellt hatte, daß die bischöflichen Ketzerbefragungen unzureichend waren: er griff auf besondere Vertreter zurück, die vom Papsttum mit Vollmacht zum Aufspüren der Ketzer ausgestattet waren. 1233–1234 traf er Vorkehrungen, wonach ein Stab von Bevollmächtigten solcher Art im Languedoc eingesetzt wurde.[37] Sie erwiesen sich soviel wirksamer als die Bischöfe, daß ihre Inquisition das übliche Mittel zur Ausrottung der Ketzer wurde. Die bischöfliche Ketzerbefragung sank in den meisten von Ketzerei verseuchten Gebieten zu zweitrangiger Bedeutung ab. So wurde die päpstliche Inquisition des Mittelalters ins Leben gerufen.

Sie war die entscheidende Maßnahme, die erforderlich war, damit man alle vorhandenen Gesetze gegen Ketzerei durchführen konnte. Die so ernannten Vertreter machten das Versagen der Bischöfe wett, denn sie waren zu dem einzigen Zweck ernannt, die Ketzerei niederzuwerfen und wurden nicht durch anderweitige Aufgaben abgelenkt. Ihr Auftrag, als Inquisitoren zu fungieren, erstreckte sich auf eine lange Zeitdauer; die dazu Ernannten konnten auf diese Weise ihre Kenntnisse erweitern und sich die Sachkenntnis von Experten aneignen. Am häufigsten wurden in Übereinstimmung mit ihren Ordensvorgesetzten Dominikaner zu diesem Amt ernannt: sie brachten für ihre Aufgabe die Hingabe von Menschen mit, die unter Gelübden standen und einem sorgfältig ausgebildeten Orden angehörten, der eine besondere Berufung zum Kampf gegen das Ketzertum hatte. Die seltener ernannten Franziskaner brachten eine ähnliche Hingabe mit. Es wurde dafür gesorgt, daß eine kontinuierliche Niederschrift erfolgte. Jeder Inquisitor führte Listen mit den Aussagen der Verdächtigen, die an seine Nachfolger weitergegeben oder als Grundlage für weitere Befragungen zu einem späteren Zeitpunkt benutzt werden konnten. Die Niederschriften stellten eine Drohung dar für jeden, der schon einmal befragt worden war, selbst für die Verwandten und Nachkommen von Verdächtigen, gegen die man einen Überführungsbericht oder Mittäterschaft geltend machen konnte. Wenn ihm solche Protokolle zur Verfügung standen, hatte ein mittelalterlicher Inquisitor Hilfsmittel in der Hand, die denen eines modernen Polizisten vergleichbar sind und ihn jederzeit in die Lage versetzten, die Aussagen zu überprüfen und eine Gegenprobe anzustellen. Ein volles Geständnis, das ein Ketzer mit weiten Beziehungen ablegte, konnte eine Fülle von Hinweisen auf seine Genossen aufdecken. Es wurde üblich, zu Beginn einer Inquisition eine Gnadenfrist einzuräumen, in welcher Bestrafungen für Denunzianten zurückgestellt wurden; ferner bestand man darauf, daß nur ein vollständiges Geständnis aller verfügbaren Tatsachen ein Beweis für wirkliche Reue sei – dies Verfahren war darauf berechnet, daß alle belastenden Einzelheiten frei zur Sprache kamen. Als eine internationale Organisation konnte die Inquisition Aktionen gegen die Ketzerei in verschiedenen Ländern koordinieren und so das Entkommen von Flüchtigen zu verhindern suchen. Die Flucht in einem frühen Stadium des Verfahrens oder während der Wartezeit auf den Beginn des Verhörs blieb eines der wenigen wirksamen Mittel, einer erfolgreichen Verfolgung zu entgehen.

Während sich die Gewohnheiten und Verfahrensweisen der Inquisitoren entwickelten, kam eine Art von Schriften auf, die häufig »Handbücher der Inquisitoren« genannt wurden: in ihnen sammelte man die Erfahrungen, die man mit Ketzern und ihren Glaubensformen gemacht hatte, und gab Auskunft über die Gewohnheiten der Inquisitoren und über die Vorschriften, nach denen sie arbeiteten.[38] Im Languedoc hatten die Geistlichen, die gewöhnlich mit den Ketzern in Berührung kamen, ihre allgemeine Kenntnis des Katharertums aus einer grundlegenden Einführung unter ein paar einfachen Überschriften bezogen; diese Kenntnis ging dann auf die Inquisitoren des 13. Jahrhunderts über. In Italien, wo man schon damals intellektueller eingestellt war, pflegten die Inquisitoren den Ursprüngen und der Art der Ketzereien, mit denen sie es zu tun hatten, mit mehr theoretisch forschendem Interesse nachzugehen. Allgemein stieg jedenfalls die Zahl und das Niveau der Abhandlungen, die Ketzerei beschrieben und widerlegten, als Ergebnis des neuen Scholastizismus und dank der Beachtung, die die Geistlichkeit dem Problem schenkte. Dadurch wurde der Informationsstand, welchen die Inquisition zur Verfügung hatte, erweitert. Umgekehrt wurden weitere Abhandlungen wiederum durch die Einstellung der Inquisitoren beeinflußt.

Der Inquisitor übernahm jenes Gesetzeswerk gegen die Ketzer und ihre Gönner, das bis zur Bulle *Ad abolendam* sowie zu den ihm zustatten kommenden Erlassen nach 1233 zurückreichte. Dies war ein gewaltiges Gebäude. Das Inquisitionsverfahren war vortrefflich geeignet für das Aufdecken von Ketzerei, jenes schwer faßbaren Verbrechens. Damit konnte jeder Verdächtige vor ein Gericht gestellt werden und mußte unter Eid über seine Teilnahme an verbotenen Riten und Zusammenkünften, seine Kontakte mit Häretikern oder überhaupt über jegliche darauf bezügliche Information über seinen Glauben und die von ihm unternommenen Schritte aussagen. Von 1252 an konnte aufgrund einer Entscheidung Innozenz' IV., der die Arbeitsweise der Inquisition im einzelnen verbesserte, die Folterungsmethode angewandt werden.[39] Es war beabsichtigt, die Instrumente hierzu von der weltlichen Gewalt anwenden zu lassen, und nicht von den Mitarbeitern des Inquisitors; aber vier Jahre nach Innozenz' Bulle gestattete sein Nachfolger Alexander IV. den Inquisitoren diese Einschränkung zu umgehen. Der Betroffene konnte auf diese Weise gezwungen werden, sich selbst zu belasten. Unter Androhung schwerer Strafen wurden Verdächtige und Zeugen gezwungen, vor dem Ketzergericht zu erscheinen und sich zu verantworten. Andere Strafen machten die Unterstützung der weltlichen Macht notwendig, die erforderlich war, um sicherzustellen, daß die Betroffenen erschienen und, wenn es zur Überführung kam, bei ihrer Bestrafung mitzuwirken oder diese zu übernehmen. Das Anrecht auf das Eigentum von überführten Ketzern und Ketzerinnen trug dazu bei, daß die bereitwillige Unterstützung der weltlichen Macht sichergestellt war. Begünstigung von Ketzerei war ein schweres Vergehen, und durch eine bloße Behinderung des Inquisitors bei Ausübung seiner Pflicht konnte man sich Strafen zuziehen. Fest dazu entschlossen, daß einem raschen und wirksamen Einschreiten gegen das Ketzertum nichts im Wege stehen sollte, ließ man die im kanonischen Recht vorgesehenen Kontrollen, durch die ein faires Verfahren, die Gültigkeit von Zeugenaussagen und die Unvoreingenommenheit des Richters gesichert werden sollten, sämtlich außer acht. Wenn es darauf ankam, hatte der Inquisitor, der die Rolle des Richters und die des Priesters bei seinem Umgang mit Bußfertigen in sich vereinigte, nahezu unumschränkte Gewalt über die Verdächtigen, die vor ihm erschienen. Da die genaue Untersuchung seiner Urteile, die nach den Bestimmungen erforderlich war, nur oberflächlich und rein formell zu erfolgen pflegte, stand ihm nach seinem Gutdünken ein Aufgebot von Strafen zur Verfügung, das von Bußgeldern, Pilgerfahrten und dem Tragen gelber Kreuze auf der Kleidung bis zur lebenslänglichen Einkerkerung und Verbrennung reichte und schloß auch Urteile über die Beschlagnahme und Zerstörung von Gebäuden ein sowie eine die Nachkommen betreffende Disqualifizierung für die Ausübung eines Amtes.[40]

Wenn die Geistlichkeit und die weltliche Behörde die Inquisition wirklich rückhaltlos unterstützten, und wenn ihre Vertreter Zeit bekamen, gründliche und wiederholte Nachforschungen anzustellen, dann war es kaum vorstellbar, daß sie, mit solcher Gewalt ausgestattet, es nicht schaffen würden, eine im Volk verbreitete Häresie auszurotten.

Die in diesen Jahrzehnten eingeführten Neuerungen veränderten auf die Dauer die Umstände, unter denen die Kirche der Herausforderung des Ketzertums begegnete. Die Initiative ging auf die Kirche über. Die Enklaven im rechtgläubigen Europa, wo sich das Ketzertum dank geistlicher Trägheit oder dem Antiklerikalismus der weltlichen Macht einer gewissen Duldsamkeit hatte erfreuen können, wurden allmählich ausgemerzt. Die zu Anfang des Jahrhunderts getroffenen Entscheidungen räumten auf mit der vorher hier und da noch geäußerten Ansicht, daß die friedliche Bekehrung und die Gegenpredigt besser sei als die Unterdrückung. Es setzte sich die Meinung durch, daß rücksichtslos angewandte Gewalt die richtige Antwort sei; und es stand jetzt ein System zur Verfügung, das deren Gebrauch legitimierte und die Vergehen, gegen die sie anzuwenden war, genau bestimmte. Die für das 11. und 12. Jahrhundert charakteristische Phase der Unsicherheit war jetzt endlich vorbei.

Die Gegenaktion der Kirche beeinflußte die Erscheinungsformen der Ketzerei. Statt offener Predigt und Werbung wie im 12. Jahrhundert finden wir nun öfter geheime Missionsarbeit und Verschwörungen im Untergrund. Eine Zeitlang kam das Auftreten der Bettelmönche dem Verlangen nach Armut und Wanderpredigt in rechtgläubiger Form entgegen. Die Entwicklung der Theologie und die Verbreitung der Kenntnisse über das Ketzertum versetzten einen Menschen, der auf der Suche nach Wahrheit war, in die Lage, besser darüber Bescheid zu wissen, wo er stand. Die Unterscheidung zwischen häretischen Sekten und katholischen Orden wurde klarer.

IV   Verbrennung von etwa 80 Waldensern in Straßburg, 1215

Doch nicht all dies bedeutete einen Fortschritt: ein Gegenangriff auf das Ketzertum war nicht dasselbe wie eine grundlegende Reform. Innozenz III. hatte stets den engen Zusammenhang zwischen der Häresie und dem Versagen des Klerus betont, und in mancher Hinsicht war es leichter, Neuerungen im religiösen Leben willkommen zu heißen und Gesetze zur wirksamen Unterdrückung der Ketzerei zu erlassen als einer Reform gegen tiefsitzende Mängel oder Mißbräuche in der Kirche zum Siege zu verhelfen. Es blieben schwerwiegende Probleme bestehen, die mit der Zahl, Auswahl und Ausbildung der Geistlichkeit zusammenhingen. Die Schwierigkeit, die der Reichtum der Kirche mit sich brachte, bestand weiterhin und war von grundlegender Bedeutung. Die auf dem vierten Laterankonzil in Gang gesetzten Reformen hatten nur beschränkten Erfolg. Die Ausführung der Gesetzgebung war in den einzelnen Ländern sehr verschieden: sie reichte von der englischen Kirche, wo das Konzil das Vorspiel zu einer Art goldenem Zeitalter mit einer Überfülle von Gelehrten und Heiligen im Range von Bischöfen bedeutete, bis zu den Kirchen Spaniens, die von dem Kreuzzug auf der Iberischen Halbinsel geradezu besessen waren, und wo die Wirkung gleich null blieb. Innozenz' eigene Bereitschaft zur Erprobung verschiedener Formen aufopfernder Lebensführung stieß offenbar im Kanon dreizehn des Konzils, der neue religiöse Orden untersagte, auf Widerstand. Obwohl dessen Bedeutung weniger einschränkend war als angenommen wurde[41], bestand trotzdem seine eigentliche Auswirkung infolge der konservativen Haltung der Bischöfe und der Entscheidungen späterer Päpste und Konzilien darin, daß es für die Kirche in der Zukunft schwieriger wurde, neue religiöse Bewegungen gelten zu lassen, und Innozenz' naheliegender Gedanke an Klerikergemeinschaften, die unter der Aufsicht von Bischöfen sowohl predigen als auch das geistliche Amt innehaben sollten, war eine Totgeburt.

In politischer Hinsicht konnte sich Innozenz' Plan für eine Bereinigung des alten Problems der päpstlich-kaiserlichen Beziehungen und zur Sicherung des päpstlichen Territorialbesitzes in Italien nicht durchsetzen. Der nachfolgende Machtkampf mit Friedrich II. überschattete die Pontifikate Gregors IX. und Innozenz' IV. Er ließ durch den Mißbrauch der Kreuzzugsidee in dieser Auseinandersetzung mit den Hohenstaufen einen altbewährten Ansporn volkstümlicher Frömmigkeit an Wirkung verlieren und verleitete sogar die Päpste, die sich so nachdrücklich für eine wirksamere Bekämpfung der Häresie eingesetzt hatten dazu, ihre Vertreter zurückzurufen, wo die Verfolgung der Ketzer einen Verlust von Bundesgenossen gegen Friedrich mit sich bringen konnte.

Der harte Kampf gegen die Katharer wurde erst Anfang des 14. Jahrhunderts zu einem erfolgreichen Ende geführt.[42] Die Bettelmönche, die Inquisition, die Laienbruderschaften, die Entwicklung der katholischen Frömmigkeit und das steigende Erziehungsniveau, schließlich die internen Zwistigkeiten bei den Ketzern – all dies trug dazu bei, daß sie zu Boden geworfen wurden; aber dazu waren große Anstrengungen nötig. Die Waldenser kamen, obwohl sie im großen und ganzen weniger hart verfolgt wurden als die Katharer, in ihren Ursprungsländern beiderseits der Alpen in starke Bedrängnis; sie machten jedoch in einem gewissen Maße ihre Verluste dadurch wieder wett, daß ihre Missionen sich in den Ländern deutscher Sprache nach Osten hin weit ausbreiteten, sowie dadurch, daß sie sowohl in geographischer wie in psychologischer Hinsicht Schutz vor Verfolgung fanden, indem sie sich durch andere Vorwände tarnten.[43] Diese Häretiker überdauerten das 13. Jahrhundert bis weit in die Zeit der Reformation hinein. Katharer und Waldenser – die bemerkenswertesten unter den Häretikern, die das 12. Jahrhundert überstanden – erfordern nun eine getrennte Besprechung. Sie werden in besonderen Kapiteln behandelt, weil gezeigt werden soll, wie anziehend ihre Lebens- und Glaubensformen waren, so daß sie voller Lebenskraft immer wieder Menschen anlockten; außerdem soll deutlich werden, wie sich jede der beiden Häresien unter dem immer härteren Druck eines neubelebten Katholizismus verhielt.

Die Neuentwicklungen im kirchlichen Leben brachten jedoch keine endgültige Lösung des Ketzerproblems. Reformen mit Hilfe von Zentralisierung und ein Anwachsen des kanonischen Rechts hoben zwar das allgemeine Niveau in der Kirche; aber gleichzeitig riefen sie einen unterschwelligen Widerstand hervor, den potentiellen Nährboden für das Ketzertum, weil sie bei unzureichenden Verbindungen durch eine zentrale Bürokratie durchgeführt wurden und weil sie durch päpstliche Besteuerung und die Wirren in Italien belastet waren. Vor allem wurde das Anwachsen des Formalismus durch die Betonung des Rechtscharakters gefördert, und zwar immer dann, wenn das religiöse Gefühl dieses Rechtsdenken nicht befruchtete. Es war gewiß kein Zufall, daß »spiritualisierende« Häresien im Laufe des 13. Jahrhunderts immer mehr um sich griffen: sie hatten zwar verschiedene Wurzeln, doch sie nahmen gemeinsam für sich in Anspruch, daß ihre Anhänger »geistlicher« seien als ihre Mitmenschen, und sie strebten danach, der Routine der mittelalterlichen Kirche mit ihrer Hierarchie und ihren Sakramenten zu entfliehen. Beachtenswert ist der Umstand, daß diese Häresien meist aus den inneren Kreisen des kirchlichen Lebens entsprangen und keineswegs Ketzereien von »Außenseitern« waren wie jene der Katharer und Waldenser.[44]

Es waren also gerade die Maßnahmen, die zu einer katholischen Wiedererweckung benutzt wurden, und durch die die Kirche das Gesetz des Handelns an sich riß, aus denen Ketzerei zu wachsen begann. Die Franziskanerbrüder, die bei ihrer raschen Entwicklung aus einer kleinen Bruderschaft zu einem mächtigen Orden mit einer geistig führenden Rolle großen Belastungsproben ausgesetzt waren, gerieten in Schwierigkeiten, die seit der Zeit des Konzils zu Lyon im Jahre 1274 an Intensität zunahmen. Sie brachen zuerst bei einer Rebellion in den eigenen Reihen hervor und wuchsen sich dann zu einer regelrechten Ketzerei aus, die durch den Dritten Orden im Laientum verbreitet wurde.[45] Das durch Papsttum und höheren Klerus gelenkte Vorgehen der Inquisition war dazu geeignet – und wirkte sich in der Tat auch so aus –, Ketzerei dort hervorzurufen, wo es keine gab, den Opfern Glaubensformen zur Last zu legen, die sie gar nicht hatten, oder sie dazu zu bringen, daß sie die unorthodoxen Anschauungen, die sie wirklich hatten, bei den Befragungen unter Anwendung von Foltern übertrieben und entstellten. Auf diese Weise wurden einige beunruhigende Züge in der Laienmystik und die Anschauungen weniger abirrender Einzelner voreingenommen behandelt und zu der angeblichen Ketzerei der Freigeistbewegung im Anfang des 14. Jahrhunderts hochgespielt.[46]

Wie diese neuen Häresien entstanden bzw. künstlich ins Leben gerufen wurden, soll im Anschluß an eine Analyse der Stellung der Katharer und Waldenser erörtert werden.

Anmerkungen:

[1] *RB*, S. 70–156; Kommentar von E. Jordan in *RHE*, XXXII, 1936, S. 968–972. Shannon, Cf. A. C.: *The Popes and Heresy in the Thirteenth Century*, Villanova (Pa) 1949.

[2] Borst, *Katharer*, S. 6–21.

[3] *PL*, CCXIV, cols 788–789; *RB*, S. 74 Anm. 5. Vgl. *PL*, CCXV, Sp. 1246–1248; und Bolton, in: *SCH*, IX, S. 86.

[4] Maccarrone, M.: Riforma e Sviluppo della Vita Religiosa con Innocenzo III; *RSCI*, XVI, und 1962, S. 29–72; Bolton, in *SCH*, VIII, S. 78.

[5] Tiraboschi, *Vetera monumenta*, II, S. 133–134, *RB*, S. 81, Anm. 24. Übersetzung des Ausdrucks von Bolton in *SCH*, VIII, S. 77. Aber ob sie sich wohl wirklich gehorsam auf die Sittenpredigt beschränkt haben? (So fragt Miss Bolton in einem Privatbrief, in dem sie auf den Grad ihrer Belesenheit hinweist.) Über Humiliaten aus der Aristokratie s. Bolton, in: *SCH*, VIII, S. 79; über das Einkommen s. ihr noch unveröffentlichtes »The Poverty of the Humiliati«.

[6] *EFV*, S. 129–136; *WEH*, S. 222–226; Selge, *Waldenser*, I, S. 193–225; Thouzellier, *Catharisme et Valdéisme*, 2. Ausg., S. 215–226; über den Status vgl. Maccarrone, in: *RSCI* XVI, 1962, S. 29–72

[7] *EFV*, S. 136–140; Thouzellier, *Catharisme*, S. 232–237; Selge, *Waldenser*, S. 188–193.

[8] Ebd. S. 204–205

[9] S. u. S. 124

[10] Selge, a. a. O. S. 307

[11] *EFV*, S. 169–183, übers. *WEH*, S. 278–289; Selge, a. a. O. S. 305–312, Böhmer, in: *RPTK*, XX, S. 810–811. Ich akzeptiere Deutschland als Bestimmungsland, weil der Titel dem Dokument nachträglich hinzugefügt wurde.

[12] Ebd., S. 811

[13] Elne im Roussillon wurde damals von den Königen von Aragón regiert und war eine Diözese der Provinz Narbonne. Über die Schule s. Thouzellier, S. 269–284 und verw. Stellen.

[14] *Liber*, Text bei Selge, II; Analyse bei Thouzellier, S. 60–79, Zusammenhänge Selge, I, Kap. 1; *Contra Manicheos* bei Thouzellier, *Une Somme anti-Cathare: le »Liber contra Manicheos« de Durand de Huesca*, Louvain 1964; rezensiert von Jolivet, J. in: *RHR*, CLXIX, 1966, S. 77–80; Analyse bei Thouzellier, *Catharisme*, S. 303–373 (Autoritäten auf S. 375–424 zitiert). Pionierstudie, die auch andere Themen einschließt, bei Dondaine, A.:Durand de Huesca et la Polémique anti-Cathare, *AFP*, XXIX, 1959, S. 228–276.

[15] Lettres, Hrsg. Huygens, S. 73 (»CL congregationes conventuales«)

[16] Vicaire, *St Dominic; CF*, I; Guiraud J.: *Cartulaire de Notre Dame de Prouille, précédé d'une Étude sur l'Albigéisme languedocien au XIIe et XIIIe siècles*, I–II, Paris 1907.

[17] Zur Einführung s. Knowles, D.: *Religious Orders in England*, I, Cambridge 1950, S.

146–162. Ebd. S. 114–126; Matt. 10. 7–13. S. u. Kap. 12

[18] Lemmens, L.: *Testimonia Minora s. XIII de S. Francisco Assisi*, Quaracchi 1926, S. 93–94

[19] Ich verdanke den Hinweis Dr. R. B. Brooke. Delaruelle, E.: L'influence de saint François d'Assise sur la piété populaire, in: *Relazioni*, III, S. 449–466; Manselli, *Eresia*, S. 279

[20] *PL*, CCXV, Sp. 360; übers. Vicaire, *St Dominic*, S. 87

[21] Julien, M.: Pierre de Castelnau: un Légat autoritaire, *CEC*, IX, 1958–1959, S. 195–202, Wakefield *Heresy, Crusade*, ch. 6, und Bibl., Strayer, *Albigensian Crusades;* P. Belperron, *La Croisade contre les Albigeois et l'Union du Languedoc à la France (1209–1249)*, Paris 1942, (aus nordfranzösischer Sicht); Evans, A. P.: The Albigensian Crusade, in: K. M. Setton, *A History of the Crusades*, II:

[22] *The Later Crusades, 1189–1311*, Hrsg. Wolff, R. L. und Hazard, H. W., Philadelphia 1962, S. 277–324; *CF*, IV (bes. was die Ideen betrifft); in Thouzellier, *Catharisme*, S. 269, n. I, B. Hamilton, *The Albigensian Crusade*, London 1974 (Historical Association pamphlet G. 85).

[23] Maisonneuve, *Etudes*, S. 156–158, Foreville, R.: Innocent III et la Croisade des Albigeois, in: *CF*, IV, S. 184–217, Thouzellier, *Catharisme*, S. 136, 146, 155–156.

[24] S. u., S. 208–216; Fine, jr. J. V. A.: Was the Bosnia Banate subjected to Hungary in the Second Half of the Thirteenth Century? *EEQ* III, 1969, S. 167–177

[25] Grundmann, *Ketzergeschichte*, S. 39; Lea, *Inquisition*, III, S. 182–186

[26] Delaruelle, in: *AM*, LXXII, 1960, S. 149–167; man vergleiche demgegenüber das zeitgenössische Plädoyer für Gewaltanwendung in einer Ermengaud de Béziers zugeschriebenen Abhandlung, Hrsg. Dondaine, *AFP*, XXIX, 1959, 271, *WEH*, S. 230–235; Analyse, Thouzellier, *Catharisme*, S. 284–292.

[27] Mansi, xxii, Sp. 982, *EFV*, 158–163; übers. in *DTC*, I, S. 683–686; Dondaine, in: *AFP*, XVI, 1946, S. 191–235.

[28] Mansi, XXII, Sp. 12–986, Reeves, M.: *The Influence of Prophecy in the later Middle Ages, A study in Joachimism*, Oxford 1969 (die grundlegende Untersuchung über Joachim und seinen Einfluß), S. 28–36.

[29] Eine genaue Darstellung findet sich bei Reeves, *Prophecy*, S. 16–27, 135–144; vgl. eine klärende Analyse von demselben Autor, »The *liber Figurarum* of Joachim of Fiore«, *MRS*, II, 1950, S. 57–81.

[30] *RB*, S. 355–373, D'Alverny, M. Th.: Un Fragment du Procès des Amauriciens, *AHDLMA*, XXVI, 1951, S. 325–336; Übersetzung der Quellen, in: *WEH*, S. 258–263. Bène (manchmal auch Bènes oder Bena geschrieben) war eine Pfarrei in der Diözese Chartres.

[31] *Chartularium universitatis Parisiensis*, Hrsg. Delisle, H. und Chatelain, E., I, Paris 1889, S. 71, zitiert in: *RB*, S. 363, Anm. 18

[32] »Beau Pere qui estes in celz et en la terre, confermez vestre nom en nos cors; denez nes vostre regne; vestre volente seit faite en terre si come au cel; denez nos que mesters nos est a chascun et chascun jer aus armes; pardonez nos nos mesfez si com nos pardonom a austrui; gardez nos des enginz au de de (able?); delivrez nos de toz maus.« D'Alverny, *AHDLMA*, a. a. O. Hier können wir einen pantheistischen Zug entdecken (»in celz et en la terre«), den Ersatz des substantiellen Brotes durch vage Bedürfnisse sowie die Umwandlung des Bösen in zufällige Übel. Siehe des weiteren *AHDLMA*, a. a. O. *Anm. d. Übers.:* das vom Autor durch »vage Bedürfnisse« wiedergegebene Kolon lautet in neufranzösischer Übersetzung »ce dont nos âmes ont besoin jour par jour«, also »wessen unsere Seelen täglich bedürfen«.

[33] Grundmanns Beurteilung in *RB*, S. 365 und Ketzergeschichte, S. 43

[34] Preger, W.: *Geschichte der deutschen Mystik*, I, Leipzig 1874, S. 468, l. 78. Über die Ortlieber s. Grundmann, *Ketzergeschichte*, S. 45. S. Leff, *Heresy*, II, S. 309; zu all diesen

Episoden vgl. Grundmann, *Ketzergeschichte*, S. 41–42, neuplatonischer Hintergrund bei Leff, G.: *Medieval Thought*, London 1958.
[35] S. u. S. 275–280
[36] Maisonneuve, *Études*, S. 243–257
[37] Dossat, Y.: *Les Crises de l'Inquisition toulousaine au XIIIe Siècle (1233–1273)*, Bordeaux 1959, Kap. 5,S. Rezens. Guillemain, B.: *AM*, LXXIII, 1961, S. 106–111; Lea, *Inquisition*, I, Kap. 7 *passim* (immer noch von Wert); Kap. 7–14 neu gedruckt mit einer Einführung von Ullmann, W. bei Lea, H. C.: *The Inquisition of the Middle Ages: its Organization and Operation*, London 1963. Weitere bibliographische Angaben u. S. 267, A. 1.
[38] Dondaine, A.: Le Manuel de l'Inquisiteur (1230–1330), *AFP*, XVII, 1947, S. 85–94. Borst, *Katharer*, S. 21–27. Polemische Literatur (s. u. S. 267) bei Dondaine: Nouvelles Sources de l'Histoire doctrinale du Néo-Manichéisme au Moyen Âge, *RSPT*, XXVIII, 1939, S. 465–488; Wakefield, W. L.: Notes on some Antiheretical Writings of the Thirteenth Century, *FS*, XXVII, 1967, S. 285–321 (macht deutlich, wie nachlässig abgeschrieben wurde).
[39] Maisonneuve, *Études*, S. 312. Die Anwendung der Folter bei weltlichen Gerichtsverfahren, wie sie Innozenz IV. erwähnt, um ihren Gebrauch durch die Inquisition zu rechtfertigen, entwickelt sich in dem Maße, wie das Gottesurteil unglaubwürdig wird, van Caenegem, R. C.: *La Preuve dans le Droit du Moyen Âge occidental. Rapport de Synthèse*, Brüssel 1965 *(Recueils de la Société Jean Bodin,* XVII), S. 739 u. A. Ich verdanke den Hinweis Dr. A. V. Murray.
[40] Lea, S.: *Inquisition*, I, Kap. 12, 13; Dossat, *Crises*, S. 247–268; Artikel in *CF*, VI. Ich war nicht in der Lage, den Artikel von Ullmann, W.: The defence of the Accused in the medieval Inquisition, *Irish Ecclesiastical Record*, 5th ser., LXXIII, 1950, S. 481–489 heranzuziehen; s. jedoch darüber Wakefield, *Heresy, Crusade*, S. 192.
[41] Leff, *Heresy*, I. S. 15 bedarf der Abänderung durch Maccarrone, in: *RSCI* (1962), S. 29–72.
[42] S. u. Kap. 8, T. 2
[43] S. u. Kap. 9
[44] Vgl. die Untersuchung der gesellschaftlichen Struktur der Kathareranhänger u. (S. 172–179) und bei den Waldensern (S. 235–238). Unter den Katharern gab es wenig Leute aus dem Klerikerstand und kaum solche von hoher Herkunft. Das Waldensertum ist vom späten 13. Jahrhundert an vorwiegend die Religion des kleinen Mannes.
[45] S. u. Kap. 12
[46] S. u. Kap. 11, T. 2

Die Katharer

Das Katharertum war offensichtlich die kraftvollste Häresie des 13. Jahrhunderts. Was die führenden Männer der Kirche gegen sie unternahmen, veränderte die Grundstrukturen des kirchlichen Lebens. Mehr als irgendeine andere Ketzergruppe erregten die Katharer Besorgnis und Feindseligkeit, und sie forderten geradezu die Entwicklung der Inquisition heraus. Nicht nur die Bischöfe, sondern auch Volksbewegungen, die selbst unter Verdacht standen wie die Waldenser und die Humiliaten, spürten die Notwendigkeit, ihren Einfluß einzudämmen. Wir haben bereits beschrieben, welche Faktoren in der Volksreligion des 12. Jahrhunderts die Bekehrungstätigkeit der Katharer begünstigten, und auf welche Weise die Missionare der Bogomilen, die im 11. Jahrhundert im Westen keinen bleibenden Eindruck hinterlassen konnten, im 12. Jahrhundert eine Wirkungsmöglichkeit für die Verbreitung ihres Glaubens fanden, indem sie ihre asketische Lebensform mit der schon vorhandenen Bewegung der Wanderpredigt in Armut verbanden. Unsere erzählende Darstellung der Ketzerei des 12. Jahrhunderts hat praktisch die äußeren Gründe für das Wachstum der katharischen Häresie aufgezeigt. Sie soll nun durch eine analytische Darlegung ergänzt werden mit der Absicht, die inneren Gründe für den Erfolg der Bewegung genauer zu untersuchen. Dabei werden die Quellenzeugnisse ohne strenge Einhaltung der chronologischen Folge aus der Zeit nach dem Ende der ersten Missionsphase zu Anfang der sechziger Jahre unter verschiedenen Gesichtspunkten herangezogen. Italien und das Languedoc werden die hauptsächlichen Quellenbeispiele liefern, weil in diesen Gegenden das Katharertum sich am stärksten festgesetzt hatte und die Zeugnisse leicht verfügbar sind. Trotzdem sollte man nicht vergessen, daß die Katharer auch in Deutschland bis zu den dortigen Verfolgungen im zweiten und dritten Jahrzehnt des 13. Jahrhunderts offensichtlich gut vertreten waren.

Die Anziehungskraft des Katharertums

Der Status der »Vollkommenen« und die Riten der Sekte

Will man erklären, was das Katharertum anziehend machte, muß man die »Vollkommenen« als zentrales Thema ins Auge fassen. Zahlenmäßig bildeten diese Eingeweihten, zu denen Männer und Frauen gehörten, eine kleine Elite. In der Zeit, als die Katharer in Teilen des

Languedoc den größten Anklang fanden, als ganze Familien sich stark engagierten und heranwachsende Jünglinge den *status coelestis* annahmen, konnte es wohl zu ganz beträchtlichen Ansammlungen von Vollkommenen kommen wie zum Beispiel in Mirepoix, wo sie in etwa fünfzig Häusern vertreten waren.[2] Dennoch war die Zahl der Vollkommenen gering im Vergleich zu den anderen Klassen von Anhängern, den Gläubigen und den loser angeschlossenen Gesinnungsgenossen. Von dieser kleinen Gruppe der Vollkommenen hing, solange sie in guter Verfassung war, die Zugkraft der Bewegung ab. Als sie jedoch an Zahl und Wert abnahm, war der Katharismus dem Untergang geweiht.

Der Zugang zum *status* wurde durch die *consolamentum* genannte Aufnahmezeremonie gewährt[3]; sie leitete sich von jenem Ritus her, durch den die Bogomilen ihre Neulinge zuließen.[4] Der erste Teil des Rituals, die Übergabe des Vaterunsers, welcher möglicherweise einmal dem *baptisma* der byzantinischen Bogomilen entsprach, gab dem Kandidaten das Recht, das Gebet des Herrn zu sprechen, denn die breite Masse der Anhänger, die noch unter Satans Herrschaft stand, hatte überhaupt kein Recht, ihren Gott »Vater« zu nennen. Ein zweiter Teil des Rituals (oder ein eigener ritueller Akt)[5], der der byzantinischen *teleiosis* entsprach, vergab dem Kandidaten bzw. der Kandidatin die Sünden und befreite sie von den Folgen des Falls der Engel aus dem Himmel und von ihrer Fesselung an einen Körper durch Satan. Beim Fall, so glaubte man, habe der Engel, der die Seele eines Menschen ist, seinen Geist im Himmel zurückgelassen; beim *consolamentum* würden Seele und Geist wieder vereinigt und die Seele entkomme dem Machtbereich Satans.

Wenn man den *status* erreichen wollte, hatte man gewöhnlich eine anstrengende Vorbereitungszeit durchzumachen. Der Kandidat mußte von den anderen Vollkommenen für würdig befunden werden. Deshalb mußte er während der Probezeit eines ganzen Jahres gezeigt haben, daß er geeignet war, das Leben eines Vollkommenen auf sich zu nehmen. In dieser Zeit hielt er das Fastengebot der Vollkommenen an jedem Montag, Mittwoch und Freitag ebenso wie während dreier Bußperioden ein – lebte dabei nur von Brot und Wasser –, und zu jeder Zeit beachtete er das Speiseverbot für Zeugungsprodukte: Fleisch, Milch, Eier, Käse. Praktisch hielten der Kandidat und der Vollkommene die durch die ausschließliche Aufnahme von Wasser und Brot über ganze Tage und Wochen hin noch verschärften Speisevorschriften eines Vegetariers von heute ein, der es grundsätzlich ablehnt, sich auf Kosten des Tierreichs am Leben zu erhalten. Die einzige Ausnahme von der Strenge dieser Regel war der Genuß von Fisch, den die Katharer – gemeinsam mit vielen Rechtgläubigen – nicht für ein Produkt der Zeugung hielten, sondern von dem sie glaubten, daß er aus dem Wasser selbst hervorgehe.[6] Natürlich war jeglicher sexuelle Verkehr verboten, und – besonders in den letzten Tagen der Bewegung – sogar die harmloseste körperliche Berührung zwischen Mann und Frau strikt untersagt.[7] Wenn ein Kandidat oder eine Kandidatin verheiratet war, mußten sie ihren Partner aufgeben; für Unverheiratete war lebenslängliche Ehelosigkeit die Regel.

Geschlechtlichkeit bildete einen Teil von Satans Schöpfung. Die eingekerkerten Engel waren geschlechtslos. In einem der am meisten zu Herzen gehenden unter den dualistischen Mythen weinten sie, als sie herausfanden, daß die Körper, in die Satan sie eingepfercht hatte, nach ihrem Geschlecht verschieden waren.[8]

Nachdem er das *consolamentum* einmal empfangen hatte – oder, wie es damals hieß, »konsoliert worden war«[8a] –, hatte der Neuling unter den Vollkommenen ein Leben voll strenger Beachtung der Vorschriften vor sich, welches für ihn im Vergleich zu dem entsprechenden Leben der asketischsten katholischen Orden deshalb um so härter war, weil im Falle eines Verstoßes Einrichtungen wie die katholische Beichte, Reue und Buße mit der Theologie der Katharer unvereinbar waren. Jeden Monat hielten die Vollkommenen einer Gemeinde oder Ortschaft eine Versammlung ab, bei der sie einander ihre Sünden offen bekannten – das *apparellamentum*.[9] Es war jedoch für geringe Verfehlungen vorbehalten, wie das Versäumnis, die vorgeschriebene Zahl von Vaterunsern herzusagen; gleichzeitig war es eine Gelegenheit, bei der man sich gegenseitig aufrichtete zum Bestehen des harten Kampfes um »Vollkommenheit«. Es war nicht dazu da, daß man mit einem Verstoß gegen den Enthaltsamkeitskodex, der für die Katharer das Rückgrat der Sittlichkeit bildete, fertig wurde. Solche Verstöße standen alle auf einer Stufe: es fiel gleichermaßen schwer ins Gewicht, wenn man beispielsweise durch das Verspeisen eines Eies sündigte, wie wenn man stahl oder einen Mord beging.[10] Jeder Verstoß gegen das Gesetz verstrickte den Sünder noch einmal in die Welt Satans, so daß er des *consolamentum* verlustig ging. Es ist nicht ganz klar, was in der Anfangszeit mit jemand geschah, der gesündigt hatte. Später bediente man sich einer bestimmten Form, um einen Sünder erneut zu konsolieren; es war dies allerdings eine Zeremonie, die vertraulich stattfand, ohne daß die ganze Schar von Anhängern zugegen war, und sie war auch nur nach einer echten Buße zulässig.[11] Das sittliche Niveau wurde lange Zeit aufrechterhalten. Jakob a Capellis, der franziskanische Polemiker aus Mailand, wirkt glaubhaft, wenn er beschreibt, wie man mit einem Vollkommenen, der unerlaubten Geschlechtsverkehr getrieben hatte, kurzen Prozeß machte: er wurde entweder ausgestoßen oder erst nach schwerer Buße wieder konsoliert.[12]

Ein Bruch der Gesetzesvorschriften hatte den Verlust des *consolamentum* zur Folge, und zwar sowohl für den Sünder selbst wie für all jene, die von dem sündigenden Vollkommenen wiederum konsoliert worden waren. So konnte ein einziger Sündenfall eine Kettenreaktion verursachen. Sacconi kommentiert: »Alle Katharer haben mit großem Zweifel und beständiger Gefahr für ihre Seele zu kämpfen.«[13] Das war deshalb so, weil niemand sagen konnte, ob ein Verwalter des *consolamentum* nicht insgeheim eine Sünde begangen hatte. Die Folge war, daß oft angstvoll erneut konsoliert wurde, wenn den Anhängern solcher Männer Gerüchte von deren Fehltritten zu Ohren kamen. Insgesamt balancierte der Vollkommene zur Blütezeit des Katharertums auf einem Drahtseil, hielt sorgsam, ja geradezu selbstquälerisch einen Lebensstil ein, der soweit wie möglich eine Betätigung der natürlichen Triebe ausschalten sollte, nahm sich in acht, daß er kein verbotenes Schmalz aß, sorgte dafür, daß der gehörige Abstand zwischen den Geschlechtern eingehalten wurde[14], und wiederholte mit seinen Paternoster-Ketten immer wieder das Vaterunser, das Gebet der Sekte.

Trotz allem hatte diese karge Lebensführung ihre anziehenden Seiten. Da war zunächst das Gefühl der gemeinsamen Bemühung unter den Vollkommenen einer Gemeinde. Capelli berichtet von dem Geist, der unter den Diakonen der Sekte in Italien herrschte, und davon, daß die Katharer, die in ihre Rasthäuser kamen, »durch ein Band der Liebe miteinander vereint waren«.[15] Außerdem gab es den Anreiz, daß man sich als fähig erwies, die Bürde zu tragen. Dies erinnert an die Mönche in der ägyptischen Wüste, die in ihrer Genügsamkeit wie Athleten Christi in einen Wettstreit miteinander traten. Natürlich war auch die Exklusivität an sich schon verlockend. Nur das *consolamentum* konnte einen Menschen erretten; es war das einzige Mittel, um Satans Gewalt zu entrinnen. Der Vollkommene hatte es empfangen, und – vorausgesetzt, er selbst konnte die Balance auf dem Drahtseil halten und der Geistliche, der es ihm gegeben hatte, strauchelte nicht – er hatte die Gewähr, bei seinem Tode in den Himmel zurückzukehren oder zumindest auf dem Wege dorthin in der Reihe der Daseinsformen um ein Glied weiterzurücken.

Außerdem gab es auch in dieser Welt unmittelbare Belohnungen. Der Vollkommene scheint, außer in Zeiten der Verfolgung, niemals aus der Gesellschaft ausgeschlossen gewesen zu sein. Während seiner Amtstätigkeit war er beständig unterwegs, predigte, vollzog das *consolamentum* und ermunterte seine Mitvollkommenen. Seine Hagerkeit und sein bleiches Aussehen infolge des Fastens sowie der schwarze Rock, den er beim *consolamentum* trug, waren die äußeren Zeichen und die Uniform seines Standes der Vollkommenheit: sie offenbarten ihn sozusagen in aller Öffentlichkeit und sicherten ihm die Bewunderung aller. Sofern er nicht seinen Amtsobliegenheiten nachging, wohnte er (oder sie) normalerweise in einem Haus, wo er von Gesinnungsgenossen besucht wurde, zumindest solange die Vollkommenen noch in Sicherheit lebten. Ihr Kampf um Vollkommenheit spielte sich bis zur Erschöpfung angesichts allseitiger Achtung und Verehrung ab. Selbst in den Jahren, nachdem die Inquisition ihre Tätigkeit aufgenommen hatte, und als die Bewegung im Untergrund fortbestand, wurden die Vollkommenen, die heimlich von Ort zu Ort zogen, noch immer von einer Klasse von Gläubigen gestützt, die in ihnen eine Gattung erlöster Engel sah, die einzige greifbare Gegenwart des Göttlichen in Satans Welt.

Das Ritual und die Anleitungen zum täglichen Leben brachten Vollkommene und Anhänger miteinander auf solche Weise in Berührung, daß der Status der ersteren hervorgehoben wurde. Das *melioramentum*, die Ehrenbezeigung gegenüber den Vollkommenen, welche oft das erste offene Anzeichen dafür war, daß jemand zu den Katharern gehörte – die Inquisition nannte es »Verehrung« – zeigte die Kluft zwischen den Kategorien an und war die Erklärung dafür, daß der Anhänger danach strebte, eines Tages konsoliert zu werden. Es wurde erwartet, daß man diese Ehrenbezeigung bei allen Zusammenkünften erwies, beim Gottesdienst oder wenn man das Haus eines Vollkommenen betrat. Dabei verbeugten sich die Gläubigen tief oder beugten das Knie und fügten beim drittenmal auf lateinisch oder in der Landessprache hinzu: »Bittet Gott für mich Sünder, daß er mich zum guten Christen mache und zu einem guten Ende führe!« oder ähnlich. Der »Vollendete« erwiderte jeweils: »Gott segne Euch!« und beim dritten Male: »Gott sei gebeten, daß er Euch zum guten Christen mache!«[16] Dies hatte eine besondere Bedeutung: ein guter Christ oder überhaupt ein Christ zu sein, hieß nach dem Glauben der Katharer, ein Vollkommener zu werden. Zu einem guten Ende gelangen hieß, im Besitz des *consolamentum* zu sterben, es nicht durch eine Verfehlung verwirkt zu haben. Beim Austausch der Grußformeln und beim Beugen der Knie erinnerten der Vollkommene und der Anhänger einander an ihren jeweiligen Status – der eine in Erwartung, noch nicht von Satan befreit, der andere außerhalb seines Herrschaftsbereichs, in einer einzigartigen Stellung.

Die Brotbrechung, die feierliche Handlung, mit der eine Mahlzeit eingeleitet wurde, gab wiederum dem Vollkommenen die führende Rolle. Der älteste der Anwesenden hielt, während das Vaterunser gebetet wurde, ein Brot, das in ein weißes Tuch gehüllt war, segnete es und teilte es an alle aus. Die Handlung wurde auf verschiedene Weise erklärt – als Allegorie, die an das geistliche Brot der katharischen Version des Vaterunsers erinnerte, oder als Nachahmung der katholischen

Eulogie, einer Austeilung von geweihtem Brot – sie diente jedenfalls dazu, Vollkommene und Anhänger zusammenzuführen.[17] Für die normalen Mitglieder war das Brot eine Erinnerung an die Anwesenheit der Vollkommenen. In Verfolgungszeiten wurden die Überreste des geweihten Brotes von den Anhängern für einen späteren Gebrauch sorgfältig aufbewahrt.

Die Anweisungen für das Sprechen des Vaterunsers sorgten für die Einhaltung der Distanz zwischen Anhängern und Vollkommenen. Das provenzalische Ritual, der eine der beiden Zeremonientexte, die von den Katharern erhalten sind, verweigert den normalen Gläubigen jegliche Rolle: »Das Amt..., das Vaterunser zu sprechen, sollte nicht einem Laien anvertraut werden«, so heißt es darin.[18] Sie hatten eine rein passive Rolle; sie waren bloße Zuhörer, wenn der Vollkommene das Vaterunser sprach. Auf diese Weise wurde der Vollkommene in seiner Lebensführung durch die Zeremonien getragen: die Aufnahme in den *status coelestis* war hart, und ihn unversehrt zu bewahren, war noch härter; aber das Bewußtsein, eine einzigartige Stellung in der Menschheit innezuhaben, welches durch die Aufmerksamkeiten der äußeren Anhänger seiner Sekte verstärkt wurde, pflegte ihn immer wieder in seiner Enthaltsamkeit zu bestärken.

Der Anreiz der Stellung eines Anhängers der Sekte war von ganz anderer Art. Die Menge der normalen Sympathisanten, die im Vollbesitz ihrer Gesundheit waren, pflegte nie so weit zu gehen, daß jemand das *consolamentum* empfing und damit die *abstinentia* auf sich nahm – die Probezeit oder gar die Einschränkung im Leben des Vollkommenen, obgleich dies die Dinge waren, die die Sekte in erster Linie für sie anziehend machten. Ihre Begeisterung für den Katharerglauben beschränkte sich auf das Anhören der Predigten und die Ausführung des *melioramentum*. Wenn die Anhänglichkeit ein wenig tiefer ging, schloß sie vielleicht die Anwesenheit bei der Brotbrechung sowie einen aktiveren Anteil an der Erhaltung der Vollkommenen ein.

Der Status des Gläubigen bedeutete etwas mehr. Es ist immer noch nicht geklärt, ob zum Erreichen des Status eine förmliche Zeremonie nötig war. Das provenzalische Ritual spricht von einem Gläubigen, der sich das Gebet des Herrn hat verabreichen lassen, und nennt den Ritus, der der Übergabe des eigentlichen *consolamentum* vorangeht, das Amt des Vaterunsers. War der oder die Gläubige – in den Inquisitionsquellen *credens* genannt – jemand, der eine besondere Ausbildung durchgemacht hatte und berechtigt war, das Vaterunser zu sprechen, obwohl er noch nicht das *consolamentum* empfangen hatte und nicht zu den Vollkommenen gehörte, oder handelte es sich einfach um einen besonders eifrigen Helfer der Sekte?[19] In der schweren Zeit für das Katharertum teilte die Inquisition die Gläubigen nach ihren Aufgaben ein: es gab die des Geldsammlers für die Ausgaben der Vollkommenen, die des Gastgebers, wenn sie ihnen Schutz und Unterkunft gewährten, oder die des Führers, wenn sie die Vollkommenen auf ihren heimlichen Wegen durch das Land geleiteten.[20] Dies ist, wie gesagt, noch nicht geklärt.

Aber wie auch immer es sich mit der Stellung eines Gläubigen in Wirklichkeit verhält, so ist doch offenkundig, daß alle, die nicht vollkommen waren – ob es sich um Mitläufer am Rande der Bewegung oder engagierte Gläubige handelte –, sehr begrenzte Funktionen in der Sekte hatten und auch keine weiteren hätten annehmen können, solange sie noch Satans Schöpfung zugehörten. Praktisch scheinen sie nicht sehr viel anders gelebt zu haben als ihre orthodoxen Zeitgenossen – waren verheiratet, führten Kriege und bestritten auf verschiedene Weise ihren Lebensunterhalt. Natürlich hielt jedoch der Katharerglaube für sie überhaupt keine Morallehre bereit, solange sie ohne das *consolamentum* blieben. Von daher rührt wahrscheinlich die Annahme der meisten katholischen Polemiker, daß sie sittlich tief stünden, vor allem, daß sie zur sexuellen Verworfenheit neigten und Wucherer unter sich hätten, die durch die katharische Lehre nicht in Schach gehalten würden. Dies ist bislang noch nicht eindeutig bezeugt worden. Katharer bewahrten manchmal selbst als Vollkommene ihren Wohlstand, aber unter den führenden Geschäftsleuten ihrer Zeit fanden sie nur wenige Anhänger und im Languedoc waren sie in den größten Handelszentren nicht aktiv.[21]

Im Mittelalter müssen alle Beschuldigungen sexueller Verworfenheit mit Vorsicht behandelt werden. Wie jede andere Gruppe, die sich geheim betätigte, wurden auch die Katharer leicht zur Zielscheibe für Anwürfe, daß ihre Zusammenkünfte Anlässe für Orgien seien, und zwar selbst dann, wenn es, wie im Falle der Vollkommenen, am allerwenigsten wahrscheinlich ist. Das gleiche gilt, mutatis mutandis, für die Anhänger. Zweifellos war es für sie, die den Katharerglauben teilten, logisch, wenn man jegliche sexuelle Betätigung, die nicht zur Zeugung führte, zumindest für eine Stufe besser ansah, als wenn man durch das Gebären von Kindern noch mehr Seelen unter Satans Gewalt brachte. Ob sie sich tatsächlich in diesem Punkte ihrer Annahme entsprechend verhielten, muß noch bewiesen werden. Sie können ebenso gut wie die Katholiken gelebt haben – oder sogar besser.

Für alle Kategorien von Anhängern war eine Handlung von entscheidender Bedeutung: der Empfang des *consolamentum*. Das provenzalische Ritual – in der Form, wie es uns vorliegt, ein Text aus dem späten 13. Jahrhundert – enthält auch eine Formel zur Konsolierung der Kranken.[22] Die Geistlichen hatten sich zu erkundigen, wie der Kandidat zur Kirche gestanden habe und ob er ihr Geld schulde; dann mußte er bekleidet werden und man mußte ihm helfen, im Bett aufzusitzen. Die Riten der Übergabe des Vaterunsers und der Handauflegung wurden eingehalten, aber verkürzt und in zusammengedrängter Form durchgeführt. Alles, was der Kranke zu tun hatte, war zu respondieren und Enthaltsamkeit zu geloben; in jedem Fall wurde gefordert, daß er noch genügend bei Bewußtsein war, um das Vaterunser zu sprechen. Die Geistlichen der Sekte entwickelten eine Meisterschaft darin, die Übergabe so günstig anzusetzen, daß der Kandidat zwar noch sprechen konnte, aber der Tod alsbald eintrat.[23] Wenn es zu einer Genesung kam, erforderte das provenzalische Ritual eine nochmalige Übergabe des *consolamentum*. Für die Sterbenden war die Strenge, zu der sie sich verpflichteten, von geringer Bedeutung; der Lohn, der darin bestand, daß sie dem Satan entkamen, war nicht geringer als der der Vollkommenen, die bei voller Gesundheit konsoliert wurden. Sehr viel mehr Leute empfingen das *consolamentum* auf diese Weise als durch die feierliche Handlung, die jenen vorbehalten war, welche die Prüfungszeit durchgestanden hatten. Die Mäßigung in der Lebensweise der Vollkommenen war so streng, daß die Mehrheit der Mitglieder sie niemals hätte auf sich nehmen können. So war das *consolamentum* auf dem Totenbett die Lösung des Problems.

Die gesellschaftlichen Aspekte

Bestimmte soziale Faktoren, die mit den religiösen Einflüssen verquickt waren, hielten die Elite lebensfähig und zogen Gesinnungsgenossen an. Sie sind am leichtesten im Languedoc zu beobachten, weil dort vom vierten Jahrzehnt des 13. Jahrhunderts an systematische Ermittlungen durch die Inquisition in den meisten der hauptsächlich betroffenen Gebiete eine Reihe von Bekenntnissen ans Licht brachten, die unmittelbar bis in die Jahrzehnte vor dem Albigenserkreuzzug, als die Ketzerei sich festsetzte, zurückreichen. In Italien ist die Sache deshalb problematischer, weil in den meisten Städten die eigentlich wirkungsvollen Maßnahmen der Inquisition erst sehr viel später einsetzten; daher beziehen sich die Zeugnisse hier nicht in gleicher Weise auf die Zeit der letzten dreißig Jahre des 12. Jahrhunderts, als die Ketzerei zuerst ins Land getragen wurde. Im übrigen läßt sich die Geschichte der Ketzerei in Italien weniger leicht auf einen Nenner bringen: jede Stadt hat ihre eigene Geschichte.[25] Dennoch treten gewisse Gemeinsamkeiten hervor, die für Italien allgemein gültig sind und als Kontrastmittel benutzt werden können.

Im Languedoc war die Begünstigung durch den Landadel der Nährboden für das Katharertum. In der ersten Generation nach der anfänglichen Infiltrationsperiode betätigten sich die Männer eher als Schutzherren, während ihr weiblicher Anhang sich anscheinend in größeren Scharen von der Stellung der Vollkommenen anziehen ließ. In der Familie Niort zum Beispiel[26] waren die Männer zuerst Patrone und fanden erst im Laufe des 13. Jahrhunderts Gefallen am *consolamentum*. Eine verhältnismäßig kleine Zahl von Gönnern und wirklichen Vollkommenen von hohem gesellschaftlichem Rang verlieh der Bewegung Ansehen; der niedere Adel war stark engagiert; im übrigen waren unter den Mitgliedern alle Gesellschaftsschichten vertreten. Bestimmte ländliche Gebiete waren am schwersten betroffen. Aber es gab keine Trennung zwischen Stadt und Land, daher wurde die Ketzerei durch die Bevölkerungsbewegungen hin- und hergetragen. Der Einfluß der Familie ist der wichtigste soziale Einzelfaktor, und hier wiederum sprang der zündende Funke von den Katharermissionaren zuerst auf die Frauen in den *castra* der ländlichen Gebiete über. Die Berichte der Inquisition vermitteln ein lebendiges Bild von den Häusern der weiblichen Vollkommenen, die zwar oft nur eine Handvoll Insassen hatten, jedoch dafür in den betroffenen Gebieten über viele Dörfer verstreut waren. In ihnen wurden Kandidaten für das *consolamentum* ausgebildet, Predigten für jeden Ortseinwohner gehalten, der willens war zuzuhören; man nahm auch gemeinsame Mahlzeiten ein. Von hier aus gingen die Diakone und Amtsträger der Sekte ihren pastoralen Pflichten nach. Eine Witwe empfing vielleicht das *consolamentum*, und andere Hausbewohner schlossen sich ihr dann an; oder eine ledige Frau wurde von ihrer Familie unterstützt. So wurde das Haus zu einem natürlichen Zentrum für die Sekte. In anderen Fällen verließen die Frauen ihre Männer, um die Probezeit auf sich zu nehmen. Ein gutes Beispiel für eine adlige Dame, die sich als Vollkommene selbständig machte, ist Blanche de Laurac, deren Gatte Sicard einer der führenden Männer des Landadels gewesen war.[27] Sie empfing das *consolamentum* und machte ihr Haus zu einer Heimstatt für Vollkommene. Ein Sohn und vier Töchter wurden im Ketzerglauben erzogen; drei der Töchter heirateten und verbreiteten damit den Katharerglauben auf dem »Anhängerniveau«, die vierte wurde eine Vollkommene. Der Sohn, der zunächst Simon de Montfort unterstützt hatte, verteidigte später seine Schwester in Lavaur und wurde wegen Treubruchs gegenüber den Kreuzzugsteilnehmern gehängt. Blanches Enkel konnte sich noch daran erinnern, daß er in der Zeit seines Zusammenlebens mit ihr von den Vollkommenen geweihtes Brot gegessen habe. Etwa um das Jahr 1200 stellte sich heraus, daß fast die gesamte Bevölkerung von Laurac aus Predigthörern bestand und den Vollkommenen das *melioramentum* erwies.

Die Häuser der männlichen Vollkommenen entstanden auf dieselbe Weise, wie der Fall des Ritters Pierre Raymond de Cuq zeigt, der in seinem Hause in Auriac konsoliert wurde und dort mit anderen männlichen Vollkommenen zusammenlebte.²⁸ Aber wenn auch die Männerhäuser gleichfalls eine gewisse Bedeutung hatten, so darf man doch annehmen, daß die stille Ausbreitung und das Einimpfen der Ketzerei in den Familien naturgemäß Frauensache war, und daß die männlichen Vollkommenen am wirksamsten als nicht ortsgebundene Geistliche tätig waren, als Bischöfe und ihre Stellvertreter sowie als Diakone, die predigten, Besuche abstatteten, das *consolamentum* übergaben und vor allem die Sterbenden aufsuchten, um ihnen ihr *consolamentum*, das allmählich an die Stelle der katholischen Letzten Ölung trat, zu erteilen.²⁹ Ihre Organisation hatte auch eine territoriale Basis. Die Bischöfe führten zwar ihren Titel in dreister Nachahmung des Katholizismus, hatten jedoch ihren Sitz an ländlichen Orten, wo sie des Schutzes des ansässigen Adels sicher waren, und nicht in den jeweiligen Städten ihres Titularbereichs. Der *filius maior* und der *filius minor* waren die Stellvertreter der Bischöfe und nahmen nach deren Tod ihr Amt ein. Die Diakone hatten ihre Einflußbereiche und ihre regulären Amtssitze. Aber alle diese Geistlichen müssen oft unterwegs gewesen sein.

Ein Vollkommener lebte billig, gleichgültig, ob er adelig oder niederer Herkunft war; denn seine Lebensweise verlangte ja wenig Aufwand. Doch während die Adelsdame von ihrem eigenen Geld leben konnte und von den Gaben ihrer Anhänger oder ihrer Familie, mußten Frauen von niederer Herkunft arbeiten. Deshalb waren einige Hausgemeinschaften von Vollkommenen in der Tuchindustrie oder im Handel tätig: in Mirepoix hatten sie eine Schuhmacherwerkstatt, in Les Cassès und Montmaur stellten sie Hemden und Schuhwerk her.³⁰ Der häretische Einfluß wurde dann am Arbeitsplatz verbreitet oder wie im Falle des Pierre de Gramazie, der in seiner Kindheit in ketzereigenen Werkstätten zu Fanjeaux arbeitete, während der Lehrzeit aufgenommen.³¹

Der Einfluß, den die Ketzer auf Kinder ausübten, trug mit dazu bei, daß das Katharertum zu etwas Alltäglichem im Leben wurde. Bernard Mir erinnerte sich, wie er als Kind in einem Hause von Vollkommenen zu Saint-Martin-la-Lande ein- und ausging, wie man ihm Nüsse zu essen gab und ihm beibrachte, seine Knie zu beugen und um den Segen zu bitten – und ihn auf diese Weise im *melioramentum* ausbildete.³² Durch Gastfreundschaft wurden Kontakte hergestellt. In Puylaurens lebte die Mutter des Sicard de Puylaurens bei zwei von ihren Schwestern und einer anderen adligen Dame, die alle zu den Vollkommenen gehörten, und Männer und Frauen kamen und aßen Früchte aus ihren Händen. In den Familien wurden ganz unterschiedliche Anschauungen geduldet. In der Familie Arrufat in Castelnaudary gestattete das Familienoberhaupt seiner Frau, sowohl Katharer wie Waldenser zu empfangen. Pelfort de Rabastens, der Herr der dortigen Ansiedlung, hatte eine Mutter und eine Schwester, die beide konsoliert worden waren. Ein Zeuge beschrieb, wie ungezwungen die Familie und ihre ketzerischen Angehörigen miteinander umgingen, wenn Pelforts Frau die ketzerischen Damen besuchte. Aber aus demselben Hause ging Raymond de Rabastens hervor, der Archidiakon von Agen und für kurze Zeit Bischof von Toulouse war.

An einigen Orten erreichte der Einfluß der Katharer seinen Höhepunkt. In Cambiac zum Beispiel beklagte sich der Ortspfarrer darüber, daß er seine sämtlichen Pfarrkinder, außer vieren, als katharische Gläubige ansehen müsse[33], in Caraman, Lanta und Verfeil starben um 1215 nur wenige ohne *consolamentum*, obwohl es neben den stark verseuchten Dörfern durchaus Städte gab, in denen die Katharer eine Minderheit bildeten. Praktisch nahmen die Vollkommenen häufig die Stellung der römischen Geistlichkeit ein: sie waren von gewissen Abgaben befreit und erhielten beim Tode ihrer Gläubigen Sachwerte. Die Schaffung einer Atmosphäre, in welcher Zugehörigkeit zur Ketzerei nichts Ungewöhnliches war, in der die Gewohnheit die Frömmigkeit nur noch vertiefte, war eine beachtliche Leistung, und ihre Auswirkungen waren von langer Dauer.

Es erhebt sich die Frage, wieweit nichtreligiöse Faktoren beim Zustandekommen dieses Ergebnisses beteiligt waren. Der ostdeutsche marxistische Historiker Koch weist auf einen solchen Faktor hin, wenn er die gesellschaftlichen und wirtschaftlichen Kräfte beschreibt, die auf die Frauen im Languedoc ihren Einfluß ausübten. Die Häuser der weiblichen Vollkommenen, so stellt Koch heraus, nahmen die Stelle der Beginenhöfe in anderen Gegenden Westeuropas ein, indem sie für Witwen und andere überzählige Frauen Betätigungsfelder eröffneten, die billiger waren als Nonnenklöster.[34] Unbemittelte Mädchen überließ man der Obhut »vollkommener« Frauen. Der Dominikaner Jordan von Sachsen führte Klage über die Art und Weise, in welcher Eltern ihre Töchter in diese Vollkommenen-Häuser steckten, damit sie dort ihren Unterhalt fänden – und so unvermeidlich in die Ketzerei hineingezogen wurden. Was den Adel anbetraf, so gaben die römischen Erbschaftsgesetze Frauen einen Rang, den sie in vielen anderen Teilen Europas nicht hatten, und dies erleichterte es Witwen und Erbinnen, Häuser für Vollkommene zu errichten. Das Leben einer Vollkommenen konnte dem Dasein einer anderweitig nicht gebundenen Frau Sinn und Bedeutung geben, gerade wegen seiner strengen Pflichten zu Fasten und Gebet; das gleiche mochte für die Verwendung ihres Heimes als Mittelpunkt für missionarische Tätigkeit und Gastlichkeit gelten.

Hinsichtlich des Rituals und des Status bot das Katharertum Frauen gewisse Vorteile, die im Katholizismus nicht zu finden waren. Im Katholizismus gab es kein Amt, nicht einmal das einer Äbtissin, welches den Status verlieh, der einer Frau zukam, die das *consolamentum* empfangen hatte. Die Vollkommene war nicht weniger als der Vollkommene im Besitz des Geistes. Wenn sie auch aufgrund ihres Geschlechts kein höheres geistliches Amt bekleiden und niemals Diakon oder Bischof sein konnte, so hatte sie doch bei jeder Versammlung den Vortritt vor allen Anhängern und Anhängerinnen, die nicht Vollkommene waren. Wenn gerade kein Vollkommener zugegen war, pflegte sie die Gebete einzuleiten. Sie hatte Anspruch darauf, daß ihr alle das *melioramentum* erwiesen. Es könnte sein, daß Mitglieder des Adels dies einer Frau gegenüber vermieden, für Angehörige der unteren Gesellschaftsschichten kam das jedoch nicht in Frage.[35]

Manchmal ist religiöse Leidenschaft die einzig mögliche Erklärung dafür, daß eine Frau das Leben einer Vollkommenen führte, wie im Fall der Furneria, der Frau des Guillaume-Roger de Mirepoix, die offenbar ihren Gatten verließ, um in einem Hause vollkommener Frauen zu leben: sie ging nach Lavelanet, kehrte zurück, um ihre Tochter zu holen, veranlaßte sie, sich konsolieren zu lassen und floh schließlich vor den Kreuzzugsteilnehmern in die Festung Montségur.[36]

In Italien scheinen die Familienbande von geringerer Bedeutung gewesen zu sein, wenn auch alle allgemeinen Aussagen, die wir über die frühe Zeit machen können, infolge des Mangels an gut fundierten Zeugnissen über die Jahre der ersten Infiltrierung nur auf Vermutungen beruhen. Sicher ist, daß das Katharertum dort eine weniger fest gegründete territoriale Basis hatte. Im Languedoc kann der Historiker auf der Karte eine Linie ziehen – etwa von Marmande im Agenais im Norden bis hinunter zu den Vorbergen der Pyrenäen im Süden und von Toulouse im Westen bis Béziers im Osten –, und er kann sicher sein, daß er so ziemlich den größten Teil der Ketzertätigkeit im Midi erfaßt hat und daß alle Ballungszentren innerhalb der angegebenen Grenzen direkt benachbart sind.[37] In Italien hingegen waren die Anhänger des Katharertums über eine Menge von Städten verstreut, besonders in Mailand, Piacenza, Cremona, Brescia, Bergamo, Vicenza, Verona, Ferrara, Rimini, Florenz und Orvieto, ferner auf dem Lande und entlang den Straßen, die von Südfrankreich in die Lombardei führten.[38] Ihre Bischöfe, Diakone und Gönner blieben miteinander in Berührung dank dem gut ausgebauten Verbindungsnetz in den alten Zivilisationsgebieten Nord- und Mittelitaliens, wo die Katharer hauptsächlich saßen; aber der Zusammenhang war, geographisch gesehen, viel lockerer als im Languedoc. Während im Languedoc die Bistümer territorial fest umrissen waren, war dies in Italien im allgemeinen nicht der Fall. Statt dessen waren die Trennungslinien Unterschiede des Glaubens, die auf die Streitlust und den Scharfsinn der Italiener zurückzuführen sind sowie auf Italiens größere Nähe zu den Wiegen des Dualismus im Osten.[39] Die Persönlichkeiten spielten eine bedeutendere Rolle, und die Streitgespräche bekamen dadurch einen gereizteren Ton. Bischöfe und Diakone leiteten eine Anhängerschaft, die über weit ausgedehnte Gebiete verstreut war. Ihre Organisationen überschnitten und befehdeten einander, weil sie die Aufsicht oft in denselben Städten führten.

Der Ortswechsel bestimmte in Italien das Leben derer, die sich für den Katharerglauben einsetzten, sehr viel mehr als im Languedoc. Die Kaufmannsschicht, die infolge der Wirtschaftsentwicklung in Italien mehr Gewicht hatte, war naturgemäß dem Reisen zugewandt. Bei ihr fanden die Katharer Rückhalt; und nach den Listen der Waren zu urteilen, die im Laufe des 13. Jahrhunderts von der Inquisition beschlagnahmt wurden, befanden sich etliche reiche Leute unter ihnen.[40] Viele Sektenmitglieder aus den unteren Bevölkerungskreisen, wie Handwerker und fahrende Händler, mußten von Berufs wegen reisen, und die Weber sowie andere tuch- und lederverarbeitende Werkleute waren oft unstete Menschen.[41] Dupré Theseider hat bezeichnende Zusammenhänge zwischen dem Katharertum und der Geldbörsenherstellung im Bologna des späten 13. Jahrhunderts aufgedeckt.[42] Die Arbeiter reisten von Haus zu Haus und von Stadt zu Stadt, wobei sie ihre Ware herstellten und verkauften und gleichzeitig häretische Kontakte knüpften. Wirtshäuser, Werkstätten und Fabriken dienten gelegentlich als Versammlungsorte für Helfer. In Modena waren im ausgehenden 12. Jahrhundert bestimmte Fabriken als »die Fabriken der Patarener« bekannt (was damals Katharer bedeutete).[43] In anderen Fällen waren bestimmte Häuser als sichere Zufluchtsstätten für Vollkommene bekannt, die zur Ausübung ihrer pastoralen Pflichten umherreisten. Armanno Pungilupo aus Ferrara sagte aus, daß man Zeichen benutzte, die es ermöglichten, Katharerhäuser zu erkennen.[44] Die den Inquisitoren geleisteten Zeugenaussagen gewähren uns Einblick in die Vermischung von Familien- und Erziehungseinflüssen, gelegentlichen Kontakten und Bekehrungseifer, die für den Bestand des Ketzertums ganz ähnlich wie im Languedoc wichtig waren. In Ferrara zum Beispiel hatte ein Sackmacher seinen Sohn und seine Tochter zu Helfern der Sekte erzogen; sie wurden daheim und in einem Nachbarhause unterwiesen und von einer Reihe Vollkommener besucht. Aristokratische Wohnsitze im *contado* verschiedener Städte bildeten für führende Katharer, die in den Städten unter Druck lebten, sichere Verstecke.

Das aristokratische Patronat war von Wichtigkeit – die auf Feindschaft gegenüber der Kirche begründete Unterstützung des Ezzelino da Romano und des Markgrafen Oberto Pelavicino zum Beispiel war von großem Wert für die Ausbreitung des Katharertums in den von ihnen beherrschten Gebieten der Mark Treviso und des Po-Tales[45] – und in einer Reihe von Fällen wurde daraus eine tiefere Verstrickung, wie bei Stefano Confalonieri in Mailand[46], Conrado da Venosta im Veltlin[47] und den Uberti aus Florenz.[48] Aber die tragende Schicht des italienischen Katharertums scheint aus Handwerkern und kleinen Händlern bestanden zu haben. Zwei von den heute maßgebenden Forschern, Violante und Dupré Theseider, stimmen in dieser Verallgemeinerung überein. Obwohl es auch im gehobenen Bürgertum Katharer gab, blieben doch die führenden Geschäftsleute im großen ganzen in religiöser Hinsicht eher traditionsgebunden als im Languedoc. Die vom Katharertum am meisten überzeugten Menschen waren Angehörige der *arti minori*, kleine Handelsleute und Handwerker, und die Gegenden, aus denen in den Städten die Helfer kamen, scheinen die Vorstädte zwischen den alten Stadtmauern und dem neuen Ring gewesen zu sein, die man erbaut hatte, um die im 12. und 13. Jahrhundert stark angewachsene Bevölkerung unterzubringen.[49] Hier ließen sich die Humiliaten und die Franziskaner nieder, und hier vor allem fand im 13. Jahrhundert die Auseinandersetzung zwischen Ketzerei und Orthodoxie statt.[50] Die Mitgliedschaft derjenigen, deren Existenz völlig ungesichert und abhängig war, fiel zahlenmäßig nicht ins Gewicht; sowohl die Vollkommenen als auch die Anhänger waren meist Leute, die zumindest ein kleines Auskommen hatten. Die ungelernten Arbeiter und das Treibgut der Städte waren zahlenmäßig nicht von Bedeutung, auch nicht die Bauern. Während im Languedoc die Bauern, wenn auch in geringer Zahl, durch das Patronat des Landadels schon früh angelockt und dann in der späteren Geschichte der Sekte immer wichtiger wurden, fehlte diese Gesellschaftsschicht unter den Mitgliedern oder in den Berichten aus Italien ganz und gar.[51]

Die geistige Wirkung der Sekte war begrenzt: sie vermochte die Halbgebildeten einzufangen und hatte für Leute mit allgemeiner Bildung eine gewisse Anziehungskraft, nicht jedoch für solche, die in irgendeiner Weise theologisch geschult waren. Deshalb können wir unter ihnen nicht gelehrte Angehörige des Klerus oder Leute mit Universitätsausbildung erwarten. Es scheint, daß sich Notare und Ärzte besonders angesprochen fühlten[52] – Fachleute, die in theologischen Dingen nicht sehr zu Hause waren. Dies entspricht etwa der oberen Grenze des geistigen Niveaus, welches das Katharertum für einen Anhänger normalerweise anziehend machte.

Die Frage ist zu stellen, inwieweit es der Status des Vollkommenen war, der den Handwerker und Leute aus den unteren Schichten allgemein ansprach. Was die Katharer unter Vollkommenheit verstanden und was durch eine Reihe spürbarer Enthaltungsmaßnahmen sowie durch Wiederholung von Gebeten erreicht werden konnte, entsprach dem Gefühl von Vollkommenheit, das der Einzelne hatte.[53] Das asketische Leben war nicht, wie in einem erfüllten Katholizismus, ein Weg zur Vollkommenheit; es war der einzige Weg zur Erlösung. Der Katharerlehrer konnte ohne Bedenken zu seinem Neubekehrten sagen: »Tue dies; empfange das *consolamentum,* und du wirst erlöst werden.« Darin lag es zum Teil begründet, warum die Bewegung so starken Anklang fand. Inwieweit reizte die Möglichkeit, in einen höheren Status aufzusteigen, den man durch seine eigenen Bemühungen um Selbstkasteiung erlangen konnte und der einen zum *melioramentum* von Angehörigen aller Gesellschaftsschichten sowie zur Verehrung durch alle Anhänger berechtigte, jene Menschen, die der Beruf am unteren Ende der sozialen Stufenleiter festhielt? Trug dieser Beweggrund vielleicht dazu bei, daß man sich an der Lebensführung der Apostel des katharischen Italiens, des Totengräbers Markus und seiner demütigen Genossen, orientierte?

Die Unterweisung

In der Art der Missionierung befolgte man allenthalben das Vorbild der Bogomilen: pädagogisch geschickt knüpfte man bei den allgemeinen Dingen an, die sich ohne weiteres aus der zeitgenössischen religiösen Situation zu ergeben schienen, und schritt dann fort bis hin zu den innersten Mysterien, die den Vollkommenen oder langjährigen Gläubigen vorbehalten waren.[54] Der erste Zugang, wie er für alle vom Gnostizismus beeinflußten Sekten typisch war, wirkte sich beim Neuling so aus, daß ihm die zutiefst häretische Natur des Katharerglaubens so lange verborgen blieb, bis er sich vom Einfluß des orthodoxen Glaubens genügend gelöst hatte.

Häufig vollzog sich das Proselytenmachen in formloser Weise, wobei sämtliche Vollkommenen und Gläubigen mitwirkten. Die formelle Predigt, die bei feierlichen Anlässen in den Häusern gehalten wurde, oder in der Blütezeit des Katharertums auch in aller Öffentlichkeit auf Plätzen der italienischen Städte und der Dörfer des Languedoc, oblag im allgemeinen denen, die in der Sekte ein Amt bekleideten.

Weil jedoch die Klasse der Vollkommenen überragende Bedeutung hatte – denn allein aus ihren Reihen konnten ja die Inhaber von Ämtern erwählt werden –, kam es nie vor, daß eine Aufgabe ausschließlich diesen Amtsinhabern vorbehalten blieb, sondern manchmal predigten »normale« Vollkommene, unter ihnen auch Frauen, obgleich nie so zahlreich wie die Waldenserpredigerinnen; höchstwahrscheinlich bestand ihre Zuhörerschaft aus Anhängern, nicht aus anderen Vollkommenen.

Die Art dieser Predigten läßt sich aus Chroniken und anderen Berichten, aus noch vorhandenen Abhandlungen der Katharer sowie bis zu einem bestimmten Maße aus den Texten des Rituals erschließen. Hauptsächlich waren es zwei Angriffspunkte, die in der öffentlichen Predigt gelegentlich Sympathisanten dem Einfluß der Kirche entzogen zu haben scheinen: das sündhafte Leben der Geistlichen, das im Widerspruch zu den in den Evangelien und Apostelbriefen niedergelegten Maßstäben christlicher Lebensweise stand, und die Verwendung einer den Katharern eigentümlichen Schriftauslegung, die im Zusammenhang mit widrigen Naturphänomenen dazu diente, den Glauben zu festigen, daß die sichtbare Welt von Grund auf böse sei; Gewitter, Erdbeben, die Existenz von Würmern, Kröten und Flöhen wurden als Beispiel dafür angeführt, daß diese Welt nicht das Werk eines guten Gottes sein könne.[55] Manche weltverneinenden Schriftstellen mußten dazu herhalten, um deutlich zu machen, wie die Lehre Christi und seiner Apostel die materiellen Dinge verwerfe. Den exegetischen Regeln schenkte man dabei keine Beachtung: die Texte wurden aus ihrem Zusammenhang herausgerissen, und kein Hinweis klärte, was der Ausdruck »die Welt« für die Verfasser der neutestamentlichen Texte genau bedeutete.[56] Doch bei einer Kathararpredigt dürfte wohl die Zuhörerschaft nicht mit exegetischen Spielregeln vertraut gewesen sein – sie lauschte auf das, was ihr als eine auf den Worten des Stifters christlichen Glaubens und seiner Jünger gegründete Ermahnung guter Menschen vorkam. Die Predigt war mit Bibelzitaten geradezu gespickt – zumindest lassen die uns erhalten gebliebenen Abhandlungen der Katharer dies erkennen; denn großenteils bestehen sie aus Schrifthinweisen und -zitaten.[57]

In mancher Hinsicht war die katharische Mahnrede völlig orthodox, wenn sie zum Beispiel die Notwendigkeit der Geduld in Zeiten der Verfolgung, ein sittliches Leben und die Treue zu Christus betonte. Auch waren die Vollkommenen äußerlich kaum von ordentlichen Mönchen oder Nonnen zu unterscheiden. In einem berühmten Rechtsstreit, der sich bis zum Jahre 1301 hinzog, wurde Armanno Pungilupo, der als Asket einen Ruf hatte und 1269 in der Kathedrale von Ferrara mit allen Ehren bestattet worden war, schließlich der Ketzerei für schuldig befunden und nachträglich verdammt.[58] Als im Jahre 1234 eine alte Frau in der Gegend von Toulouse ihr Ende herannahen fühlte und das *consolamentum* verlangte, wußte der katholische Bischof, mit wem er es zu tun hatte: er suchte sie auf und sprach zu ihr über die Verachtung der Welt und der irdischen Dinge. Als sie das hörte, glaubte sie, er sei ein Katharer und bekannte sich zu ihrer Häresie. Der Bischof ließ sie verbrennen.[59]

In einer Reihe von Punkten stimmten Orthodoxie und Katharertum überein, und die Gleichartigkeit täuschte leicht solche, die nicht auf der Hut waren. Einige dualistische Lehren über Satan konnten wie eine katholische Lehraussage klingen. Das den Sterbenden erteilte *consolamentum* muß wie die katholische Letzte Ölung ausgesehen haben. Es war im orthodoxen Bereich nichts Ungewöhnliches, daß ein Sterbender vor seinem Ende in ein Kloster getragen wurde und daß man ihm dort die Mönchskutte anzog: die Gewohnheit, Sterbende in ein Haus von Vollkommenen zu bringen, wie es im Languedoc vorkam, mag den gleichen Anschein erweckt haben. Die Ausdrucksweise rechtgläubiger asketischer Schriftsteller, die sich über das Wesen dieser Welt oder über die Unterlegenheit des weiblichen Geschlechts ausließen, kam oft ganz nahe an den Dualismus heran. Selbst die Angewohnheit der Vollkommenen, Vaterunser-Ketten aufzusagen, war in der Frömmigkeit des 13. Jahrhunderts nicht unbekannt. Die Vollkommenen hielten sich wirklich für die einzig wahren Christen und glaubten, daß die Kleriker Diener der Kirche Satans seien, ferner daß die Frömmigkeit der Katharer einen Strom reinen Katakombenchristentums darstelle, welches oft verfolgt worden sei, aber stets überlebt habe und bis in die Zeit der Apostel zurückreiche.[60] Seltsamerweise scheint der Ritus des *consolamentum*, wie er sich in den Texten des 13. Jahrhunderts darstellt, wirklich auf Tauffriten und mit dem Katechumenat verbundene Praktiken zurückzugehen, die sehr viel älteren Ursprungs sind, als die heutigen katholischen Tauf- und Ordinationsriten.[61] Wenn ein Anhänger diese Zeremonien miterlebte, wirkte auf ihn manches ein, was einen ganz und gar erbaulichen und orthodoxen Charakter hatte. Daher ist es nicht verwunderlich, daß in der Zeit des Anwachsens der Sekte viele Menschen sich täuschen ließen. Ein weiteres Element des Bekehrungsvorgangs wirkt zunächst überraschend bei einer Sekte, deren innere Mysterien an die Leichtgläubigkeit von Anhängern beträchtliche Anforderungen stellten. Es war dies der Appell an eine unverhohlene Skepsis. Wir haben bereits gesehen, wie er sich im Rheinland auswirkte, wo Katharer mit der Zugkraft materialistischer Argumente arbeiteten, um orthodoxe Anschauungen über die Messe bloßzustellen.[62] Das Ketzertum rief diesen Skeptizismus nicht ins Leben – er bildete sich spontan[63] –, aber es knüpfte an ihn an, um die eine oder andere Lehre oder Praxis der Kirche zu verwerfen. Das Katharertum zog also seinen Nutzen aus Zweifeln, die über die Gültigkeit kirchlicher Lehre laut wurden, genau wie es das Bogomilentum getan hatte.

Die Einführung in die verborgenen Offenbarungen des Katharerglaubens erfolgte erst, nachdem der Neuling Grundkenntnisse in dualistischer Lehre erworben hatte und sich durch Riten und praktische

Übungen die entscheidende Bedeutung des *consolamentum* hatte einschärfen lassen. Die Zeit der *abstinentia,* die dem Empfang des *consolamentum* vorausging, war gleichzeitig eine Zeit der Unterweisung, während der der Kandidat, wenn dies nicht schon früher geschehen war, eine mehr ins einzelne gehende Information über den eigentlichen Glauben der Sekte erhielt und mit ihrer Mythologie bekannt gemacht wurde. Die im inneren Kreis der Vollkommenen geltenden Lehren wurden manchmal gänzlich verleugnet, wie die Antwort zeigt, die zwei Vollkommene Bernard de Montesquieu von Puylaurens im Jahre 1273 gaben: sie sagten ihm, den Tatsachen zuwider, sie hätten nicht geglaubt, daß der Teufel des Menschen Leib geschaffen habe.[64] Für die meisten Kandidaten pflegte der Zugang zur *abstinentia* solcher Verheimlichung ein Ende zu setzen: sie konnten nämlich dann die Anziehungskraft der geheimen Offenbarung spüren, denn sie befanden sich ja nun, wie sie glaubten, in der Stellung der Apostel, denen Christus gesagt hatte: »Euch ist es gegeben, die Geheimnisse des Himmelreiches zu verstehen.«[65]

Diese Geheimnisse befaßten sich hauptsächlich damit, für das Vorhandensein des Guten in einer Welt, die der Neuling bereits als böse anzusehen gelernt hatte, Erklärungen zu finden. Wie hatte die Seele, die doch das Werk eines guten Gottes war, den Weg in einen von Satan geschaffenen Körper gefunden? Die von den Lehrern der Sekte erteilten Antworten folgten meist in variierender Form dem Vorbild der Bogomilen.[66] Satan war ein guter Engel oder ein Sohn Gottes, der bei seinem Sturz andere Engel mit sich zog, dann die sichtbare Welt erschuf und mit ihr Körper, in die er die gefallenen Engel hineinlockte.

Ein zweiter Erklärungsversuch jedoch beruhte auf ganz verschiedenen Annahmen: er ging von dem Vorhandensein eines bösen Gottes aus, der in gleicher Weise ewig und auch mit gleicher Macht ausgestattet sei wie der gute Gott; der Fall und die Einkerkerung der Engel in Körper sei durch einen Einbruch in den Himmel verursacht worden, bei welcher Gelegenheit die guten Engel gefangengenommen und gegen ihren Willen an Leiber der bösen Schöpfung gefesselt worden seien. Dieser Version zufolge werde das böse Prinzip und seine Schöpfung niemals aufhören, wenn auch die guten Engel aus ihrem Gefängnis erlöst würden. Der älteren Version der Bogomilen zufolge war Satan wie nach dem orthodoxen Glauben letztlich der Macht Gottes unterworfen: seine böse Schöpfung werde in der Endzeit zerstört werden. Der entscheidende Unterschied zwischen diesen Ansichten – von denen die erste gemäßigt dualistisch, die zweite radikal dualistisch war – lag im Wesen des Bösen: entstammte es einem abgefallenen Geist oder einem ewigen bösen Prinzip? Beide Anschauungen entwickelten sich im Dualismus auf dem Balkan und im Byzantinischen Reich und wurden dann auf westeuropäischen Boden übertragen. Die erste Form jenes Dualismus hatten in Bulgarien Kosmas der Priester und, mit Varianten, in Byzanz Euthymios von Peribleptos und Zigabenos beschrieben.[67] Die genauen Ursprünge der zweiten Anschauung liegen immer noch im Dunkel; alles, was wir mit Sicherheit wissen, ist die Tatsache, daß sie in den späten sechziger Jahren des 12. Jahrhunderts oder wenig später von Niketas aus Konstantinopel in den Westen gebracht wurde.

Trotz ihrer tiefgreifenden Unterschiede beruhen beide Anschauungen auf der gleichen Überzeugung, daß Körper und Seele gänzlich unvereinbar seien. Beide stellten den Kampf zwischen Geist und Materie, Gut und Böse, den der Kandidat für das *consolamentum* bereits aufgenommen hatte, in einen kosmischen Zusammenhang. Der Glaube an die Wahrheit katharischer Lehre beruhte auf persönlicher Erfahrung in diesem Kampf und auf seiner Veranschaulichung durch das Beispiel der Vollkommenen. Die Mythen trugen dazu bei, daß sie farbig wurde und literarische Kraft bekam, daß der Kandidat oder Vollkommene in seinem alltäglichen Kampf einen weltweiten Zusammenhang spürte und mit phantasievollen Erzählstoffen für die Anhänger versehen wurde.

Die Erzählungen

Das Rohmaterial für die Geschichten über den Sturz der Engel und seine Folgen entstammte Reminiszenzen, Namen und Anekdoten aus der Heiligen Schrift und einer Fülle von apokryphen Stoffen teils aus der jüdisch-apokalyptischen Literatur, teils aus alten, nicht kanonischen christlichen Legenden, die im Mittelalter immer noch im Umlauf waren; das Ganze wurde dann in der bloßen Einbildungskraft bestimmter Lehrer miteinander verwoben. Legendäre Motive spielten in der mittelalterlichen Volksreligion eine beträchtliche Rolle. Daher war die Verwendung apokrypher Stoffe an sich nichts Ungewöhnliches. Fragmente aus der Schrift, die den Geschichten nach Belieben eingearbeitet wurden, um ihnen Authentizität zu verleihen, bewahrten die Verbindung mit der zentralen christlichen Überlieferung. Die Apokalypse war eine Fundgrube für Bilder; die Erzählung vom Krieg im Himmel und von Satans Fall[68] waren in der orthodoxen Tradition vertraute Stoffe. Der Lehrer schmückte diese Themen mit dualistischer Tendenz weiter aus. Nazarius, der spätere Bischof der italienischen Katharerkirche von Concorezzo, brachte um 1190 direkt aus Bulgarien die *Interrogatio Johannis* oder das Geheime Abendmahl mit, das die Bogomilen dort zusammengestellt hatten.[69]

Was diese Geschichten – ob sie nun ein Beispiel des gemäßigten oder des radikalen Dualismus darstellen – gemeinsam haben, ist ihre literarische Kraft, ihre Tendenz zu einem derben Realismus, ein Interesse an sexuellen Themen und ein ausgesprochener Hang zur Phantasie. Die *Interrogatio Johannis* beschreibt, wie Satan das Problem löste, Adam und Eva – in irdische Leiber gefesselte Engel – dazu zu überreden, miteinander Geschlechtsverkehr zu betreiben: sie malt aus, wie er im Paradies ein Schilfbett bereitete, aus seinem eigenen Speichel eine Schlange erschuf, dann in die Schlange hineinfuhr und aus dem Schilfrohr auftauchte, um mit Hilfe ihres Schwanzes mit Eva geschlechtlich zu verkehren.[70] Die Geschichte gibt zum Teil die Erzählung der Genesis wieder, aber sie schmückt sie mit sinnlich drastischer Bildhaftigkeit aus.

Dieselbe literarische Eigenart und das freie Spiel des Erzählerischen wird an Geschichten über den Engelsturz erkennbar, die in einer letzten Phase des Katharertums im Languedoc im Schwange waren. Danach[71] wartete Satan zweiunddreißig Jahre vor dem Himmelstor in der Hoffnung, die guten Engel zu verführen; nachdem er einmal eingedrungen war, lockte er sie mit noch größeren Freuden, mit denen er, wie er behauptete, in seinem eigenen Reich aufwarten könne – unter anderem mit dem Anblick einer wunderschönen Frau. Da die neugierigen Engel nicht wußten, was eine Frau ist, fielen sie auf Satans List herein: von Begehrlichkeit schwer geworden, brachen die entflammten Engel durch den gläsernen Himmel Gottes durch. Darauf schuf Satan für sie einen gläsernen Himmel. Gott aber zerbrach ihn: die Engel fanden sich ihres Glanzes beraubt und irregeführt. Sie empfanden Reue und sangen Zionspsalmen. Satan jedoch schloß sie in menschliche Leiber ein, um ihre Erinnerung an die Vergangenheit auszulöschen.

In einigen Berichten hatte die Schlacht zwischen Satan und den von ihm verführten Engeln gegen die Streitkräfte des guten Gottes im Himmel den Vorrang.[72] Es gab anschauliche Beschreibungen, wie das Blut floß, wie die Leiber der verführten Engel vernichtet wurden und wie ihre Seelen aus dem Himmel stürzten. Die Leiden der Kinder Israels, wie sie der 78. Psalm berichtet, wurden als Allegorie dieses Kampfes angesehen.

Bisweilen gerät dem Erzähler seine wilde Phantasie außer Kontrolle wie in der Erklärung für das katharische Verbot des Fleischgenusses, die von St. Petrus Martyr angeführt wird und wahrscheinlich auf eine italienische Gruppe zurückgeht.[73] Tiere und Vögel, heißt es da, seien aus menschlichem Fleisch geformt – sie seien die aus dem Himmel auf die Erde gefallenen Föten schwangerer Frauen, die während der Schlacht zwischen den Streitkräften Gottes und Satans eine Fehlgeburt gehabt hätten. Das Verbot, ihr Fleisch zu genießen, lief so auf ein Verbot des Kannibalismus hinaus.

Mit den Geschichten vom Fall der Engel in all ihren Variationen unterschied sich die Vorstellung der Katharer vom Himmel nicht wesentlich von der volkstümlichen Vorstellung in der orthodoxen Religion; aber durch den äußersten Gegensatz zwischen der Erde und dem Himmel der Guten im dualistischen Glauben war sie schärfer ausgeprägt. Ihre tröstliche Kraft zeigt sich am Beispiel eines Vollkommenen aus dem Languedoc, das von einem Zeugen vor dem Ketzergericht zu Pamiers im Jahre 1321 berichtet wird: jener war von Zweifeln über den Katharerglauben verwirrt worden und hatte dann zum Lohn eine Vision empfangen, in welcher er auf der Schulter eines Engels durch die sieben Himmel zu Gottvater emporstieg, der ihn nach seiner Herkunft fragte. »Aus dem Lande der Trübsal«, lautete die Antwort. Er wollte bleiben, aber der Vater sagte zu ihm, das könne er nicht, »da aus Verderbnis geborenes Fleisch dort nicht bleiben könne«, sondern in das Land der Trübsal hinabsteigen und den Glauben predigen müsse. Die Himmelsvision war die eines Südländers: er sah »strahlenden Glanz, viele Engel, schöne Haine mit Singvögeln... und sehr gemäßigten Temperaturen«.[74] Das Vorbild seiner Reise durch die Himmel war eine apokryphe Schrift aus den ersten christlichen Jahrhunderten, die *Vision Jesajas*, die von den Bogomilen häufig benutzt wurde. Solche Bilder waren eine besondere Hilfe in Zeiten der Verfolgung; diese wurde erträglicher gemacht durch die Gewißheit, daß man in den Himmel komme, sofern man nur ein gültiges *consolamentum* empfangen habe.

Die Geschichten spielten offenbar eine bedeutende Rolle im Katharertum, denn die Mitglieder der Sekte gaben sie eifrig weiter und stellten aus der Menge des verfügbaren Materials neue zusammen. Ein wahres Kaleidoskop dieser dichterischen Erzählungen, die sich in der Geschichte der Sekte fortlaufend entfalteten, ist uns hinterlassen worden. Die Variationen hingen von den verschiedenen Nuancen des Dualismus ab. Sie reichten von dem schwächlichen Satan, der außer mit Willen des Vaters handlungsunfähig war[75], aus der *Interrogatio Johannis* – jener bulgarischen Apokryphe, die ihren Einfluß auf die Gemäßigten ausübte – bis zu dem ewigen Prinzip des Bösen, wie es bei dem italienischen Lehrer Johannes von Lugio auftaucht.[76] Die Abänderungen in den Geschichten kamen den Bedürfnissen verschiedener Schulen des Dualismus entgegen, wie sie innerhalb der Katharerbewegung von führenden Persönlichkeiten entwickelt wurden.

Die Flexibilität der Mythen ergab sich auch aus der beherrschenden Rolle der Vollkommenen auf dem Gebiet der religiösen Vorstellung. Erfindungskraft wurde bei einem Lehrer offenbar sehr geschätzt. Die Ausdrucksweise in den Erzählungen war die der Offenbarung: die Katharer lauschten einem Lehrer, der ihnen Geheimnisse erläuterte, die ihm bekannt waren, deren Echtheit durch seine Persönlichkeit und seinen Status garantiert wurde und die anzunehmen sie deshalb geneigt waren. Die Geschichten kamen offensichtlich emotionalen Bedürfnissen entgegen – dem Bedürfnis nach legendarischen Erzählungen schlechthin; vielleicht einem Bedürfnis nach Ausdruck ihrer Abscheu vor dem organischen Leben, wie sie sich in den Aneinanderreihungen derber Bilder in den Geschichten manifestierte; einem Bedürfnis nach Verlagerung des Geschlechtstriebs, nach Betätigung ihrer dichterischen Einbildungskraft. Sie kamen ganz einfach den Bedürfnissen jener Leute entgegen, denen es an logischem und kritischem Verstand mangelte, die sich mit der fadenscheinigen, einseitigen Argumentationsweise, mit der Katharer die Texte der Heiligen Schrift behandelten, zufriedengaben und die einfach gerne gute Geschichten hörten.[77]

Die Vorliebe für Mythen war radikalen und gemäßigten Dualisten gemeinsam. Doch die radikalen unterschieden sich so sehr von allen Schulen der gemäßigten, daß man zu der Annahme kommt, die Anziehungskraft des Katharerglaubens sei für sie von anderer Art gewesen. Deshalb müssen wir auf sie einen gesonderten Blick werfen.[78] Die radikalen Dualisten waren bestrebt, die überlieferten Glaubensaussagen des Bogomilentums neu zu formulieren, um den logischen Widerspruch zu glätten, den sie im Vorhandensein des Guten in einer bösen Welt sahen. Die Gemäßigten lösten nach ihrer Ansicht das Problem vom Ursprung des Bösen keineswegs mit ihren Geschichten über Satans Fall und seine Weltordnung auf der Grundlage einer ursprünglichen Schöpfung durch Gott, sie verschoben es sozusagen nur um eine Stufe. Das Dilemma blieb bestehen: wie war das Böse mit der Schöpfung eines guten Gottes vereinbar? Um eine befriedigende Lösung zu finden, postulierten sie zwei gänzlich verschiedene und gleich ewige Schöpfungen und dachten unerschrocken die Konsequenzen aus ihrem Glauben bis zu Ende durch – zwei Himmel, zwei Erden beispielsweise oder ein Leben Christi in einer anderen Welt, ein bereits vollzogenes Gericht, eine ganz einfach mit dieser Erde identifizierte Hölle. Aber damit war die Verwirrung durchaus nicht beseitigt, und alles stand unter dem Eindruck kritikloser Erfindung von Mythen, die für die ganze Bewegung so charakteristisch ist. Der Druck katholischer Lehre und Polemik machte ihre Widersprüche deutlich und brachte sie in immer größere Schwierigkeiten, besonders was die Natur Christi anbetraf.[79] Aber soweit die Radikalen ihren Prinzipien treu blieben, bestanden wesentliche Unterschiede in der Seelenlehre und dem Glauben zwischen ihnen und den Gemäßigten. Die Radikalen mußten Deterministen sein. Danach wurde das Böse nicht aus einem Akt des freien Willens geboren, wie die Gemäßigten und die Orthodoxen glaubten. Satan ist nicht mehr der auf Grund seines Stolzes abgefallene Amtswalter Gottes, sondern er ist das Werkzeug des bösen Gottes, der die gute Schöpfung durchdringt. Die guten Engel sind zur Sünde nicht fähig: Satan täuscht oder zwingt sie mit Gewalt.[80] Wenn die Radikalen sich immer noch des Mythos von der Verführung der Engel bedienten, dann zeugte dies von einer Unlogik, die sie vom gemäßigten Bogomilentum übernommen hatten.

Der den Radikalen eigentümliche Mythos ist der von der Schlacht im Himmel und seiner Eroberung durch Satan. In Satans Leiber eingeschlossen, konnten die Radikalen nicht wissen, ob sie die von Satan überwältigten, doch zur Rückkehr in die gute Schöpfung bestimmten Engel waren oder die Teufel der bösen Schöpfung, die hier unten in der Hölle der irdischen Existenz bleiben mußten; erst bei ihrem Tode würden sie darüber Klarheit erlangen. Wie es jedoch in solchen Fällen zu gehen pflegt, hinderte diese Ungewißheit ihre enthusiastischen Anhänger nicht daran, sich zu opfern und eifrig an ihrem *consolamentum* festzuhalten. Sofern er nicht konsoliert war, mußte der im Leibe eines Sympathisanten eingeschlossene Engel durch eine Kette von Existenzen weiterwandern. Die Seelenwanderung von einem Körper zum anderen reichte von niederen Kreaturen bis hinauf zu Menschen von Rang und Adel, bis sie im Leibe eines Vollkommenen anlangten. War die Seele wirklich ein Engel, so kehrte sie dann im Besitz des gültigen *consolamentum* sogleich nach dem Tode in den Himmel der guten Schöpfung zurück. Anderenfalls wurde ein Sympathisant durch einen Schritt aufwärts in der Stufenleiter wirklich belohnt: er sollte in seiner nächsten Existenz in einer erstrebenswerteren Gestalt verkörpert werden. So hatte die Seelenwanderung als Anreiz eine ähnliche Funktion wie in der orthodoxen Lehre das Fegefeuer: Buße mußte noch geleistet werden, aber es gab eine letzte Hoffnung. Mit Vorliebe stellten die Katharer Vermutungen über ihre früheren Daseinsformen an. Im Languedoc berichtete ein Vollkommener, er sei ein Pferd gewesen, und er fand passenderweise ein Hufeisen auf der Straße, von dem er behauptete, er habe es in seinem früheren Leben abgeworfen.[81]

Nach einem gottlosen Leben jedoch stand einem als Strafe bevor, daß man in der Daseinskette in eine niedrigere Kreatur zurückglitt. Für die Teufel gab es die Aussicht auf eine endlose Bestrafung in verschiedenen Körpern, da der böse Gott und sein Diener Satan ihnen die Strafe des Erdenlebens in Form des Geschlechtstriebes aufbürdeten. Es war dies ein Bild von brutaler Gewalt, schauriger und zugleich logischer als das der Gemäßigten.[82]

All das zeigt, wie sehr die Katharer den christlichen Glauben entstellten trotz der Berufung auf die Heilige Schrift, deren Wirkung verstärkt wurde durch die Übersetzungen in die Volkssprache, welche die

Vollkommenen besaßen, trotz des christlichen Stils ihres Rituals und der Texte, die ihre Mythologie ausschmückten. Die wahre geistige Verwandtschaft der Vollkommenen war bei den asketischen Lehrern des Ostens zu suchen, den Bonzen und Fakiren Chinas oder Indiens, den Adepten der orphischen Mysterien oder den Lehrern der Gnosis, worauf Guiraud seit langem aufmerksam gemacht hat.[83] Der Glaube der Katharer zerstörte genau so wie das Bogomilentum, dessen Erbe er war, das Gefüge des sakramentalen Lebens zugunsten eines einzigen Ritus von höchster Bedeutung, des *consolamentum*. Er ersetzte christliche Sittlichkeit durch eine erzwungene Askese, und führte Fehltritte eher auf eine Befleckung durch die Materie als auf einen Akt des Willens zurück.[84] Er schaltete die Erlösung aus, indem man sich weigerte, die rettende Kraft der Kreuzigung Christi zuzugeben. Und er leugnete die Dreieinigkeit, indem er zwei Personen dem Vater untertan machte. Die Katharer konnten nicht zulassen, daß Christus Gott sei – ein Engel vielleicht oder ein Sohn Gottes, aber nicht gleichen Wesens mit dem Vater. Auch konnten sie logischerweise nicht zugeben, daß er Mensch war mit einem Leibe gleich dem anderer Menschen. So war der Angelpunkt christlichen Glaubens, die Fleischwerdung Christi, zerstört. Der radikale Dualismus ging sogar noch weiter in seiner Zerstörung der Grundpfeiler christlichen Glaubens, und man kann ihn wohl kaum noch als extrem christliche Häresie ansehen. Mit seinem Glauben an zwei Götter und zwei Schöpfungen könnte man ihn beinahe als eine andere Religion bezeichnen.

Doch solche Verzerrungen christlichen Glaubens waren nicht unbedingt dazu angetan, die im Glauben nicht unterwiesenen Katholiken, aus denen sich weithin die Zuhörerschaft der Ketzerprediger zusammensetzte, abzustoßen. Die Abweichungen vom rechten Glauben gingen ihnen aller Wahrscheinlichkeit nach gar nicht einmal auf. Die positive Zugkraft der Ketzerei bestand vor allem im Leben der Vollkommenen und in dem mit dem *consolamentum* verbundenen Prestige. Wir haben gesehen, wie diese beiden Verlockungen der Ketzerei Sympathisanten zuführten oder sie in einer weniger achtbaren Weise in einer Art Schwebezustand hielten, währenddessen sie auf ein *consolamentum* auf dem Totenbett warteten, und wie ferner die gesellschaftlichen Umstände im Languedoc und in Italien eine häretische Kirchenorganisation begünstigten. Die dogmatische Unterweisung folgte auf den Anpassungsprozeß eines Sympathisanten an die ketzerische Lebensweise, und so wurden sein Eifer und seine Anteilnahme angespornt, während er gleichzeitig dem noch verbleibenden Einfluß der Kirche entzogen wurde, die von Anfang an als Kirche Satans verdammt war. Mythen umgarnten Leute mit dichterischer Phantasie und beschränkter Kritikfähigkeit. Die Vertreter der Kirche führten allgemein Klage darüber, daß ein überzeugter Katharer gegenüber Predigten und Belehrung, welche auf die Schwierigkeiten und Widersprüche seiner Lage hinwiesen, weitgehend immun sei. So wurden Katharer gewonnen und in ihrem Glauben bestärkt.

Spaltungen und Niedergang

Der Zusammenbruch des Katharertums war ebenso dramatisch wie sein Aufstieg. War es noch im frühen 13. Jahrhundert als eine große Bedrohung für die Kirche erschienen, so sank es im Verlaufe des 14. zu einer kleinen, verfolgten Minderheit herab und verschwand dann überhaupt. Um dies zu erklären, müssen wir die Geschichte der westlichen Kirche und die innere Entwicklung der Sekte selbst im Zusammenhang sehen. Dies bedeutet gewissermaßen, daß wir den Mitgliedern der Sekte einen anderen Spiegel vorhalten müssen als den, den wir im voraufgehenden Abschnitt verwendeten, damit anstelle ihrer Anziehungskraft nun die Mängel und Schwächen ihrer Einstellung deutlich werden. Auch werden wir aus dem Quellenmaterial stärkeren Gebrauch machen von den gegen die Katharer gerichteten katholischen Abhandlungen und Zusammenfassungen, die wir zusätzlich hören zu der Information aus Chroniken, Ketzerverhören und den Werken und Ritualen der Sektierer, die wir oben herangezogen haben.

Wir werfen zunächst einen Blick auf die Geschichte der Streitigkeiten über Organisation und Lehre innerhalb des Katharertums, die rasch auf sein Auftauchen im Westen folgten.

Die Dualisten aus dem Osten, die als Missionare, Flüchtlinge oder Kaufleute ihren Glauben mitten in das katholische Europa hineintrugen und die Katharerbewegung ins Leben riefen, brachten auch die religiösen und persönlichen Konflikte mit, die sie daheim bedrängten.[85] Die Initiative, von der das Katharertum seinen Ausgang nahm, wurde in den vierziger Jahren des 12. Jahrhunderts im Westen spürbar. Im Jahre 1166 oder kurz danach traf Niketas, der Bischof einer radikal dualistischen Kirche in Konstantinopel, in der Lombardei ein, um Markus dem Totengräber und der jungen Katharermission entgegenzutreten, und säte so die Saat einer Zwietracht, welche erst aufhörte, als die Inquisition die Katharerkirchen Italiens zerstört hatte. Zwei Quellen unterrichten uns über die Begegnung. Die eine ist das Werk eines katholischen Beobachters in der Lombardei, der vor 1214/1215 schrieb und der Zugang hatte zu Einzelheiten der Dogmengeschichte der italienischen Katharer[86], die andere ist der Bericht Anselms von Alessandria, der etwa fünfzig Jahre später abgefaßt wurde und die

Überlieferung der Sekte widerspiegelt, wie sie ihm in seiner Eigenschaft als Inquisitor zweifellos bei Verhören zu Ohren kam.[87] Obwohl sie in Einzelheiten auseinandergehen, stimmen sie in der Bedeutung, die sie Niketas' Besuch beimessen, überein.

Die Botschaft des Niketas an Markus und seine Freunde war ganz einfach die, daß die Kirchenordnung, auf die sie ihre Stellung gründeten, falsch sei. Die frühere Quelle macht ausgiebig Gebrauch von dem katholischen Ausdruck *ordo*[88], der sich auf die authentische Überlieferung sowohl des *consolamentum* als auch der Ränge des Bischofs und Diakons in der hierarchischen Ordnung zu beziehen scheint, analog zu der apostolischen Sukzession in der katholischen Kirche. Sie war von tiefer Bedeutung, denn ohne die rechte Ordnung war des Markus *consolamentum* und dasjenige seiner Gruppe unwirksam, und sie waren verloren. Markus hörte dem Fremden aus Konstantinopel aufmerksam zu und beschloß, seine Ordo anzunehmen – es war die der Kirche von Dragowitsa[89] oder Drugonthia;[90] sie trat an die Stelle seiner eigenen, die jene von Bulgarien war.[91] Die lombardische Gruppe wurde erneut konsoliert; Markus aber empfing als Entgelt die bischöfliche Amtsgewalt aus den Händen des Niketas und wurde so zum ersten Katharerbischof Italiens.

In der Neukonsolierung war mehr enthalten als nur ein Wechsel der Kirchenordnung. Die Folgegeschichte zeigt, daß zusammen mit der Kirchenordnung auch die Lehren des radikalen Dualismus ins Land kamen. Die Lokalisierung von Dragowitsa (wahrscheinlich die ursprüngliche Form von Drugonthia und anderer Namen) ist dunkel: der Name leitet sich möglicherweise von dem Fluß Dragowitsa in der Gegend von Philippopolis in Thrakien ab, das lange Zeit eine Hochburg der Paulikianer gewesen war. Der Name Bulgarien ist klar genug: es war die Wiege des Bogomilentums, und seine Ordnung repräsentierte den traditionellen frühen Bogomilenglauben, wie er von Kosmas und dem gemäßigten Dualismus der Missionsphase in der Geschichte der Katharer vor Niketas dargestellt wurde.

Aus Italien sollen Niketas und Markus angeblich ins Languedoc weitergereist sein. In den italienischen Quellen wird die Reise nicht erwähnt, aber die Anwesenheit beider Männer wird durch ein umstrittenes Dokument bezeugt – den katharischen Bericht über ein Konzil, das zu St. Félix de Caraman, einem Dorf im Lauraguais, im Jahre 1167 oder, was weniger wahrscheinlich ist, 1172 abgehalten wurde.[92] Es war eine machtvolle Versammlung, bei der die Häupter der Katharer im Midi, »eine große Menge« von Anhängern und ein Führer aus Nordfrankreich zugegen waren. Alle lauschten dem Niketas und – so müssen wir annehmen – seinem Angriff auf die Rechtmäßigkeit der Ordo Bulgariens, der sie bisher angehört hatten, und sie wurden nach

Die Katharer 191

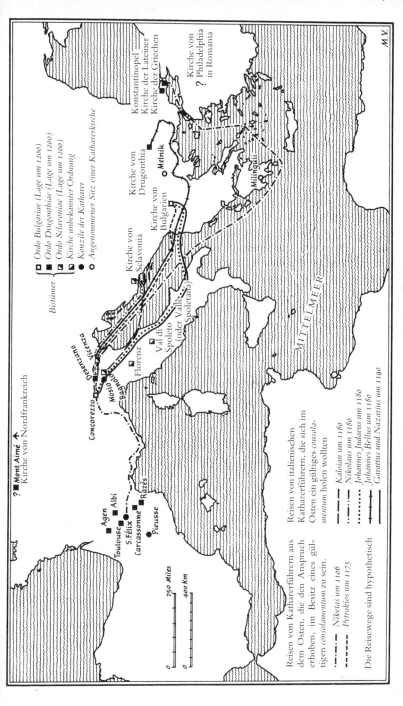

Karte 3 Die dualistischen Kirchen und die Ausdehnung der Kirchenspaltung

der Ordo von Dragowitsa erneut konsoliert. Niketas sprach über die Ruhe, die in den dualistischen Kirchen von Byzanz und des Balkan herrschte, und von den Vorteilen einer territorialen Begrenzung; er drang in die Katharer des Midi, sie sollten diesem Beispiel folgen. Sie handelten danach, und das Dokument berichtet von ihren Entscheidungen. Ein Bistum in Albi bestand bereits; drei weitere wurden für Toulouse, Carcassonne und – einer einleuchtenden modernen Hypothese zufolge – Agen eingerichtet;[93] der nordfranzösische Führer wurde Bischof ihrer Kirche. Nachdem Kandidaten ausgewählt worden waren, empfingen diese allesamt ihr bischöfliches Amt aus den Händen des Niketas. Zusammen mit Markus und Niketas waren damals sieben Bischöfe anwesend: sie symbolisierten die sieben Kirchen Asiens in der Apokalypse, von denen Niketas gesprochen hatte.

Die Lehre wurde in dem Text mit keinem Wort erwähnt, aber die sporadischen Zeugnisse über die Lehrtätigkeit der Katharer nach diesem Datum zeigen, daß sie nun radikale Dualisten waren, die das Zwei-Götter-Dogma anerkannten.[94] Niketas kehrte in den Osten zurück, nachdem er einen bemerkenswerten Sieg für seine Kirche und deren Lehre errungen hatte.[95]

Einige Jahre danach traf ein anderer Besucher aus dem Osten mit beunruhigenden Nachrichten in Italien ein. Petrakios, ein Abgesandter der Kirche Bulgariens, teilte den lombardischen Katharern mit, Simon, der Niketas (vermutlich irgendwo im Osten) das *consolamentum* verabreicht hatte, habe sich sittlicher Verfehlungen schuldig gemacht, unter anderem des verdächtigen Umgangs mit einer Frau.[96] Wenn dieser Verwalter des *consolamentum* gefallen sei, so gelte dies für alle, die von ihm konsoliert worden seien – wieder einmal waren die lombardischen Dualisten verloren.

Diesmal gab es keine einmütige Reaktion: einige stellten sich auf die Seite des Petrakios, andere schwankten. Die Berichte darüber gehen ein wenig auseinander[97]: nach Anselm von Alessandria ging die Ankunft des Petrakios dem Tode Markus', des ersten Bischofs, und dem Amtsantritt seines Nachfolgers Johannes Judaeus kurz voraus. Als Judaeus sein Amt übernahm, meldete Nikolaus von der Mark (Treviso), der selbst den Ehrgeiz hatte, Bischof zu werden, neue Zweifel an: Hatte Markus selbst ein gutes Ende genommen? Waren andererseits die Konsolierungen des Judaeus gültig? Nach dem anonymen Schreiber aus dem frühen 13. Jahrhundert verwirrte einfach die Geschichte des Petrakios die Gewissen der Lombarden und führte zur Bildung von zwei Parteien: die eine war *für* Judaeus, die andere *gegen* ihn; letztere wurde von einem gewissen Peter von Florenz angeführt.

Noch war bei den Katharern das Bedürfnis nach Einigkeit lebendig. Nach einiger Zeit holten sie sich Rat bei einem Katharerbischof außerhalb Italiens. Der empfahl eine Versöhnung durch Wahl und Ziehung von Losen: jede Partei sollte einen Kandidaten aus der anderen auswählen, und dann sollte der Zufall zwischen ihnen entscheiden.[98] In Mosio, zwischen Mantua und Cremona, hielten sie ein Konzil ab, aus dem Garattus als der von allen akzeptierte Bischof hervorging. Aber dem anonymen Schreiber zufolge wurde Garattus gerade, als er sich anschickte, von der bulgarischen Kirche ein unangefochtenes *consolamentum* einzuholen, und eine Kollekte für seine Reiseauslagen veranstaltet wurde, in sträflichem Umgang mit einer Frau entdeckt.[99] Damit war jeglicher Versuch, eine Einigkeit herbeizuführen, gescheitert.

Jetzt wurden andere auf die Reise geschickt, um sich ein absolut sicheres *consolamentum* zu besorgen. Aus dem Kirchenbezirk von Bagnolo, der sein Zentrum in oder bei Mantua hatte, begab sich Kaloian zu der Kirche von Sclavonia, einer Gruppe gemäßigter Dualisten in dem vorwiegend katholischen Küstenstrich Dalmatiens, die durch reisende Kaufleute aus Konstantinopel zur Ketzerei bekehrt worden waren.[100] Aus Vicenza reiste Nikolaus zu demselben Ziel. Als nächster wurde Judaeus, der vor Mosio um der Einheit willen demütig auf das Amt verzichtet hatte, dazu überredet, es wieder zu bekleiden und zwar als Bischof der Kirche von Concorezzo bei Mailand, dem Geburtsort des Markus, und sich selbst nach Bulgarien zu begeben, was für ihn die nötige Vorbedingung war, damit er eine gültige Weihe erhielt. Garattus blieb, obwohl er fürs erste unterlegen war, ein Faktor, mit dem man rechnen mußte; er scheint um 1190 seine eigene Pilgerfahrt nach Bulgarien gemacht zu haben, und zwar in Begleitung des Nazarius aus dem Bistum Concorezzo, der auch die bogomilische apokryphe *Interrogatio Johannis* mit zurückbrachte.[101] Weitere Bistümer entstanden in Florenz und im Tal von Spoleto. Hier und wahrscheinlich auch anderswo spielte der Lokalpatriotismus eine Rolle.

Auf diese Weise entstanden aus den Trümmern von Markus' ursprünglicher Mission sechs getrennte Katharerbistümer in Italien, deren miteinander wetteifernde Anhänger zwar weit zerstreut saßen, die jedoch im allgemeinen durch einen gemeinsamen Glauben und eine gemeinsame Kirchenordnung miteinander verbunden waren. Karte Nr. 3 zeigt die Lage ihrer geographischen Zentren sowie die Reisen, die ihr Wachstum begünstigten oder begleiteten: von Ost nach West die schicksalhaften Schritte des Niketas und Petrakios, von West nach Ost die Suche der westlichen Katharer nach dem authentischen *consolamentum*.

Berichte über die Konflikte in Italien werden uns von feindlich eingestellten Zeugen, die an der Verwirrung der Ketzer Gefallen fanden, in allen Einzelheiten wiedergegeben. Es ist schwer zu sagen, was man von den sexuellen Skandalen zu halten hat, die dieser Geschichte

Würze geben. Der Libertinismus war zwar ein Bestandteil der gnostischen Häresie. Aus dem Glaubenssatz heraus, daß alles Stoffliche böse und die Berührung mit ihm unter Einschluß der sexuellen Beziehungen zu verdammen sei, konnte man auch zu einer anderen Einstellung gelangen, nämlich, daß es für die Erwählten, die sich von der Beflekkung durch die Materie befreit hatten, gänzlich gleichgültig sei, ob sie sich sexuell betätigten oder nicht. Sie waren sozusagen über die Sünde erhaben und die von den Neulingen zu beachtenden Regeln galten für sie nicht mehr. Dies lehrten ja die Messalianer, jene byzantinischen Ketzer, die glaubten, ihre Eingeweihten könnten nach ihrer Einübung in Selbstverleugnung und der Austreibung des Dämons, der in jedes Menschen Herz sitze, nach Belieben und gänzlich sündlos ihrem Verlangen nachgeben oder auch nicht.[102] Aber bei den Katharern gibt es kaum Anzeichen von Libertinismus aus Prinzip, wenn man nach dem Zeugnis der Inquisition urteilen kann oder danach, wie die Gemeinden damals auf die Nachricht vom Fall des einen oder anderen Vollkommenen reagierten. Philipp, der Katharerbischof von Desenzano, soll nach Anselm von Alessandria die Maxime verbreitet haben, unterhalb der Gürtellinie gebe es keine Sünde für Mann oder Frau, und soll daraufhin Anhänger gewonnen haben.[103] Die Geschichte mag auf Verleumdung beruhen. Bezeichnender war indessen die Feststellung Sacconis, die er aufgrund eigener Erfahrungen gewonnen hatte, daß Vollkommene es bedauerten, nicht mehr Nutzen aus der sexuellen Freiheit eines Gläubigen gezogen zu haben, bevor sie das *consolamentum* empfingen.[104] Letzten Endes jedoch können wir uns auf die Ansicht des gesunden Menschenverstandes beschränken, wonach einige Vollkommene ebenso wie viele Angehörige des katholischen Klerus in der Tat sündigten, daß aber die Überempfindlichkeit und Strenge, mit der die Katharer das *consolamentum* behandelten, dazu führte, daß sie jeden wirklichen Fehltritt übertrieben und andere vielleicht sogar erfanden. In der Zeit, als die Sekte ihre volle Lebenskraft entfaltete, war ein Fall von Libertinismus ganz und gar die Ausnahme.[105]

Persönliche Konflikte, die Besorgnis wegen des *consolamentum* und der Lokalpatriotismus – all dies trug dazu bei, daß die Italiener den aus dem Osten eingeführten Streitigkeiten zum Opfer fielen. Aufgrund ihrer geistigen Regsamkeit blieben die dogmatischen Spannungen bestehen und neue wurden geschaffen. Unterschiede im Glauben setzten die Uneinigkeit fort, im Gegensatz zur Stabilität der territorial verankerten und weniger spekulativen Kirche des Languedoc. Die Katharer im Midi nahmen den radikalen Dualismus des Niketas an[106] und bewahrten ihn auf lange Zeit neben einer unbedeutenden Strömung von gemäßigtem Dualismus. Am Ende jedoch, so scheint es, gab es einen allgemeinen Umschwung zum gemäßigten Dualismus. Aber all dies vollzog sich, ohne daß die organisatorische Struktur einen Bruch erlitt oder persönliche Spannungen aufkamen. Dossat findet nur ein Beispiel dafür, daß ein Anhänger im Languedoc den Umgang mit einem anderen wegen dogmatischer Differenzen ablehnte.[107]

In Italien hingegen bestanden die Lehrstreitigkeiten fort, nachdem das Katharertum in getrennte Kirchen zerfallen war. Sie wurden durch Auseinandersetzungen unter den führenden Vollkommenen genährt sowie durch den Druck, den verstandesmäßige Überlegungen oder das Beispiel und die Polemik der Orthodoxen ausübten. Die tiefste Spaltung bestand zwischen den radikalen Dualisten von Desenzano und den Gemäßigten. Die Kirchen, die die Ordnung von Sclavonia akzeptierten, nahmen eine Zwischenstellung zwischen ihnen und dem traditionellen Bogomilentum Bulgariens ein. Besonders bezeichnend sind die Anstrengungen, die zwei Katharer auf entgegengesetzten Flügeln der Bewegung im 13. Jahrhundert machten, um dem Glauben eine rationalere Grundlage zu geben. Desiderius, der *filius major* der Kirche von Concorezzo, versuchte den Einfluß der Apokryphen zu beseitigen und lehrte, die Worte der Heiligen Schrift über die Ehe seien für die Anhänger der Sekte wörtlich auszulegen, um ihnen auf diese Weise ein konventionelles Gerüst für ihr sexuelles Verhalten zu geben.[108] Er erkannte an, daß Christus einen menschlichen Leib gehabt habe. Johannes von Lugio, der wahrscheinlich ursprünglich der Kirche von Desenzano angehört hatte, und seine Anhänger vertraten die entgegengesetzte Anschauung und lehrten, den Dualismus der gemäßigten Richtung könne man ebensowenig wie den Katholizismus verteidigen; die einzig logische Entgegnung auf das Problem des Bösen sei ein vollständig radikaler Dualismus, und der sei von ihrer Schule in dem Buch von den Zwei Prinzipien *Liber de duobus principiis* – dem beachtlichsten geistigen Erzeugnis der Katharer überhaupt – philosophisch gerechtfertigt worden. Voller Wiederholungen und letztlich ermüdend, wie sein erster Herausgeber Dondaine mit Recht bemerkt hat[109], war es ein Zeichen dafür, daß die italienischen Katharer die Kraft katholischer Polemik zu spüren begannen.

Die Zeugenaussagen lassen vermuten, daß die Katharer im 12. Jahrhundert anfangs die am Evangelium orientierte Lebensführung betonten und erst nach einer gewissen Zeit den dualistischen Glaubensaussagen, die zunächst im Hintergrund geblieben waren, immer mehr Aufmerksamkeit schenkten. Der katholische Gegenangriff legte den Ton beständig auf den Dualismus, wobei er bestrebt war, den schwankenden Gläubigen zu zeigen, daß das Katharertum alles andere als eine Bewegung der Reform und Askese sei, sondern in Wahrheit eine Häresie, die grundlegende Lehren der Christenheit leugnete. Erst diese Polemik zwang die Katharer dazu, über ihren

Dualismus nachzudenken, und zog sie so aus ihrem schattenhaften Dasein hervor.[110]

Sowohl Johannes von Lugio als auch Desiderius versuchten auf verschiedene Weise, indem sie neuen Bedürfnissen Rechnung trugen und wirksameren Angriffen entgegentraten, den Katharerglauben auf den neuesten Stand zu bringen. Keiner von beiden konnte der Häresie eine neue Richtung weisen, obgleich beide Anhänger anzogen. Desiderius rückte gegen seinen Bischof Nazarius zu Felde, einen Mann alter Schule, der das Gedankengut phantasievoll verwob; auf diese Weise spaltete er die Kirche von Concorezzo. Johannes von Lugio kam bei den älteren Anhängern nicht an, um so mehr jedoch bei einigen Mitgliedern der jüngeren Katharergeneration. Die Mehrheit der italienischen Katharer zeigte kein großes Interesse: sie hingen an ihren Apokryphen und Mythen trotz aller in ihnen enthaltenen Widersprüche.[111] Aber während Desiderius und Johannes von Lugio sowie ihre Schüler durch die Kraft eines wach gewordenen und besser informierten Katholizismus dazu veranlaßt worden waren, ihre Haltung zu überdenken, dürfen wir annehmen, daß andere Leute, die dem Katharertum fernstanden, nun entschieden gegen diese Bewegung eingenommen wurden. Die orthodoxe Polemik sowie die auf ihr beruhende Predigttätigkeit und Argumentationsweise machte nicht unbedingt solche, die bereits Anhänger waren, abspenstig;[112] doch sie warnte andere davor, sich von der Ketzerei anstecken zu lassen. Borst hat sicher recht, wenn er in der Auswirkung dieser Faktoren ein Symptom des Verfalls sieht.

Im 13. Jahrhundert kam sowohl im Katharertum des Languedoc als auch Italiens eine konventionelle Form kirchlichen Lebens auf: Gehorsam, gottesdienstliche und hierarchische Ordnung überwogen die frühere Betonung der sittlichen Ordnung. In Italien wurde ein lateinisches Ritual für das *consolamentum* verfaßt, das ursprünglich auf einem provenzalischen Text beruhte. So wurde der Reiz des Neuen und die Unmittelbarkeit des Kontaktes mit der Volkssprache zugunsten der Würde und Feierlichkeit nach dem katholischen Vorbild geopfert.[113] Borst sieht in der Entwicklung von Ritualen eine Nachahmung der sakramentalen Struktur des Katholizismus.[114] Einen wichtigen Schritt vollzog man, als man zuließ, daß ein gefallener Vollkommener sich noch einmal konsolieren lassen konnte, indem man ein entsprechendes Verfahren schuf.

Die Katharer versuchten nachzuweisen, daß sie wie die Katholiken alle sieben »evangelischen« *ordines* hätten.[115] Deren verfassungsmäßige Stellung konnte wegen des Status der Vollkommenen niemals genau die gleiche wie im Katholizismus sein. Im lateinischen Ritus des *consolamentum* jedoch wird der Gehorsam des Kandidaten gegenüber seinem Vorgesetzten stärker betont.[116] Das Wahlrecht der Gesamtheit der Vollkommenen wurde praktisch vermindert – man gewöhnte sich daran, es als natürlich zu empfinden, daß der Bischof nur durch einen anderen Bischof geweiht werden konnte, wie es bei den Katholiken der Fall war. Je häufiger das *consolamentum* auf dem Totenbett verabreicht wurde, desto mehr Bedeutung wurde den Amtsinhabern der Sekte, besonders den Diakonen, denen diese Pflicht oblag, beigemessen. Die wachsende Vorrangstellung der Hierarchie brachte es mit sich, daß der Status der weiblichen Vollkommenen, die von diesen Ämtern ausgeschlossen waren, sank. Koch glaubt, daß sich die Praxis auch auf die Mythen ausgewirkt habe; denn der frühere Grundsatz von der Gleichheit der Geschlechter nach dem Empfang des *consolamentum* wurde durch Erzählungen verdunkelt, die die nachträgliche Schöpfung der Frau oder ihre böse Rolle als ein Werkzeug Satans hervorhoben.[117] Die Verkirchlichung, jene Entwicklung einer konventionellen Struktur und des entsprechenden kirchlichen Lebens, die uns Borst skizziert[118], stellt sowohl ein natürliches Stadium in der Geschichte religiöser Bewegung dar, ebenso aber ist sie – und zwar besonders in Italien – eine Auswirkung des friedlichen Wettstreits mit der Kirche. Aber sie verminderte die Kraft der katharischen Herausforderung an die Orthodoxie.

Inzwischen wurde die Unterdrückung der Ketzerei wirksamer, zuerst im Languedoc, dann in Italien. Die politische Situation bestimmte das Ausmaß, in dem die Gesetzgebung gegen die Ketzerei sich tatsächlich auswirken konnte. Im Languedoc brachte der Kreuzzug Innozenz' III. die Katharer zunächst in Verwirrung und störte den Zusammenhalt in ihren Gemeinden. Zahlreiche Vollkommene wurden im Verlaufe der Maßnahmen getötet, aber die Organisation bildete sich wieder von neuem und fuhr, wenn auch zahlenmäßig vermindert, mit ihrer Arbeit fort. Im Jahre 1225 hielten sie tatsächlich ein Konzil in Pieusse ab und beschlossen, in Razès eine neue Diözese zu errichten.[119] Selbst in den dreißiger Jahren – nachdem sich die Bewegung 1229 bereits in Paris niedergelassen hatte – ging Graf Raymond VII. von Toulouse, in dessen Gebiet einige der hartnäckigsten Katharerbezirke lagen, immer noch halbherzig gegen sie vor, und seine Gefolgsleute unterstützten die Inquisitoren nur zum Teil.[120] Im Jahre 1238 kam Gregor IX., dem es darum zu tun war, Raymond von der Unterstützung Friedrichs II. abzuhalten, seinen Wünschen entgegen und hob praktisch für drei Jahre das Tribunal, das seinen Sitz in Toulouse hatte, auf.

Die Jahre 1241 bis 1243 brachten den Wendepunkt.[121] Zwei gescheiterte Aufstände machten den Adligen im Süden deutlich, daß sie mit Hilfe von Gewalt ihre Unabhängigkeit nie wieder erreichen würden; und die Tötung einer Gruppe von Inquisitoren in Avignonet rief die Entschlossenheit wach, die Ketzer unschädlich zu machen. Der Mord-

V *Unterwerfung des Grafen Raymond VII. von Toulouse in Paris am 12. April 1229*

anschlag war von Montségur aus organisiert worden, einer Burg im Vorland der Pyrenäen, die lange eine Zufluchtsstätte für Vollkommene und ihre Anhänger war. Ein Heer unter einem königlichen Seneschall belagerte sie, nahm sie ein und lieferte der Kirche mehr als zweihundert Vollkommene aus, darunter die Bischöfe von Toulouse und Razès. Die Katharer des Südens erholten sich nie wieder von dem Verlust so vieler Angehöriger der Elite. Gleichzeitig gab Raymond seine Politik zaudernder Unterstützung auf und begann mit der Verfolgung. Im Jahre 1249 verbrannte er mit einem geringeren Unterscheidungsvermögen als die Inquisitoren in Agen achtzig Verdächtige an einem Tag. Sein Nachfolger, Alphonse von Poitiers, ein Bruder König Ludwigs IX. und ein eiskalter Fanatiker, betrieb die Verfolgung ungewöhnlich energisch.

Die Katharer waren für das Gros des höheren Adels im Süden immer verkehrsfähige Leute gewesen. Die Kriege waren um die Herrschaft im Süden geführt worden, nicht um die Ketzerei, und das Verhalten Raymonds VII. war charakteristisch für die meisten höheren Adligen, wenn er bereit war, über die Ketzer den Stab zu brechen, als dies aus politischen Gründen opportun war. Nachdem einmal der Kampf um die Herrschaft über das Languedoc entschieden war, fanden die Ketzer nur noch wenige Verteidiger von Rang. Es gab große Verschwörungen, sowohl heimliche als auch offene Aktionen, unter anderen eine, deren Ziel es war, Inquisitionsakten in Carcassonne zu stehlen und Inquisitorenhelfer in Caunes zu ermorden.[122] Der letzte Katharer wurde erst 1330 im Languedoc verbrannt.[123] Nichtsdestoweniger war das Schicksal der Bewegung bereits seit 1243 besiegelt.

Warum dies der Fall war, könnte vielleicht damit erklärt werden, daß die Gesamtheit der einheimischen Barone des Languedoc eine endgültige Niederlage erlitten hatte, und daß die Inquisitoren der Gegend bei den Verhören des Bernard de Caux und seiner Gefolgsleute in den Jahren 1245–1246 im Gebiet des Lauraguais und in der Nachbarschaft von Lavaur in Hochform waren.[124] Bei diesen Untersuchungen wurden 5471 Personen in zwei Erzdiakonaten verhört. Die Fragen wurden im Stil der Polizeiermittlungen gestellt; sie richteten sich auf äußere Vorgänge wie die Ehrenbezeigung, die enthüllten, daß sie gemeinsame Sache mit den Ketzern machten; nur am Rande befaßten sie sich mit dem Glauben. Jeder Erwachsene innerhalb der Gemeinden, die auf Karte Nr. 4 verzeichnet sind, wurde gezwungen zu antworten. Wenn ein Verdächtiger unter dem Verhör zusammenbrach, pflegten andere zu folgen. Lügen deckte man durch Kreuzverhör auf. Fünf weitere Nachforschungen wurden in dieser Gegend angestellt. Im Jahre 1260 wurde der Bericht von der ursprünglichen Untersuchung abgeschrieben.

Die Liste der Urteilssprüche, die auf die genaue Untersuchung von Dossat zurückgeht, umfaßt diejenigen, die Bernard de Caux zwischen dem 18. März und dem 22. Juli 1246 verkündete. Sie gibt uns vom Ausmaß der Ketzerei in dieser Gegend in den Jahren 1245–1246 das klarste Bild, das wir wahrscheinlich bekommen können. Dossat weist darauf hin, daß sie als Spiegelbild der bei diesen Untersuchungen aufgedeckten Ketzerei immer noch nicht ganz genau ist, da die Manuskripte, aufgrund deren er die Aufstellung machte, nicht unbedingt vollständig sind; aber es ist unwahrscheinlich, daß sie schwerwiegende

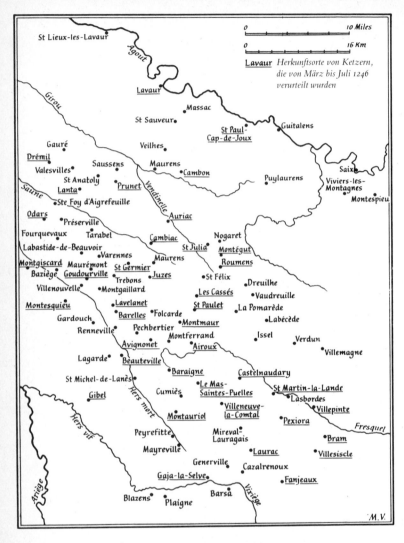

Karte 4
Die Inquisition im Kampf gegen den Katharismus:
Die Verhöre von 1245 bis 1246

Ungenauigkeiten enthält. Die Ketzer waren eine kleine, aber zähe Minderheit und weit verbreitet, wie die neununddreißig Ortschaften in der Tabelle zeigen. Die Folgerung, daß sie weit, wenn auch ziemlich dünn verstreut saßen, scheint wohl gerechtfertigt, wenngleich wir

Urteile des Ketzergerichts von Bernard de Caux, 1246

Gemeinde	Gefängnis	Kreuze und andere Bußstrafen	Gemeinde	Gefängnis	Kreuze und andere Bußstrafen
Airoux	0	1	Les Mas-Saintes-Puelles	0	8
Auriac	0	4	Les Cassés	1	3
Avignonet	0	11	Montauriol	0	1
Baraigne	0	3	Montégut	0	3
Barelles	3	3	Montesquieu-Lauraguais	0	7
Beauteville	0	2	Montgiscard	1	4
Bram	0	3	Montmaur	0	2
Cambiac	1	4	Odars	0	1
Cambon	0	4	Pexiora	0	5
Castelnaudary	0	8	Prunet	0	1
Drémil	0	1	Roumens	1	4
Fanjeaux	3	25	Saint-Germier	0	1
Gaja-le-Selve	0	1	Saint-Julia	0	1
Gibel	0	1	Saint Martin-la-Lande	7	19
Goudourville	1	2	Saint-Paul-Cap-de-Joux	0	1
Juzes	0	2	Saint-Paulet	1	1
Lanta	0	1	Villeneuve-la-Comtal	0	7
Laurac	2	28	Villepinte	0	3
Lavaur	1	5	Villesiscle	0	3
Lavelanet	1	0			

eine gewisse Konzentration in der südöstlichen Ecke des Gebietes feststellen können, zum Beispiel in Fanjeaux, Laurac und St. Martin-la-Lande.

Die Zähigkeit der Ketzer fand jedoch ihre Entsprechung auf seiten der Inquisitoren. Die Häufigkeit der Verhöre zeigt, daß in diesem Gebiet die Verbindungen der gesamten Bevölkerung zur Häresie zunächst durch generelle Befragung herausgefunden und dann über Jahre hinweg überprüft wurden, wobei die Schuldigen allmählich ausgerottet wurden. Die Urteilssprüche waren nicht ungewöhnlich hart. Die Aufstellung umfaßt 207 Urteile: dreiundzwanzigmal wurde eine Gefängnisstrafe ausgesprochen, im übrigen wurden leichtere Bußen auferlegt, wie die Verpflichtung zu Pilgerfahrten oder zum Aufnähen von Kreuzen auf die Kleidung. Verbrennungen sind in den von Dossat eingesehenen Berichten nicht enthalten; aus anderen Zeugnissen wissen wir jedoch, daß sie recht selten vorkamen.[125] Die Methode beruhte im wesentlichen auf Ausdauer und einem langen Gedächtnis: die Leute wurden ebenso durch bloß angedrohte wie durch wirklich vollzogene Gefängnisstrafen und den Feuertod in Angst und Schrekken gehalten. Keine religiöse Minderheitsbewegung konnte sich angesichts solchen Drucks unbegrenzt halten. Was das anbetrifft, brauchen wir nicht auf die inneren Widersprüche des Katharertums oder die Neuerungen im Katholizismus zurückzugreifen, um zu verstehen, warum die Ketzerei im Languedoc verschwand.[126] Zweifellos leisteten die Bettelmönche ihren Beitrag, ganz unabhängig von ihrer inquisitorischen Tätigkeit; aber daß in der Lebensführung der regulären Geistlichen eine wesentliche Besserung eingetreten wäre, wird keineswegs deutlich: Olivis Zeugnis für das späte 13. Jahrhundert läßt vermuten, daß dies nicht der Fall war. Die Katharer des Languedoc wurden in erster Linie durch eine wirkungsvolle Polizeiaktion ausgemerzt.

Von den vierziger Jahren an waren die Zeichen des Verfalls offenkundig. Das Leben der Vollkommenen änderte seinen Charakter[127], und die Heimlichkeit nahm zu. Das schwarze Gewand wurde durch einen Gürtel ersetzt, der unmittelbar auf der Haut getragen wurde; einzelne Vollkommene zogen aus jedermann bekannten Häusern aus, um in Hütten und Buden zu hausen. Die Aussichten, Proselyten zu machen, wurden geringer, und was die Frauen anbetraf, so scheint es, daß die Gründung des Dominikus in Prouille immer beliebter wurde. Die Zahl der weiblichen Vollkommenen nahm immer mehr ab, während in Prouille um die Mitte des Jahrhunderts fünfzig Nonnen lebten. Die Auswanderung der Katharer zu ihren Glaubensgenossen in Italien setzte ein.[128] Etwa um 1250 schätzte Sacconi, daß die alten Katharerbistümer von Toulouse, Albi, Carcassonne und Agen weniger als 200 Vollkommene hatten.[129] Allerdings neigte er als Inquisitor und ehemaliger Vollkommener vielleicht dazu, das Ausmaß des Erfolges der Kirche zu jener Zeit zu übertreiben.[130]

Trotzdem paßten sich die Menschen auch jetzt noch den Umständen an. Die Verbindungen, die der Katharerdiakon Pagès in seiner langen Laufbahn von 1269 bis 1284 im Cabardès und den angrenzenden Landstrichen aufrechterhielt und die sogar einen Einwanderer aus dem Norden Frankreichs mit einbezogen, zeigen durch ihre Ausdehnung, wie die Ketzerei in dieser Spätzeit weiterzuleben vermochte.[131] Unter dem allseitigen Druck gaben die Führer den Vollkommenen die Erlaubnis, Blut zu vergießen;[132] man erfand die *convenenza (convenentia* oder *covenesa,* A. d. Ü.), eine Übereinkunft zwischen einem Vollkommenen, der das *consolamentum* spendete, und einem Kandidaten: sie trat in Notsituationen in Kraft, wenn dem Kandidaten der Tod unmittelbar bevorstand und er nicht mehr sprechen konnte – so konnte man mit ausweglosen Situationen fertig werden. Gelegentlich wählten sie die *endura*, eine Form des Selbstmords, wobei der Tod gelegentlich mit gewaltsamen Mitteln herbeigeführt wurde, normalerweise aber dadurch, daß sich der Todgeweihte zu Bett legte und die Nahrungsaufnahme verweigerte, um so im sicheren Besitz des *consolamentum* bei einer Zuckerwasserdiät aus dem Leben zu scheiden.[133] Solch ein Ende war Leuten, die das menschliche Dasein als eine Kerkerhaft unter Satans Gewalt ansahen, immer schon logisch erschienen; vielleicht aber wirkte sich auch hierin das von Perfektionismus besessene Leben der Vollkommenen aus. In der Frühzeit kam der Selbstmord indessen selten vor und bleibt für uns etwas im ungewissen. Wenngleich diese Todesform niemals häufig auftrat, so nahm sie doch im späteren Katharertum zu, als nach 1295 die beherrschende Persönlichkeit des Pierre Autier ein Wiederaufleben der Sekte herbeiführte. Für ihn konnte die *endura* ein geeignetes Mittel sein, um Anhänger, die zuviel wußten, zu beseitigen, wenn ihnen die Inquisition auf der Spur war.

Aber unter dem fortgesetzten Druck und infolge der durchgreifenden Nachforschungen, welche die bestehenden Verbindungen nacheinander auslöschten, starb die Ketzerei allmählich aus. Autier, ein Notar aus Ax am Rande der Pyrenäen, bewies, daß der häretische Glaube noch immer Anziehungskraft hatte, als er im Jahre 1295 aus dem italienischen Exil zurückkehrte: durch seine Predigttätigkeit im Untergrund, die bis zu seiner Gefangennahme und Verbrennung im Jahre 1310 andauerte, machte er einige hundert Proselyten.[134] Allerdings bestand die Masse dieser Leute aus armen Tagelöhnern und Handwerkern, und das von ihm gelehrte Credo war zutiefst hoffnungslos. Die Laufbahn des Belibasta, eines Vollkommenen, der sich eine Konkubine hielt und mit dem *consolamentum* Handel trieb, weist eine reine Dekadenzerscheinung auf.[135]

In Italien bekamen die Katharer erst später die Macht der Inquisition zu spüren. Zu der Zeit, als die Bistümer im Languedoc sich auflösten, bot Italien ihnen relativ sichere Zufluchtsstätten. Während der Belagerung von Montségur ließ der Katharerbischof von Cremona seinem Kollegen in Toulouse einen brüderlichen Brief zukommen, in welchem er ihm Asyl anbot; dieser lehnte jedoch ab.[136] Unterwegs erleichterten Führer und Hospize den Ketzern die Flucht aus dem Languedoc. Wahrscheinlich aus Gründen der Geheimhaltung führte die äußerst schwierige Route durch die Seealpen über Nizza, den Col de Tende und weiter über Roccavione bis zur Ebene von Cuneo.[137] Die Vollkommenen, die auf diesem Wege in umgekehrter Richtung reisten, um in jenen dunklen Tagen die Überbleibsel der Katharerkirchen des Languedoc geistlich zu versorgen und das *consolamentum* zu erteilen, bildeten nur ein dünnes Rinnsal. Der bedeutendste unter diesen Auswanderern, Autier, empfing seine häretische Weihe in Asti. Sacconi stellte fest, daß die Überlebenden von der nordfranzösischen Katharerkirche, die sich um die Mitte des Jahrhunderts auf etwa 150 Vollkommene beliefen, meist in Verona und in der Lombardei Zuflucht gefunden hatten.[138] Diese Sicherheit war jedoch nur bedingt; denn wenn die Katharer in Italien von den kommunalen Behörden geduldet wurden, dann geschah dies nicht so sehr um ihrer selbst, als vielmehr um der Autonomie der Städte willen, oder weil eine antiklerikale oder antipäpstliche Stimmung herrschte; wenn sich aber aus irgendeinem Grund die Volksmeinung gegen die Häretiker kehrte, fanden sie keine verläßlichen Verteidiger.

In den einzelnen Ortschaften war die Stimmung durchaus schwankend. Wie wir gesehen haben, kam in Orvieto durch die katholische Reaktion Pietro Parenzo an die Macht.[139] Seine Ermordung löste augenblicklich eine Volksstimmung zugunsten der von ihm vertretenen Sache aus. Im Jahre 1239 allerdings wurde das Dominikanerkloster in der Stadt geplündert.[140] In Florenz ging man im Jahre 1245 gewaltsam gegen einen ghibellinischen *podestà* vor, weil er es unterlassen hatte, gegen den Katharer Barone del Barone einzuschreiten. Andererseits wurde 1252 der Inquisitor St. Petrus Martyr ermordet, weil er Ketzern in der Umgebung von Mailand den Prozeß gemacht hatte, und sieben Jahre später erhob sich in der Stadt Protest gegen die Tätigkeit seines Untergebenen und Nachfolgers Sacconi.

So schlug das Pendel nach beiden Seiten aus. Der Umstand, der in der ersten Hälfte des Jahrhunderts den Ketzern sozusagen Immunität zusicherte, war der Kampf zwischen Friedrich II. und den Päpsten. Nachdem letztere die Verbreitung einer antihäretischen Gesetzgebung durch Friedrich II. sichergestellt und ein gegen die Ketzerei gerichtetes Gesetzeswerk geschaffen hatten, waren sie aus Furcht, Verbündete zu verlieren, nicht gewillt, größeren Druck auf die Städte auszuüben, damit diese Gesetzgebung nun auch durchgeführt wurde. In den Gemeinwesen mit eigener Zentralgewalt reichte bloßer Argwohn aus, damit eine allgemeine Annahme von Unterstützungsstatuten für die Einführung der Inquisition verhindert wurde, und den Päpsten fehlte es an Einfluß, um darauf zu bestehen. Friedrich selbst nahm eine opportunistische Haltung ein.[141] Wie wenig es ihm in Wirklichkeit um die Ausrottung der Ketzerei zu tun war, zeigt sich an seinem untätigen Abwarten im Königreich Neapel: um wirksame Maßnahmen zu ergreifen, hätte er die Bettelbrüder in sein Königreich hineinlassen müssen. Dazu aber war er aus politischen Gründen nicht gewillt. Er bemerkte allerdings, wie sehr Gregor IX. zögerte, die Ketzerfrage mit

Nachdruck zu betreiben, solange dies mit seinen eigenen politischen Erfordernissen nicht vereinbar war. Hier setzte in seiner Propaganda gegen den Papst seine Kritik ein. Sein Nachfolger Manfred begünstigte die Häretiker.

Die Katharer nützten jede Unterstützung aus, die sie finden konnten. Eine natürliche Gemeinsamkeit der Interessen machte sie zu Bündnispartnern der Ghibellinen. Doch die Ketzer stellten nirgends einen unabhängigen Machtfaktor in der Kommunalpolitik dar. Im allgemeinen pflegte man ihnen in Zeiten des Interdikts Gunst zuzuwenden; aber in der politischen Auseinandersetzung waren sie bloße Schachfiguren, und als die Ghibellinen an Macht verloren, standen sie ohne jegliche Unterstützung da.

Das Bündnis mit den Ghibellinen erwies sich im Jahre 1250 für die Ketzer schließlich als eine Sackgasse. Solange Friedrich noch lebte, waren sie relativ sicher geblieben. Sie waren zwar nicht gänzlich außer Gefahr, gesetzlich verfolgt zu werden; aber zahlenmäßig waren sie immer noch stark. Bei seinem Versuch, die Stärke der verschiedenen Kathararkirchen zusammenzurechnen, schätzte Sacconi diejenige von Concorezzo, die aus gemäßigten Dualisten bestand, als die größte mit 1500 Vollkommenen ein. Danach kam die von Desenzano mit 500 sowie eine Reihe kleinerer mit niedrigeren Zahlen – Bagnolo mit 200, Florenz, Val di Spoleto und Vicenza mit je 100. Die Organisation überdauerte die Lebenszeit Sacconis: die Bischofslisten der verschiedenen Kirchen reichen ohne Unterbrechung bis in die achtziger Jahre.[142]

Nichtsdestoweniger neigte sich schließlich die Waage des Schicksals gegen die Dualisten, bedingt durch den Tod Friedrichs II. und den Niedergang der kaiserlichen Partei in Italien, durch die Siege des päpstlichen Streiters Karl von Anjou über Friedrichs Nachfolger und durch die Erfolge der konservativen Guelfenpartei in den Städten. In der Ära Karls von Anjou gab es keinen Platz für Ketzer. Von der Sorge, Verbündete zu finden, befreit, konnten die Päpste nun die Verfolgung mit Nachdruck in Angriff nehmen. Die Schutzherren der Ketzer starben aus: in Verona folgten auf Oberto Pelavicino die Scaliger; sie waren nicht gewillt, die Ketzer noch länger zu unterstützen.[143] In zögernder Reihenfolge erlaubte bis zum Ende des Jahrhunderts eine Stadt nach der anderen durchgreifende inquisitorische Verfahren. Die Flucht zu Beschützern im *contado*, das Ausweichen in andere Städte sowie das Ausharren im Verborgenen zögerten zwar den Niedergang hinaus, konnten ihn jedoch nicht verhindern. Die Scharen von Vollkommenen, die sich bei der von Bruder Salomone da Lucca durchgeführten Inquisition zu Florenz im Jahre 1282 unterwarfen, kennzeichnen ein Stadium in dieser Abwärtsbewegung.[144] In Sirmione am Gardasee wurden bei einer Expedition 178 Vollkommene gefangen und 1278 in Verona verbrannt. Dadurch wurde der Kirche von Desenzano ein fürchterlicher Schlag zugefügt.[145] Die Unterdrückung verlief jedoch noch immer nicht reibungslos. Der traditionelle Argwohn gegenüber der Inquisition blieb bestehen, und einige Katharer schlugen sogar zurück – im Veltlin wurde ein Inquisitor ermordet, in Parma das Dominikanerkloster im Jahre 1279 geplündert[146] –, aber bis zum Ende des Jahrhunderts hatte man selbst in Mailand, der alten Metropole der Ketzerei, die Ordnung wieder hergestellt. Die letzten größeren Reihenverhöre wurden von 1291 bis 1309 in Bologna angestellt.[147] Danach war die Katharergeschichte die eines kläglichen Überrests. Der letzte in Westeuropa bekannte Bischof wurde 1321 in der Toskana gefangen.[148] Überlebende fanden eine Zeitlang noch weiterhin Zufluchtsstätten, möglicherweise in ländlichen Gebieten der Lombardei und in den Alpen.[149]

Der Niedergang dieser Ketzerei ist jedoch nicht allein damit erklärt, daß man die Geschichte der Inquisition in Italien im Überblick darstellt. Von ebenso großer Wichtigkeit sind die friedlichen Gegenmaßnahmen der Kirche sowie die inneren Schwierigkeiten des Katharertums. Im Languedoc hatten die Inquisitoren weithin Polizeifunktion; in Italien hingegen reichte ihre Bedeutung darüber hinaus. St. Petrus Martyr zum Beispiel führte neben der Ausübung seiner gesetzlichen Pflichten eine Bewegung an, die sich die Errichtung katholischer Bruderschaften zur Vertiefung des Glaubens und zur Errichtung von Schranken gegen das Ketzertum zum Ziele gesetzt hatte.[150] Es bestand hier ein höheres geistiges Niveau als im Languedoc. Deshalb dürfen wir annehmen, daß der geistige Kampf gegen das Ketzertum und die Auswirkung der Konflikte innerhalb des Katharertums von größerer Wichtigkeit waren. Den Zusammenbruch der Ketzerei im Languedoc kann man durchaus mit der Auswirkung einer Polizeiaktion hinreichend erklären. Auch in Italien war eine solche zwar notwendig, um die Widerspenstigen auszurotten. Darüber hinaus aber wurde der Zustrom von Anhängern gegenüber dem früheren Ausmaß durch eine allgemeine Veränderung des geistigen Klimas und eine Wiederbelebung des Katholizismus gehemmt. Auf diese Weise wurde das Ketzertum so sehr abgedrosselt, daß es endgültig in Vergessenheit geriet. Man kann Vermutungen darüber anstellen, in welcher Weise sich wirtschaftliche Faktoren auswirkten, und kann behaupten, verbesserte Lebensbedingungen hätten dazu beigetragen, daß sich die Menschen von einem Glaubensbekenntnis abkehrten, das so schonungslos predigte, die Welt sei vollkommen in Satans Gewalt. Aber dem ist entgegenzuhalten, daß zu viele Leute, denen es gut ging, an der Ketzerei Anteil nahmen. Außerdem sind die Motive, die Menschen dazu veranlassen, sich einer religiösen Gruppe anzuschließen, im allgemeinen zu komplex, als daß die Herstellung eines einfachen Zusammenhangs zwischen Armut und Ungerechtigkeit mit dem Zustrom zu den Katharern oder zwischen der verbesserten Wirtschaftslage mit dem Niedergang der Katharer überzeugen könnte. Das Katharertum hatte auf jeden Fall eklektischen Charakter, es war eine Religion, die aus den verschiedensten Gebieten einem Schwamm gleich Ideen und Verhaltensweisen aufsog und so auf Kosten der inneren Vereinbarkeit den verschiedenartigsten Bedürfnissen Rechnung trug. Im 13. Jahrhundert erfolgte eine Ausweitung des Wissensstandes; mit dem Aufkommen von Universitäten und Hochschulen für Medizin sowie einer Ausdehnung der Reisetätigkeit weiteten sich die Horizonte. Damit konnte das Katharertum nicht Schritt halten.[151] Daß die Weltanschauung sich neu orientierte, und dadurch gerade diese Art Ketzerei besonders beeinträchtigt wurde, war vor allem auf zwei Bewegungen zurückzuführen, die sich auf katholischer Seite entfalteten.[152] Zum einen kam eine neue Art von Frömmigkeit auf, die insbesondere mit den Franziskanern in Verbindung zu bringen ist; sie lenkte die Aufmerksamkeit auf die Ereignisse im Leben Christi. Die Weihnachtskrippe, die lebendige Predigt über Christi Leben, Kreuzwegandachten, die den Betenden dazu anleiteten, am Leidensweg Jesu innigen Anteil zu nehmen – dies alles war dualistischem Glauben zutiefst fremd. Für die meisten Anhänger des Katharerglaubens war Christus eine Art Geistererscheinung oder ein Engel aus dem Jenseits, aber kein Mensch. Er wurde vor allem als der entrückte Stifter einer reinen Kirche verehrt. Gegenüber dem Christus nach katholischem Glauben, der zugleich Mensch und Gott ist, so wie er in der Frömmigkeit des 13. Jahrhunderts begriffen wurde, hatte jener Christus keine Überlebenschancen. Die positive Einstellung zur Natur und zur Schöpfung hatte eine ähnliche Auswirkung: sie vertrieb eher aufgrund von Erfahrung als von Vernunft die katharische Vorstellung, daß alles Stoffliche böse sei.

Zum anderen trug das Auftreten des Joachimismus im 13. Jahrhundert dazu bei, daß das religiöse Volksempfinden durch eine Reihe von Mythen bereichert wurde, die an Anziehungskraft den Mythen der Katharer gleichkamen, aber doch einen optimistischeren Tenor hatten. Wie in der Eschatologie der Katharer stand auch hier ein grundsätzlicher Kampf mit dem Bösen bevor, aber er sollte in einem Zustand der Seligkeit hier auf Erden enden, einem Vorgeschmack paradiesischer Freuden nach der immerwährenden geistlichen Auseinandersetzung. Wer an solchen Dingen Geschmack hatte, fand diese Mythen positiver als die dualistischen Erzählungen von der Schöpfung und vom Weltende, die im Vergleich zu ihnen verblaßten. Sie brachten jedoch den Katholiken keinen Gewinn: der Joachimismus enthielt Gefahren, die sich die Ketzer zunutze machten.[153] Aber er war doch ein weiterer Faktor, der sich gegen das Katharertum auswirkte. Kurz gesagt war der italienische Dualismus teils mit Gewalt ausgerottet worden, teils war die Zeit einfach über ihn hinweggegangen.

Der Niedergang des Bogomilentums in Byzanz und auf dem Balkan

In den Ursprungsländern der bogomilischen Ketzerei – in Byzanz und auf dem Balkan – wirkte sich der Dualismus weniger dramatisch aus als im Westen, und auch sein Ende trat weniger in Erscheinung. In Byzanz ging die Verfolgung sporadisch vonstatten. Sie kam infolge der Schwierigkeiten und durch das Versagen des zu Ende gehenden byzantinischen Staatsgebildes nicht zum Zuge. Dieser Staat war nach dem vierten Kreuzzug von 1203 bis 1204 nur noch ein Fragment und hatte in seiner letzten Phase – nachdem Konstantinopel den Lateinern im Jahre 1261 wieder abgenommen worden war – noch dazu mit Autoritätsproblemen zu kämpfen. Die byzantinische Kirche der Spätzeit rottete die Ketzer nie aus.

In Konstantinopel selbst hielt sich der radikale Dualismus nach den Verfolgungen unter Alexios Komnenos zu Anfang des 12. Jahrhunderts, wie das erfolgreiche Wirken des Niketas in Italien bezeugt. Selbst häufigere Verfolgungen unter Manuel Komnenos, zu denen auch das Wirken des hl. Hilarion in seiner Diözese Moglena in Makedonien gerechnet werden muß, und die sogar zur Absetzung zweier Bischöfe in Kleinasien führten, konnten das Bogomilentum nicht beseitigen.[154] Im letzten Jahrzehnt der Regierungszeit Manuels (1170–1180) schrieb Theodoros Balsamon – vielleicht mit grimmiger Übertreibung –, ganze Gebiete seien von Bogomilen bewohnt.[155] In der Hauptstadt besaßen die Ketzer anscheinend soviel Lebenskraft, daß sie unter den lateinischen Siedlern auf den Trümmern des Reiches im 13. Jahrhundert noch Konvertiten machen konnten; denn Sacconi führt in seiner Aufstellung dualistischer Kirchen in Konstantinopel sowohl eine Kirche von Lateinern als auch eine solche von Griechen auf.[156] Jedoch kann nach Euthymios Zigabenos keine Quelle über das byzantinische Bogomilentum gänzlich zufriedenstellen; jedenfalls hat keine die Sensibilität gegenüber feinen Glaubensunterschieden, wie sie der Priester Kosmas bei seiner Beurteilung der frühbulgarischen Ketzerei zeigt. Die Quellen erwähnen in ihren Berichten über das Ketzertum messalianische Elemente. Infolge des niedrigen Maßstabs, den man an diese Berichte anlegen muß, ist es unmöglich, mit Sicherheit zu sagen, ob der Bogomilismus den Messalianismus mit seinen eigenen Überlieferungen verschmolzen hat oder ob die Quellen die beiden Häresien miteinander verwechselt haben.

In Bulgarien hielten sich die Bogomilen auch weiterhin: sie spielten ihre Rolle, indem sie die Spaltungen der italienischen Katharer hervorriefen und später, im Jahre 1211, die Aufmerksamkeit des Zaren Boril auf sich lenkten. Doch auch hier ist unsere Quelle, das Synodikon des Zaren, wieder unzuverlässig.[157] Was den Westen anbetraf, so waren Sacconi die dualistischen Kirchen seiner Zeit in Byzanz und auf dem Balkan bekannt, und er führte sie auf, weil er ihre Bedeutung für die Stiftung neuer Kirchenordnungen begriff. Aber über ihre interne Geschichte war er nicht informiert. Für alle Vollkommenen in ihren Reihen setzte er nach Gutdünken eine runde Zahl – unter fünfhundert – ein.[158] Im Verlaufe des 13. und 14. Jahrhunderts vertieft sich das Dunkel über Byzanz und Bulgarien, und wir finden uns in der Ketzerei nicht mehr zurecht angesichts der Entwicklung des Hesychasmus in Byzanz, des Messalianismus und der verworrenen Glaubensrichtungen bulgarischer Kirchenmitglieder, die dem Dämonenglauben oder der Magie huldigten. Die dualistische Häresie, die im Westen entweder ausgetilgt worden war oder sich durch die Weiterentwicklung des kirchlichen Lebens erübrigte, scheint in Byzanz und in den Balkanländern unbemerkt und von selbst ausgestorben zu sein.

Bogomilische Missionare oder Flüchtlinge machten zwei Versuche, um Neuland zu erobern: der eine war teilweise erfolgreich, der andere scheiterte. In der zweiten Hälfte des 12. Jahrhunderts verfuhr Stephan Nemanja in Serbien mit den Dualisten auf recht energische Weise: er verhängte Exekutionen, Verbannung und Verbrennungen von Büchern. Sein jüngerer Sohn, der hl. Sava, belegte als Erzbischof auf einem Konzil zu Žica im Jahre 1221 Bogomilen mit dem Bann oder taufte sie zwangsweise. Kosmas wurde wahrscheinlich im 12. Jahrhundert ins Serbische übersetzt, und nach der Zeit des hl. Sava wurde das gesetzmäßige Verfahren gegen die Bogomilen wieder in Kraft gesetzt.[159] Die Eroberungen unter der ruhmreichen Herrschaft Stephan Dušans hatten wahrscheinlich zur Folge, daß Bevölkerungsgruppen in Makedonien und einem Teil von Bosnien, die vom Bogomilentum verseucht waren, unter serbische Herrschaft kamen. Dušans Gesetzeswerk aus der Mitte des 14. Jahrhunderts enthält Strafen gegen solche Ketzer.[160] Die Bogomilen bildeten also in Serbien weiterhin ein Problem. Aber die serbische Kirche hatte ihr eigenes Oberhaupt: sie war nicht durch den unzulässigen Einfluß der Machtausdehnung von Byzanz geschwächt, wie es bei der griechisch-orthodoxen Kirche in Bulgarien zu Kosmas' Zeiten der Fall gewesen war; sie konnte deshalb mit Festigkeit durchgreifen.

In die unwegsamen Landstriche Bosniens konnte das ketzerische Gedankengut erfolgreicher eindringen.[161] Dort brachten sich im ausgehenden 12. Jahrhundert Flüchtlinge vor den Verfolgungen durch den katholischen Erzbischof von Split an der dalmatinischen Küste in Sicherheit und wahrscheinlich auch vor den Maßnahmen der serbischen Kirche.[162] Innozenz III. griff ein: im Jahre 1203 erreichte sein Legat in Bilino Polje von einer nicht identifizierten Mönchsgruppe, den sogenannten *krstjani*, daß sie sich mit bestimmten Grundforderungen einverstanden erklärten: sie würden sich weigern, Manichäer oder Ketzer bei sich aufzunehmen und ihrerseits jeglicher Form von Ketzerei entsagen.[163] Aber Rom hatte in dieser entlegenen Gegend nur geringen Einfluß. Der Erzbischof von Dubrovnik pflegte das Landesinnere, soweit es zu seiner Diözese gehörte, zu vernachlässigen. Einem gewissen einheimischen Bischof fehlte offensichtlich jegliche Würde. Er wurde 1233 abgesetzt und durch einen deutschen Dominikaner ersetzt, auf den wiederum ein anderer Dominikaner namens Ponsa folgte. Unter dieser ausländischen Amtsführung setzte die Verfolgung des Ketzertums ein und wurde lediglich durch eine militärische Aktion Ungarns unterbrochen, das wahrscheinlich um 1236–1237 zu Felde zog, um das ganze Land unter seine Herrschaft zu bringen.[164] Die Könige des katholischen Ungarn beanspruchten die Lehnshoheit über die bosnischen Bane und waren vielleicht nur dann bereit, den gegen bosnische Untertanen erhobenen Anklagen wegen Ketzerei ernsthaft nachzugehen, wenn sie sich mit ihren eigenen territorialen Interessen deckten. Eigentlich sollte dieser Feldzug ein Kreuzzug sein, zu dem man unter der Schirmherrschaft von Gregor IX. aufgerufen hatte. Aber er bewirkte das Gegenteil. Die Gegenschläge des bosnischen Adels und die Vertreibung der ungarischen Eroberer hatten zur Folge, daß jegliche Verfolgung eingestellt und der katholische Bischof vertrieben wurde. Danach ließ man die Dualisten in Ruhe.

Die Ketzerkirche von Sklavonien, die in Dalmatien eine unsichere Existenz führte, scheint das bosnische Landesinnere zu ihrer eigentlichen Heimat gemacht zu haben.[165] Die päpstliche Kurie ging von der Annahme aus, daß die alte bosnische Kirche, ein weltabgeschiedenes, eigentümliches Gebilde, ihrerseits von den Dualisten übernommen worden sei.[166] Ob dies zutraf oder nicht, ist nicht sicher. In Ungarn hielt man daran fest, daß diese Kirche einen häretischen Charakter habe, und war deswegen dauernd bestrebt, die Unterstützung des Papstes für die Wiedereroberungspläne zu gewinnen. In der katholischen Stadt Dubrovnik empfing man regelmäßig *gosti* – offensichtlich Mitglieder der Hierarchie der bosnischen Kirche – als diplomatische Abgesandte bosnischer Herrscher.[167] Die Bevölkerung von Dubrovnik nannte sie Patarener – dies war eine allgemeine Bezeichnung für Katharer, die in Italien ihren Ursprung hatte[168] – und machte die Beobachtung, daß sie die Eidesleistung ablehnten, was bei den bosnischen Laien nicht der Fall war.[169] Eine bosnische Handschrift aus dem

Die Katharer 211

VI Gost Milutin – Inschrift: In Deinem Namen, allerreinste Dreifaltigkeit.
Das Steingrab des Herrn Gost Milutin aus der Familie Crničan.

Er kam auf andere Weise als durch Gottes Gnade zu Tode.
Lebensbeschreibung: Ich lebte in der Wertschätzung der bosnischen Herren.
Ich empfing Geschenke von großen Herren und Oberherren
sowie von den griechischen Herren. Und all dies ist bekannt
(aus der französischen Übersetzung von M. Vego, s. S. 226, Anm. 173)

15. Jahrhundert enthält eine kurze Folge von Gebeten, die auf interessante, wenn auch nicht gänzlich schlüssige Weise Gebeten ähneln, die in etwa gleicher Folge von westlichen Katharern benutzt wurden. [170]

Es hieß, die bosnische Kirche habe eine eigene Hierarchie mit vier Rangstufen: dem *djed*, der das Oberhaupt war (»signor e padre spirituale de la glexia vostra di Bosna«), *gost, starac* und *strojnik*. [171] Durch den Brauch der *vjera gospodska* (dem Treueschwur des adligen Gefolgsmanns, einem Brauch, der das Gleichgewicht zwischen dem Landesherrn und den Adligen aufrechterhalten sollte) war Mitgliedern der bosnischen Kirche eine entscheidende Rolle vorbehalten. Der Herrscher garantierte dem Adligen Sicherheit für Leib, Leben und Eigentum. Diese Garantie konnte nur im Falle eines Treubruchs von seiten des Adligen, einer *nevjera*, aufgehoben werden; und das Urteil darüber, ob wirklich ein solcher Treubruch begangen worden war, hatten Kommissionen zu fällen, die sich aus Vertretern des Adels und der Geistlichkeit zusammensetzten und in denen oft ein Platz für den *djed* reserviert war. [172]

Die *gosti* brachten es zu Reichtum. Der Grabstein des Gost Milutin (Abbildung S. 211) läßt diesen Wohlstand deutlich erkennen, obgleich die grobe Steinmetzarbeit und die plumpe Art, in der die Inschrift auf der Schmalseite und Rückseite des Steinblocks fortgesetzt wird, eine niedrige Kulturstufe verraten. [173] Die sterblichen Überreste Milutins lagen auf einer Bahre aus Nußbaumholz und waren in ein Brokatgewand gehüllt, dessen Verzierung mit Löwen und Sternen aus reinem Gold gewebt war. Mochten solche Leute sich von den asketischen Führern der frühen Bogomilen- und Katharermissionen auch noch so sehr unterscheiden – die Geistlichkeit im Westen nahm an, daß die Kirche, in der sie Autorität ausübten, ketzerische Glaubensrichtungen vertrete. Das weltabgeschiedene und fremdartige Bosnien, ein Land der Ketzer, schien einen Ruf gehabt zu haben wie etwa Tibet in den Augen westlicher Beobachter des 19. oder 20. Jahrhunderts – ein abgelegenes Land, in dem alles mögliche passieren konnte.

Es ist nicht klar erwiesen, daß die offizielle bosnische Kirche dualistisch war. Ein wichtiges Beweisstück, an dessen Ausdrucksweise bisweilen demonstriert wird, daß sie wirklich einen häretischen Glauben vertreten habe, ist das 1466 in Dubrovnik abgefaßte Testament des Gost Radin[174], eines der letzten führenden Geistlichen der alten bosnischen Kirche und Ratgeber des Herzogs Stephan Vukčić von St. Sava, der vor den Einfällen der Türken nach Dubrovnik geflohen war. Hier wurde ihm in Anbetracht der langjährigen Dienste, die er der Stadt erwiesen hatte, Asylrecht gewährt, und hier machte er auch sein Testament. Vermächtnisse in Höhe von 300 Dukaten an Mitglieder der bosnischen Kirche scheinen eine eigenartige Klassifizierung aufzudekken, die mit denen anderer Kirchen nicht gut zu vergleichen ist, es sei denn mit denen der Katharer und Bogomilen. In einem 1963 erschienenen zusammenfassenden Forschungsbericht über die bosnische Kirche unterschied S. Ćirković drei Gruppen von Kirchenmitgliedern unter Radins Legataren: die »wahren Christen« *(pravi krstjani)*, die »Getauften« *(kršteni)*, »jene, die den Sünden abhold sind« *(koji greha ne ljube)* und »Leute, die fette Speisen essen« *(mrsni ljudi)*.[175] Das entscheidende Wort im Testament ist *mrsni*, das der erste Herausgeber des Dokuments mit »Fleisch essend« übersetzt. Ćirković nimmt in seinem Bericht eine etwas andere Übersetzungsvariante an. Der Ausdruck »Fleisch essend« weckte bei den Historikern Erinnerungen an die Verwerfung des Fleischgenusses bei den dualistischen Vollkommenen in Ost und West und veranlaßte sie dazu, in den eigentümlichen bosnischen Ausdrücken Bezeichnungen für die Mitgliedschaft zu sehen, die den Bezeichnungen *perfecti* und *credentes* bei den westlichen Katharern entsprächen.

Offenbar hat bisher kein Philologe diesen Text jemals genau untersucht. Die im Anhang E angeführte neue Übersetzung von Yvonne Burns macht deutlich, daß das Wort *mrsni* eine falsche Lesart ist, und daß die im Testament erwähnten angeblich verschiedenen Kategorien von Kirchenmitgliedern in Wirklichkeit niemals existiert haben. Radin sprach in ungenauer, rhetorischer Weise[176] von den Angehörigen seiner eigenen Kirche, die Liebesgaben erhalten sollten. Sie werden in folgender Weise beschrieben: 1. unter geistlichem Gesichtspunkt als im wahren apostolischen Glauben Getaufte und als wahre Christen, und unter weltlichem Gesichtspunkt als *kmets*, d. h. Bauern; 2. unter geistlichem Gesichtspunkt als gute Christenmenschen, sowohl männlichen als auch weiblichen Geschlechts, die der Sünde abhold sind, und unter weltlichem Gesichtspunkt als alte *kmets* und als Arme; 3. unter geistlichem Gesichtspunkt als Menschen »unserer Glaubensnorm« sowie als Blinde, Krüppel, Schwache, Arme, Unansehnliche, Aussätzige und als blinde, verkrüppelte, hungrige und durstige alte Männer und Frauen.

Mit anderen Worten: in den drei getrennten Sätzen, welche die Empfänger der Liebesgaben aufzählen, werden verschiedene Ausdrücke gebraucht, um ein und dieselbe Sache zu beschreiben, nämlich unter religiösem Gesichtspunkt die Mitgliedschaft in einer besonderen Kirche, die in klarem Unterschied zur katholischen Kirche, der Kirche von Dubrovnik, definiert wird, und unter weltlichem Gesichtspunkt verschiedene Arten von Bedürftigkeit. Die letzteren werden einzeln aufgezählt, wobei die Betonung der Mühsal gesteigert wird – zuerst die allgemeine Kategorie der Bauern, dann die Alten und Armen, schließlich solche, die sogar noch schwerer belastet sind. Eine Parallele zu dieser Formulierungsweise läßt sich in der folgenden Beschreibung der Bedürftigen von Dubrovnik erkennen, an die auch 300 Dukaten als Almosen ausgeteilt werden sollen. Der Dienst, den sie Radin erweisen können, unterscheidet sich von dem, den er von seinen bosnischen Anhängern erbittet. Letztere sollen ein frommes Gebet sprechen; die Katholiken sollen in ihren Kirchen Kerzen anzünden.

Die neue Übersetzung hinterläßt den Eindruck einer durch ständige Wiederholung eindringlichen, fast beschwörenden Beschreibung bedürftiger Almosenempfänger, zuerst unter den Mitgliedern der bosnischen Kirche, an zweiter Stelle unter den Katholiken aus Dubrovnik. Es läßt sich hier kein Anzeichen von Dualismus in der bosnischen Kirche feststellen. Diese Tatsache muß Anlaß zu neuen Zweifeln an dem häretischen Charakter der dortigen offiziellen Kirche geben.

Gleichgültig, ob das bogomilische Ketzertum die bosnische Kirche direkt beeinflußte (was ungewiß ist) oder ob es lediglich unabhängig von ihr frei existierte und nicht verfolgt wurde (was zumindest angenommen werden kann) – es scheint jedenfalls kaum Einfluß auf das Volk ausgeübt zu haben. Dubrovniker Gerichtshöfe kamen manchmal bei Verfahren gegen Einwanderer aus dem Landesinneren mit einem »Brauch der Bosnier« in Berührung, demzufolge diese die Gewohnheit hatten, sich Frauen auf unverbindliche Abmachungen hin zu nehmen, so daß sie sie bei Gelegenheit zugunsten einer anderen verstoßen konnten. Es scheint, daß diese Praxis nichts mit dualistischen Einstellungen zur Ehe zu tun hatte. Sie läßt eher vermuten, daß es den Bosniern überhaupt an Kontakt mit einer Kirche mangelte.[177] Die in Bosnien tätigen Franziskaner sahen sich genötigt, beim Papst Erkundigungen über die Taufe erwachsener Konvertiten einzuholen, und wer aus Bosnien nach Dubrovnik auswanderte, wurde dort in der Regel erst einmal getauft und bekam einen neuen Namen. Die bosnische Kirche scheint nur begrenzten Einfluß ausgeübt zu haben, ob sie nun ketzerisch war oder nicht: ein Kaufmann aus Dubrovnik sagte, die Patarener (womit er die bosnische Kirche meinte) verschlössen ihre Häuser den Armen und empfingen nur die Reichen.[178]

Indessen machte die Veränderung der Lage im 14. und 15. Jahrhundert Bosnien für Einflüsse von außerhalb empfänglich. Die Erschließung von Bergwerken im Inneren hatte zur Folge, daß Fachkräfte aus dem sächsischen Bergbau über die Slowakei und Ungarn ins Land geholt wurden und mit ihnen katholische Geistliche, die sie betreuten. Zwischen 1340 und 1342 wurde ein franziskanisches Vikariat von Bosnien gegründet. Es war zwar zu klein und hatte einen allzu großen Verantwortungsbereich, als daß es von nachhaltiger Wirkung hätte sein können; aber immerhin blieb es unbehelligt von dem Mißklang ungarischen Aggressionstriebes, welcher der Dominikanermission des vorangegangenen Jahrhunderts geschadet hatte.[179] Durch die Expansion des bosnischen Staates zwischen 1373 und 1377 wurde altes serbisches Gebiet einverleibt, und damit bekam die alteingesessene serbisch-orthodoxe Kirche Einfluß.[180] Das Vordringen dieser Kräfte ist aus der Karte zu ersehen, die für S. Ćirković auf die Annahme hin gezeichnet wurde, die bosnische Kirche habe häretischen Charakter gehabt.[181] Im Inneren, westlich der Drina und weit südlich der Save, erkennt man neue, spätmittelalterliche Missionsfortschritte an einem Gürtel katholischer Kirchen und Klöster, die zum Teil mit den neuen Bergbaugebieten zusammenhängen. Der Küstenstreifen, der mit den Symbolen katholischer Gründungen von Ston bis Kotor gekennzeichnet ist, war katholisches Territorium. Weiter im Westen lagen die katholischen Hochburgen Split und Trogir. Noch eindeutiger geht aus der Karte hervor, daß die orthodoxen Kirchen und Klöster in der Herzegowina lagen, in einer Zone, die sich zwischen dem eigentlichen Bosnien und der Küste erstreckt. Einige liegen in den Landstrichen, die im späten 14. Jahrhundert den Serben abgenommen wurden. Sie waren Ausgangspunkte für die Ausbreitung orthodoxen Einflusses.

Die Spuren der bosnischen Kirche lassen sich auf zweifache Weise aufdecken. Erstens kann man aus der großen Zahl von den *stecci* genannten Grabsteinen[182] diejenigen planmäßig erfassen, die durch Inschriften über die Lebensdaten ihrer Mitglieder Aufschluß geben, oder aus anderen dokumentarischen Nachweisen die Wohnorte der Kirchenmitglieder erfahren. Zweitens kann man von den Steuerlisten ausgehen, die von den ottomanischen Türken nach der Eroberung Bosniens geführt wurden: danach werden Christen von Muslimen mit Hilfe von drei Bezeichnungen unterschieden – *kristian, gebr, kâfir* – von denen die erste nach bisheriger Annahme für die Reste der bosnischen Kirche gilt.[183] Wenn die Untersuchungen von Okiç zutreffen, bildeten sie nur einen kleinen Überrest; denn für den Zeitraum von 1469 bis ins 17. Jahrhundert enthalten die Listen nur etwa 635 Seelen.

Die bosnische Kirche überdauerte kaum den bosnischen Staat.[184] Bei seinem vergeblichen Versuch, die Hilfe der Lateiner gegen die vordringenden Türken in Anspruch zu nehmen, wandte sich König Stephan Thomas gegen die Kirche.[185] Bald danach, im Jahre 1463, brach Bosnien zusammen. Bosnische Kirchenmänner hielten sich noch eine Zeitlang in der Herzegowina, dann verschwanden sie unter der türkischen Herrschaft. Die Kirche verlosch in aller Stille.

Nachträgliche Schlußbemerkung

Šanjek und Fine über die bosnische Kirche

Fines Buch (s. u. A. 161) gibt eine entschiedene Darlegung der Quellen, welche nicht nur hinsichtlich der Kirchengeschichte Bosniens,

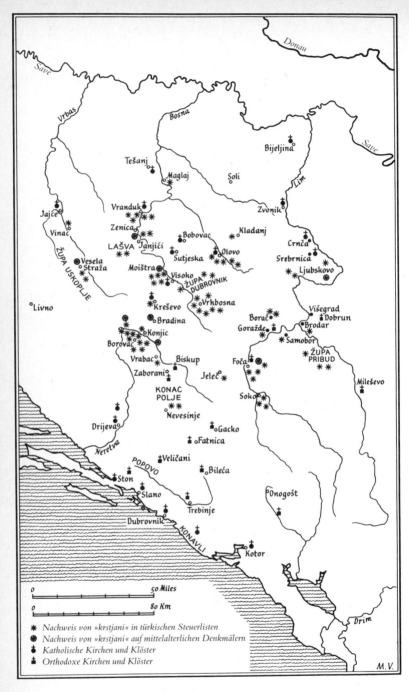

Karte 5
Die bosnische Kirche und ihre Feinde

sondern auch im Hinblick auf seine allgemeine Geschichte wertvoll ist. Šanjeks unabhängig davon geschriebenes Buch ist ein weniger bedeutendes Werk, obgleich es hinsichtlich der Terminologie wertvoll ist und die Quellen klar und ausführlich darlegt, so daß der Leser aufgrund ihrer Auswertung zu verschiedenen Schlußfolgerungen kommen kann. In vielen Punkten ist Fine vorzuziehen: er löst alte Probleme und zeigt die Schwächen von Argumenten auf, die zugunsten des häretischen Charakters der Kirche sprechen (S. 18–19, 33, 110–111, 355–361), sowie jener, die ihre angebliche Rolle als Staatskirche betreffen (S. 264–277, 290–293, 338-341). Jedoch seine Behauptung, die Kirche sei nicht häretisch gewesen, ist noch immer nicht vollkommen überzeugend. 1. Die Franziskaner des bosnischen Vikariats fragten in ihren *Dubia* (Frage 23) Gregor XI. um Rat, wie sie sich gegenüber schwärmerisch anbetenden Häretikern verhalten sollten. Dies klingt mehr nach Katharern als nach dem Brauchtum unwissender Bauern (Fine, S. 192–196). Das Vikariat war, wie Fine zeigt, für weitere Gebiete als nur Bosnien zuständig; nichtsdestoweniger muß die Frage beim Leser Verdacht erregen. 2. Die Weigerung bosnischer Geistlicher, in Dubrovnik den Eid abzulegen, zeigt, daß sie sich wie die Bogomilen verhielten – so wie es in dem Werk des Euthymios Zigabenos beschrieben wird – und wie die westlichen Katharer. Fines Versuch, dies wegzuargumentieren (S. 230), ist nicht überzeugend. 3. Die Ähnlichkeiten zwischen dem Ritual des Radosav MS (s. S. 225/26, A. 170) und den bei Katharern gebräuchlichen Gebeten (Šanjek, S. 185–189) sind verdächtig. Fines Gegenargument (S. 83, 305) räumt diesen Verdacht nicht beiseite. Šanjeks Vermutung, der Text, auf dem das Radosav MS beruht, stamme möglicherweise aus früher Zeit, ist hochinteressant. Das Problem der bosnischen Kirche ist von diesen beiden Büchern nicht gelöst worden. Doch eine Hypothese, wonach die Kirche tatsächlich häretischer, aber auch synkretistischer Natur und ihr Dualismus träge und nicht aktiv war, scheint zur Zeit den Tatsachen am besten zu entsprechen.

Anmerkungen:

[1] Der maßgebende Überblick findet sich bei Borst, *Katharer,* mit Historiographie bis 1950, S. 1–58; Rezensionen von Grundmann, H. *(HZ,* CLIII, 1955, S. 541–546), Dupré Theseider, E. *(RSI,* LXVII, 1955, S. 574–581), Sproemberg, H. *(DLZ,* Jhrg. 78, XII, 1957, S. 1095–1104), Emery, R. W. *(Speculum* XXIX, 1954, S. 537–538), Werner, E. *(Byzantinoslavica,* XVI, 1955, S. 135–144) und Ullmann, W. *(JEH,* VII, 1956, S. 103–104); dogmatische Analyse vom Standpunkt der vergleichenden Religionswissenschaft, in: Söderberg, H.: *La Religion des Cathares: Etudes sur le gnosticisme de la basse antiquité et du Moyen Âge,* Uppsala 1949 (eine Pionierarbeit mit immer noch wertvollen Hinweisen); Schmidt, C.: *Histoire et Doctrine de la Secte des Cathares ou Albigeois,* I-II, Paris 1849; Bibliographie bis 1963, in: Grundmann, *Ketzergeschichte,* S. 22–28, und ders.,

Bibliographie, S. 33 – 41 (bis 1966, A. d. Ü.); abwägender Überblick bei Manselli, *Eresia;* viele Originaltexte (schlecht ediert) bei Döllinger, *Beiträge,* II; Übersetzungen aus guten Texten, in: *WEH* mit Analyse (der beste Einzelbeitrag des Buches) und Zusammenfassung, S. 41 – 50; über die Beziehung zu den Bogomilen vgl. Puech-Vaillant, *Traité* und Kap. 2 oben; über den Balkandualismus im allgemeinen s. Schmaus, A.: Der Neumanichäismus auf dem Balkan, *Saeculum,* II, 1951, S. 271 – 299. Zu Loos, *Dualist Heresy* (zur Zeit der Abfassung dieses Buches nicht verfügbar) s. o. S. 42, A. 11.

² Griffe, *Le Languedoc,* S. 150. »usque ad quinquaginta« – ein rhetorischer Ausdruck. Zum Begriff *status coelestis* vgl. Borst, *Katharer,* S. 299 (A. d. Ü.).

³ Über das *consolamentum* und andere Rituale s. Borst, *Katharer,* S. 190 – 202, Söderberg, *Religion,* S. 218 – 237, 250 – 256 (Standpunkt der vergl. Religionswissenschaft, nicht sehr kritisch gegenüber einzelnen Quellen); Cazeaux-Varagnac, M.: Exposé sur la Doctrine des Cathares, *Revue de Synthèse* n. s., XXII, XXIII, 1948, S. 9 – 14 (zugrundeliegende Prinzipien); Einführung bei Guiraud, J.: *Cartulaire,* I (klar und immer noch hilfreich, besser zu verwenden als seine hastig geschriebene *Histoire de l'Inquisition,* I—II, Paris 1935; über die Verirrungen in Guirauds Laufbahn s. Dossat, Y.: Gedächtnisansprache *(CF,* II, S. 275 – 289). Lateinischer Text des *consolamentum* in Dondaine, A.: *Un Traité néo-manichéen du XIIIe Siècle: Le Liber de duobus principiis, suivi d'un Fragment de Rituel cathare,* Rom 1939, S. 151 – 165; provenzalischer Text bei Clédat, L.: *Le Nouveau Testament traduit au XIIIe Siècle en Langue provençale, suivi d'un Rituel cathare,* Paris 1887, S. ix – xxvi; Vergleich bei Dondaine, a. a. O., S. 34 – 39, mit anderen Riten übers., in: *WEH* S. 465 – 496.

⁴ S. u. S. 36 – 40

⁵ *WEH* S. 465, 776, A. 4

⁶ Borst, S. 184

⁷ Koch, *Frauenfrage,* S. 108 – 109

⁸ *Interrogatio Johannis* (ursprünglich bogomilisch) bei Reitzenstein, R.: *Die Vorgeschichte der christlichen Taufe,* Leipzig und Berlin 1929, S. 297 – 311; übers., in: *WEH,* S. 458 – 465 auf S. 460

⁸ᵃ konsolieren von lat. consolari = trösten, im mittelalterl. Latein auch passivisch im Sinne von »Trost finden«. (A. d. Ü.)

⁹ *WEH* S. 466; Borst, S. 199 – 200.

¹⁰ Sacconi, Summa II; Dondaine, *Un Traité,* S. 64 – 78; Kniewald D. in: *Rad Jugoslavenske akademije znanosti i umjetnosti,* CCLXX, 1949 S. 104 ff.; *WEH,* S. 329 – 346 auf S. 320; *MBPH* S. 132 – 145

¹¹ Borst, S. 178 – 196

¹² *WEH,* S. 301 – 306 (übers. und kommentiert) auf S. 305. Ich habe den Originaltext (Hrsg. Bazocchi, D. 1920) nicht eingesehen, sondern den in der verbesserten Form in: *WEH.*

¹³ Dondaine, *Un Traité* S. 69 – 70, *WEH,* S. 329 – 346, auf S. 336

¹⁴ Manselli, *Eresia,* S. 226 – 231

¹⁵ *WEH,* 303. – A. d. Ü.: »Der Diakon... hat seinen Sitz meist an größeren Orten; unter seiner Obhut stehen die katharischen Rasthäuser, *hospicia,* die bisweilen fast katharische Klöster sind« (Borst, S. 211).

¹⁶ Borst, S. 198 und Verw. Ich folge Borsts Version; vgl. den Grußaustausch bei Bernard Gui, *Manuel de l'Inquisiteur,* Hrsg. Mollat, G. I, Paris 1926, S. 20.

¹⁷ Ebd; S. 201 *(eulogia);* Manselli, *Eresia* S. 233 (Allegorie). – A. d. Ü.: »In der vierten Bitte redet man nicht von dem *panis quotidianus,* weil Gott kein irdisches, eßbares Brot gibt, sondern *panem supersubstantialem,* das geistliche Brot seiner Lehre« (Borst S. 191).

¹⁸ *WEH* S. 491, Clédat, *Nouveau Testament,* S. xxi.

¹⁹ Ebd; S. xi, xxi; *WEH* S. 485, 491. Ich bin Prof. W. L. Wakefield für seine Informationen zu Dank verpflichtet.

[20] Dossat, Y.: Les Cathares d'après les documents de l'inquisition, in: *CF*, III, S. 71–104 (der neueste knappe Überblick) auf S. 89.
[21] Vgl. Borst S. 105–106 und R. W. Emerys Rezension, in: *Speculum*, XXIX, 1945, S. 537–538.
»Der Katharismus in Südfrankreich sprach alle sozialen Schichten an. Aber soweit wir die Anhänger der Sekte identifizieren können, scheinen sie hauptsächlich außerhalb der wirtschaftlich gehobenen Gegenden gesessen zu haben, was ziemlich bezeichnend ist, . . . die Wucherer – so müssen wir annehmen – waren an sich wohl ziemlich hartgesottene Leute, die wahrscheinlich kaum dazu bereit waren, alles zu riskieren, indem sie sich mit einem Geächteten oder mit einer verdächtigen Gruppe von Menschen identifizierten . . .« (Prof. Emery in einem privaten Schreiben). S. a. Mundy, J. H.: *Liberty and Political Power in Toulouse*, 1050–1230, New York 1954 (die maßgebende Darstellung). Über das Sexualleben betreffende Anklagen s. Wakefield, in: *WEH* S. 46–47; Manselli, *Eresia* S. 201; vgl. Borst, *Katharer* S. 180–183. Über die Moral Vollkommener S. 193/94.
[22] Clédat, *Nouveau Testament* S. xxii–xxvi; *WEH* S. 492–494
[23] Dossat, in: *CF* III, S. 83
[24] Hauptsächlich benutzt von Griffe, E.: *Le Languedoc cathare 1190 à 1210*, Paris 1971. S. a. Roquebert, M.: *L'Epopée cathare, 1198–1212: l'Invasion*, Toulose 1970; frühere Zusammenfassung von Bru, C. P.: Eléments pour une Interpretation sociologique du Catharisme occitan, in: *Spiritualité de l'Hérésie: le Catharisme*, Hrsg. Nelli, R., Paris 1953, S. 23–59.
[25] Dupré Theseider, E.: Gli Eretici nel Mondo Comunale Italiano, *BSSV*, LXXIII, 1963, S. 3–23
[26] Wakefield, W. L.: The Family of Niort in the Albigensian Crusade and before the Inquisition, *Names*, XVIII, 1970, S. 97–117, 286–303
[27] Griffe, *Languedoc*, S. 109–113; Roquebert, *Epopée*, S. 114
[28] Griffe S. 99
[29] Dossat, in: *CF*, II, S. 71–104 (verbessert und ergänzt Guiraud, *Inquisition* bes. I, Kap. 7).
[30] Griffe S. 189. Zum Beispiel bei Cordes, s. Koch, *Frauenfrage* S. 18 A. (verbessert Grundmann in *Relazioni*, III S. 399 A.) Schmidt, *Histoire* I, S. 289
[31] Griffe S. 189
[32] Ebd; S. 125–126 und folg. Hinweise S. 95 (Puylaurens) S. 122–123 (Castelnaudary) S. 65–68 (Rabastens)
[33] Ebd., S. 91 und folg. Hinweise (Caraman, Lanta, Verfeil). Über die zahlenmäßige Stärke s. Wakefield, *Heresy, Inquisition* S. 68–70
[34] *Frauenfrage* Kap. 1 und 3; Kommentare zu den Motiven S. 14, 31; folg. Hinweise Jordan von Sachsen S. 28 (s. *Libellus de principiis ordinis praedicatorum*, in: *MOPH*, XVI, Rom 1935, S. 39); Ritual, in: *Frauenfrage* Kap. 7
[35] Mündlicher Kommentar von Prof. W. L. Wakefield
[36] Griffe S. 148–149
[37] Ebd., S. 18–22
[38] Dupré Theseider, in: *BSSV*, LXXXIII, 1963 S. 11
[39] S. u. S. 189–197
[40] Dupré Theseider, *BSSV*, a. a. O. S. 17 A
[41] Violante, C.: Hérésies urbaines et Hérésies rurales en Italie du 11e au 13e Siècle, in: *HS* S. 171–198, A. 3.
[42] L'Eresia a Bologna nei Tempi di Dante, in: *Studi storici in onore di G. Volpe*, Florenz 1958, I S. 383–444
[43] Dupré Theseider, in: *BSSV*, a. a. O. S. 16; Muratori, L. A.: *Antiquitates Italicae Medii Aevi*, V S. 86–87
[44] Violante, in: *HS* S. 186 (s. a. folg. Hinw. auf Ferrara)

⁴⁵ Guiraud, *Inquisition*, II, S. 447–451, 472–473, 534–538, 543, 545–550
⁴⁶ Über den Organisator des Anschlags auf St. Petrus Martyr s. Guiraud, *Inquisition*, II, S. 496–498, 542–543 und Violante, in: *HS* S. 181 (beachte den Überblick über das Katharertum in den Städten, S. 179–184).
⁴⁷ Ebd., S. 181; s. Manselli: Les Hérétiques dans la Société italienne du 13e Siècle, in *HS* S. 199–202
⁴⁸ Stephens, J. N.: Heresy in Medieval and Renaissance, Florenz, *PP* LIV, S. 25–60
⁴⁹ Violante, in: *HS* S. 184
⁵⁰ Murray A. V.: Piety and Impiety in Thirteenth-century Italy, in: *SCH*, VII, S. 83–106, auf S. 86
⁵¹ Violante, in: *HS* S. 184–185. Material für soziologische Analysen mit einer hervorragend genauen, aber schematischen Darstellung der Geschichte der Katharer in Borst, *Katharer*.
⁵² Ebd., S. 125 und Verw.
⁵³ Werner, E. rezensiert Borst in *Byzantinoslavica* XVI, 1955, S. 135–144.
⁵⁴ Manselli, *Eresia* S. 223–231
⁵⁵ Manselli, in: *CF*, III, S. 169
⁵⁶ Thouzellier, C.: Un Traité cathare inédit du Début du XIIIe Siècle d'après le Liber contra Manicheos de Durand de Huesca, Louvain 1961, rezensiert von Delaruelle, E., in: *RHE* LX, 1965, S. 524–528, S. 90–95; *WEH*, S. 498–500.
⁵⁷ (i) Thouzellier, Traité; (ii) Liber de duobus principiis; neueste Ausg., Einleitg., Übers., in: Thouzellier, Livre des deux Principes, Paris 1973, vorher untersucht von Borst (S. 254–318). Teilübersetzung von Dondaines Text in: *WEH*, S. 511–591; (iii) A Vindication of the Church of God und eine besondere Anmerkung zum Vaterunser bei Venckeleer, T.: Un Recueil cathare: Le manuscript A. 6. 10 de la Collection vaudoise de Dublin, I: une Apologie; II: une Glose sur le Pater, *RBPH* XXXVIII, 1960, S. 820–831; XXXIX, 1961, S. 762–785, Übers. *WEH*, S. 592–606.
⁵⁸ Guiraud, *Inquisition*, II, S. 587–590
⁵⁹ Dossat, in: *CF* III, S. 101–102
⁶⁰ Dondaine, *Un Traité* S. 159 Zeilen 22–24; *WEH* S. 477
⁶¹ Guiraud, *Cartulaire*, I, S. clxii–clxv; *Inquisition*, I, Kap. 4
⁶² S. o. S. 100
⁶³ Über das 13. Jahrhundert s. Murray, in: *SCH* VIII, S. 83–106; beachte den von Dossat zitierten Fall, in: *CF*, III, S. 78. Was diesen Punkt betrifft, so habe ich Erkenntnisse gewonnen aus einer Unterhaltung mit Prof. W. L. Wakefield sowie aus seinem noch unveröffentlichten Artikel über Berichte von einer Inquisition, die 1270–1273 in Toulouse stattfand und die spontane Skepsis bezeugt. Vergl. das englische Lollardentum (s. u. S. 380–384)
⁶⁴ Dossat, in: *CF*, III S. 38
⁶⁵ Matth. 13, 11
⁶⁶ Borst S. 143–156; die Mythen werden erörtert in Söderberg, *Religion* Manselli, R.: Eglises et Théologies cathares, in: *CF*, III S. 129–176 (Skizze m. psycholog. Einblick).
⁶⁷ S. o. S. 29–40
⁶⁸ Offenbarung 12, 7–9
⁶⁹ Reitzenstein, *Vorgeschichte* S. 293; *WEH* S. 465. A. d. Ü.: vgl. Borst, *Katharer*, S. 8, A. 11.
⁷⁰ Reitzenstein, *Vorgeschichte* S. 301–302; *WEH* S. 460
⁷¹ Eine Zusammenfassung von Söderberg, *Religion* S. 73 gründet sich auf Versionen, wie sie der Inquisition berichtet wurden nach Döllinger (*Beiträge*, II, S. 149–151, 173, 176, 186, 203–205, 213–215 usw. A. d. Ü.: Die Darstellung des Falls der Engel ist Borst, *Katharer*, S. 145 entnommen.
⁷² Borst S. 145–146.

⁷³ T. Kaeppeli, »Une Somme contre les Hérétiques de S. Pierre Martyr (?)« *AFP*, XVII 1947 S. 295–335, auf S. 330; Manselli, *Eresia* S. 226–227.
⁷⁴ Döllinger, *Beiträge*, II, S. 166–167; *WEH* S. 456–458. Siehe Vaillant in *RES*, XLII, 1963, S. 109–121
⁷⁵ Reitzenstein, *Vorgeschichte* S. 300; *WEH* S. 459
⁷⁶ S. u. S. 196
⁷⁷ Siehe Mansellis Kommentare (*Eresia* S. 212–213).
⁷⁸ Borst S. 143–174 (grundlegend), Manselli, in: *CF*, III, S. 129–176
⁷⁹ Siehe Dondaine, Einleitung zu *Un Traité* und Auszüge aus Johannes von Lugio, in: *WEH* S. 511–591; Borst S. 122
⁸⁰ *CF*, III S. 147
⁸¹ Ebd., S. 142
⁸² Manselli, *CF*, III S. 129–176), vermittelt den besten Eindruck von den Emotionen.
⁸³ *Cartulaire*, I, S. ccxxii–ccxxiii
⁸⁴ Wie bei den Bogomilen; siehe Puech–Vaillant S. 261.
⁸⁵ Über östliche Dualisten s. o. Kap. 2; Obolenskij, D.: *Bogomils*; Puech-Vaillant (bes. über die verschiedenen Spielarten des Dualismus)
⁸⁶ *DHC*; *WEH* S. 159–167; *MBPH* S. 122–127
⁸⁷ *TDH*; *WEH* S. 167–170, siehe auch S. 361–373; *MBPH* S. 145–154.
⁸⁸ *DHC*: *AFP*, XIX, 1949 S. 306, Z. 5, 6, 8, 9, 12, 17; S. 306, Z. 1; S. 308, Z. 9, 11; S. 309, Z. 1; S. 310, Z. 2, 8, 10; S. 312, Z. 7 (*ordo*); S. 306, Z. 16 (*ordo episcopi*); S. 307, Z. 1, 6 (*episcopalis officio*); S. 308, Z. 9 (*episcopatus officium*); S. 308, Z. 31 (*ordo episcopatus*). Im Gegensatz dazu benutzt *TDH* den Ausdruck kaum, obgleich seine Erzählung die gleichen Folgerungen hinsichtlich der entscheidenden Bedeutung des *ordo* impliziert: s. *AFP*, XX, 1950 »... Marchus... voluit ire ultra mare ut reciperet ordinem episcopalem ab episcopo de Bulgaria.« Über das Diakonat s. *TDH*, in: *AFP*, XX, 1950 S. 309, 1.2 »... factus est Marchus diaconus.« Über die Stellvertreter der Bischöfe, *filius major, filius minor*, s. Borst S. 211. *A. d. Ü.:* Vgl. dazu Borsts Darstellung auf S. 228.
⁸⁹ Ihre (hypothetische) Lokalisierung sowie diejenige aller anderen Kirchen auf dem Balkan in Šanek, F.: Le Rassemblement de St. Félix de Caraman et les Eglises cathares au XIIe Siècle, *RHE*, LXVII, 1972 S. 767–799; Karte mit Kommentar, in: Lambert, M. D. »Die katharischen Bistümer und die Verbreitung des ›Schismas‹ von Osten nach Westen«, in: *Atlas zur Kirchengeschichte*, Hrsg. Jedin u. a., S. 56–57
⁹⁰ »Drugonthia« (*DHC*); »Drugontia« (*TDH*); »Drogometia« (Akten des Konzils von St. Felix, *Act. Fel.*, s. u. A. 92), »Dugunthia« (Sacconi; s. Dondaine, *Un Traité*, S. 70) werden als Entstellungen von Dragowitsa angesehen.
⁹¹ Primov, B.: Medieval Bulgaria and the Dualistic Heresies in Western Europe, *Etudes historiques à l'Occasion du XIe Congrès International des Sciences Historiques*, Stockholm u. Sofia 1960, S. 79–102
⁹² Das umstrittene Dokument (*Act. Fel.*) wurde von Dondaine rehabilitiert (*Miscellanea Giovanni Mercati*, V, Rom, 1946 S. 324–355); für echt gehalten von Borst (S. 98), Griffe (*Débuts*; übers. S. 81–83), Sanjek (*RHE*, LXVII, 1972) wegen der Identifizierung von Ortsnamen – doch kann diese jemals zwingend sein? – Verworfen von Dossat, Y.: Remarques sur un prétendu Evêque cathare du Val d'Aran en 1167, in: *Bulletin Philologique et Historique du Comité des Travaux Historiques et Scientifiques, Années 1955 et 1956*, Paris 1957, S. 339–347; A propos du concile cathare de Saint-Félix: les Milingues, in: *CF*, III, S. 201–214 und Moore, R. I.: Nicétas, Emissaire de Dragovitch, a-t-il traversé les Alpes? in: *AM*, LXXXV, 1973 S. 85–90. Hamilton, B.: The Cathar Council of Saint-Félix reconsidered, *AFP* XLVIII, 1978, S. 23–53. Hamiltons Arbeit rehabilitiert das umstrittene Dokument (*Act. Fel.*) auf überzeugende Weise und erklärt seine Unstimmigkeiten.
⁹³ Dossat in *Bulletin Philologique* (s. o. A. 92); Thouzellier, *Catharisme et Valdéisme*, S.

14, A. 7 (gegen *Act. Fel.* mit der Lesart »aranensis«); über Albi s. Becamel, M.: Le Catharisme dans le Diocèse d' Albi, in: *CF*, III, S. 237–252

[94] Für das Languedoc gibt es die *Manifestatio*, die Ermengaud de Béziers zugeschrieben wird (Hrsg. Dondaine, in: *AFP*, XXIX, 1959, S. 268–271) und die vor dem Kreuzzug geschrieben wurde (radikaler Dualismus, danach taucht jedoch der gemäßigte Dualismus wieder auf: »Est autem quedam heresis que de novo prosilivit...«) (S. 271); s. a. Dondaine, in: *Miscellanea* V, S. 354, und Moore, in: *AM*, LXXXV, 1973 S. 88. Über Italien existieren Untersuchungen von Zeitgenossen in *DHC* und *TDH*.

[95] Einen Sieg in Italien, selbst wenn *Act. Fel.* nicht authentisch ist. Die Reise des Niketas ist für Borst von ausschlaggebender Bedeutung (S. 98, 108, 142). Es ist ein Sieg – so glaubt Borst – der den Keim der Niederlage in sich birgt; denn mit ihm begann im Katharismus eine Phase stärkerer Konzentration auf den Dualismus, der die Christen im Westen schließlich abstieß. Vgl. Dondaine, in: *Miscellanea*, V, S. 354.

[96] »inventus in conclavi cum quadam« (*DHC* in: *AFP*, XIX, 1949, S. 306, Z. 13–14).

[97] Vgl. *DHC*, S. 306; *TDH* in: *AFP*, XX, 1950, S. 309. *DHC* wird im allgemeinen als Quelle vorgezogen, weil sie näher an den Ereignissen liegt und über die italienischen Katharerkirchen ausführlicher berichtet. Es fehlt jedoch die Legendensammlung über Manes am Anfang von *TDH (AFP*, XX, 1950, S. 308).

[98] *DHC* in *AFP*, XIX, 1949, S. 306, Z. 22–S. 307, Z. 3. Boten werden geschickt »ad quemdam episcopum ultra montes«. Doch ist dieser nicht wahrscheinlich ein Katharerbischof im Languedoc? Er empfiehlt, der erfolgreiche Kandidat solle nach Bulgarien reisen, um sich dort seine bischöfliche Ordination zu holen (»ut... iret in bulgariam ordinem episcopatus suscipere...«) d. h. zu einer gemäßigt dualistischen Kirche. Wenn *Act. Fel.* authentisch ist und das Languedoc radikal-dualistisch – so fragt Moore – wie kann dann so etwas möglich sein? (*AM*, LXXXV, 1973 S. 87). S. u. A. 106.

[99] »...garattus...duobus testibus astantibus, reprehensibilis, causa unius mulieris, habitus est« (*DHC* in *AFP* XIX, 1949 S. 307, Z. 35–36).

[100] Identifizierung von Sclavonia, in: *TDH (AFP)*, XX, 1950 S. 308, Z. 11–14; Über den Abt Suibert von Ungarn (1259) siehe Gerard von Fracheto, *Vitae Fratrum*, Hrsg. Reichert, B. M. Louvain 1896, S. 305–308; Literaturangaben s. o. S. 221, A. 89

[101] S. o. S. 220, A. 69

[102] Obolenskij, *Bogomils*, S. 48–52

[103] *TDH* in *AFP* XX, 1950 S. 310, Z. 3–4; als Gerücht zitiert (»dicitur«).

[104] Dondaine, *Traité*, S. 66

[105] Siehe Capellis Aussage oben S. 167 und A. 12

[106] Falls wir *Act. Fel.* als authentisch unterstellen. Die Bezeugung des radikalen Dualismus im Languedoc ist jedoch unabhängig von *Act. Fel.* (Moore, in: *AM* LXXXV, 1973, S. 88, s. o. S. 220, A. 92). Vicaire, M. H.: Les Cathares albigeois vus par les Polémistes, in: *CF*, III, S. 105–128 hilft weiter.

[107] *CF*, III, S. 79

[108] *TDH* in *AFP* XX, 1950, S. 310–312, übers., in: *WEH*, S. 362–364, *MBPH*, S. 149. Borst, S. 122.

[109] *Un Traité*, S. 22; über den Autor s. Thouzellier, *Le Livre* (neueste Ausgabe s. o. S. 220, A. 57), S. 33–46.

[110] Vicaire, in: *CF*, III, S. 105–128

[111] Hierüber ziehe ich Manselli (*Eresia*, S. 272 und A. 41) Dondaine (*AFP,* XX, S. 274) vor.

[112] Dies legt Manselli nahe in *Eresia*, Kap. 9 (Charakterisierung der Katharerhänger, S. 210–213); vgl. Vicaire, *CF*, III, S. 122–123. Zeitgenössische Polemiker und moderne Historiker haben vielleicht die Bedeutung, die die verschiedenen Nuancen des Dualismus für die normalen Katharer hatten, übertrieben. S. o. S. 185

[113] S. o. S. 218, A. 3; Datierung *WEH*, S. 465

[114] Katharer, S. 121
[115] Ebd., S. 212, A. 34 und Verw.
[116] Ebd., S. 282
[117] Koch, *Frauenfrage*, S. 71–78
[118] Eine gute Arbeitshypothese, die jedoch so lange nicht als völlig gesichert gelten kann, bis wir über die Entwicklung der Katharerriten und ihrer Gewohnheiten genauere Daten haben. Mr. R. I. Moore macht mich darauf aufmerksam, daß Garattus rehabilitiert wurde und daß die Geschichte von der Mission des Niketas für die Weihe von Bischöfen durch andere Bischöfe von Interesse ist.
[119] Beachte jedoch Wakefields Kommentar (*Heresy, Crusade*, S. 132); die Reihenfolge der Ereignisse wird in den Kapiteln 7,8,9 beschrieben.
[120] Über Raymond s. Dossat, *Crises*, S. 271–275 und Wakefield, *Heresy, Crusade* S. 148–150. Raymond VII. verteidigte 1226 als Graf von Toulouse den Languedoc erfolgreich gegen das Kreuzzugsheer des französischen Königs Ludwig VIII., mußte sich aber, als die geschickte Diplomatie des Kardinals Romanus am französischen Hofe einen Frieden im Süden durch Vertrag erwirkte, dann doch der Kirche unterwerfen und geloben, nun seinerseits gegen die Ketzer vorzugehen (s. Haller, J.: Das Papsttum, Idee und Wirklichkeit, Bd. 4).
[121] Ebd., Kap. 10 (Bibliographie über Montségur wird auf S. 191, A. 3 angeführt).
[122] Die Verschwörung in Carcassonne wird bei Guiraud, *L'Inquisition*, II, Kap. 11 beschrieben, der Mord in Caunes von Wakefield (*Heresy, Crusade*, S. 187). S. a. Crusade: Friar Ferrier, Inquisition at Caunes, and Escapes from Prison at Carcassonne, *CHR*, LVIII, 1972, S. 220–237.
[123] Borst, *Katharer*, S. 135
[124] Dossat, *Crises*, Kap. 2, 3, S. 226–244 (Karte S. 228/29; Liste der Urteile S. 258–259)
[125] Wakefield, *Heresy, Crusade*, S. 184–185, 193, A. 10
[126] Was das Languedoc anbetrifft, weiche ich hier ab von Dondaine (*AFP*, XX, 1950 S. 274) und Borst (S. 133). Ich bin noch immer angetan von Borsts packendem Buch, glaube jedoch, er unterschätzt die Kraft des radikalen Dualismus besonders im Languedoc, bis zu einem gewissen Grade auch in Italien, und überschätzt dessen zerstörerische Wirkung. S. o. S. 194
[127] Koch, *Frauenfrage*, Kap. 4, 9; Dossat, in: *CF, III*, S. 74
[128] Dupré Theseider, in: *CF*, III, S. 299–313.
[129] Dondaine, *Traité*, S. 70; *WEH*, S. 337
[130] Kommentar von Prof. C. N. L. Brooke
[131] Guiraud, *Inquisition*, II, S. 277–278
[132] Hierüber und über das Folgende s. Dossat, Y.: L'Evolution des Rituels cathares, *Revue de Synthèse*, n.s. XXII–XXIII, 1948, S. 27–30.
[133] Dossat (*CF*, III, S. 85–87) verbessert und ergänzt Molinier, C.: L'Endura: Coutûme religieuse des derniers sectaires albigeois, *Annales de la Faculté des Lettres de Bordeaux*, Ière ser., III, 1881, S. 282–299. A.d.Ü.: Borst, a.a.O., S. 197, A. 22 macht darauf aufmerksam, daß man nicht jeden Selbstmord eines Katharers als *endura* bezeichnen kann.
[134] Vidal, J. M.: Les derniers Ministres de l'Albigéisme en Languedoc: leurs Doctrines, *RQH*, LXXIX, 1906, S. 57–107; Doctrine et Morale des derniers Ministres albigeois, *RQH*, LXXXV,1909, S. 357–409, LXXXVI, 1909, S. 5–48; Koch, *Frauenfrage*, S. 82, 87–88; Akzentverlagerung durch Wakefield, in: *Heresy, Crusade,* S. 189
[135] Borst, S. 136. Über einen Ort im Languedoc, s. Le Roy Ladurie, E., *Montaillon*, Paris 1976
[136] Manselli, *Eresia*, S. 221
[137] Guiraud, *Inquisition*, II, Kap. 9; Dupré Theseider, in: *CF* III, S. 299–316
[138] Dondaine, *Un Traité*, S. 70; *WEH*, S. 337

¹³⁹ S. o., S. 131
¹⁴⁰ Über diese und die folgenden Vorfälle s. Manselli, *Eresia,* Kap. 12 und Guiraud, *Inquisition,* II, Kap. 8.
¹⁴¹ Manselli, S. 283–284
¹⁴² Borst, S. 231–239
¹⁴³ Manselli, *Eresia,* S. 285
¹⁴⁴ Ebd., S. 218; Bekenntnisse bekehrter Vollkommener im Languedoc, in: Blaquière, H. und Dossat, Y.: Les Cathares au Jour le Jour: Confessions inédites de Cathares quercynois, in: *CF,* III, S. 259–316, S. 259–289
¹⁴⁵ Guiraud, *Inquisition,* II, S. 573
¹⁴⁶ Ebd., S. 573 (Veltlin); S. 575 (Parma)
¹⁴⁷ Dupré Theseider, in: *Studi storici in onore di G. Volpe,* I, S. 383–444.
¹⁴⁸ Stephens, in: *PP,* LIV, 1972, S. 30
¹⁴⁹ Zeugnisse über Katharismus in den Alpentälern des späten Mittelalters können fragwürdig sein: s. u. S. 239.
¹⁵⁰ Guiraud, *Inquisition,* II, Kap. 18; Untersuchungen von Meersseman, G. G., in: *AFP,* XX, 1950, S. 5–113; XXI, 1951, S. 51–196; XXII, 1952, S. 5–176 angeführt in Manselli, *Eresia,* S. 268
¹⁵¹ Information hierüber verdanke ich Dr. A. V. Murray.
¹⁵² Manselli, *Eresia,* S. 270 (Franziskaner); S. 331 (Joachimismus)
¹⁵³ S. u. S. 275–280
¹⁵⁴ Obolenskij, *Bogomils,* S. 220–226; über St. Hilarion s. Puech-Vaillant, S. 134.
¹⁵⁵ Obolenskij, *Bogomils,* S. 229
¹⁵⁶ Dondaine, *Un Traité,* S. 70
¹⁵⁷ Puech-Vaillant, S. 134, bemerkt, daß es über Kosmas kaum hinausgeht; übers. S. 344–346, Kiselkov, V. S.: Borilovijat Sinodik kato istoričeski izvor, *IP,* XIX, 1963, S. 71 (auf bulgarisch); angeführt bei Werner, E., *SM,* III, Ser. 5, 1964, S. 680. Siehe jedoch neuerdings Werners optimistischeren Forschungsbericht »Ketzer und Weltverbesserer...« *SSAWL,* CXVI, 1974, S. 5–57, bes. S. 5–26.
¹⁵⁸ Dondaine, *Un Traité,* S. 70. Die lateinische Kirche in Konstantinopel wird für sich auf weniger als 50 Vollkommene geschätzt.
¹⁵⁹ Solovjev, A.: Svedočanstva pravoslavnih izvora o Bogomilstvu na Balkanu, *Godisnjak istoriskog drustva Bosnie i Hercegovine V,* 1953, S. 1–103 (Zusammenfassung auf französisch S. 100–103) (nützlicher Überblick über den Bogomilismus auf dem Balkan aus griechisch-orthodoxen Quellen; s. die bes. interessante Bemerkung über das serbische Synodikon aus dem Dečani-Text); über einen angeblichen Dualistenpapst in Bosnien s. die Berichtigung durch Šidak, J., in: Zgodovinski časopis Organ Zgodovinskega društva, *LRS* Ljubljana, VI–VII, 1952 (Zusammenfassung auf deutsch S. 285).
¹⁶⁰ Solovjev, a. a. O.
¹⁶¹ Die Erörterung des Bogomilismus in Bosnien muß die Frage nach dem häretischen Charakter der einheimischen bosnischen Kirche berücksichtigen. War sie dem Dualismus erlegen oder wurde sie von westlichen und anderen Beobachtern verleumdet? Prof. J. V. A. Fine, jr. hat eine bewundernswert vollständige Darstellung des Problems veröffentlicht in seinem *Bosnian Church: a new interpretation,* Boulder, Colorado 1975; er behauptet, daß es in Bosnien zwar Ketzerei gegeben habe, aber die bosnische Kirche selbst sei nicht ketzerisch gewesen. Šanjek, F., in: »Les Chrétiens bosniaques et le mouvement cathare aux xii–xv siècles«, Louvain, 1976, untersucht in methodischer Analyse die Quellen und beharrt darauf, die Kirche sei ketzerisch gewesen. Mrs. Yvonne Burns plant eine erneute Untersuchung aller Dokumente. Zwei der führenden jugoslawischen Gelehrten, S. Čirković und J. Šidak, nehmen indessen an, es handle sich um eine häretische Kirche, und dies ist die vorherrschende Meinung; zur Einführung ist Čirković S.: Die bosnische Kirche, in: *Oriente cristiano,* S. 547–575 wichtig. Dr. H.

Lietzmann verdanke ich den Hinweis und Prof. S. Čircovič Beratung. Betr. J. Šidaks Zusammenfassung seiner (revidierten) Ansicht über diese Kirche s. Das Problem des Bogomilismus in Bosnien, *Atti del X Congresso: riassunti delle communicazioni*, S. 365–395; betr. Forschungsartikel vgl. Tadić, J., Hrsg.: *Dix Années d'Historiographie yougoslave*, 1945–1955, Belgrad 1955 und *Historiographie yougoslave*, 1955–1965, Belgrad 1965 und bes. Šidaks: Ecclesia Sclavoniae i misija dominikanaca u Bosni, *ZFZ*, III, 1955, S. 11–40 (Zusammenfassung auf deutsch S. 40). Beratende Mitteilungen verdanke ich Prof. Šidak. Einzelheiten über das kirchliche Leben (die vor allem auf lateinischen Quellen und der Annahme des häretischen Charakters der Kirche beruhen) finden sich bei Kniewald, D.: Hierarchie und Kultus bosnischer Christen, in: Oriente cristiano, S. 579–605; interessante Aufschlüsse und Historiographie in Miletić, M.: *I 'Krstjani' di Bosnia alla luce de loro monumenti di pietra*, Rom 1957, s. bes. S. 15–23. Eine Textsammlung findet sich in Mandić, O. D.: *Bogomilska crkva bosanskih krstjana*, Chicago 1962, S. 435–451 (beachte jedoch, daß seine Ausführungen dazu unkritisch sind). Meine Diskussionen mit Mrs. Burns haben mich dazu gebracht, die Hypothese einer häretischen Kirche noch mehr in Frage zu stellen. Prof. E. Werner verdanke ich, daß er mich auf das Problem aufmerksam gemacht hat, Herrn und Frau V. Sinčić bin ich für ihre Hilfe zu Dank verpflichtet. S. a. Dr. Fra Petrović, L. P.: *Kršćani Bosanske Cr'kve (Kr'stiani cr'kve Bos'nske)* Sarajevo 1953 (aufgr. e. Information von Prof. Fine). (Zu beziehen durch das Franziskanerkloster in Sarajevo). Über Loos, *Dualist Heresy*, s. Literatur. *A. d. Ü.*: Einer der neuesten Beiträge zu diesem Thema ist der Artikel von Miroslav Brandt, *Die bosnische dualistische Bewegung* in KAIROS, Zeitschr. f. Religionswissenschaft und Theologie, XXI, 1979, Heft 4, S. 300–319.

[162] Čirković, *Oriente cristiano,* S. 548

[163] Photogr. Ablichtung des Textes in Mandić, *Bogomilska crkva*, S. 454, Erörterung durch Čirković, in: *Oriente cristiano*, S. 548–551, Kniewald ebd., S. 579–582, Miletić, *I'Krstjani'*, S. 49–66, 179–180, wo die Hypothese eines Ursprungs der *krstjani* unter den Basilianermönchen vorgetragen wird.

[164] Šidak, in: *ZFZ*, III, 1955, S. 11–40. Ansätze zu einem Kreuzzug gab es 1221; ein weiterer Feldzug fand ungefähr 1236–1237 statt; danach erfolgte ein Umschwung gegen Ungarn und die katholische Verfolgung. Um die Mitte des Jahrhunderts hatte der katholische Bischof seinen Sitz in Djakovo auf einem Grundstück, das ihm Herzog Koloman, der ungarische Erbe, geschenkt hatte – ein Zeichen, daß der Versuch, Bosnien für den Katholizismus zu gewinnen, gescheitert war.

[165] S. o. A. 100. S. *TDH*. Die Hypothese von einer Übernahme der alten bosnischen Kirche durch die Dualisten ist Šidaks (revidierte) Ansicht, ihm schließt sich Čirković *(Oriente cristiano*, S. 551–553) an. Mandić, *Bogomilska crkva* (zum Inhalt s. E. Werner in SM, 3. Ser. V, 1964, S. 675–683) vermutet eine häretische bosnische Kirche im Jahre 1180: das Beweismaterial (z. B. in Bilino Polje) stützt diese Theorie nicht.

[166] S. die lateinischen Quellen über Bosnien bei Kniewald, D.: *Vjerodostjnost latinskih izvora o bosanskim krstjanima*, Zagreb 1949; rezensiert von Vaillant, A. in: *RES*, XXVIII, 1951, S. 272–273.

[167] Dinić, M.: *Iz Dubrovačkog arhiva*, III, Belgrad 1967, S. 181–236 (serbische Ausgabe mit Texten in den Originalsprachen), »Jedan prilog za istoriju patarena u Bosni«, *ZFB*, I, 1948, S. 33–44 (Zusammenfassung auf französisch S. 44). Die Quellen aus Dubrovnik standen bei den Historikern in dem Rufe, daß sie offensichtlich von Ungarn unabhängig und für den Westen nicht voreingenommen seien. Ich danke Prof. S. Čirković, daß er mir freundlicherweise ein Exemplar des Buches von Dinić übersandt hat.

[168] S. o. S. 115, 130

[169] Dinić, *Iz Dubrovačkog arhiva*, III, S. 2, Nr.4, S. 183

[170] Untersuchung der Radosav Handschrift bei Solovjev, A. V.: La Doctrine de l'Eglise de Bosnie, in: *ARBB*, 5, S. XXIV, 1948, S. 481–533; s. bes. S. 522–528; eine

stillschweigende Berichtigung seiner Wiedergabe der Formel »Dignum et justum est« (recte »würdig und recht ist es«) findet sich in *WEH,* S. 781. Solovjev war ein eifriger, aber bisweilen unkritischer Verfechter des häretischen Charakters der bosnischen Kirche, und seine Folgerungen können nicht ohne Vorbehalt akzeptiert werden; s. z. B. Šidak, J.: über bosnische Evangelien in Slovo (Zagreb) IV–V, 1955, S. 47–63 (Zusammenfassung auf französisch S. 61–62) und XVII, 1967, S. 113–124 (Zusammenfassung auf französisch S. 124); zum Radosav MS. s. Kniewald *(Oriente cristiano* S. 599, A. 54).

[171] Lateinische Quelle, Dinić, *Iz Dubrovačkog arhiva,* III, S. 2, Nr. 31, S. 193; Untersuchung von Titeln durch Kniewald (Oriente cristiano, S. 583–593) (auf die Annahme hin, die Kirche habe häretischen Charakter); zu *djed* als *padre spirituale* s. a. a. O., S. 585.

[172] Čirković, S.: »Verna služba« i »vjera gospodska«, *ZFB,* VI, 1962, S. 101–112 (in serbischer Sprache) (Zusammenfassung in Oriente cristiano, S. 565–566).

[173] Vego, M.: *Zbornik srednjovjekovnih natpisa Bosne i Hercegovine,* III, Sarajevo 1964, S. 52–53 (Datierung auf 1318; Mme. N. Miletić vom Museum in Sarajevo bezweifelt in einem privaten Schreiben, daß eine solch genaue Datierung möglich ist), Untersuchung von Miletić, *I'Krstjani',* S. 122–178 (mit der Annahme, daß die Kirche rechtgläubig sei). Ich danke Mme. Miletić für die Photographien.

[174] Siehe Einleitung zur neu kommentierten Übersetzung im Anhang E.

[175] Interpretationsbeispiel aus Ćirković (*Oriente cristiano,* S. 555) (er übersetzt den Schlüsselbegriff, der als *mrsni ljudi* umschrieben wird, mit »Leuten, die fette Speisen genießen«); französische Übersetzung des Testaments mit einzelnen Fakten über Radin bei Solovjev, A. V.: »Le Testament du Gost Radin«, in: *Mandićev Zbornik,* Rom 1965, S. 141–156, rezensiert von Šidak, J., in: *Slovo* (Zagreb) XVII, 1967, S. 195–199 (faßt die verschiedenen Deutungen durch die Historiker zusammen). Ich danke dem Leiter des historischen Archivs in Dubrovnik für Photokopien.

[176] Vgl. die Aufzählung der Mühseligen und Beladenen in Luk. 14, 13: »Wenn du ein Gastmahl gibst, so lade Arme, Krüppel, Lahme und Blinde ein.« Den Hinweis verdanke ich Herrn G. Windfuhr. Vgl. Anhang E, A. 23.

[177] Ćirković, *Oriente cristiano,* S. 562. Man halte jedoch die Schlußfolgerungen J. Šidaks dagegen, in: Franjevačka 'Dubia' iz g. 1372–1373 kao izvor za povijest Bosne, *Istoriski Časopis,* V, 1955, S. 207–231 (auf serbisch; Zusammenfassung auf deutsch S. 231).

[178] Ćirković, *Oriente cristiano* S. 567 und Verw.

[179] Šidak, Istoriski Časopis, V, 1955, S. 207–231

[180] Ćirković, *Oriente cristiano* S. 563

[181] Ćirković, S.: *Istorija srednjovekovne Bosanske države,* Belgrad 1964 (auf Serbisch, S. 284; Fine, J. V. A. jr., in: *Speculum,* XLI, 1966, S. 526–529

[182] Wenzel, M.: Bosnian and Herzogovinian tombstones: who made them and why, *Süd-Ost Forschungen,* XXI, 1962, S. 102–143; Karte, S. 117; und *Ukrasni Motivi na Stećcima* (Decorated Tombstones from Medieval Bosnia and Surrounding Regions), Sarajevo 1965. Bihalji-Merin, O. und Benac, A.: *The Bogomils,* London 1962, (Illustrationen; s. Einleitung von Benac, A.: Ornamental motifs on tombstones.)

[183] Okiç, T.: Les Kristians (Bogomiles Parfaits) de Bosnie d'après des documents turcs inédits, *Süd-Ost Forschungen,* XIX, 1960, S. 108–133. Ein Forschungsteam der Universität Sarajevo bearbeitet zur Zeit Steuerlisten.

[184] Šidak, J.: O autentičnosti i značenju jedne isprave Bosanskog 'djeda', 1427, *Slovo,* Zagreb, XV-XVI, 1965, S. 282–297 (Zusammenfassung auf deutsch S. 296–297; er argumentiert in gewissem Gegensatz zu Ćirković (s. u.), die Kirche habe bis in die vierziger Jahre des fünfzehnten Jahrhunderts ihr Ansehen bewahrt).

[185] Ćirković, in: *Oriente cristiano,* S. 572–575 (beachte den Nachweis der orthodoxen Feindschaft gegenüber der bosnischen Kirche S. 572–573). Loos, *Dualist Heresy,* S. 316, vermerkt bezeichnenderweise, daß das serbische Synodikon über Gost Radin persönlich den Kirchenbann aussprach. Fine, Bosnian Church, S. 338–345, gibt Klarheit über das Ende Bosniens. Ich habe meinen Text im Hinblick auf seine Arbeit korrigiert.

Die Waldenser nach der Synode von Bergamo[1]

Die Überlebensbedingungen

Nur eine Häresie des 12. Jahrhunderts hielt sich in ununterbrochener Kontinuität bis ins 16., um dann aus ihrem Versteck aufzutauchen und sich mit der protestantischen Reformation zu verbinden. Während der Katharismus unterging, überdauerte das Waldensertum alle Verfolgungen, wenn auch nur in entlegenen Gegenden oder in den unteren Gesellschaftsschichten. Ein Grund dafür ist in der Tatsache zu sehen, daß das Waldensertum enger an der zentralen Aussage des christlichen Glaubens festhielt, ferner darin, daß der höhere Bildungsstand und die wirksamere Aufklärungspredigt im 13. Jahrhundert den fremdartigen Charakter des Katharismus immer deutlicher sichtbar werden ließen. Von noch größerer Bedeutung jedoch war der Umstand, daß das Waldensertum mit geringerer Intensität verfolgt wurde. In den meisten Ländern galt der Katharismus als die Ketzerei schlechthin; das Waldensertum stellte sich den Ketzerverfolgern als ein Feind zweitrangiger Bedeutung dar. In der Anfangszeit der Bewegung waren Abhandlungen abgefaßt worden, die den Zweck hatten, sie zu überzeugen und zu widerlegen, und als dann für die Inquisitoren bestimmte und von solchen geschriebene Werke auftauchten, nahmen die Waldenser alsbald unter den Feinden der Kirche ihren regulären Platz ein. Aber man hielt sie allgemein für weniger gefährlich als die Katharer.

Nur in Deutschland bildeten fast das ganze 13. Jahrhundert hindurch eher die Waldenser als die Katharer das Hauptziel der Verfolgung.[2] Der Fortschritt auf diesem Gebiet war dem unaufhaltsamen Aufstieg Konrads von Marburg zu verdanken, der von Gregor IX. den besonderen Auftrag erhielt, die Ketzer aufzuspüren und zu bestrafen. Seine Aktivität führte dazu, daß Verdächtige massenweise und ohne ausreichende Beweise hingerichtet wurden, und sein Schreckensregiment fand erst durch seine Ermordung im Jahre 1233 ein Ende. Eindeutig zog er Schuldige und Unschuldige gleichermaßen in Mitleidenschaft und dehnte seine Amtsgewalt zum Beispiel auf fiktive Teufelsanhänger aus. Es mißlang ihm aber, alle Waldenser ausfindig zu machen[3], und sie breiteten sich nur um so weiter aus, als die Umstände für sie günstiger wurden. Die Unterdrückung von seiten der Bischöfe war, wie auch sonst, weniger hartnäckig als die der päpstlichen Inquisitoren, und die Reaktion auf Konrads Exzesse hemmte ohnehin die Verfolgung. Überdies waren die politischen Bedingungen lange Zeit ungünstig. Das kirchliche Leben wurde durch die Auseinandersetzung zwischen Papst und Kaiser zur Zeit der Hohenstaufen und durch die lange Zeit des Interregnums, während welcher jede

Zentralgewalt fehlte, beeinträchtigt. Waldenserprediger konnten gut bei der antipäpstlichen Propaganda anknüpfen; außerdem profitierten sie davon, daß die Verfolgung mit so wenig Intensität betrieben wurde. Zur Zeit der gescheiterten Synode von Bergamo schlossen sich die Deutschen den Armen Lombarden an: deren radikalere und kirchenfeindlichere Ansichten paßten im Vergleich zu denen der Leonisten besser in die veränderten Lebensbedingungen des 13. Jahrhunderts hinein.

So kam es, daß die Waldenser nicht nur überlebten, sondern sogar weiter östlich Missionsstationen einrichteten, z. B. in Österreich und einigen Teilen Ostdeutschlands, wie Thüringen, der Mark Brandenburg, Pommern und der Neumark; sie folgten den Wellen der deutschen Ostkolonisation und drangen bis nach Böhmen, Mähren, Ungarn und Polen vor.[4] Diese Erfolge im östlichen Europa waren in gewissem Maße ein Ausgleich für die Verluste, die sie in den waldensischen Ursprungsländern hatten hinnehmen müssen. Da die Deutschen weniger wirksam verfolgt wurden als ihre Brüder in Norditalien, kamen sie regelmäßig zu deren Versammlungen in die Lombardei und trugen mit vielen Spenden zu ihrer Unterstützung bei.[5]

Mit der Zeit wurden die internationalen Verbindungen lockerer. Wenn auch die österreichischen Waldenser im sechsten Jahrzehnt in Krisenzeiten noch immer von den Lombarden Rat und Hilfe erwarteten, hörten die Deutschen im allgemeinen auf, ihre Vertreter zu den Generalversammlungen der Lombarden im 14. Jahrhundert zu entsenden; statt dessen hielten sie ihre eigenen Jahresversammlungen ab, und zwar meist an Markttagen in den größeren Städten.[6] Gelegentlich waren sie Verfolgungen ausgesetzt, ohne indessen ernsthaften Schaden zu nehmen. Die Inquisitoren verleumdeten sie oft, indem sie ihnen sexuelle Verworfenheit vorwarfen; dabei verwechselten sie sie jedoch mit einer ganz und gar fiktiven Sekte von Luziferanern.[7] Dann aber erfolgte am Ende des Jahrhunderts ein heftiger koordinierter Angriff in Ost- und Mitteleuropa, der sie beinahe ein für allemal ausgemerzt hätte – er wird besonders mit dem Namen des Zölestiners Peter Zwikker in Verbindung gebracht.[8]

Im Languedoc erfuhren sie zwar eine etwas mildere Behandlung als die Katharer, waren jedoch von der Verfolgung auch mitbetroffen und verloren um die Mitte des 13. Jahrhunderts sehr viel von ihrer Aktivität.[9] In den spanischen Königreichen verlaufen sich in diesem Jahrhundert die Spuren der Waldenser.[10] In Norditalien setzte die wirksamere Verfolgung gerade ein, als Salvo Burci im Jahre 1225 seine Abhandlung schrieb.[11] Bezeichnenderweise hielten sich die Gemeinden im späten Mittelalter vor allem in unzugänglichen Gebirgsregionen beiderseits der Alpen, in der Franche-Comté, in der Dauphiné – die lange eine Hochburg war – und in entlegenen Teilen der Provence sowie auf der italienischen Seite der Cottischen Alpen: sie wurden hin und wieder von der Kirchenbehörde angezeigt, aber selten durch tatkräftige Unterdrückung behelligt.[12] Hier wie auch anderswo war die Pfarrgeistlichkeit bei Anzeichen von waldensischer Tätigkeit eher geneigt, ein Auge zuzudrücken – österreichische Geistliche zum Beispiel wurden 1259 mit dem Verlust ihres Amtes bedroht, falls sie es unterließen, Verdächtige anzuzeigen[13] –, und Ansätze von Verfolgungen gingen vom oberen Klerus oder von der päpstlichen Inquisition aus. In den Cottischen Alpen blieben etliche von den einfachen Gläubigen sowie Prediger der Messe fern, als sie vor dem Einsetzen der großen Verfolgung von 1487–1494 noch ein gewisses Maß an Unabhängigkeit genossen.[14] Dies war allerdings eine Ausnahmeerscheinung – im allgemeinen überlebten die Waldenser dadurch, daß sie sich den Lebensumständen im Untergrund anpaßten. Im Hochgebirge bedeutete dies eine Anpassung an die dortigen Bedingungen mit allem, was diese an Einschränkung und geistiger Isolierung mit sich bringen. Außerhalb der Gebirgstäler scheint ihre Zahl im späteren Mittelalter abgenommen zu haben. Bernard Gui, ein sehr tatkräftiger Inquisitor in der Provence während der ersten Jahrzehnte des 14. Jahrhunderts, spürte zwar Katharer und Begarden auf, hatte es aber nur mit kleinen Gruppen von Waldensern zu tun.[15] In Italien waren sie im 15. Jahrhundert in der Romagna und den mittleren Regionen der Halbinsel, selbst in Rom, zu finden, und vom 14. Jahrhundert an zeigen sich ihre Spuren in größerer Zahl in Kalabrien, wo die Unterdrückung offenbar lasch durchgeführt wurde.[16] Ihr Kernland aber lag in der Geborgenheit der Alpen.

Die Waldenser überlebten mit knapper Not, mutig und zäh, durch die Unterdrückung in ihrer Entwicklung beschnitten, in anderen Fällen eingeengt in ihren entlegenen Tälern; sie hielten an ihrer Bibel in der Volkssprache und ihrer oft streng sittlichen Lebensführung fest, waren jedoch nicht mehr in der Lage, ihre Rolle als Erweckungsbewegung in der Kirche, so wie sie Waldes vorgeschwebt war, aufzugreifen. Als ein neues Geschlecht von evangeliumsorientierten Ketzern aus der hussitischen Bewegung im 15. Jahrhundert hervorging, schaute es voll Verehrung auf diese Veteranen unter den Gegnern der römischen Kirche[17]: sowohl die Taboriten als auch die Böhmischen Brüder waren darauf bedacht, mit ihnen Kontakt aufzunehmen, und auf den dynamischen Einfluß der Taboriten mag es wirklich zurückzuführen sein, daß die Waldenser in der zweiten Hälfte des 15. Jahrhunderts noch einmal eine größere Vitalität entfalteten.[18] Aber jene, die mit ihnen in Berührung kamen, erlebten eine gewisse Ernüchterung angesichts ihres ausweichenden und schwer faßbaren Verhaltens, das in ihren Leiden und in ihrem unvermeidlichen Mangel an geistigem Format seinen Ursprung hatte. Das Leben im Untergrund hatte seinen Tribut gefordert.

Glaube und Brauchtum

Der Passauer Anonymus, ein Sammelwerk über die Juden, die Ketzerei und den Antichrist, das zuweilen als Inquisitorenhandbuch beschrieben wird, und dessen Abschnitt über die Waldenser auf des Autors Kenntnis von einer um 1266 in Österreich durchgeführten Inquisition beruht, nennt uns auf direkte oder indirekte Weise den Grund dafür, daß die Bewegung selbst in Zeiten der Verfolgung ihre Anziehungskraft behielt. Es war der Gegensatz zwischen einem anfälligen Durchschnittsklerus, der keinen allzu hohen Bildungsstand hatte und zum Aberglauben neigte, und der kleinen Schar von Waldensern, die ein sittlich hochstehendes Leben führte, in der Heiligen Schrift las und regelmäßig von Geistlichen besucht wurde, die offensichtlich um des Evangeliums willen arm waren – eine fromme Elite im Untergrund, die der Masse von Klerus und Volk die Stirn bot.[19] Die Ketzer waren sehr lerneifrig. »Alle Leonisten, Männer und Frauen, groß und klein«, so stellte der Anonymus fest, »lernen und lehren unablässig bei Tag und bei Nacht; der Handwerker widmet den Tag seiner Arbeit, die Nacht religiöser Belehrung, so daß für das Beten wenig Zeit übrigbleibt; Neubekehrte suchen schon nach einigen Tagen auch andere zur Sekte zu ziehen.«[20] Die Bibeltexte in der Volkssprache waren eine wichtige Grundlage, hauptsächlich dank der Kraft, die der Heiligen Schrift als solcher innewohnt, aber auch deswegen, weil sie infolge des waldensischen Laiensystems eine Möglichkeit zur direkten Belehrung, ja, zur Selbstbelehrung durch den schlichten Wortlaut boten, im Unterschied zu der passiven Rolle, die sie im orthodoxen Gottesdienst spielten. Das Lesen in der Schrift oder das Lernen aus der Schrift war ein religiöses Betätigungsfeld, das allen offenstand – den Intelligenten, den Halbgebildeten und den völlig Unwissenden –, und es sorgte dafür, daß die Kenntnis des Wortlauts immer präsent war, selbst wenn in Zeiten der Verfolgung die Texte knapp wurden oder versteckt werden mußten.

Der Kern waldensischen Glaubens bestand darin, daß man wegließ, was man als Auswüchse des orthodoxen Glaubens ansah – Fegfeuer, Heiligenbilder und Pilgerfahrten –, und auf ordentliche Lebensführung und wörtliche Befolgung des Bibeltextes Wert legte. Sie lehnten den Eid ab, weil sie glaubten, das Wort »Ihr sollt überhaupt nicht schwören« müsse wörtlich genommen werden; sie verabscheuten die Lüge; sie verwarfen die Blutgerichtsbarkeit – eine Haltung, die um so akuter wurde, wenn Ketzerhinrichtungen stattfanden. Was sie zweifellos von Anfang an aus der orthodoxen, an der Bibel orientierten Unterweisung zu hören bekamen, war auf den Buchstaben genau zu befolgen und durfte nicht hinweggedeutet werden. Der Ton lag auf der Verantwortung des Einzelnen und auf der Schlichtheit des Glaubens. Nach Meinung der Waldenser gab es nur zwei Wege: einen, der zum Himmel und einen, der zur Hölle führt.[21] Der Anonymus sagte, sie könnten gerade deshalb entdeckt werden, weil sie besser als ihre Nächsten seien.[22] Der Waldenserglaube war in der Tat die Religion des normalen Laien, der seinen Klerus aufgegeben hatte um eigener Geistlicher willen, die hinsichtlich ihrer Lebensumstände und ihrer frommen Hingabe ihm selbst glichen; zusätzlich fühlte er sich bestätigt durch seine Kenntnis der Heiligen Schrift. Überall dort, wo klerikale Mißstände der Propaganda Anhaltspunkte lieferten und wo ein Bedürfnis nach einer volksnäheren Unterweisung spürbar wurde, lag ein Weg frei für die Entstehung von Gemeinden.

Die Geheimhaltung trug das Ihre dazu bei. Etienne de Bourbon, der Dominikanerinquisitor, der 1261 zu Lyon verstarb, beschrieb die außerordentlichen Verkleidungstricks, auf die die Prediger zurückgreifen mußten, um unentdeckt zu bleiben. Vor allem berichtete er von einem führenden Mann, der die typische Kleidung einer ganzen Reihe von Berufsständen stets mit sich führte, damit er sich im Notfall rasch in einen Pilger, im nächsten Augenblick in einen Bußgänger, einen Gelegenheitsschuhmacher, einen Barbier oder einen Schnitter verwandeln konnte.[23] Überall wurde die wollene Kleidung, die das Kennzeichen des Predigers war, aufgegeben, wenn dies auch in den verschiedenen Gebieten nicht zur gleichen Zeit geschah. Man erfand Losungsworte, ergriff einen Beruf oder legte die Kleidung von Handlungsreisenden an. Es scheint, daß die Prediger es nötig hatten, sich gegen Verrat zu schützen. Durch die Berufstätigkeit ergaben sich zwanglose Kontakte, bei denen man Menschen bekehren konnte. Die Prediger waren eine zahlenmäßig zwar kleine, aber geistig lebendige Gruppe: ihre Beweglichkeit und ihr Geschick im Ausweichen sorgten dafür, daß sie einer Verfolgung, die bestenfalls sprunghaft vor sich ging, immer ein Stück voraus waren.

Daheim führten die Hörer dieser Prediger ein ruhiges Leben; genauso wie die Rechtgläubigen besuchten sie die Messe und schenkten ihren Pfarrgeistlichen Gehör – nur den eigentlichen Empfang der Kommunion suchten sie zu vermeiden. Die inquisitorische Überlieferung bezeichnete sie als heimtückisch[24]: ein vorsichtiger Anhänger brauchte sich bei keiner Gelegenheit bloßzustellen, außer bei den Besuchen des von Ort zu Ort ziehenden Predigers. Das sakramentale Leben innerhalb der Sekte zerfiel in starkem Maße; manchmal war es gar nicht vorhanden, und der für die Predigt und das Bekenntnis notwendige Kontakt konnte kurz und geheim sein. Treffende Beispiele sind die Waldenser in Brandenburg und Pommern im ausgehenden 14. Jahrhunder: sie sahen ihre Prediger im Durchschnitt nur ein- oder zweimal im Jahr, und diese kamen, um die Beichte zu hören, in aller Heimlichkeit manchmal aus solch entlegenen Ländern wie Ungarn oder Polen und waren nur dem Vornamen nach bekannt. Es gab sogar Anhänger, gewöhnlich von geringer Bildung, die glaubten, solche Beichtväter begäben sich von Zeit zu Zeit ins Paradies, um Gottes Stimme zu hören oder von ihm Kraft zu empfangen, und es sei sehr viel wirksamer, vor ihnen die Beichte abzulegen, als vor einem Priester am Ort, der kein reines Leben führe.[25]

Bei diesen Verfolgungen waren die normalen Anhänger nicht in der Lage, über ihren Glauben, der von einer Randposition zwischen Waldensertum und Katholizismus bis zu einer regelrechten Polemik gegen die Kirche reichte, Rechenschaft abzulegen. Man begegnete jenem charakteristischen Sarkasmus, mit dem ein Anhänger eine Fürbitte für einen Toten für ebenso sinnlos hielt, wie wenn man einem toten Pferd Futter gäbe;[26] es bestand aber auch eine Anhänglichkeit an den Marienkult, der unlogischerweise neben der Verwerfung anderer Teile des Brauchtums und der Kirchenlehre friedlich weitergepflegt wurde. Von erstrangiger Bedeutung war für diese Waldenser ohne Zweifel der Anstoß, der vom wörtlichen Schriftverständnis ausging, wie uns die Tatsache bezeugt, daß sie unbedingt darauf bestanden, aufgrund des Wortlauts der Evangelien Eide abzulehnen. Was sie in Verfolgungszeiten aufrecht hielt, war vor allem ihre Sorge um eine sittlich reine Lebensführung, worin sie durch die seltenen Besuche ihrer Prediger noch bestärkt wurden. Die Spaltung zwischen den Lyonesern und den Lombarden bekümmerte die Waldenser weniger; von der Verfolgung aber waren sie alle betroffen. Obgleich die Spaltung keineswegs überwunden war, gab es in Einzelfällen auch weiterhin begrenzte Beziehungen, wie das Beispiel der französischen Waldenser zeigt, die um 1240 lange Zeit an einer lombardischen Theologenschule zu Mailand studierten, sowie das des französischen Führers Joannes Lotaringius, der am Ende des 13. Jahrhunderts durch Italien reiste.[27] Allenthalben wurde die Gemeinschaft der einfachen Gläubigen durch Druck von außen zusammengeschweißt. Dadurch verwandelte sich die anfängliche Erweckungsbewegung innerhalb der Kirche, wie sie zu Waldes' Zeiten bestand, in eine häretische Gegenkirche. Katholische Beobachter blieben sich des grundlegenden Unterschiedes bewußt, den man zwischen den bisweilen »Vollkommene« genannten Predigern und den normalen Gläubigen, Jüngern oder Freunden, aus denen sich das Gros der Gemeinden zusammensetzte, erkennen konnte; den Ausdruck »Waldenser« jedoch wandten sie schließlich auf alle an. Das galt für den Passauer Anonymus ebenso wie für eine provenzalische Quelle aus dem Jahre 1264.[28] Der Wechsel in der Terminologie entsprach dem Bestreben der bewußten Anhänger und ihrer Lehrer, sich angesichts der Verfolgung enger zusammenzuschließen.

Aus Gründen des Selbstschutzes entwickelten die Waldenser eine eigene Geschichtstradition mit einem langen imponierenden Stammbaum, aufgrund dessen sie den katholischen Polemikern entgegentreten konnten.[29] Aus einem Briefwechsel anläßlich des Abfalls zweier österreichischer Prediger, der die dortigen Waldenser dazu veranlaßte, Trost bei den Lombarden zu suchen und ihre eigene Position gegen die Abgefallenen zu verteidigen, erfahren wir, daß die Österreicher in ihr Geschichtsbild einen Topos über die Armutsbewegung in Norditalien hineingearbeitet hatten, nämlich den Zerfall der Kirche zur Zeit Konstantins; dieser sei auf die Tatsache zurückzuführen, daß sie Stiftungen entgegengenommen habe.[30] Als Papst Sylvester die schicksalhafte Schenkung annahm, so sagten sie, habe man den Ruf eines Engels vernommen: »Heute wird in Gottes Kirche Gift ausgestreut.« Ein Gefährte Sylvesters habe jedoch die Schenkungen zurückgewiesen, worauf er exkommuniziert und mit den ihm Gleichgesinnten der Verfolgung ausgesetzt worden sei; auf diese Weise habe er durch Armut die Reinheit bewahrt, welche die Kirche einst in den Jahrhunderten vor der Konstantinischen Schenkung ausgezeichnet habe. Dieser Auslegung zufolge gab es also eine Waldenserbewegung vor Waldes; er war nicht der Initiator, sondern wurde nach ihren Worten zum »Erneuerer«[31] der Bewegung, der sie in einer Zeit erlahmenden Eifers wieder aufrüttelte. In dieser Geschichte lebt noch die Erinnerung an die Tatsache fort, daß Waldes versuchte, die Kirche von der Berechtigung seines Anliegens zu überzeugen, jedoch exkommuniziert wurde. Der Schauplatz der Ereignisse war nun allerdings Rom, und mit Waldes selbst nahm man eine außergewöhnliche Veränderung vor: er wurde als Priester bezeichnet und erhielt den Namen Petrus. So begegneten die Waldenser der peinlichen Frage der Kontroverstheologen »Wo wart ihr vor Waldes?«, indem sie eine Version der Kirchengeschichte entwickelten, welche ihre eigene Bewegung von Anfang an zur wahren Kirche machte, die Papstkirche seit der Zeit der Konstantinischen Schenkung aber zu einer falschen oder boshaften Einrichtung – dabei verdrehten sie beiläufig die Wahrheit über Waldes, indem sie ihn zum Priester ordinierten, obwohl er doch nur ein Laie war, der das Predigtrecht für sich beanspruchte. Der unhistorische Name Petrus sollte natürlich an das Haupt der Apostel erinnern, den Petrus in den Evangelien und in der Apostelgeschichte: mit ihm erhob man eine Art rivalisierenden Anspruch gegen die Päpste als Nachfolger des heiligen Petrus und rief jene Episode aus der Apostelgeschichte in Erinnerung, wo Petrus dem Hohen Rat gegenübersteht und erklärt, er wolle Gott mehr gehorchen als den Menschen[32] – gerade so wie es die Waldenser für sich beanspruchten, indem sie menschliche Traditionen und Riten verwarfen, bis auf jene, die sie für göttlichen Ursprungs hielten. Die waldensische Fassung der Kirchengeschichte war ein Trost in schwerer Zeit; denn wie die Mondphasen machte sie den Wechsel von strahlendem Leben und Dekadenz deutlich, den trotz allem ein getreuer Rest überdauerte. Mit ihren Worten ausgedrückt: obgleich der Neumond zu einem Nichts zu schrumpfen scheint, »ist er immer noch der Mond«.[33]

Nach Waldes kam es nicht mehr dazu, daß ein einzelner Mann die gesamte Waldenserbewegung beherrschte. Unter den Lombarden spielten die Generalkapitel eine wichtige Rolle.[34] Sie fanden ein- bis zweimal im Jahr statt, und man traf bei dieser Gelegenheit wichtige Entscheidungen über die Verwendung des vorhandenen Geldes, die Aufnahme neuer Brüder und Schwestern sowie die Beauftragung anderer Brüder mit Ämtern und missionarischen Aufgaben. Die Generalkapitel förderten, wie wir gesehen haben[35], im 13. Jahrhundert den Zusammenhalt zwischen den Lombarden und den Deutschen, wenn dieser auch ziemlich locker war, weil die Deutschen nur schwach vertreten waren; im 14. Jahrhundert war allerdings diese direkte Verbindung nicht mehr vorhanden. Die Freunde bildeten für die Prediger eine tragende Schicht: sie erfüllten eine Aufgabe, die man mit jener der *credentes* bei den Katharern des Languedoc vergleichen kann, die bekanntlich den Vollkommenen auf ihren Reisen halfen, indem sie ihnen finanzielle und anderweitige Unterstützung zuteil werden ließen. In Italien sammelten die Freunde die freiwillige Kirchensteuer, die *talea*, ein. Auch in Deutschland sammelten sie Geld ein und verwalteten den Gemeindefonds. In Österreich warf im 14. Jahrhundert ein abtrünniger Meister der Führung vor, sie sei zu reich und stehe nicht mehr zur apostolischen Armut.[36]

Die Lebensweise der Freunde war in den einzelnen Gegenden verschieden. In der Lombardei, wo die Frage bei der Synode von Bergamo von großer Bedeutung gewesen war, schlossen sie sich wahrscheinlich den Arbeitsvereinigungen nach dem Muster der Humiliaten an: sie hatten ihre festen Arbeitsplätze, wo auch der Unterricht und die Evangelisation stattfand.[37] Die Art der Treffpunkte richtete sich nach dem Druck, der jeweils auf die Bewegung ausgeübt wurde: sie variierten zwischen einem regulären, bekannten Gebäude, wie der lange Zeit bestehenden Schule in Mailand, und einzelnen Häusern von Anhängern zum Beispiel in Brandenburg und Pommern, denen die Reiseprediger des Nachts einen Besuch abstatteten, um hinter verschlossenen Türen Aufmunterung und Absolution zu erteilen.

Die Frauen behielten ihre Bedeutung sowohl als Predigerinnen oder »Vollkommene« wie als persönliche und finanzielle Gönnerinnen.[38] Es gab Rasthäuser, die teils für sie allein, teils für gemischte Gruppen bestimmt waren, und in denen die Regeln des asketischen Lebens befolgt wurden. Die Aufnahmezeremonie in solchen Häusern hatte eine gewisse Ähnlichkeit mit der Erteilung des *consolamentum* bei den Katharern. Frauen predigten auch weiterhin, was schon früher ein Stein des Anstoßes für die orthodoxe Geistlichkeit gewesen war; ja, sie übten diese Funktion noch im 15. Jahrhundert aus. In Piemont spielten Frauen noch im späten 14. Jahrhundert eine beträchtliche Rolle im Gemeindeleben. Aber Koch hat wahrscheinlich recht mit seiner Behauptung, daß die Stellung der Frauen allmählich an Gewicht verlor, was dem allgemeinen Status der Frauen außerhalb der waldensischen Häresie auch mehr entspricht. In dieser Zeit verlor auch das Waldensertum an Schwungkraft, was sich besonders im Süden Frankreichs bemerkbar machte, wo es vom 14. Jahrhundert an für Frauen immer schwieriger wurde, in die Klasse der Prediger oder Vollkommenen aufgenommen zu werden. *De vita et actibus* bezeugt, daß sie im späten 13. Jahrhundert von den Generalversammlungen ausgeschlossen waren.[39]

Die soziale Herkunft sowohl der Anhänger als auch der Prediger war, soweit bekannt, nach einer anfänglichen Phase, die von Waldes' Predigttätigkeit bis etwa in die Mitte des 13. Jahrhunderts reichte, bemerkenswert gleichförmig. In erster Linie war das Waldensertum die Religion des kleinen Mannes, und zwar auf dem Lande wie in der Stadt.[40] Zunächst strömten den Predigern Neubekehrte aus den höheren Schichten der Gesellschaft zu, und auch sie selbst hatten diesen angehört: Waldes war ein reicher Geschäftsmann, und die gleichen Gründe, die ihn seiner Tätigkeit entfremdeten, wirkten sich auch bei anderen Leuten aus, die in gleicher Stellung waren; ferner gab es unter den Predigern eine Anzahl früherer Geistlicher; in der Diözese Metz fanden die Ketzer bei den Ministerialen Unterstützung; in Straßburg gewannen sie in den zwanziger Jahren des 13. Jahrhunderts einen hochgestellten Bürger der Stadt namens Wann für ihre Sache; in Bayern konnten sie sich eine Zeitlang der Hoffnung hingeben, Herzog Otto II. für ihr Anliegen zu erwärmen. Doch die Beispiele dafür, daß sich Anhänger oder Schutzherren aus den Oberschichten fanden, wurden im weiteren Verlauf des Jahrhunderts seltener. Wenngleich auch im späten Mittelalter noch einzelne wohlsituierte Städter angezogen wurden, so lag doch der bleibende Erfolg der Bewegung in ihrer Anziehungskraft für die unteren Gesellschaftsschichten begründet: ihr Kern bestand aus Kleinbauern und Handwerkern. Dies heißt natürlich nicht, daß die Anhänger notwendigerweise arm waren, gab es

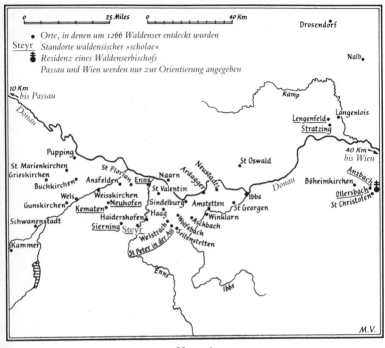

Karte 6
Die Waldenser in Österreich

doch in diesen Schichten eine breite Skala von Wohlstand.[41] Eindeutig scheint indessen der starke Zuspruch auf dem Lande. Der Passauer Anonymus zählt zweiundvierzig in ländlichen Gegenden verstreute Ortschaften in Österreich auf, die um 1266 von der Ketzerei betroffen waren. Es handelt sich um kleine Ortschaften, die die kirchlichen Verwaltungszentren der Gegend waren, und von denen aus die Ketzerbefragung geleitet wurde. Die Ketzer können also auch in Weilern oder Einzelhöfen um die auf der Karte verzeichneten Dörfer und Städtchen herum aufgetrieben worden sein. Mit geringen Abweichungen erscheinen die Namen in den Kremser Inquisitionsberichten des Jahres 1315 wieder, geradeso, als ob die Ketzerei dort fortgeführt worden wäre; wahrscheinlicher ist indessen, daß die alte Liste von 1266 den neuen Berichten einfach hinzugefügt wurde.[42] In den zehn unterstrichenen Orten befanden sich die *scholae* der Sekte: sie waren entweder die Lehrzentren, wo ähnlich wie bei den Lollarden des 15. Jahrhunderts regelrecht Unterricht erteilt und die Heilige Schrift erlernt wurde, oder sie waren, wie Nickson meint, lediglich »häretische Gegenstücke zu orthodoxen Gemeinden, welche von Reisepredigern der Sekte besucht wurden«.[43]

Erbstössers genaue Untersuchung der in der zweiten Hälfte des 14. Jahrhunderts betroffenen Gebiete deutscher Sprache bestätigt erneut, wie sehr die Ketzerei auf dem Lande verwurzelt war.[44] Eine Ausnahme bildet Nürnberg, wo sie sich innerhalb der Stadt beständig hielt; eine andere ist Freiburg in der Schweiz gegen Ende der von ihm erfaßten Zeitspanne. In Straßburg waren einige Ketzeraushebungen erfolgreich. Es ist jedoch keineswegs klar, daß die Stadt ein wirkliches Zentrum der Bewegung war; denn manche ihrer Anhänger hatten offensichtlich in der Stadt Schutz gesucht, als 1400 die Verfolgung unter Winkler ausbrach. In Österreich beschränkte sich die Bewegung eindeutig auf den dörflichen Bereich. In Brandenburg und Pommern stellten zu Ende des 14. Jahrhunderts Kleinbauern und Handwerker die Anhängerschaft.[45] Eine von der Inquisition im September 1391 aufgestellte Liste von zwölf »Rektoren« – offenbar Prediger, die man aus einem weiten Gebiet in Deutschland und den benachbarten Ländern zusammengezogen hatte – zeigt, daß keiner von ihnen aus einer größeren Stadt kam, daß vielmehr die meisten dörflicher Herkunft waren. Das uns vorliegende Material über das italienische Waldensertum läßt ein ähnliches Bild vermuten. Immer wenn die Bewegung in Zufluchtsstätten zurückgedrängt wurde, fand sie unter Dorfbewohnern, Kleinbauern und Handwerkern Rückhalt. Vom Waldensertum fühlten sich vorwiegend einfachere Bevölkerungsschichten angezogen. Es zeichnet sich dadurch aus, daß es im Mittelalter diejenige Ketzerei auf internationaler Basis war, die im Kleinbauerntum breite Unterstützung fand.

Die piemontesischen Täler stellen einen Sonderfall dar, denn dort bildete tiefste Armut und Abgeschlossenheit den Nährboden. In den Tälern mag bei der Aufrechterhaltung der Bewegung das Gefühl eine Rolle gespielt haben, daß man im Unterschied zu dem Leben in der Ebene seine charakteristische Eigenart bewahrte. Wenn wir den Berichten über die zu verschiedenen Zeiten im 14. und 15. Jahrhundert in Piemont durchgeführten Ketzerprozesse Glauben schenken dürfen, waren die Täler auch Zufluchtsstätten für Ketzer ganz anderer Art und bildeten einen Schmelztiegel für einen katharisch-waldensischen Synkretismus, der neben der vorherrschenden Richtung des einfachen Waldensertums existierte.[46] So finden wir nebeneinander die Ablehnung des Fegfeuers und der Anrufung der Heiligen sowie die Verwerfung von Eiden, den Donatismus und den Glauben, eine Beichte vor eigenen Predigern sei besser; ferner eine eigenartige Logik: Christus sei deshalb nicht wahrer Gott, weil Gott nicht sterben könne[47]; sodann die Katharerlehre über den Dualismus und die *endura* sowie das Hinnehmen sexueller Freizügigkeit. Wir begegnen der seltsamen Gestalt eines Giacomo Bech, der 1388 verhört wurde und zu seiner Zeit offensichtlich ein Anhänger der *fraticelli* gewesen zu sein scheint, jener Gruppe von Waldensern und Katharern der gemäßigt dualistischen Prägung[48]; ferner Giovanni Freyra, der im voraufgehenden Jahr das Bekenntnis abgelegt hatte, er habe beim Aufsagen des Vaterunsers und des Ave Maria die Sonne und den Mond angebetet.[49] In den Verhören von 1387–1388 und 1451 begegnen wir auch wieder der uralten »Ente« von der geheimen sexuellen Orgie, die dann begonnen haben soll, wenn ein Angehöriger des Predigerstandes, ein *barbi*, das Licht gelöscht hatte mit den Worten »Qui ama, si tegna!«[50] Die Geschichte von der Orgie stellt alles übrige in Zweifel, denn sie wurde von Verfolgern und Chronisten den Angehörigen verschiedener Sekten gegenüber allzu häufig und plump angeführt, als daß sie glaubwürdig wäre.

Die älteste bekannte Quelle im mittelalterlichen Westen über Geschichten von Ketzern, die sich an wahllosem Geschlechtsverkehr im Dunkeln beteiligt hätten, ist der Bericht des Mönches Paul von Saint-Père de Chartres über die Ketzerei in Orléans im Jahre 1022.[51] Solche Praktiken wurden den Ketzern im 12. Jahrhundert von Guibert de Nogent[52] und Walter Map[53] zur Last gelegt. Die von Gregor IX. erlassene Bulle beschreibt Ketzer, die zu seiner Zeit solchem Verhalten frönten[54], und zu verschiedenen Zeiten brachten Ketzerbefrager Geständnisse über Orgien von Templern und aufsässigen Franziskanern ans Licht.[55] Wir müssen uns fragen: Wenn Inquisitoren, die frei über den Gebrauch der Folter verfügen, in diesen Fällen solch verleumderische Aussagen den Befragten entlocken können, worin besteht dann der Wert anderer, unbestätigter Geständnisse? Die Verfolger neigten natürlich dazu, die Waldenser und ihre Feinde, die Katharer, gleichermaßen tief einzustufen. Doch wieweit das Waldensertum vom Katharismus trotz der Kluft im Glauben, die sie voneinander trennte, tatsächlich beeinflußt wurde[56], ob es eine Beeinflussung gab, die über die bloße Terminologie hinausging, und wieweit die Verfolger bei den verschiedenen Anlässen, nicht nur in Piemont, die beiden Häresien willkürlich miteinander verwechselten – das sind lauter Fragen, die noch auf eine befriedigende Beantwortung warten.

Das Schrifttum der Sekte war in seinem Charakter dem Niveau der Mitglieder angepaßt[57]: es war vorwiegend ethischer Natur und eng auf die Heilige Schrift bezogen. Welche Art von biblischen Texten in der Volkssprache sie besaßen und woher diese stammten, bleibt etwas dunkel. Die von Waldes in Auftrag gegebene Bibelübersetzung war in der Sprache oder Mundart der Dauphiné in der Gegend von Grenoble abgefaßt; deutsche Übersetzungen waren noch vor Ausgang des 12. Jahrhunderts im Gebrauch, und wir dürfen annehmen, daß diese auch weiterhin benutzt wurden. Andere Texte konnten von den Katharern stammen, denn diese waren schon vor den Waldensern da und benutzten volkssprachliche Bibeln. Die Schrift nahm einen immer beherrschenderen Platz ein: sie war die »einzige Richtschnur für Lehre und Leben«, und auf sie berief man sich bei allen strittigen Fragen. Das im eigentlichen Sinne waldensische Schrifttum wie auch das, welches sie übernahmen, diente dazu, den Sinn der Heiligen Schrift zu erschließen oder zu erklären und die Mitglieder in ihrem sittlichen Leben zu bestärken. Das bekannteste Schriftstück, die *Nobla leyçon*, war ein Gedicht, das in seiner heute bekannten Form aus dem 15. Jahrhundert stammt: es gibt einen Überblick über die ganze Bibel unter den Überschriften der drei Gesetze Gottes – dem Gesetz der Natur, dem Gesetz des Mose und dem Gesetz Christi. Es gab auch einfache katechetische Stoffe, wie die sieben Glaubensartikel, Auszüge aus orthodoxen Schriften, zum Beispiel eine Sammlung von Sentenzen der Kirchenväter und ein Werk Augustins über die Tugenden und Laster, das »die Dreißig Stufen« hieß. Diese Art von Lesestoffen war keineswegs ketzerischer Natur und zeigt auch keine Spur von Synkretismus oder Verderbtheit durch das fortdauernde Leben der Sekte im Untergrund.

Die hierarchische Ordnung weist Unterschiede zwischen den beiden Flügeln der Bewegung auf: sie wandelte sich im Laufe der Zeit.[58] Die Verhältnisse sind auch deswegen unklar, weil feindliche Beobachter möglicherweise die einzelnen Aufgaben der führenden Leute nicht immer genau erfaßten. Nach der Synode von Bergamo waren eher die Lombarden als die Lyoneser darauf bedacht, daß sie Führer auf Lebenszeit bekamen; am Ende des 13. Jahrhunderts ernannten jedoch die Lyoneser einen *maior minister*, der lebenslänglich im Amt bleiben sollte. Die Rangstufen des Bischofs, Priesters und Diakons sind in den Quellen oft bezeugt; sie wurden jedoch nicht genau in der gleichen Weise angewandt wie bei den Katholiken. Auch traten sie nicht fortwährend in Erscheinung. Die Gemeinden hatten darüber verschiedene Ansichten: einige betonten die Priesterschaft aller Gläubigen, andere mehr den Unterschied zwischen den »Vollkommenen« und den übrigen. Amtsgewalt und bischöflicher Rang waren nicht notwendig miteinander verbunden – Männer im Bischofsrang wurden manchmal lediglich für sakramentale Funktionen gebraucht, ohne daß sie irgendeine Amtsgewalt ausübten. Man hielt auch nicht immer daran fest, daß die drei Rangordnungen einen *character indelebilis* hätten: sie konnten durchaus auf Zeit verliehen werden.

Solche Unterschiede ergaben sich aus der Aufspaltung der Bewegung in die großen Gruppen der Lyoneser und Armen Lombarden, ferner aus der weiten Zerstreuung der Gemeinden und aus der Wirkung, die der katholische Druck ausübte in dem Bemühen, sie auseinanderzuhalten. Hauptsächlich aber waren sie eine natürliche Folge der biblizistischen Einstellung der Waldenser: alle Glaubensäußerungen und Gebräuche wurden am Wort der Heiligen Schrift gemessen. Dabei bildeten sich naturgemäß in den verschiedenen Gruppen unterschiedliche Interpretationen heraus.[59] Im 15. Jahrhundert zum Beispiel scheint die deutsch-lombardische Gruppe vergessen zu haben, daß es einen Unterschied zwischen einem Bischof und einem Diakon gab. Über die Eucharistie herrschten viele Auffassungen. Es gab Gruppen, die sie im übertragenen Sinne deuteten, ferner solche, die glaubten, die Gültigkeit des Sakraments sei durch die Würdigkeit nicht nur des Zelebranten, sondern auch des Kommunikanten bedingt; es gab Donatisten und Sakramentalisten; es gab solche, die glaubten, die Eucharistie sollte einmal im Jahr und zwar am Gründonnerstag gefeiert werden, und solche, die glaubten, sie sollte täglich bei den gemeinsamen Mahlzeiten gefeiert werden.

Erbstösser bemerkt mit Recht, daß sich die Organisation des Waldensertums mit dem Ablauf der Zeit nicht gefestigt habe.[60] In Bergamo waren sie noch so eng miteinander verbunden, daß beide Flügel ihre Vertreter entsenden konnten. Doch solche Einigkeit war nicht von Dauer. Im 14. Jahrhundert beschrieb der dominikanische Inquisitor Bernard Gui, der lange im Süden Frankreichs wirkte – dessen Werk über die Waldenser allerdings zugegebenermaßen stark sekundärer Natur ist –, eine recht komplizierte Organisation mit den verschiedensten Ämtern.[61] In Deutschland hingegen hatte man keine solche Struktur aufzuweisen – die Gemeinden zur Zeit der Verfolgung durch Peter Zwicker wurden auf die einfachste Weise zusammengehalten; doch die Deutschen hatten noch Spannkraft und überdauerten eine heftige Verfolgung. Diese Tatsache, zusammen gesehen mit den verschiedenen Organisationsformen, die über die Jahrhunderte hinweg auftreten, läßt jede Hypothese zweifelhaft erscheinen, welche die Organisation als solche für einen gewichtigen Faktor im Überlebensprozeß hält. Es waren nicht die Ämter oder gar die Generalversammlungen, die im letzten Grunde den Ausschlag gaben: es war die Zähigkeit und Anpassungsfähigkeit der Prediger, die ihre Herden besuchten, der *barbi* in den Alpentälern und der Meister in Deutschland. Das Bildungsniveau war unterschiedlich, die Pflichten ganz einfach und der erteilte Unterricht auf einem bescheidenen Niveau. Aber hinsichtlich ihrer Lebensweise und Frömmigkeit blieben die Prediger bis auf wenige Ausnahmen vorbildlich. Sie waren es, die das Waldensertum bis zur Reformationszeit lebendig erhielten.

Anmerkungen:

[1] Den vollständigsten allgemeinen Überblick gibt noch immer Böhmer, H.: Die Waldenser, *RPTK*, XX, Leipzig 3 1908, S. 799–840, Historiographie bei Selge, K. V.: Die Erforschung der mittelalterlichen Waldensergeschichte *TR*, Neue Folge 33. Jhrg. IV, 1968 S. 281–343, ein Hinweis, den ich Dr. A. Patschovsky verdanke; Leff, *Heresy* II S. 452–485 (insbesondere auf Haupt basierend mit nützlicher Bibliographie; überbewertet die Organisation); kurz gefaßt bei Grundmann, *Ketzergeschichte*, S. 32–34. Überblick über die neuere Forschung von Gonnet, G.: Waldensia, *RHPR*, XXXIII, 1953, S. 202–254, und Il movimento valdese in Europa secondo le piu ricenti ricerche (secoli XII–XVI), *BSSV*, LVIII, 1956, S. 21–30; Un decennio di studi sulla eterodossia medioevale, *Protestantismo*, XVII, 1962, S. 209–239. Eine neue Ausgabe waldensischer Schriftzeugnisse ist im Rahmen der *MGH* geplant von Selge, K. V. und Patschovsky, A., eine solche mit lombardisch- österreichischem Material des 14. Jahrhunderts von Biller, P. in England und der Verhöre in Brandenburg-Pommern von Kurze, D. in Westberlin.
Über die frühe Waldensergeschichte siehe auf den Seiten 108–162. Gonnet, J. und Molnár, K.: *Les Vaudois au Moyen Âge*, Turin 1974, wurde mir erst nach Abfassung dieses Kapitels bekannt. Das Werk liefert eine dringend benötigte Zusammenstellung. Die ersten Kapitel vereinigen Material aus verstreuten Artikeln von Gonnet; Kap. 4 (über das Waldensertum im Untergrund) und 8 (über die Theologie) von Molnár verlangen besondere Aufmerksamkeit.
[2] Haupt, H.: Waldensertum und Inquisition im südöstlichen Deutschland bis zur Mitte des 14. Jahrhunderts, *DZG*, II, 1889, S. 285–330, 337–411 (noch immer grundlegend); Zusammenstellung bei Hauck, A.: *Kirchengeschichte Deutschlands*, Berlin und Leipzig 1954, IV, S. 896–906.
[3] Siehe Haupt über das Überleben der Waldenser im allgemeinen *(DZG*, II, 1889, S. 288). Er behauptet, sie hätten eine stärkere religiöse Anziehungskraft als die Katharer gehabt. Doch überdauerten sie Konrads Verfolgung besser als die Katharer? Das ist nicht ganz klar.
[4] Grundmann, *Ketzergeschichte*, S. 33
[5] Böhmer über deutsch-lombardische Gruppe in: *RPTK*, XX, S. 821–825; s. S. 821
[6] Ebd. S. 829
[7] Lerner, R. E.: *The Heresy of the Free Spirit*, Berkeley, 1972, S. 25–34; Kurze, D.: Zur Ketzergeschichte der Mark Brandenburg und Pommerns vornehmlich im 14. Jahrhundert, *JGMO*, XVI–XVII, 1968, S. 50–94; bes. S. 52–62
[8] Haupt, in: *DZG*, III, 1980, S. 46; Leff, *Heresy*, II, S. 478–480; Kurze, a. a. O. (ausgezeichnete Analyse der Verhöre) beschreibt die von Zwicker angestrengten Verfahren.
[9] Wakefield, *Heresy, Crusade*, S. 188; Dossat, Y.: Les Vaudois méridionaux d'après les Documents de l'Inquisition, in: *CF*, II, S. 207–226
[10] Böhmer, in: *RPTK*, XX, S. 819
[11] Ebd. S. 821
[12] Lea, *Inquisition*, II, S. 145–161, 195, 159–169 (ältere Zusammenfassung der Frankreich und Italien betreffenden Fakten: vgl. Böhmer, in: *RPTK*, XX, 819–823 über den von Italien über die Alpen nach Frankreich ausgehenden Einfluß).
[13] Hauck, *Kirchengeschichte*, V, S. 399
[14] Böhmer, in: *RPTK*, XX, S. 830
[15] Leff, *Heresy*, II, S. 481–482. Daß er Waldenser als Katharer behandelte (ebd. S. 482) ist unwahrscheinlich.
[16] Böhmer, a. a. O. Gonnet und Molnár, S. 142–144, führen die Ursprünge der Waldenser in Süditalien auf Maßnahmen zurück, die das Haus Anjou traf, um seine dortige Herrschaft zu stützen. Karl der Hinkende (1285–1309) ließ Weber aus Norditalien kommen, um der Wirtschaft aufzuhelfen. Unter ihnen befanden sich auch Waldenser.

[17] Molnár, A.: Les Vaudois en Bohême avant la Révolution hussite, *BSSV*, CVIII, 1960, S. 3–36; s. u. S. 427–428

[18] Selge, a. a. O., S. 339; über die Ernüchterung s. ebd., S. 339–341, Böhmer S. 834, Molnár, A.: Luc de Prague et les Vaudois d'Italie, *BSSV*, LXX, 1949, S. 40–64; bes. S. 62. Über die Kontakte der böhmischen Waldenser s. jetzt Gonnet und Molnár, Kap. 5.

[19] Nickson, M.: The 'Pseudo-Reinerius' Treatise: the Final Stage of a Thirteenth-Century Work on Heresy from the Diocese of Passau«, *AHDLMA*, XXXIV, 1967, S. 255–314; Textauszüge über das Ketzertum in der Diözese Passau (S. 291–303). Beachte den simplen Ton in dem Abschnitt über die Gründe der Ketzerei (S. 291–293). Die Abhandlung ist eine abgekürzte Version von Teilen des Passauer Anonymus; über die Beziehungen s. Nicksons Einführung (S. 255–260) und Patschovsky, A.: *Der Passauer Anonymus: ein Sammelwerk über Ketzer, Juden, Antichrist aus der Mitte des 13. Jahrhunderts*, Stgt. 1968. Dr. Patschovsky bereitet eine neue Ausgabe des Anonymus für *MGH* vor.

[20] Haupts Übersetzung (*DZG*, I, 1889, S. 301); Auszüge aus dem Anonymus von Preger, W.: Beiträge zur Geschichte der Waldenser im Mittelalter, *ABAW*, XIII, 1877, S. 181–250, s. S. 234–245; betr. andere Auszüge und Ausgaben s. Nickson, in: *AHDLMA*, XXXIV, 1967, S. 256–257; vgl. ihren Text (ebd., S. 292). Die »Leonisten« sind der Flügel, der Waldes treu blieb; sie werden in diesem Buch Lyoneser genannt. Diese beiden Ausdrücke können von zeitgenössischen Autoren alternativ verwendet werden.

[21] Zusammenfassung der Glaubensaussagen von Böhmer a. a. O., S. 825–830; Müller, K.: *Die Waldenser und ihre einzelnen Gruppen bis zum Ausgang des 14. Jahrhunderts*, Gotha 1886, ist noch immer von Wert. Siehe auch Gonnets Werk aus dem Jahre 1967, s. u. S. 244, A. 59.

[22] Haupt, in: *DZG*, I 1889 S. 301

[23] Etienne de Bourbon, *Tractatus de septem donis* (Hrsg. De la Marche, Lecoy: *Anecdotes historiques*, Paris 1877, c. 342); andere Hinweise von Böhmer S. 815.

[24] Beachte die Übereinstimmung in diesem Punkt zwischen dem Traktat des David von Augsburg (Preger, W.: Der Traktat des David von Augsburg, *ABAW*, XIV, 1879, S. 181–235) (der möglicherweise aus Frankreich stammt; s. Dondaine, in: *AFP*, XVII, 1947, S. 180–183) und dem Passauer Anonymus.

[25] Kurze, Ketzergeschichte, S. 77–78, 81, 82–83. Über Predigten im geheimen zu kleinen Gruppen von drei bis dreißig Leuten s. ebd., S. 78.

[26] Ebd., S. 84; Vgl. Müller, *Waldenser*, S. 111, 112; über die Lehren und den Marienkult s. Kurze, S. 83–86. Vgl. sarkastische Bemerkungen in Lollardentum (s. u. S. 383–384) und bei einigen Hussiten (S. 452, A. 35).

[27] Böhmer, S. 811, Lotaringius bei Döllinger, *Beiträge*, II. S. 109

[28] Böhmer, S. 812

[29] Gonnet, G.: I Valdesi d'Austria nella seconda Metà del Secolo VIV, in: *BSSV*, CXI, 1962, S. 5–41 (Zusammenfassung S. 27–29); Übers. von Briefen in Comba, E.: *Histoire des Vaudois*, I, *De Valdo à la Réforme*, Paris etc. 1910, S. 190–205; s. Döllinger, *Beiträge*, II, S. 355–362

[30] Gonnet, in: *BSSV*, CXI, S. 15, die Geschichte hat nicht bei den Waldensern ihren Ursprung, wie Leff *(Heresy*, I, S. 9) behauptet. Vgl. Bonacursus über die Katharer *(WEH*, S. 173)

[31] Gonnet, a. a. O., S. 16

[32] Apg. 5, 29

[33] Döllinger, *Beiträge*,II, 354

[34] Böhmer, S. 818, 821

[35] S. o. S. 228

[36] Gonnet, in *BSSV*, CXI, S. 25; marxistische Anschauung bei Werner, E.: Ideologische Aspekte des deutsch-österreichischen Waldensertums im 14. Jahrhundert, *SM*, 3. Ser. IV, 1963, S. 218–237. Über *talea* und Kollekten s. Böhmer, S. 830.

³⁷ Ebd., S. 815
³⁸ Koch, *Frauenfrage*, S. 156–169
³⁹ Ebd. S. 168
⁴⁰ Zusammenfassung bei Grundmann, *Ketzergeschichte*, S. 33; betr. soziale Herkunft s. Böhmer, S. 809 (Frühzeit), 824–825 (späteres Mittelalter) und siehe jetzt Gonnet und Molnár, S. 164–166.
⁴¹ Kurze, S. 88–91, bes. S. 89 (genaue Analyse einer Gruppe; beachte das abweichende Ergebnis von Werner, *SM*, 1963). Betr. die oberen Schichten, wie sie in Mainz, Straßburg und Bayern repräsentiert waren, s. Hauck, *Kirchengeschichte*, IV, S. 903.
⁴² Preger, in: *ABAW*, XIII, 1877, S. 241–242; Identifizierung und Erörterung von Nickson in *AHDLMA*, XXXIV, 1967, S. 255–314 (bes. S. 278, 280; über das Aufkommen des Waldensertums in Österreich S. 288–891). Über die Inquisition in Krems s. Text bei Nickson, S. 308 (ab »Ut autem«) und Patschovsky, *Passauer Anonymus*, S. 139, A. 9. Den Herren Dr. M. Nickson und Dr. A. Patschovsky verdanke ich aufschlußreiche Erläuterungen. Vgl. die Verteilung der Katharer in ländlichen Gebieten auf Karte Nr. 4.
⁴³ *AHDLMA*, XXXIV, S. 290
⁴⁴ Erbstösser, M.: *Sozialreligiöse Strömungen im späten Mittelalter*, Berlin 1970. (Marxistischer Überblick über Flagellanten, Waldenser, Geist-Freie); nützliche soziale und geographische Beobachtungen finden sich auf S. 119–131.
⁴⁵ S. o. A. 40
⁴⁶ Gonnet, G.: Casi di sincretismo ereticale in Piemonte nei secoli XIVe XV, *BSSV*, CVIII, 1960, S. 3–36; betr. Ausgaben s. Anm. Eine teilweise fehlerhafte Ausgabe von Prozessen aus den Jahren 1387–1388 findet sich bei Döllinger, II, S. 251–273. Eine interessante, ins einzelne gehende Umweltanalyse (die Synkretismus annimmt) bei Merlo, G. G.: Distribuzione topografica e composizione sociale delle communità valdesi in Piemonte nel basso medioevo, *BSSV*, CXXXVI, 1974 S. 1–30 erreichte mich erst nach Abfassung dieses Kapitels.
⁴⁷ Gonnet, Casi, S. 19; über wunderliche Abnormitäten s. den Glauben an einen Drachen (ebd., S. 21).
⁴⁸ Ebd., S. 22–24. Es gibt sogar ein Fragment a-moralistischen Freigeist-Ketzertums S. 34 (über die Geist-Freien s. u. S. 256–266). Bech kommt mir wie ein Verbalexhibitionist vor, seine Aussage erscheint mir verdächtig.
⁴⁹ Ebd., S. 17
⁵⁰ Ebd., S. 33. Über die *barbi* (oder *barbae*), Sing. *barba*, s. Pons, T.: Barba, barbi e barbetti nel tempo e nello spazio, *BSSV*, LXXXVIII, 1967, S. 47–76. Der Ausdruck war im 15. Jahrhundert geläufig. Ich verdanke den Hinw. und eine Bemerkung über die Bedeutung Dr. P. Biller.
⁵¹ S. u. Anhang A. Gonnet, (Casi, S. 33–36) nimmt Anklage wegen Immoralität an. Ich bin nicht dieser Meinung.
⁵² Guibert de Nogent, *Histoire de sa Vie* (1053–1124), Hrsg. G. Bourgin, Paris 1907, III, xvii, S. 212–213; Erörterung der Orgiengeschichten bei Barber, M.: Propaganda in the Middle Ages: the charges against the Templars, *NMS*, XVII, 1973 S. 42–57; s. S. 45–48.
⁵³ *De nugis*, Hrsg. James, I, XXX, S. 47
⁵⁴ *Epistolae saeculi XIII e regestis pontificium Romanorum*, Hrsg. Rodenberg, C, *MGH*, Berlin 1883. *Epistolae* I, Nr. 537, S. 432–434; übers. von Barber, a. a. O., S. 45–46.
⁵⁵ Ehrle, F.: Die Spiritualen: ihr Verhältnis zum Franciskanerorden und zu den Fraticellen, in: *ALKG* IV, S. 1–190, auf S. 137 (beachte die Erörterung von *barilotto*; ich stimme Ehrles Urteil, daß Orgien stattgefunden hätten, nicht zu, halte die Anwendung der Folter bei Verdächtigen für bezeichnend und betrachte den Verdacht der Volksmeinung als ein klägliches Zeugnis); über Templer bei Barber (a. a. O.) und u. S. 254f.

[56] Ältere Zusammenfassung von Müller (*Waldenser*, S. 136–138) und Böhmer, (S. 826). Die Beantwortung hängt von einer neuen Untersuchung der Quellen ab.

[57] Böhmer, S. 801–802, 827–828; Esposito, M.: Sur quelques Manuscrits de l'ancienne Littérature religieuse du Vaudois du Piémont, *RHE*, XLVI, 1951, S. 127–159; Selge (*TR*, 1968, S. 335–336) stellt das Fehlen neuerer Arbeiten über volkssprachliche Waldensertexte fest. Eine wertvolle Zusammenfassung findet sich neuerdings bei Gonnet und Molnár, *Vaudois*.

[58] Gonnet, G.: »Nature et Limites de l'Episcopat vaudois au Moyen Âge«, CV, II, 1959 S. 311–321; Böhmer, S. 816–819, 829–830

[59] Der beste Überblick über die Lehrmeinungen innerhalb des Waldensertums bei Gonnet, G.: *Le confessioni di fede valdesi prima della riforma*, Turin 1967. Vgl. die Verschiedenheit der Ansichten über die Taufe und die Eucharistie und s. a. Scuderi, G.: »Il Problema del Matrimonio nella Fede, nella Pietà e nella Teologia del Valdismo medioevale«, *BSSV*, CVI, 1959, S. 31–54.

[60] *Sozialreligiöse Strömungen*, S. 133

[61] Leff, *Heresy*, II, S. 463–464 zitiert aus Bernard Guis *Manuel*, Hrsg. Mollat, I, S. 52

Spannung und Unsicherheit:
Von Gregor X. bis zu Johannes XXII.

Während die Katharer durch Verfolgung und durch friedlichen Wettstreit seitens der Kirche ausgemerzt und die Waldenser immer tiefer in die Einsamkeit getrieben wurden, hatten die Päpste schwerwiegende Probleme zu bewältigen, die mit unorthodoxen Lehrmeinungen unmittelbar nichts zu tun hatten.[1] Die größte Schwierigkeit ergab sich zunächst aus ihrem Bestreben nach Sicherheit und Unabhängigkeit in Italien. Sie hatten jahrelang gekämpft, um sich gegen die Dynastie der Hohenstaufen zu behaupten, welche gleichzeitig mit dem Reich auch das Königreich Neapel beherrschte und sie in Rom bedrohte. Unter Innozenz IV. wurde jedes Mittel, ob recht oder schlecht, benutzt, um Friedrich II. eine Niederlage zu bereiten, und im Verlaufe dieses Prozesses ging ein großer Teil des päpstlichen Ansehens und seiner Aura von Heiligkeit verloren. Später wurde Karl von Anjou als Streiter für das Papsttum eingesetzt, um durch die Eroberung und Verteidigung des Königreichs Neapel die päpstliche Unabhängigkeit gegen die abermalige Bedrohung durch Friedrichs Nachfolger zu sichern. Wie wie bereits gesehen haben, wirkte sich Karls Erfolg auf der ganzen Halbinsel aus und trug außerdem dazu bei, daß die Vorbedingungen für eine entschlossene Verfolgung der Katharer in der Lombardei geschaffen wurden. Das Papsttum errang durch das Bündnis mit Anjou zwar einen bedeutenden Sieg, indem es die Hohenstaufen ausschaltete, wurde jedoch erneut zutiefst beunruhigt durch die Machtgelüste Karls, der ein Bruder Ludwigs IX. von Frankreich war, und durch die Stärke der kapetingischen Dynastie, der er angehörte.

Der Konflikt mit den Hohenstaufen hatte wichtige Nebenwirkungen: er gereichte dazu, die päpstliche Politik herabzuwürdigen, und die Suche nach einem Ersatzstreiter trug dazu bei, daß innerhalb des Kardinalskollegiums Parteien entstanden und die Spannungen zwischen den nationalen Gruppen verschärft wurden. Als dann die Gefahren, die Karls Macht in sich barg, offenkundig wurden, schlug das Papsttum eine Politik ein, durch die es versuchen wollte, die kirchlichen Hoheitsgebiete in Mittelitalien mit Hilfe einer Vetternwirtschaft zu verläßlichen Gegenpositionen auszubauen.[2] Mehrere aufeinanderfolgende Päpste suchten dadurch Sicherheit zu erlangen, daß sie ihre Verwandten mit hohen Ämtern bekleideten. Doch Pontifikate waren kurz und die Verwandten des einen Papstes konnten leicht die Feinde eines anderen sein. Diese Politik brachte auf die Dauer keine Sicherheit und schädigte nur das Ansehen des Papsttums.

Karls Niedergang war nicht auf die päpstliche Politik, sondern auf die Auswirkung seiner schlechten Regierung zurückzuführen. Seine Stellung wurde erheblich geschwächt durch einen Aufstand in Sizilien im Jahre 1282, der durch Intrigen und Bestechung von seiten seiner Feinde im Ausland unterstützt wurde. Hiernach wurde die Bedrohung, die von dorther erfolgte, praktisch ausgeschaltet, doch die Päpste wollten auf das Bündnis mit Anjou nicht verzichten. Sie unterstützten vielmehr die Versuche Karls und seines Nachfolgers, die Insel Sizilien zurückzuerobern: nach dem Aufstand der Sizilianischen Vesper stellten sie über einen Zeitraum von zwei Jahrzehnten für die Sache Anjous päpstliche Gelder zur Verfügung und setzten ihr Ansehen dadurch aufs Spiel, daß sie Feldzüge gegen ihre Opponenten zu Kreuzzügen erklärten. Schließlich mußte trotz dieser Anstrengungen die Niederlage im Frieden von Caltabellotta, dem der Papst 1303 zustimmte, hingenommen werden.

Dies war ein segensreiches Ereignis unter dem Pontifikat Bonifatius' VIII., der zwar ein erstklassiger Kirchenrechtler und fähiger Diplomat war, aber auch ein krasser Nepotist und rücksichtsloser Machtpolitiker. Unter seinem stark anfechtbaren Regiment wuchs sich eine Auseinandersetzung mit dem König von Frankreich, Philipp IV., zu einem ernsten Konflikt aus. Kurz nachdem Bonifatius im Jahre 1302 die Bulle *Unam Sanctam,* jene äußerste Form weltlichen Machtanspruchs von seiten des Papsttums erlassen hatte, wurde er von Philipps Diener in seiner Residenz in Anagni überfallen und starb kurz darauf an einem Nervenschock. Sein Schicksal und sein zweifelhafter Ruf überschatteten die beiden folgenden Pontifikate; denn Philipp benutzte eine nachträglich angedrohte Anklage des Bonifatius wegen Ketzerei als Druckmittel. Der aus der Gascogne stammende Clemens V., der nach dem kurzen Pontifikat von Bonifatius' unmittelbarem Nachfolger gewählt worden war, ließ sich in Avignon nieder, teils aus persönlicher Vorliebe, teils weil es ihm angebracht erschien, wegen der Verhandlungen mit Philipp in dessen Nähe zu sein. Die Päpste residierten an diesem Aufenthaltsort, abgesehen von einer kurzen Unterbrechung, bis 1377. Da ihm aufgrund seines Temperaments energisches Handeln zuwider war, sah sich Clemens schließlich trotz aller Ausweichversuche gezwungen, dem Willen Philipps nachzugeben. Auf dem Konzil von Vienne im Jahre 1312 hob er den Templerorden auf – dieser war bereits zuvor aufgrund frei erfundener Vergehen auf Betreiben Philipps angeklagt worden – weil der König zur Befriedigung dringender wirtschaftlicher Bedürfnisse dessen Besitzungen benötigte. Gleichsam um die veränderte Stellung des Klerus gegenüber den Laien zu betonen, erörterte man auf demselben Konzil die Übergriffe der Laien auf das Besitztum und die Verfügungsgewalt der

Kirche, ohne indessen wirksame Gegenmittel zu finden. Dies stand in traurigem Gegensatz zu Innozenz' viertem Laterankonzil, das ein Jahrhundert früher stattgefunden hatte.

Nach einer längeren Sedisvakanz wurde 1316 Johannes XXII. als Nachfolger Clemens' gewählt. Er war ebenso energisch wie Clemens unschlüssig gewesen war und machte sich sogleich an die Wiederherstellung der päpstlichen Position: während Frankreichs Stärke nach dem Tode Philipps IV. dahinschwand, gewann er in seinem achtzehnjährigen Pontifikat für das Papsttum ein beachtliches Maß der früheren Unabhängigkeit zurück.

Das Versagen seines Vorgängers verwandelte er in ein noch nie dagewesenes Übermaß an Machtfülle. Die Kurie wurde reorganisiert, und noch einmal erlangte das Papsttum eine beherrschende Stellung in der internationalen Diplomatie. Auf allen Gebieten machte sich die persönliche Prägung des Papstes bemerkbar – er war energisch, autoritär und unbeugsam. In Sachen des Glaubens und der Ketzerei stärkte er instinktiv die Autorität: er definierte und verdammte und verschaffte so der Inquisition Arbeit. Sein Pontifikat zeichnete sich besonders durch eine Reihe von Definitionen und Verfahren aus, die auf verdächtige Theologen und Sektierer abzielten. Seine autoritären Methoden riefen Opposition hervor. Durch seine hartnäckige Entschlossenheit, bei der Kaiserwahl seinen eigenen Willen durchzusetzen, kam er in Konflikt mit Ludwig dem Bayern, der franziskanischen Rebellen und Ketzern als Waffe gegen den Papst Schutz gewährte – es gelang Johannes nicht, ihn zu stürzen. Da ihm die Geschmeidigkeit Innozenz' III. fehlte und er vor allem nicht von machtvollen Reformbewegungen innerhalb der Kirche und der Mönchsorden unterstützt wurde, zeigte sich am Ende seiner Laufbahn, daß er nicht in der Lage gewesen war, tiefgreifende oder dauerhafte Veränderungen zum Segen der Kirche anzuregen, ja vielmehr, daß die Methoden, mit denen er die päpstliche Machtstellung wieder aufrichtete, ihm die öffentliche Meinung entfremdet hatten.

Über den Klerus – nicht hingegen über das Laienvolk – übte das Papsttum in diesen schwierigen Jahren eine immer stärkere Kontrolle aus. Die Zentralisation innerhalb der Kirche machte zusehends Fortschritte: die Kirchenrechtslehrer errichteten ein Gedankengebäude, das die Konsequenzen aus der Lehre von der dem päpstlichen Amt innewohnenden »Machtfülle« zog. Der Hauptanstoß zur Zentralisierung war allerdings fiskalischer Natur. Kostspielige Kriege und die Außenpolitik sowie eine sich ausdehnende Bürokratie erforderten Geld, und die zunehmende päpstliche Macht innerhalb der Kirche war mehr auf die behelfsmäßige Lösung unmittelbar anstehender Probleme als auf die Notwendigkeit von Reformen ausgerichtet. Formal und theoretisch baute das Papsttum seine Stellung innerhalb der Kirche immer mehr aus; in Wirklichkeit jedoch litten die Päpste an einer chronischen Unsicherheit und an der Unfähigkeit, die Mittel mit den Zwecken in Übereinstimmung zu bringen.

Die veränderte Gesellschaft war dem päpstlichen Führungsanspruch gegenüber weniger gefügig. Die Anziehungskraft des Kreuzzugideals, das ohnehin durch den Mißbrauch seitens des Papsttums gelitten hatte, war dahingeschwunden. Sein Zerfall wurde zum Beispiel beschleunigt, als Gregor X. – ein Papst, der sich aufrichtig für dieses Ideal einsetzte – das Konzil zu Lyon im Jahre 1274 berief: es sollte das Schisma mit der griechisch-orthodoxen Kirche beendigen, dem Anschlag Karls von Anjou auf Byzanz entgegenwirken und eine Ausgangsbasis für einen Feldzug in das Heilige Land schaffen. Die Erkundigungen, die Gregor zur Zeit des Konzils einholte, machten deutlich, wie sehr das Interesse an Kreuzzügen nachgelassen hatte – ein traditionelles Band zwischen Papsttum und Laien löste sich allmählich auf.

Das Reich hatte weitaus geringere Bedeutung als einst: seine Macht war auf die nationalen Königtümer übergegangen. Die Ereignisse während der Pontifikate Bonifatius' VIII. und Clemens' V. machten die Schwierigkeiten deutlich, welche die Päpste hatten, um die im weltlichen Machtbereich erfolgten Veränderungen zu bewältigen.

Bei steigendem Bildungsniveau unter den Laien machten sich neue Richtungen in der Laienfrömmigkeit bemerkbar. Die geistige Ausrichtung der Bettelmönche trug dazu bei, daß der Weg der Mystik, der einst den Mönchen und Nonnen vorbehalten gewesen war, nun auch den Laien und dem weltlichen Klerus geöffnet wurde. Hier wurde deutlich, daß sich in der spätmittelalterlichen Frömmigkeit ein Hang zum Individualismus entfaltete; sie war ja an sich der Kirche und den Sakramenten gegenüber nicht ablehnend eingestellt – im Gegenteil, die fromme Leidenschaft für die Eucharistie konnte für das Trachten nach mystischer Versenkung geradezu typisch sein – aber sie legte den Akzent mehr auf die unmittelbare Gotteserfahrung der Einzelseele als auf die Vermittlung der Kirche.

Es entstand keine Bewegung im Stile der Zisterzienser des 12. oder der Bettelmönche des frühen 13. Jahrhunderts, welche die Energien der Frommen hätte wachrütteln und etwaige päpstliche Reformpläne unterstützen können. Ansätze zur Reform waren immerhin vorhanden, doch sie drückten sich in verstreuten Lokalbewegungen oder im Leben frommer Einzelner aus. Bei den Franziskanern, die so lange eine Stütze des Papsttums gewesen waren, machten sich Anzeichen von Überforderung bemerkbar: auf dem Konzil zu Lyon trat der frühere Zwiespalt, der schon zu Lebzeiten des hl. Franziskus vorhanden gewesen war, wieder auf, und zwar in einer so akuten Form, daß schließlich eine eingehende päpstliche Untersuchung erforderlich wurde.

Die Verzettelung, die Bürokratisierung und die Verweltlichung riefen eine Reaktion hervor. Die Päpste standen vor Schwierigkeiten, die keine raschen, auf den Einzelfall zugeschnittenen Lösungen zuließen. Zudem brachte man ihrer Stellung selten Sympathie entgegen, ja, vom Beginn des 14. Jahrhunderts an macht sich zum ersten Mal so etwas bemerkbar wie das Gefühl des Hintergangenseins, welches Leff zu Recht als charakteristisch für die öffentliche Meinung über die Kirchenführung des späten Mittelalters hervorhebt.[3]

Der Machtmißbrauch der Inquisition, die Sekte des »Geistes der Freiheit« und die mit den Franziskaner-Spiritualen zusammenhängende Ketzerei – diese in den folgenden Kapiteln zu erörternden Probleme müssen vor jenem Hintergrund der Zentralisierung, des politischen Drucks und der Veränderung in den Jahren zwischen dem Konzil zu Lyon und dem Tod Johannes' XXII. im Jahre 1334 gesehen werden: sie beeinflußten sowohl die der Ketzerei angeklagten Männer und Frauen als auch ihre Unterdrücker.

Anmerkungen:

[1] Zusammenfassungen und Bibliographie bei Möller, B.: *Spätmittelalter,* in: *Die Kirche in ihrer Geschichte,* Hrsg. Schmidt, K. D. und Wolf, E. II, H Teil 1, Göttingen 1966 (Darstellung ab 1250); Rapp, F.: *L'Eglise et la Vie religieuse en Occident à la Fin du Moyen Âge,* Paris 1971 (ab 1303); Betrachtungen bei Southern, R. W.: *Western Society and the Church in the Middle Ages,* Harmondsworth 1966; s. Hyde, J. K.: *Society and Politics in Medieval Italy,* London 1973, betr. den italienischen Hintergrund, und Barraclough, G.: *The Mediaeval Papacy,* London 1968, betr. die Papstgeschichte.
[2] Hyde, *Society,* S. 130
[3] *Heresy,* I, S. 29

Die Inquisition und ihr Mißbrauch

Das Problem der Inquisition

Gregor IX. führte die päpstliche Inquisition ein, indem er die Maßnahmen seiner Vorgänger weiter ausbaute. Ihre außerordentlich weitgehende Vollmacht zur Untersuchung und Bestrafung der Ketzerei erhielt diese Institution, damit den bereits von der Kirche verurteilten Häresien, vornehmlich dem Katharismus, ein Ende bereitet würde.[1] Naturgemäß fielen auch neue Sekten und Häresien in ihren Verfügungsbereich, und ebenso natürlich war es, daß diejenigen, die inquisitorische Vollmacht erhielten, bestrebt waren, die das Ketzertum betreffenden kirchlichen Gesetze so straff anzuwenden, daß eher eine Verurteilung als eine Duldung zweifelhafter Glaubensrichtungen und Bräuche das Ergebnis ihrer Arbeit war. Der Inquisitor verlangte danach, daß er aufgrund von handlich zusammengefaßten Aufstellungen über abwegige Glaubensformen die Möglichkeit bekam, unzweideutige Urteilssprüche zu fällen. Darüber hinaus versuchte er instinktiv, indem er seinen Tätigkeitsbereich immer mehr erweiterte, auch mehr Autorität zu erlangen. So versuchten zum Beispiel die Inquisitoren ihre Verfügungsgewalt auf Hexerei auszudehnen. Eine zweideutige Erklärung Alexanders IV., wonach sie dazu nur berechtigt seien, wenn »offenkundige Ketzerei« im Spiele sei, wurde dabei als Berufungsbasis für eine zwar lange hinausgezögerte, aber schließlich doch angemaßte Amtsbefugnis auf diesem Gebiet benutzt.[2] Höhere Geistliche eigneten sich die Denkweise der Inquisition an und machten ihren Einfluß in ähnlicher Weise geltend, indem sie dazu neigten, in innerkirchlichen Bewegungen und Gruppierungen, die ihnen nicht paßten, häretische Tendenzen zu erblicken. Bischöfe gaben ihrer Machtbefugnis innerhalb ihrer Diözesen einen weiten Spielraum, und wenn sie besonders eifrig waren, kam es vor, daß ihre Verdächtigungen in der gleichen Weise ausuferten wie die der Inquisitoren. Infolge der unbeschränkten Macht des Inquisitors, der hohen Geldbußen, die er für Ketzerei eintrieb bzw. eintreiben konnte, sowie durch die Möglichkeit, daß sich die Beteiligten bei Überführungen bereichern konnten, war es unvermeidlich, daß skrupellose Leute immer wieder versuchten, Ketzerprozesse dazu auszunutzen, daß sie selbst mehr Macht erlangten, ihre Rivalen ausschalteten und ihr Schäfchen ins Trockene brachten.[3] Ungerechtfertigte Anklagen wegen Ketzerei kamen immer wieder vor, und es ist kaum zu bezweifeln, daß im 12. Jahrhundert, also vor der Entwicklung fortgeschrittener Aufdeckungs- und Verurteilungsmethoden, bloße Eiferer, die gar nicht die Absicht hatten, der

Orthodoxie hartnäckigen Widerstand zu leisten, getötet oder zugrunde gerichtet wurden. Die Verwirrung, die damals noch herrschte, wirkte sich im späten 13. Jahrhundert nicht mehr so aus – tonangebend war jetzt vielmehr der internationale Charakter der Verfolgung sowie ihre stärkere intellektuelle Durchdringung. Einerseits trug das Entstehen von antihäretischen Abhandlungen, Definitionsbullen und Inquisitionshandbüchern dazu bei, die frühere Unwissenheit zu zerstreuen;[4] andererseits wurden Vorurteile, wenn sie einmal in diesen Quellen Aufnahme gefunden hatten, sehr viel weiter verbreitet, und die neue Art der Verfolgung ermöglichte das, was es früher nicht gegeben hatte – ganz und gar künstlich oder halbkünstlich erzeugte Ketzerei.

Auf der untersten Stufe war der Inhaber des Inquisitorenamtes ständig Versuchungen ausgesetzt; dieser Nachteil bei der Verfolgung ergab sich aus der neuerlichen Perfektion seit der Beauftragung und Gesetzgebung durch Gregor IX. und seine Nachfolger. Die *inquisitio* vereinigte als juristischer Vorgang in einer und derselben Person das Amt des Anklagevertreters und das des Richters. Die geheime Verfahrensweise, die weitgehende Vollmacht, jemanden zu verhaften und einzukerkern, das Fehlen jeglicher Verpflichtung, den Angeklagten über die gegen ihn vorgebrachten Beschuldigungen zu informieren oder Zeugen namhaft zu machen, das Fehlen eines Verteidigers sowie die praktische Unmöglichkeit, gegen die erfolgten Entscheidungen Berufung einzulegen – all dies bedeutete, daß die Wahrung des Rechtes in der Hauptsache von der persönlichen Integrität des Mannes abhing, in dessen Händen die Prozeßführung lag. So gab es freien Raum für Habgier, politische Voreingenommenheit und die Boshaftigkeit von Nachbarn sowie für Brutalität und Sadismus. Bloßen Gerüchten, verzerrter Darstellung der Rechtgläubigkeit eines Verdächtigen durch die Nachbarn wurde Gewicht beigemessen. Manch einer der Inquisitoren erlag den Versuchungen seiner Machtbefugnis; andere blieben eifrige, tüchtige Bürokraten, besonders in der Anfangszeit – Männer, die in ihrer Begierde, sich mit den Ketzern anzulegen, dazu neigten, den vorgeschriebenen Weg abzukürzen –, verhielten sich jedoch Verdächtigen gegenüber nicht ausgesprochen unfair.[5]

Eine ernsthafte Gefahr bestand jedoch in Mißverständnissen und unbewußten Entstellungen, zu denen es entweder durch allzu raffinierte Befragungsmethoden kam oder durch das allzu starre Festhalten an einem vorgefaßten Bild von einer Ketzerei, wie man es aus einem Handbuch oder einer Abhandlung bekommen hatte und das man nun einem eingeschüchterten Verdächtigen durch Zwangsbefragung »anhängte«. Bernard Gui gibt uns in seinem Handbuch, das er um 1322–1323 fertigstellte, ein Beispiel für die Gefahren übertriebenen

Raffinements; es findet sich in dem Abschnitt über die Tricks der Waldenser, die er seinerseits einem David von Augsburg zugeschriebenen Werk aus dem 13. Jahrhundert entnahm.[6] Der Inquisitor befragt den von ihm Verdächtigten über die Glaubensartikel. Jener antwortet eilfertig: »Ich stehe fest im Glauben.« Der Inquisitor befragt ihn über die Transsubstantiation. Jener antwortet: »Sollte ich denn das etwa nicht glauben?« Der Inquisitor entgegnet: »Ich frage dich nicht danach, ob du das glauben solltest, sondern ob du es in Wirklichkeit tust«, und bekommt zur Antwort: »Ich glaube alles, was du und andere gute Lehrer mir zu glauben befehlt.« Der Inquisitor hält dies für eine Ausflucht und fährt fort: »Jene guten Lehrer, denen du zu glauben gewillt bist, sind die Meister eurer Sekte. Wenn ich so denke wie sie, dann glaubst du sowohl mir als auch ihnen; wenn ich es aber nicht tue, dann nicht.« So geht das Ringen zwischen den beiden weiter, bis der listige Waldenser schließlich bei der empfindlichen Frage nach der Eidesleistung zusammenbricht.

Zweifellos brachte das dauernde Leben im Untergrund jenen Typ des waldensischen Ketzers hervor, der in solchen Ausflüchten Erfahrung hatte und die Worte verdrehte, um sich selbst und seine Freunde zu retten, wobei er versuchte, eine direkte Lüge zu vermeiden. Doch die Inquisitoren pflegten auch schlichten Katholiken zu begegnen, die über die Grenzen zwischen Häresie und Orthodoxie nicht im Bilde waren; sie waren voll Nervosität darauf bedacht, sich lieb Kind zu machen und kamen dabei nur immer tiefer in die Klemme. Über die bloße Befragung hinaus stand als Druckmittel die Folter zur Verfügung. Sie konnte nach Gutdünken des Inquisitors angewandt werden, wenn er spürte, daß er bei den Antworten des von ihm Verdächtigten nie bis auf den Grund seines Glaubens vorstoßen würde. Er konnte auf eine solche Weise Gewalt anwenden, daß er zumindest aus dem Durchschnittsmenschen belastende Antworten herauspreßte. Gefangenschaft, Angst und Trennung von der Familie und den Freunden wirkten sich fast ebenso aus und konnten durch ein unbegründetes oder nur unzureichend begründetes Geständnis zur Überführung ausreichen. Die Gefahr eines Teufelskreises lag allzu nahe, denn die Inquisitoren waren in dem Glauben, daß sie mit der Ketzerei das Werk des Teufels bekämpften und neigten zu der Annahme, die Verdächtigen seien raffinierter als sie es wirklich waren. Gewalt und Gewaltandrohung konnten jene Antworten hervorlocken, die sie für einen Schuldspruch brauchten. Das klassische Beispiel dafür ist die Hexenkunst, die ihre offensichtliche Volkstümlichkeit hauptsächlich dem Interesse der Inquisitoren verdankte.[7]

Heiklere Verzerrungen konnten sich aus der Verwendung von Leitfragen aus den Zusammenfassungen häretischer Glaubenssätze in den

Handbüchern ergeben, weil sie die individuellen Glaubensschattierungen eines Menschen entwerteten. Die Handbücher hielten nicht immer Schritt mit den sich wandelnden Häresien. Sie fußten meist nur auf einer stereotypen Grundlage und berücksichtigten nicht die in verschiedenen Gegenden und Zeiten auftretenden Variationen. Auch kam es vor, daß die ethischen Lehren der Ketzer verleumdet und ihre Glaubenssätze mit denen anderer viel radikalerer Häresien verwechselt wurden. Wie wir gesehen haben, war dies mit einiger Wahrscheinlichkeit im 14. und 15. Jahrhundert in Piemont der Fall.[8]

Jeder einzelne Bericht über das Verfahren und die Zeugenaussagen muß genau überprüft werden, wenn man wissen will, ob der Inquisitor oder die bischöflichen Beamten durch ihre Befragung ein unparteiisches und genaues Bild der betreffenden Ketzerei oder häretischen Gruppe geliefert haben. Manchmal gibt es Anzeichen von Entstellung der Zeugenaussagen oder von sturer Wiederholung vorgefaßter Meinungen. Manchmal zeigen uns die eigenständigen Antworten der Verdächtigen und die besondere Färbung einer vielschichtigen Häresie, so wie sie auch im wirklichen Leben vorkommt, daß das Aufgezeichnete im wesentlichen eine offenbar genaue Wiedergabe ist. Manchmal wiederum wird deutlich, daß die Glaubensaussagen einer Gruppe ziemlich unverändert belassen sind, so daß die uns vorliegenden Berichte dem Beschuldigten im ganzen gerecht werden. Wenn der Historiker auf solche Weise die Texte einschätzen lernt, stellt er fest, daß im Spätmittelalter die Genauigkeit und Fairneß der Inquisitoren zu wünschen übrig läßt.

In den höheren Rangstufen der Geistlichkeit kam es gelegentlich zur Manipulation der Anklage wegen Ketzerei. Bei der Tätigkeit von Bernard de Castanet, eines Bischofs von Albi, der die Arbeitsweise der Inquisition in seiner Stadt überprüfte, wird zum Beispiel eine solche Grauzone in dem Verfahren aufgedeckt: er hielt die Inquisitoren zurück, solange das in die Ketzerei verwickelte führende Bürgertum ihn in seinem Kampf um die Gerichtsbarkeit gegen den König unterstützte, er ließ ihnen aber freien Lauf in einer bekannten Prozeßserie der Jahre 1299/1300, nachdem führende Bürger das Bündnis gebrochen hatten und zusammen mit den königlichen Beamten gegen seine Interessen zu arbeiten begannen.[9] Die Überführten waren tatsächlich Ketzer, und der Bischof, ein ultramontaner Kleriker von der Prägung Bonifatius' VIII., war zweifellos in keinem Falle bereit, zwischen dem Verbrechen der Ketzerei und Angriffen auf seine weltliche Machtbefugnis einen Unterschied zu machen, besonders, wenn er sie dem Wirken derselben Personen verdankte. Indessen blieb die Tatsache bestehen, daß die Überführten Parteigänger der Oligarchie von Albi und des Königs im Kampf gegen den Bischof waren, ferner, daß die Prozesse eingesetzt hatten, kurz nachdem dieser in den Jahren 1297–1299 offenbar erfolglos versucht hatte, kraft seiner weltlichen Gerichtsbarkeit auf die Oligarchen Druck auszuüben. Die Rolle, welche die Kommunalpolitik bei der Inquisition von Albi spielte, war offenkundig.

Die Entwicklung der päpstlichen kanonischen Gesetzgebung im 13. Jahrhundert bestärkte die autokratischen Bestrebungen und die vorhandene Neigung, Ketzerei mit Ungehorsam gegen den Papst gleichzusetzen, und zwar im weltlichen ebenso wie im geistlichen Bereich. Eigenartigerweise neigte Friedrichs II. kaiserliche Gesetzgebung, *mutatis mutandis,* in ähnlicher Form dazu, Ketzer und politische Verbrecher miteinander gleichzusetzen. Der vage Gebrauch von Anklagen wegen Ketzerei lag auf derselben Linie wie die Herabwürdigung des Kreuzzuges zu einem Mittel, mit dem die Päpste innerhalb der Christenheit politische Ziele ereichen wollten; denn die Anklage wurde Teil der Propaganda gegen nicht gefügige Herrscher und diente als Rechtfertigung für militärische Aktionen gegen sie. Auf diese Weise wurden die Hohenstaufen angegriffen[10]; so benutzte Bonifatius VIII. die Ketzerklage gegen seine Feinde in der Familie Colonna; so proklamierte Johannes XXII. seine politischen Feinde in Italien, die Visconti von Mailand, die Este sowie die Ghibellinen in Umbrien und in den Marken, als der Ketzerei schuldig und erklärte, der widerspenstige Kaiser Ludwig der Bayer sei ein Förderer der Ketzerei.[11] Da die Gegenspieler der Päpste aus dem weltlichen Lager Ketzer oft als Unterpfand in ihrem politischen Spiel begünstigten oder duldeten, andererseits aus Sicherheitsgründen der Inquisition die Arbeit in ihrem Lande verweigerten, waren die Anklagen wegen Begünstigung der Ketzerei nicht ganz unbegründet. Aber die Zeitgenossen erkannten, daß das eigentliche Motiv dafür nicht die Sorge um die Rechtgläubigkeit war, sondern jene um päpstliche Rechte und um das Gleichgewicht der politischen Macht in Italien. Durch diese Handlungsweise wurde der Maßstab, nach dem man Ketzer ursprünglich beurteilt hatte, verfälscht.

Die Templer

Es war nicht zu erwarten, daß die lockere Anwendung von Ketzeranklagen ein Monopol der Kirchenvertreter blieb. Philipp IV. und seine Minister machten bei ihren Maßnahmen gegen die Templer in höchst dramatischer und skrupelloser Weise im Zeitraum von 1307 bis 1312 davon Gebrauch. Voraufgegangen waren Anklagen gegen Bonifatius VIII., den Sproß einer Familie in der Campagna, einen Mann von geringem Taktgefühl und lockeren Manieren, dessen brutales Verhalten und sarkastische Bemerkungen ihm viele Feinde verschafft und für eine Fülle von peinlichen Feststellungen gesorgt hatten, die, mit Übertreibungen und Gerüchten gewürzt, Philipp dem Schönen und seinen Hofbeamten einen Vorwand lieferten, ihn posthum wegen Ketzerei und anderer Übeltaten zu verklagen.[12] Die Androhung eines förmlichen Verfahrens gegen Bonifatius wirkte auf den unsicheren Clemens V. wie eine Erpressung und machte dem plötzlichen Vorstoß der französischen Krone gegen die Templer im Jahre 1307 die Bahn frei.[13] Neue Kräfte wurden gegen das Papsttum zu Felde geführt, als eine progressive weltliche Monarchie, die bei den Reibereien mit Bonifatius VIII. bereits ihren Vorteil gewittert hatte, nunmehr hemmungslosen Gebrauch von der Methode der Inquisition machte, um den reichen Besitz der Templer an sich zu reißen. Der Inquisitor von Frankreich war des Königs Beichtvater, und die französischen Bischöfe hielten fest zur Sache der Monarchie; die Templer aber waren ein reicher, geheimnisumwitterter Orden, der seine Daseinsberechtigung als Kreuzfahrerorden verloren zu haben schien, als 1291 der letzte christliche Stützpunkt im Heiligen Land, die Festung Akkon gefallen war. Die Enttäuschung über das Scheitern der Christenheit bei dem Versuch, Jerusalem zurückzuerobern, und die Suche nach einem Sündenbock mögen manche von Philipps Untertanen für eine Anklage des Templerordens empfänglich gemacht haben. Es scheint allerdings nicht so, als ob irgend jemand außerhalb Frankreichs sie für begründet gehalten hätte, und kein ernsthafter moderner Historiker wird sie als solche ansehen. Die Templer – so hieß es – verlangten von ihren Novizen, daß sie Christus leugneten und das Kreuz in gotteslästerlicher Weise verwarfen; sie sollten dem, der sie aufnahm, den Hintern küssen; man sagte ihnen, Homosexualität sei gesetzmäßig erlaubt, man betete ein Idol an und hatte die Gewohnheit, wenn Ordenspriester die Messe zelebrierten, die Hostie nicht zu konsekrieren. Zu diesem abstrusen Mischmasch kamen noch andere Geschichten hinzu – über eucharistische Ketzerei, Verehrung einer Katze, Verrat der christlichen Sache an die Muslime, über Laienbrüder des Ordens, die die Beichte abnahmen und Absolution erteilten, über unrechtmäßigen Gewinn und obskure Geheimnistuerei bei den Ordenskapiteln. Man wählte die Anklagepunkte geschickt aus, um das Vertrauen beim Volke zu untergraben, und mehr als einmal fanden sich darunter Anschuldigungen, wie man sie gewöhnlich gegen Ketzer erhob.[14]

Eine Reihe von Anklagen der Tribunale, die vom Episkopat und den königlichen Beamten geleitet wurden, wirkten sich als Teufelskreis aus. Gefoltert oder anderweitigem Druck ausgesetzt, legte eine ausreichende Zahl von Templern ein Geständnis ab, so daß man genügend »Beweise« gegen sie hatte. Diese Affäre zeigt, daß alle beliebig aneinandergereihten Anklagepunkte für hinreichend befunden werden konnten, sofern nur das Verhör mit dem nötigen Eifer durchgeführt und Gewalt angewendet wurde. Außerhalb Frankreichs jedoch gelang es bei der Befragung weniger leicht, Beweise zu liefern, da der nötige Druck zum Erpressen von Geständnissen fehlte. Trotzdem war genügend dazu getan worden, die Stellung des Ordens zu untergraben. Clemens fühlte sich durch die Bedrohung des Andenkens an Bonifatius in die Enge getrieben und war selbst zu tief verstrickt, um einen Rückzieher zu machen. So wurde der Orden auf dem Konzil von Vienne im Jahre 1312 verboten, und die französische Monarchie hatte damit die Geldmittel gewonnen, die sie dringend benötigte.

Die Sekte des Freien Geistes und die häretische Mystik

Die Episode der Templer war der krasseste Fall von Mißbrauch des Verfolgungsapparates zum Zwecke der bloßen Verleumdung. Die Behandlung der Beginen, Begarden und Mystiker in Nordeuropa war ein komplizierterer Fall von Mißverständnissen: hier vereinigte sich begründete Unruhe mit einer argwöhnisch konservativen Haltung und der Mentalität des Verfolgers, der auch fromme, schutzlose Gruppen in den Schmutz zog.[15] Beginen waren fromme Frauen, die ein keusches Leben zumeist in klösterlichen Gemeinschaften führten, sich mit Handarbeit ihren Lebensunterhalt verdienten und sich im übrigen dem Gebet widmeten; sie hatten jedoch keine feste Regel, noch irgendeine Organisation oder ein bindendes Gelübde.[16] Ein ihnen gleichgesinnter Mann, *beguinus* oder Begarde genannt (letzterer Ausdruck wird hier der Einfachheit halber verwendet), lebte häufig vom Betteln, ähnelte jedoch den sehr viel zahlreicheren weiblichen Beginen darin, daß er ein nicht organisiertes, frommes Leben führte. Diese Bezeichnungen wurden allerdings in ziemlich ungenauer Weise verwendet.[17]

Die Beginenbewegung des Nordens machte sich als natürliche Folge des Drangs zu apostolischer Lebensführung, von dem bewußte Christen im 12. Jahrhundert erfüllt waren, in spontaner und örtlich begrenzter Form bemerkbar: hier bot sich meist wohlsituierten Frauen, die nicht erwarten konnten, daß sie einen Mann fänden, eine sinnvolle Tätigkeit. Gerade die institutionell begründete Formlosigkeit der Beginengemeinschaften mag manche angezogen haben; jedenfalls war es infolge ihrer Anspruchslosigkeit einfach, eine solche zu gründen. Sie fügten sich auf natürliche Weise ins städtische Leben ein, weil sie einem Bedürfnis jener Frauen entgegenkamen, die in die vorhandenen Ordensgemeinschaften nicht aufgenommen werden konnten.

Daher gab es diese bescheidenen Einrichtungen in großer Zahl in bestimmten Städten Flanderns, Nordfrankreichs und Deutschlands. Von ihnen fühlten sich auch fromme Frauen angezogen, die sich aus religiösen Gründen lieber in die Rolle einer Begine fügten, als in die einer Nonne.

Im kirchlichen Leben nahmen die Beginen und Begarden eine zweifelhafte Stellung ein. Eine strenge Ausdeutung des Kanons 13 des vierten Laterankonzils konnte die Form ihrer Existenz in Zweifel ziehen.[18] Dem Status nach befanden sie sich irgendwo zwischen der Kompetenz der Ordens- und den Pfarrgeistlichen, waren weder den einen noch den anderen unterstellt und konnten deshalb leicht von beiden scheel angesehen werden.[19] Die Begarden standen im suspekten Halbschatten der Bettelorden. Ihren Anreiz erhielt die Frömmigkeit dieser Gruppen zum Teil aus Werken der Mystik; hinzu kamen oft die Weisungen der Beichtväter und Ratgeber von den Bettelbrüdern sowie das starke Interesse an den Begebenheiten aus dem Leben Christi und Mariae in den Evangelien, durch das sie sich – ähnlich wie die Franziskaner – auszeichneten. Da sie in keinen vorhandenen Status und in keine Organisation einzuordnen waren, waren sie sehr leicht Beschuldigungen wegen Ketzerei ausgesetzt. Ihren Namen scheinen sie sogar durch einen im Volk verbreiteten Verdacht bekommen zu haben – Begine ist höchstwahrscheinlich eine Entstellung von Albigenser, dem Ausdruck für einen Katharer im südlichen Frankreich. Sowohl Beginen wie Begarden hatten einen eigenartig gemischen Ruf: manchmal waren sie die Zielscheibe für grundlose Anwürfe wegen sexueller Unmoral; manchmal wurden sie bezichtigt, daß sie heuchlerische Tugendhaftigkeit vortäuschten; andererseits wurden sie von einflußreichen Vertretern der Kirche gelobt und in Schutz genommen. Jakob von Vitry gewährte ihnen Unterstützung – er war seinerseits inspiriert worden von Maria von Oignies, dem Mittelpunkt einer religiösen Frauenbewegung in der Diözese Lüttich.[20] Bischof Fulko von Toulouse glaubte, daß man das Beispiel der Beginen wirksam dem katharischen Einfluß entgegenhalten könne.[21] In der Mitte des 13. Jahrhunderts bewertete Robert Grosseteste die Lebensweise der Beginen, die zwar arm waren, aber durch ihrer Hände Arbeit selbst für ihren Lebensunterhalt sorgten, sogar höher als die Bettelei der Franziskaner.[22]

1274 jedoch, zur Zeit des Konzils von Lyon, war die alte Verdächtigung, die ihnen anhing, wieder in Mode gekommen. Es war dies eine Zeit wachsender Reibereien und Spannungen im kirchlichen Leben, und Beginen und Begarden wurden leicht zu Zielscheiben des Spotts.[23] Die Bettelbrüder, die sich bewußt waren, daß ihre Popularität nachließ, richteten ihre Angriffe gegen solche, die ähnlich eingestellt waren wie sie, deren Status aber nicht so gefestigt war, und sie machten sie zu Sündenböcken. Andererseits wurden sie von solchen, die den Bettelbrüdern übelwollten, als Strohmänner für Angriffe benutzt, die in Wirklichkeit gegen die *fratres* gerichtet waren. Selbstsüchtige Feindseligkeit war auch immer der Grund für den Groll von Verwandten oder verhinderten Ehemännern, wenn sie ihre Frauen für das Beginenleben hergeben mußten. Zur Zeit des Lyoner Konzils erschienen Schmähschriften gegen die Beginenbewegung: der Franziskaner Gilbert von Tournai führte Klage, die Beginen besäßen unerlaubte Übersetzungen der Heiligen Schrift in die Volkssprache, welche Häresien enthielten (die er allerdings nicht im einzelnen aufführte), und sie läsen aus ihnen in der Öffentlichkeit vor; Bruno von Olmütz machte frei heraus den Vorschlag, sie sollten entweder heiraten oder in einen der vorhandenen Orden eintreten. Man wiederholte ständig den Kanon 13 des vierten Laterankonzils, der dann durch Konzilsbeschluß kurzerhand zur Schranke für alle neuen Formen religiösen Lebens wurde: kein neuer Orden durfte gegründet werden, und solche, die trotz des Kanons entstanden waren, mußten abgeschafft werden. Ohne daß dadurch ein direktes Vorgehen gegen die Beginen und Begarden ausgelöst worden wäre, wurde deren Lage jetzt offenbar immer schwieriger. In den folgenden Jahrzehnten tat man nichts, um ihr Ansehen wiederherzustellen. Statt dessen zeugten in Deutschland gefaßte Synodalbeschlüsse von dem Ärger darüber, daß Begarden ohne Erlaubnis als Prediger aufträten; in Colmar und Basel wurden 1290 sowohl Beginen als auch Begarden wegen Ketzerei festgenommen; und der Franziskanerkonvent in Colmar, der sich einem um Brot bettelnden Zug von dreihundert Begarden gegenübergestellt sah, warnte seine Teilnehmer davor, sich mit diesen verdächtigen Rivalen zusammenzuschließen.

In den entscheidenden ersten Jahrzehnten des 14. Jahrhunderts befanden sich die Beginen in einer wenig gefestigten Position: ihr Ruf war durch Anwürfe gegen ihren Glauben und ihr Verhalten geschädigt, obgleich man noch keine direkte Klage wegen Ketzerei gegen sie erhoben hatte. Die Bewegung der Mystik war ganz allgemein in Verdacht geraten: in den siebziger Jahren des 13. Jahrhunderts berichtete der Scholastiker Albertus Magnus im Rahmen einer schlecht beurkundeten Episode über eine Reihe von ketzerischen Meinungen, die aus dem Schwäbischen Ries stammten und pantheistische, unmoralische Glaubensaussagen enthielten – vielleicht das Ergebnis von Mutmaßungen über den Status mystischer Adepten.[24] Aber einen Beleg über einen Zusammenhang zwischen Mystikern im Ries und den Beginen gibt es nicht. Die Meinungen, die uns lediglich in Form einzelner Bruchstücke von Zeugenaussagen vorliegen, stehen allzuwenig in Beziehung miteinander, auch lassen sie sich nicht in einen historischen oder literarischen Zusammenhang einordnen, so daß sie kein klares Zeugnis vom Bestehen einer Ketzerei im damaligen Schwaben abgeben.

Was man aber mit Sicherheit aus dem Urteil des Albertus schließen kann, ist, daß sich zu seiner Zeit in der Kirche Besorgnis über die Befolgung der Lebensweise des Mystikers regte. Sie ergab sich aus der wachsenden Beliebtheit mystischer Lektüre in der Volkssprache – die Kreise der Aristokratie und des Bürgertums hatten mehr Muße und reichlichere Geldmittel zu Verfügung, daher auch einen gehobenen Bildungsstand –, ferner aus der Tatsache, daß der Weg der Mystik eine stärkere Verbreitung im Volke erfahren hatte; was einst die Domäne von Mönchen und Nonnen in ihren oft gegen die Außenwelt abgeschlossenen Orden war, das wurde nun für die Außenwelt zugänglich, für Beginen und fromme Laien. Die möglichen Gefahren mystischer Lebensweise, das Fehlen einer zuverlässigen Kontrolle der Kreise, die sich jetzt der Mystik ergaben, durch eine festgelegte Institution sowie die bloße Tatsache, daß plötzlich profunde Themen der Theologie in der Sprache des Volkes verbreitet wurden, versetzte die Kirchenbehörde in Besorgnis. Die in der mystischen Bewegung tief engagierten Beginen wurden beschuldigt, einer Sekte von häretischen Mystikern, die man Anhänger des Freien Geistes nannte, Aufnahme bei sich zu gewähren.

Alsbald begannen die Päpste sich um die antinomistische Ketzerei zu kümmern. 1296 erließ Bonifatius VIII. eine Bulle gegen eine Sekte, die nackt betete, und 1311 verlangte Clemens V. in einem Schreiben an den Bischof von Cremona die Ausrottung einer Sekte des Freien Geistes von Italien, deren Anhänger völlige Handlungsfreiheit für sich beanspruchten, weil sie vom Heiligen Geist erfüllt seien.[25] Im Jahre 1307 erließ Heinrich von Virneburg, der autoritäre Erzbischof von Köln, Dekrete für seine Diözese: sie beinhalteten – neben Klagen herkömmlichen Stils über die Begarden (beiderlei Geschlechts; denn er zog es offenbar vor, den Ausdruck Beginen für die weiblichen Mitglieder gar nicht erst zu gebrauchen), weil sie den Kanonisten wegen neuer Anordnungen Trotz boten, selbst Predigt hielten und den Bettelbrüdern bei ihren Predigten ins Wort fielen – auch eine Anklage wegen eines häretischen Mystizismus. Dann wurde zwischen 1306 und 1308 eine Begine namens Margarete Porete aus dem Hennegau – von der bereits der Bischof von Cambrai ein Buch verbrannt hatte – festgenommen, weil sie in einem weiteren Buch Ketzerei »unter einfachen Leuten und Begarden« verbreitet habe, und nach Paris zitiert. Dort weigerte sie sich, in der Befragung Rede und Antwort zu stehen und wurde kraft einiger Auszüge aus diesem Buch, das einer Kommission von Theologen zur Beurteilung vorgelegt wurde, der Ketzerei überführt. Da sie vorher schon überführt worden war, bedeutete dies, daß sie des Rückfalls für schuldig befunden war; daher wurde sie im Jahre 1310 in Paris verbrannt.

Die Anklage lautete auch jetzt wieder auf häretischen Mystizismus, aber diesmal liegt uns der Häretikerin eigenes Werk vor, so daß wir die Berechtigung der gegen sie erhobenen Beschuldigungen nachprüfen können: durch Zufall blieb die Abhandlung, aufgrund deren sie überführt und verbrannt wurde, der *Spiegel der einfältigen Seelen,* erhalten und zirkulierte vom 14. Jahrhundert an bis in unsere Zeit als anonyme Schrift in Mönchs- und Nonnenklöstern, und zwar sowohl im französischen Original als auch in lateinischer und mittelenglischer Übersetzung.[26] Die darin enthaltene Ketzerei war so wenig offenkundig, daß in all den Jahrhunderten kaum einer von ihren Lesern jemals ihre Rechtgläubigkeit in Frage stellte. Wenn dies aber doch jemand tat, dann unterstützte er eher den *Spiegel,* wie zum Beispiel der Übersetzer ins Mittelenglische, der sich zwar etwas beunruhigt fühlte, aber dennoch schloß, er handle von »high divine maters and of highe goostli felynges and kerningli and ful mystili it is spoken« (von »hohen göttlichen Dingen und hoch geistlichen (= tief religiösen) Gefühlen« und rede »sachkundig (eig. erkenntnisreich) und sehr mystisch« (A. d. Ü.).[27] Dies traf in der Tat zu, denn die Verfasserin bediente sich eines ausgedehnten Wortschatzes und griff offenbar auf tiefe persönliche Erfahrung zurück, wenn sie in Dialogform den Aufstieg der Seele durch sieben Stufen der Gnade schildert, wobei der größte Teil in traditioneller und erbaulicher Weise geschrieben ist.

Gefährlich waren die fünfte und sechste Stufe, die höchsten, die man in diesem Leben erreichen konnte, wenn die »zunichte gemachte« oder »befreite« Seele sich mit Gott vereinigt. Hier ging Margarete Porete nach Lerners Urteil[28] über die herkömmlichen Lehrer der Mystik hinaus, indem sie zum Beispiel die vom hl. Bernhard von Clairvaux für die Beschreibung des Zustandes der Seele im Paradies benutzten Gleichnisse auf einen fortgeschrittenen mystischen Seelenzustand hienieden anwandte. Darunter waren einige überspannte Gedanken: über die noch im Körper befindliche Seele, die mit der Heiligen Dreifaltigkeit vereinigt ist oder die, ohne zu suchen, Gott in sich selbst findet. Viel ist vom Abschied der Seele von den Tugenden die Rede; das konnte zu einem Mißverständnis bei denen führen, die den Grund für Margaretes Aussage nicht beachteten, nämlich daß die Tugenden ja in jedem Fall mit der befreiten Seele eins seien. Ein ausgesprochen antiklerikaler Zug zeigt sich in dem wiederholt betonten Gegensatz zwischen der befreiten Seele und ihren früheren Zuständen, als sie noch der traditionellen Erziehungshilfen bedurfte, sowie zwischen der »Kleinen Heiligen Kirche«, die unter der Herrschaft der Vernunft stehe, und der »Großen Heiligen Kirche«, die von der göttlichen Liebe regiert werde. Etwas beunruhigend ist schließlich Margaretes Beschreibung der Passivität der befreiten Seele: sie »trachtet nicht nach Gott, weder durch Buße, noch durch irgendein Sakrament der Heiligen Kirche, noch durch Gedanken, Worte oder Werke«.[29] Margarete war sich der Gefahren zweideutiger Ausdrücke durchaus bewußt; sie bemerkte, daß »einfältige Gemüter sie auf eigene Gefahr mißverstehen könnten«.[30] Sie redete von esoterischen Dingen; ihr Buch war nichts für die Menge, obwohl es offensichtlich dazu bestimmt war, in der Volkssprache laut vorgelesen zu werden. Bei ihrer Verurteilung scheinen zwei Faktoren ausschlaggebend gewesen zu sein: ihre Hartnäckigkeit, die sie durch die wiederholte Verbreitung ihrer Ansichten und durch ihre Weigerung, in der Befragung Rede und Antwort zu stehen, bekundete, sowie die angebliche Werbung, die man mit dem *Spiegel* unter den einfachen Leuten machte. Was in einem Nonnenkloster ohne öffentliche Werbung vielleicht möglich gewesen wäre, schien einer Begine, die ihr Werk verbreiten wollte, nicht erlaubt zu sein. Ihre Ansichten wurden indessen nicht getreu wiedergegeben. Was die Passivität der befreiten Seele und ihr fehlendes Bedürfnis nach den Sakramenten betrifft, so ist der *Spiegel* sehr anfechtbar; geradezu anmaßend ist er im Hinblick auf die Vereinigung mit Gott in der fünften und sechsten Stufe; andererseits ist er keineswegs libertinistisch. Die Feinde der Porete behaupteten dies allerdings, indem sie aus dem *Spiegel* einen Satz über die befreite Seele anführten, die »der Natur ohne Gewissensskrupel alles gibt, was sie verlangt«;[31] sie ließen dabei jedoch die Erklärung aus, mit der sich die Porete absicherte, daß nämlich im befreiten Zustand die Natur »nichts Verbotenes verlangt«.

In diesem Fall war die Ketzerei also – wenn es sich überhaupt um eine handelte – von besonderer Art: sie befaßte sich ausschließlich mit dem Zustand mystischer Adepten im fortgeschrittenen Stadium der Vollendung. Dem Libertinismus und der Mißachtung des moralischen Gesetzes wurde hier bei niemandem das Wort geredet, und die Anschuldigungen, die man gegen diese Frau erhob, gaben ein unzutreffendes Bild von ihren Ansichten. Die Zweifel können sich in ihrem Fall nur mehren, wenn wir bedenken, daß der Inquisitor für Frankreich, der die letzten Schritte gegen sie einleitete, auch für die gegen die Templer erhobenen Anklagen verantwortlich war.

Sowohl der Fall der Porete als auch die Statuten des Konzils von Mainz im Jahre 1310, in denen sich eine ständige Besorgnis um Begarden und Ketzerei im Rheinland äußert, gingen fast unmittelbar dem allgemeinen Beschluß des Konzils von Vienne im Jahre 1312 voraus, wo man in der Bulle *Ad nostrum* feststellte, daß es unter den Beginen und Begarden Deutschlands eine Häresie des Freien Geistes gebe[32] –

man nannte sie eine »abscheuliche Sekte«. Ihre Glaubensansichten wurden in acht Sätzen dargelegt. Alle befaßten sich mit dem Glauben, daß diejenigen, die einmal den erhabenen Zustand der Vollkommenheit erlangt hätten – wie die Adepten, die die fünfte und sechste Stufe im *Spiegel der Einfältigen Seelen* erreichten –, sich von den Fesseln der normalen Menschen befreien könnten. Samt und sonders verdammt wurden die Meinungen, die dieser Kategorie Angehörenden seien unfähig zu sündigen oder könnten nicht aus ihrem gegenwärtigen Zustand der Gnade herausfallen, so daß sie es fortan nicht mehr nötig hätten, zu fasten oder zu beten; sie hätten ja eine solche Gewalt über ihre Sinne erlangt, daß sie sich völlige Freiheit leisten könnten und daß sie zu keinerlei Gehorsam verpflichtet seien, weil dort »wo der Geist des Herrn ist, Freiheit ist«.[33] Weitere fünf Sätze befaßten sich mit den ferneren Auswirkungen oder Gesichtspunkten des Zustandes der sündlosen Freiheit: sie verdammten die Ansicht, daß es möglich sei, in diesem Leben endgültige Seligkeit zu erlangen; göttliche Erleuchtung habe man nicht nötig, um einer Gottesschau teilhaftig zu werden; tugendhaften Verhaltens bedürften nur die unvollkommenen Menschen, die vollkommene Seele bedürfe seiner nicht mehr; der Geschlechtsverkehr sei keine Sünde, wenn die Natur ihn erfordere; es sei nicht nötig, bei der Elevation der Hostie aufzustehen, denn dies bedeute ja, daß man von den Höhen der Kontemplation herabsteigen müsse. Die Sekte, die solche Ansichten vertrat, mußte ausgerottet werden.

Aber hat es sie jemals gegeben? Überraschenderweise lautet nach so ausgedehnten Forschungen über die Häresie des Freien Geistes die Antwort, daß dies nach dem üblichen Verständnis des mittelalterlichen Inquisitors nicht der Fall war. Es handelte sich nämlich nicht um eine organisierte Sekte mit einem gegen die Kirche gerichteten Lehrprogramm, wie es die Katharer oder die späteren Waldenser hatten. Wirklich vorhanden waren einzelne Mystiker, die mit gleichgesinnten Freunden oder Anhängern auf formloser Basis in Verbindung standen; einige von ihnen gaben auf schriftlichem oder mündlichem Wege mehr oder weniger Gefährliches oder aus dem Rahmen Fallendes von sich. Die Bulle *Ad nostrum* griff eine Reihe von diesen Feststellungen heraus, die ketzerisch oder unmoralisch aussahen, wenn man sie ohne Zusammenhang zitierte, und machte daraus eine Ketzerei und eine Sekte.[34]

Das Konzil von Vienne faßte seinen Beschluß in einer Stimmung, die den Beginen gegenüber ausgesprochen feindselig war. Aus einer anderen, ebenfalls in Vienne beschlossenen Bulle – *Cum de quibusdam* – wissen wir, daß die Konzilsväter ernsthaft erwogen hatten, das Beginentum gänzlich zu untersagen.[35] Die Bulle beginnt mit einem Verbotsdekret, das erst am Schluß in einer ausweichenden Formulierung

VII Konzil von Vienne 1312, »De modo generalis concilii celebrandi«
von Guillaume Durant, Bischof von Mende

zurückgenommen wird, die entweder das Ergebnis nochmaliger Überlegungen bei diesem Konzil oder das einer später erfolgten Revision war. Als Grund für das Verbot wurden in der Bulle die Gefahren erwähnt, die sich daraus ergäben, daß die Beginen tiefe theologische Probleme erörterten, und über die Dreifaltigkeit, das Wesen Gottes und die Sakramente disputierten.

Die allgemein feindselige Atmosphäre wurde noch verstärkt, als dann die Berichte über die antinomistische Ketzerei, die sich in der Kirche breit machte, eintrafen. Viele der Urkunden über das Konzil von Vienne sind verlorengegangen, so daß eine genaue Rekonstruktion des historischen Zusammenhangs der Bulle *Ad nostrum* unmöglich ist. Aber Margarete Poretes *Spiegel* gibt uns einen wichtigen Anhaltspunkt, warum das Konzil dazu kam, die antinomistische Häresie den Mystikern zuzuschreiben; denn hier haben wir die Gelegenheit, einige der Anklagepunkte gegen einen verdächtigen Mystiker mit den originalen Formulierungen, aus denen sie abgeleitet sind, zu vergleichen. Der *Spiegel* war eine Fundgrube für bestimmte verdächtige Formulierungen, die in *Ad nostrum* verurteilt werden: Satz sechs der Bulle, in dem davon die Rede ist, daß die vollkommene Seele der Tugenden nicht bedürfe, ist aus dem Werk der Porete übernommen, doch bezeichnenderweise ohne die Rechtfertigung, die sich aus dem vollständigen Textzusammenhang im *Spiegel* ergeben würde. Andere Sätze über das Aufstehen bei der Elevation der Hostie, über die Einstellung zum Gebet und Fasten sowie zum Geschlechtsverkehr haben ihre Entsprechungen in den Formulierungen des *Spiegels* oder können aus mißverstandenen Formulierungen abgeleitet werden.[36] Die Mystiker, für die die Porete ein typisches, wenn auch nicht gerade hervorragendes Beispiel ist, pflegten seltene Seelenzustände und großartige Geheimnisse zu beschreiben, wodurch sie an die Grenze des normalen Ausdrucksvermögens stießen: bei ihrem Versuch, das, was sie meinten, deutlich zu machen, bedienten sie sich paradoxer, ja geradezu schockierender Formulierungen. Diese wurden vom Konzil in undurchdachter, wörtlicher Form aufgegriffen und zu einer Ketzerei hochgespielt.

Die in *Ad nostrum* enthaltenen Definitionen trugen dazu bei, daß man Ketzer, auf die die Bulle zutraf, erst schuf. Als sie zu Beginn der Regierungszeit Johannes' XXII. herauskam, wurde sie gleich zum integrierenden Bestandteil des Befragungssystems jener Inquisitoren und Kirchenvertreter, die da glaubten, dem Freien Geist auf der Spur zu sein. Wenn ihnen ein verdächtiger Begarde oder eine Begine oder jemand, den sie für einen häretischen Mystiker hielten, vorgeführt wurde, dann gingen sie mit ihm die Sätze der Bulle durch und lockten in erfolgreichen Fällen die passende Antwort heraus, mit der sich der oder die Betreffende selbst überführte. Wenn einleitende Fragen – wie die, ob der Verdächtige »frei im Geist« sei und ob er sich für sündlos halte – bejaht wurden, konnte man zu einer systematischen Befragung übergehen, die auf den Sätzen der Bulle basierten, welche dann nacheinander herangezogen wurden. Die Antworten, die die Verdächtigten nach den Berichten erteilten, gaben meist wortwörtlich die Ausführungen der Bulle *Ad nostrum* wieder.[37]

Zeugenaussagen schienen zu erhärten, daß jene, die die in der Bulle verdammten Ansichten vertraten, dem Libertinismus ergeben waren. Es kursierten Geschichten über Orgien und über abartiges sexuelles Verhalten, ferner unerhörte Behauptungen wie die, welche Johann Hartmann im Jahre 1367 aufstellte, daß der Geist-Freie mit seiner Mutter oder Schwester Geschlechtsverkehr treiben könne, sogar auf dem Altar.[38] Alles das ist verdächtig – Hartmann war wahrscheinlich ein Verbalexhibitionist. Andere Zeugenaussagen entsprangen neiderfülltem Geschwätz, der Einbildungskraft des Inquisitors oder den Entstellungen der paradoxen Aussagen wirklicher Mystiker.[39] Die Anschuldigungen sind schwer in Übereinstimmung zu bringen mit unbezweifelbaren Zeugnissen eines armen, entsagungsvollen Lebens, das Beginen und andere Anhänger der Mystik führten. Scharlatane mit der magnetischen Anziehungskraft eines Rasputin, die Libertinismus mit Religion verquickten, kann man natürlich nicht ausschließen; aber sie bildeten sicherlich nur einen kleinen Teil der Verhörten. Mit der gleichen Skepsis sollte man Gerüchten über andere Verstöße gegen Sittengesetze, wie Diebstahl, Mord und Ungehorsam, begegnen: solche Vergehen sind bisher noch nicht nachgewiesen worden.

Was für eine Bewandtnis hatte es in Wirklichkeit mit der Bewegung des Freien Geistes? Anderthalb Jahrhunderte lang nach der Bulle *Ad nostrum* wurden immer wieder Fälle dieser Häresie aufgedeckt. Bei Verdächtigungen jener Art, die zu der Abfassung der Bulle geführt hatte, ging es jetzt um größere Zahlen. Die Anführer der volkssprachlichen mystischen Bewegung mußten bei ihrer Lehre achtgeben, daß sie der Vermutung aus dem Wege gingen, sie machten mit den Geist-Freien gemeinsame Sache. Meister Eckhart selbst fiel demselben Heinrich von Virneburg zum Opfer, der schon die Anschuldigungen gegen die Kölner Beginen erhoben hatte: er wurde wegen Ketzerei angeklagt, und nach seinem Tode wurden im Jahre 1329 achtundzwanzig Sätze aus seinem Werk verdammt. Beginen und Begarden litten weiterhin unter Verdächtigungen. Als Bewegung wurden sie nur deswegen vor dem völligen Verschwinden bewahrt, weil man in der Bulle *Cum de quibusdam* zögerte, und weil im Jahre 1318 Johannes XXII. in *Ratio recta* »gute« Beginen, die ein stetiges Leben führten und nicht über tiefschürfende theologische Probleme disputierten, verteidigte.[40]

Aber die Affäre mit dem »Geist der Freiheit« fügte ihnen Schaden zu, und so lange das Eifern gegen die Geist-Freien anhielt – was bis etwa ein Jahrhundert nach *Ad nostrum* der Fall gewesen zu sein scheint –, standen sie in Gefahr, daß gegen sie ermittelt wurde. Da man sie schon der Ketzerei verdächtigte, machte man zugleich Versuche, ihnen durch disziplinarische Maßnahmen feste Regeln zu geben, indem man die Zahl der einzeln und in kleinen Gruppen lebenden Beginen reduzierte und sie in größeren Beginenhäusern zusammenfaßte – zur selben Zeit jedoch ließ der Drang zum Beginenleben nach. In der Mitte des 14. Jahrhunderts war ihre große Zeit vorüber.

Inzwischen machte man bei Ermittlungen gegen die Geist-Freien immer noch einzelne Fälle, besonders in deutschen Städten, namhaft. Die Quellen im Norden des Landes sind für eindeutige Untersuchungen nicht leicht zugänglich. Was die mutmaßlichen Fälle in den südlichen Landesteilen anbetrifft, so steht eine gründliche, mit der gebotenen Skepsis durchgeführte Analyse im Stile von Lerners Arbeitsweise noch aus – sie könnte Resultate erbringen, die sich von denen im Norden unterscheiden. Was indessen die verzerrten Darstellungen zum Vorschein bringen, ist offenbar folgendes: es gab eine radikal mystische Bewegung, die gleichzeitig mit den Schriften der bekanntesten Meister, wie Eckhart, bestand und von ihnen gefürchtet wurde. Sie war weder libertinistisch noch amoralisch, aber sie ging in ihren Ansichten über die Möglichkeit einer *unio mystica* mit Gott in diesem Leben zumindest bis an die Grenzen der Rechtgläubigkeit und war den Sakramenten und der Vermittlerrolle der Kirche gegenüber gleichgültig, wenn nicht ablehnend eingestellt. Abgesehen von dieser Kerngruppe mit etwas gefährlichen Glaubensansichten und suspektem Brauchtum gab es eine gemischte Schar von Verdächtigen: leicht zu beeinflussende Frauen, die bereit waren, das auszusagen, was die Ketzerbefrager hören wollten; einige Exzentriker oder gar Irre, die ohne den bei den Untersuchungen gezeigten Eifer hätten ungestört bleiben können; einige religiöse Individualisten, die vielleicht mit dem Mystizismus in Berührung gekommen waren, aber ihre eigenen seltsamen Anschauungen hatten – sie waren beispielsweise gegen das Priestertum eingestellt, möglicherweise amalrikanisch, oder rigoristisch, was die Sexualethik anbetraf. Solche, die man des »Freien Geistes« verdächtigte, waren keineswegs unbedingt Beginen oder Begarden; hier spielte zu einem guten Teil Verleumdung eine Rolle.

Anmerkungen:

[1] S. o. S. 155–160, Überblick bei Thouzellier, C.: La Répression de l'Hérésie, in: *Histoire de l'Eglise*, Hrsg. Fliche, A. und Martin, V., X S. 291–340; Bibliographie bei van der Vekené, E.: *Bibliographie der Inquisition: ein Versuch*, Hildesheim 1963; kurze Anmerkungen bei Wakefield, *Heresy, Crusade*. Ein vollständiger Bericht über die Inquisition und ihre Auswüchse geht über die Zielsetzung dieses Buches hinaus.

[2] Lea, *Inquisition*, III, S. 434; s. Russel, J. B.: *Witchcraft in the Middle Ages*, Cornell 1972; *WEH*, S. 251

[3] Lea (I, Kap. 7–14) ist immer noch von Wert: s. o., Kap. 7, A. 37.

[4] S. o. S. 157

[5] S. z. B. Dossat, Y.: Une Figure d'Inquisiteur: Bernard de Caux, in: *CF*, VI, S. 253–272. Die empörenden Praktiken Konrads von Marburg (s. o. S. 227) zeigen, wie selbst in der Anfangszeit diese frei schaltenden und waltenden Kommissionen ihre Macht mißbrauchen konnten; bei Wakefield, *Heresy, Crusade*, S. 185–186 findet sich ein abgewogener Kommentar hierzu.

[6] *Manuel*, Hrsg. Mollat, I, S. 67; betr. Urheberschaft s. Dondaine, in: *AFP*, XVII, 1947, S. 93–94, 180–183; Borst, *Katharer*, S. 22, 25; und betr. Kommentar Patschovsky, *Passauer Anonymus*, S. 135–136.

[7] Lea, III, S. 50, die Einstellung ist etwas verschieden von derjenigen Russels in: *Witchcraft*, Frühere Arbeit bei Lea, H. C.: *Materials toward a History of Witchcraft*, Hrsg. Howland, A. C., Philadelphia 1939; Hansen, H. C.: *Quellen und Untersuchungen zur Geschichte des Hexenwahns und der Hexenverfolgung im Mittelalter*, Bonn, 1901

[8] S. o. S. 237.

[9] Biget, J. L.: Un Procès d'Inquisition à Albi en 1300, in: *CF*, VI, S. 273–341; Davis, G. W.: *The Inquisition at Albi 1299–1300*, New York 1948; ich habe mich Bigets Standpunkt angeschlossen.

[10] Zu diesem Beispiel und anderen s. Lea, III, Kap. 4, 5; Grundmann Bibliographie in *HS*, S. 448–450.

[11] Bock, F.: Studien zum politischen Inquisitionsprozeß Johannes XXII., *Quellen und Forschungen aus italienischen Archiven und Bibliotheken*, XXVI, 1935–1936, S. 21–142; XXVII, 1936–1937, S. 109–134; Der Este-Prozeß von 1321, *AFP*, VII, 1937, S. 41–111, Processi di Giovanni XXII contro i Ghibellini italiani, *ADRSP*, LXIII, 1940, S. 129–143.

[12] Boase T. S. R.: *Boniface VIII*, London 1933, S. 355–379; Artikel in *HS* (Bibliographie von Grundmann), S. 449, nos. 515–518.

[13] Immer noch von Wert ist Lea, III, S. 238–334; auf den neuesten Stand gebrachter Bericht mit Literaturangaben bei Barber, M.: Propaganda in the Middle Ages: the Charges against the Templers, *NMS* XVII, 1973, S. 42–57, der Verfasser plant, das ganze Thema in einem Buch, *The Trial of the Templars*, zu bearbeiten.

[14] Barber, a. a. O., S. 45–48, 54

[15] Grundmann, H.: Ketzerverhöre des Spätmittelalters als quellenkritisches Problem, *DA* XXI, 1965, S. 519–575 (vollständig neue Bewertung der Quellen), Lerner, R. E.: *The Heresy of the Free Spirit in the later Middle Ages*, Berkeley 1972 (die maßgebende kritische Darstellung über die Verhältnisse in den nördlichen Ländern); Guarnieri, R.: Il Movimento del Libero Spirito, *Archivio italiano per la storia della pietà*, IV, 1965, S. 351–708 (Materialfundgrube, von Wert für Arbeiten über Poretes Spiegel). Zu Dank verpflichtet bin ich Prof. R. E. Lerner für seine Information sowie für sein Werk, von dem ich in diesem Abschnitt ausgiebig Gebrauch gemacht habe.

[16] Ältere Literatur, teilweise überholt, bei Grundmann, *Ketzergeschichte* S. 52–58 (vor seinem Artikel aus dem Jahre 1965 geschrieben); Hintergrund bei McDonnell, E. W.: *The Begines and Beghards in Medieval Culture, with Special Emphasis on the Belgian Scene*, New Brunswick 1954; Erwägungen von Southern, *Western Society*, S. 318–331. *RB*,

(S. 170–318) erörtert das Problem der Frauen und des klösterlichen Lebens sowie der Beginen (S. 319–354), einige Schlußfolgerungen werden allerdings widerlegt durch die wichtige, auf deutschem Belegmaterial fußende Überarbeitung von Freed, J. B.: Urban development and the *cura monialium* in thirteenth-century Germany, *Viator*, III, 1972 S. 312–327. Diesen Hinweis und Kommentar verdanke ich Miss B. Bolton; s. ihr: Mulieres sanctae, in: *SCH*, X, S. 77–95.

[17] Lerner, *Free Spirit*, S. 35–37. Die Beginen Südfrankreichs (s. u. S. 287–296) gehören zu einer anderen Bewegung, die eng mit den Franziskaner-Spiritualen verbunden war, hauptsächlich in der franziskanischen Provinz Provence.

[18] S. o. S. 159–160

[19] Lerner, *Free Spirit*, Kap. 2 ist von Nutzen.

[20] McDonnell, *Beguines*, S. 20

[21] *RB*, S. 172

[22] Ebd., S. 322

[23] Lerner, *Free Spirit*, S. 45–46

[24] Grundmann, *Ketzergeschichte*, S. 45–46; Lerner, *Free Spirit*, S. 13–19.

[25] Ebd., S. 78–84 (auch über Heinrich von Virneburg); Oliger, L.: *De secta spiritus libertatis in Umbria saec. XIV; disquisitio et documenta*, Rom 1934 (nimmt an, daß die Anschuldigungen echt waren).

[26] Lerner, *Free Spirit*, S. 68–78, Text des *Mirror* Hrsg. Guarnieri, in: *Archivio Italiano per la storia della pietà*, IV, 1965, S. 513–635; ein Bericht über den Fall findet sich in ihrer Chronologie der Ketzerei unter den betr. Jahren; Übers. der mittelenglischen Version in Kirchberger, C.: *The Mirror of Simple Souls*, London u. New York 1927. Über die Art und Weise, in der sich der Verdacht schließlich auf die mystische Ausdrucksweise richtete, die manchmal in einwandfreien Quellen benutzt wird, s. Lerner: The Image of Mixed Liquids in Late Medieval Thought, *CH*, XXX, 1971, S. 397–411. Einen Bericht über mittelenglische Texte gibt Colledge, E.: The Treatise of Perfection of the Sons of God: a fifteenth-century English Ruysbroeck translation, *English Studies*, XXIII, 1952, S. 49–66 (A. d. Ü.: Poretes Originalwerk hat den Titel »Le Mirouer des simples ames anienties«, zu deutsch: »Spiegel der einfältigen, zunichtegemachten Seelen«); vgl. Grundmann, *Ketzergeschichte*, S. 52, A. 2

[27] Zitat aus Lerner, *Free Spirit*, S. 74 nach dem Originaltext Hrsg. Doiron, M. in: *Archivio . . . pietà* V, 1968, S. 247.

[28] *Free Spirit*, S. 200–208

[29] Ebd., S. 205; Lerners Übers. aus dem Guarnieri-Text auf S. 586

[30] Lerner, S. 208; Guarnieri-Text S. 533, 537

[31] Lerner, S. 76; Guarnieri-Text S. 527. Hier und anderswo habe ich Lerners Urteil überzeugend gefunden. Andere Ansichten über den *Mirror* bei Lerner, S. 201, A. 3.

[32] Fredericq, P.: *Corpus documentorum inquisitionis haereticae pravitatis Neerlandicae*, I, Gent 1889, No. 172, S. 168–169, teilweise übers. bei Leff, *Heresy*, I, S. 314–315 (Leffs Darstellung des Freien Geistes [Kap. 4] kann nicht empfohlen werden; s. Grundmann, in: *DA*, XXIV, 1968, S. 284–286; Offler, in: *EHR*, LXXXIV, 1969, S. 572–576; Lerner S. 8). Patschovsky, A.: Strassburger Beginenverfolgung im 14. Jahrhundert, *DA*, XXX, 1974, S. 55–198 (Klarstellung der Beginen- und Begardenverhöre in Straßburg mit neuen Ms. Zeugnissen); s. S. 117, A. 153. Er hält die Besorgnis über Ketzerei im rheinischen Episkopat für den Hauptantrieb zur Bulle *Ad nostrum;* beachte auch, daß er auf Spuren echter Ketzerei in einigen Anklagen gegen die Geist-Freien aufmerksam macht (S. 98–99). Über das Konzil von Mainz s. ebd., S. 141–142.

[33] II. Kor. 3, 17.

[34] Das zentrale Thema in Lerners *Free Spirit;* vgl. Grundmann, in: *DA*, XXI, 1965, S. 519–575; man halte dagegen Leff, *Heresy*, I, Kap. 4 sowie Erbstösser, M., und Werner, E., *Ideologische Probleme des mittelalterlichen Plebejertums: Die freigeistige Häresie und ihre so-*

Die Inquisition und ihr Mißbrauch

zialen Wurzeln, Berlin 1960, die zwar verschiedene Erklärungen des Freien Geistes vorbringen (s. auszugsweise Übers. von Russell, *Religious Dissent,* S. 143–147), aber darin übereinstimmen, daß sie die Existenz einer Sekte annehmen; Erörterung dieser Annahmen auch bei Erbstösser: *Sozialreligiöse Strömungen,* S. 84–119.

[35] Fredericq, *Corpus* I, Nr. 171, S. 167–168; teilweise übers. bei McDonnell, S. 524.

[36] Lerner, *Free Spirit,* S. 82–83

[37] Grundmann stellte als erster die enge Beziehung zwischen der Bulle *Ad nostrum* und den Befragungen von Verdächtigen heraus (*DA,* XXI, 1965, S. 519–575). S. bes. die Befragung Konrad Kammlers in Eichstätt im Jahre 1381.

[38] Bezeugt bei Erbstösser und Werner, *Ideologische Probleme,* S. 136–153, kommentiert in Lerner, *Free Spirit,* S. 135–139

[39] Wie o. S. 260–262.

[40] Fredericq, *Corpus* II, Nr. 44, S. 72–74, McDonnell, *Begines,* S. 536. Eine Bemerkung über ihre Geschichte in der Folgezeit findet sich u. S. 296–298.

Die Franziskaner-Spiritualen und die häretischen Joachimiten

Die Problematik des Franziskanerordens

Das franziskanische Problem reicht in seinen Ursprüngen bis tief ins 13. Jahrhundert zurück und ist mit den Idealen und der Persönlichkeit des hl. Franziskus untrennbar verbunden.[1] Dem Armutsideal, das er in den Evangelien formuliert fand, besonders in den Weisungen Christi über die Aussendung der Siebzig, gab Franziskus sich selbst bis ins Letzte hin und hinterließ seinen Anhängern als Vermächtnis den Glauben, daß sich im franziskanischen Leben die Lebensweise Christi und der Apostel verkörpere. Seine Art zu leben war außergewöhnlich hart, härter selbst, als die der asketischen Mönchsorden; denn er trachtete danach, nicht nur auf individuelles Eigentum zu verzichten, sondern auch auf das der Gemeinschaft, das doch selbst für den allergenügsamsten Mönch normale Voraussetzung kollektiver Sicherheit war. Darüber hinaus strebte Franziskus an, daß viele seiner Anhänger eine ungewöhnlich entbehrungsreiche Armut mit seelsorgerischer Tätigkeit in der Welt vereinbaren sollten. Von Anfang an zeigte es sich, daß diese beiden Ziele einander fast ausschlossen. Andererseits verlieh gerade die Kombination äußerster Armut und seelsorgerischer Aktivität den ersten Franziskanern eine derartige geistliche Überzeugungskraft, daß ihnen erstaunlich viel Nachwuchs zuströmte – dessen Bedürfnisse dann allerdings recht bald das ursprüngliche Ideal verzerrten. Schon zu Lebzeiten des hl. Franziskus entstand deswegen Unruhe unter den Brüdern. Am Ende seines Lebens, nachdem er sich jahrelang in einem halb einsiedlerhaften Dasein resigniert von der persönlichen Leitung des Ordens zurückgezogen hatte, diktierte er seinen letzten Willen.

Darin erinnerte er sich voll Sehnsucht der Einfachheit, die seine Bruderschaft in jenen frühen Tagen gehabt hatte, und verurteilte – teils andeutungsweise, teils ohne Umschweife – die neuerlichen Entwicklungen, welche die Armut und Schlichtheit der Frühzeit abschwächten und bestrebt waren, seinem Orden eine bevorzugte Stellung in der Kirche zu verschaffen.[2] Diese Feststellung traf er auf dem Totenbett, und bis auf den heutigen Tag kann man sie nicht ohne Bewegung lesen. Die Verfassung seines Ordens gab Franz kein Recht, seine Nachfolger in irgendeiner Weise zu verpflichten; dennoch befahl er, daß dieses Testament zusammen mit der Regel aufbewahrt und mit ihr verlesen werden solle, und wenn sein Befehl auch erklärtermaßen juristisch wertlos war[3], so hatte er doch das ganze gefühlsbeladene Gewicht der letzten Worte eines geliebten Ordensstifters. Allerdings wurde das Testament in der Folgezeit mehr als irgendein anderes Dokument zur Quelle interner Meinungsverschiedenheit.

Die Brüder waren sich entweder in ihrer Mehrzahl des Unterschiedes zwischen den persönlichen Wünschen des Franziskus und der im Orden herrschenden Lebensweise nicht völlig bewußt oder sie meinten, daß ein Wechsel wirklich wünschenswert sei. Trotz seiner Umwandlung bewahrte der Orden immer noch ein beträchtliches Maß an Armut, mehr als die älteren Mönchsorden; aber er war nun in der Lage, im Leben der Kirche eine wichtige Aufgabe zu übernehmen, was ihm selbst nicht möglich gewesen wäre, wenn die Zahl der Ordensbrüder und die Bedingungen, unter denen sie zur Zeit des Franziskus lebten, unverändert geblieben wären. Die päpstliche Politik hieß die Veränderung gut, und eine Reihe von Klärungen der Ordensregel von seiten der Päpste legitimierte diesen Prozeß. Inwieweit die Anpassung des Ordenslebens richtig oder weise war, muß für immer strittig bleiben – der mit der Ketzergeschichte befaßte Historiker muß jedenfalls feststellen, daß die Umwandlung dadurch, daß man soviel uneigennützigen Eifer im Dienste der Kirche entfaltete und franziskanische Predigt und Frömmigkeit verbreitete, in hohem Maße zur Besiegung des Katharertums beigetragen hat.

Der Unwille über eine Umwandlung des Ordenslebens, die einer klerikalen Körperschaft die Arbeit an den Universitäten ermöglichte, über einen fortgeschrittenen Predigtstil und das Privileg, alle Aufgaben des säkularen Klerus übernehmen zu dürfen, sowie über die Mäßigung des alten Armutsideals, die all dieses nach sich zog, machte sich nur gelegentlich Luft, und zwar – wie gesagt – sowohl zu Lebzeiten des Franziskus als auch in den Jahren danach. Den Unruheherd bildete eine Gruppe schlichter Gefährten aus der Anfangszeit, die allgemein eine Vorliebe für das Eremitendasein hatten. Diese Männer konnten den Einfluß der Gelehrsamkeit und die bedeutende Stellung, welche die Franziskaner in der Kirche einnahmen, nicht gutheißen; so wie sie die Überlieferungen aus Franziskus' Leben und besonders seine Worte aus den letzten Jahren selbst verstanden, gaben sie sie weiter und hielten die Erinnerung an das Testament lebendig.

Eine so grundlegende und so rasche Umwandlung erlegte einem empfindlichen Gewissen Zwänge auf. Waren die Bettelbrüder dem Wortlaut der Regel, zu der sie sich bekannten, wirklich treu geblieben, wenn sie die abgemilderte Lebensweise der Masse der Ordensmitglieder befolgten? Brachen sie nicht in Wahrheit ihr Gelübde? War es anständig, wenn man weiterhin für sich äußerste Armut und eine besondere Treue zum Leben Christi und der Apostel beanspruchte, in Wirklichkeit aber mit Geld umging und die Früchte des Eigentums genoß, was Franziskus beides verboten hatte? Solche Fragen beunruhigten nicht nur die, welche unerbittlich an ihrer Regel festhielten. Aber selbst wenn man in noch so passiver Form für die Freiheit die ursprüngliche Observanz zu befolgen eintrat, so bedeutete dies eine Kritik an dem Lebensstil der Mehrheit, und auch passiver Widerstand kann gewalttätige Reaktionen auslösen, eine Erfahrung, welche die Anhänger Gandhis machten, die im Feldzug gegen die Salzsteuer *satygraha* praktizierten. So erklärt sich die Tatsache, daß einige Ordensvorgesetzte hartnäckige Rigoristen grausam bestraften und gelegentlich sogar zu offener Gewalttätigkeit schritten, wenn zum Beispiel ein aufgebrachter Geistlicher das Testament über dem Kopf eines Bruders verbrannte.[4]

Die Auseinandersetzungen in Südfrankreich

Der Streit über die Frage, ob es rechtmäßig sei, im Orden Armut zu bewahren, trug in sich den Keim eines tiefen Konflikts. Zu einer wirklichen Krise kam es allerdings erst 1274, zur Zeit des Konzils von Lyon, und in den folgenden Jahren. Dies war sicher der Tatsache zu verdanken, daß die Mehrheit der Brüder sich solange still verhielt, als der Orden im wesentlichen seine gemäßigte Lebensform einhielt. Nach 1274 jedoch hatten die Franziskaner nicht mehr ihre frühere Begeisterung, obgleich sie auch jetzt noch viel Eifer zeigten; in verschiedenen Ordensprovinzen hielten sie sich sogar nicht einmal mehr an die gemäßigte Lebensform. Eher Weltlichkeit als grober Mißstand war das Problem; hinzu kam die Schwierigkeit, sich fest an eine Regel zu halten, die in mancherlei Weise kommentiert und »klargestellt« worden war. Immerhin reichte das aus, damit der Ruf nach Rückkehr zum früheren Standard weithin laut wurde. Betroffen waren die italienischen Provinzen Umbrien, Toskana und die Mark Ancona, und zwar zum Teil deshalb, weil man dort die Wünsche des Franziskus noch von Mund zu Mund weitergab, zum anderen Teil, weil hier eine starke Eremiten-Tradition herrschte, in der man mehr zur Härte als zur Armut neigte, sowie im Falle der Toskana, weil hier ein bestimmter Lehrer namens Petrus Johannis Olivi, der aus Südfrankreich stammte und einige Jahre lang Lektor in Florenz war, mit seinem leidenschaftlichen Anhänger Ubertino da Casale seinen Einfluß ausübte.[5] In der franziskanischen Ordensprovinz Provence, die sich geographisch über ein größeres Gebiet erstreckte, als ihr Name andeutet, und die einen wesentlichen Teil des Midi umfaßte, herrschte eine besondere Situation.[6] Die Entwicklung in der Folgezeit führt uns zwangsläufig zu dem Schluß, daß die dortigen Geistlichen einerseits in ihrer Einstellung zur Armut lax waren, andererseits aber eine besonders strenge Disziplin forderten. Mißbrauch machte diese Strenge notwendig. Infolgedessen entstand in der Provinz eine tiefe Kluft zwischen den Verteidigern des *status quo* (und noch schlimmerer Zustände) – allgemein die »Konventualen« genannt – und den besonders strengen Spiritualen.

Noch komplizierter und gespannter wurde die Lage durch die Fähigkeit des Bruders Olivi aus dem Konvent von Narbonne. Unter den Spiritualen war er der dominierende Geist und, unabhängig von der Armutsfrage, einer der führenden Köpfe zu einer Zeit, als in der Geschichte der Scholastik ungewöhnliche Erregung und Verwirrung herrschte.[7] Seine Leistung für die Spiritualen bestand darin, daß er die Lehre vom *usus pauper* ausarbeitete. In ihr werden anhaltende und schwerwiegende Verstöße gegen die Genügsamkeit im Gebrauch weltlicher Güter mit einem Bruch des Armutsgelübdes gleichgestellt; wiederholte, grobe und ungerechtfertigte Abweichungen von der Regel, die soweit gingen, daß ein Bruder sich bei der »Benutzung« von Gütern eher wie ein Reicher als wie ein Armer verhielt, verstrickten den Betreffenden in eine Todsünde. Brüder, die zu Bischöfen ernannt wurden, konnten von dieser Verpflichtung zum »sparsamen Gebrauch« nicht ausgenommen werden. Durch diese Lehre wurde die Aufmerksamkeit des Ordens auf die praktische Observanz im alltäglichen Leben gelenkt, so daß er loskam von seinem formellen (und oft rein juristischen) Verzicht auf Eigentumsrechte. Der jahrelange Umwandlungsprozeß mündete in eine Theorie über die franziskanische Armut aus, wonach der Orden überhaupt kein Eigentum besaß, weil alle Rechte auf die von ihm benutzten Güter durch eine legale Fiktion dem Papsttum vorbehalten waren.[8] Ernsthafte, wenn auch gemäßigte Brüder – der größte unter ihnen war der hl. Bonaventura, Generalminister von 1257 bis 1274 –, gaben sich nicht damit zufrieden, daß franziskanische Armut letztlich im Verzicht auf Eigentumsrechte bestehe; sie erkannten zwar das päpstliche Besitzrecht an, kämpften aber weiterhin gegen die praktische Aufweichung bei der Güterbenutzung. In einer Zeit nachlassender Observanz schien die Olivi-Doktrin solche Vorgesetzte in ihrer Ernsthaftigkeit zu bestärken.

Dennoch gab es Schwierigkeiten. Keine Seite franziskanischen Lebens war gegenüber Veränderungen so anfällig wie die Einhaltung der Armut im Alltag. Wenn die Franziskaner ihre weltlichen Aufgaben erfüllen sollten, waren Dispensermächtigungen ebenso nötig wie die Diskretion der Vorgesetzten – das Gewissen durfte nicht überstrapaziert werden. Man konnte sich auf den Standpunkt stellen, daß der *usus pauper* diese Rechte der Vorgesetzten ungebührlich verletze. Hinter Olivi standen die Armutsfanatiker. Es war nicht klar, was sie aus dem *usus pauper* als einer Verpflichtung machen würden; daher gab es Gründe dafür, Olivis Doktrin nach den Worten einer Kritik als »gefährlich« anzusehen.[9] Die Kontroverse über diese Frage nahm an Heftigkeit immer mehr zu. Sie wurde verstärkt durch den ehrlichen Unwillen der Spiritualen gegen Mißbräuche in der Provinz sowie durch einen weiteren Umstand: Olivi war ein kühner Theoretiker, der in seinen scholastischen Schriften bedenkenlos Anschauungen von sich gab, die zum Teil auf Ockham hinführten und andere Franziskaner beunruhigten.[10] Schlichtere Gemüter verstanden oft nicht, worauf der Akademiker Olivi hinauswollte. Seine Ansichten über die Armut und strittige Punkte in seinen scholastischen Schriften wurden in einer internen Auseinandersetzung miteinander vermengt: fast zwei Jahrzehnte lang, bis zu seinem Tode im Jahre 1298 und danach noch bis zum Konzil von Vienne im Jahre 1312, strengten Ordensvorgesetzte und andere Scholastiker immer wieder Klagen wegen Ketzerei und Irrtum gegen ihn an, ohne daß es ihnen indessen gelang, seine endgültige Verurteilung durchzusetzen. Manches daran war einfach unfair – obwohl Olivi in einem bestimmten Stadium rehabilitiert und nach Florenz geschickt wurde, erlangte er infolge des Dissenses nicht die akademische Anerkennung, die er bei seiner Begabung verdient hätte, und beendete seine Laufbahn nur im Rang eines Lektors in Narbonne. Die akademische Kontroverse, deren gravierende Untertöne auf die Besonderheit dieses Ordens und die Art von Olivis Einfluß zurückzuführen waren, wirkte sich, wenn auch in kleinem Maßstab, ganz ähnlich aus wie die Streitigkeiten, die Anfang des 15. Jahrhunderts in Prag über der Lehre Wiclifs entstanden:[11] da die strittigen Fragen allzu lange unentschieden blieben, bildeten sich einander heftig befehdende Parteien und verwandelten schließlich den akademischen Konflikt in einen politischen Streit. Durch die Einrichtung des Dritten Ordens konnte die Auseinandersetzung, die primär ein Dissens unter den Franziskanern war, leicht auf die Laienwelt übergreifen. In den italienischen Provinzen scheint dies zwar nicht der Fall gewesen zu sein, im Midi jedoch wurden die Tertiarier in den Städten mit hineingezogen.

Dies lag zum Teil daran, daß ein Laienkreis, der sich auf Hugues de Digne gründete – in religiöser Hinsicht Olivis Ahnherr in der dortigen Gegend –, die Gewohnheit angenommen hatte, rigoristische Ansichten über die Armut mit joachimitischer Spekulation zu vermengen: Hugues hatte in der Mitte des Jahrhunderts in Hyères über die joachimitische Prophetie mit Laien – Notaren und anderen Leuten – diskutiert.[12] Olivi selbst wirkte wie ein Magnet, wenn dies auch sein umfangreiches Schrifttum nicht recht erkennen läßt, und tapfer ertrug er die Peinigungen, die man ihm zufügte. Auf ihn konzentrierten sich unter dem Einfluß der Franziskaner-Spiritualen die religiösen Gefühle der Tertiarier, die zusammenkamen, um die Messe zu hören und um sich für ihr persönliches Leben aus den Predigten und den volkstümlichen Abhandlungen, in denen die Glaubensansichten der Spiritualen eine große Rolle spielten, Mut zu holen. Diese Leute kamen zu der

Überzeugung, Olivi werde wie ein Märtyrer unrechtmäßig verfolgt, und die Auseinandersetzungen im Orden über die Frage der Armut kündigten das Ende aller Zeiten an. Ohne daß sie die akademischen Probleme verstanden hätten, waren sich diese Tertiarier oder noch ferner stehende, Beguins genannte Sympathisanten über die praktischen Auswirkungen der strittigen Armutsfrage, über den auf die Spiritualen ausgeübten Druck sowie über die heroische Kraft Olivis völlig im klaren. Der Joachimismus verschärfte in seiner mißverstandenen oder an die Lage der Franziskaner angepaßten Form die Spannung in diesen von Spiritualen geleiteten Laienkreisen und war die gefährlichste Einzelerscheinung in einem Mischmasch von Doktrinen, wie er sich in der Hitze der Verfolgungen und Auseinandersetzungen im Midi in den achtziger und neunziger Jahren bildete.

Der Joachimismus und das Entstehen einer Häresie

Die Art, in der Olivi seinen Einfluß und seine Denkweise über die Letzten Dinge geltend machte, bleibt in seinem Werk höchst verdächtig, aber auch verschwommen. Sein Interesse an eschatologischen Fragen wurde hauptsächlich von Joachim von Fiore geweckt, einem Verfasser prophetischen Schrifttums aus Kalabrien, der unter dem Pontifikat Innozenz' III. starb, nachdem er sein Leben damit verbracht hatte, über den durch Meditation aus der Heiligen Schrift erkennbaren Geschichtsplan nachzugrübeln.[13] Drei Päpste – Lucius III., Urban III. und Clemens III. – hatten ihn in seiner exegetischen Tätigkeit bestärkt[14], und obgleich sein Einfluß durch die Verdammung eines trinitarischen *libellus* auf dem vierten Laterankonzil eingedämmt wurde, blieben seine Ideen über die Geschichte und die Zukunft gänzlich unangefochten und übten das ganze 13. Jahrhundert hindurch direkt und indirekt große Wirkung aus.

Besonders Mitglieder religiöser Orden fühlten sich von Joachims Gedanken über ein künftiges Drittes Zeitalter des Heiligen Geistes angesprochen. Wenn er auch stets gelehrte Zurückhaltung wahrte und sich nicht auf ein genaues Datum für das Ende der gegenwärtigen Ordnung der Dinge festlegte, noch gar im einzelnen die Lebensumstände im Dritten Zeitalter des Geistes beschrieb, so lebte Joachim dennoch in einem beständigen Erwartungszustand – »Für mich kann es jederzeit und überall eintreten«, so sagte er – und in seinen Schriften hinterließ er den Geistlichen eine überzeugende Reihe von Metaphern, Symbolen und Schriftparallelen für ihre apokalyptische Spekulation.[15] Sein Diagramm des Geschichtsablaufs, welches entweder von ihm persönlich oder unter seinem Einfluß im *Liber figurarum* (um 1200) erstellt wurde, kann besser als eine ins einzelne gehende Darlegung deutlich machen, worauf seine Wirkung beruhte.[16] In der Mitte er-

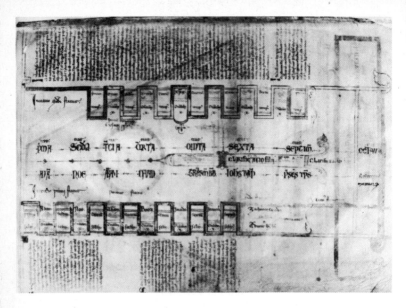

VIII Das Dritte Zeitalter des Geistes: die sieben »etates« der Welt

kennt man die Trompete der Apokalypse (»und ich ward im Geist (verzückt) ... und hörte hinter mir eine mächtige Stimme wie die einer Posaune. Die sprach: ... ›Ich bin es, der Erste und der Letzte ...‹«).[17] Sie ertönt im Dritten Zeitalter des Heiligen Geistes, das unterhalb der Trompete als *tertius status* angegeben ist, und führt das geistliche Verstehen herbei, welches für das Zeitalter des Geistes charakteristisch ist. Die Menschheitsgeschichte mündet aus in den Zustand der Erleuchtung, den Höhepunkt des irdischen Lebens. Ganz links auf dem Diagramm beginnt ein der ersten Person der Dreifaltigkeit entsprechender *status* mit der *initiatio primi status* – er wird durch Adam, den Prototyp der Verheirateten, charakterisiert; ein der zweiten Person der Dreifaltigkeit entsprechender zweiter *status* beginnt oben links auf dem Diagramm mit der *initiatio secundi status* – er ist gekennzeichnet durch die Regierungszeit Hoseas (»Ozias«), in welcher der Prophet Jesaja auftrat, der Prototyp der Geistlichen. Die Menschheit befindet sich am Vorabend der Morgendämmerung zum Dritten Zeitalter, für welches ein neuer Mönchsorden typisch ist – die Worte *presens tempus* kann man unterhalb des Trompetentrichters erkennen, noch im Zeitalter der Verherrlichung des Sohnes (im Diagramm *clarificatio filii*). Die verschiedenen *status* sind nicht streng voneinander getrennt; Joachim versteht sie eher im Sinne von Stafettenläufern bei einem Wettlauf: zu einem bestimmten Zeitpunkt bereitet sich der Läufer

Franziskaner-Spirituale – Joachimiten 277

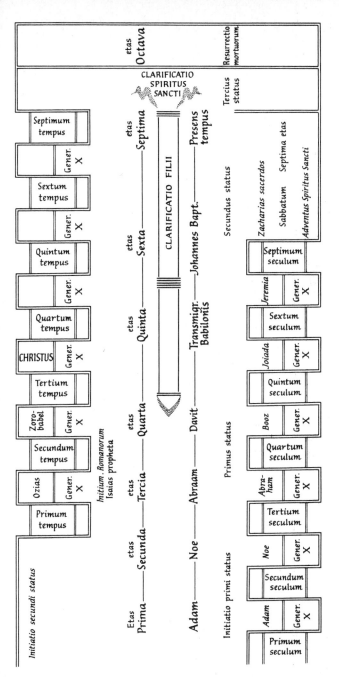

Das Dritte Zeitalter des Geistes: die sieben »etates« der Welt
(aus Il libro, Hrsg. Tondelli, Reeves, Hirsch-Reich)

auf die Übergabe der Stafette vor, und die beiden Läufer laufen nebeneinander her, bevor sie den Stab übergeben.[18] Ein Herold des Dritten Zeitalters sei sozusagen schon in Gestalt des hl. Benedikts von Nursia, des Begründers des Mönchtums, erschienen; der neue, noch bevorstehende Mönchsorden aber, der das Dritte Zeitalter markiere, werde zum Vermittler des neuen geistlichen Verstehens.

Joachim wußte nicht genau, welcher dieser Orden sein würde: so wie Marjorie Reeves ihn in unserer Zeit interpretiert, tat er gleich Mose einen Blick ins gelobte Land, konnte es aber selbst nicht betreten.[19] Jenem neuen Orden anzugehören war eine große Verlockung; daher ist es kaum verwunderlich, daß nach Joachims Zeit Angehörige verschiedener Orden glaubten, das geistliche Verständnis des neuen Zeitalters sollte gerade ihrer Vereinigung zuteil werden. Die Bettelbrüder waren kraft ihres Bewußtseins, daß sie die Erneuerung brächten, natürliche Kandidaten, und alsbald bildete sich die Legende, Joachim habe in der Tat nicht einen, sondern zwei Orden im Auge gehabt und habe in seinem Entwurf die Gewohnheiten der beiden Hauptorden, der Dominikaner und Franziskaner, benutzt.[20] Aber von allen Gruppen, die sich von Joachim angesprochen fühlten, waren die Franziskaner am ehesten betroffen.[21]

Einige der Gründe für die Anziehungskraft von Joachims Ideen kann man aus dem Diagramm erahnen. Einer von ihnen beruht auf der beständigen Naherwartung des Weltendes, das man daraus zu erkennen glaubte, daß der Trompetentrichter dem Höhepunkt der Geschichte ganz nahe gerückt sei – man sieht ihn jenseits der Linie rechts von der Trompete. Zu der zu allen Zeiten faszinierenden Aufgabe, den Zeitpunkt der Letzten Dinge zu berechnen, trug Joachim mit seinem geistigen Ruf sowie mit einer Methode bei, die allen damaligen Forschern in der Heiligen Schrift vertraut war: daß das Alte Testament Parallelen und prophetische Hinweise auf das Neue enthalte, war allseits bekannt; Joachim hatte darüber hinaus eine Methode entwickelt, die Benutzung von Schriftparallelen auszuweiten; das zu einer Zeit, da der innere Schriftsinn, anders als der wörtliche Sinn, von großer Wichtigkeit war, da man durch ihn einen Schlüssel zum Verständnis der Zeit nach dem Neuen Testament bekam. So wie es eine Übereinstimmung zwischen dem Ablauf der Geschehnisse im Alten und im Neuen Testament gab, gebe es auch eine Übereinstimmung zwischen den in der Heiligen Schrift beschriebenen Geschehnissen und jenen, die nach der Abfassung des Neuen Testaments eingetreten seien; darum arbeitete Joachim unermüdlich daran, nach den herkömmlichen exegetischen Grundsätzen[22] die Rätsel der Zukunft zu lösen.

Die Kunst bestand im wesentlichen darin, daß man die Schlüsselfiguren und die richtungsweisenden Ereignisse in ihrer zahlenmäßigen

Aufeinanderfolge erkannte – diese lieferte die Parallelen, mit deren Hilfe man den planmäßigen Ablauf der Zeit erfassen und bestimmen konnte, wann man sich dem Weltende näherte. Wie es sich bei solchen Spekulationen von selbst versteht, läßt sich jede Enttäuschung in der Voraussage leicht überwinden. Es braucht nur die Berechnungsgrundlage verändert zu werden, während das Prinzip unangetastet bleibt, und der Leser der Prophezeiungen stellt sich auf ein neues Datum ein.[23] Ein solcher Zeitpunkt war das Jahr 1260: in Italien veranstalteten die Geißler plötzlich ungewöhnlich viele Bußprozessionen, eine Bewegung, die sich über die Alpen bis nach Deutschland und Polen ausdehnte; aber das Jahr ging vorüber, ohne daß sich etwas Übernatürliches ereignet hätte.[24] Der Brennpunkt der Erwartung verlagerte sich – 1290 wurde jetzt das kritische Jahr – und in der Folgezeit fanden weitere Verschiebungen statt. So ging es das ganze Mittelalter hindurch, so lange wie die joachimitische Berechnungsmethode die Grundlage für die Prophezeiungen blieb.

Die Franziskaner hatten dank ihrer Schulung in der Schriftexegese und im Predigen eine Vorliebe für lebhafte Symbolik und Anekdoten und waren daher in besonderem Maße an Joachims reichem Vorrat von Parallelen und Symbolen interessiert. Die große Bedeutung, die alle Bettelbrüder der Gestalt des Franziskus beimaßen, und der früh ausgeprägte Sinn dafür, daß mit ihrem Orden etwas Neues, sichtlich von Gott Gesegnetes in der Welt erschienen sei, trug dazu bei, daß sich der Joachimismus in verschiedenen Formen unter den Franziskanern verbreitete und daß einige Autoren die Rolle des neuen Ordens im Dritten Zeitalter mit der ihres eigenen in Verbindung brachten. Es wurde unter franziskanischen Autoren sogar üblich, Franziskus mit dem Engel des sechsten Siegels aus der Offenbarung, der nach joachimitischer Hypothese der Herold der neuen Zeit war, zu identifizieren.[25] Die Anziehungskraft des Joachimismus reichte von einer unverbindlichen Verwendung seiner Symbole bei einer Art geistvollem Gedankenspiel bis zu einem tiefen gedanklichen Engagement, aus dem sich das religiöse Leben speiste.

Mit der Zeit wurden Joachims eigene Anschauungen umgeformt. Über die Armut in seinem neuen Orden des Dritten Zeitalters hatte er recht wenig ausgesagt. Da jedoch dieser Aspekt religiösen Lebens für Franziskaner von entscheidender Bedeutung war, wurde er in ihren Versionen seines Werkes das wichtigste Kennzeichen. Joachim hatte eine Zunahme von Verfolgungen als unmittelbares Vorzeichen für den Anbruch des Dritten Zeitalters vorausgesagt. Der Antichrist in zweifacher Gestalt, einer kurz vor dem Dritten Zeitalter, der andere am Ende, gehöre zu den Verfolgungen, welche die Wiederkunft Christi und das Ende der Menschheitsgeschichte ankündigten.[26] Das Vor-

dringen des Islams unter Saladin war für ihn ein Anzeichen dafür, daß
sein Drittes Zeitalter nicht mehr fern sei: in ihm sah er das notwendige
Anwachsen des Drucks auf die Kirche. Es war für Joachim als einen
apokalyptischen Schriftsteller charakteristisch, daß er die Zeitereignisse im Gesamtrahmen der Geschichte sah. Deshalb fungiert auf dem
Diagramm des apokalyptischen Drachens im *Liber figurarum* (Tafel
Nr. 5) Saladin als ein Haupt in einer Folge, die bis zu Herodes zurückreicht. Das andere, pseudo-joachimitische Diagramm (Tafel Nr. 6)
macht sowohl deutlich, wie sich die joachimitische Prophetie anpaßte,
als auch, wie sie zurücktreten konnte, um in einem bestimmten Zeitzusammenhang den herrschenden Vorstellungen rechtzeitig zu genügen.[27] In diesem Beispiel hat sich der Drache in einen Raubvogel verwandelt: damals nahmen die Kaiser des Heiligen Römischen Reiches
eine wichtige Stellung auf der Seite des Bösen ein – Heinrich VI. und
Friedrich II. befanden sich unter seinen Häuptern, von denen das siebte, größer als alle übrigen, dasjenige Friedrichs ist. Der Text bezieht
sich eindeutig auf Friedrich II. und seine Nachfolger *(cum successione
sua)* als den Antichrist. So wird die große Auseinandersetzung zwischen dem Papsttum und den Hohenstaufen als Vorspiel zum Anbruch des Dritten Zeitalters gesehen. Im Gegensatz dazu beläßt die auf
Joachim selbst zurückgehende Zeichnung das letzte Haupt anonym –
dies ist der in Joachims Schriften vorkommende Antichrist, dessen Erscheinen in der Geschichte noch bevorsteht. Das Diagramm vermittelt
nur eine gemäßigte Form der Anpassung – es mag hier für die mannigfache Verwendung und den Mißbrauch joachimitischer Ideen stehen.

Guglielma und Dolcino

Schlimmere Entstellungen Joachims traten außerhalb des Franziskanerordens auf, unter Menschen ohne wissenschaftliche Ausbildung, die Gedanken aus original joachimitischen und aus pseudojoachimitischen Texten allem Anschein nach mündlich weitergaben.
In Mailand wurden die Gebeine einer gewissen Guglielma, die 1281
verstorben war, wieder ausgegraben und von der Inquisition im Jahre
1300 verbrannt, als herauskam, daß sie in einem Mailänder Kreise von
Eingeweihten als Inkarnation des Heiligen Geistes verehrt wurde.[28]
Der relativ harmlose, wenn auch einfältige Gedanke an einen engelhaften Papst[29], der binnen kurzem erscheinen werde, um die Kirche zu
reinigen, nahm in diesem Kreise, zu dem wohl nicht mehr als dreißig
Leute, darunter einige Reiche, gehörten, seltsame Formen an: sie
glaubten, Manfreda, eine Frau aus ihrer Mitte, sei dieser Papst; sie
werde die Juden und Sarazenen bekehren und ein neues Zeitalter einleiten. In ihrer Begleitung befänden sich weibliche Kardinäle. Die

IX Der siebenköpfige Drache

vorhandenen Evangelien würden durch vier neue, unter Anleitung des Heiligen Geistes geschriebene, ersetzt.

Mit Guglielmas Nachfolgern konnte man leicht fertig werden. Die Apostolischen Brüder jedoch, eine Vereinigung, die Gerardo Segarelli

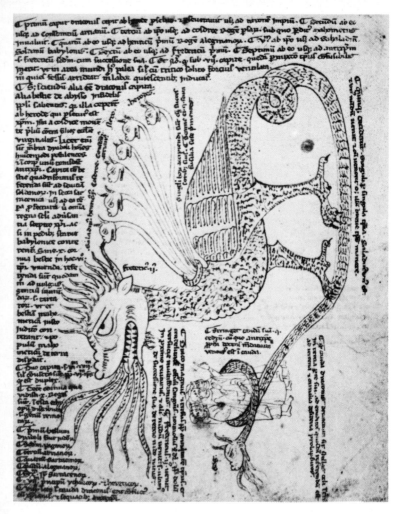

X Ein entarteter Drache

1260 in Parma gegründet hatte – also in jenem Jahr, in dem die Geißlerbewegung ausbrach und das eines der entscheidenden Daten in der joachimitischen Prophetie darstellt –, waren widerstandsfähiger und hatten einen überraschend weiten Einflußbereich.[30] Dem Chronisten Salimbene zufolge hatte man Segarelli die Aufnahme in den Franziskanerorden zu Parma verweigert. Er war ein einfacher Mann ohne gelehrte Bildung, aber es ging von ihm die Kraft einer besonderen Persönlichkeit aus. Er sammelte eine Gruppe von Leuten um sich, die wie er selbst eine höchst unmittelbare und wörtliche Nachahmung des apostolischen Lebens praktizierten – was die Franziskaner in Verlegenheit setzte, wie Salimbenes feindselige Berichterstattung erkennen läßt. Im ganz wörtlichen Sinne sorgten sie nicht für den morgigen Tag, erbettelten sich nur das Nötigste zum Leben, um es dann auf der Stelle zu verzehren, hatten nur ein einziges Gewand, wohingegen die Franziskanerregel deren zwei gestattete; sie veranstalteten Demonstrationen, bei denen sie ihr Gewand auszogen, um es erneut unter sich zu verteilen, damit jedermann deutlich wurde, wie gänzlich frei sie von jeglichem persönlichen Eigentum waren, und nannten sich nicht *minores* wie der offizielle Orden, sondern *minimi*.[31] Sie überdauerten und fanden beim Volke Anklang, weil sie das franziskanische Ideal bis zum Exzeß und zur Abgötterei mit einer Härte verwirklichten, die der Mehrheit der Bettelbrüder des 13. Jahrhunderts unbekannt war. In Parma fanden sie Unterstützung: der Bischof unternahm in den ersten Jahren nichts gegen sie. Aber das Konzil von Lyon verhängte 1274 den Bann über nicht autorisierte Orden; 1285 bannte Honorius IV. sie ausdrücklich; in den neunziger Jahren wurden gegen einzelne Ordensmitglieder Ketzerverfahren angestrengt. Segarelli, der zunächst zur Kerkerhaft verurteilt worden war, wurde im Jahre 1300 verbrannt. Die Ketzerverfahren des Jahres 1299 in Bologna vermitteln uns eine Vorstellung von einer Gruppe, die zwar noch nicht im ausgesprochenen Gegensatz zur Kirche stand[32], jedoch ihren Ungehorsam damit rechtfertigte, daß sie selbst durch Praktizieren der Armut einen Status der Vollkommenheit erreiche, wie er in der Urkirche geherrscht habe. Die Päpste der nachkonstantinischen Kirche – die ja die Armut der Urkirche aufgegeben hatte – besaßen nach ihrer Meinung kein Recht, sie zur Aufgabe ihrer Lebensweise zu zwingen.

Die Sekte ersetzte ihren Führer Segarelli durch Dolcino, den natürlichen Sohn eines Priesters aus der Diözese Novara, der sich etwas Bildung angeeignet hatte; danach nahm sie stärker häretische Züge an und beantwortete den Druck der Inquisition mit Gewalt. Im Jahre 1300 gab Dolcino ein Manifest heraus, in welchem er für sich selbst die unmittelbare Erleuchtung durch den Heiligen Geist und für die von ihm geführten Apostolischen eine entscheidende Rolle in einem bevorstehenden neuen Zeitalter beanspruchte. An Stelle der drei joachimitischen *status* forderte er deren vier: zu dem ersten gehörten die Patriarchen und Propheten des Alten Testaments, ein zweiter wurde von Christus und den Aposteln eingeleitet und dauerte bis zur Zeit Konstantins an, ein dritter, der sich gerade seinem Ende näherte, herrschte seit Konstantin, ein vierter aber stand noch bevor – in ihm sollte das wahre apostolische Leben seiner Gruppe den Ton angeben; und von den vier *mutationes,* mit denen die einzelnen *status* begannen, war die letzte durch Gerardo Segarelli eingeleitet worden. Die Überzeugung, daß das apostolische Leben, wie Dolcinos Gruppe es im Gegensatz zu allen anderen beachtete, maßgebliche Bedeutung habe, hatte logischerweise zur Folge, daß man in Joachims Plan einen vierten *status* einführte, um ihm einen geziemenden Platz anzuweisen.[33] Selbst Franziskus nimmt im Vergleich zu den Führern der Apostolischen eine abgeschwächte Position ein. Man gesteht ihm nicht einmal die Rolle eines »Vorläufers« des neuen, kurz bevorstehenden *status* zu; denn die Lebensweise der Apostolischen war nach ihrer Meinung wegen ihrer strikteren Einhaltung der Armut des hl. Franziskus und des hl. Dominikus überlegen. Der bestehenden Kirche wurde bei Anbruch des neuen Zeitalters ein dramatisches Schicksal vorausgesagt: der Papst, die Prälaten, die Geistlichen und die Mönche sollten bis auf einen reuigen Rest innerhalb von drei Jahren durch einen neuen Kaiser – Friedrich, den König von Sizilien, der den Feldzügen des Papstes und des Hauses Anjou erfolgreich widerstanden hatte – ausgerottet werden; dann würde der heilige Papst erscheinen und mit ihm alle Segnungen des neuen Zeitalters. Diese überspannte Darstellung gipfelt in einem Abschnitt, in dem Dolcino die sieben Engel und die sieben Kirchen der Apokalypse für sein Geschichtsbild bemüht und worin Segarelli der Engel von Smyrna und er selbst der von Thyatira ist. In einem zweiten Manifest vom Dezember des Jahres 1303 bekamen unerfüllte Prophezeiungen eine neue den Zeitumständen entsprechende Fassung, und dasselbe wiederholte sich noch einmal in einem Manifest vom Ende des Jahres 1304, welches uns allerdings nicht erhalten geblieben ist.

Das Vertrauen auf Dolcino ließ jedoch nicht nach; einige behaupteten sogar, er selbst würde der Papst des neuen Zeitalters sein. Im Jahre 1304 zog er sich in die Berge zwischen Vercelli und Novara zurück; seine Anhänger, Bauern aus der Umgebung und Apostolische, die aus größerer Entfernung herbeigeströmt waren, folgten ihm, zogen plündernd durch die Gegend und leisteten den Soldaten der Kirche heftigen Widerstand. Anführer der Ghibellinen, mit denen er auf geheimnisvolle Weise in Verbindung stand[34], bestärkten ihn möglicherweise, und zweifellos wurden sie durch die Unterdrückungsmaßnahmen der Inquisition zu gewalttätigen Gegenmaßnahmen aufgestachelt; außerdem machte sie die Armut der Bauern in der Nähe seiner Zufluchtsstätte im Gebirge für seine Lehre empfänglich. Aber die Tatsache, daß sich eine zwar überspannte, doch im Grunde ungefährliche Bewegung[35] unter Dolcino sehr schnell in einen gewalttätigen Aufruhr verwandelte, ist in erster Linie dem Einfluß derer zuzuschreiben, denen die pseudo-joachimitischen Ideen vom neuen Zeitalter zu Kopf gestiegen waren. Mehr als eine kriegerische Unternehmung sowie ein besonderer Ablaß für Kreuzfahrer waren erforderlich, bevor Dolcino im Jahre 1307 festgenommen und verbrannt und seine Anhänger vernichtet werden konnten; aber selbst dann noch überdauerten manche ihren Anführer und das Nichteintreten seiner Prophezeiungen.

Im Franziskanerorden selbst gab es lange vor diesen Ereignissen, nämlich 1254, einen Skandal, der die Gefahren des dritten *status* sichtbar machte – den Skandal um das Ewige Evangelium. Die ungelöste Frage, die sich aus Joachims Gedankengebäude ergab, war: Was bedeutete der Übergang vom zweiten zum dritten *status*? Besagte er, daß die gegenwärtige Hierarchie und die Sakramente abgeschafft würden, ebenso wie die Ankunft Christi und seine Stiftung der christlichen Kirche die Synagoge und das Gesetz des Alten Testaments abgelöst hatten? Für Joachim war diese Deutung niemals in Frage gekommen. Mit seiner eher dichterischen und künstlerischen als dialektischen Begabung betrachtete er die Schriftparallelen und -präzedenzen wie ein Kaleidoskop von Bildern, das ständig in Bewegung war. Das Dreiersystem mit seinen Gefahren war stets begleitet von einem Zweiersystem, das für die zwei göttlichen Fügungen des Gesetzes und der Gnade stand sowie der zwei Äonen, desjenigen vor und desjenigen nach Christus, welcher bis zum Ende aller Zeiten andauern würde.[36] Im *Liber figurarum* werden die Worte »Ende des Neuen Testaments« in den Diagrammen niemals in Verbindung gebracht mit dem Übergang vom zweiten zum dritten *status,* sondern nur mit der Vollendung des orthodoxen Zweiersystems. Die veränderten Lebensbedingungen im dritten *status* brachten höchstens eine Erneuerung von vorhandenen Trends im zweiten *status* mit sich, nicht hingegen einen revolutionären Wechsel in der Institution. Was auch immer Joachims Ansichten gewesen sein mögen – der ganze Tenor, in dem er den dritten *status* mit seiner Betonung der »geistlichen Menschen« und des neuen geistlichen Verstehens behandelte, konnte leicht dazu führen, daß man den Glauben an die gegenwärtige, sichtbare Ordnung mit ihrer Hierarchie, ihren Gesetzen und Sakramenten aufgab.

Im Jahre 1254 zeigte sich für alle Sachkundigen, worin die Gefahr lag: es erschien eine grobe Bearbeitung Joachims durch Gerhard von Borgo San Donino; er lehrte, Joachims drei Hauptwerke seien das Evangelium einer neuen Zeit, durch welche das Alte und das Neue Testament überholt seien.[37] Mit seiner Verdammung war die Phase der relativ sorglosen Benutzung von Joachims Werk beendet. Es folgten Widerlegungen seiner Theorie von den drei Zeitaltern. Aber damit konnte man den Joachimismus noch keineswegs als vollständig erledigt betrachten. Abgesehen von den drei *status* war in Joachims Werk sehr viel mehr enthalten von dem, was als verhängnisvolles Potential in den ersten Jahren nicht erkannt worden war; und verschiedene ganz und gar rechtgläubige Autoren machten auch weiterhin in scharfsinniger Weise Gebrauch von seinen Symbolen und Kategorien. Die Spiritualen jedoch hielten fest zu ihm; sie vereinigten ihre Armutslehre mit Joachims apokalyptischen Spekulationen, die anspruchsvoller als die des einfältigen Gerhard waren, aber dennoch letztlich auf die Ablösung der zeitgenössischen Kirche hinausliefen.

Von Johann von Parma und Hugues de Digne, den Führern der Franziskaner-Spiritualen in der Mitte des Jahrhunderts, ist uns kein authentischer Text joachimitischen Schrifttums erhalten, doch in Olivis *Lectura supra Apocalypsim* liegt uns ein größerer joachimitischer Text vor, der uns über die Art seines Einflusses im Süden Frankreichs Auskunft gibt.[38] In diesem Werk, welches erst gegen Ende seines Lebens vollendet wurde und wohl seine Betrachtungen über sein eigenes Leiden und das der Spiritualen widerspiegelt, paßt er Joachim rückhaltlos seiner eigenen Zeitsituation an. Wie in Joachims Originalwerk befand sich auch hier die Menschheit am Vorabend großer Ereignisse; er sah diese jedoch vorwiegend in der Art der zeitgenössischen franziskanischen Geschichtsschreibung. Der Initiator eines neuen Zeitalters war demnach der hl. Franziskus, und seine Regel war dessen Evangelium; vollkommenes geistliches Verstehen werde den wahren Schülern des Franziskus (d. h. den Spiritualen) zuteil, aber erst nach den Verfolgungen durch die fleischlich gesinnte Kirche, welche sich aus allen bösen Kräften der sichtbaren Kirche, besonders den Feinden der Armut und den Befürwortern heidnischer Gelehrsamkeit, den falschen Lehrern, zusammensetze. Auf eine Vertiefung des Leidens, verbunden mit dem Abfall vieler Christen, würden die Freuden des neuen Zeitalters folgen, das hier in Ausdrücken beschrieben wird, die denen Joachims sehr ähneln. Auf diese Weise wurde der Auseinandersetzung zwischen den Spiritualen und den Konventualen im Süden Frankreichs kosmische Bedeutung verliehen. Die Grundstruktur dieses Plans stammte zwar von Joachim, aber seine fluktuierende Symbolik hatte jetzt eine präzise historische Bedeutung bekommen. Die für das Dritte Zeitalter typischen Gefahren traten hier in intensivierter Form auf, weil man ihnen eine bestimmte historische Fassung gegeben hatte. Wie bei anderen Joachimiten lag das Problem auch bei diesem Werk in der Art der Beziehung zwischen einer hypothetischen, kurz bevorstehenden Epoche und den Institutionen und Gesetzen der zeitgenössischen Kirche. Wenn Olivi auch in diesem Punkte vorsichtig war und in der Kontroverse mit seinen eigenen Gesinnungsgenossen darauf bestand, daß man sich an die Befehle der rechtmäßigen Autorität in der Kirche halte und in der *Lectura* zwischen der fleischlichen Kirche als einer Reihe von bösen Kräften innerhalb der Kirche und der sichtbaren Kirche als Ganzem unterscheide, so konnte doch die Lehre, die er in diesem Werk vermittelte, sehr leicht zu Aufruhr und Ketzerei führen. Eine ähnlich subversive Wirkung ging davon aus, daß man die Krise unter den Franziskanern, die hier und anderenorts offenkundig war, in joachimitische Ausdrucksweise übertrug. In ihrer Besorgtheit darüber, daß die Observanz im Orden durch päpstliche Bullen und Kommentare zur Regel untergraben würde, beriefen sich die Spiritualen auf Franziskus' Testament, verlangten nach buchstäblicher Observanz und betrachteten die päpstliche »Klarstellung« mit Mißtrauen. Wie sollte man sich dazu einstellen, wenn die Regel wirklich das Evangelium einer neuen Epoche war und wenn Franziskus und seine Schüler sich mit ihr und mit dem Testament als mit dem Gewande Christi bekleidet hatten wie zu Beginn der christlichen Ära? – Aber war die Regel denn in der Tat über alle päpstliche Klarstellung und jeglichen Kommentar erhaben? – Doch was war, wenn die Verfolger der Spiritualen, ihre Vorgesetzten und die falschen Lehrer die Gefolgsleute des Antichrist waren? Konnten sie nicht etwa ihren Widerstand bis zum äußersten rechtfertigen? Gedanken dieser Art trugen dazu bei, daß eine disziplinarische Auseinandersetzung innerhalb eines religiösen Ordens die Ausmaße eines dogmatischen Streits annahm. Überdies verlieh der Joachimismus dem bedrängten Dasein der Spiritualen einen tieferen Sinn. Die Gewißheit ihres endgültigen Sieges wirkte sich so aus, daß sie sowohl Mut und Kraft zum Widerstand bekamen als auch sich bestätigt fanden in einer gewissen Zügellosigkeit und Rücksichtslosigkeit ihres Verhaltens, so daß schließlich die Kluft zwischen den Spiritualen und vielen ihrer Vorgesetzten unüberbrückbar wurde. Wenn es auch in der Entwicklung von Joachim bis zu Olivi nicht bis zur eigentlichen Ketzerei kam, so stand man doch dicht davor – in der Entwicklung des Joachimismus und der Gedanken der Spiritualen über die Armut, so wie sie unter einfacheren Brüdern und Tertiariern im Gefolge Olivis im Midi verbreitet waren, verfiel man dann allerdings in die wahre Ketzerei.

Begarden und volkstümliche Ketzerei

In seiner *Lectura* zog Olivi aus den Ankündigungen der bevorstehenden Verfolgung keine weiteren Schlüsse, als daß die Spiritualen in ihrem Leiden Geduld zeigen müßten. Seine Kommentare zur Apokalypse erteilte er mit Vorsicht als mögliche, aber keineswegs gewisse Zukunftsdeutungen, und obgleich er Joachims Ahnung, daß der mystische Antichrist im Bereich der Kirche zu finden sein werde, in starkem Maße weiterentwickelte und sogar vom Erscheinen eines Pseudo-Papstes sprach, identifizierte er niemals lebende Personen als Schlüsselfiguren in seinen Prophezeiungen. In seinen erbaulichen Schriften für das Volk, die kürzlich von Manselli herausgegeben worden sind[39], ermahnt er seine Anhänger zu einem tugendhaften Leben ganz auf der traditionellen Linie franziskanischer Frömmigkeit. Nur wenn er erwähnt, daß es notwendig sei, beim Herannahen der Endzeit wachsam zu sein, verrät er sein eigentliches Anliegen.

In der Zeit zwischen 1299 und 1304 legte einer seiner lokalen Anhänger, der Bruder Matthäus de Bosicis, der sich im Jahre 1299 mit fünf Begarden und dreizehn Frauen auf den Weg nach Rom gemacht hatte, wobei er Olivis Werke mitnahm, ein Glaubensbekenntnis ab, zweifellos als Folge des Verdachtes, der sich damals gegen die Spiritualen-Bewegung ausbreitete; seine Worte verrieten sowohl, daß er ein schlichter Anhänger Olivis und seiner Lehre war als auch, daß er sich an völlig orthodoxe Glaubenssätze über die Notwendigkeit zum Gehorsam und das Wesen der sichtbaren Kirche hielt.[40] Aber übte Matthäus bei seinem Bekenntnis »Sparsamkeit« und enthüllte nicht alle seine Gedanken?[41] Daß die Besorgnis über Olivis Umgang mit seinen Anhängern begründet war, erhellt aus jener scheinbar nebensächlichen Stelle, wo er über den Augenblick spricht, als man Christus am Kreuz den Speer in die Seite stieß. Dies geschah vor, nicht nach seinem Tode, so sagte er. Das entsprach jedoch nicht dem, was der Vulgata-Text aussagte. Olivis Grund, die Stelle zu verändern, war unter anderem die Vision eines Zeitgenossen, die er gegen die Heilige Schrift geltend machte. Bei den Anhängern des *usus pauper* wurde der Glaubenssatz von der Speerwunde wie die Lehre eines Meisters behandelt, die man mit Verehrung anzunehmen hatte. Diese Angelegenheit vermittelt uns eine Vorstellung von einem anderen, verschwommenen und visionären Olivi, wie er sich in seinen Schriften gewöhnlich nicht zeigt.[42]

Die kirchlichen Behörden hielten seinen Einfluß beim Volke für verderblich. Obwohl sie vorwiegend die wichtige Auseinandersetzung um Olivis scholastische Ansichten und den *usus pauper* beschäftigte, wiesen sie von Zeit zu Zeit auf den volkstümlichen Hintergrund in der Ordensprovinz hin. Im Jahre 1285 wurde er als Haupt einer »abergläubischen Sekte« angeklagt; 1299 warnte ihn ein Provinzialkonzil vor Zügellosigkeiten; 1311 stellte man eine Untersuchung seines Werkes über die Apokalypse an und erhob dessentwegen Klage.

Es war tragisch, daß die Beilegung des Konflikts mit der Spiritualenbewegung so lange hinausgeschoben wurde. Eine Behandlung mit den üblichen Disziplinarmaßnahmen innerhalb des Ordens konnte deswegen nicht funktionieren, weil besonders im Midi Ordensvorgesetzte, die sie durchzuführen versuchten, selbst voreingenommen waren und Mißbrauch trieben. Unter den Brüdern herrschte noch immer zuviel Idealismus, und unter den Sympathisanten außerhalb des Ordens, den Klerikern und Laien, dachte man allzu ähnlich, als daß eine lokale Unterdrückung hätte durchgeführt werden können, ohne Beschwerden oder öffentliches Aufsehen zu verursachen. Mochten die

1 Bogomilengrab in der Herzegowina

2 Bogomilengräber in der Herzegowina;
links: Stein mit Menschensymbolen,
rechts: Stein mit Lichtkreuz und Symbol des Lebensbaumes

3 Kutte des hl. Franziskus von Assisi, ähnlich den Gewändern
   der Humiliaten aus ungefärbter Wolle
   Kloster San Francesco, Assisi

4 Papst Alexander III., Ausschnitt aus einem Fresko im Palazzo Pubblico von Spinello Aretino, 2. Hälfte 14. Jh.

5   Papst Innozenz III., Fresko im Kloster San Benedetto
    (auch Sacro Speco) bei Subiaco, 13. Jh.

6 Hl. Franziskus von Assisi, Fresko in der Kapelle San Gregorio, Kloster San Benedetto (auch Sacro Speco) bei Subiaco, 13. Jh.

7 Hl. Dominikus, Gemälde eines unbekannten Meisters, 13./14. Jh., Ausschnitt. Museo e Gallerie Nazionali di Capodimonte, Neapel

8 Der hl. Dominikus überwacht die Feuerprobe für häretische Schriften, Gemälde von Pedro Berruguete, 1480/90. Prado, Madrid

9 Papst Honorius III., Ausschnitt aus einem Fresko in der Oberkirche des Klosters San Francesco in Assisi von Giotto di Bondone, um 1220/30

10 *Ketzergericht des hl. Dominikus,
Gemälde von Pedro Berruguete, um 1480/90. Prado, Madrid*

11 Der Fisch als Symbol für Christus, in den Felsen geritzte Zeichnung in der Höhle von Ornolac bei Ussat, Dep. Ariège

12/13 Siegel der Grafen Raymond VI. und Raymond VII. von Toulouse
Archives Nationales, Paris

14 Mittelalterliche Stadtbefestigung von Carcassonne

15   Belagerung einer Stadt, Steinrelief in der Kathedrale
     von Carcassonne, 11. Jh. (?)

16   Stürmende Ritter, Teilstück einer Kassettendecke, 12. Jh. (?)
     Musées de la Ville, Narbonne

17 Schloß Queribus, höchstgelegener Zufluchtsort der Katharer

18 Papst Bonifaz VIII., Grabmal in den Grotte Vaticane
von Arnolfo di Cambio, um 1300

19 Ruinen der Waldensersiedlung bei L'Argentière-la-Bessée
    am Eingang des Tales von Vallouise

20 Papst Johannes XXII., Münze
Biblioteca Vaticana, Gabinetto numismatico, Rom

21 Philipp IV., der Schöne, mit seiner Familie,
französische Buchmalerei, Anfang 17. Jh., Detail
Bibliothèque Nationale, Paris

22 Siegel der Tempelritter an einer Urkunde von 1167, Vorderseite
    Bayerisches Hauptstaatsarchiv, München

23 Siegel der Tempelritter an einer Urkunde von 1167, Rückseite
    Bayerisches Hauptstaatsarchiv, München

24/25 Beginenhof in Brügge

26 Beginenhof in Courtrai

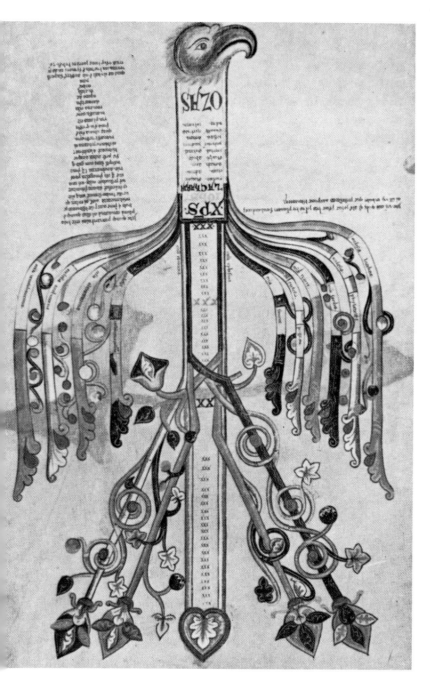

27 Illustration aus dem Liber Figurarum
des Joachim von Fiore

28 Eremitenhöhle bei Assisi

*29 John Wiclif (Wyclif),
Stich von Henrik I. Hondius d. Älteren, 16. Jh.
Kupferstichkabinett, Dresden*

30 Jan Hus, Zeichnung eines unbekannten Meisters
aus der Sammlung Arras

31 König Wenzel IV. von Böhmen, Votivtafel des
Erzbischofs Očko von Vlaším, böhmischer Meister, 15. Jh.
Standort unbekannt

32 Kaiser Sigismund, Gemälde von Konrad Laib (?), um 1430
Kunsthistorisches Museum, Wien

33 Konzil von Konstanz,
Chronik des Ulrich von Richenthal, Anfang 15. Jh.
Nationalbibliothek der Universität, Prag

34 Verbrennung des Jan Hus,
Chronik des Ulrich von Richenthal, Anfang 15. Jh.
Universitätsbibliothek, Basel

5 Hieronymus von Prag, Anhänger von Hus, auf dem Weg zum Scheiterhaufen,
Chronik des Ulrich von Richenthal, Anfang 15. Jh.
Landesbibliothek St. Georgen, Karlsruhe

36 Jan Žižka, Hussitenführer
Stich eines unbekannten Meisters
Bibliothèque Nationale, Paris

Spiritualen noch so viele Fehler haben – sie zeichneten sich immerhin durch das authentische Merkmal der Liebe zur Armut aus; dies aber verband sie mit dem hl. Franziskus und gewann ihnen die Herzen. Gleichzeitig jedoch gab es sowohl in Italien als auch im Midi aus dogmatischem Anlaß wirklich Grund zur Besorgnis über den Einfluß joachimitischer Gedanken, die Starrheit und mangelnde Ausgewogenheit in den Ansichten der Spiritualen über die Armut sowie wegen der übertriebenen Bedeutung, welche die Rigoristen ihren führenden Männern, vor allem Olivi, beimaßen. Keine der beiden Seiten konnte ihre Ansichten durchsetzen; das führte dazu, daß diese im Verlaufe der Auseinandersetzung immer extremer wurden. In dem Maße, wie die Dispute sich fortsetzten, zuerst innerhalb des Ordens, dann am päpstlichen Hofe und beim Konzil zu Vienne, schwand auch die Geduld dahin, und die Spiritualen und Begarden wurden immer mehr von der Überspanntheit der Joachimiten angesteckt. Der mitfühlende, aber schwache Clemens V. packte die Schwierigkeiten niemals energisch an: er entfernte zwar einige der schlimmsten Ordensvorgesetzten aus dem Amt und gebot der Verfolgung Einhalt, führte jedoch keine tragbare Beilegung des Konflikts herbei.[43] Dann verdüsterte sich die gesamte Lage für die Spiritualen, als in den Jahren 1314 bis 1316 zufällig gleichzeitig sowohl der päpstliche Stuhl als auch das Generalat vakant waren. Dadurch fehlte die zentrale Aufsicht, und die Verfolgung wurde wieder aufgenommen. Das Erwecken von Hoffnungen, die dann wieder zerstört wurden, und schließlich erneute Verfolgung forderten krasse Ketzerei heraus. Die Identifizierung der fleischlich gesinnten mit der sichtbaren Kirche, die sich gegen sie gekehrt zu haben schien, ließ sie in einzelnen Päpsten und Kirchenvertretern die bösen Gestalten joachimitischer Prophetie erblicken.

Die feinen Unterscheidungslinien in Olivis Werk über die Apokalypse wurden endlich gezogen: es war nicht zu erwarten, daß unausgebildete Tertiarier diese Aufgabe weiterhin übernehmen und sich dabei an die Grenzen der Rechtgläubigkeit halten würden, wenn sie sahen, wie Olivis Ansehen geschädigt wurde, und von den Grausamkeiten hörten, welche die Vorgesetzten der Konventualen begingen. Dies wurde natürlich erst recht nicht anders, als Olivi 1298 starb. Wenn seine Lehre auch zweideutig war, so hatte er doch immerhin das wildeste Ungestüm gezügelt. Nach seinem Tode wurden seine Lehren der Mittelpunkt eines Kults für einen nicht kanonisierten Heiligen: man beging seinen Todestag als Feiertag, Wallfahrten zu seinem Grabe bewirkten Bekehrungen zur Bewegung der Spiritualen, joachimitische Interpretation machte ihn zum Engel des siebten Siegels, dessen Antlitz wie die Sonne leuchtete.[44] Der Joachimismus spannte die Erwartungen hoch und forderte eine Krisenstimmung heraus. Verstiegene

Ansichten erreichten beträchtliche Ausmaße: am Abschluß einer Reihe von Verfolgungen im Jahre 1325 erklärte ein Weber namens Wilhelm Ademarii, ein Begarde aus Narbonne, einem Inquisitor, Olivi habe ein Werk über die Apokalypse verfaßt, welches so wunderbar sei, daß, wenn die Köpfe aller Menschen zu einem einzigen Kopf vereinigt wären, dieser es nicht hätte vollbringen können, es sei denn, der Heilige Geist selbst habe es bewirkt, und es würde die Sarazenen zum Glauben der Römischen Kirche bekehren – welches ja eines von den Ereignissen war, die den Beginn der neuen Epoche anzeigen sollten.[45]

Auf diese Art entwickelte sich im Midi eine Volkshäresie in den ersten zwei Jahrzehnten des 14. Jahrhunderts. Sie griff von den Brüdern der Spiritualen auf die Tertiarier über, die unter ihrem Einfluß standen, sowie auf gleichgesinnte säkulare Geistliche und fördernde Laienmitglieder in den Städten. Das betroffene Gebiet grenzte an früher von Katharern verseuchte Regionen, stimmte auch zu einem gewissen Grade mit ihnen überein, aber der Einfluß war gänzlich verschiedenen Ursprungs. Olivi und seine Anhänger standen in klarem Gegensatz sowohl zu den Katharern als auch zu den Waldensern – in ihnen sahen sie Gefolgsleute des Antichrist, und es gibt kaum Anzeichen dafür, daß sich die Lehre des Katharismus und die Häresie der Spiritualen gegenseitig durchdrungen hätten.[46] Im übrigen lagen die alten Zentren des Katharismus weiter westlich, wohingegen die Häresie der Spiritualen ihre Mittelpunkte in zwei Städten hatten, die für das Katharertum von geringerer Bedeutung waren und näher an der Küste lagen: Narbonne wegen des Andenkens an Olivi und Béziers wegen der Schirmherrschaft des frommen Förderers aus dem Laientum, Pierre Trancavel, ferner weil diese beiden Konvente während der Vakanz in der Papstherrschaft und im Generalat von den Spiritualen übernommen worden waren. Das Verbreitungsgebiet erstreckte sich zur Zeit seiner größten Ausdehnung zwischen der Küstenlinie von Perpignan bis Nizza und im Landesinnern von Toulouse bis Avignon.[47] Es gab auch noch eine Verbindung zu Helfern jenseits der Pyrenäen, die in den zivilisierteren Gegenden des Königreiches Aragon saßen. Der Schwerpunkt lag in den Städten: Landarbeiter waren ebenso wenig betroffen wie die Schicht von Einwanderern aus dem Norden Frankreichs, gleichgültig, ob es sich dabei um Laien oder Kleriker handelte.[48] Diese Häresie war eben für das Languedoc typisch und hatte vielleicht sogar etwas mit der dortigen Antipathie gegen jegliche Autorität zu tun. Die Städte deckten die Spiritualen und erhoben ihretwegen Einspruch, zum Teil deswegen, weil sie gegen die Tätigkeit der Inquisition und deren Verflochtenheit in die weltliche Politik eine Abneigung hatten; es konnte aber auch sehr wohl sein, daß sich

Anhänger aufgrund ihrer eigenen Erfahrung mit dem Klerus im Languedoc von einer Bewegung anziehen ließen, welche die reiche höhere Geistlichkeit anprangerte.

Die Katharerkrise scheint in der geistlichen Beschaffenheit des hohen Klerus keine wesentliche Veränderung hervorgebracht zu haben. Wohl läßt sich eine wirksame juristische Aktivität feststellen, auch ermöglichte die Wiedereinführung des Zehnten in dem Jahrhundert zwischen 1250 und 1350 ein umfangreiches Kirchenbauprogramm, aber dies war nicht dasselbe wie eine geistliche Erneuerung.[49] Die franziskanischen Rigoristen waren in ihrer augenfälligen Armut äußerlich den Vollkommenen nicht ganz unähnlich, und die Ketzerbefragungen zeigen, wie die Begarden von dem Leben in Armut ihrer Leitbilder beeindruckt waren.[50] Immer wieder war es das Ethos des frommen Einzelnen, von dem die Hauptanziehungskraft ausging. Sowohl reiche wie arme Laien waren an der Bewegung beteiligt; aber es gab arme Händler mit geringer Bildung, Weber und dergleichen Leute, deren Einstellung gegenüber den Reichen und Mächtigen, aus denen sich ihrer Meinung nach die »fleischliche« Kirche zusammensetzte, sicherlich zum Teil durch ihre soziale Lage und durch den Abgrund, der sie von den Reichen trennte, begründet war. Nichtsdestoweniger entsprang die Ketzerei hauptsächlich einem religiösen Motiv: sie war der Glaube von Elitegruppen, von frommen, wenngleich weniger rangniedrigen, differenzierten Franziskanerbrüdern sowie einer aufopferungsvollen Laienschaft. Ihre Zahl war ziemlich gering – 120 Mitglieder aus dem Kreise der Ordensbrüder, die die Konvente von Narbonne und Béziers übernommen hatten sowie eine geringere Anzahl von Brüdern in den italienischen Ordensprovinzen. Als die Inquisition daranging, die volkstümliche Basis der Ketzerei im Midi zu zerstören, hatte sie es mit Gruppen zu tun, die durch die geographische Lage, familiäre Rücksichten oder durch Einzelpersönlichkeiten miteinander verbunden waren und gewöhnlich höchstens zwanzig, wenn nicht weniger Leute zählten. Es gab nicht im entferntesten eine Beteiligung breiterer Bevölkerungskreise in Form von Anhängern oder Gönnern wie bei den Katharern.

Paradoxerweise war Johannes XXII.[51], der dynamische Administrator, dessen Wahl im Jahre 1316 die lange Vakanz nach Clemens V. beendete, zugleich dafür verantwortlich, daß er die Rechtgläubigkeit sicherte, indem er die Bewegung der Spiritualen und Begarden beschnitt und dafür, daß er dem Ketzertum in dieser Bewegung zur vollen Entfaltung verhalf. Es ist schwer zu sagen, worüber man sich mehr wundern sollte: über die Energie und die Tüchtigkeit, die Johannes auf die Unterdrückung verwandte, oder die Rücksichtslosigkeit und

Hast, die er bei seiner Behandlung der dogmatischen Probleme der Franziskaner zeigte.

Für ihn, der aus Cahors gebürtig war, in Gegenden gearbeitet hatte, die dem Einzugsgebiet der Spiritualen im Süden benachbart waren, also die nötige Information über das Problem mitbrachte, war nicht entscheidend, ob die Bewegung gefährlich oder unorthodox sei, sondern wie sie am wirksamsten niedergeschlagen werden konnte. Führende Spiritualen, die Gönner hatten, verschwanden ohne Bestrafung von der Bildfläche, der Aufruhr in Narbonne und Béziers fand ein Ende, Olivis Lehre über die Apokalypse wurde wieder einmal einer akademischen Prüfung unterzogen, und widerspenstige Italiener wurden verfolgt. Sein geschicktester Schachzug war, daß er Clemens' V. frühere Bulle *Exivi de Paradiso* zurücknahm, zwei Bestimmungen über das Tragen ärmlicher Kleidung und das Verbot von Kornspeichern und Kellern, welche Clemens zwar als für die Brüder verbindlich erklärt hatte, sie jedoch dem freien Ermessen der Vorgesetzten überließ, herauszog und sie in einer eigenen Bulle, *Quorumdam exigit*, wiederholte, wobei er betonte, daß die Vorgesetzten kraft ihrer Machtbefugnisse entscheiden sollten, was man unter Ärmlichkeit *(vilitas)* der Kleidung zu verstehen habe, und wann es billig sei, durch die Benutzung von Kellern und Kornspeichern Nahrungsvorräte zu sichern.[52]

Die Bulle *Quorumdam exigit* diente dazu, die Schafe von den Böcken zu sondern. Ein Inquisitor legte sie verdächtigen Brüdern vor und stellte ihnen zwei Fragen: Wollten sie den in *Quorumdam exigit* enthaltenen Vorschriften gehorchen? Glaubten sie, daß der Papst die Macht habe, solche Vorschriften, wie sie in *Quorumdam exigit* enthalten waren, aufzustellen? Die Fragen berührten den Kern der Sache: denn wenn man sie bejahte, so gab man damit die übertünchten, auf künstliche Weise ärmlichen Gewohnheiten auf, die an Franziskus' letzte Worte über sein früheres Leben im Testament erinnerten und jetzt nur noch das Emblem einer Parteizugehörigkeit waren, und billigte die »Sorge für den morgigen Tag«, die in dem Halten von Kellern und Kornspeichern ihren Ausdruck fand. Wenn man in diesen Punkten zum Gehorsam gegenüber den Ordensvorgesetzten zurückkehrte, so verzichtete man auf das, was die Spiritualen auszeichnete und gestand – wie Johannes es ausdrückte – zu, daß Armut etwas Großes, aber »Einigkeit größer« sei.[53] Wenn man zugab, daß der Papst die Macht habe, von der Ordensregel Dispens zu erteilen, so hieß das, daß man die von den Spiritualen im Kampf um die Observanz formulierte Ansicht, die unter göttlicher Inspiration geschriebene Franziskanerregel dürfe wie das Evangelium nicht von Menschenhand verändert werden, aufgab. Vier der Brüder verweigerten hartnäckig ihre Zustimmung, und nachdem eine Kommission auf höchster Ebene festgestellt hatte, daß es gleichbedeutend mit Ketzerei sei, wenn man dem Papst das Recht verweigere, Vorschriften zu machen, wie sie in *Quorumdam exigit* enthalten seien, wurden sie im Mai 1318 in Marseille verbrannt.[54] Fußend auf *Quorumdam exigit* und diesem Entscheid sowie auf einer Bulle, die nicht autorisierte Gruppen von Bettelmönchen und Tertiariern *(fraticelli, fratres de paupere vita, bizzochi* oder *beghini)* verdammte[55], konnte die Inquisition mit der Bewegung im Süden Frankreichs aufräumen. Eine weitere Bulle mit einer etwas willkürlichen Liste von Irrtümern wurde hauptsächlich gegen die Spiritualen in der Toskana erlassen.[56] Inzwischen verfaßte eine Kommission eine – in mancher Hinsicht ungerechte – Gegendarstellung zu Olivis Werk über die Apokalypse, und Theologen verurteilten eine sehr viel eindeutiger häretische katalanische Arbeit über die Zeitalter der Kirche. Olivis *Lectura* wurde erst 1326 endgültig verdammt; aber sein Grab wurde schon in der Anfangszeit des Pontifikates zerstört, und der Besitz seiner Bücher wurde als belastend angesehen.

Etwa sieben bis acht Jahre lang brauchten die Inquisitoren, um den Kern der Häresie zu zerstören. Während dieser Zeit ergriffen sie die bedeutendsten Mitglieder, die dem 1317 von Johannes und den Konventualen gespannten Netz entschlüpft waren, und unternahmen Schritte gegen die Gönner, die Flüchtigen geholfen hatten, sowie gegen die Begarden, die die wichtigsten Helfer aus dem Laienstande waren. Die Verurteilung zum Tragen von Kreuzen, zu Pilgerfahrten und zur Verbrennung sowie die üblichen Druckmittel, mit denen man Widerrufungen erpreßte, ließen den Kreis der Unterstützenden zusammenschrumpfen und beschafften gelegentlich Nachschub für den Scheiterhaufen, auf dem im übrigen Katharer und Waldenser endeten, die in dieser Gegend noch immer Aufmerksamkeit erforderten.[57] Bis zu den Jahren 1326–1327 brachte die Inquisition Pierre Trancavel und seine Tochter zur Strecke – er hatte seinen finanziellen Einfluß ausgenutzt, um Flüchtigen zu helfen – sowie Bernardo Maurini, den Laienpriester aus Narbonne, der sich auf wertvolle Weise für die Sache der Ketzer eingesetzt hatte, indem er sie ermahnte und aufmunterte – damit war der Bewegung das Rückgrat gebrochen.[58] Obwohl es ein nochmaliges Aufflackern im Languedoc gab und auf Mallorca und anderswo noch einzelne Fälle auftauchten[59], hatten die Spiritualen nunmehr ihre wichtigste territoriale Basis verloren.

So endete die Krise im Süden. Doch Johannes, der das meiste dazu beitrug, um die Bewegung zu zerstören, hatte auch seinen Anteil daran, daß sie immer tiefer in Ketzerei versank. Die vier Bettelmönche, die in Marseille standhaft geblieben waren, wurden als Märtyrer angesehen. Ketzerverhöre, die nach 1318 stattfanden, berichten uns von dem Schock, den die Nachricht von ihrem Tode unter den flüchtigen Brüdern und Begarden auslöste. War nicht dieser Schlag eine von jenen Verfolgungen, die das siebte Siegel der Apokalypse und damit die neue Geschichtsepoche eröffneten? Die Entscheidung, die Johannes XXII. gegen die Regel getroffen hatte, bestärkte sie nach ihrer Sicht darin, diesen Papst mit dem mystischen Antichrist gleichzusetzen, der nach der Prophezeiung zum Schlage gegen Franziskus und seine wahren Anhänger ausholen würde. Als Johannes, der alles gründlich machte, in den Jahren 1322–1323 seine Aufmerksamkeit der Lehre von der Armut im gesamten Franziskanerorden zuwandte und eine dogmatische Entscheidung über die Armut Christi und der Apostel in anti-franziskanischem Sinne traf[60], da bekräftigte dies nur ihre Überzeugung, daß er in Wahrheit der Feind der Erwählten sei. War nicht Verfolgung das Zeichen für alle die, die in das Zeitalter der Sabbatruhe und Kontemplation eingehen würden? Man sammelte die Asche der Verbrannten und verehrte sie wie Reliquien. Gagliarda, die Frau des Notars Bernardo Fabri, bekannte in einer Anwandlung menschlicher Rührung, daß sie zu solchen daheim aufbewahrten Reliquien gesprochen habe: »Wenn ihr die Gebeine von Heiligen seid, so helft mir.«[61] Andere waren in ihrer Überzeugung gefestigter. Der *sermo generalis* von der Verbrennung, in welchem die Irrtümer des Ketzers beschrieben und gebrandmarkt wurden, wirkte sich manchmal so aus, daß dadurch die Ketzerei erst recht verbreitet wurde. Immer wenn Verbrennungen stattfanden, war der Priester Peirotas in der Umgebung tätig und nutzte die Gelegenheit, um Glaubensbrüder durch das Beispiel der Tapferkeit im Martyrium zum Durchhalten im Glauben zu ermahnen.[62] Auf diese Weise gab es eine Kettenreaktion, durch die Beguins und andere in ihrem Glauben gekräftigt wurden. Johannes' Entscheidungen erhärteten die Meinung, er sei der Antichrist und beschleunigten die Erörterung der Frage, welche Bedeutung die gegenwärtigen Ereignisse für den Anbruch des siebten Zeitalters der Kirche hätten. Ihre eschatologischen Hoffnungen machten die Anhänger in ihrem Glauben nur noch entschiedener. *Quorumdam exigit* bestimmte sie dazu, in der Frage der Gewänder und Kornspeicher nicht nachzugeben; Verbrennungen brachten immer mehr Heilige hervor – den Kern einer »geistlichen« Kirche, das Gegenstück zur »fleischlichen« Kirche des Papstes und der Prälaten. Aber diese Wirkung war nicht von langer Dauer. Die konsequente Fortführung der Inquisition hatte bald die wenigen Widerspenstigen hinweggefegt und die anderen zur Widerrufung gezwungen.

Johannes erledigte das Problem zwar wirkungsvoll, doch ohne Scharfblick.[63] Den in *Quorumdam exigit* getroffenen Entscheidungen haftet eine gewisse Künstlichkeit an, die den Eindruck hinterläßt, als habe die Ketzerei in der Opposition gegen die Befehle des Papstes bestanden. Die autoritäre Art, dogmatische Probleme anzugehen, war für Johannes charakteristisch. Als ungeduldiger Administrator führte er eine Entscheidung herbei, die für das Funktionieren der Inquisition eine bequeme Grundlage schuf. Später, als er sich in eine Kontroverse mit dem gesamten Franziskanerorden hineinmanövriert hatte, traf er undurchdachte Entscheidungen über die Armutsfrage, die leicht anzufechten waren und am Kern der Sache vorbeigingen – der Bedeutung der Armut für das religiöse Leben und die christliche Vollkommenheit. Infolge seines Mangels an Sorgfalt kam es zu einem erneuten Aufruhr der Franziskaner, so daß es am Ende seiner Regierungszeit nicht nur *fraticelli de paupere vita* gab, welche vornehmlich das Erbe der früheren Spiritualen antraten, sondern auch *fratelli de opinione,* die früher einmal dem offiziellen Orden angehört hatten und sich jetzt gegen des Papstes Entscheidungen über die Armut Christi stemmten.

Aber es war nun einmal Ketzerei, ob von selbst entstandene oder bewußt hervorgerufene, denn die Ansichten der Beguins hatten lange Zeit gebraucht, bis sie Gestalt annahmen. Ohne es zu beabsichtigen, forderte Johannes bestimmte Auswüchse heraus, wenn er auch nicht die Ketzerei als solche ins Leben rief.[64] Ihr Wesen bestand in der Übertreibung. Seit der Anfangszeit des Franziskanerordens war die Armut seine Hauptsorge gewesen, aber die schlichteren Franziskaner-Spiritualen und Beguins hatten sie zum entscheidenden Problem werden lassen, das vor allen anderen Fragen, welche die Kirche betrafen, Vorrang hatte – dies war eine Haltung, die sich von der des hl. Franziskus sehr stark unterschied. Die anwachsende Wirkung der Dispute, die Unterdrückungen und die Besorgnis der Rigoristen um ihre Ansichten mußten die Grundlage christlicher Ethik umkehren[65], so daß sie schließlich nur noch im Verzicht auf weltliche Güter und in einer Verarmung des täglichen Lebens bestand. Der Joachimismus und die Naherwartung einer kosmischen Veränderung verzerrten das Bild noch mehr. Die verschärfte Auseinandersetzung zwischen Gut und Böse am Vorabend des Weltendes (oder, wie Joachim es sah, des damaligen Zeitalters) verengte sich zum Kampf um die Einhaltung der Armutsregel. Sektierertum stellte die Schriften eines frommen Franziskaners, der eine theoretische Begabung mit einer besonderen Neigung zur Offenbarung verband, auf eine Stufe mit denen des Paulus oder der vier Kirchenlehrer; und es verwandelte die Regel des Franziskus, bei welcher göttliche Eingebung mitgespielt hatte, in eine Schrift, die auf einer Stufe mit den Evangelien stand. Die Auseinandersetzung über die Frage des Gehorsams, die zuerst innerhalb des Ordens stattfand und dann gegen die kirchlichen Vorgesetzten insgesamt geführt wurde, mündete aus in den Standpunkt, daß die ganze sichtbare Kirche zu verwerfen sei, setzte den Papst mit dem mystischen Antichrist gleich und erwartete zuversichtlich die Abschaffung der Hierarchie.

Frühere Generationen neigten dazu, prophezeite Gefahren von sich abzuschütteln. Waren sie falsch, so würden die Geschehnisse dies beweisen.[66] Die Ketzerei im Midi zeigte wieder einmal, wie töricht eine solche Denkweise war. Übertriebene Armut machte Spuren ungesunden Denkens im gesamten Franziskanerorden deutlich und führte ihn zum Tiefstand seiner Entwicklung im 14. Jahrhundert. Dies wirkte sich als Tragödie für die ganze Kirche aus. Die Ereignisse im frühen 14. Jahrhundert zeigten, wie eine Volkshäresie inmitten der Festung der Kirche entstehen konnte. Sie war der Feind im Innern.

Bis 1334, dem Ende des Pontifikats Johannes' XXII., war die Liste der Volkshäresien und religiösen Abweichlerbewegungen angewachsen: es gab die Apostolischen, Dolcinos Rebellen, die extremistischen Franziskaner-Spiritualen samt ihrem Anhängsel, den Tertiariern und Begarden (Beguins) in Südfrankreich sowie den *fraticelli* in Italien, die häretischen Mystiker und die Anhänger der Geist-Freien in Deutschland, Schlesien und Böhmen. Der kämpferische alte Mann war bis zuletzt mit der endgültigen Bereinigung des Franziskanerproblems beschäftigt. 1329 verfaßte er eine längere Schrift, um die Ordensmitglieder unter dem früheren Generalminister Michael von Cesena zu widerlegen, die seine Entscheidungen über die Armut Christi nicht akzeptieren konnten, weshalb im voraufgehenden Jahr ein Aufruhr unter ihnen ausgebrochen war.[67] In seinen letzten Jahren verwickelte er sich in eine Kontroverse über seine eigene Lehre von der unmittelbaren Gottesschau[68], die erstmalig in einer Reaktion auf Olivis Behandlung dieses Gegenstandes entwickelt worden war. Diese Angelegenheit blieb jedoch auf rein persönlicher Ebene: es wurde kein theologisches *judicium* veröffentlicht und Johannes' Nachfolger Benedikt XII. regelte die Sache auf vernünftige Weise in seiner Bulle *Benedictus Deus* aus dem Jahre 1336.

Unter Benedikt ließ die Aktivität nach. Die Zeit und regelmäßig durchgeführte Verfolgungen sorgten dafür, daß die Ketzer geschwächt wurden. Der Ausbruch der Häresie Dolcinos und der Apostolischen war eine einmalige Sache gewesen. Die Begarden in Südfrankreich waren in den zwanziger Jahren des 14. Jahrhunderts einer intensiven inquisitorischen Tätigkeit ausgesetzt gewesen; danach verursachten sie kaum noch Unruhe. Die Franziskaner unter Michael von Cesena, die an ihrer Zufluchtsstätte bei Ludwig dem Bayern in München in Sicherheit waren, schwanden mit dem Tode ihrer Gründer um die Mitte des Jahrhunderts dahin, da sie durch die Strenge ihrer Lebensführung nur die Intellektuellen ansprachen, aber beim Volke keinen Anklang fanden. In Italien, besonders im Süden, in winzigen

Grüppchen auch anderenorts, führten die *fratelli*, die Johannes' Regelung nicht akzeptieren wollten und ihn als einen Ketzer betrachteten, eine schattenhafte Existenz.[69] Sie blieben bis zuletzt Sektierer und disputierten miteinander über die Frage, wer der Erlöser sei, der das neue Zeitalter einleiten sollte. Gewöhnlich bestritten sie all denen die Zugehörigkeit zur Kirche, die Johannes XXII. und seinen Nachfolgern Gehorsam leisteten, und zwar mit der Begründung, daß seine ablehnenden Entscheidungen über die völlige Armut Christi ketzerisch seien und die Praktiken der Kirche und des Franziskanerordens nicht den Vorschriften Christi entsprächen. Aber sie brachten keine neuen Argumente vor, beharrten auf den unveränderten Themen ihres Angriffs gegen Johannes XXII. und wurden wegen ihres genügsamen Lebens vom Volke verehrt.[70] Es bedurfte der Entschlossenheit der Heiligen franziskanischer Observanz – eines Capistrano und eines Jakob von der Mark, die ein Leben in wirklicher Armut mit Rechtgläubigkeit vereinbarten – um mit den letzten Überbleibseln des Aufruhrs aufzuräumen. Der letzte von ihnen verschwand aus den Annalen der Geschichte nach einem Prozeß in Rom im Jahre 1466.

Verfolgungen von vermutlichen Anhängern des Freien Geistes waren vom Interesse Einzelner abhängig; sie ebbten ab, als die Vitalität der mystischen Bewegung in den Beginenhäusern nachließ. In Straßburg wird von wiederholten Verfolgungen berichtet, und zwar in den Jahren 1317–1319, 1365, 1368–1369, 1374 und 1404.[71] Bei der ersten, die im Jahre 1317 stattfand, verfolgte Bischof Johann I. die Ketzerei vorwiegend unter den Männern, den Begarden;[72] später, wahrscheinlich seit dem Pontifikat Urbans V. im sechsten Jahrzehnt des Jahrhunderts, scheint eher die Kurie als der Bischof den Hauptanstoß gegeben zu haben; und noch später hatte ein einzelner Inquisitor das stärkste Gewicht. Als mitbestimmender Faktor bei diesen Verfolgungen kann eine Spur von echter Ketzerei und Gehorsamsverweigerung nicht unberücksichtigt bleiben; doch eine der Hauptursachen war immer wieder der Groll, den die säkularen Kleriker in der Stadt gegen die eng mit der Beginenbewegung verbundenen Bettelmönche wegen ihres Einflusses auf das Volk hegten.[73] Die Verfolgungen richteten sich gegen verschiedene Gruppen: Begarden, Antiklerikale und Individualisten, häretische Mystiker, in Konventen untergebrachte Beginen, fromme Frauen und Tertiarier. Sie wirkten sich so aus, daß sich die Beginenbewegung, offenbar schutzsuchend, mehr denn je an die Bettelmönche anschloß. Vorurteile spielten eine beträchtliche Rolle; denn bei den späteren Verfolgungen ging es nach den uns vorliegenden Zeugnissen weniger um dogmatische Abweichungen.

In Deutschland, Schlesien und Böhmen hing es vom Willen des Regenten ab, ob Verfolgungen durchgeführt wurden oder nicht: in

Deutschland waren sie für die Dauer der Auseinandersetzung zwischen Johannes und Ludwig dem Bayern behindert, in Schlesien und Böhmen jedoch wurden sie vom Markgrafen Karl, dem späteren König, unterstützt und wurden schließlich auch in Deutschland unbeschränkt durchgeführt, als der prokirchlich eingestellte Karl als Kaiser Karl IV. an die Regierung kam.[74] Es stellte sich heraus, daß unter den Verfolgten eine Anzahl individueller Enthusiasten von verschiedenen Graden der Rechtgläubigkeit waren – nicht unbedingt Anhänger des Freien Geistes – sowie Waldenser, die zähesten Ketzer in diesen Gebieten. Interessant ist ein Fall im schlesischen Schweidnitz: die Bewohner eines Beginenhauses befolgten eine geradezu fanatische Askese – sie geißelten sich häufig, fasteten und leisteten harte Arbeit, waren trotz zur Schau getragener Demut von ihrer Überlegenheit überzeugt und verachteten den Kirchgang, den sie lieber durch ihre eigenen Gebete ersetzten. Es gab unter ihnen Glaubensformen des Freien Geistes, wie die Vereinigung mit Gott, jedoch keinen Libertinismus, obwohl man sie dessen beschuldigte.[75] Die von Martin von Prag, Peter Zwicker und Eylard Schoenveld gegen Ende des 14. und Anfang des 15. Jahrhunderts geleitete Verfolgungswelle im Reich[76] richtete sich zwar hauptsächlich gegen die Waldenser, ließ jedoch auch Beginen, Begarden und als häretische Mystiker Verdächtige ins Netz der Inquisition geraten, wenn auch zur Zeit des Konstanzer Konzils (1414–18) weniger Fische ins Netz gingen. Auf dem Konzil wurden die zahlenmäßig zusammengeschrumpften Beginen gegen Angriffe verteidigt: die Bulle *Ad nostrum* hatte kaum noch Einfluß. Nur wenige weitere Fälle tauchten im 15. Jahrhundert auf, obgleich die Befolgung des Weges der Mystik noch immer ein Wagnis war. Der letzte gut bezeugte Fall von Häresie des Freien Geistes nördlich der Alpen ist der von Hans Becker, der 1458 in Mainz verbrannt wurde.[77]

Die von den Franziskanern ausgehenden Häresien, die mystischen Richtungen sowie die abwegigen Einbildungen von Geistlichen waren beunruhigend, nicht so sehr deshalb, weil sie an sich schon eine direkte Bedrohung von Bedeutung dargestellt hätten, sondern weil sie für das Versagen der Kirche im späten Mittelalter symptomatisch waren.

Obgleich die Franziskaner-Spiritualen vornehmlich an Königshöfen im Süden mächtige Schutzherren hatten, war aus ihren Reihen schon von der Sache her kein ernsthafter Aufstand gegen die Kirche zu erwarten. Ihre Beliebtheit beim Volke erklärte sich eher aus vorgelebter Armut als aus dem Gebäude von Glaubenssätzen, das sich um ihren Protest rankte. Die *fraticelli* befriedigten ein echtes Bedürfnis, was in den Reihen der Rechtgläubigen keineswegs der Fall war. Die Tragödie bestand darin, daß die Streitigkeiten nach 1316 auf solch drakonische Weise gelöst wurden; denn dies führte dazu, daß dringend benötigte

Idealisten an die Sekten verlorengingen. Wahrscheinlich wäre die Ketzerei der Begarden im Languedoc und der *fraticelli* gar nicht erst aufgekommen, wenn der Orden vor dem 14. Jahrhundert fähig gewesen wäre, seinen Eiferern Betätigungsfelder zu beschaffen und sie auf diese Weise festzuhalten. Nachdem sie einmal den Orden verlassen hatten und die Kontroversen sich auf so entkräftende Weise hatten auswirken können, war dieser um so mehr geschwächt und es war schwieriger geworden, die notwendige Reform durchzuführen, weil sie mit Ketzerei verbunden war.

Die Anhänger des Freien Geistes waren noch weniger als die Franziskaner in der Lage, sich gegen das etablierte System zu erheben. Schlimmstenfalls handelte es sich um vereinzelte Abweichler; im übrigen war an dieser Häresie viel Künstliches, wie wir gesehen haben. Die Episode der Freigeist-Bewegung zeigte eindeutig, daß die Kirchenbehörde zur Zeit des Konzils von Vienne und danach unfähig war, mit der Beginenbewegung übereinzukommen und ihrer Lebensweise entsprechende Richtlinien zu schaffen, die alle Gruppen in der Kirche hätten zufriedenstellen können. Die im Anschluß an die Bulle *Ad nostrum* auftretenden Fälle zeugen auch davon, daß der Antiklerikalismus weiter verbreitet und für die Geschichte der Kirche bedeutsamer war als die Bewegung des Freien Geistes.

Anmerkungen:

[1] Lambert, M. D.: *Franciscan Poverty: the Doctrine of the Absolute Poverty of Christ and the Apostles in the Franciscan Order, 1210–1323,* London 1961, bes. Kap. 1 u. 2 (s. Besprechung von Hardick, L., in: *Franziskanische Studien,* XLIV, 1962, S. 124–128), Leff, *Heresy* I. S. 51–255 (bes. nützlich betr. den geistigen Aspekt und die Bullen Johannes' XXII.), Moorman, J. R. H.: *A History of the Franciscan Order from its Origins to the Year 1517,* Oxford 1968 (zusammengefaßter Überblick), Brooke, R. B.: *Early Franciscan Government, Elias to Bonaventure,* Cambridge 1959 (Verfassungsgeschichte, persönliche Einblicke); Dokumente bei H. Böhmer, *Analekten zur Geschichte des Franziskus von Assisi,* Tübingen³ 1961; *Scripta Leonis et Angeli Sociorum S. Francisci,* Hrsg. Brooke, R. B., Oxford 1970 (s. Einl.), Knowles, D: *Religious Orders in England,* I, Cambridge 1948; Kap. 11 (kurze Einf.), Brooke, R. B.: *The Coming of the Friars,* London 1975 (Dokumente über die frühen Franziskaner, Hintergrund der Prediger und Ketzer, mit Kommentar). Die folgenden Hinweise beschränken sich auf verfügbare Geschichtsdarstellungen in englischer Sprache.

[2] Text und Analyse bei Esser, K.: *Das Testament des heiligen Franziskus von Assisi,* Münster i. Westf. 1949.

[3] Durch die Bulle *Quo elongati* (BF, Epitome, S. 229a–231b)

[4] Lambert, *Poverty,* S. *84*

[5] Über Olivi s. u. A. 9; über Ubertino s. Godefroy: Ubertin de Casale, *DTC* XV, Sp. 2020–2034 und eine gute Studie von Oliger, L.: Spirituels, *DTC* XIV, Sp. 2522–2549.

[6] Manselli, R.: *Spirituali e Beghini in Provenza,* Rom 1959; vgl. seine Schrift *La »Lectura super Apocalypsim« di Pietro di Giovanni Olivi,* Rom 1955.

[7] Leff, *Heresy,* I, S. 100–162

[8] Lambert, *Poverty,* Kap. 3–6

⁹ Laberge, D.: Fr. Petri Joannis Olivi, O. F. M.: tria scripta sui ipsius apologetica annorum 1283 et 1285, *AFH* XXVIII, 1935, S. 115–155, 374–407; XXIX, 1936, S. 98–141, 365–395; beachte bes. XXVIII, S. 382, Z. 7–8.
¹⁰ Leff, *Heresy*, I, S. 107–111; doch s. a. A. Maier: Zu einigen Problemen der Ockhamforschung, *AFH*, XLVI, 1935, S. 174–181
¹¹ S. u. S. 408–410, 421–427
¹² Lambert, *Poverty*, S. 178. Interessante Aufschlüsse über Hugues de Digne und seinen Einfluß auf das Schicksal der Sackbrüder s. Elm, K.: Ausbreitung, Wirksamkeit und Ende der provençalischen Sackbrüder ... in Deutschland und den Niederlanden, in: *Francia: Forschungen zur westeuropäischen Geschichte*, I, München 1973, S. 257–324. Den Hinweis danke ich Dr. A. V. Murray.
¹³ S. o. S. 153
¹⁴ Reeves, *Prophecy*, S. 28
¹⁵ Ich schließe mich hier Reeves an in seinem *Prophecy* (vollständige Literaturangabe s. o. S. 163, A. 28) und in: *MRS*, II, 1950, S. 57–81 – eine Arbeit, die ich bewundere. Über den allgemeinen Zusammenhang s. Southern, R. W.: Aspects of the European Tradition of Historical Writing, 3. History as Prophecy, *TRHS*, 5. Folge, XXII, 1972, S. 159–180, bes. S. 173–177; Orientierung in Grundmann, H.: *Studien über Joachim von Floris*, Leipzig 1927; *Neue Forschungen über Joachim von Floris*, Marburg 1950; Erörterung in bezug auf Ketzerei bei Leff, *Heresy*, I, S. 68–83; Überlegungen bei Seibt, F.: Utopie im Mittelalter, *HZ*, CCVIII, 1969, S. 555–594.
¹⁶ *Il Libro delle figure dell'Abate Gioachino da Fiore*, Hrsg. Tondelli, L., Reeves, M. und Hirsch-Reich, B. 2., Turin, ²1953, Il tavola 18ab, Reeves und Hirsch-Reich: *The Figurae of Joachim of Fiore*, Oxford 1972, Tafel 9 und Erörterung (beachte die zwei Versionen) S. 120–129; über die Authentizität des *Liber figurarum* s. S. 75–98.
¹⁷ Offenb. I, 107f., 17
¹⁸ Siehe Einl. zu *Il libro* von Tondelli, L., *Il libro I*, Turin 1953, S. 86–89; Reeves, *Prophecy*, S. 138; Reeves u. a., *Figurae*, S. 122–123. Beachte Reeves' Zusammenfassung, *MRS*, II, 1950, S. 77: »The third status describes the emergence of a new plane of spiritual existence rather than the appearance of a new set of institutions ...«
¹⁹ *Prophecy*, S. 146
²⁰ Ebd. S. 72–73
²¹ Ebd. S. 135–292
²² Reeves betont, daß Joachims Gedanken auf der traditionellen Exegese begründet sind, siehe z. B. *Prophecy*, S. 10, 16–17.
²³ Southern, Aspects of European Tradition, S. 177
²⁴ Reeves, *Prophecy*, S. 54–55; Manselli, R.: L'Anno 1260 fu Anno Gioachimito?, in: *Il movimento dei disciplinati nel settimo centenario dal suo inizio*, Perugia 1962, S. 99–108 (eine Arbeit unter verschiedenen Aspekten, von grundlegender Bedeutung, was die Flagellanten anbetrifft).
²⁵ Reeves, *Prophecy*, S. 176; Bihel, S.: S. Franciscus, fuitne angelus sexti sigilli (Apoc. 7, 2)?, *Antonianum*, II, 1927, S. 59–90
²⁶ Reeves, *Prophecy*, S. 295–392; Schaller, H. M.: Endzeiterwartung und Antichrist-Vorstellungen im 13. Jahrhundert, in: Festschrift für Hermann Heimpel (herausgeg. v. Mitarbeitern des Max-Planck-Instituts für Geschichte), II, Göttingen 1972, S. 924–947
²⁷ *Il libro*, Hrsg. Tondelli u. a., II, Tafel 26, Abb. 2; Analyse bei Reeves und Hirsch-Reich, *Figurae*, S. 269, 274 (über das Erscheinen des Antichrist s. S. 147; über die Erörterung des Antichrist, Gog und Magog s. Index).
²⁸ Reeves, *Prophecy*, S. 248–250
²⁹ Ebd. (s. Index); Baethgen, F.: *Der Engelpapst*, Halle 1933; s. Töpfer, B.: *Das kommende Reich des Friedens*, Berlin 1964 (Überblick über Prophetien bes. im 12. und 13.

³⁰ Reeves, *Prophecy*, S. 242–248 mit Quellen; Leff, *Heresy*, I, S. 191–195; ich habe weitgehend Töpfer, *Das Reich*, S. 280–324 benutzt, das in seinen Vergleichen von Dolcinos Anschauungen mit anderen Prophetien aufschlußreich ist.
³¹ Ebd., S. 284–286, 292. Töpfer bemerkt, daß der Ausdruck *apostoli* eher von Außenseitern als von der Gruppe selbst benutzt wurde.
³² Töpfers Deutung
³³ Töpfer, S. 299 nach Kerstenberg-Gladstein, R.: The »Third Reich«, a Fifteenth-century Polemic against Joachimism and its Background, *JWCL*, XVIII, 1955, S. 242–295, auf S. 251
³⁴ Töpfer, S. 314–316
³⁵ Beweismaterial über abwegige Anschauungen von sexueller Betätigung habe ich nicht überprüfen können; sie werden von Töpfer erörtert (S. 292–293).
³⁶ Reeves, in: *MRS*, II, 1950, S. 74–76. In Joachim einen Dichter zu sehen ist m. E. eine gute Interpretationshilfe. Siehe die Erörterung von Joachims Orthodoxie durch Reeves (*Prophecy*, S. 126–132).
³⁷ Lambert, *Poverty*, S. 107–109; Reeves, *Prophecy*, S. 59–70; Töpfer, B.: Eine Handschrift des *Evangelium aeternum* des Gerardino von Borgo San Donnino, *ZG*, VII, 1960, S. 156–163
³⁸ Manselli, *Lectura*; Kritik bei Leff, *Heresy*, I, S. 122–139, bes. S. 139. Siehe Pásztor, E.: Le polemiche sulla »Lectura super Apocalypsim« di Pietro di Giovanni Olivi fino al sua condanna, *BISIAM*, LXX, 1958, S. 365–424.
³⁹ *Spirituali*, S. 267–290. Siehe neuerdings das bemerkenswerte 3. Kap. bei Tierney, B.: *Origins of Papal Infallibility*, 1150–1350, Leiden 1972, wo der Autor behauptet, Olivi habe seine Unfehlbarkeitslehre entwickelt, um den Äußerungen eines falschen Papstes zu begegnen. Olivi sei darum bemüht gewesen, die bereits erschienenen päpstlichen Dekrete über die franziskanische Lebensweise abzusichern. Tierney verdient immer wieder gelesen zu werden.
⁴⁰ Tierney, S. 42–46
⁴¹ Vgl. die Erklärung der Katharer in Lombez 1165, o. S. 101; s. Lambert, M. D.: The Franciscan Crisis under John XXII, *FS*, XXXII, 1972, S. 123–143, auf S. 131, A. In der Tradition Morghens neigt Manselli dazu, die Bedeutung der Maßnahmen kirchlicher Behörden, durch die in der Ordensprovinz Provence besonders nach den Verbrennungen des Jahres 1318 Ketzerei »erzeugt« worden sei, hervorzuheben. Um dies zu beweisen, muß er von der Behauptung ausgehen, die dortigen Spiritualen und Beginen seien vor den Hauptverfolgungen des Jahres 1318 und der folgenden Jahre – aus denen nur spärliche Belege vorliegen, weshalb die Sache sehr schwer zu beweisen ist – rechtgläubig gewesen. Ich behaupte, daß Olivi vor seinem Tod im Jahre 1298 durch das, was er mündlich von sich gab, einen dogmatisch ungesunden Einfluß ausübte, und bin nicht davon überzeugt, daß die Verfolgungen der achtziger und neunziger Jahre lediglich durch Vorurteile motiviert waren, obwohl ich zugebe, daß lange anhaltender geistiger und physischer Druck auf die Spiritualen Auswüchse hervorrief. Vgl. Schmitt, C., in: *AFH*, LIII, 1960, S. 330–332.
⁴² Lambert, *Poverty*, S. 172–173; was sämtliche Kontroversen anbetrifft, s. Kap. 7, 8: Leffs Darstellung in *Heresy*, I, S. 100–163, ist vollständiger und bes. wertvoll betr. Olivis Abhandlungen und Gedanken.
⁴³ Leff, *Heresy*, S. 155–156, Lambert, *Poverty*, S. 198–201, Manselli, *Spirituali*, S. 109 ist interessant.
⁴⁴ Offenb. 10, 1 aus dem katalanischen *De statibus ecclesie*, das von Manselli auf das Jahr 1318 datiert wird (*Spirituali*, S. 164–167). Es muß allerdings hinzugefügt werden, daß die allgemeine Tendenz von Mansellis Darstellung (Kap. 2–4) sich von der meini-

gen unterscheidet und unter Benutzung hauptsächlich kleinerer Werke der Spiritualen und ihrer Anhänger deren relative Rechtgläubigkeit vor 1318 und die willkürliche Art der Verfolgungen betont.

[45] Ebd., S. 181–182
[46] Ebd., S. 264; über eine mögliche Ausnahme s. S. 221
[47] Ebd., S. 256; über die Wohngebiete der Katharer s. o. S. 176.
[48] Ebd., S. 258–263
[49] Siehe Mundy, J. H.: Charity and social work in Toulouse, 1100–1250, *Traditio*, XXII, 1969, S. 203–287, bes. S. 206: Wakefield, *Heresy, Crusade*, S. 130 und A. Über einen Fall, in dem die Kirche von einem der Ketzerei Angeklagten ihren Nutzen zog, s. Wakefield, in: *Names*, XVIII, 1970, S. 294–295. Hinweise verdanke ich Prof. W. L. Wakefield.
[50] Siehe Mansellis Kommentare (*Spirituali*, Kap. 7, 8 passim [wertvollster Teil]) und Leff, *Heresy*, S. 212–230.
[51] Über Johannes und die Franziskaner s. Leff, *Heresy*, I, S. 157–166, 206–211, 230–233, 238–255 (s. die Charakterisierung des Johannes [S. 206–207] und eine Analyse seiner Terminologie anhand von *Quia vir reprobus*); Lambert, *Poverty*, Kap. 10, und in: *FS*, XXXII, 1972, S. 123–143; Tierney, Kap. 5, ist aufschlußreich hinsichtlich der Theorie päpstlicher Macht. Beachte seine Berichtigung (S. 188) von Leff, *Heresy*, I, S. 241, 246, 249 über Johannes und den Schlüssel zur Gelehrsamkeit.
[52] *BF*, Rom 1898, Nr. 289, S. 128–130
[53] Ebd., S. 130b
[54] Über das Ereignis und seine Bedeutung s. Mansellis, *Spirituali*, S. 150–178, 190.
[55] *Sancta Romana, BF, V*, Nr. 297, S. 134–135
[56] *Gloriosam ecclesiam*, ebd., Nr. 302, S. 137–142
[57] Siehe Bernard Guis Darstellung aus erster Hand in *Practica inquisitionis heretice pravitatis, auctore Bernardone Guidonis*, Hrsg. Douais, C., Paris 1886; Mollat, G.: *Manuel de l'Inquisiteur*, Paris 1926 (gekürzt, m. frz. Übers.); weiteres Material bei Limborch, P.: *Historia Inquisitionis*, Amsterdam 1692; Bericht über die Quellen bei Mansellis, *Spirituali*, Kap. 1.
[58] Mansellis, S. 234–237
[59] Siehe Douie, D.: *The Nature and the Effect of the Heresy of the Fraticelli*, Manchester 1932
[60] *Cum inter nonnullos, BF*, V, Nr. 518, S. 256–259
[61] Mansellis, *Spirituali*, S. 221, A 3
[62] Ebd., S. 218, 315–318
[63] Vgl. demgegenüber die Art, in der Johannes die Dominikaner behandelte; siehe Hillebrand, E.: Kurie und Generalkapitel des Predigerordens unter Johannes XXII., in: *Adel und Kirche: Festschrift für G. Tellenbach*, Freiburg 1968, S. 499–515. Den Hinw. verdanke ich Dr. A. V. Murray.
[64] Zwischen meinem Urteil und demjenigen Mansellis und Leffs liegt ein Unterschied in der Betonung.
[65] Knowles, *Religious Orders*, II, S. 93
[66] Dies erklärt, warum die zweifelhafte pseudo-joachimitische Spekulation so lange geduldet wurde.
[67] *Quia vir reprobus* (*BF*, v. Nr. 820, S. 408–449); Leff, *Heresy*, I, S. 238–255; Töpfer, B.: Die Anschauungen des Papstes Johannes XXII. über das Dominium in der Bulle »Quia Vir Reprobus«, in: *Folia Diplomatica*, Brünn 1971, S. 295–306.
[68] Knowles, *Religious Orders*, I, S. 248–252; Pásztor, in: *BISIAM*, LXX, 1958, S. 365–424 und Una Raccolta di Sermoni di Giovanni XXII, *Bullettino dell'Archivio Paleografico Italiano*, n.s., II–III, 1956–1957, S. 265–289; Douie, D. L.: John XXII and the Beatific Vision, *Dominican Studies*, III, 1950, S. 154–174; Dykmans, M.: *Les Sermons de*

Jean XXII sur la Vision béatifique, Rom 1973. Besprechung von Smalley, B., in: *MA*, XLIII, 1974, S. 52–53.

⁶⁹ Leff, *Heresy*, I, S. 230–238, Douie, *Fraticelli*, S. 209–247, Dokumente, Hrsg. Ehrle, F., in: *ALKG*, IV, S. 63–180, *fraticelli* (S. 138–180) mit Erörterung des Ausdruckes . . . s. bes. die Bemerkungen über die mit den Spiritualen nicht im Zusammenhang stehenden *fraticelli* (S. 168–178). Zusammenfassung v. Oliger in: *DTC*, XIV, Sp. 2522–2549; Vernet, F. ebd., VI, Sp. 770–784, s.v.

⁷⁰ Stephens, in: *PP*, LIV, 1972, S. 36–53

⁷¹ Patschovsky, in: *DA*, XXX, 1974, S. 56–198. Nicht alle Verfolgungen sind gut bezeugt; das Datum 1365 ist eine Hypothese (ebd., S. 113). Zusammenfassung (teilweise durch Patschovsky verändert) von Lerner (*Free Spirit*, S. 85–105), s. den Fall Malkaw (ebd., S. 101–103) als einen klassischen Fall von Verleumdung.

⁷² Ebd., S. 96, über die Entscheidung des Konzils von Mainz 1310 s. ebd., S. 141–142. Über den Namen Johann I. (in Lerner, *Free Spirit* unkorrekt als »von Dürbheim« wiedergegeben) s. Patschovsky a. a. O. S. 94, A. 82.

⁷³ Siehe Patschovskys Zusammenfassung (S. 116–118). Verletzungen der Disziplin spielen eine wichtige Rolle, und die Ausdrücke Beginen und Begarden werden lose verwendet.

⁷⁴ Lerner, *Free Spirit*, S. 107, 131

⁷⁵ Ebd., S. 112–119

⁷⁶ Ebd., S. 145–146; über die Verfahren Zwickers in Brandenburg und Pommern s. o. S. 241, A. 7.

⁷⁷ Lerner, *Free Spirit*, S. 177–181

Vierter Teil

Am Evangelium orientierte Häresien im späten Mittelalter

Kirche und Gesellschaft:
Von Benedikt XII. bis zu Eugen IV.

Mit dem Tode Johannes' XXII. fanden die Bemühungen der Päpste zu Avignon, ihre einstige Macht und Unabhängigkeit wiederzugewinnen, ein Ende; sie hatten dabei ein Höchstmaß an Ausdauer gezeigt. Die Nachfolger des Johannes hatten nicht die außergewöhnlichen Gaben ihres Vorgängers, und ihre Probleme wurden immer schwieriger.[1] Johannes' bedeutendste Hinterlassenschaft bestand in der Entwicklung der Verwaltung und der verstärkten Durchbildung des päpstlichen Finanzsystems. Seine Nachfolger schufen, in erster Linie aus fiskalischen Erwägungen heraus, weitere Rücklagen aus kirchlichen Pfründen für päpstliche Vorsorgemaßnahmen. Die Aufgaben des Papstes nahmen einen immer größeren Umfang an; dies verlangte allerdings ein vermehrtes finanzielles Aufkommen. Gleichgültig, ob die Päpste tüchtig waren oder nicht, genügsam oder verschwenderisch – das Papsttum wurde von einer Inflationsspirale erfaßt;[2] dadurch wurde seine wirkliche Macht in keiner Weise gesteigert, die Tätigkeit seiner Beamten nahm jedoch einen immer größeren Umfang an, während die Chancen einer wahren Reform – sofern diese überhaupt ins Auge gefaßt wurde – geringer wurden. Zwar erhob man auf höchster Ebene hin und wieder aus eigenem Interesse Protest gegen die zunehmenden Interventionen der Päpste und die »sündhafte Stadt« Avignon, doch das Papsttum ging gleichzeitig formlose Konkordate[3], wie man sie zu Recht nennen könnte, mit weltlichen Regierungen ein. Dabei schwoll die Bürokratie an. Sie wollte ihrerseits auch bezahlt werden, befand sich in einer Zeit wirtschaftlichen Niedergangs ständig in Geldnot und war darauf erpicht, von den Schätzen der Kirche zu profitieren. Es hatte sich ein auf Einzelkompromissen beruhendes Verfahren eingebürgert, mit dessen Hilfe die verschiedenartigen Interessen der Kirche und des Staates befriedigt wurden – wie groß auch immer die Klagen waren, die man dagegen erhob. Praktisch hatte bei diesem Bündnis zwischen Kirche und Staat die Staatsgewalt die Oberhand.

Gleichzeitig erregten die päpstliche Zentralisierung und die Mängel in der Verwaltung das Mißfallen des Volkes. Es wurde verstärkt durch das Gefühl der Frommen, der eigentliche Platz für die Päpste sei an den Gräbern des Petrus und Paulus. Im Kardinalskollegium gab es Anzeichen, daß eine Oligarchie im Wachsen begriffen war, die auf die Macht der Wahlberechtigten zu pochen versuchte und bestrebt war, den einzelnen Päpsten Fesseln anzulegen. Obwohl an der Kurie manch wertvolle Einzelleistungen vollbracht wurden und innerhalb der Verwaltung eine gewisse Verfeinerung erzielt wurde, hatte dies kein Gewicht im Vergleich zu dem allgemeinen Verlust an Prestige und Führungskraft, den das Papsttum in Avignon erlitt.

Im Jahre 1378, kurz nachdem die Päpste aus Avignon nach Rom zurückgekehrt waren, brach das Unheil herein. Das Konklave wählte einen ungeeigneten Kandidaten: den aggressiven und halsstarrigen Urban VI. Infolge einer aufrichtigen Reaktion gegen den Mann, den sie gewählt hatten, bei der sich auch Spaltungen unter den Kardinälen, eine oligarchische Tendenz und nationale Gefühle geltend machten, kam es zu einem Schisma. Alle vorhandenen Probleme wurden gewaltig hochgespielt. Fortan gab es zwei Päpste: einer hatte seinen Sitz in Avignon (Clemens VII. und seine Nachfolger), der andere in Rom (Urban VI. und seine Nachfolger). Sie exkommunizierten sich gegenseitig sowie die Anhänger ihrer Rivalen und benutzten alle verfügbaren Mittel, um ihre Gegner zu entthronen. Die Konflikte zwischen den Staaten hatten dazu beigetragen, die Große Kirchenspaltung herbeizuführen, und schürten sie nun. Jeglicher Übelstand, für den man in der Vergangenheit das Papsttum verantwortlich gemacht hatte, wurde dadurch kraß vermehrt, daß die Wahlberechtigten auf beiden Seiten eher militanten und diplomatischen als reformerisch gesinnten Kandidaten den Vorzug gaben und die Päpste alle höheren Erwägungen hintanstellten und nur danach trachteten, zu obsiegen.

Die Not forderte eine Antwort heraus, und es entwickelte sich eine Konzilsbewegung, deren Hauptziel es war, das Große Schisma zu beenden; in zweiter Linie jedoch wollte man das Papsttum und die Kirche reformieren und in einigen Fällen mit Hilfe der Autorität allgemeiner Konzile der obersten Führung durch einen Papst, der unwürdig schien, Einhalt gebieten. Der Weg zu diesen Zielen erwies sich als äußerst schwierig. Auf dem Konzil zu Pisa im Jahre 1409 brachten die Anhänger der Konzilsbewegung einen dritten Bewerber um die Tiara ins Spiel, der dann als Alexander V. den Konflikt beenden sollte, aber in dem Bemühen, seine Rivalen zur Abdankung zu veranlassen, scheiterte. Seine Existenz verschlimmerte nur die Lage, ebenso wie die seines Nachfolgers Johannes' XXIII., der 1410 gewählt wurde. Erst 1417 auf dem Konzil zu Konstanz tauchte Martin V. als ein Mann auf, den alle als Kandidaten akzeptieren konnten. Durch das Schisma und die von den Königen inzwischen gewonnenen Vorteile geschwächt, konnte das Papsttum unter Martin V. nur mühsam und langsam an Boden gewinnen. Sowohl Martin als auch sein Nachfolger Eugen IV. hatten es mit dem hartnäckigen Widerstand der Anhänger der Konzilspartei zu tun. Diese wünschten eine Reform nach ihren eigenen Vorstellungen herbeizuführen, und erst um das Jahr 1439 hatten die Päpste die Opposition, die von dieser Seite ausging, wirksam in die Schranken verwiesen, nachdem es Eugen gelungen war, die Bewegung dadurch zu spalten, daß er das Konzil von Basel zunächst nach Ferrara und dann nach Florenz verlegte, und indem er für sich den Triumph in Anspruch nehmen konnte, die Einigung zwischen der griechischen und lateinischen Kirche abgesichert zu haben.

Das ganze 14. Jahrhundert hindurch, währenddessen das Schisma anhielt und die Konzilsbewegung lebendig war, wurde eine Reform beständig erörtert, wurden Vorschläge vorgebracht und Predigten gehalten, in denen hohe kirchliche Würdenträger oft mit den heftigsten Ausdrücken Mißstände anprangerten, ohne auch nur eine größere Reformhandlung auszulösen. Die Notwendigkeit der Reform wurde eher eine ständige Redensart. Natürlich konzentrierte sich den Umständen zufolge, besonders nach 1378, die Aufmerksamkeit auf die Notwendigkeit einer Reform an der Spitze. Aber wie sollte man sie durchführen? Verschiedene Stimmen empfahlen verschiedene Wege und wollten Maßnahmen verschiedener Intensität durchführen. Wenn eine Reform am Haupt notwendig war, sollte sie dann nicht auch an den Gliedern stattfinden? Doch Bischöfe und Kardinäle waren auf mannigfaltige Weise Nutznießer des zu reformierenden Systems, und man mußte auch auf weltliche Interessen Rücksicht nehmen. Indessen war es notwendig, das Schisma sofort zu beenden. Nachdem dies geschehen war, blieb eine tiefergreifende Reform auf der Tagesordnung stehen, wie es schon so manches Mal in der Vergangenheit gewesen war; aber durch den Streit zwischen den Papalisten und den Konzilsanhängern wurde sie in den Hintergrund gedrängt und deshalb nie verwirklicht.

Als begleitender Umstand, in gewissem Maße auch als Ergebnis dieser Ereignisse herrschte ein Gefühl des Mißtrauens gegenüber kirchlichen Institutionen, besonders gegenüber solchen größeren Ausmaßes. Es wurde durch das Große Schisma zwar verstärkt, ist aber bereits früher zu erkennen. Es zeigt sich im Vitalitätsverlust der großen Orden und läßt die anfänglichen Erfolge der Beginenbewegung bis zu dem Zeitpunkt, da diese durch offizielle Mißbilligung und die Ketzereianklagen in Schach gehalten wurde, erklärlich erscheinen. Während die Unruhen auf höchster Ebene sich auf die Führungsgremien der internationalen Kirche weiterhin übertrugen, grassierte in den Städten eine Volksreligiosität: hier versammelten sich in den Pfarrkirchen und in den so populär gewordenen Bruderschaften verschiedene Gruppen der Gesellschaft zur Ausübung ihres Glaubens. In der Muttersprache geschriebene Werke der Volksfrömmigkeit waren groß in Mode, und es wurden Versionen der Heiligen Schrift verbreitet, die nicht den nüchternen Originaltext enthielten, sondern Kompilationen und Meditationen, die sich vorwiegend aus der mystischen Bewegung des späten Mittelalters speisten. Man unternahm zahlreiche Pilgerfahrten und der Heiligenkult blühte, manchmal bis zum Exzeß. In den wohlhabenden Städten gab die Kaufmannsschicht viel Geld aus für den Bau und die Ausschmückung von Kirchen. Prediger konnten mit Leichtigkeit riesige Menschenmengen anziehen und die für die Zeit charakteristischen Prophetengestalten, Mystiker oder Reformer genossen die Verehrung des Volkes.

Antiklerikalismus war die natürliche Begleiterscheinung der Mißbräuche und des schwerwiegenden Versagens in der Kirchenleitung. Der Klerus befand sich im 14. und 15. Jahrhundert durchaus nicht immer in einem schlechteren Zustand als früher, aber die Laien reagierten auf seine Mängel sehr viel ungeduldiger.[4] Die Beziehungen zwischen Klerus und Laien hatten sich verändert, weil die Horizonte sich dank der wachsenden Laienbildung geweitet hatten und mit dem Selbstbewußtsein auch das Unabhängigkeitsgefühl der Laien gestiegen war, was nördlich der Alpen erst um die Wende des 13. zum 14. Jahrhundert offenkundig wird. Italien war schon immer ein Sonderfall gewesen, weil die dortige Laienschaft bereits zu einem früheren Zeitpunkt einen höheren Bildungsstand erreicht hatte. Die Gemeinden waren nicht mehr bereit, eine klerikale Führung ohne weiteres zu akzeptieren; sie waren kritischer geworden und stellten höhere Anforderungen. Daß der Klerus zu jener Zeit in geringem Ansehen stand, lag zum Teil auch daran, daß in seinen eigenen Reihen Leute waren, die in ihren Predigten Mißstände anprangerten. Allerdings muß man berücksichtigen, daß es unter Geistlichen seit langem Tradition war, in antiklerikalen, literarischen Satiren über andere Geistliche Witze zu machen, angefangen mit Walter Map im 12. Jahrhundert.[5]

Ein Unterschied zwischen dem späten Mittelalter und früheren Jahrhunderten bestand darin, daß antiklerikale Ideen sich in der späteren Zeit leichter auswirken konnten, und der Erastianismus war eher möglich und auch weiter verbreitet. Der Beruf des Geistlichen war schon immer ein Netz gewesen, in dem alle möglichen Arten von Fischen hängenblieben, und das war auch weiterhin der Fall. Priesterweihen nahmen ein beachtliches Ausmaß an, und die Eignungsprüfung war eine bloße Formsache. Der Bischof schwebte im allgemeinen hoch über allen anderen; man hatte ihn eher aus politischen und sozialen als aus religiösen Gründen in sein Amt berufen; er war, selbst wenn er es wollte, nicht in der Lage, die Schranken der Gewohnheit zu durchbrechen, um den Klerus seiner Diözese in wirksamer Weise in Zucht zu halten oder zur Einigkeit zu führen. Einem begabten Priester standen viele Aufstiegsmöglichkeiten offen, und eine bloße Pfarrstelle war nicht unbedingt attraktiv. Trotz einiger Reformbestrebungen und gewisser Verbesserungen erwies sich die spätmittelalterliche Kirche gerade auf dem Niveau der Pfarrgeistlichkeit als am wenigsten effektiv; deshalb gingen von hier einige der stärksten Anreize zum Antiklerikalismus aus.

Der Extremismus war eine charakteristische Zeiterscheinung, die mit den politischen Ereignissen und der wirtschaftlichen Unruhe verknüpft war. Der 1337 ausgebrochene Hundertjährige Krieg zwischen England und Frankreich leitete eine lange Reihe von Kämpfen ein, in denen große Teile Frankreichs verwüstet wurden, und wirkte sich auch auf das kirchliche Leben unheilvoll aus. Wir haben gesehen, welche Rolle er bei dem Ausbruch und dem Fortbestand des Großen Schismas spielte. Die weltlichen Regierungen hatten ihre eigenen Autoritätsprobleme – sie wurden durch den wirtschaftlichen Druck und durch die Auswirkungen der Kriegführung verschlimmert. In den Jahren 1348–1351 brach die Katastrophe des Schwarzen Todes herein: er raffte mit einem Schlag mehr als ein Drittel der Bevölkerung hinweg und löste bei den Geißlern einen wilden Bußenthusiasmus aus, durch den Gottes Zorn besänftigt und die Sünden des einzelnen Büßers getilgt werden sollten. Wiederholte Heimsuchungen hatten, auch wenn sie weniger verheerend waren, bedeutende Auswirkungen auf die Bevölkerungsstruktur und lösten ähnliche, wenn auch nicht ganz so heftige Gefühlsreaktionen aus.[6]

In großen, anfangs noch wohlorganisierten Prozessionen gingen die Menschen zu zweit nebeneinander her und befolgten dabei ein strenges Ritual: sie sprachen abwechselnd das Vaterunser und das Ave-Maria und geißelten sich unter Absingen geistlicher Gesänge und Lieder. So zogen sie durch Österreich (welches wahrscheinlich ihr Herkunftsland war), Ungarn, Deutschland, Böhmen, die Niederlande und die Picardie. Die Bürger der Städte, in die sie kamen, forderten sie auf, sich ihnen anzuschließen, und sie geißelten sich auf einem öffentlichen Platz, meistens dem Marktplatz.

Das Auffallendste bei diesen Bußprozessionen ist die Tiefe der Gemütsbewegung, welche die qualvollen, wiederholten Selbstpeinigungen veranlaßte. Sie erinnert an die stark emotionalen Züge, die in der volkstümlichen Geisteshaltung noch immer latent vorhanden waren; sie ist zu vergleichen mit den ersten Kreuzzugsimpulsen, den Hallelujapredigten im Italien des 13. Jahrhunderts oder dem Ausbruch der Geißlerbewegung im Jahre 1260. Sie war gekoppelt mit jener Selbstkontrolle, wie man sie häufig bei einer Bewegung beobachtet, die gänzlich spontan zu sein scheint, nicht unter der Kontrolle einer herrschenden Autorität steht, sondern einzig in der Hand des Laientums liegt. Wer unter die Geißler gehen wollte, der nahm das Gelübde auf sich, daß er seine Geißelung dreiunddreißigeinhalb Tage lang durch-

führen wolle – wobei man sich daran erinnerte, daß Christi irdisches
Leben so viele Jahre gedauert hatte; ferner verpflichtete er sich, bei den
Meistern der Bewegung seine Beichte abzulegen, seine Schulden zu
bezahlen oder für vergangenes Unrecht Genugtuung zu leisten. Während der Prozession befolgte er ein striktes Ritual und gehorchte den
Meistern. Er geißelte sich zweimal am Tage in aller Öffentlichkeit und
einmal in der Nacht. Nach Beendigung des Pilgerzuges versprach er,
sich für den Rest seines Lebens an allen Karfreitagen zu geißeln. Geistliche, die nicht im Besitz einer Pfründe waren, schlossen sich an; aber
die Mehrheit der Büßenden waren Laien.

Die Kirchenbehörden nahmen hierzu eine unterschiedliche Haltung
ein. In den Niederlanden beispielsweise erteilte der Bischof von Thérouanne den Geißlern eine ausdrückliche Genehmigung. In Tournai
wurde eine Regel, welche die Flagellanten von Brügge angenommen
hatten, dem Domkapitel vorgelegt; der Verfasser der *Annales Flandriae*
hielt sie jedoch für Begarden und focht ihren Glauben, daß ihnen nach
ihrer Buße alle Sünden vergeben sein würden, an. Man beargwöhnte
eine Laienbewegung ohne geistliche Kontrolle, die ohne Genehmigung und ohne Empfang des Bußsakraments aus den Händen eines
Priesters sich zu einer Gemeinschaftsbuße verpflichtet hatte. Überdies
gab es Auswüchse. Ein Dominikanerprediger zum Beispiel sagte, das
Blut der Geißler sei kostbarer als jedes andere Blut, seitdem Christus
sein eigenes vergossen habe. In einigen Gegenden, namentlich in Thüringen und Franken, neigten sie zu größerer Heftigkeit und zum Antiklerikalismus. Verständlicherweise war dies öfter der Fall, wenn sie
vor dem Ausbruch der Pest auftraten, als wenn dies hinterher geschah.
Wenn die Seuche noch bevorstand, war die Geißelung fast das einzige,
was eine verängstigte Bevölkerung unternehmen konnte. Wenn sie
einmal ausgebrochen war, stand den Menschen das Schlimmste vor
Augen, und es gab vordringliche Aufgaben, wie das Begraben der Toten, wodurch sie ihre Erregung dämpfen konnten.[7]

Im Jahre 1349 schließlich verdammte Clemens VI. die Geißlerbewegung. Im gleichen Maße wie das erregende Massensterben nachließ, schwand auch die Bewegung dahin, obgleich sie hin und wieder
noch einmal aufflackerte und dann in einigen Fällen in sehr viel offenerer Form mit Priesterfeindlichkeit und eigentlicher Ketzerei verbunden war. Die Anwendung der Geißel, lange Zeit ein traditionelles
Zuchtmittel der Mönche, hatte das Laientum in einer Krisenzeit in
breitestem Ausmaß und gänzlich unabhängig von der Priesterherrschaft übernommen, und sie war von einigen unter ihnen sogar zu einer Art oberstem Sakrament verwandelt worden.

Der Schwarze Tod, für die Zeitgenossen eine Katastrophe ohnegleichen, löste eine religiöse Reaktion von ungewöhnlicher Heftigkeit aus. Andere langfristige Veränderungen in wirtschaftlicher und gesellschaftlicher Hinsicht – die wir immer noch nicht völlig verstehen – sowie die Auswirkungen der Kriegsführung verursachten Spannungen und Aufruhr in den Städten und auf dem Lande. Die letzten Ursachen dieser Unruhen waren die großen Veränderungen im westlichen Wirtschaftssystem, die sich fast seit Anfang des 14. Jahrhunderts in bestimmten Gebieten bemerkbar machten; sie betrafen die Beziehungen zwischen den Gesellschaftsschichten, das interne städtische Leben sowie die Lage der Bauern. Ein Hauptfaktor in den Städten war die Starrheit, mit der die geschlossenen Kreise des wohlhabenden Bürgertums regierten, indem sie alles zu ihrem eigenen Vorteil lenkten und die Handwerker, die an dem neuen Reichtum ihren Anteil haben wollten, gegen sich aufbrachten. Vor den Jahren der Pest wurde diese feindselige Stimmung dadurch verstärkt, daß die Stadtbevölkerung in Gebieten wirtschaftlichen Fortschritts in einem noch nie erlebten Ausmaß zunahm, während weiterhin wenige Familien die Geschicke so vieler Menschen bestimmten. Nach dem massiven Rückgang der Bevölkerung blieb die Spannung bestehen, da die Reichen aus engherziger Sparsamkeit jegliche Wohlstandsquelle allein auszuschöpfen versuchten.

Die Unruhen hatten im 13. Jahrhundert in den Niederlanden begonnen und während des folgenden Jahrhunderts angedauert. In anderen Gebieten gab es sporadische Krisen. Zwischen dem Frühling des Jahres 1378 und den ersten Monaten des Jahres 1383 machte sich in Westeuropa zu verschiedenen Zeiten verbreitet Unruhe bemerkbar.[8] In Frankreich richtete sich der Zorn des Volkes gegen königliche Beamte, Steuereinnehmer und Münzer. Zur Zeit der Pestepidemien artete die Todesangst in Judenpogrome aus: man machte die Juden für die Seuche verantwortlich. In England gab es von Zeit zu Zeit Ausbrüche von Xenophobie.

Unter schwerem wirtschaftlichem Druck stehende Landeigentümer versuchten gegenüber den für sie arbeitenden Bauern althergebrachte Rechte geltend zu machen, indem sie ihnen nach dem Bevölkerungsrückgang, also zu einer Zeit, als Arbeitskräfte knapp waren, die Freizügigkeit beschnitten, wenn sie nach besseren Löhnen oder Arbeitsbedingungen Ausschau hielten. In Frankreich kam es 1358 zur Jacquerie, einem der gewalttätigsten Bauernaufstände. In England führte die Peasants' Revolt von 1381 zum Tode Simons von Sudbury, des Erzbischofs von Canterbury; der Pöbel griff Beamte an, vernichtete Akten und versetzte für kurze Zeit den Südosten des Landes in Angst und Schrecken. Der allgemeine Groll spitzte sich zu, als von den Leuten für einen erfolglosen Krieg eine Kopfsteuer gefordert wurde – der eigentliche Grund war der Zorn eines verhältnismäßig wohlhabenden Bauerntums wegen längst überholter Beschränkungen, die ihnen die Grundherren auferlegen wollten. Weitere Heimsuchungen durch die Pest, die im ausgehenden 14. und im 15. Jahrhundert in geringerem Ausmaß stattfanden, machten die Lage immer angespannter, so daß die Menschen manchmal ihre Zuflucht zu Bußübungen wie der Geißlerbewegung nahmen. Die Sterblichkeitsziffer war in den Jahren nach 1348 ungewöhnlich hoch.

Das Denken war gekennzeichnet durch eine Tendenz, bei strittigen Fragen extreme Haltungen einzunehmen, und durch ein Mißtrauen in die Vernunft.[9] Die Zeit der großen systematischen Lehrgebäude des 13. Jahrhunderts war vorüber. Die vom hl. Thomas von Aquin aufgestellte Synthese zwischen Glaube und Vernunft hatte man schon kurz nach ihrer Veröffentlichung unter schweren Angriffen zu Fall gebracht. Als Bischof Etienne Tempier von Paris im Jahre 1277 einige Thesen in Bausch und Bogen verdammte – darunter einige von Thomas, einige von anderen –, da markierte dies den Wendepunkt. Hiernach spalteten sich verschiedene Gruppen von Scholastikern ab und erörterten unter sich einzelne Thesen. Die Verdammungsurteile Tempiers wirkten sich so aus, daß sie zunächst einmal Verwirrung schufen und dann auf die Dauer eine Trennung zwischen den Bereichen des Glaubens und der Vernunft nahelegten.

Sehr rasch tauchten neue Gedanken auf: Duns Scotus, der 1308 verstorbene schottische Franziskanermönch, unterzog herkömmliche aristotelische und augustinische Anschauungen einer wirkungsvollen Kritik und entwickelte ein eigenes Gedankengebäude, zu welchem Zweck er völlig neue Ausdrücke erfand. Wilhelm von Ockham, ein englischer Franziskaner, dem man seine Universitätslaufbahn abschnitt, als er sich der Empörung Michaels von Cesena gegen die Entscheidungen Johannes' XXII. über die Armut Christi anschloß, wurde zur Quelle eines mächtigen Gedankenstroms, den man häufig etwas ungenau als Nominalismus bezeichnet. Diese Schule hatte mit einigen Denkern des 11. und 12. Jahrhunderts gemeinsam, daß sie in dem traditionellen Universalienstreit den Ton auf die Einzeldinge *(Particularia)* legte.[10] Aber im 14. Jahrhundert wurde die Diskussion in einer Atmosphäre weitergeführt, die von der früherer Jahrhunderte gänzlich verschieden war. Während Thomas und andere Denker des 13. Jahrhunderts hatten zeigen wollen, wie weit die natürliche Vernunft die Glaubenswahrheiten bestätige, bestand der Trend bei Duns Scotus, Ockham und anderen darin, das Zufällige und Begrenzte des menschlichen Wissens zu betonen. Ockham ging auf diesem Wege noch weiter als Scotus; im übrigen wiesen seine durch eine Reihe von brillanten Paradoxa abgestützten Darlegungen über die absolute Freiheit und Omnipotenz Gottes auf den Abgrund zwischen dem Menschen und dem unerforschlichen Gott hin und schienen die herkömmlichen Grundlagen der Moraltheologie zu untergraben. Die Vernunft könnte den Glauben nicht bestätigen, weil er auf Offenbarung und Vollmacht beruhe.

Die auf diese Weise aufgezeigte Trennung wirkte sich einerseits positiv aus, denn sie machte den Weg frei für Fortschritte auf dem Gebiet der Naturwissenschaften; andererseits unterhöhlte sie die traditionellen Stützen des Glaubens und der Moral und führte dazu, daß sowohl der Skeptizismus wie der Fideismus in Mode kamen. Wenn die Vernunft den Glauben nicht bestätigen konnte, dann konnte sie ihn auch nicht widerlegen – so mochte man argumentieren – und Glaubensmeinungen konnten, selbst dann, wenn sie vernunftwidrig erschienen, aus Gründen rein äußerlicher Autorität akzeptiert werden. Inwieweit Schriftsteller unserer Zeit Ockham richtig verstanden haben, und in welchem Maße er für einige Auswirkungen seiner Lehre wirklich verantwortlich war, ist in unseren Tagen noch ein Gegenstand der Debatte. Die Verantwortung für einige der extrem Positionen von Gelehrten des 14. Jahrhunderts kann durchaus bei seinen weniger bedeutenden Zeitgenossen oder Nachfolgern zu suchen sein. Welches auch immer die letzten Ursachen des Ockhamismus und der sogenannten nominalistischen Schule waren – sie riefen eine Reaktion gegen diese *via moderna* hervor, namentlich die von Thomas Bradwardine, des Erzbischofs von Canterbury, der 1349, während der Zeit der großen Pestseuche, starb. Dieser hatte die traditionelle Kirchenlehre bestätigt und auf dem Gebiete der Metaphysik die entgegengesetzte Haltung zu den Ockhamisten eingenommen, nämlich die des Realismus.[11] Charakteristischerweise war jedoch auch diese Reaktion oft von dem für die damalige Zeit typischen Extremismus gekennzeichnet.

Das kritischere Meinungsklima, die aus dem Ockhamismus stammenden Gedankenströmungen im frühen 14. Jahrhundert sowie die Schwächung von Autorität und Ansehen der Geistlichkeit in jener Zeit, als die Päpste zu Avignon residierten und das Große Schisma herrschte, bilden den wesentlichen Hintergrund für das Studium der am Evangelium orientierten Häresien des späten Mittelalters, die auf Wyclif, die englischen Lollarden[12] und die böhmischen Hussiten zurückgehen. Wenn unter solch hochqualifizierten Männern so viele abweichende Meinungen herrschten, wenn sich auf allen Ebenen immer wieder zeigte, wie notwendig eine Reform war, und wenn Zweifel und Unsicherheit über das wahre Wesen der Kirche und die Autorität des Papstes so weit verbreitet waren, dann mußte dies Anlässe und Anreize zur Ketzerei schaffen, wie sie bis dahin unbekannt waren. Wyclif, der zusammen mit seinen ersten Predigern die Bewegung der englischen Lollarden ins Leben rief und zum Teil die der böhmischen Hussiten inspirierte, war einer der führenden Akademiker seiner Zeit. Die Tatsache, daß er sich in seinen letzten Jahren zum Häretiker entwickelte, der das Verdikt seiner kirchlichen Vorgesetzten ignorierte und danach seine Anschauungen mit voller Überlegung verbreitete, war bei einem Scholastiker von solch hervorragender Bedeutung etwas gänzlich Neues. Ein Akademiker konnte mit anderen Akademikern sprechen; Funken von Wyclifs Häresie stoben in Universitätskreisen umher, so daß hier und da Gelehrte Feuer fingen, und sie gelangten von dort in weitere Kreise der Gesellschaft.

Die verbreitete Kritik an der Autorität, die Kenntnis der Mißstände und die Ärgernisse, die das Schisma auslöste, ließen Wyclifs Angriffe nicht nur begründet erscheinen, sondern forderten sie geradezu heraus. Deshalb gewann seine Häresie für kurze Zeit eine Basis an der Universität Oxford und fand dank des Rufes, den Wyclif unter den Akademikern genoß, auch ihren Weg zur Universität Prag. Bestimmte Gedanken Wyclifs über die Entziehung der Pfründen und die geistliche Gerichtsbarkeit fanden bei Herrschern und im Adel natürlichen Anklang. So bestand die Möglichkeit, daß die Oberschicht in einem Maße zur Schutzmacht der Ketzerei wurde, wie dies noch nie vorher der Fall gewesen war. Ketzerische Lehre und praktische Politik konnten Hand in Hand arbeiten. Außerdem bewegten sich die Häresien Wyclifs, der Lollarden und der böhmischen Prediger allesamt im grundsätzlichen Bereich christlicher Lehre und brachten eine allgemeine Unzufriedenheit zum Ausdruck. Sie hatten eine breitere Unterstützungsgrundlage, als das Anliegen der Franziskaner-Spiritualen sie jemals hätte haben können, und es fehlte ihnen das Fremdartige des Katharismus, das aufgeklärte Christen im Westen letztlich abgestoßen hatte. Diese drei Faktoren – die Anfangsbasis an den Universitäten, die Möglichkeit, die Unterstützung der Oberschicht zu gewinnen, und der breite Anklang, den ihre Lehren fanden – machten die neuen »evangelischen« Häretiker für Papsttum und Hierarchie gefährlicher als irgendeine Bewegung in der Vergangenheit.

Und dennoch, obgleich Wyclif und seine Gefährten oft in radikaler Form einer weitverbreiteten Unzufriedenheit Ausdruck verliehen und sich im Rahmen einer vorhandenen geistigen und geistlichen Tradition, der sie zutiefst verpflichtet waren, hielten, fanden ihre ketzerischen Lehren doch nur in zwei Ländern, nämlich England und Böhmen, tieferen Anklang, und beide lagen sozusagen am Rande Europas. Das englische Volk war bis dahin gegen Ketzerei immun gewesen, während Böhmen der Schauplatz einiger, wahrscheinlich nicht sehr ernsthafter Waldenserverfolgungen gewesen war; aber im übrigen hatte sich dort wenig ereignet. Die wyclifitische und hussitische Ketzerei wurden in verschiedenen Formen in Schottland, Frankreich, Polen, in Österreich und anderen deutschsprachigen Ländern und sogar in Dalmatien verbreitet und fanden dort zwar einigen Widerhall, aber keinen Anklang von langer Dauer. Länder, in denen sich früher Ketzerei gebildet hatte, erwiesen sich bei dieser Gelegenheit als nicht besonders fruchtbar. Der Unterdrückungsmechanismus wurde gegen die Ketzer in Gang gesetzt. Wyclif, Hus und die übrigen waren nur wenige Stimmen in dem allgemeinen Chor, der nach einer Reform rief. Es gab immer noch tiefe Gefühlsreserven, die hinter der orthodoxen Lehre und dem überlieferten Brauchtum standen. Die Buchdruckerkunst, durch die das Ketzertum schnell von einem Land zum nächsten hätte übergreifen können, war noch nicht erfunden. Das bedeutet: eben die Faktoren, die die Verbreitung des Hussitentums in den Ländern der böhmischen Krone ermöglichten, wirkten sich hier noch so aus, daß die Unterstützung in den Nachbarstaaten beschränkt blieb. Daher erzielten die neuen Häresien keinen Durchbruch. Dennoch war die Wyclif-Episode und das Aufkommen des Lollardentums ein Hauptereignis in der englischen Kirchengeschichte, und die lang andauernde Hussitenkrise bildete einen Wendepunkt in der Geschichte der böhmischen Länder.

Anmerkungen:
[1] S. o. S. 249, A. 1; auch Aston, M. E.: *The Fifteenth Century: the Prospect of Europe*, London 1968
[2] Southern, *Western Society*, S. 133
[3] Die Formulierung verdanke ich Dr. A. V. Antonovics.
[4] Siehe Rapp, *L'Eglise*, Kap. 9, und über Italien Hay, D.: *Italian Clergy and Italian Culture in the Fifteenth Century*, London 1973, Society for Renaissance Studies, Occasional Papers No. 1.
[5] Den Kommentar verdanke ich Prof. C. N. L. Brooke.
[6] Delaruelle, E.: Les grands Processions de Pénitents de 1349 et 1399, *Il movimento dei disciplinati nel settimo centenario del suo inizio*, Perugia 1962, S. 109–145 (über die Niederlande, aber mit allgemeinen Hinweisen) Székely, G.: Le mouvement des Flagellants au 14e Siècle, son Caractère et ses Causes, in: *HS*, S. 229–238, Erbstösser, *Strömungen*, S. 10–69 (Marxistische Analyse mit der Hypothese, daß die Bewegung durch Frei-Geist-Anhänger nach Thüringen vordrang) Kieckhefer, R.: Radical Tendencies in the Flagellant Movement of the Mid-fourteenth Century, *JMRS*, IV, 1974, S. 157–176 (nochmalige Überprüfung der Quellen mit Kritik von Erbstösser); englischer Bericht bei Leff, *Heresy*, II, S. 485–493. Dr. J. V. Fearns arbeitet zur Zeit an einer zusammenfassenden Analyse. Siehe seine Karte mit Anmerkungen *Atlas zur Kirchengeschichte*, Hrsg. Jedin u. a. S. 48, 65).
[7] Kieckhefers Hypothese
[8] Mollat, M. und Wolff, P.: *The Popular Revolutions of the late Middle Ages*, London 1973.
[9] Leff, G.: *Medieval Thought from St Augustine to Ockham*, Harmondsworth 1958, Teil 3; betr. Erörterung des Ockhamismus und seiner Auswirkungen (mit neuester Litera-

tur) s. Rapp, *L'Eglise,* S. 332–346, und betr. die neueste Arbeit von Leff s. u. S. 337, A. 4.

[10] Zur Erklärung s. Leff, *Thought,* S. 104–114, 259–260; und zur Terminologie s. Rapp, *L'Eglise,* S. 337 und meinen Kommentar u. S. 338, A. 8.

[11] Leff, *Thought,* S. 296–299; zur Erklärung des Realismus und zur Reaktion gegen den Skeptizismus s. Literaturangaben u. S. 337, A. 7, S. 338, A. 13.

[12] Am besten ist die Herkunft des Namens erklärt bei Kurze, D.: Die festländischen Lollarden, *AKG,* XLVII, 1965, S. 48–76.

John Wyclif

Die englische Kirche im 14. Jahrhundert

Vor dem späten 14. Jahrhundert brachte England keine bedeutende Häresie hervor. Für orthodoxe Bewegungen jedoch war das Land immer empfänglich, wie zum Beispiel für das wachsende Interesse am kanonischen Recht, das neue Mönchtum des 12. Jahrhunderts oder die Bettelorden im 13. Jahrhundert. Es gab stets enge kulturelle und kirchliche Kontakte mit Europa. Durch den Wollhandel blieben auch die kommerziellen und wirtschaftlichen Verbindungen mit den flandrischen Städten, wo sich einst leicht religiöses Abweichlertum bildete, immer lebhaft. Aber das Ketzertum des Kontinents schlug in England keine Wurzeln, und auch im Lande selbst kam keine Ketzerei auf[1], bevor im späten 14. Jahrhundert Wyclif einen seit langem vorhandenen Vorrat an leicht entflammbarem Antiklerikalismus und ungenütztem religiösen Fanatismus in Brand setzte.

Ein Grund dafür war, daß die englische Kirche ein engmaschiges Netz bildete und nicht aus der Ferne regiert wurde. An kontinentalen Maßstäben gemessen behielt der jeweilige Herrscher immer eine enge Kontrolle über die Kirche. Der Investiturstreit dauerte in England nur sehr kurze Zeit an und endete in einem Kompromiß, der dafür sorgte, daß die eigentliche Entscheidung bei der Besetzung der hohen Kirchenämter vom König ausging.

In England hatte es nie solch spektakuläre Skandale bei der Ämterbesetzung gegeben, wie sie auf dem Kontinent meist in aristokratischen Herrschaftsbereichen entstanden. Der König konnte bei der Ernennung von Bischöfen im allgemeinen mit einer angemessenen, manchmal sogar mit einer hervorragenden Eignung der betreffenden Kandidaten rechnen, wie das Beispiel des Episkopats im 13. Jahrhundert zeigt. Kirchliche Mißstände – die immer den Hauptanreiz zur Ketzerei bildeten – machten sich in England vor dem 14. Jahrhundert nicht in auffallender Form bemerkbar. Die Franziskaner, durch deren Niedergang auf dem Kontinent eine neue Häresie, die Sekte der *fraticelli*, aufkam, bewahrten in England die Reinheit ihres Ordens und wußten hier vielleicht länger als in jeder anderen Provinz eine gute Lebensführung mit Gelehrsamkeit zu vereinbaren. Schließlich sorgte die Verwaltung des Landes für eine wirksame Hafenkontrolle, und man achtete darauf, daß das Gedankengut, das ins Land hereingetragen werden konnte, sorgfältig gesiebt wurde. Katharer, die unter Heinrich II. vom Kontinent herüberkamen, wurden rasch zusammengetrieben und verurteilt.[2] Im Jahre 1224 hielt man die ersten Franziskanermissionare im Schloß zu Dover so lange fest, bis sie nachweisen konnten, daß sie nicht unorthodox waren.[3] Während des 13. Jahrhunderts macht sich deutlich das Bemühen bemerkbar, Kaufleute aus Frankreich und von anderswoher, die von Ketzerei angesteckt sein konnten, zu überwachen.

Bis zur zweiten Hälfte des 14. Jahrhunderts hatte sich die Lage der Kirche unmerklich zu ihrem Nachteil verändert. Der Episkopat verhielt sich zwar nicht würdelos, aber es fehlte ihm die außergewöhnliche Eignung, die er im voraufgegangenen Jahrhundert gehabt hatte. Wie allenthalben in Europa mangelte es an einer erwähnenswerten neuen Bewegung, um die Lücke auszufüllen, die durch die Entartung des Franziskanerordens – früher eine Quelle höchst selbstlosen Eifers – entstanden war. Das religiöse Leben war wohl immer noch lebendig, doch es war eine Lebendigkeit, die leicht vom rechten Glauben wegführen konnte. Die englischen Mystiker schrieben ihre Abhandlungen zwar in der Sprache des Volkes, wenn sie ihren direkten Aufstieg zu Gott schilderten, aber sie wurden zweifellos nur von wenigen gelesen. Immerhin waren ihre Schriften wohl symptomatisch für eine breitere Stimmung, die mit den offiziellen Formen des Gottesdienstes und der kirchlichen Organisation nicht ganz zufrieden war. Gegen Ende des Jahrhunderts nahmen auch die amtlichen Stellen davon Kenntnis, daß eine neue Sorte von Menschen entstanden war, die lesekundigen Laien. Man unternahm zwar Schritte, um diesem Umstand Rechnung zu tragen, aber längst nicht genügend. Die Predigtliteratur der damaligen Zeit macht deutlich, daß die Geistlichen bereit waren, Mißstände zu geißeln. Gleichzeitig zeigt sie, daß die Versuche, sie auszumerzen, vergeblich waren; denn die Erwähnung dieser Mißstände zieht sich über Jahre hin. Auf bestimmten Gebieten machte sich das ganze Spätmittelalter hindurch ein Versagen bemerkbar: es herrschte ein allgemeiner Überschuß an Geistlichen; es gab zu viele schlecht bezahlte Geistliche, die nicht im Besitz einer Pfründe und deshalb eine Quelle der Unzufriedenheit waren; ein Mönchtum, das man zwar nicht gerade dekadent nennen konnte, von dem jedoch keine motivierende Kraft mehr ausging; eine gewisse, durch die Kirchenrechtslehrer herbeigeführte Erstarrung des kirchlichen Apparats, wodurch dieser allzu formal gehandhabt wurde, als daß sich eine Reform leicht hätte auswirken können.

Vor diesem Hintergrund fiel eine Periode der Belastung, hervorgerufen durch Krieg und eine unfähige Regierung, die auf das Wiederaufflackern des Hundertjährigen Krieges im Jahre 1369 folgte, besonders ins Gewicht. Das Scheitern der kriegerischen Anstrengungen in Frankreich und die zur Durchführung von Feldzügen notwendige Besteuerung, die in Wahrheit über die Kraft des englischen Königreiches hinausgingen, ließen den Ruf nach Enteignung laut werden. Offensichtlich gab die Größe der kirchlichen Besitztümer Anlaß zu dieser Agitation. Sie fand beim Volke deswegen Anklang, weil die *Commons* etwas unternehmen wollten, was die Last der Besteuerung von ihm abwälze – hatte doch diese törichte steuerliche Maßnahme dazu beigetragen, daß der Bauernaufstand des Jahres 1381 ausgebrochen war. Wenn auch die Stimmungsmache gegen die Kirche mit Reformen nichts zu tun hatte, so bot sie doch radikalen Predigern willkommene Gelegenheiten. Sie förderte die Bettelbrüder bei ihren alten Klagen gegen die besitzenden Orden und verschaffte dem Bemühen John Wyclifs binnen kurzer Zeit eine volkstümliche Grundlage. Sie leistete dem Antiklerikalismus Vorschub, der zwar in England nicht besonders stark war, sich jedoch durch das Wirken Johns of Gaunt sowie anderer Militärs und Politiker besonders heftig austoben konnte. Eine infolge der Altersschwäche Edwards III. und der Minorität Richards II. unfähige Regierung erleichterte das Aufkommen extremistischer Gedanken und innerer Zwistigkeiten unter den Parteien, die zum Teil aus ihrer Frontstellung gegen die Kirche herrührten.

Als dann eine im Lande selbst entstandene Ketzerei ans Licht kam und sich sehr schnell über ganz England ausbreitete, war die Kirche nicht darauf vorbereitet. Da die englische Geistlichkeit mit Ketzerei im Landesinneren nicht vertraut war, war sie über die Entwicklungen, die auf dem Kontinent zum Entstehen der päpstlichen Inquisition geführt hatten, nicht im Bilde. Mit der Ketzerbefragung hatte man in England nur in dem einen Ausnahmefall des Templerordens zu tun gehabt. Nachdem einmal Alarm geschlagen war, ergriff der Episkopat bei dem Versuch, die Seuche unschädlich zu machen, höchst schwerfällige Maßnahmen. Obwohl er die wichtige Aufgabe meisterte, zu verhindern, daß die Lollarden an die Macht kamen, fehlte ihm sowohl die Erfahrung als auch das Personal, um kurz vor dem Bauernaufstand eine rasche Ausdehnung ihrer Anhängerschaft zu verhüten oder um nach Oldcastles Aufstand zu Beginn des 15. Jahrhunderts die Sekte total auszumerzen. Die Wirkung der Agitation in den siebziger Jahren und in den Jahren danach, als Wyclifs ketzerische Gedanken formuliert wurden und die ersten Lollardenprediger ihre Botschaft über das Netz der Verkehrswege Englands auszubreiten begannen, vollkommen auszulöschen – dazu war die Orthodoxie niemals fähig. Bevor wir nun die Ursprünge des eigentlichen Lollardentums untersuchen, ist es zunächst einmal nötig, daß wir einen Überblick über Wyclifs Laufbahn geben und dann versuchen, die seit langem kontroverse Frage zu beantworten: Warum und wie gelangte Wyclif zu seinen ketzerischen Ansichten?

Die Entwicklung der Häresie Wyclifs

Die Anfänge seiner Laufbahn

Eine genaue Parallele zu Wyclifs Laufbahn läßt sich in der Geschichte der mittelalterlichen Häresien nicht finden. Hier haben wir es mit dem einzigartigen Fall zu tun, daß ein Universitätslehrer zum Häresiarchen wurde, der eine Volksbewegung gegen die Kirche einleitete. Daß gegen jemand der Vorwurf der Ketzerei erhoben wurde, damit mußte man bei den geistigen Auseinandersetzungen an den Hochschulen rechnen – es war jedenfalls nicht unbedingt von großer Bedeutung. Aber daß jemand der Kirche willentlich Trotz bot, wie Wyclif es schließlich in seinen letzten Jahren tat, war etwas gänzlich Neues. Im 14. Jahrhundert hatten zwei Denker, Marsilius von Padua und Wilhelm von Ockham, auf ähnliche Weise der geistlichen Macht die Stirn geboten und Gedanken entwickelt, die denen Wyclifs verwandt sind;[4] aber keiner der beiden Männer läßt sich wirklich mit ihm vergleichen. Ockham gründete keine Bewegung – er schloß sich der schismatischen Gruppe Michaels von Cesena an und entfaltete seine Ansichten über die Kirche unter der sicheren Obhut Ludwigs des Bayern an dessen Hofe zu München; auch blieb sein Einfluß auf Intellektuellenkreise beschränkt. Dasselbe gilt für Marsilius, der ein erstaunlich weltlich eingestellter, aber einsamer Denker war, eher ein politischer Theoretiker als ein Theologe; außerdem hatte er nicht den Ruf und die Tiefe der Gelehrsamkeit eines Wyclif. Auch er beeinflußte keine Volksbewegung.

Andererseits waren bis dahin die Führer oder Gründer von ketzerischen Volksbewegungen keine Männer von geistigem Rang gewesen. Meist waren sie Prediger und Agitatoren wie Heinrich der Mönch, Waldes oder die Bogomilenmissionare des 12. Jahrhunderts. Arnold von Brescia hatte zwar eine geistige Ausbildung genossen, doch seinen Erfolg als Ketzerführer verdankte er ganz und gar seiner Beredsamkeit und der Kraft seiner Persönlichkeit.[5] Selbst Petrus Johannis Olivi ist kein eindeutiger Parallelfall; denn obgleich er genügend geistiges Niveau besaß, um im Zusammenhang mit Wyclif genannt zu werden, und von ihm der Haupteinfluß auf eine ketzerische Volksbewegung ausging, war er keineswegs Gründer der Bewegung der Franziskaner-Spiritualen – diese hätte es gewiß auch ohne ihn gegeben, obgleich sie dann weniger gefährlich gewesen wäre.[6]

Wyclifs Häresie stand in keinerlei Zusammenhang mit irgendeiner vorherigen ketzerischen Bewegung. Zwar ähnelten die Anhänger aus dem Volke schließlich den Waldensern, aber dies geschah ganz unabhängig von jedwedem kontinentalen Einfluß. Die Keimzelle ihrer

Glaubensanschauungen ging in vereinfachter und ihrem Verständnisvermögen angepaßter Form auf Wyclif selbst zurück. Seine radikalen Gedanken hatten genügend Kraft, um eine Bewegung zu entfachen, die die Verfolgung mehr als hundert Jahre überdauerte, eine eigene Literatur sowie eine Reihe von Märtyrern und gläubigen Missionaren bis in die Reformationszeit hinein hervorbrachte, ohne daß ihr Initiator jemals auffallende Führereigenschaften oder auch nur ein ausgesprochenes Interesse am praktischen Aufbau einer neuen religiösen Gruppe hätte erkennen lassen. Das spontane Umsichgreifen einer solch gefährlichen Häresie in intellektuellen Kreisen, Wyclifs Bereitschaft, mit der Überlieferung zu brechen und der kirchlichen Autorität Trotz zu bieten, ferner der schillernde Charakter der Beziehung eines Gelehrten zu einer Bewegung volkstümlicher Prediger – alles dies verleiht dem Studium seines Lebensweges besonderes Gewicht.

Wyclif war ein Produkt des geistigen Klimas von Oxford, wo er den weitaus größten Teil seines Lebens verbrachte von der Zeit an, da er als junger Mann hier zu studieren begann, bis zu seinem erzwungenen Ausscheiden aus dem Lehrkörper der Universität im Jahre 1380, als er ungefähr fünfzig Jahre alt war.[7] Als politischer Dilettant begab er sich in den siebziger Jahren gelegentlich auf Missionsreisen; seine letzten Lebensjahre (nach 1380) verbrachte er in der Zurückgezogenheit des Pfarrhauses zu Lutterworth. Im übrigen blieb er, wie es damals üblich und auch notwendig war, der Pfründe fern, deren Einkünfte seine akademische Arbeit in Oxford ermöglichten. Seine Erfahrungen sammelte er weitgehend auf akademischem, sehr viel weniger auf seelsorgerlichem oder politischem Gebiet.

Oxford prägte ihn zutiefst, und zwar sowohl durch seinen unmittelbaren Einfluß als auch dadurch, daß es heftige Reaktionen bei ihm auslöste. Als junger Mann geriet er unter den Einfluß des Nominalismus, der damals so, wie er sich aus den Schriften Wilhelms von Ockham und seiner Schule entwickelt hatte, in Mode war. Kennzeichnend für diesen war, daß man den Kräften des Verstandes mißtraute, wenn es darum ging, die Glaubenswahrheiten nachzuweisen.[8] Der Nominalismus und der mit ihm zusammenhängende Skeptizismus und Fideismus sind von grundlegender Bedeutung für das Verständnis der Geisteshaltung im 14. Jahrhundert. Hier wurden tiefe Konflikte ausgelöst, in deren Verlauf eine Reihe radikaler oder extremistischer Denker ihre Anschauungen vorbringen konnten. Der verstandesfeindliche Ton, den die Moralisten jener Zeit anschlugen, sowie die Entwicklung der englischen Schule von Mystikern stellten eine Art von Gegenreaktion auf diese vorherrschende Denkweise dar;[9] eine andere war jene, die der gereifte Wyclif auslöste. An die Stelle des von den Nominalisten eingeführten Mißtrauens in die Vernunft setzte er, wie Beryl Smalley zeigt, etwas, das er als eine bessere Art zu denken ansah.[10]

Heftige Reaktionen gegen den Nominalismus waren in Oxford an sich nichts Neues. Sowohl Bradwardine als auch Fitzralph zum Beispiel hatten sich mit ihren Schriften gegen diese Schule gewandt.[11] Wie Wyclif waren auch sie Augustiner. Bradwardine, der bedeutendere der beiden Denker, hatte die ockhamistische Schule nicht ohne Wirkung angegriffen. Der philosophische Realismus, den er verteidigt hatte, machte sich wahrscheinlich auch weiterhin noch im Hintergrund bemerkbar. Er und Fitzralph lassen gelegentlich Parallelen zu Wyclif erkennen, den sie dann beide später bewunderten: eine seiner bekanntesten Thesen, die über die Herrschaft und die Gnade, übernahm Wyclif von Fitzralph.[12] Thomas Buckinghams Arbeit um 1350 zeigt, daß Bradwardines großes Werk gegen die Nominalisten, *De causa Dei*, noch immer erörtert wurde. Dies läßt es als ganz natürlich erscheinen, daß Wyclif ein Interesse an analogen Problemen entwickelte. Als jedoch Wyclifs eigene metaphysische Position voll ausgeprägt war und von seinen Gegnern kritisiert wurde, kam niemand mehr auf den Gedanken, daß ein anderer dafür verantwortlich sei. Seine endgültige Position war zu individuell und eigentümlich, als daß sie hätte übernommen sein können: er hatte selbst eine Antwort ausgearbeitet, die sich von den Ideen seiner Jugend drastisch unterschied.

Vom Nominalismus wechselte er zum entgegengesetzten Pol – dem Ultrarealismus – über. Die Forschung hat in seinen Schriften verstreute Sätze aufgezeigt, in denen er, auf seine vergangenen »Sophismen« zurückblickend, in etwa den gleichen Ton anschlägt wie ein Verfasser geistlichen Schrifttums, der seine Jugendsünden beklagt.[13] Die Heftigkeit, mit der diese Überwindung seines früheren Denkens erfolgte, hatte etwas von einer Bekehrung an sich, und die philosophische Position, die er nun eingenommen hatte, erfüllte ihn eindeutig mit einer Art religiösem Gefühl. Mit Bezug auf den Realismus (»die Kenntnis der Universalien«) sagte er einmal: »Die Kenntnis der Universalien ist die wichtigste Stufe auf der Leiter der Weisheit zur Erforschung der verborgenen Wahrheiten. Und das ist, glaube ich, die Ursache, warum Gott die Universalientheorie nicht gänzlich in die Irre gehen läßt.«[14] Das Element einer persönlichen Bekehrung, das seiner Hinwendung zum Realismus anhaftet, erklärt die Hartnäckigkeit, mit der er später auf seiner metaphysischen Lehre bestand. Als schließlich deutlich wurde, daß seine philosophische Position zu einem direkten Bruch mit der Kirchenlehre führen würde, mußte die letztere weichen, nicht aber Wyclifs Philosophie.

Das geistige Klima von Oxford, in dem er selbst und seine Lehren heranreiften, ist von entscheidender Bedeutung für das Verständnis des großen Rufes, den er genoß, sowie für manche eigentümlichen Züge seines Denkens. Es herrscht allgemeine Übereinstimmung darin, daß es zwischen 1350 und 1370 – zu jener Zeit also, als er sein akademisches Studium begann –, keine hervorragenden Denker gab.[15] Über die Geistesgrößen seiner Zeit äußerte sich Wyclif in verächtlicher Weise; wie wir gesehen haben, wandte er lieber seinen Blick über sie hinweg zu Bradwardine und Fitzralph zurück, ja, sogar noch weiter bis zu Grosseteste im 13. Jahrhundert.[16] Zu jener Zeit, als er seine Metaphysik schuf, bedurfte er der geistigen Zucht einer kraftvollen Gegenposition, um den Extremismus zu zügeln, zu dem er von Natur aus neigte[17] – diese aber fand er nicht. Infolge des relativen Vakuums an führenden Geistern schien er seine Zeitgenossen zu überragen. Die Männer, die später seine Gegner wurden, bezeugen die außergewöhnliche Wirkung, die er ausübte. Thomas Netter von Walden, dessen *Doctrinale* die wirksamste Antwort auf Wyclifs akademische Anhänger war, sagte, er sei zunächst »verblüfft gewesen von seinen mitreißenden Behauptungen, den von ihm angeführten Autoritäten und von dem Ungestüm seines Denkens«.[18]

Das Wichtigste war jedoch, daß er seinen Einfluß auf die Zeitgenossen ausübte, weil er, im Gegensatz zu den Skeptikern, gesichertes Wissen anbot. Dies soll am Beispiel der Heiligen Schrift gezeigt werden. Wyclif war darüber betrübt, daß die Skeptiker an der Schrift Kritik übten. Ein wichtiges Zitat bezog er aus Augustins *De doctrina Christiana*: »Der Glaube geriete ins Wanken, wenn die Autorität der Heiligen Schrift versagen sollte. Wenn aber der Glaube ins Wanken gerät, dann wird die Liebe geschwächt...«[19] Es sei der Nominalismus, so meinte er, der den Glauben an die Heilige Schrift untergrabe; und schon glaubte er, die Anhänger des Nominalismus führten die Laien in den Irrtum hinein.[20] Seine Entgegnung leitete er ab von einer Metaphysik, die sich auf die Unzerstörbarkeit der Universalien gründete. Die Heilige Schrift wurde zu einem göttlichen Buch, das vor der Schöpfung und bevor seine materiellen einzelnen Teile niedergeschrieben wurden, in Gottes Geist verfaßt worden sei. Da es sich bei ihr also um eine göttliche Idee handle, sei jedes Wort in ihr wahr und alle Teile besäßen die gleiche Autorität.[21] Der Ultrarealismus führte auf direktem Wege zu einem Fundamentalismus, der die Schrift auf philosophischer Basis jeglichem Zweifel enthob.

Die Kühnheit dieser These mochte wohl die Gegner auf den ersten Blick aus der Fassung bringen. Doch ihre Gewißheit war zu einem hohen Preise erkauft: aus der von Wyclif eingenommenen Position ergaben sich unorthodoxe Implikationen, namentlich über die Zeit, das Sein und die Eucharistie. John Kenningham, der sich in den Jahren 1372–1374 mit Wyclif auseinandersetzte, hatte erkannt, daß dessen

Ultrarealismus eine Annahme der orthodoxen Lehre von der Transsubstantiation mit der sie beinhaltenden Aufhebung der Substanz unmöglich machte. In dem Maße wie Wyclif seine Arbeit nicht mehr philosophischen Gedanken, sondern dogmatischen Werken widmete, wurden die mißlichen Konsequenzen seiner Metaphysik immer offenkundiger.[22]

In einem frühen Stadium seiner geistigen Entwicklung wurde Wyclif in die Politik verwickelt. Entweder 1371 oder 1372 trat er in königliche Dienste ein. 1374 sagte er von sich selbst, er sei »in einem besonderen Sinne des Königs Diener«.[23] Die Aufforderung hierzu erhielt er entweder vom Schwarzen Prinzen oder von John of Gaunt; jedenfalls war das Motiv eindeutig: Wyclif war bereits wegen seiner antiklerikalen Ansichten bekannt, und man zog ihn heran, weil man glaubte, daß seine Meinung über die Enteignung und die Notwendigkeit einer Kirchenreform durch den Staat ein nützliches Gegengewicht gegen die traditionelleren Anschauungen der Vertreter der Geistlichkeit sein könnte.[24] Wyclifs Diensttätigkeit war, soweit bekannt, relativ begrenzt. Im Jahre 1371 hat er wohl im Parlament schweigend dabeigesessen, als zwei Augustinerbrüder sich für die Rechtmäßigkeit der Besteuerung von Kirchenbesitz in Kriegszeiten einsetzten – der Beweis hierfür ist allerdings unsicher;[25] im Jahre 1374 trat er als Diplomat bei Verhandlungen mit dem Papsttum auf; 1377 gab er über den Export von ungemünztem Gold nach Avignon seine Meinung im Interesse der Regierung ab, und 1378 verteidigte er in einem berühmten Rechtsstreit über die Verletzung des Asylrechts aktiv die Maßnahmen der königlichen Beamten.[26] Diese Episoden hatten jedoch einen Wert, der in keinem Verhältnis zu ihrer eigentlichen Bedeutung stand – sie sicherten Wyclif nämlich den Schutz wichtiger Persönlichkeiten, die die Versuche der Kirchenbehörde, ihn zum Schweigen zu bringen, von ihm abwehrten. In zwei Verhandlungen, von denen die eine 1377 in der St.-Pauls-Kathedrale und die andere 1378 in der Kapelle des Lambethpalastes stattfand, wirkte sich dieser Schutz entscheidend aus: das erste Mal gewährte ihn John oft Gaunt, das zweite Mal die Witwe des Schwarzen Prinzen.[27]

Die Treue, mit der seine früheren Dienstherren zu ihm standen sowie die Auswirkung des Großen Schismas auf die Handlungsfreiheit des Papstes bewahrten Wyclif in seinen letzten Lebensjahren vor jeglichen gerichtlichen Verfahren gegen seine Person und ermöglichten ihm auf diese Weise, seine radikalsten Abhandlungen zu veröffentlichen. Seine Tätigkeit im Dienste des Königs fiel ungefähr in die Zeit, als sein Interesse sich der Kirchenlehre zuwandte. In der *Postilla super totam bibliam* (die 1375–1376 abgeschlossen wurde) betont er die Armut und Demut der Urkirche und beginnt die Heilige Schrift als Maßstab für seine Kritik an der Kirche seiner Zeit zu benutzen.[28] Wiederum, wenngleich immer noch in gemäßigter Form, wird die Notwendigkeit der Armut in der Schrift *De civili dominio* (1376–1378) betont.[29] Zur Zeit der Abfassung seiner Schrift *De ecclesia* (1378) verteidigte Wyclif bereits eine gänzlich revolutionäre Lehre über die Kirche, die praktisch einen Umsturz der etablierten Ordnung bedeutete.[30] Dieses Jahr brachte den entscheidenden Umschwung in seiner Lebensarbeit – es war gleichzeitig das Jahr, in dem das Große Schisma begann.

Man kann sich kaum vorstellen, daß zwischen den zwei Seiten seiner Tätigkeit keine Wechselwirkung bestanden hätte. Als Wyclif in den Dienst antiklerikal eingestellter Politiker trat[31], gab er sich wohl – wenn auch auf noch so unrealistische Weise – dem Glauben hin, er trüge dazu bei, die Zeit einer zwangsweisen Kirchenreform durch den Staat, wie sie seinen eigenen Anweisungen entsprach, beschleunigt herbeizuführen. Während sich dieses Erlebnis bei ihm auswirkte, nahm gleichzeitig der Druck der Kontroverse zu, weil sich der wahre Kern seiner Anschauungen herausschälte. Dies verbitterte ihn und ließ ihn immer heftiger werden. Von 1378 an kam ein Mißklang in seine Veröffentlichungen. Er neigte dazu, sich selbst häufiger zu zitieren, und schmähte seine Gegner immer heftiger. Seine Theologie wurde radikaler, und er wiederholte sich in seinen Anklagen der Mißstände. Persönliche Enttäuschung mag bei der Verschärfung seiner Angriffe gegen die Kirche und ihre zeitgenössischen Vertreter auch eine Rolle gespielt haben. Gewiß hätte er von seinen hohen Gönnern mehr erhoffen können als er bekam, und wir können die Heftigkeit seiner Angriffe gegen die besitzenden Mönchsorden sehr wohl verstehen, wenn wir uns zum Beispiel klarmachen, wie in Canterbury Hall Mönche und Weltgeistliche in einer Stiftung zusammen untergebracht werden sollten, zu deren Vorsteher er ernannt wurde. Praktisch hatte er das Amt zwei Jahre lang inne, bis er 1367 durch einen Erzbischof von Canterbury, der aus Mönchskreisen kam, seines Postens enthoben wurde.[32] Seine persönliche Erfahrung war jedoch nicht mehr als ein begleitender Umstand. Seine Lehre von der Kirche war eng mit seiner Metaphysik verknüpft. Ein Zitat aus einer frühen Schrift mag verdeutlichen, wie sehr seine Meinung über die Kirche von seinem Ultrarealismus beeinflußt war. Er schrieb: »Ich nehme an, daß die Kirche nichts anordnet, wenn nicht ein Grund dazu vorliegt; deshalb gibt es eine vernünftige Ursache, daß dies so ist, bevor es von Menschen angeordnet wird.«[33] Die archetypische Realität der Kirche hatte er so klar vor Augen, daß er zu ihren Gunsten die sichtbare Kirche des 14. Jahrhunderts schließlich verwarf.[34] Was für die Heilige Schrift galt, traf auch auf die Kirche zu: sie bestand schon seit Ewigkeit. Wyclif verwarf die Lehre, sie sei erst mit der Inkarnation Christi entstanden. Verglichen mit dieser ewigen Kirche verlor in Wyclifs Schriften die sichtbare Kirche ständig an Autorität, bis sie schließlich zur Wohnstatt des Antichrist wurde. Seine Übernahme der augustinischen Prädestinationslehre wirkte sich so aus, daß der sichtbaren Kirche ihre Autorität entzogen wurde. Erwählte und Verworfene waren in dieser Welt streng getrennt. Die Erwählten waren immun gegen die Folgen von Todsünden: die Gnade ihrer Vorherbestimmung blieb bestehen, selbst wenn sie eine Todsünde begingen. Umgekehrt war die Amtswaltung der Verworfenen wirkungslos, ein wie hohes Amt auch immer sie in der kirchlichen Hierarchie bekleideten. Demzufolge leugnete er die Notwendigkeit einer Priesterschaft, denn jeder Erwählte war ja als Kirchenmitglied mehr Priester als Laie.[35]

Wieviel Ketzerisches Wyclifs Lehre enthielt, braucht nicht besonders betont zu werden. Auch in seiner Lehre von der Heiligen Schrift wird der Bruch mit der Überlieferung deutlich. Er machte nie den Bibeltext allein zum Beurteilungsmaßstab für Lehre und Verhalten, denn er hielt es noch immer für notwendig, als Schutz gegen Ketzerei anerkannte Interpreten zu befragen – nämlich die Kirchenväter, vor allem Augustin.[36] Gegen Ende seines Lebens jedoch gelangte er zu der Aussage, daß alles, was nicht direkt in der Schrift enthalten sei oder sich als natürliche Folge aus ihr ergebe, vom Antichrist stamme. Praktisch wurde damit die Schrift mehr und mehr zur einzigen Richtschnur.

Diese Einstellung kam einer radikalen Neuerung gleich; denn die Theologen des 14. Jahrhunderts hatten keinen Unterschied gemacht zwischen der Schrift, der Tradition und den Gesetzen der Kirche – man sah sie als miteinander harmonierend an. Dies erkannte Thomas Netter von Walden, wenn er sagte: »Was mich vor allem mit Entsetzen erfüllt, ist die Tatsache, daß Wyclif bei allen seinen Beweisen den christlichen Glauben halbiert: er anerkennt, so behauptet er wenigstens, den Glauben an die Heilige Schrift; doch über den geschriebenen Glauben hinaus läßt er jenen Glauben der gesamten Kirche, den Christus und auch der Apostel Paulus – obgleich nicht in geschriebener Form – hinterließen, außer acht, ja, er stellt ihn sogar in Abrede.«[37]

Der Kirche seiner Zeit sprach Wyclif in seinen Schriften bis zu seinem Tode jeglichen Anspruch auf Glaubwürdigkeit ab. Ihr haftete das Stigma der Kirche des Antichrist an; die Hierarchie wurde von ihm verworfen; das einer geschichtlichen Analyse unterworfene Papsttum habe erwiesen, daß es ohne Berechtigung sei.[38] Im einzelnen war für ihn die richtig interpretierte und »Gottes Gesetz« genannte Heilige Schrift an die Stelle des kanonischen Rechts getreten.

Die Unzerstörbarkeit der Universalien sowie die Folgerungen, die Wyclif daraus zog, enthielten von Anfang an eine Unvereinbarkeit in sich – er konnte nicht zugleich die Transsubstantiationslehre akzeptieren und an seiner Metaphysik festhalten. Zu Kenninghams Zeit war er dem Problem ausgewichen, und es blieb bis 1379 ungelöst; dann aber sah er mit der Veröffentlichung seiner Schriften *De apostasia* und *De eucharistia* den lange aufgeschobenen Konsequenzen aus seiner Philosophie mutig ins Auge und leugnete die von der Kirche vertretene Lehre. Danach äußerte er sich zu diesem Thema in weiteren Schriften. Er erklärte darin zwar, warum er die Lehre von der Aufhebung der Substanz ablehne, kam aber nicht dazu, seine eigene Position vollständig zu definieren. Am Ende war die Metaphysik von entscheidender Bedeutung. Jedoch brauchte Wyclif, was diese Frage anbetraf, lange Zeit, bis er alle Konsequenzen zog.[39]

Seine ketzerischen Ansichten in der Frage der Eucharistie waren von großer historischer Bedeutung, weil sie dazu führten, daß sich seine Wege von den letzten seiner Oxforder Anhänger außerhalb seiner eigenen protolollardischen Gruppe trennten und er von Oxford wegging. In der Mitte des Winters 1380/1381 rief der Universitätskanzler William Barton, einer von Wyclifs Gegnern, eine Kommission von zwölf Doktoren zusammen, die mit knapper Mehrheit seine eucharistischen Anschauungen mißbilligte. Es liegt kein Grund zu der Annahme vor, die Kommission sei durch außenstehende Kirchenvertreter mit bestimmten Leuten besetzt oder manipuliert worden: sie verlieh einer zunehmenden Beunruhigung in Universitätskreisen über die Entwicklung von Wyclifs Ansichten zutreffend Ausdruck.[40] Sie fiel mehr ins Gewicht als die Mißbilligung seiner Thesen über Herrschaft und Enteignung, die im Jahre 1377 dem Papst Gregor XI. nach Avignon zugeschickt worden waren;[41] denn der Beginn des Großen Schismas im folgenden Jahr schloß das weitere Interesse des Papsttums an diesen Fragen aus; außerdem wußte Wyclif, daß er, was sie anbetraf, mit der Unterstützung seiner weltlichen Schutzherren sowie einiger Akademiker rechnen konnte. In der Frage der Eucharistie jedoch versagte man ihm die Unterstützung. Als er in dem Bekenntnis vom Mai 1381 seine Leugnung der Transsubstantiationslehre wiederholte, bot er gleichzeitig seinen Universitätskollegen Trotz. Bald danach schied er aus dem Lehrkörper der Universität aus und zog sich in das Pfarrhaus von Lutterworth zurück.

Wyclif und das Lollardentum

Wyclif hatte sich auf seine Anhänger an der Universität erstaunlich lange stützen können. Es gab eine Reihe von Gründen dafür, warum sein Einfluß so stark war. Der wichtigste ist bereits erwähnt worden: in einer Zeit, da in der Theologie das Zweifeln in Mode war, bot er Gewißheit an. Er war ein kühner Dialektiker und ein geschickter Debattenredner. Sein Zurückgreifen auf die Bibel und die Vollendung seiner *Postilla super totam bibliam* in den Jahren 1375-1376 trugen dazu bei, daß das Studium der Bibel wieder in den Mittelpunkt rückte. Seine nicht intellektuelle, christozentrische Frömmigkeit, sein Ruf nach Reform und sein Geißeln von Mißständen entsprach insgesamt den Strömungen zeitgenössischen Denkens und fand daher den entsprechenden Widerhall.[42] Bei der geisteswissenschaftlichen Fakultät, die sich im Konflikt mit dem Gesetz befand, pflegte er durch seine scharfen Angriffe gegen das kanonische Recht Beifall zu finden.[43] Da er die Notwendigkeit der Armut in der Kirche betonte und die besitzenden Orden angriff, war ein natürlicher Verbündeter der Bettelmönche, vor allem der Augustiner, die mit ihm länger in gutem Einvernehmen waren als irgendeine andere Gruppe. Im Jahre 1377 waren vier Doktoren aus den Reihen der Bettelmönche bereit, Wyclif in der St.-Pauls-Kathedrale zu verteidigen.[44] Ein Augustinermönch, Adam Stocton, nannte Wyclif in seiner Abschrift der Bulle *De potestate papae* einen *venerabilis doctor* - später wurde dies ersetzt durch *execrabilis seductor*.[45] Erst im Zusammenhang mit seiner ketzerischen Lehre von der Eucharistie ließen ihn die Bettelbrüder fallen.

Mit seinem Ultrarealismus kämpfte Wyclif schließlich in der vordersten Reihe einer europäischen Reaktionsbewegung gegen den Nominalismus des frühen 14. Jahrhunderts. Daher bewahrte man ungeachtet seiner späteren Häresien Respekt vor ihm, wie er uns zum Beispiel in den azephalischen, anonymen Manuskripten bezeugt ist, in denen im 15. Jahrhundert seine Arbeiten in Oxford gesammelt wurden, oder in der Reaktion der Universitätslehrer auf Arundels plumpe Visitation im Jahre 1411: sie waren zwar eindeutig keine Wyclifiten, aber dennoch schätzten sie die Unabhängigkeit der Universität und waren der Meinung, Wyclifs Ansichten könnten zumindest ein Gegenstand der Erörterung bleiben.[46] Wyclifs Ruf wurde an überraschend hoher Stelle anerkannt. Selbst Erzbischof Arundel erkannte die Richtigkeit der Bemerkungen des Lollarden William Thorpe an, als dieser 1407 vor Gericht stand. »Sir«, sagte Thorpe, »Master John Wycliffe wurde von gar vielen Männern als der größte Gelehrte unter den damals Lebenden, soweit sie ihnen bekannt waren, angesehen; und außerdem nannte man ihn einen höchst tugendsamen Mann mit reiner Lebensführung.« Arundel gab zu: »Wyclif, der Urheber eurer Bewegung, war ein großer Gelehrter« und »viele Menschen hielten seine Lebensführung für vollkommen.«[47]

Ein solcher Ruf verschaffte der Ketzerei bedeutende Unterstützung. Als die Verdammung von Wyclifs Werk sich auszuwirken begann - dies war besonders nach dem Konzil von 1382 und Courtenays Visitation in Oxford der Fall - fielen die Oberflächlicheren unter seinen Anhängern an der Universität von ihm ab.⁴⁸ Aber angesichts seiner hervorragenden, wenn auch umstrittenen Laufbahn gab es so mannigfaltige Gründe, ihn zu fördern und sich für ihn zu interessieren, daß die restlichen Gelehrten seine engagierten Anhänger blieben. Die Existenz dieses Kreises war für die Entwicklung des englischen Lollardentums von entscheidender Bedeutung; denn aus ihm gingen diejenigen hervor, die Wyclifs Gedanken einem breiteren Publikum verständlich machten.

Von äußerster Wichtigkeit waren auch Wyclifs Ansichten über die Beziehungen zwischen Kirche und Staat sowie über die Notwendigkeit, ein gewisses Maß an kirchlichen Enteignungen herbeizuführen. Denn offensichtlich zogen diese die Aufmerksamkeit einflußreicher Persönlichkeiten auf sich, veranlaßten ihn dazu, sich politisch zu engagieren und machten ihn größeren Kreisen der Öffentlichkeit bekannt. Das Heilmittel gegen die Mißbräuche in der Kirche sah Wyclif in einer durch die weltliche Macht erzwungenen Reform. Das niedrige sittliche Niveau der Kirche lag nach seiner Auffassung in einem Übermaß an Reichtum begründet – der Staat würde dem abhelfen, wenn er in bestimmtem Umfang Enteignungen vornähme. Den Geistlichen würde man ein hinreichendes Einkommen belassen. Der Zehnte stünde ihnen weiterhin zu, da er durch das Alte Testament genehmigt war; doch selbst diese Konzession müßte von gutem Verhalten abhängig gemacht werden – sie könnte einer sündigen Geistlichkeit von den Pfarrkindern entzogen werden.⁴⁹

Bereits in den Jahren 1370–1371 hatte Wyclif seine Gedanken über das Besitztum geäußert; in schriftlicher Form legte er sie jedoch erst in seiner Schrift *De civili dominio* aus den Jahren 1376–1378 nieder.⁵⁰ Die Lehre von Herrschaft und Gnade, die er darin entwickelte, erwuchs aus einem beachtlichen Stammbaum. Einst war sie im ultramontanen Sinne von dem Augustinermönch Ägidius von Rom benutzt worden. Dieser hatte die Auffassung vertreten, nur die römische Kirche könne zu Recht Herrschaft innehaben; außerhalb ihres Bereichs hätten deshalb alle, sowohl Heiden wie Exkommunizierte, ihren Anspruch auf Besitz und Autorität verwirkt. Fitzralph wandte dieses Argument gegen die Bettelmönche an, die ihm ein Dorn im Auge waren, indem er in einem allgemeineren Sinne die Auffassung vertrat, alle Rechte auf Autorität und Besitz leiteten sich von Gott her und seien mithin davon abhängig, ob sich ihr Inhaber im Zustand der Gnade befände; von den Bettelbrüdern gelte dies nicht, es stehe ihnen nicht zu, die Rechte, die sie innerhalb der Kirche in Anspruch nähmen, auszuüben. Dieses Argument wurde von Wyclif einfach übernommen und so entfaltet, daß er es auf die ganze Kirche anwandte. Natürlich stand es mit seinen wütenden Angriffen gegen geistlichen Mißbrauch im Einklang: eindeutig seien viele Geistliche nicht im Stande der Gnade, könnten die Herrschaft nicht zu Recht innehaben und deshalb könnten ihnen ihre Besitztümer entzogen werden. Eine solche Theorie fand offensichtlich den Beifall der weltlichen Herren, die in einer Zeit erfolgloser Kriegführung und einer Schwächung der staatlichen Finanzen nach einer neuen Methode Ausschau hielten, wie sie die kriegerischen Anstrengungen finanzieren könnten. Wyclif lenkte das Interesse auf sich, weil er der weltlichen Macht praktisch uneingeschränktes Recht einräumte, die Kirche zu enteignen und zu reformieren.

Auf den ersten Blick schien die Theorie von Herrschaft und Gnade sowohl für weltliche Herren wie für Geistliche gefährliche, anarchische Konsequenzen in sich zu bergen. Konnten nicht auch sie aus dem Stande der Gnade fallen, der für den Anspruch auf rechtmäßige Herrschaft erforderlich war, und konnte nicht auch ihr Besitz der Enteignung anheimfallen? In Wirklichkeit war es nicht nötig, diese unangenehme Folgerung zu ziehen: in seiner Schrift *De officio regis* (1379) sah Wyclif in seinem konsequenten Erastianismus eine Antwort vor. Der König sei Gottes Stellvertreter. Ihm und den weltlichen Herren könne kein rechtmäßiger Widerstand geleistet werden. Selbst Tyrannen müßten akzeptiert werden. Ihre Autorität werde durch Sünde nicht geschmälert – nur die der Geistlichen.[51]

Es wird jetzt klarer, daß die Lehre von Herrschaft und Gnade, die in der wyclifschen Historiographie eine solche Bedeutung erlangte, nie von jener Wichtigkeit war, die frühere Autoren ihr in Wyclifs Denken beimaßen. Sie wurde überschattet von dem sehr viel grundsätzlicheren Angriff auf die Autorität der sichtbaren Kirche, der in Wyclifs Prädestinationslehre und in den Folgerungen, die er aus ihr zog, enthalten war.[52] Ihre historische Bedeutung war allerdings beträchtlich.

In erster Linie fühlten sich die Mönche in Unruhe versetzt, weil sie bei den Angriffen gegen den Reichtum der Kirche das Hauptziel waren. Sie forderten denn auch schon früh Wyclif über diese Frage zum Streit heraus und sandten im Jahre 1377 Lehrsätze aus der Schrift *De civili dominio* nach Avignon, damit sie vom Papst zensiert würden.[53] Unter den Anschauungen, die Gregor XI. verdammte, befanden sich solche, die jegliche weltliche Herrschaft in Frage zu stellen schienen und deshalb die weltlichen Herren ebenso angingen.[54] Als andere Kontrahenten gegen Wyclif und die Lollarden zur Feder griffen, zögerten sie natürlich nicht, auf die Gefahren hinzuweisen, die den weltlichen Machthabern aus der Anarchie drohten, war ihr Regiment doch – aus ihrer Sicht heraus – in der Lehre von Herrschaft und Gnade verankert. Der Franziskaner William Wodeford zum Beispiel argumentierte, das Fazit aus Wyclifs Anschauungen über die Herrschaft sei, daß er im Namen des Volkes die Enteignung von »Königen, Herzögen und weltlichen Vorgesetzten, falls sie ständig Anstoß erregten«, legitimiere.[55]

Das bedeutete allerdings, daß man Wyclif mißverstand. Als die Bauern im Jahre 1381 wirklich zur zwangsweisen Enteignung übergingen, verurteilte Wyclif diesen Schritt ganz entschieden in seiner Schrift *De blasphemia* und merkte an, daß die Überbesteuerung, die den Aufstand ausgelöst hatte, nicht nötig gewesen wäre, wenn man das von ihm vorgeschlagene Mittel einer kirchlichen Enteignung durch den Staat in die Tat umgesetzt hätte.[56] Wyclif verlor nie seinen Glauben daran, daß die weltliche Obrigkeit zur Reform berufen sei. Auf diese Weise konnte er, was etwas seltsam erscheint, am Ende seines Lebens seine krasse Lehre von der Gleichheit aller in kirchlichen Fragen mit einem tiefen Glauben an die rechtmäßige Autorität der weltlichen Macht verbinden. Aus seiner Sicht heraus konnte ein sündiger Papst abgesetzt werden – ein sündiger oder tyrannischer König hingegen nicht; die Rangstufen der Gesellschaftsordnung ließ er unangetastet. Im Hinblick auf die weltliche Politik blieb Wyclif zutiefst konservativ – in kirchlichen Fragen wurde er beinahe zum Anarchisten. Dieses Nebeneinander der Standpunkte kann man wohl als unrealistisch kritisieren; denn nur wenige würden darin übereinstimmen, daß die Mißstände des späten 14. Jahrhunderts so ausschließlich auf geistlicher Seite zu finden waren.[57]

Wyclifs Gedanken über die Enteignung verwickelten ihn in die Politik, und eine Zeitlang schien es sogar, als ob dadurch der Weg für Reformen in seinem Sinne freigemacht würde: in Wirklichkeit jedoch wurde der Einhalt, den Wyclif in seinen Schriften der weltlichen Anarchie gebot, alsbald vergessen. Denn die Umstände, das Verhalten von einigen seiner Anhänger, das unberechenbare Ereignis des Bauernaufstandes und die Geschicklichkeit seiner Gegner brachten ihn und die von ihm beeinflußte Bewegung in den Geruch politischer Anarchie.[58]

Während Wyclif in der Oberschicht und an den Universitäten an Unterstützung verlor, war bereits die Predigerbewegung in Gang gekommen: sie trug seine Glaubensanschauungen in breite Kreise hinein und machte jene Verluste in etwa wett, indem sie das Lollardentum in einem Teil der Handwerkerschicht verankerte. Wie weit Wyclif an diesem Evangelisationsvorgang beteiligt war, ist immer unsicher geblieben. Nachdem sein Bruch mit Oxford einmal erfolgt war, wissen wir relativ wenig über sein Leben. In Lutterworth hatte er als Gefährten seinen Sekretär John Purvey, der die Evangelisation in Gang setzte.[59] Der ununterbrochene Strom lateinischer Streitschriften in seinen letzten Jahren läßt darauf schließen, daß er seine Zeit mit Schreiben verbrachte. In diesen Arbeiten brachte er nichts Neues mehr hervor:

nachdem er jegliche offizielle Unterstützung einschließlich derjenigen der Bettelbrüder verloren hatte, legte er mit wachsender Schärfe und Entschiedenheit dar, was sich aus seinen Lehren über die Heilige Schrift, die Kirche und die Eucharistie ergab. Ihre Abfassung wird wohl die Zeit, die ihm noch zur Verfügung stand, in Anspruch genommen haben.[60]

Die Arbeiten in der Volkssprache können, soweit sie aus seiner eigenen Feder stammen, höchstens das Produkt einer Nebentätigkeit gewesen sein; diese trat jedoch zurück hinter seiner Hauptaufgabe, die darin bestand, seine Gedanken gegenüber den Polemikern, die ihn bis zuletzt so hart bedrängten, zu verteidigen und zu erläutern. Einst schrieb man ihm eine Fülle von Abhandlungen in englischer Sprache zu[61]; aber ein Vergleich unter dogmatischem Gesichtspunkt sowie eine Untersuchung des Stils oder der mutmaßlichen Daten ihrer Abfassung machen – soweit man interne Kriterien benutzt – deutlich, daß einige nicht von ihm stammen können, sondern unter seinem Namen nach seinem Tode von seinen Anhängern verfaßt wurden. Auf jeden Fall steht ihre Existenz nicht im Einklang mit Wyclifs ausdrücklicher und noch in einem seiner letzten Werke, dem *Opus evangelicum*, wiederholten Warnung, daß man theologische Probleme nicht vor dem gemeinen Volk erörtern solle.[62] Die Mehrzahl, wahrscheinlich sogar weitaus die meisten dieser Werke stammen eher von Anhängern als vom Meister selbst.[63]

Andererseits herrscht kein Zweifel darüber, daß die bedeutendste Hervorbringung aus diesen Jahren, die Übersetzung der Bibel in die Volkssprache, seiner unmittelbaren Anregung zu verdanken ist; es ist unvorstellbar, daß der erste Übersetzer sich ohne einen Anstoß vom Meister an eine solche Riesenaufgabe gemacht hat. Eine Übersetzung in die Sprache des Volkes war eine natürliche Konsequenz aus Wyclifs dogmatischer Einstellung. Wenn die sichtbare Kirche als Heilsvermittler für das Volk ihre Autorität eingebüßt hatte, dann war das recht interpretierte Wort Gottes die einzige Gewißheit, die übrigblieb.[64] Die in Wyclifs Sicht völlig neuartige Beziehung zwischen Bibel und Kirche erforderte einen breiteren Zugang zur Heiligen Schrift. Wenn sie Gottes Gesetz war, das gegenüber dem hinzugekommenen kanonischen Recht, welches praktisch seine Stelle eingenommen hatte, bezeugt werden sollte, dann mußte es jenen, denen die Aufgabe zufiel, darüber zu wachen, daß es in England befolgt wurde – Klerikern oder Laien – bekannt sein. Die Reform, die Wyclif ins Auge faßte, sollte auf der Basis der Heiligen Schrift erfolgen; dann mußte sie also den weltlichen Machthabern, die den Klerus zur Reform zwingen sollten, und jenen Klerikern, die bereit waren, sich den Ruf zur Reue zu Herzen zu nehmen, bekannt sein. So erklären sich jene Sätze im *Opus evangelicum*, in denen das Argument vorkommt: »Kein Mensch ist ein so verbissener Gelehrter, als daß er nicht die Worte des Evangeliums in aller Einfalt lernen könnte«[65], oder vorher in *De veritate sacrae scripturae*: »alle Christen, besonders die weltlichen Herren, sollten die heiligen Schriften kennen und verteidigen.«[66] Er betont, daß jene, die ein rechtschaffenes Leben führen und sich ums Verständnis bemühen, auch wenn sie nicht unbedingt viel Gelehrsamkeit besitzen, vom Heiligen Geist geleitet werden.[67] In solchen Worten fanden die späteren Lollarden einen Ansatzpunkt für ihre Denkweise.

Die erste Übersetzung jedoch ging nicht soweit. Sie war in penibler Weise ein wörtlicher Abklatsch der Vulgata, bei dem Partizipien der Vergangenheit direkt ins Englische übertragen wurden und dem englischen Satzbau ganz starr die lateinische Wortstellung aufgepreßt wurde.[68] Für eine wahllose Verbreitung war sie nicht vorgesehen; unter anderem beabsichtigte man vielleicht, Predigern, die sich nach Wyclifs Prinzip auf den Schrifttext stützten und in ihren Predigten Übersetzungen vorlesen mußten, Handreichungen zu geben. Eine Übersetzung der gesamten Bibel konnte für sie ein Nachschlagewerk sein. Grundkenntnisse des Lateinischen mochten sie schon besitzen; aber eine Eselsbrücke für die Vulgata war doch eine willkommene Hilfe für sie. Ein anspruchsvollerer Zweck der Übersetzung mochte darin bestehen, daß sie im Hause eines Herrn ihre Dienste leistete, wenn die neuerdings lesekundigen Laien aus der Oberschicht ihren Untergebenen den Text vorlesen und erklären wollten.[69] In der Wörtlichkeit der Übertragung drückte sich eine ungeschmälerte Ehrerbietung gegenüber der Vulgata aus. Wenn die niedergeschriebene Heilige Schrift das Wort Gottes ausdrückte, dann konnte es gefährlich sein, mit der Wortstellung frei umzuspringen. Außerdem erleichterte eine strenge Befolgung der lateinischen Wortstellung die satzweise Einfügung von Randbemerkungen in ähnlicher Weise, wie Richard Rolle bei seiner orthodoxen Übersetzung der Psalmen vorging.[70]

Übertragungen der Bibel für die Laien waren nichts ganz und gar Neuartiges. In verschiedenen europäischen Ländern gab es in orthodoxen Kreisen gewisse Übersetzungen in die Volkssprache, die nur für die Benutzung durch Herrscher und Angehörige des Hochadels bestimmt waren. Diese führte Wyclif zur Verteidigung englischer Übersetzungen an. Wenn Anna von Böhmen Übersetzungen ins Tschechische und Deutsche besitzen durfte, so lautete sein Argument, warum sollte man dann englische Versionen als ketzerisch aburteilen?[71] Es handelte sich jedoch um einen begrenzten Präzedenzfall; denn diese Bibeln waren nur in einem streng abgegrenzten Kreise im Umlauf, wo jedes Mißverständnis des Textes verhütet werden konnte. Sie waren praktisch teure Spielzeuge, mit denen man seiner Frömmigkeit Ausdruck verlieh. Selbst die erste wyclifitische Übertragung mußte aber schon eine weitere Verbreitung gefunden haben. Abschriften wurden vervielfältigt, und es war zu erwarten, daß sie ohne weiteres in die Hände wohlhabender Laien gelangten, deren geistiges Niveau unter dem der Hofkreise lag.

Im Gegensatz zu Rolles Psalmenübertragung bot die wyclifitische Version allen Lesekundigen einen nüchternen Text nicht nur der Psalmen, die hinsichtlich ihrer Verwendung im Gottesdienst einen besonderen Fall darstellten, sondern auch solcher Teile der Bibel, welche höchst schwerverständliche Erläuterungen der Kirchenlehre enthielten. Selbst in ihrer plumpen frühen Version hatte die wyclifitische Übersetzung angefangen, mit der mittelalterlichen Überlieferung zu brechen – in dieser galt die Schrift insgesamt als ein schwieriger Text, der durch ausgebildete Geistliche mit Hilfe von Handbüchern und Erläuterungen aufgenommen und den Gläubigen vielleicht durch Evangelienharmonien vermittelt werden mußte, aber nicht unter allen Umständen im »Rohzustand« und ohne kontrollierte Überwachung in ihre Hände gelangen durfte.[72] Die Übersetzung hob Wyclifs Neuerung ganz deutlich hervor: er hatte die Schrift von der Gesamtheit der Tradition und dem Niederschlag des Glaubens in der Kirchenlehre abgetrennt und dafür gesorgt, daß sie streng für sich stand. Die frühe wörtliche Übersetzung war natürlich nur ein erster Schritt; sie hatte nichts von der mitreißenden Kraft der freien Übertragung, die nach dem Tode Wyclifs herauskam. Aber sie war Wyclifs wichtigste Hinterlassenschaft für die Lollardenbewegung.

Was die Predigt anbetrifft, so ist Wyclifs Beitrag zum Aufkommen des Lollardentums höchst unklar. Gewiß nahm die Predigt unter den Aufgaben des kirchlichen Lebens, wie er sie in seinem revolutionären Konzept voraussah, einen bedeutenden Platz ein; denn sie war die Hauptmöglichkeit, die Wahrheiten der Heiligen Schrift an normale Menschen weiterzugeben. In seinen späten Werken finden sich verstreute Hinweise auf »arme Priester«, die die rechte Lehre aufnehmen und verbreiten sollten, und in einer seiner *Sermones quadratinae* stellen wir fest, daß Wyclif das Gefühl hatte, zu Mitgliedern einer »erkennbaren Bewegung« zu sprechen.[73] Aber es gibt keinen Nachweis dafür, daß er selbst Priester aussandte.[74] Wenn er sich für das Zustandekommen von Predigtmissionen eingesetzt hätte, müßte man erwarten, daß Lutterworth ein Zentrum der Volksbewegung des Lollardentums gewesen wäre. Doch von hier kam nach allen Berichten über Ketzerverfahren kein einziger Lollarde. Walsinghams Bild von Wyclif, wie er Prediger in groben Umhängen aussendet, wird von Henry Knighton, dem anderen Chronisten des frühen Lollardentums, nicht bestätigt; er zeigt Wyclif vielmehr in einer passiven Rolle, wie er kraft seines akademischen Rufes und seiner Gewandtheit im Disputieren, Akoluthen an sich zieht.[75] William Thorpes Darstellung in dem Bericht über sein Ketzerverfahren vermittelt ein ähnliches Bild, wenn er von jenen spricht, die »sich oft mit ihm besprachen und... seine Gelehrsamkeit so hoch schätzten, daß sie das, was er sagte, schriftlich festhielten und emsig bemüht waren, sich davon leiten zu lassen«.[76] Walsingham berichtet von Lollarden-Ordinationen in der Diözese Salisbury, und es kam tatsächlich vor, daß ein gewisser William Ramsbury von einem Thomas Fishburn eine Tonsur geschnitten bekam und mit einem groben Umhang bekleidet wurde, damit er hingehe und Ketzerei predige.[77] Der Chronist nahm an, daß Wyclif das Gleiche getan habe. In Wirklichkeit war Wyclif nicht der Organisator der Ketzerei: was er seinen Anhängern hinterließ, gehörte allein in den Bereich des Denkens.

Daß diese Hinterlassenschaft Sprengkraft besaß, wird offenkundig, wenn man bedenkt, welche dogmatische Positionen Wyclif im Verlaufe seiner geistigen Irrfahrten eingenommen hatte. Er hinterließ den Lollarden ein Bündel von Gedanken, welches jede Möglichkeit enthielt, daß daraus eine erfolgreiche Sekte wurde. Sein Prädestinationsglaube hob die Autorität der sichtbaren Kirche auf. Seine Lehre von der Schrift beschaffte seinen Anhängern ein unerschöpfliches Arsenal, um kritische Angriffe gegen sie zu führen. Er stand nahe der Lehre vom Priestertum aller Gläubigen. Er schaffte die Hierarchie in der Kirche ab, und dadurch, daß er statt des selbstherrlichen Klerus ein armes Priestertum forderte, deutete er auf eine schon vorher vorhandene Spaltung in der Kirche seiner Zeit hin. Endlich tat er mit der wörtlichen Übersetzung der Bibel den ersten Schritt, der dahin führte, daß der nüchterne Text mit all seinem gefährlichen, Ketzerei fördernden Potential jedem in die Hände geriet, der ihn selbst lesen oder einen Lollardenkonventikel besuchen wollte.

Anmerkungen:
[1] Über die seltenen Ausnahmen s. u. S. 384
[2] S. o. S. 103
[3] *Chronica de Lanercost*, Hrsg. Stevenson, J., Edinburgh 1839, S. 30. Den Hinweis verdanke ich Dr. R. B. Brooke.
[4] Leff, *Heresy*, II, S. 411–444 *passim* und The Changing Pattern of Thought in the Earlier Fourteenth Century, *BJRL*, XLIII, 1961, S. 354–372; Siehe Offlers Kommentar zu der Art, in der Leff Ockham behandelt, *EHR*, LXXXIV, 1969, S. 574
[5] S. o. S. 94 ff.
[6] S. o. S. 272
[7] Workman, H. B.: *John Wyclif: a Study of the English Medieval Church*, I–II, Oxford 1926, ist ein Kompendium alten Stils, das noch immer wertvolle Fakten liefert. Ein nützlicher Überblick über die Gedankenwelt bei Leff, *Heresy*, II, S. 494–558; ein in politischer Hinsicht notwendiges Korrektiv zu Workman, das allerdings in religiöser Hin-

sicht schwächer ist, bei Mc Farlane, K. B.: *John Wycliffe and the Beginnings of English Nonconformity*, London 1952, s. a. Wilks, M. J.: Reformatio regni: Wyclif and Hus as Leaders of Religious Protest Movements, in: *SCH*, IX, S. 109–130. An dieser Stelle verdanke ich die Darstellung Wyclifs Leff und vor allem dem aufschlußreichen Artikel von Smalley, B.: The Bible and Eternity: John Wyclif's Dilemma, *JWCI*, XXVII, 1964, S. 73–89. Ich habe auch vom Besuch ihrer unveröffentlichten Vorlesungsreihe über Wyclif profitiert.

[8] »Terminismus« wird von einigen Historikern als die treffendere Kennzeichnung angesehen. Ich habe hier nur deshalb den Ausdruck »Nominalismus« gebraucht, weil er geläufiger ist.

[9] Smalley, a. a. O. S. 73

[10] Ebd.: beachte den Vergleich zwischen Plotin und Wyclif. Betr. zusammenfassende Darstellung des Hintergrunds s. S. 73–77.

[11] Robson, J. A.: *Wyclif and the Oxford Schools*, Cambridge 1961, Kap. 2,3 (elegante Einleitung, grundlegend für Wyclifs frühe Philosophie).

[12] Gwynn, A.: *The English Austin Friars in the Time of Wyclif*, Oxford 1940, S. 35–59

[13] Robson, *Wyclif*, S. 145, eindrucksvoller von Smalley, B. in ihrer Besprechung Robsons (*MA*, XXX, 1961, S. 202) und »Bible and Eternity« S. 77–81; andere Sicht bei Wilks, M. J.: The Early Oxford Wyclif: Papalist or Nominalist, *SCH*, V, S. 69–98.

[14] Zitat nach Benrath, G. A.: *Wyclifs Bibelkommentar*, Berlin, 1966, S. 311; zum Text s. Robson, *Wyclif*, S. 154, 4.

[15] Ebd., S. 97–112, Thomson, S. H.; in: *Speculum*, XXXVIII, 1963, S. 497–499, Fletcher, J. M.; in: *HJ*, LXI, 1962–1963, S. 179–180.

[16] Smalley, B.: The Biblical Scholar, in: *Robert Grosseteste, Scholar and Bishop*, Hrsg. Callus, D. A., Oxford 1955, bes. S. 70, 83, 95–97; Robson, *Wyclif*, S. 26–29, 186, Smalley, in: *MA*, XXX, 1961, S. 202–203.

[17] Leff, *Heresy*, II, S. 500

[18] nach Robsons Übers. (*Wyclif*, S. 203–204)

[19] nach Smalleys Übers. »Bible and Eternity«, S. 75; das Original ebd., A. 10 und in Wyclifs *De veritate sacrae scripturae*, Hrsg. Buddensieg, R., (*WS*) I, S. 157–389.

[20] Smalley, a. a. O. S. 77; das mittelenglische Gedicht *Pearl* enthält bezeichnende Anmäßungen hinsichtlich des Interesses der Laien an der Theologie (Robson, S. 33).

[21] Robson, S. 163–164. Ich verdanke Prof. M. Deanesly, daß sie mich auf die Bedeutung dieses Punktes hingewiesen hat.

[22] Leff, II, S. 500–512, wo er die Auseinandersetzung mit Kenningham zur Grundlage seiner Analyse macht. Beachte den Kommentar zu Wyclif (S. 505): »... he had an inexhaustible supply of logical devices which hid an impoverished and inflexible mode of thought.« Dt.: »... er hatte einen unerschöpflichen Vorrat an logischen Tricks, hinter denen sich eine ausgelaugte, starre Denkweise verbarg.« (A. d. Ü.). Siehe Robson, *Wyclif*, S. 162–170, Smalley, Bible and Eternity, S. 86–87. Über Wyclifs Äußerungen zur Heiligen Schrift s. Leff, II, S. 511–545

[23] Workman, I, S. 231–239; ungefähre Datierung.

[24] Mc Farlane, S. 58–60

[25] Mr. J. W. Sherborne hat mich auf eine Unklarheit in diesem Punkte aufmerksam gemacht.

[26] Workman, I, S. 240–246, 302–304, 313–324; richtige Einordnung in McFarlane, Kap. 2 und 3; s. bes. seine Zusammenfassung von Wyclifs Motiven S. 84–85.

[27] Workman, I. S. 284–288, 307–309

[28] Smalley, B.: Wyclif's Postilla on the Old Testament and his Principium, in: *Oxford Studies presented to Daniel Callus* Oxford 1964, Oxford Historical Society, n. s., XVI, for 1959–1960, S. 253–297 und Analyse bei Benrath, G. A.: *Wyclifs Bibelkommentar*, Berlin 1966; besprochen von Crompton, J., in: *JEH*, XVIII, 1967, S. 263–266.

[29] Workmann, I, S. 257–266, Leff, *Heresy*, II, S. 529–530. S. u. S. 340, A. 52.

[30] Workman, I, S. 6–20; das Herausfordernde seiner Ekklesiologie am besten gesehen bei Leff, II, S. 516–545.

[31] Seine Biographen mißbilligen dies, Workman in milder Form (I, S. 279; vgl. S. 282), McFarlane entrüsteter (S. 70). Beide führen über seine Predigttätigkeit in der Diözese London im Herbst 1376 den Satz des Chronisten an: »Er lief von Kirche zu Kirche« (s. Walsingham, T.: *Chronicon Angliae*, Hrsg. Thompson, E. M., (*RS*), London 1876, S. 115–116; McFarlanes Datierung); McFarlane glaubt, er habe hierin die Rolle eines »klerikalen Mietlings« von Gaunt gespielt, indem er die öffentliche Meinung gegen dessen Feind William of Wykeham, den damaligen Bischof von London, aufwiegelte. Benrath warnt vor einer solchen Deutung (S. 336, A. 137). Der Chronist ist Wyclif nicht wohlgesinnt. Wenn W. Mallards Datierung (in: *MH*, XVII, 1966, S. 99) richtig ist, liegen uns sechs Predigtbeispiele vom Herbst 1376 vor, in denen es um moralische und geistliche Belehrung oder um eine geistliche Erneuerungsbewegung in der Kirche geht. Sie sind nicht gegen Wykeham gerichtet.

[32] Workman, I, S. 171–194; McFarlane, S. 27–30. Die Entscheidung gegen Wyclif fiel im Jahre 1367; endgültig seines Postens enthoben wurde er erst 1371.

[33] Nach Smalleys Übers. in: »Bible and Eternity«, S. 83; der von ihr emendierte Text findet sich in einer Fußnote.

[34] S. bes. Leff, II, S. 515–516; über die äußeren Faktoren, die Wyclif zur Ketzerei führten, s. S. 499.

[35] Über die entscheidende Bedeutung der Metaphysik bei Wyclifs Anschauung von der Kirche s. Leff, II, S. 511; entsprechende Betonung hinsichtlich seiner Lehre von der heiligen Schrift bei Benrath, Kap. 5.

[36] Über Wyclifs Gebrauch der Schrift als Autorität s. Deanesly, M.: *The Significance of the Lollard Bible*, London, 1951; De Vooght, P.: *Les Sources de la Doctrine chrétienne d'après les Théologiens du XIVe Siècle et du Début du XVe*, Paris 1954 (eine Verteidigung Wyclifs); Hurley, M.: »Scriptura Sola«: Wyclif and his critics, *Traditio*, XVI, 1960, S. 275–352; erneut getrennt herausgegeben, New York 1960 (berichtigt De Vooght); Besprechung von B. Smalley, in: *EHR*, LXXVIII, 1963, S. 161–162 (beste Kurzzusammenfassung).

[37] Zitiert von Hurley in *Traditio*, XVI, 1960, S. 329

[38] Leff, II, S. 534–541; Workman, II, S. 73–82 (betont die Auswirkungen des Schismas und des Kreuzzugs von Spenser); McFarlane, S. 95

[39] Robson, S. 187–195; Leff, II, S. 549–557; Aston, M. E.: John Wycliffe's Reformation reputation, *PP* XXX, 1965, S. 40–41 über den Gegensatz zwischen Wyclifs Ansichten über die Eucharistie und die diesbezügliche Anschauung der Reformatoren; Cromptons Zusammenfassung in: *JEH*, XVIII, 1967, S. 263–266.

[40] McFarlane, S. 97–99 berichtet Workman, II, S. 140–148; beachte auch Leffs Zusammenfassung (*Heresy*, II, S. 554, A. 8) über die Art, in der Workman vorher (S. 30–41) Wyclifs eucharistische Lehre behandelt.

[41] Workman, S. 292–299; McFarlane, S. 79–81; über die Rolle, die die Benediktiner beim Herausfordern einer päpstlichen Intervention spielten, s. Knowles, D.: *Religious Orders in England*, II, Cambridge 1957, S. 98 ff.

[42] Benrath, *Wyclifs Bibelkommentar*; Crompton, in: *JEH*, XVIII, 1967, S. 263–266; De Vooght (*Sources*) stellt fest, wieviel häufiger Wyclif die Schrift zitiert, als dies unter den zeitgenössischen Kommentatoren üblich war, s. die Erörterung (zugunsten Wyclifs) auf S. 168–200.

[43] Fines, J.: Studies in the Lollard Heresy (unveröffentlichte Dissertation, University of Sheffield, 1964) S. 18–79. Ich bin dem Verfasser zu Dank verpflichtet, daß er mir großzügig gestattet hat, seine Dissertation zu benutzen.

[44] Workman, I, S. 286; McFarlane, S. 74–75

[45] Gwynn, Austin Friars, S. 238–239 Crompton, J. E. (JEH, XII, 1961, S. 163) warnt davor, die Karmeliter allgemein als seine ehemaligen Verbündeten zu betrachten.
[46] Robson, 240–246 besprochen von Fletcher, J. M. in: HJ, LXI, 1962–1963) S. 179–180; Jacob, E. F.: Reynold Pecock, Bishop of Chichester, PBA, XXXVII, 1951, S. 121–153
[47] Zitiert von McFarlane, S. 35 aus Thorpes Examinacion (STC 24045); moderne Ausg. von Christmas, H. für die Parker Soc., Cambridge 1849; siehe Pollard, A. W.: Fifteenth-Century Prose and Verse, London 1903 S. 118–120 und Fines, J.: William Thorpe: an Early Lollard, History Today, XVIII, 1968, S. 495–503
[48] McFarlane, S. 106–115; Workman, II, S. 246–293
[49] Über Wyclifs Einstellung zum Besitz und zur Regierung s. Aston, M. A.: Lollardy and Sedition, 1381–1431, PP, XVII, 1960, S. 1–44; Leff, II, S. 527–531; Smalley, Bible and Eternity, S. 87–89. Wyclifs Lehre über die bedingte Natur des klerikalen Anspruchs auf den Zehnten befand sich unter den Vierundzwanzig Sätzen, die 1382 verdammt wurden; s. Leffs Kommentar (II, S. 529). Ich bin Mrs. Aston dafür zu Dank verpflichtet, daß sie meine Rückfragen beantwortet hat.
[50] McFarlane, S. 60; Beziehung zu Vorgängern bei Gwynn, Austin Friars, S. 59–73.
[51] Beschreibung der Schrift De officio regis bei Workman, II, S. 20–30; über ihre Bedeutung s. Leff, II, S. 543–545
[52] Ich folge der Darstellung Leffs, II, S. 546–549. Er unterscheidet sich von Wilks, M. J.: Predestination, Property and Power: Wyclif's Theory on Dominion and Grace, in: SCH, II, S. 220–236 (s. Leff, II, S. 546, A. 2). Beide jedoch nehmen der Lehre von der Herrschaft ihre frühere Bedeutung für die Gesamtheit der Wyclifschen Glaubensanschauungen. Man stelle dem gegenüber Workman, I, S. 262–263
[53] S. o. S. 339, A. 41
[54] Texte bei Workman, I, S. 293, A. 5. Betr. lollardische Quellen im allgemeinen s. FZ; betr. Darstellung ihrer Ursprünge s. Crompton, J.: Fasciculi Zizianorum, JEH, XII, 1961, S. 35–45, 155–166.
[55] Aston, Lollardy and Sedition, S. 9
[56] Ebd., S. 3, 36, A. 5
[57] Siehe Smalleys Kommentar (Bible and Eternity, S. 88)
[58] Aston, a. a. O. S. 5
[59] Deanesly, M.: The Lollard Bible and other medieval Biblical versions, Cambridge 1920 (immer noch die beste allgemeine Übersicht über volkstümliche Einstellung zur Bibellektüre; Kap. 9, S. 225–251 über Wyclif als Anreger einer volkssprachlichen Bibel; auch von Wert für die Geschichte der Lollarden (1384–1408), falls neben McFarlane benutzt); s. bes. ihre Betrachtungen zu seiner Widerrufung, S. 283–285; sarkastischer Kommentar bei McFarlane, S. 119–120, 152–153.
[60] McFarlane, S. 118; Workman, II, S. 307
[61] Select English Works of Wyclif, Hrsg. Arnold, T., I–III, Oxford 1869–1871; The English Works of Wyclif hitherto Unprinted, Hrsg. Matthew, F. D., London 1880, EETS, o. s., LXXIV; Wyclif: Select English Writings, Hrsg. Winn, H. E., Oxford 1929.
[62] Smalley, in: MA, XXX, 1961, S. 203 vergleicht Johannis Wyclif De ente: librorum duorum excerpta, Hrsg. Dziewicki, M. H., (WS; London 1909) S. 131 mit Opus evangelicum, Hrsg. Loserth, J., I (WS; London 1895) S. 367; originale Ausdrucksweise in Robson, Wyclif, S. 217; kontrastiert mit Waldes in Deanesly, Lollard Bible, S. 245. Über die Durchführbarkeit der Position Wyclifs in seinem letzten Jahr beachte Smalleys Kommentar: »Damals glich er einem Menschen, der einen Wolkenkratzer in Brand steckt in der Hoffnung, daß nur die richtigen Leute es bemerken.« (a. a. O.)
[63] Neue Forschungen über die Handschriften werden unseren Wissensstand hinsichtlich des volkstümlichen Lollardenschrifttums verändern, wie Hudson, A. (Some aspects of Lollard book production, in: SCH, IX, S. 147–169) zeigt. Ich hatte dieses Werk nicht

benutzt, als ich meinen Text abfaßte; ich danke Dr. J. A. F. Thomson für den Hinweis. Miss Hudson behauptet, Wyclif habe überhaupt keine Werke in englischer Sprache verfaßt (S. 152); McFarlane (S. 118) und Aston (*PP*, XXX, 1965, S. 40 [Verw. ebd., A. 40]) sehen dies als unbewiesen an; Deanesly bringt Argumente vor (*Lollard Bible*, S. 268–270) für den Traktat *The holy prophet David saith* (Text S. 445–456); Workman (I, S. 329–332; II, S. 175–177) nimmt die Predigten und neun andere Stücke als authentisch an – was sicherlich bei weitem zu viel ist. Aston zeigt in seiner Arbeit über *The Wicket* (*PP*, XXX, 1965, S. 37–38), wie ein Werk der Lollarden, das sich in seinen Gedanken von denen Wyclifs unterscheidet, dennoch »Parallelen aus Wyclifs lateinischen Schriften hinsichtlich der Argumentation in manchen Punkten« aufweisen kann. Hudson, A. (A Lollard compilation and the dissemination of Wycliffite thought, *JTS*, XXIII, 1972, S. 65–81) vermutet aufgrund der Ausdrucksweise, daß die Verbindungen zwischen Wyclif und den armen Priestern vielleicht enger waren, als man bisher angenommen hat. Zu einem neuen Artikel über die wyclifitische Bibel s. u. Literatur.

[64] Leff, II, Kap. 7

[65] Hrsg. Loserth, J. I, *WS*; London 1895, S. 92; übers. von Deanesly, *Lollard Bible*, S. 246. Neue Forschungsarbeit über die Lollardenbibel bei Fristedt, S. L.: *The Wycliffe Bible*, I, Stockholm 1953 (bespr. von Muir, L. in: *Speculum*, XXXIII, 1958; Kommentar von Lindberg, C. in: *MS Bodley 959: Genesis-Baruch 3.20 in the Earlier Version of the Wyclifite Bible*, Stockholm 1959–1973, 6 Bde.). Entwicklungshypothesen finden sich in den einleitenden Bemerkungen zu jedem der Lindbergschen Bände, mit Schlußfolgerungen im fünften, 1969: Verfasserschaft, S. 90–97, Zusammenfassung, S. 97–98. Eine weitere Zusammenfassung wird im abschließenden Band gegeben (S. 66–70). Ich danke Dr. A. B. Cottle, daß er mich auf dieses Werk aufmerksam gemacht hat. Betr. Textkommentare s. Hargreaves, H.: The marginal glosses to the Wycliffite New Testament, *Studia Neophilologica*, XXIII, 1961, S. 285–300. Fristedt, *Wycliffe Bible*, II, 1969, gibt den lateinischen Originaltext und eine englische Übersetzung einer Abhandlung von Augustinus von Hippo (*De salutaribus documentis*) heraus, um zu zeigen, welche Übersetzungsprinzipien man bei der revidierten Ausgabe der Early Version angewandt hat und behauptet entschieden, daß Wyclif daran beteiligt gewesen sei; s. a. a. O., I und II, Bibliographie.

[66] Hrsg. Buddensieg, R.: (*WS*) I, London 1905, S. 136; übers. von Deanesly, *Lollard Bible*, S. 243

[67] Siehe bes. die Übers. *De veritate sacrae scripturae* (Workman, II, S. 151)

[68] Vergl. die Vulgataversion von Gen. I, 3 (Dixitque deus, fiat lux, et fasta est lux) mit der Übers. in: *MS Bodley 959* (»And God said/be made light/And made is light« (in heutiger Orthographie) Lindberg *MS Bodley 959;* s. S. 74). Über diese frühe Version s. *The Holy Bible... in the Earliest English Versions,* Hrsg. Forshall, J. und Madden, F., Oxford 1850; diese Ausgabe wird von Fristedt (*Wycliffe Bible,* I) kritisiert; er stellt fest, daß sie über achtzig MSS unkollationiert ließen und behauptet, es sei ihnen nicht gelungen, die endgültigen Originalformen weder der Early Version noch der Late Version zusammenzustellen. Seine Arbeit wird von Lindberg weiterverfolgt in seiner Ausg. der *MS Bodley 959,* der unvollständigen Abschrift des AT in der EV, die bei Baruch 3,20 endet; er behauptet, diese MS von ca. 1400 stelle die früheste vorhandene Übersetzung dar, in Wirklichkeit eine Originalabschrift einer englischen Urform, welche beide revidiert und verbessert worden seien. Fristedt vermutete, der regelmäßige Gebrauch des nördlichen Dialekts sowie desjenigen der nordwestlichen Midlands in einigen der frühesten MSS und besonders die Behandlung des Yorkshireschen »and(e)« bekundeten Wyclifs Hand bei der Korrektur, womöglich auch bei der Übersetzung der EV. Lindberg weist dies zurück, er glaubt, obwohl Wyclif mit oder ohne Gehilfen das NT übersetzt habe, weise das Dialektgemisch in *MS Bodley 959* auf Nicholas of Hereford als den Überwacher der Übersetzung des AT hin, und das Unfertige der Übersetzung schließe die Möglichkeit

einer direkten Beteiligung Wyclifs aus. Fristedt, S. L., (The dating of the earliest manuscript of the Wycliffite Bible, in: *Stockholm Studies in Modern Philology*, n. s. I, Stockholm 1960, S. 79–85, auf S. 80) vermutet, Hereford stamme aus Yorkshire. Derselbe Verf. gibt auf S. xlvii–lxvii des zweiten Bandes seines Buches *Wycliffe Bible* eine polemische Erörterung. Über neue Arbeiten s. u. Literatur

[69] Deanesly, *Lollard Bible*, S. 245

[70] Ebd., S. 144–147

[71] *De triplici vinculo amoris*, in: *Polemical Works in Latin*, Hrsg. Buddensieg, R., I (*WS 1* London, 1883), S. 168; Deanesly, *Lollard Bible*, S. 248. S. a. Wilks, M. J., i, a. A. u. S. 391 auf S. 155, A. 34

[72] Ebd. S. 239; vgl. Innozenz' III. Ansichten (u. S. 121)

[73] Mallard, in: *MH*, XVII, 1966, S. 99

[74] Workman (II, S. 201 ff.) bedarf der Berichtigung. McFarlane (S. 101) macht den gesunden Menschenverstand geltend.

[75] Knighton, Hrsg. Lumby (*RS*), II, S. 186

[76] Pollard, A. W.: *Fifteenth-Century Prose and Verse*, S. 119

[77] Aston, Lollardy and Sedition, S. 13. S. u. S. 388, A. 23

Die englischen Lollarden

Von Wyclif bis zu Oldcastles Aufstand

Die frühen Evangelisten

Die Oxforder Reaktionen auf Wyclifs eucharistische Häresie, der Bauernaufstand und Courtenays Säuberungsaktion von 1382 bedeuteten alle auf verschiedene Weise Schläge für Wyclifs Ideen und seine Anhänger. Allein, sie wirkten sich nicht tödlich aus. Die religiöse Grundstimmung, die in Wyclifs Richtung tendierte, war offenbar latent überall vorhanden und konnte leicht mobilisiert werden. Der Gegenschlag erfolgte ein wenig zu spät, als Wyclifs Anhänger bereits tätig waren. So breitete sich das Lollardentum rasch aus – um es mit Knighton auszudrücken: »Wie Schößlinge haben sie sich in überwältigender Weise vermehrt.«[1]

Eine kleine Gruppe akademisch gebildeter Männer – man kann sie als »Proto-Lollarden« bezeichnen – gaben des Meisters späte, radikale Ideen an ein breites Publikum weiter. Die bekanntesten unter ihnen sind Nicholas Hereford, Philip Repton, John Aston und John Purvey, der in den letzten Lebensjahren Wyclifs sein Sekretär war. Die drei ersten waren in Oxford von seinen Ideen angezogen worden; der vierte war offensichtlich ein Gebildeter, der vermutlich eine Universitätsausbildung erfahren hatte, obwohl uns Einzelheiten über ihn nicht bekannt sind. Repton war Augustiner-Chorherr; die anderen gehörten zum weltlichen Klerus. Ihre Stellung war ein wenig unklar; denn sie alle leisteten irgendwann einmal Widerruf oder unterwarfen sich der kirchlichen Zensur, und zwei von ihnen (Hereford und Repton) gaben schließlich ihre Unterstützung des Lollardenglaubens für immer auf. Zweifellos ist ihr akademischer Stand von Bedeutung: sie waren Männer, die eine Reform herbeisehnten und sich von Wyclifs Ideen hatten anstecken lassen. Gegenargumente, reiflichere Überlegung und vielleicht auch der Gedanke daran, welche Folgen ihr Beharren auf der Ketzerei haben würde, brachten sie von ihrem neuen Glauben ab. Doch trotz allem hatte sich bei einem, vielleicht auch bei zweien von ihnen, die erste Begeisterung so gefestigt, daß sie zum Lollardentum zurückkehrten. Auf jeden Fall erfolgte ihre Unterwerfung zu spät, als daß sie die Auswirkungen ihrer Tätigkeit hätte verhindern können. Die Lollarden brauchten keine Märtyrer, um sich auszubreiten.

Hereford[2] war ein Mann von akademischem Format, ein Oxforder *magister artium;* Knighton hielt ihn für den ersten Führer der Lollardenbewegung, und es gibt Berichte dafür, daß er bei der Abfassung der ersten Bibel eine bedeutende Rolle spielte.³ Er war von Natur aus radikal – es wird vermutet, daß er einst in einer Predigt die Behauptung aufstellte, Erzbischof Sudbury, den man beim Bauernaufstand gelyncht hatte, habe sein Schicksal verdient; außerdem hatte er einen seltsamen Optimismus: er beantwortete seine Exkommunikation durch Courtenay damit, daß er nach Rom reiste, um sich höchstpersönlich auf Urban VI. zu berufen. Nachdem er aus Rom entkommen war und eine Weile im Untergrund gelebt hatte, wurde er festgenommen. Schließlich widerrief er kurz vor 1391, und nicht nur das: er erhob sogar seine Stimme gegen das Lollardentum.

Repton, der Augustiner-Chorherr von St. Mary-in-the-Fields zu Leicester, leistete vor Hereford Widerruf und stieg zum Abt seines Hauses und schließlich zum Bischof von Lincoln auf, wo er selbst die

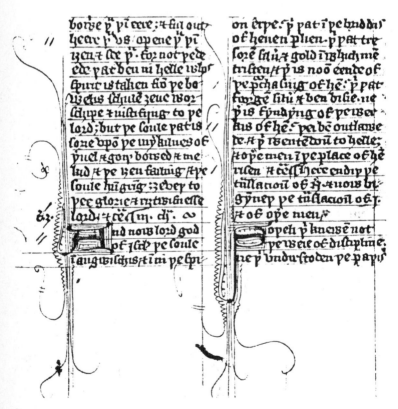

XI Die Lollardenbibel: Die Früh-Version bricht ab bei Baruch 3,20 (vgl. S. 387, Anm. 3 mit dem entsprechenden Vermerk: »Here endith ...« in der 7. Zeile von unten in der rechten Spalte der Abbildung).

Aufgabe hatte, Lollarden zu verfolgen. Als Bischof setzte er sich energisch für eine Reform innerhalb der Kirche ein.[4] Eine Zeitlang war ihm das Lollardentum als ein Schlüssel zur Reform erschienen; dann gab er es auf. Aber der unterschwellige Reformeifer blieb bei ihm erhalten.

Aston stammte ursprünglich aus der Diözese Worcester und war vielleicht der Hauptevangelist für Westengland. Er widerrief wie die übrigen, widmete sich jedoch später wieder der Evangelisationspredigt bei den Lollarden und scheint um 1388 als Ketzer gestorben zu sein.[5]

Von allen akademischen Lollarden[6] hielt sich John Purvey, Wyclifs Sekretär, am längsten und war wohl auch der wichtigste, denn er scheint die Hauptverantwortung dafür getragen zu haben, daß ein volkstümliches Lollardenschrifttum produziert wurde.[7] Sehr wahrscheinlich war er es auch, der die zweite, freie Bibelübersetzung leitete und auf diese Weise die Bibel für das Gros der einfachen Lollarden herausbrachte. An seiner hingebungsvollen Tätigkeit gibt es keinen Zweifel. Der Umstand, daß die Stadt Bristol der Ketzerei so lange anhing, ist wahrscheinlich in erster Linie seiner Evangelisationstätigkeit zuzuschreiben. Wenn es richtig ist, daß er bei der zweiten Übersetzung die Oberaufsicht führte, dann war er ein sowohl fleißiger als auch gelehrter Mann, denn sie ist ein sorgfältiges Stück akademischer Arbeit. Sein Fleiß zeigt sich ferner an seiner Arbeit an einem umfangreichen Glossar, das eine englische Textausgabe der Evangelien begleiten sollte. Als man ihn endlich erwischte und er im Jahre 1401 widerrief, war das ein schwerer Schlag. Doch obgleich man ihn rücksichtsvoll behandelte und ihm eine Bewährungsfrist erteilte, während welcher er die Pfründe West Hythe in der Nähe des erzbischöflichen Schlosses zu Saltwood erhielt, hatte er diese nur drei Jahre lang inne, um dann von seinem Amt zurückzutreten und aus den Annalen der Geschichte zu verschwinden – vielleicht trieb ihn seine wahre Berufung wieder zur Verkündigung des Evangeliums unter den Lollarden.

Widerrufe konnten der Bewegung keinen Einhalt gebieten. Hereford war vor und nach seiner erfolglosen Romreise als Evangelist tätig; Repton scheint Zeit genug gehabt zu haben, um den Lollardenglauben in der Umgebung von Leicester einzuführen; Aston waren vor seinem Tode einige Jahre der Tätigkeit vergönnt, und Purvey wurde während seiner über zwanzigjährigen Lollardentätigkeit kaum belästigt. Auf diese Weise hinterließen sie eine Menge Konvertiten und ein umfangreiches Schrifttum.

Außer diesen führenden Akademikern gab es noch andere, zwar weniger bekannte, aber trotzdem akademisch gebildete Lollarden, die sich an die Verkündigung des Evangeliums machten. Die beiden bekanntesten sind Richard Wyche, ein Priester aus der Diözese Hereford; er war während des späten 14. Jahrhunderts im Norden tätig, hatte Verbindungen zu Sir John Oldcastle und wurde 1440 nach einer langen, unermüdlichen Evangelistentätigkeit in London verbrannt.[8] Er war zu jung, als daß er Wyclif persönlich hätte gekannt haben können; doch er argumentierte vor den Beisitzern des Bischofs von Durham so geschickt und zeigte sich mit Wyclifs Ansichten so vertraut, daß er eine akademische Ausbildung gehabt haben muß. William Thorpe, der in einem fadenscheinigen blauen Talar durch England reiste und fast zwanzig Jahre lang predigte und mit ihm wohlgesinnten Geistlichen sprach, bis man ihn dem Erzbischof Arundel vorführte, behauptete, er habe Wyclif persönlich gekannt, und sprach von des Meisters Laufbahn wie ein Akademiker;[9] wahrscheinlich hatte auch er eine akademische Ausbildung genossen. Andere, wie Thomas Turk, ein Fellow des Exeter College, oder William James vom Merton College liefern Beispiele von Oxforder Akademikern der ersten, vom Lollardentum angesteckten Generation. Über ihre Laufbahn ist nur wenig bekannt.[10] In einer Bewegung, deren Evangelisten uns nur durch Anklagen wegen Ketzerei und unerlaubten Predigens bekannt geworden sind, stammten sicher mehr von denen, die Wyclifs Ansichten für die breite Masse der Bevölkerung zurechtlegten, aus der ersten Oxforder Generation und wurden entweder nie gefangen, oder aber die Protokolle über ihre Verhöre sind uns verlorengegangen. Mit hoher Wahrscheinlichkeit war jener, der Wyclifs Werk in einem alphabetischen Wörterbuch theologischer Begriffe unterbrachte[11], ein Oxforder Lollarde, ferner ein anderer, der in einem ähnlichen Werk Predigtmaterial sowohl von Wyclif als auch von Lollarden zusammenstellte.[12] Wenn ein pro-lollardischer Autor auf diese Weise wyclifitisches Textmaterial einschmuggelte, so war dies schwieriger aufzudecken, als wenn er offen gepredigt hätte. Im mittelalterlichen Oxford gab es eine Menge von Gelehrten, die ihr Studium beendeten, ohne einen akademischen Grad zu erwerben. Wie Fines betont[13], konnten sie sich auch einige von Wyclifs Ideen angeeignet haben, ohne daß sie das Rüstzeug besaßen, sie vollkommen zu verstehen. In einem solchen Falle waren sie natürlich eine Quelle für die baldige Entartung seiner Lehre.

Eine zweite Kategorie früh-lollardischer Evangelisten bestand aus Kaplänen, Priestern, die nicht im Besitz einer Pfründe waren, und ganz allgemein aus niederen Geistlichen. Bei ihnen fielen die Glaubenssätze der Lollarden auf fruchtbaren Boden. Im späteren Mittelalter scheint die Zahl der nicht von einem Benefiz begünstigten Geistlichen zugenommen zu haben. Sie hatten mit einem wohlhabenden höheren Klerus wenig gemein.[14] Beim Bauernaufstand waren die Angehörigen des niederen Klerus als Agitatoren tätig und beteiligten sich manchmal an den schlimmsten Gewalttätigkeiten. Einige hatten sich wohl schon vorher als wandernde Agitatoren gegen den Klerus betätigt, wie John Ball, der bereits Jahre, bevor der Aufstand losbrach, agitiert hatte. In dieser Kategorie fanden sich bereitwillige Zuhörer für Lehren, die eine Hierarchie in der Kirche ablehnten, den Reichtum der Kirche umzuverteilen wünschten und die Mönchsorden und die höhere Geistlichkeit scharf kritisierten. Oft standen solche Kleriker dem Laientum sehr nahe und pflegten gemeinsame Sache mit ihm zu machen. Kapläne waren häufig Handwerkersöhne.[15] In dem Maße wie das Lollardentum in Handwerkerkreisen Wurzel schlug, fanden Kapläne und von einem Benefiz nicht begünstigte Geistliche, daß sie mit ihresgleichen redeten. Ihre soziale Stellung und ihre wirtschaftlichen Verhältnisse machten sie zu um so erfolgreicheren und gefährlicheren Evangelisten. Ihre Ausbildung war höchst unzulänglich. So waren sie für den Einfluß neuer Lehren empfänglich, und infolge ihres Mangels an Ausbildung waren ihnen die akademischen Abhandlungen, in denen Wyclifs Gegner seine Ansichten zu widerlegen trachteten, nicht zugänglich.[16] Durch ihre Mitwirkung, die im Verein mit Laienhelfern erfolgte, breitete sich das Lollardentum überall im Lande aus und begann seine akademische Grundlage zu verlieren.

Der Fall Swinderby in Leicester ist ein gutes Beispiel für die Art und Weise, in der dies geschah.[17] Philip Repton mit seinen guten Beziehungen am Ort war derjenige, der die Saat wahrscheinlich zuerst ausstreute. Es bildete sich dann als nächstes ein Kern um die Kapelle Johannes des Täufers außerhalb der Stadtmauern, wo ein Kaplan namens Waytestathe und ein Handwerker namens William Smith sich als Prediger und Verfasser von Traktaten betätigten. Das bekannteste Mitglied der Gruppe jedoch war William Swinderby, der bereits eine Laufbahn als Erweckungsprediger hinter sich hatte, bevor die Lollardenbewegung aufkam; er war von einer Zelle bei der Abtei St. Mary-in-the-Fields aus durchs Land gezogen und hatte als Eremit in den nahegelegenen Wäldern gehaust. Das Lollardentum gab ihm durch eine Reihe von Glaubenssätzen eine geistesverwandte Predigtgrundlage; seinerseits brachte er zum Anprangern von Mißständen eine rhetorische Begabung mit, die uns an Heinrich den Mönch im 12. Jahrhundert erinnert: auch er wurde erst nach einer voraufgegangenen Karriere als orthodoxer Prediger ein Ketzer.[18] Die Irrtümer, denen Swinderby vor dem Bischof in Lincoln entsagte, verdeutlichen die Weiterentwicklung von Wyclifs Lehren bis zum Lollardenglauben. Unter anderem hatte er gelehrt, daß es rechtmäßig sei, wenn Gemeindemitglieder einem zügellosen Pfarrgeistlichen den Zehnten vorenthielten, ferner, daß es unrecht sei, wenn man wegen Schulden eingekerkert werde oder wenn ein Prälat jemanden exkommuniziere, es sei denn, er wisse, daß der Betreffende bereits von Gott verworfen sei. Ein Priester, der eine Todsünde begangen habe und dennoch die Messe zelebriere, »begeht eher Götzendienst als daß er den Leib Gottes herstellt«.[19]

Swinderby war einer der erfolgreichsten von allen Evangelisten. Er sorgte dafür, daß sich die Ketzerei in Leicester und in einigen der umliegenden Marktstädte festigte, darauf in Coventry und endlich im westlichen Herefordshire, wo der Landadel ihm vor dem Bischof Schutz gewährte. Es ist so gut wie sicher, daß er es war, der den jungen Oldcastle, den späteren militärischen Anführer der Lollarden, bekehrte. Erst 1392 endete seine Laufbahn, als er zusammen mit einem treuen Gefährten in Wales untertauchte.

Auch andere hatten beachtliche Erfolge. Zu Anfang des 15. Jahrhunderts förderte William, der Pfarrgeistliche von Thaxted, eine ganze Reihe von Lollardengruppen in Essex. In Colchester schloß sich ein Franziskaner namens John Brettenham einem Kreise an, der Traktate und Übersetzungen las.[20] Auf ähnliche Weise verdankte das Ketzertum in den nördlichen Midlands sehr viel dem Kaplan William Ederick aus Aston-on-Trent.[21] William Sawtry, der erste Lollarde, der den Feuertod erlitt, war Kaplan in Norfolk gewesen, und man weiß nicht, wie lange er schon als Lollarde gepredigt hatte, bevor er 1399 zum ersten Mal festgenommen wurde.[22] Interessant ist der Fall William Ramsbury: hier wurde ein Laie von einem Sektenmitglied zum Lollardenprediger ordiniert und zog dann vor 1389 vier Jahre lang als Prediger seines Glaubens in der Diözese Salisbury umher. Er vertrat einige radikale Ansichten, besonders über die Ehe, wobei er Meinungen äußerte, die auf seltsame Weise denen gleichen, die man den Anhängern der Geist-Freien zuschrieb; er hatte sich jedoch nicht vom Gebrauch der Messe emanzipiert – unter Benutzung von Meßgewändern las er sie in der Weise von Sarum, wobei er sich einige Auslassungen erlaubte.[23]

Das Laientum

Von einer Häresie, welche die Gleichheit von Laientum und Priesterschaft verkündigte, konnte man erwarten, daß sie unter den Laien auch Evangelisten fand. William Smith war ein im Lollardentum des 15. Jahrhunderts oft wiederkehrendes Beispiel dafür, wie ein autodidaktisch gebildeter Handwerker Ketzerei verbreitete. Nachdem man ihm den Laufpaß gegeben hatte, bekehrte er sich zum Vegetarier- und Abstinenzlertum, um dann seine Dienste der Lollardengruppe zur Verfügung zu stellen. Er brachte sich selbst das Lesen bei, und als Swinderby von der Bildfläche verschwunden war, setzte er dessen Werk fort und verfaßte auf der Heiligen Schrift und den Kirchenvätern basierende Traktate. Praktische Fragen des Gottesdienstes und des religiösen Brauchtums standen an erster Stelle, nicht etwa solche von akademisch anspruchsvoller Häresie: als er und seine Lollardengenossen aus Leicester im Jahre 1389 verurteilt wurden, bezogen sich die Anklagen auf Laienpredigt, Ablaßhandel, Ohrenbeichte, Verweigerung des Zehnten und der Bilderverehrung.[24] Es mag sein, daß man der Gruppe aus Leicester zu Unrecht zweifelhafte Ansichten über die Transsubstantiation zur Last legte.[25] Im Jahre 1389 beschnitt Courtenay bei seiner Visitation die weitere Laufbahn des Smith: er sorgte dafür, daß der Ketzer seine Traktate ablieferte und Buße leistete.

In Herefordshire hatte Swinderby einen Gehilfen in Walter Brute, einem kleinen Landjunker walisischer Abstammung mit dialektischer und rhetorischer Begabung, der eine Vorliebe für die Apokalypse hatte.[26] Er sprach wohl hauptsächlich die verarmten Waliser jener Gegend an. Northampton beherbergte in den Jahren 1392–1393 eine Lollardengruppe, die offenbar zuerst von einem Textilienhändler aus London ins Leben gerufen und dann vom Bürgermeister weiter gefördert wurde. Hier wetteifern die Eitelkeit und das Sich-zur-Schau-Stellen mit einer rechtschaffenen Lebensführung, wenn William Northwold »in Northampton unter den Lollarden und Ungläubigen den Ruf eines Propheten hat, der mit Engelszungen spricht« und fälschlicherweise den Anspruch eines Doktors der Theologie erhebt, und wenn Prediger sich ohne Berechtigung mit der Kappe und dem Talar eines Akademikers bekleiden.[27]

Thomas Compworth, ein Landjunker aus Kidlington in Oxfordshire, liefert das ungewöhnliche Beispiel eines Anhängers aus der höheren Gesellschaftsschicht, der mehr war als ein bloßer Beförderer der Ketzerei: er hatte sich der Laienpredigt ergeben und geriet in Schwierigkeiten, weil er dem Abt von Osney den Zehnten verweigerte.[28] Im allgemeinen jedoch betätigten sich die Laien nicht als öffentliche Prediger. Ihre Rolle beschränkte sich darauf, daß sie eine tragende Schicht abgaben, indem sie ihre Geistlichen bestärkten und Lesezirkel bildeten. Claydon, ein wohlhabender Gerber aus London, der 1415 verbrannt wurde, lud Freunde zu Lesestunden in seinem Hause ein und verleitete sein Dienstpersonal zur Ketzerei.[29] Schreibwarenhändler erwiesen sich als besonders nützliche Anhänger bei der Verteilung von Traktaten. Unter den Ketzern, die 1389 in Leicester verurteilt wurden, befanden sich ein Pergamenthändler und ein Schreiber. Oldcastle hatte Verbindungen zum Londoner Schreibwarengewerbe: von ihm stammende ketzerische Traktate wurden 1413 in dem Laden eines Kolorierers in der Paternoster Row entdeckt, und nach seiner Befreiung aus dem Tower fand er Zuflucht im Hause eines Londoner Schreibwarenhändlers namens William Fisher.[30]

Die Zugkraft der Lollardenbewegung bestand zum Teil darin, daß man an den Einzelnen appellierte, die Wahrheit der Schrift selbst herauszufinden. Dies erwies sich als höchst wirksam bei den Autodidakten, die erst seit kurzem lesen konnten oder bei Leuten, die in einem Beruf tätig waren, der die Beherrschung des Lesens und Schreibens erforderte.[31] Die Handwerker und Bürger, die in Leicester, Northampton, London und anderswo sich den Lehren der Lollarden zuwandten, waren nicht unbedingt arme Leute. Durch ihre beruflichen Fähigkeiten erwarben sie sich schließlich oft eine gewisse Kompetenz, manchmal sogar noch mehr. Wer unter ihnen Erfolg hatte, mußte sich dessen bewußt sein, daß er diesen hauptsächlich seiner eigenen Anstrengung verdankte. Für die meisten von ihnen war das späte 14. Jahrhundert eine Zeit des Wohlstands. In Bristol und seinem Hinterland, wo Purvey und seine Nachfolger dafür gesorgt hatten, daß das Lollardentum sich in der Klasse der Spezialhandwerker einnistete, blühte die Textilindustrie, von der viele von ihnen lebten. Solche Menschen hätten sich nicht einer Glaubensrichtung angeschlossen, die einen wirren Chiliasmus predigte – eine solche sprach viel eher die wirklich armen Leute an.

Handwerker und Angehörige des niederen Klerus bilden unter den Lollarden die vorherrschende Schicht. Es gab allerdings Ausnahmen. Swinderby erreichte im walisischen Grenzgebiet den niederen Landadel, der ihn dann vor dem Bischof von Hereford beschützte. Aus dieser Gegend stammte Sir John Oldcastle, einer der Konvertiten von hohem Rang – er war durch Heirat in den Adelsstand erhoben worden. Es gibt noch weitere Einzelbeispiele.

Die interessanteste Gruppe von allen sind die sogenannten Lollardenritter.[32] Unabhängig voneinander sind uns von den beiden Chronisten Knighton und Walsingham[33] verschiedene Namenslisten von Leuten vornehmer Herkunft, die in Ketzerei verstrickt waren, erhalten: sie nennen insgesamt zehn Namen. Genauere Nachforschungen bestätigen, daß die Anschuldigungen ihren guten Grund hatten. Walsingham nannte sie »die bedeckten Ritter«, weil sie in Gegenwart der Hostie ihre Kopfbedeckung nicht abzunehmen pflegten. K. B. McFarlane, der drei von den zehn Fällen als »nicht erwiesen« betrachtet, liefert eine genaue Untersuchung der Lebensläufe der übrigen sieben: alle waren Berufssoldaten, alle bewegten sich in Hofkreisen, alle standen in den frühen achtziger Jahren des 14. Jahrhunderts im Dienst Richards II. Einige von ihnen waren entweder mit dem Schwarzen Prinzen oder seiner Witwe verbündet. Sir John Cheyne, ein Ritter, der mit den Lollarden sympathisierte, war möglicherweise ein abgefallener Priester. Sie waren alle miteinander bekannt, und wenn die Chronisten angesichts der großen Auswahl von niederen Adeligen und Aristokraten in England sich ausgerechnet eine Gruppe von Leuten heraussuchen, die zwar in verschiedenen Gegenden des Landes ihre Besitztümer hatten, aber dennoch persönlich miteinander verbunden waren, dann ist dies seit langem als ein selbstredender Beweis für die Berechtigung der gegen sie vorgebrachten Anklagen angesehen worden.

Unter den Lollardenrittern befanden sich drei, die der Bewegung nachweislich Hilfe leisteten. Sir John Montagu engagierte sich so sehr, daß er die Bilder aus seiner Kapelle in Shenley entfernte und Lollardenpredigern Unterschlupf gewährte. Sir Thomas Latimer machte seinen Landsitz in Braybrooke in der Grafschaft Northamptonshire zu einem Lollardenzentrum und wurde im Jahre 1388, zur Zeit des Gnadenlosen Parlaments, vor ein Konzil geladen, um sich wegen des Besitzes ketzerischer Bücher zu verantworten. Das war ein Schachzug der Appellantenpartei, die sich der Ketzerklage bediente, um einen Mann des Königs zu treffen. Latimer fühlte sich allerdings sicher genug, um auch weiterhin die Ketzerei zu unterstützen. In Chipping Warden, einem kleinen Marktflecken in Latimers Grafschaft, hatte der Bischof von Lincoln 1388/1389 größte Schwierigkeiten, einem Kaplan, der als Lollardenprediger angeklagt war, eine Vorladung zustellen zu lassen. Latimer strengte sogar gegen den bischöflichen Gerichtsboten vor den königlichen Richtern ein Verfahren an. Zur Zeit der Festnahme Herefords im Jahre 1387 stellte Sir William Nevill den Antrag, daß man den Gefangenen ihm als dem Schloßvogt von Nottingham Castle in sein Gewahrsam gebe »wegen der Rechtschaffenheit seiner Person« – eine seltsame Bezeichnung für einen flüchtigen Lollardenprediger, die deutlich Nevills Sympathien verrät, wie McFarlane bemerkt.[34] Ein solcher Einblick in die Dokumente deckt schlagartig Zusammenhänge auf, die bislang nicht erwiesen waren. Man darf wohl annehmen, daß manch andere Fälle von Sympathie in Adelskreisen sich in den uns vorliegenden Dokumenten niemals niederschlugen.

Sir John Clanvow, ein enger Freund Nevills, der auf einem gemeinsam mit ihm unternommenen Feldzug in der Nähe von Konstantinopel starb, schrieb in seinem letzten Lebensjahr (1391) eine religiöse Abhandlung in der Volkssprache über den breiten und den schmalen Weg. In ihr zeigt sich eine hingebungsvolle Frömmigkeit, die aus einer Versenkung in den Leidensweg Christi herrührt; kennzeichnend ist ferner sein Bestreben, inmitten der Versuchungen dieser Welt ein sittlich reines Leben zu bewahren.[35] Von offenkundiger Ketzerei ist keine Spur in diesem Werk zu finden; auch fehlt in ihm die strenge Kritik an der Kirche, wie sie den lollardischen Schriften eigen ist. Es sind jedoch in seinem unmittelbaren, praxisbezogenen Ton, seiner Schriftverbundenheit und seinem sittlichen Ernst ohne weiteres Anhaltspunkte für eine gewisse Neigung zum Lollardentum zu erkennen. Wenn Clanvow jemals eine Verbindung mit ihm hatte, schloß er sich ihm, wie wir hieraus ersehen können, aus einem tief religiösen Glauben heraus an.

Über andere Ritter liegen uns keine so unmittelbaren Zeugnisse ihrer Geisteshaltung vor. Einige waren wohl antiklerikal eingestellt. Sicher haben die vielen Berufssoldaten in ihren Reihen und deren Beziehungen zum Schwarzen Prinzen zu der Annahme geführt, daß sie sich deswegen der Ketzerei zuwandten, weil sie in den Vorschlägen zur Enteignung ein Mittel sahen, die Kriegsunkosten zu decken – jedenfalls weist das Interesse einiger Mitglieder der Gruppe an dem Landbesitz ausländischer Abteien, die während der Kriege mit Frankreich in des Königs Hand geraten waren, in diese Richtung.[36] Immerhin gab es einige unter ihnen, deren Neigungen sich nicht auf den Krieg beschränkten: Montagu war ein Mann mit kultiviertem Geschmack; Sir Richard Sturry besaß ein Exemplar des *Roman de la Rose* und war mit Chaucer und Froissart bekannt; sowohl Clanvow als auch Sir Lewis Clifford kannten Chaucer, und Clifford kaufte Balladen von Deschamps; V. J. Scattergood hat Gründe dafür angeführt, daß man Clanvow als den Verfasser des Gedichtes *The Boke of Cupide* identifizieren kann.[37] Wenn das Lollardentum solche Anhänger zu finden vermochte, dürfen wir die Gefahr, die es für die Kirche darstellte, nicht unterschätzen. Kein Bischof konnte ungehindert gegen Leute von solchem Niveau einschreiten, zumal sie auch beim König in hohem Ansehen standen. Sie und wahrscheinlich noch andere ihresgleichen bildeten in der dunklen Zeit nach 1382 einigermaßen Zuflucht für die lollardischen Evangelisten.

Aber die Gruppe nahm an Einfluß und Zahl nicht zu. Es ereignete sich kein schwerwiegender Zwischenfall, der einen Meinungsumschwung des Adels zugunsten der Ketzer bewirkt hätte, wie es bei den böhmischen Adeligen der Fall war, als man das Versprechen, Hus sicheres Geleit nach Konstanz zu gewähren, brach.[38] Aufgrund der Testamente Latimers, Cliffords und Cheynes, in denen sich diese Gott gegenüber als »falsch« oder »Verräter« bezeichnen, hat man sogar vermutet, daß sie jegliche Verbindung zur Ketzerei, die sie vielleicht vor ihrem Tode hatten, aufgegeben hätten.[39] Bei einigen Mitgliedern der Gruppe läßt die offensichtliche Annahme der Lehre vom Fegfeuer oder die Teilnahme an Kreuzzügen das gleiche vermuten. Die Testamente können allerdings leicht auf eine falsche Spur führen. Ihre Sprache zeugt nämlich von einem religiösen Gefühl, das sowohl manche Lollarden als auch völlig rechtgläubige Zeitgenossen mit ihnen gemeinsam hatten. Die Glaubensansichten der Lollarden waren in diesem Stadium allzu fließend, und ihre Bekenner verhielten sich allzu widerspruchsvoll, was ihre Unterstützung von Kreuzzügen oder ihren Glauben an das Fegfeuer betrifft, als daß sie als ein Anzeichen dafür gelten könnten, daß sie sich von jeglicher Begünstigung der Ketzerei losgesagt hätten. Selbst wenn die Lollardenritter ihre innere Anteilnahme nie ganz aufgaben – wir werden hierüber wahrscheinlich niemals Gewißheit erlangen –, so scheinen sie doch andererseits durch ihr Verhalten nicht viele neue Anhänger hinzugewonnen zu haben; auch gelang es ihnen nicht, die allgemeine Stimmung nach 1382 zugunsten des Lollardentums zu verändern.

Die Anziehungskraft des Lollardentums

Die Traktate der Lollarden luden den Leser gleichsam dazu ein, sich selbst zu belehren. Bei diesem Vorgang sollte es zu einer unmittelbaren Erfahrung des Heiligen Geistes kommen, der den frommen Leser inspirierte.[40] Die Predigt stand bei der Gewinnung von Konvertiten an erster Stelle; als zweites kamen die Traktate und die Bibeln in der Sprache des Volkes hinzu. Diese lieferten den Predigern Argumente und bestärkten die Bekehrten in ihrem Glauben, nachdem sie sich den Lesekreisen angeschlossen hatten. Außer der Predigt gab es noch die zwanglose Verbreitung des Glaubens bei der Arbeit, in den Wirtschaften, im Familienkreis und durch Handelsverbindungen.

Schon früh gaben die Lollarden zu Unterrichtszwecken Bücher der Bibel in Übersetzungen heraus: diesen Vorgang können wir im Jahre 1384 in Leicester beobachten, wo William Smith von den Lollarden verfaßte Übersetzungen der Episteln und Evangelien abschrieb.[41] Aber die pedantische, holprige Wiedergabe der Early Version war für eine Volksbewegung ein unvollkommenes Instrument. Mit dem Erscheinen der Late Version (jener ansprechenden, frei strömenden Übersetzung von John Purvey und seinen Mitarbeitern) begann sich die Lage zu verändern. Das Werk wurde etwa in den Jahren 1395–1397 fertiggestellt[42], und die Tatsache, daß noch viele Manuskripte davon erhalten sind, besonders aus den ersten vier Jahrzehnten seit ihrem Erscheinen zeigt, daß es ein echtes Bedürfnis der Bevölkerung befriedigte. Vom Standpunkt der Lollardengeistlichen oder der Laienevangelisten aus betrachtet konnte der Text den Weg zur Häresie weisen. Die Episteln und Evangelien konnte man zum Beispiel dazu benutzen, den Gegensatz zwischen der Schlichtheit der Urkirche und dem leeren Formalismus der zeitgenössischen Kirche aufzuzeigen[43], und die gemeinsame Bibellektüre, in der die Hauptaktivität der Sekte bestand, konnte jedem Teilnehmer klarmachen, daß im Schrifttext offenkundige Belege für die Lehre vom Fegfeuer oder der Transsubstantiation fehlten.

Die Anziehungskraft, die das Lollardentum auf die unabhängige Urteilskraft ausübte, muß vor dem Hintergrund des normalen kirchlichen Lebens gesehen werden, in dem Laien und Kleriker weit voneinander getrennt waren und wo die Laien eine verhältnismäßig passive Rolle spielten. Gebetbücher wie des *Laienvolkes Meßbuch* gehen von der Annahme aus, daß zwei Arten von Gebeten gleichzeitig vonstatten gehen, von denen das eine für die Priester, das andere für die Laien bestimmt ist. Die Laienschaft, die das Evangelium in lateinischer Sprache hört, wurde in einer zeitgenössischen Beurteilung mit einer Natter verglichen, die von einem Zauberwort, das man über ihr spricht, magisch berührt wird, ohne daß sie das Wort selbst verstehen kann.[44] In der Tat hatte sich die Orthodoxie trotz der Veröffentlichung von belehrenden Werken in der Volkssprache und der Entwicklung einer Andachtsliteratur den Erfordernissen einer Zeit, in der die geistige Bildung zunahm, nicht ganz angepaßt. Dies verschaffte einer Häresie, die sich so stark auf das geschriebene Wort gründete, ihre große Chance.

Einer der wichtigsten Zeugen des spätmittelalterlichen religiösen Lebens in England war die dortige Frömmigkeitsbewegung. Für uns ist sie in all den Dingen für immer bewahrt, welche die spätmittelalterliche englische Pfarrkirche zu einem Ort des Gottesdienstes machten. Diese Bewegung war nicht von höherer Stelle oktroyiert – die zeitgenössische Überlieferung läßt erkennen, daß die Ausschmückung der Pfarrkirche, bei der die Handwerker ihr ganzes Können entfalteten, um das Gefühl für das Numinose zu vertiefen, für jedermann ein Anliegen war, so daß das normale Gemeindemitglied bereitwillig dazu beitrug. Hierfür hatten die Lollarden keinen Sinn. Smith und Waytestathe in Leicester wurden zum Beispiel beschuldigt, sie hätten aus einem Heiligenbild Brennholz gemacht, und Smith habe Bilder der Jungfrau Maria in Walsingham und Lincoln »die Hexe von Walsingham« und »die Hexe von Lincoln« genannt.[45] Als Thorpe von Arundel verhört wurde, bezeichnete er sich selbst als Gegner jeglicher Bilder und Statuen in Kirchengebäuden, wobei er sich auf das zweite Gebot berief.[46] Die Lollarden mochten das Symbolische und Geheimnisvolle nicht, weil es nach ihrer Meinung die eigentliche Wahrheit zu verdunkeln schien. Damit bewegten sie sich – wenn auch auf niedrigerem Niveau – auf der Linie Wyclifs, der solch großen Wert auf eine vernunftgemäße Einstellung zum Glauben gelegt hatte.

Die rationale Einstellung führte oft dazu, daß sie nur einen minimalen Zugang zu den Glaubensaussagen fanden. Wyclifs Konsubstantiationslehre, die sich auf einen philosophischen Realismus gründete, wurde von ihnen lediglich auf der Grundlage des gesunden Menschenverstandes akzeptiert. Das Brot war nach den Einsetzungsworten immer noch zu sehen; also war es klar, daß die Substanz des Brotes erhalten blieb. Wir können daraus schließen, daß die Lollardenprediger manchmal an einen schon vorhandenen Zweifel an den schwierigeren dogmatischen Forderungen der Kirche appellierten. Vor dem Bischof von Durham wandte sich Richard Wyche an die zuschauenden Laien mit der Aufforderung, seinen »minimalen« Zugang zur Transsubstantiation zu bestätigen – er war dann allerdings zu ehrlich, um nicht zuzugeben, daß sie ihn in diesem Fall nicht unterstützt hätten; aber man erkennt, in welcher Weise er als Prediger die Laien in dieser Sache ansprach.[47] Das Lollardentum schaffte ein Ventil für bestimmte Arten von Skeptizismus gegenüber den Heiligen und ihren Wundertaten, gegenüber Pilgerfahrten, wundertätigen Bildern und vor allem gegenüber dem zentralen Wunder der Messe.

Eine große Rolle spielte der Antiklerikalismus. Er muß im allgemeinen der Ausgangspunkt gewesen sein, von dem aus sich die Ketzerei entwickelte; denn sie begann meist mit einer Entfremdung von der Kirche, die durch die Unzufriedenheit mit dem Klerus verursacht wurde. Die häufig vorgebrachte donatistische Ansicht, daß ein in Sünde gefallener Zelebrant das Sakrament ungültig mache, oder der Reformplan, der die Kleriker zu bezahlten Beamten machen wollte, hätten wenig Sinn gehabt, wenn man nicht mit der Lebensweise der Geistlichen unzufrieden gewesen wäre. Wenn die Lollarden sich an die Obrigkeit wandten, waren sie stets schnell bei der Hand, ihre antiklerikale Karte auszuspielen, indem sie an den Argwohn der Laien hinsichtlich des Reichtums der Kirche appellierten, oder indem sie, wie in den Zwölf Beschlüssen von 1395 den geistlichen Zölibat angriffen.[48]

Der Lollardenglaube entsprang oft einem puritanisch übersteigerten Gewissen. Lollardische Autoren und Prediger konnten das Versagen der sichtbaren Kirche gerade deswegen mit oft beachtlichem literarischem Geschick anprangern, weil sie es am eigenen Leibe zutiefst erfahren hatten. Ein einschlägiges Beispiel ist Purveys Traktat: hier wird ein zaghafter Anhänger vollends zur Bekehrung veranlaßt, indem ihm in sarkastischer Weise die Oberflächlichkeit des normalen Gemeindeglieds vor Augen geführt wird, das sich an seinen »Theateraufführungen, Ring- und Schildkämpfen . . . Tänzern und Sängern« ergötzt, Nächte hindurch Eß- und Trinkgelage feiert und hinterher zur Kirche geht, während ihm das gute Bier zu Kopf steigt und ihn unfähig macht zu bemerken, daß ihm in der Predigt falsche Lehren vorgetragen werden.[49]

Die Lollarden hatten ein stark entwickeltes Sündenbewußtsein. Die Mahnung, die Swinderby an die königlichen Richter im Parlament richtete, läßt uns mit ihren Hinweisen auf den gespenstischen Feind und das nahende Ende erahnen, woher dieser Prediger seine Redegewalt bezog.⁵⁰ Die *Lantern of Light* widmet viele Seiten einer ernsten Warnung vor der Sünde im allgemeinen. Sie enthält in der Hauptsache einen Aufruf zur Buße.⁵¹ Ein unbedarftes Gemeindemitglied konnte sich von dem Erweckungscharakter der Lollardenbotschaft leicht täuschen lassen. Owst hat seit langem darauf hingewiesen, mit welchem Ingrimm die zeitgenössische Predigt und Erbauungsliteratur klerikale Mißbräuche aufs Korn nehmen konnte.⁵² Auf den ersten Blick sah es so aus, als ob die von den Lollarden erteilten Rügen mit dem, was die Leute in einer orthodoxen Predigt zu hören bekamen, übereinstimmten. Daß dies so war, ist uns bezeugt: ein Textilhändler aus Leicester namens Thomas Beeby vermachte laut Testament Teile seines Geldes sowohl Swinderby als auch den Franziskanern, die damals entschiedene Feinde der Lollardenbewegung waren.⁵³ Wie Thomas Netter feststellte, befand sich die Zuhörerschaft der Lollarden oft im Zweifel, ob sie wirklich Ketzer seien.⁵⁴

Die Ideen der Lollarden kamen um so leichter an, als innerhalb der Orthodoxie ein Verlangen nach ganz radikaler Reform vorhanden war. Ein vom Offizial von St. Albans zur allgemeinen Lektüre genehmigter Traktat besagte, daß man einem Priester nur soweit gehorchen solle, »als er das Gesetz Gottes lehrt«.⁵⁵ *Dives and Pauper,* eine volkstümliche Handreichung für die Laien, stellte zumindest die Frage nach den möglicherweise üblen Auswirkungen einiger im Volke verbreiteter Andachtsformen und gab zum Beispiel zu, es gebe Leute, die sich der Heiligenbilder nur zum Zwecke des Gelderwerbs bedienten.⁵⁶ Diese Tendenzen in der Orthodoxie waren den Lollarden bekannt, und sie waren auch darauf bedacht, an schon vorhandene Erbauungsliteratur anzuknüpfen. Gewisse Handschriften der englischen Psalmenübersetzung und der *Ancren Riwle* (Regel für Anachoretinnen, A. d. Ü.), die dem orthodoxen Mystiker Richard Rolle zugeschrieben wurden, versahen die Lollarden mit ihren Bemerkungen, wobei sie zweifellos die Absicht verfolgten, darzutun, daß das Lollardentum keine Neuheit sei, sondern daß solche Anschauungen schon früher von einem anerkannten Verfasser von Erbauungsschriften, der selbst in der Sprache des Volkes geschrieben habe, vertreten worden seien.⁵⁷ Die interpolierte englische Version des orthodoxen *Lay Folks Catechism* (Katechismus für Laien, A. d. Ü.) diente ganz einfach Propagandazwecken, und zwar auf ziemlich unverhohlene Weise, denn die von den Lollarden stammenden Abschnitte stehen in einem seltsamen Nebeneinander mit Erzbischof Thoresbys Ablaßangebot an den Leser – etwas, was den Anschauungen der Lollarden gänzlich zuwider war, was aber die Interpolatoren trotzdem nicht entfernt hatten.⁵⁸ Auf ähnliche Weise wurden um 1411 wyclifitische Sonntagspredigten über das Evangelium in einen orthodoxen Predigtzyklus eingeschmuggelt.⁵⁹

Die Glaubensrichtungen

Daß es in der Anfangszeit verschiedene Glaubenselemente gab, war eine Folge der Entwicklung des Predigtniveaus in der Bewegung von den Proto-Lollarden aus Akademikerkreisen bis zu schlichteren Kaplänen und Laien und ergab sich ferner aus einer Theologie, die den Einzelnen dazu anhielt, in der jedermann zugänglichen Heiligen Schrift seine eigene Richtschnur zu entdecken. Mit der Zeit schwand das akademische Element im Lollardentum dahin, da es aus den Reihen der Graduierten keine Verstärkung mehr erhielt, und an seine Stelle trat der einfachere Dogmatismus und Antiklerikalismus der weniger ausgebildeten Prediger. Von grundlegender Bedeutung für die Bewegung waren die auf Wyclif zurückgehenden Gedanken über die Beziehung zwischen der Heiligen Schrift und der Kirche. Es war unvermeidlich, daß schon bei den Proto-Lollarden die anfänglichen feinen Unterscheidungen nicht mehr beachtet wurden. Der Zwang, sich mit den Gegnern auseinanderzusetzen, sowie das aggressive Vorwärtsdrängen beim Missionieren mögen auch dazu beigetragen haben, daß die Lollarden radikaler dachten. Wie Deanesly vermutet, wirkte sich dies bei dem von Natur aus gelehrten und gemäßigten Purvey aus; jedenfalls kann man sich so die Diskrepanzen erklären, die zwischen seinen vor 1401 verfaßten Abhandlungen[60] sowie den Irrtümern, denen er im Jahre 1401 abschwor[61], und dem Traktat *Sixteen Points putten by bishops ordinarily upon men which they clepen Lollards* (16 Punkte, welche die Bischöfe ordnungsgemäß den Lollarden genannten Leuten zur Last legen, *A. d. Ü.*) andererseits bestehen: letztere wurden nach 1401 geschrieben, als er nicht mehr unter dem gleichen Druck stand.[62]

Es gibt auch direkte Widersprüche zwischen verschiedenen Autoren der Lollarden, Die *Twelve Conclusions* von 1395 waren pazifistischer Natur[63], in der *Lantern of Light* aus den Jahren 1409–1415 erkannte man die Notwendigkeit zum »gerechten Dreinschlagen« an.[64] Die *Lantern* enthielt keine eucharistische Ketzerei und war hinsichtlich der Sakramente im ganzen gemäßigt;[65] doch sowohl der 1401 verbrannte Sawtry als auch der 1410 verbrannte Schneider Badby endeten zum Teil deswegen auf dem Scheiterhaufen, weil sie die Transsubstantiationslehre verwarfen.[66] In der *Lantern* finden sich keine donatistischen Anschauungen, doch die Verhöre jener Zeit bezeugen, daß diese für eine verhältnismäßig häufig vertretene Häresie charakteristisch waren.[67] Zweifellos würde eine vollständige vergleichende Untersuchung der Traktate und Gerichtsakten – eine der Hauptlücken in den Lollardenstudien – weitere Diskrepanzen hervorbringen. Das Lollardentum war ebensosehr eine Stimmungssache wie eine formale Zusammenfassung von Lehren, und über lange Zeit hin bestanden selbständige Glaubensrichtungen nebeneinander.

In dogmatischer Hinsicht ist die Beziehung zwischen den Lollarden und Wyclif kompliziert. Die Erfordernisse der Evangelisation brachten es mit sich, daß Wyclifs Folgerungen ohne die Argumente, die er benutzte, um zu ihnen zu gelangen, aufgenommen wurden.[68] Für viele trat die philosophische Grundlage seines Denkens bald zurück, und Wyclifs Betonung der sittlichen Haltung beherrschte das Geschehen. Keine größere Lollardenschrift hat – so scheint es – die Probleme aufgegriffen, die sich aus dem Gottesgnadentum der Herrscher für das staatliche Besitztum ergaben, obwohl gelegentlich Verdächtige hierüber ihre Ansicht äußerten.[69] Am aufschlußreichsten ist die Veränderung, die Wyclifs eucharistische Glaubenslehren bei den Lollarden erfuhren. Seine positiven Anschauungen zu dieser Frage am Ende seines Lebens lassen sich, wie wir gesehen haben, am ehesten mit Konsubstantiation umschreiben. Aber das unter seinem Namen herausgekommene *Wicket* (etwa »die enge Pforte«, A. d. Ü.) – möglicherweise erst um 1470 erschienen – lehrte, die Eucharistie sei ein bloßes Erinnerungsmahl.[70] Auf diese Weise wurde Wyclifs Lehre vereinfacht und bisweilen entstellt, weil sie aus ihrer zeitbedingten akademischen Umgebung herausgelöst und als Galionsfigur für eine Bewegung benutzt wurde, die sich von ihm fortentwickelt hatte. Allerdings hätte er gewiß einige der Lehrsätze des späten Lollardentums anerkennen können. Die Auswirkung seiner explosiven Gedanken über die Heilige Schrift und die Auserwählten lassen sich durch die ganze Geschichte der Lollardenbewegung hindurch verfolgen.

Die Maßnahmen der Kirchenbehörde

Einerseits waren die Reaktionen der Kirchenführer außerordentlich erfolgreich. Indem Courtenay Alarm schlug, eine klare Verdammung einiger wyclifitischer Glaubenssätze durchsetzte und 1382 in Oxford eine Reinigungsaktion durchführte, unterband er die Möglichkeit, daß die Häresie in die oberen Kreise der Gesellschaft vordrang und ihre intellektuelle Basis aufrechterhielt.[71] Der Bauernaufstand im voraufgegangenen Jahr wirkte sich dabei glücklich aus. Wyclif selbst reagierte auf ihn eindeutig ablehnend.[72] Dennoch war man allgemein der Ansicht, die Lollarden seien mitverantwortlich gewesen, und diese Ansicht beeinflußte die Maßnahmen der Behörde.[73] Als unmittelbare Folge wurde durch ein Statut die Tätigkeit der Prediger eingeschränkt. Die Opportunisten unter den antiklerikalen Anhängern ließen sich bereits von der eucharistischen Häresie abschrecken. Die Meinung, daß Lollardentum mit Volksverhetzung gleichbedeutend sei, förderte diesen Prozeß. Als Hereford und Repton 1382, nachdem sie von seiten

Courtenays unter Beschuß geraten waren, sich Gaunt zum Schirmherrn erkoren, stießen sie auf Ablehnung – was für den inzwischen eingetretenen Stimmungswandel bezeichnend war.[74]

Andererseits war der Umstand, daß die Bischöfe sich weigerten, Courtenays kraftvoller Führung zu folgen, sowie das Fehlen eines voll koordinierten Unterdrückungsapparates ebenso entscheidend dafür, daß das Lollardentum weiterbestand. Die Predigttätigkeit wurde nicht wirksam unterbunden; die Bischöfe handelten nicht schnell genug; Buckingham hatte es nicht besonders eilig, mit dem Ausbruch der Ketzerei in Leicester fertig zu werden; Trefnant, der Bischof von Hereford, arbeitete zu langsam und war bei seiner Maßnahme gegen Walter Brute durch ein verallgemeinerndes Bekenntnis der Rechtgläubigkeit etwas allzuleicht zufriedengestellt.[75] Wie Erastus eingestellte Bischöfe waren nicht gerade emsige Ketzerjäger; man hat vermutet, sie seien sich dessen bewußt gewesen, daß jene Leute höhererseits Sympathie genossen.[76] Auch war das Bemühen um Gerechtigkeit und um das Seelenheil der Lollarden stärker als das Bestreben, sich durch drakonische Maßnahmen praktische Verdienste zu erwerben. Der lange Aufschub, der Oldcastle vor seiner Verurteilung gewährt wurde, war erklärtermaßen den persönlichen Wünschen des jungen Heinrich V. zu verdanken. Aber im Falle des unbedeutenden Schneiders Badby kann das Widerstreben gegen die Verbrennung nur auf humane Haltung und Sorge um das Seelenheil zurückgeführt werden.

In England zögerte man, dem kontinentalen Beispiel zu folgen, und bewahrte in mancher Hinsicht seine individuellen Gewohnheiten. Die Tortur wurde nicht angewandt – die Zeit zum Überlegen, die man jemand in einem bischöflichen Gefängnis gab, reichte gewöhnlich aus, damit man ihn zum Geständnis brachte. Auf die Notwendigkeit, den Gefangenen von seiner Ketzerei zu bekehren, wurde großer Wert gelegt. Richard Wyche verbrachte etwa drei Monate im Gefängnis des Bischofs von Durham; während dieser Zeit mußte er sich sechsmal einem Verhör durch den Bischof oder seine Beisitzer unterziehen; zweimal erhielt er Besuch von Leuten, die ihn zu beeinflussen versuchten, bevor die beiden offiziellen Sitzungen stattfanden, in denen er exkommuniziert und wieder ins Gefängnis gesteckt wurde.[77] Für den Fall eines Widerrufs hielt man großzügige Belohnungen bereit: Purvey bekam eine Pfründe, als er nachgegeben hatte, und die Anachoretin Matilda in Leicester konnte feststellen, daß der Erzbischof, nachdem sie in den Schoß der rechtgläubigen Kirche zurückgebracht worden war, denen, die ihr Geschenke brachten, Ablaß erteilte.[78]

Dank dieser Zurückhaltung blieben Prediger auch weiterhin tätig, nachdem sie längst hätten unschädlich gemacht werden können. Das klassische Beispiel ist William Taylor, der akademische Lollarde.

Zweimal lud ihn Arundel vor – 1406 und 1410 –, aber beide Male erschien er nicht. Im Jahre 1417 brachte man ihn in der Diözese Worcester vor Gericht, und 1420 erschien er vor Erzbischof Chichele, um Widerruf zu leisten. Ein halbes Jahr später wurde er in Bristol festgenommen und zu lebenslänglicher Haft verurteilt. Aber er wurde freigelassen, und erst nachdem man ihn abermals ergriffen hatte, wurde er schließlich verbrannt.[79] Ein ähnlicher Fall ist Wyche: seine missionarische Laufbahn hätte lange vor 1440 beendet sein können, wenn man ihn unter Bewachung gehalten hätte.

Nur die allgemeine Furcht vor einem Aufruhr schreckte die Laien: deshalb konnte man entsprechende Maßnahmen erst dann ergreifen, als es auch um ihre politischen Belange ging. Für Courtenay war die Zeit, seinen Angriff auf das Lollardentum durchzuführen, gekommen, als nach dem Bauernaufstand von 1381 eine Reaktionsperiode einsetzte. 1388 ernannte das Parlament in Cambridge neue Kommissionen von Laien und Kirchenvertretern zur Bekämpfung des Lollardenglaubens. Sie erklären sich zum Teil aus dem Wunsch der Appellanten, im weltlichen wie im kirchlichen Bereich die Ordnung aufrechtzuerhalten. Als im Jahre 1401 durch das Statut *De heretico comburendo* die Ketzerverbrennung eingeführt wurde, hatte sich die Kirche die politische Lage zunutze machen können. Ein Usurpator auf dem Königsthron benötigte jegliche Unterstützung, die er von der Geistlichkeit bekommen konnte. Außerdem nahm er wohl an, daß die gegen nicht autorisierte Prediger gerichteten Maßnahmen sich auch für ihn nützlich auswirken könnten, wenn es darum ging, das Aufkommen politischer Verschwörungen und religiöser Konventikel zu unterbinden.[80]

Zu anderen Zeiten war die Haltung der Laien etwas wechselhaft. Im Jahre 1384 wurde Nassingtons Übersetzung des *Speculum vitae*, eines völlig orthodoxen Andachtsbuches, dem Kanzler der Universität Cambridge zu einer gelehrten Beurteilung vorgelegt, weil man befürchtete, es sei häretisch.[81] Andererseits wären die Laufbahnen der großen Evangelisten Thorpe, Wyche und Purvey ganz undenkbar gewesen, wenn nicht die überwiegende Mehrheit ihrer Zuhörer es abgelehnt hätte, sie den Kirchenbehörden zu verraten. Im Unterhaus wurde die Einstellung zur Häresie durch widerstrebende Gefühle bestimmt: auf der einen Seite waren die Laien nicht gewillt, den Vertretern der Kirche noch mehr Macht einzuräumen; auf der anderen Seite konnte die Annahme, daß der Staat und das Eigentum durch die Lollarden bedroht sei, sie durchaus dazu treiben. Die antiklerikale Stimmung, die Wertschätzung der Sprache des Volkes und die fehlende Bereitschaft, sich von der Kirche allzu sehr gängeln zu lassen, bestimmten sie schließlich dazu, die Unterdrückung des Lollardentums nicht konsequent durchzusetzen.

Die Einstellung der Lollarden gegenüber der weltlichen Macht wurde letzten Endes durch den Gang der Ereignisse beeinflußt. Von Wyclif hatten sie den Glauben übernommen, daß die Obrigkeit das Werkzeug zur Reform der Kirche sein sollte.[82] In den beiden letzten Jahrzehnten des 14. Jahrhunderts machte man daher eine Reihe von Versuchen, den Staat zum Handeln zu bewegen. Erst nach langer Enttäuschung verzichtete ein Teil der Lollarden auf die Kraft der Überzeugung und plante einen Staatsstreich. Nachdem dieser gescheitert war, neigte man eher dazu, die Reform der Kirche Gott anheimzustellen und in Ruhe bessere Zeiten abzuwarten. Wyclif selbst appellierte ständig an den Staat, Swinderby an die Parlamentsrichter. Man schrieb Traktate mit der Absicht, die oberen Schichten zu beeinflussen. Im Jahre 1395 hefteten die Lollarden während einer Parlamentssitzung eine Gesetzeseingabe an die Türen der Westminster Hall und der St.-Pauls-Kathedrale.[83] Erst im Jahre 1410 wurde dem Parlament ein Gesetzesvorschlag zur Enteignung der Besitzorden unterbreitet; er erhielt jedoch keine Unterstützung von der Seite, auf die es am meisten ankam – vom König und dem Prinzen von Wales.[84]

Oldcastles Aufstand

Der unmittelbare Anlaß dafür, daß die Lollarden zum Mittel der Gewalt griffen, war die Gefangennahme ihres bedeutendsten weltlichen Anführers, Sir John Oldcastle.[85] Wie einige andere Lollardenritter war Oldcastle ein Mann, der im Schoße einer bescheidenen Familie in Herefordshire aufgewachsen und durch eine militärische Karriere aufgestiegen war. Seine militärische Laufbahn im Dienste des späteren Königs Heinrich V., als er noch Prinz von Wales war, läßt sich in etwa vergleichen mit dem Verhältnis einiger Lollardenritter zum Schwarzen Prinzen, in dessen Diensten sie standen.[86] Doch die Zeiten hatten sich geändert. Heinrich V. war ein religiös veranlagter Mann und ein entschiedener Gegner des Ketzertums; Oldcastle hatte sich ganz dem Lollardentum verschrieben. Es ist höchst verwunderlich, daß man ihn so lange frei herumlaufen ließ. Ein Hauptgrund lag wahrscheinlich in seiner gesellschaftlichen Stellung. Obgleich er eindeutig ein Förderer des Lollardentums war und zweimal vor ein Konzil geladen wurde, um sich wegen Ketzerei zu verantworten, wurde ihm keine Strafe auferlegt. Am Ende jedoch war seine Verbindung zu Lollardenkaplänen und die Tatsache, daß er ihre Traktate verteilt hatte, so klar erwiesen, daß er sich nicht mehr widersetzen konnte: im Jahre 1413 nahm man ihn fest. Bei seinem Verhör in der St.-Pauls-Kathedrale bot er Arundel Trotz und bekannte sich zu seiner Häresie über die Eucharistie und die Kirche, so daß er verurteilt wurde. Während des vierzigtägigen Aufschubs, der ihm aufgrund eines besonderen königlichen Gnadenaktes

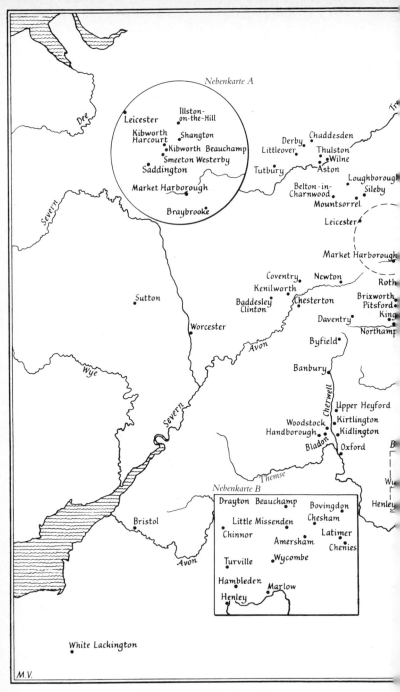

Karte 7   Oldcastles Aufstand

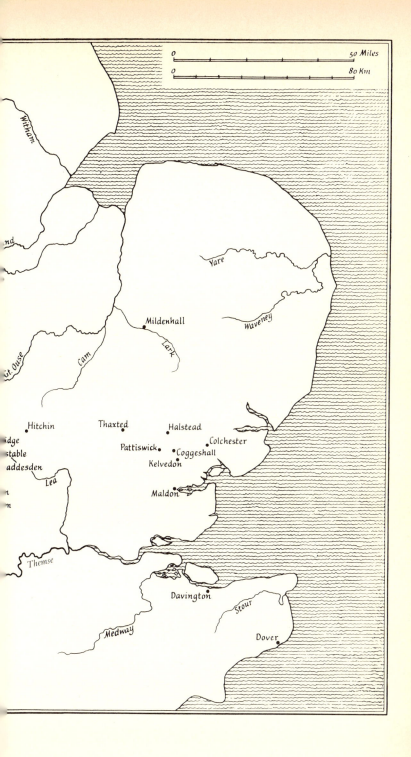

gewährt wurde, damit er seine Lage noch einmal überdenken könne, befreite man ihn aus dem Tower, und er fuhr fort, seine Anhänger zum Aufruhr aufzuwiegeln. Welches sein Ziel war, ist niemals geklärt worden. Die Ansicht des Königs, soweit sie in Proklamationen zum Ausdruck kam, war, daß Oldcastle beabsichtigt habe, die königliche Familie, den Adel und die höhere Geistlichkeit zu töten und die Kirche zu enteignen. Wir dürfen annehmen, daß Oldcastle bestrebt war, eine lollardische Reform zu erzwingen. Das Ganze war ein planloses Unterfangen. Sein Aufstand muß als ein Hasardspiel angesehen werden, das niemals eine wirkliche Aussicht auf Erfolg hatte. Die Verschwörung wurde verraten, und die Aufständischen wurden zusammengetrieben, ehe sie Schaden anrichten konnten.

Es sollte uns zu denken geben, daß ein Gefangener auf der Flucht verstreute Lollardengemeinden und Leute, die ihren eigenen Weg suchten, zum Aufruhr anstiften konnte, obwohl sie zwischen Bristol im Westen und Derby im Norden verstreut saßen. Karte Nr. 7 wertet McFarlanes Forschungsergebnisse aus und arbeitet sie in die juristischen Ermittlungsberichte über den Aufstand ein.[87] Mit seinem scharfsinnigen Urteilsvermögen schätzte er, daß unsere Darstellung vom Ausmaß der Rebellion den Tatsachen wohl ziemlich nahe komme, bewog doch der Versuch, eine Revolution durchzuführen, in deren Verlauf sogar der König ermordet werden sollte, eindeutig sowohl die Beamten als auch die Bevölkerung dazu, Gegenmaßnahmen zu ergreifen.

Der Aufstand war nur ein Ergebnis der Lollardenmission in den voraufgegangenen Jahrzehnten. Die Gegenden, in denen die Bischöfe Lollarden aufgetrieben hatten, um ihnen den Prozeß zu machen, sind meist identisch mit jenen, die zur Unterstützung von Oldcastles letztem Versuch Männer entsandten. Das alte Lollardenzentrum Bristol stellte das größte Kontingent – etwa vierzig Handwerker unter der Führung von sechs Kaplänen. Die Beteiligung der Dörfer in Leicestershire zeigt, daß, wenngleich Leicester selbst nicht so stark beteiligt war, die Ketzerei in der Umgebung der Stadt noch tief verwurzelt war. Immerhin gab es einige von den Lollarden beeinflußte Gebiete, die sich bei dieser Gelegenheit nicht rührten: Herefordshire und das gesamte walisische Grenzgebiet, Gegenden, in denen Swinderby früher gepredigt hatte – Ostanglien, wo bekanntlich nachgewiesenermaßen Ketzer tätig waren, sowie Oldcastles Einflußgebiet in Kent.

Manchmal können wir aufgrund der eidesstattlichen Aussagen einen wichtigen Führer ausfindig machen, der eine ganze Gegend aufwiegelte. Solche Leute waren zum Beispiel William, der Kaplan von Thaxted, der Evangelist in der Grafschaft Essex; Walter Gilbert alias

Kibworth, der sowohl die Dörfer bei Kibworth Harcourt in der Grafschaft Leicestershire als auch die Gegend um Derby beeinflußt hatte; ferner in Derby und Umgebung ein anderer Kaplan namens William Ederick; in Oxfordshire William Brown alias Davy, ein Handschuhmacher aus Woodstock. Auch die Gönner der Häresie aus der Oberschicht waren beteiligt: in Drayton Beauchamp in der Grafschaft Bukkinghamshire die Cheynes; in Smeeton Westerby Sir Thomas Latimer, der Oberherr dieses Dorfes in Leicestershire; dieser war der am stärksten Engagierte unter den Lollardenrittern; im unteren Cherwelltal in Oxfordshire Thomas Compworth.

Trotz der Energie, welche die mit dem Sammeln von Beweismaterial Beauftragten aufbrachten, vermittelt die Karte nur einen Teileindruck vom Ausmaß der Sympathie, die die Lollarden unter der Regierung Heinrichs V. in der Bevölkerung genossen. Die Gesamtzahl der Betroffenen war sehr niedrig; sie betrug höchstens dreihundert. Einige leisteten Oldcastles Aufruf wohl aus Prinzip keine Folge; andere waren vielleicht wegen ihrer geographischen Entfernung von London nicht in der Lage, rechtzeitig einzutreffen. Die Rebellion zog Aufsässige und Abenteurer an – Leute, die sich in religiöser Hinsicht durchaus den Orthodoxen zugehörig fühlten, denen es lediglich um die greifbaren Ergebnisse eines erfolgreichen Aufstands zu tun war, wie zum Beispiel jener reiche Brauer von Dunstable, der sich in Erwartung seiner Erhebung in den Ritterstand – die Belohnung, die ihm für seine Beteiligung in Aussicht gestellt war – ein paar goldene Sporen kaufte. Den Beweis dafür, daß auch Nicht-Lollarden beteiligt waren, liefert das Verhalten der Regierung. Von denen, die zur Hinrichtung verurteilt waren, sollten die meisten gehängt werden. Die Leichname der echten Lollarden wurden nach dem Erhängen verbrannt. Dieses Verfahren wandte man nur bei einer verhältnismäßig geringen Zahl aller Fälle an. Mit einer ganzen Anzahl von Rebellen und Mitläufern verfuhr man gnädig: man setzte viele von ihnen nach kurzer Gefangenschaft wieder auf freien Fuß, ohne daß man sie einem geistlichen Gericht auslieferte – dies ist ein weiteres Anzeichen dafür, daß die Opportunisten jenen gegenüber, die aus religiöser Überzeugung handelten, zahlenmäßig überwogen.

Der Aufstand führte eine Wende herbei, was das Verhältnis zwischen dem Lollardentum und dem Staat anbetrifft. Für die Bevölkerung des Landes war nun endlich der Beweis erbracht, daß der Verdacht, Ketzerei und Aufruhr paßten zueinander, wohl begründet war.[88] Wenn die Lollardenbewegung auch schon vor 1414 wenig Aussicht hatte, die Unterstützung breiter Schichten zu bekommen, so wurde sie durch den Aufstand endgültig zum Fortbestehen als kleine Minderheit im Untergrund verurteilt.

Die Lollarden im Untergrund

Die Strafverfolgungen nach 1414[89]

In der Angstphase, die auf den Aufstand folgte, deckte man Anschläge auf, bei denen die Lollarden mit Landesfeinden in Verbindung gebracht wurden – den Schotten, den Walisern und dem falschen Richard II. –, und die Wogen der Empörung gegen die Sektierer stiegen hoch.[90] Als die etwas exzentrische, aber rechtgläubige Mystikerin Margery Kempe aus Beverley unter Arrest gestellt wurde, bekam sie es mit den Hausfrauen des Ortes zu tun: sie liefen aus ihren Häusern heraus und riefen, mit ihren Spinnrocken fuchtelnd: »Ins Feuer mit dieser falschen Ketzerin!«[91] In der Nachwirkung des Aufstands kehrte sich die öffentliche Meinung entschieden gegen die Lollarden. Verständlicherweise war man entrüstet, als die grausamen Einzelheiten der Verschwörung bekannt wurden und alle Warnungen, die die Bischöfe in früheren Jahrzehnten ausgesprochen hatten, sich vollauf bestätigten. In dieser Zeit der allgemeinen Erregung fand die Aufdeckung und Verfolgung jegliche Unterstützung von seiten der Bevölkerung. Oldcastle wurde, obgleich Gesinnungsgenossen ihn versteckt hielten, aufgetrieben und hingerichtet. Infolge des veränderten Meinungsklimas nach dem Aufstand schwand auch der ohnehin begrenzte Beistand in Adelskreisen dahin, und die aus niederen Gesellschaftsschichten zusammengesetzten Gemeinden standen unter hartem Druck.

Eine solche Gefühlsaufwallung konnte jedoch nicht von langer Dauer sein. Ganze Gruppen von Lollarden, von denen die meisten mit dem Aufstand überhaupt nichts zu tun gehabt hatten, überstanden den Sturm. Lollardenfreundliche Geistliche und andere Evangelisten, die ebenfalls davongekommen waren, sorgten für den Fortbestand der Bewegung. Das Interesse der weltlichen Behörden ließ nach – die Initiative zur Aufdeckung ging wieder von den Kirchenbehörden aus. Im Jahre 1428 forderte Erzbischof Chichele offenbar genaue Abschriften von Gerichtsakten über Strafverfolgungen an; sie sollten im Lambethpalast hinterlegt werden, damit man die Verfolgung durch Koordinierung der Informationen wirksamer gestalten konnte.[92] Unerbittliche Treibjagden auf Ketzer, die in den Diözesen Canterbury und Norwich durchgeführt wurden, zeigten, daß sie noch immer vorhanden waren, und zwar in nicht geringer Zahl;[93] in den Jahren zwischen 1424 und 1431 standen in der Diözese Norwich 101 Lollarden vor Gericht.[94]

Im Jahre 1431 brach dann nochmals ein Aufstand aus. Er war schwächer als der erste, und die Umstände, unter denen er erfolgte, machten ihn fast zu einer Karikatur der Erhebung von 1414, obgleich

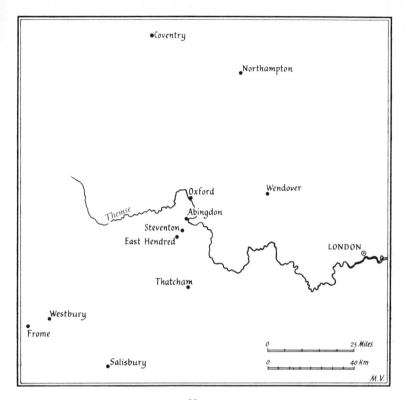

Karte 8
Der Aufstand im Jahre 1431

er der Rebellion Oldcastles insofern ähnelte, als auch er auf die Enteignung der Kirche und die Abschaffung des Königtums und der Aristokratie abzielte. Die Anführer waren diesmal von ganz anderem Schlage als Oldcastle: William Perkins, ein früherer Gerichtsdiener aus Abingdon, war wegen nicht religiöser Vergehen vorbestraft; John Russell, ein ehemaliger Genosse des Lollardenbäckers Richard Gurmyn, kam aus der Londoner Textilindustrie und hatte sich einmal als Falschmünzer betätigt. Mit der Verteilung von Flugblättern in London, einer Versammlung in East Hendred, bei der man einen Marsch zur Abtei von Abingdon beschloß, und einem ebenfalls mißlungenen Anschlag auf die Kathedrale von Salisbury verlief die Aktion im Sande.[95] Nur in Coventry, wo es zu Hinrichtungen kam, und in Leicester fanden ernsthafte Ausschreitungen statt. Mit dem Lollardentum hatten diese Unternehmungen kaum etwas zu tun – Perkins und Russell scheinen eher Opportunisten als Mitglieder von Bibelleserkreisen gewesen zu sein. Geistliche waren kaum beteiligt und über dogmatisch falsche Lehren ist bei den Teilnehmern nichts festzustellen.

Danach konnte keine militante Bewegung, die sich als lollardisch ausgab, jemals wieder mit einer Unterstützung rechnen, die sich über ein auch nur annähernd so großes Gebiet wie die Verschwörung von 1431 erstreckte. Gleichermaßen lassen nach den uns vorliegenden Berichten auch die Strafverfolgungen in den nachfolgenden Jahrzehnten nach. Abgesehen von einer Aktion unter Bischof Chedworth in den Chiltern Hills in den Jahren 1462–1464 stoßen wir um die Jahrhundertmitte nur auf wenige Fälle.

Soweit die Strafverfolgungen schriftlich niedergelegt sind, nahmen sie im 15. Jahrhundert einen parabelartigen Verlauf – in den ersten Jahrzehnten zahlreicher, nahmen sie um die Mitte der Zeitspanne ab, um dann ab 1486, als in den Diözesen Coventry und Lichfield eine bedeutendere Aktion stattfand, bis zum Vorabend der Reformation, als der Protestantismus vom Kontinent herüberdrang und der lokal begrenzten Häresie eine andere Dimension verlieh, wieder zuzunehmen. Damit aber gestaltet sich die Aufgabe für den Historiker des Lollardentums schwieriger.

Von 1486 an kam es häufiger zu Strafverfolgungen. In bestimmten Gebieten führten sie zu einer größeren Zahl von Abschwörungen – 74 in Coventry und Lichfield in den Jahren 1511–1512[96], 96 in der Diözese Salisbury zwischen 1491 und 1521, 300 in Lincoln zwischen 1511 und 1521. Die Diözese London, welche sowohl Essex als auch die Hauptstadt umfaßte, war stark betroffen: für die dortige Verfolgung im Jahre 1511 ergibt sich eine hohe Ziffer[97], 50 für die Verfolgungen unter Fitzjames im Jahre 1518, über 200 für die Zeit zwischen 1527 und 1532, als der Protestantismus schon auf dem Plan war.[98] Falls die Flaute in den uns vorliegenden Berichten um die Mitte des Jahrhunderts einem wirklichen Nachlassen der Strafverfolgungen entspricht, läßt sich das Geschehene rekonstruieren. In den mittleren Jahren ließ der Druck von seiten der Bischöfe nach. Aus diesem Grund lebte das Lollardentum wieder auf und hatte stärkeren Zulauf. Die Antwort darauf war verschärfte Verfolgung. Doch auch ihr gelang es nicht, die Ketzerei auszumerzen.[99] Die Lollarden waren zwar nur noch eine kleine, aber um so zähere Minderheit. Sie überlebten und verschmolzen mit dem neuen Protestantismus.

Die Ursachen für das Überleben

Zwei Gründe lassen sich dafür anführen, warum die Häresie überlebte: erstens war der englische Episkopat an ihrer Ausrottung nicht genügend interessiert, zweitens lag es an der Beschaffenheit der Ketzerei als solcher und der Art ihrer Anhänger. Wie wir schon bei der Entwicklung auf dem Kontinent feststellen konnten, zeigten die Bischöfe bei der Verfolgung der Ketzerei weniger anhaltendes Interesse als die Inquisitoren. In England kam damals noch hinzu, daß sie mancherlei Aufgaben und politische Verpflichtungen hatten; einige von ihnen waren dauernd von ihrem Amtssitz entfernt. Es überrascht daher nicht, daß nur wenige aktive Schritte gegen das Lollardentum unternahmen. Außerdem waren ihre Maßnahmen, wenn sie überhaupt erfolgten, weder durchgreifend, noch wurden sie wiederholt, so daß eine Ketzergruppe nie gänzlich ausgerottet wurde; es blieb stets ein Rest übrig, der erneut mit der Evangeliumsverkündigung begann, sobald der Druck nachließ.

Einzelne wirklich durchgreifende Untersuchungen, von denen uns hier und da berichtet wird, heben das Versagen der meisten bischöflichen Strafverfolgungen um so deutlicher hervor. In Norwich führte Bischof Alnwick seine Aufgabe von 1428 bis 1431 durch; er sorgte dafür, daß der kraftvolle Anführer der Ketzer von Norwich, William White, gefangengesetzt und verbrannt wurde, und achtete darauf, daß ein jeder von denen, die abgeschworen hatten, eine Abschrift seines Schwurs zur Erinnerung an die Strafen, die er bei einem Rückfall zu gewärtigen hatte, mit nach Hause nahm.[100] Andere Mitglieder des Episkopats gingen nicht mit der gleichen Sorgfalt vor. Man fragt sich, ob es an der Effizienz der Maßnahmen in Norwich gelegen hat, daß wir nach Alnwicks Aktion dort von Ketzerei nichts mehr hören. In Coventry brachte die gut geleitete Untersuchung von 1511 bis 1512 74 Personen vor Gericht; von ihnen waren nur 45 so ernsthaft engagiert, daß sie namentlich erwähnt wurden.[101] Coventry war ein bedeutendes Zentrum der Häresie; es sieht allerdings so aus, als ob dort eine gründliche Ketzerjagd ihre Verbindungen in einer Weise aufdeckte, die anderenorts nicht üblich war.

Bei einer Reihe von Strafverfolgungen in England lassen die Berichte nur wenig Abschwörungen erkennen; in ihrem Verlauf wurden wohl einige, aber niemals alle Zweige einer örtlichen Gruppe beschnitten, und es war auf diese Weise möglich, daß ein Überrest wieder hochkam. Es lag ebenso am Erbarmen wie an der Unfähigkeit der Kirchenführer, daß die Ketzerei lebendig blieb. Man hielt an einer englischen Unterscheidung zwischen einem wahren und einem vorgetäuschten *(vere* und *ficte)* Rückfall fest, wodurch die endgültige Bestrafung ausgesetzt wurde und die Missionare an der Front blieben.[102] Es kam soweit, daß Ketzerei nur noch durch Zufall entdeckt wurde. Die routinemäßigen Visitationen des Archidiakons in kentischen Dörfern mit Textilindustrie in den Jahren vor 1511 lassen keinen Rückschluß auf das Vorhandensein von Ketzerei zu; als jedoch im Jahre 1511 eine Ketzerjagd durchgeführt wurde, stellte sich heraus, daß sie dort grassierte.[103] Vielleicht wurde die Lage dadurch verbessert, daß zu Ende des 15. Jahrhunderts die Ketzerverfolgung in den Aufgabenbereich der Generalvikare einbezogen wurde; im allgemeinen jedoch setzte man in dieser Epoche Strafverfolgungen meistens nur unregelmäßig und sporadisch an.

Zum anderen blieb das Lollardentum dadurch lebendig, daß es die gelernten Handwerker, die Kunsthandwerker und ihre Familien ansprach. Sie bildeten, nachdem die noch verbliebene Unterstützung der Oberschicht abgeschnitten war, im Endstadium der Sekte die tragende Schicht. Eine Lollardengemeinde war vor allem eine Gemeinde von Lesenden: ihre Gemeinsamkeit gründete sich auf das öffentliche und private Lesen der Heiligen Schrift und der Lollardentraktate. In Coventry trafen sich die Sektenmitglieder entweder zu zweit mit einem Lehrer, der einen Neubekehrten einwies, oder in kleinen Gruppen zu gemeinsamen Lesestunden.[104] In Norwich ließ sich Margery Baxter von ihrem Mann abends im Bett »aus einem Buch des Gesetzes Christi« vorlesen.[105] In Lollardenschulen wurde eine besondere Unterweisung erteilt; vielleicht hämmerte man dort Neubekehrten und des Lesens Unkundigen den Glauben mit Hilfe von Aphorismen ein.[106] Durch Abschreiben und Verteilen sorgte man dafür, daß die Bücher der Heiligen Schrift und die häretische Literatur erhalten blieben, wobei man der Kirchenbehörde, die wohl bemüht war, alles einzusammeln, es aber nie so weit brachte, immer einen Sprung voraus war. Die aktive Gruppe betätigte sich mit ernsthaften Studien, wodurch gerade Leute aus den Kreisen der Kunsthandwerker angezogen wurden. Eine lesende Sekte übte eine natürliche Anziehung auf eine Gesellschaftsschicht aus, für die geistige Bildung etwas Neues war; ihr gehörten hart arbeitende Menschen an, die begierig waren, zu lernen und zu eigener Urteilsfähigkeit zu gelangen.

Die Arbeitsbedingungen für den gelernten Handwerker waren so beschaffen, daß er, um eine Lehrstelle zu bekommen und sich sein Brot zu verdienen, gezwungen war, auf Wanderschaft zu gehen. Dies trug dazu bei, daß das Evangelium durch den Kontakt von Mensch zu Mensch verbreitet wurde, und ermöglichte die Aufrechterhaltung loser Verbindungen zwischen den Hauptverbreitungsgebieten der Lollarden. So war zum Beispiel John Jonson, ein Messerschmied aus Birmingham, der 1511 bei der Ausübung seines Handwerks gefangengenommen wurde, von seinem Geburtsort in der Nähe von York nach London gereist, um dort eine Lehrstelle zu bekommen; dann hatte er sich auf Wanderschaft begeben, zuerst nach Coventry, Gloucester, Bristol, Taunton und anderen Städten, dann wieder nach London, Maidstone und schließlich zurück nach Coventry und Birmingham.[107] Die Zusammenkünfte der Lollarden konnten leicht als Berufstreffen getarnt werden.[108] Interessanterweise bildete in einem Fall das Gewerbe den Nährboden für die Ketzerei: der Handschuhmacher Thomas Moon aus Loddon benutzte seinen Arbeitsplatz dazu, um seine Angestellten zu beeinflussen. Hier griff der Lollardenglaube von den Laien auf den Klerus über, als John Pert, der Vorleser in der unter Moons Einfluß in Loddon eingerichteten Schule war, seinerseits den Loddoner Kaplan Hugh Pie einführte.[109] Beweglichkeit war für einen altgedienten Evangelisten ratsam; denn dank ihrer konnte er Verfolgungen aus dem Wege gehen. Gleichzeitig verhalf ihm sein erlerntes Handwerk dazu, daß er im Lande herumkam. Auf diese Weise entging der Weber James Willis, der 1462 verbrannt wurde, auf lange Zeit seiner Gefangennahme, indem er seinen Wohnsitz vom einem zum anderen Lollardenzentrum verlegte – von Bristol nach London und schließlich in die Chiltern Hills –, währenddessen er zur Fastenzeit beichtete, zu Ostern kommunizierte und dabei die ganze Zeit über Anhänger unterwies und seine Exemplare der Lollardenliteratur mit sich führte.[110] Im Endstadium waren ein paar hingebungsvolle Männer wie dieser eine Hauptstütze der Bewegung; denn ihre Lebenskraft war von entschlossenen Missionaren abhängig.

Der Lollardenglaube konnte sich innerhalb einer Familie in aller Heimlichkeit erhalten. In der Familie Morden zu Chesham in den Chiltern Hills wußte der Schwiegersohn John Mordens, Richard Ashford, nichts von seines Schwiegervaters verborgenem Glauben, bis der Alte ihm auf dem Totenbett sein Herz ausschüttete und Ashford in eine Ketzerei einführte, die er bis zu seiner Gefangennahme im Jahre 1521 beibehielt.[111] Ein anderer Fall ereignete sich in Coventry: eine Mutter brachte ihre Tochter mit, wenn bei den häretischen Laudesdales aus einem großen Buch vorgelesen wurde – Jahre danach brachte die Tochter ihren Mann mit in dasselbe Haus, damit er dort im Glauben unterwiesen würde.[112] Durch solche familiären Bande blieb das Ketzertum erhalten. Wenn es jedoch darum ging, Menschen in größerer Zahl zu bekehren und die Auswirkungen von Ketzerjagden zu überwinden, benötigte man führende Persönlichkeiten. Einen solchen Mann bei seiner Arbeit zu beobachten, gelingt uns an dem Beispiel des William White in Ostanglien. Die Probleme, die sich in einer Gemeinde von begrenzter Lesefähigkeit ergaben, meisterte er durch lebhafte Demonstration: obgleich er selbst ordiniert war, setzte er zu Ostern einen Laien ein, damit dieser an seiner Stelle die Eucharistie feiere; oder um dem kirchlichen Fastengebot zu trotzen, aß er mit seinen Anhängern am Karfreitag kalte Würstchen.[113] Geradezu ein persönliches Charisma, über das wir zwar keine Unterlagen mehr haben, das jedoch an seinen Folgen erkennbar ist, muß jener Thomas Man, der lange in den Chilterns wohnte, besessen haben: er behauptete, er selbst und seine Frau hätten zwischen fünf- und sechshundert Anhänger bekehrt. Er übertrieb zweifellos, aber ganz unrecht hatte er nicht, denn bei seinem zweiten Verhör im Jahre 1518 sagte ein Zeuge aus, er habe in Amersham, Billericay, Chelmsford, Stratford Langthorne, Uxbridge, Burnley, Burnham, Henley, Newbury und London sowie in Suffolk und Norfolk Anhänger im Glauben unterwiesen.[114]

Ob sich die Konvertiten allein schon durch die Tatsache seines Wirkens beeindrucken ließen, ist heute schwer zu sagen. Soweit uns die Unterlagen einen Einblick in die Berufe gewähren, waren Arbeitskräfte aus der Textilindustrie am häufigsten vertreten, weil dieser Wirtschaftszweig die meisten Facharbeiter in England beschäftigte.[115] Der Beruf des eigentlichen Webers kommt nicht besonders häufig darin vor. Als die Tuchfabrikanten aufkamen, die ihre eigenen Arbeitskräfte beschäftigten und dadurch den Stand des einst unabhängigen Handarbeiters zu dem eines jederzeit von Entlassung bedrohten Lohnempfängers herabwürdigten, verschlechterten sich für viele die Arbeitsbedingungen. Die Quellen geben uns keine Auskunft darüber, ob nicht vielleicht manche Lollarden angesichts ihrer wirtschaftlich benachteiligten Lage in einer Untergrundreligion, die religiöse Gleichheit predigte, eine Art psychologisch begründete Zuflucht suchten.[116] Es fehlt uns zwar ein direkter Hinweis, daß dies so war; die Möglichkeit kann jedoch nicht ausgeschlossen werden. Dagegen spricht die hohe Zahl prominenter Lollarden mit Dienstpersonal. Bezeichnender ist der Umstand, daß – grob gesagt – das Lollardentum in den Gegenden überlebte, wo es bereits vor 1414, als es den Textilarbeitern noch besser ging, Unterstützung gewonnen hatte. Seine lebendige Tradition zog weiterhin Menschen an, ohne Rücksicht auf die Arbeitsbedingungen. Was den Ausschlag gab, waren die Erwartungen und Aussichten der Handwerker[117], die in der Bevölkerung jene Minderheit bildeten, die für die Lollardenmission empfänglich war.

Gesellschaftsstruktur und Verbreitung

Die Anziehungskraft des Lollardentums auf die Handwerkerschicht wirkte sich in zweifacher Weise aus. Einerseits verlieh sie der Bewegung nach der Katastrophe von 1414 durch die Bibelleserkreise Ausdauer; andererseits erschwerte sie der Häresie die Ausbreitung in höheren Gesellschaftsschichten. Die Anpassung an die Bedürfnisse von Handwerkerkreisen erfolgte gleichzeitig mit dem Schwinden der akademischen Führungsschicht, bzw. sie war ursächlich damit verknüpft. Oxford war zuerst durch Courtenay gesäubert worden, darauf erneut durch Erzbischof Arundel im Jahre 1411: damit war der Ketzerei der Zustrom aus Akademikerkreisen verwehrt. Die Zahl der akademisch ausgebildeten Angehörigen einer älteren Generation, die noch aktiv waren, nahm mit der Zeit ab: Peter Payne, ein akademischer Nachzügler von beachtlicher Begabung, ging noch nach Böhmen, nachdem er im Gefolge der Reaktion auf den Oldcastle-Aufstand wegen Ketzerei vorgeladen war;[118] sein Logik-Schüler Ralph Mungyn setzte seine Arbeit fort, bis er 1428 zu lebenslänglichem Gefängnis verurteilt wurde;[119] der kampferprobte Wyche wurde erst im Jahre 1440 verbrannt.[120] Obwohl eine gelegentliche Bekehrung aus den Reihen der Mönchsorden hin und wieder einen Zuwachs an theologisch ausgebildeten Männern brachte, lag die Führung um die Mitte des Jahrhunderts in den Händen von Klerikern, die nicht im Besitz einer Pfründe und von beschränkter Gelehrsamkeit waren, sowie von autodidaktischen oder in Lollardenschulen unterwiesenen Laien. Solche Leute konnten zwar mit ihresgleichen reden, aber keine eigenen Schriften verfassen. Deshalb kamen nach unserem augenblicklichen Wissensstande keine neuen Lollardenschriften heraus, mit Ausnahme der verlorengegangenen Traktate des William White aus den zwanziger Jahren des 15. Jahrhunderts sowie des *Wicket* von Wyclif, als dessen Erscheinungsdatum man das Jahr 1470 vermutet hat.[121] Auch diese Schriften konnten die Häresie nicht leicht in höhere Gesellschaftsschichten hineintragen. Die Adeligen hielten sich wegen der vermuteten Verbindung des Lollardentums mit aufrührerischer Gesinnung von ihnen fern, daher konnte man in dieser Klasse keine neuen Konvertiten machen.[122] Auch die Kreise von wohlhabenden Geschäftsleuten ließen sich nicht ansprechen; nur in London trugen am Vorabend der Reformation die ständigen finanziellen Reibereien der Stadt mit der Kirche dazu bei, daß eine Atmosphäre entstand, in der das Lollardentum gedieh[123], und in Coventry wird – in geringerem Ausmaß – bei den Verhören der Jahre 1511–1512 die Anteilnahme einiger reicher Leute erkennbar.[124] Insgesamt ergibt sich das Bild einer Sekte, die innerhalb einer bestimmten Gesellschaftsschicht überleben und wachsen kann, aber unfähig ist, in sozialer oder geistiger Hinsicht neue Gebiete zu erschließen.

Diese Untergrundphase des Lollardentums wird durch Karte Nr. 9 verdeutlicht. Auf ihr sind die zwischen 1414 und 1522 angestrengten Strafverfolgungen wegen Ketzerei verzeichnet. Man kann dort dreierlei erkennen. Es zeigt sich erstens, daß das Lollardentum im allgemeinen in denselben Gebieten überlebte, in denen es vor 1414 Fuß gefaßt hatte, daß es also anscheinend keine neuen Gebiete erschloß. Wie Thomson nachgewiesen hat, saßen die Lollarden nach 1414 in sieben Regionalzonen: in Kent, London, den Chiltern Hills und im mittleren Themsetal, in Bristol und Westengland, in den Midlands, besonders in Coventry, in Essex und Ostanglien, in kleineren Gruppen in Hampshire und im Waldgebiet von Dean. Soweit wir erkennen können,

Karte 9 Die Lollarden im Untergrund
(Ortsnamenverzeichnis und Anmerkungen s. Anhang D, Teil 2)

hielt sich die Bewegung im Süden. Wir wissen ferner, daß 1403, zur Zeit des Verhörs von Richard Wyche im Gebiet von Newcastle eine Gemeinde existierte.[125] Im Norden des Landes sind so viele Strafregister in der genannten Zeitspanne verlorengegangen, daß sich unmöglich sagen läßt, ob die Ketzerei dort überlebte oder nicht, bzw. ob sie ein so ausschließlich südliches Phänomen war. Bei dem Aufstand Oldcastles gab es schon aus geographischen Gründen – abgesehen von anderen Gründen – keine Teilnehmer aus dem Norden. Auch dieser Aufstand war also ein Phänomen, das sich auf den Süden beschränkte, und die Gebiete, aus denen die Rebellen kamen, entsprechen meist jenen, in denen die Lollarden nach 1414 überlebten: London, die Chilterns und das mittlere Themsetal, Bristol, die Midlands und Essex – sie alle stellten Oldcastle Aufständische zur Verfügung und brachten nach jener Zeit Ketzer hervor. Eine seltsame Ausnahme bildet Kent. Es blieb vom Aufstand fast unberührt, obwohl Oldcastle durch die ihm gehörenden Ländereien um Cobham dort Anhänger hätte haben müssen; später war diese Grafschaft ein fruchtbares Gebiet für die Ketzerei. Die andere Ausnahme ist Ostanglien: in den zwanziger Jahren gab es dort in gewissem Ausmaß Ketzerei; am Aufstand nahm es vielleicht nur infolge seiner Abgeschiedenheit von London nicht teil.[126] Insgesamt jedoch läßt sich zwischen den Teilnehmern am Aufstand und den Ketzerzentren nach 1414 ein geographischer Zusammenhang feststellen.

Die Überprüfung des Ortsnamenverzeichnisses zu Karte 9, welches die Daten der Verfolgungen, so wie sie in den amtlichen Registern und den Gerichtsakten vorliegen, gegen die Orte auflistet, in denen Ketzer entdeckt wurden, zeigt ferner, wie bis zur Reformation eine Kontinuität gewahrt wurde. Innerhalb der sieben oben genannten Regionen wurden während der ganzen Zeitspanne weiterhin Ketzerverfolgungen zu verschiedenen Zeitpunkten durchgeführt. Nur in Ostanglien kamen sie mehr oder weniger zum Stillstand. Mit anderen Worten: in mindestens sechs von sieben größeren Regionen war die Verfolgung nicht wirksam genug, um die Ketzerei auszurotten.

Manchmal lagen zwischen den Ketzerjagden lange Zeitspannen, in denen nichts geschah. Das Gebiet der Chilterns wurde nur dreimal gründlich untersucht, und zwar von Chedworth in den Jahren 1462–1464, von Smith im Jahre 1511 und von Longland in den Jahren 1521–1522, doch jedesmal trieb man namhafte Schübe von Ketzern auf. Die gut bezeugten Strafverfolgungen von 1462–1464 und 1521–1522 lassen erkennen, daß eine Reihe von Orten bei der letzten Aktion wie bei der ersten trotz des dazwischen liegenden Zeitraums gleich fruchtbar an Ketzern waren.[127] Oft werden aus einzelnen Städten und Dörfern nur eine bis zwei Verfolgungen gemeldet. Dies kann allerdings etwas irreführen. Die bischöflichen Strafregister, unsere

Hauptquelle, machen über die Herkunftsorte weniger freigebige Angaben als die selteneren Bücher der Ketzergerichtshöfe. Wenn wir uns auf die erstgenannten beschränken müssen, ist es zum Beispiel möglich, daß die Quelle uns nur die Hauptorte angibt und die kleineren Dörfer wegläßt. Da wir ferner hinsichtlich unseres Beweismaterials davon abhängig sind, ob dieses zufällig entdeckt wird und die Gerichtsakten überhaupt noch vorhanden sind, können sich unsere Feststellungen nur auf fragmentarische und lückenhafte Beobachtungen beziehen. Daher unterschätzen wir bei der Zusammenstellung der Ortsnamen, die ja auf jenem Beweismaterial beruht, in bestimmten Orten leicht die Regelmäßigkeit der Verfolgungen.

Nichtsdestoweniger treten einige notorische Ketzerzentren aus dem uns vorliegenden Beweismaterial hervor: am Kopf der Liste steht London, und zwar zum Teil deswegen, weil es Mittelpunkt einer ausgedehnten Diözese war und weil Flüchtlinge aus anderen Gegenden in der Anonymität, die sie dort genossen, untertauchten;[128] in Bristol macht sich in bestimmten Stadtteilen eine auffällige Kontinuität und eine nachweisliche Fähigkeit zum Überleben bemerkbar, besonders in der Gegend von Redcliffe;[129] dann folgt Tenterden, das kentische Textilarbeiterdorf, in dem wahrscheinlich White eine Tradition begründete[130], und schließlich Coventry, das sowohl in der Ketzerei als auch bei dem Aufstand von 1431 aktiv war.[131]

Eine andere Erkenntnis, die sich aus der Karte gewinnen läßt, ist die, daß die Verfolgungen in den sieben Überlebenszonen sich im allgemeinen eher gegen Einzelne oder Gruppen, die in die Lollardenbewegung verstrickt waren, richteten, als gegen Antiklerikale oder vereinzelte Ketzer, die mit der Bewegung nichts zu tun hatten.[132] Die Ketzerjagden eröffnen uns allerdings einen momentanen Einblick in die religiöse Stimmung einer Gegend, die nicht immer mit den rivalisierenden Kategorien Lollardentum oder Orthodoxie exakt erfaßt werden kann. Örtlich auftretender Antiklerikalismus war das Milieu, in dem das Lollardentum gedieh; ein Bekehrter gelangte durch persönlichen Kontakt mit einem eingeschworenen Mitglied von noch unzusammenhängenden antikirchlichen Ansichten zu entschiedener Ablehnung. Die lakonischen Eintragungen in das bischöfliche Strafregister ermöglichen uns nicht immer, hier eine klare Trennungslinie zu ziehen, da in Wirklichkeit die Dinge oft im ungewissen lagen. Es gibt jedoch ein sehr zuverlässiges Kriterium. Wir haben es auf der Karte vermerkt. Wenn die Strafakten das Vorhandensein von verdächtigen Büchern in der Volkssprache an einem Ort notieren, können wir uns getrost darauf verlassen, daß wir einem lollardischen Lesekreis auf der Spur sind; denn bei solchen Büchern handelt es sich meist um Traktate und Bibelübersetzungen der Ketzer, nicht um unschädliche Frömmigkeitsliteratur in der Volkssprache, wie *Nicodemus* oder *Dives and Pauper*. Berichte über das Vorhandensein solcher Bücher finden sich in jeder der sieben Hauptregionen, in denen das Lollardentum überlebte. In einigen häufen sie sich in auffallender Weise, und wie das Ortsnamenverzeichnis zeigt, kam es über Jahre hinweg an denselben Orten wiederholt zu Verfolgungen von Verdächtigen, die Bücher besaßen. Im wesentlichen wiesen diese Regionen bis zum Vorabend der Reformation nur Fälle echten Lollardentums auf.

Ferner kann man aus der Karte ersehen, daß die Lollardenbewegung hauptsächlich in Handwerkerkreisen überlebte. Wie die Karte zeigt, liegen die Ortschaften mit Ketzeranhäufungen in stark bevölkerten Gebieten, wo sich die Industrie bereits entwickelt hatte. Nur zwei Gebiete, die für die Entwicklung der Textilindustrie von Bedeutung sind, nämlich York und die südlichen Cotswolds, sind entweder ausgelassen oder nur schwach vertreten. Das Fehlen von Ketzern in der erstgenannten Gegend kann auf Lücken in den noch vorhandenen Berichten zurückzuführen sein, und was die letztere betrifft, auf den Mangel an Verfolgungseifer bei den Bischöfen von Worcester.

Insgesamt ist das Ausmaß des Überlebens der Lollarden sowohl in der Karte wie im Ortsnamenverzeichnis eher unterschätzt. Zweifellos enthalten die Prozeßakten trotz sorgfältiger Überprüfung der Quellen immer noch einige Verfahren gegen bloße Skeptiker, Antiklerikale und eigenbrötlerische Ketzer; aber wenn sich aus dieser Tatsache ergeben sollte, daß das Weiterleben der eigentlichen Lollardenbewegung übertrieben dargestellt sei, so wird dieser Effekt durch den gegenteiligen des unvollständigen Quellenmaterials mehr als aufgewogen. Viele bischöfliche Strafregister sind verlorengegangen. In anderen ist keine Ketzerei verzeichnet, nicht etwa deshalb, weil es keine gegeben hätte, sondern weil die Bischöfe und ihre Beauftragten sie nicht entdeckt haben und vielleicht auch gar kein Interesse daran hatten, sie zu verfolgen. Es gibt manchmal eigenartige Lücken. Wales, wo Swinderby und Brute untertauchten, weist nur zwei Fälle auf: einen Priester und einen Laien in Pembroke in den Jahren 1486 und 1488.[133] Lag dies daran, weil es hier infolge der Sprachbarriere, die sich in einem Teil des Gebietes auswirkte, kein Ketzertum gab, oder weil die kirchlichen Maßnahmen unzureichend waren? Die Frage läßt sich nicht mehr beantworten. Ein weiteres Rätsel gibt die Walisische Mark auf; denn man darf doch wohl annehmen, daß in jener Gegend, in der Oldcastle ansässig war und die einst Hauptbetätigungsfeld Swinderbys gewesen ist, die Lollardenbewegung auch in der Spätzeit noch bestand. Doch bei dem Aufstand von 1414 blieb sie stumm, und aus der Folgezeit sind nur zwei Strafverfolgungen bezeugt: eine im Jahre 1433 in Almeley, das innerhalb der Oldcastleschen Ländereien liegt, und eine andere im

Die englischen Lollarden

Jahre 1505 in Eardisley[134]; in beiden Fällen wurden verdächtige Bücher aufgefunden. Das Grenzgebiet war in späterer Zeit für die Geschichte des Nonkonformismus von Bedeutung.[135] Die Strafregister über entscheidende Zeitspannen sind nicht mehr vorhanden – es läßt sich vermuten, daß es in der Mark mehr Lollarden gab als die Karte zeigt.

Es muß betont werden, daß die Karte lediglich die in den vorhandenen Strafregistern und Gerichtsakten bezeugten Verfolgungen von Lollarden und anderen religiösen Abweichlern geographisch festhält. Wenn sie mit der entsprechenden Sorgfalt benutzt wird, vermittelt sie einen verschwommenen Umriß von der Lollardenbewegung im Untergrund, jedoch niemals ein vollständiges Bild. Zum Vergleich ist eine Karte hinzugefügt, auf der die Märtyrer aus der Zeit Marias der Katholischen lokalisiert werden; sie ist ausschließlich nach Foxes Bericht über deren Leiden zusammengestellt[136] und macht den Hauptunterschied deutlich zwischen der marianischen und der spätmittelalterlichen Verfolgung sowie zwischen dem Verhalten der des Lollardenglaubens Verdächtigten zur Zeit der katholischen Maria und in früherer Zeit. Die Verfolgung war viel entschiedener. Nach Foxe wurden während ihrer kurzen Regierungszeit zwischen 1553 und 1558 285 Menschen verbrannt – in Wirklichkeit war die Aktivität noch weit intensiver als diese Fakten vermuten lassen, denn in den ersten neunzehn Monaten ihrer Regierung, d. h. bis zum 3. Februar 1555, fanden keine Hinrichtungen wegen religiöser Überzeugung statt.[137] Die Karte berücksichtigt lediglich Verbrennungen, die in einem Zeitraum von drei Jahren und neun Monaten zusammengedrängt und auf London und die um die Hauptstadt herum liegenden Grafschaften beschränkt sind. Die Opfer waren hauptsächlich Angehörige der unteren Klassen. Hierfür findet sich in der langen Geschichte des Lollardentums keine Entsprechung; denn die Verfolgungsserie nach Oldcastles Aufstand galt in erster Linie dem bewaffneten Aufruhr, nicht der Ketzerei, und im übrigen gab es bei keiner der einzelnen Lollardenverfolgungen auch nur annähernd eine solch hohe Zahl von Hinrichtungen innerhalb einer so kurzen Zeit. Die Verfolgung von Verdächtigen an einem Ort wurde zwar vom Willen einzelner Bischöfe, wie Foxes »Dick of Dover«, und ortsansässiger Adeliger beeinflußt; aber hinter der gesamten Operation stand der feste Entschluß Marias und ihrer kirchlichen Ratgeber, den Protestantismus auszurotten. Sie waren alle im Geiste des spanischen Katholizismus und der Gegenreformation aufgewachsen. Damals waren die Richter weniger zur Gnade oder Milde geneigt als im Falle der Lollarden, und die in eigenen kirchlichen Organisationen zusammengefaßten Verdächtigen[138] waren weniger bereit zu widerrufen, als es seinerzeit die Lollarden gewesen waren.

Karte 10 A
Die Märtyrer zur Zeit Marias der Katholischen in England
(Einzelangaben für dieses Gebiet s. die Karte auf der gegenüberliegenden Seite)

Die Glaubenslehren der späten Lollarden

Die Existenz im Untergrund und die auf das Jahr 1414, vielleicht auch nach 1431 folgende Ernüchterung nahmen der Lollardenbewegung den Charakter des Aufrührerischen. Nolens volens befanden sich die Lollarden in Opposition zum Staat, da dieser die Forderungen der Kirche ihnen gegenüber unterstützte; aber auf verschwörerische Komplotte verzichteten sie. Einige fanden in einer apokalyptischen Überlieferung Trost, die eine, wenn auch nicht gerade die beherrschende Glaubensform war[139]: sie ließ eine Wandlung zu ihren Gunsten erwarten. Dies galt besonders für eine Gruppe in Newbury, die 1490–1491 entdeckt wurde.[140] Im Jahre 1448 erwartete William Fuer von Gloucester einen Krieg gegen die Katholiken; aber da er Pazifist war, wollte er

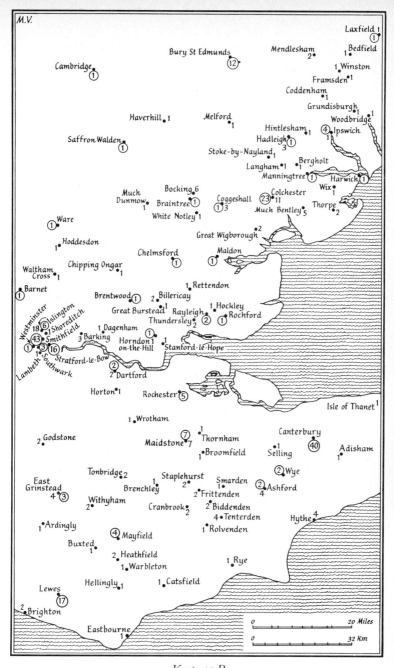

Karte 10 B
Die marianischen Märtyrer in England (Auszug)
(Ortsnamenverzeichnis und Anmerkungen s. Anhang D, Teil 3)

selbst nicht daran teilnehmen.[141] Die Lollarden wollten es nicht mehr zum Streit wegen ihres Glaubens kommen lassen. Es war niemand da, der die regionalen Gruppen, die ohne genauere Kenntnis voneinander existierten, hätte zusammenfassen können. Es gab zwar einzelne Kontakte, ja, ein Evangelist konnte mit zwei, sogar drei Regionen in Berührung bleiben; aber es fehlte jemand, der sie alle kannte. Es ging mehr ums unmittelbare Überleben als um einen militärischen oder politischen Sieg.

Die späten Lollarden wußten nicht mehr viel von Wyclif, doch sein Vermächtnis bedeutete für sie immer noch eine Hilfe. Der Gedanke, daß es von der Heiligen Schrift ein göttliches Exemplar gebe, das schon vor der Schöpfung existierte, hatte sich bei den frühen Lollarden und geistlichen Missionaren festgesetzt.[142] Wenn auch nur wenige Anhänger einen Zugang hatten zu der realistischen Philosophie, die diesem Glauben zugrunde lag, wirkte er sich doch so aus, daß er während des letzten Stadiums der Häresie Trost in Zeiten der Verfolgung spendete. Ihm zufolge wurde die Autorität der Kirche durch die Unfehlbarkeit der Heiligen Schrift ersetzt. Wyclifs Lehre von der Kirche wirkte sich in ähnlicher Weise aus. Die sichtbare, hierarchische Kirche, die die Lollarden verfolgte, war die Kirche des Antichrist – die Gemeinde der wahren Gläubigen wurde zur eigentlichen Kirche.

Bei der Befragungsprozedur klang der Lollardenglaube sehr negativ. Ein Inquisitor unterzog den Verdächtigen einer Reihe von Standardfragen, wobei negative Antworten auf orthodoxe Thesen so ausgelegt wurden, als ob sie die Grundlage für Überzeugungen abgäben.[143] Der Glaube und das Brauchtum der Katholiken wurden in drei Punkten immer wieder abgelehnt, und zwar hinsichtlich der Verehrung von Heiligenbildern, der Pilgerfahrten und der Messe.[144] Der Ablehnung lag oft eine einfache Logik zugrunde. Als John Morden aus Chesham in Buckinghamshire seine Glaubensansichten über die Messe seinem damals noch rechtgläubigen Schwiegersohn erklärte, sagte er: »Du wirst irregeführt, sie kann dir nichts nützen; denn es ist doch nur Brot und Wein, und zwar sowohl, wenn der Priester die Messe beginnt, als auch, wenn sie beendet ist.«[145] Alice Rowley in Coventry nahm sich den priesterlichen Gewinn aus dem Meßopfer aufs Korn und nannte den Meßgottesdienst einen »hübschen Betrug« der Priester, durch den sie in die Lage kämen, das Brot für die Hostie zu kaufen, um es dann zu einem höheren Preis wieder zu verkaufen.[146] In Ostanglien griff Margery Baxter auf eine schlichte *reductio ad absurdum* zurück, um die Transsubstantiationslehre anzugreifen.[147]

Was Morden zu den Heiligenbildern feststellte, ähnelte seiner Ansicht über die Messe. »Sie sind nichts als Holz, Klötze und Steine«, sagte er, »denn sie können sich selbst nicht helfen: wie können sie dann dir helfen? Und ihre Anbetung ist nichts als Götzendienst.«[148] Was die Bilderverehrung betraf, lieferte der Wortlaut der Heiligen Schrift ein überzeugendes Argument. John Burell, einer von den ostanglischen Lollarden, berief sich auf die Zehn Gebote, um diesen mittelalterlichen Brauch abzulehnen.[149] Eng verknüpft mit dem Angriff auf diese Verehrungspraxis war die Ablehnung von Pilgerfahrten, da ja Darstellungen und Reliquien von Heiligen das übliche Ziel einer Pilgerreise waren. In Ostanglien äußerte man die Angriffe gegen das Kruzifix in einer Weise, die uns eigenartig an die Bogomilen erinnert. »Dem Kruzifix«, so sagte man, »sollte man nicht mehr Glauben schenken als dem Galgen, an dem Diebe aufgehängt werden.«[150] In Coventry konzentrierte sich das Mißfallen auf eine besondere Darstellung Unserer Lieben Frau.[151] Wallfahrtsorte erhielten sarkastische Namen: bei der ostanglischen Gruppe wurde Canterbury zu »Cankerbury«.[152] James Willis mißfiel die Kirchenmusik und das Glockengeläut; in Ostanglien wurden Kirchenglocken »Hörner des Antichrist« genannt.[153] Immer wieder äußerte man das Gefühl, daß die Forderungen, welche die Kirche an die Gäubigen stellte, unnötiger Hokuspokus seien, den die Priester diktierten, um zu Geld zu kommen oder ihre eigenen Zwecke zu erreichen. Pilgerfahrten wurden aus dem Grunde abgelehnt, weil sie Geldvergeudung mit sich brächten.[154]

Abgesehen von diesen drei bekanntesten Punkten richteten sich weitere Angriffe der Lollarden gegen verschiedene Sakramente. Während der Verfolgungen Alnwicks in Ostanglien und dann wieder im Jahre 1499 in London wurde die Zeremonie der Eheschließung als überflüssig abgelehnt: dem lag die Ansicht zugrunde, der Wille der beiden Partner reiche aus, auch ohne daß ein Priester anwesend sei oder irgendeine förmliche Zeremonie vollzogen würde.[155] Die Ablehnung von Zeremonien und Begräbniskosten war auch der eigentliche Grund, warum man die Notwendigkeit eines Begräbnisses auf geweihtem Boden verwarf, was in der Feststellung des Thomas Whyte aus Ringwold in Kent im Jahre 1473 zum Ausdruck kommt: es sei für seine Seele gleichgültig, ob sein Leib in einem Sumpf oder auf einem Kirchhof begraben werde.[156] Im Jahre 1470 wandten sich zwei Männer aus Lydney gegen die Ausführung der Taufe durch einen Priester in der Kirche: sie meinten, diese könne ebensogut in einem Graben wie in einem Taufbecken vollzogen werden.[157] Dieser Ausspruch hat eine lange Geschichte: er begegnet uns in dem Geständnis des James Willis bei seinem letzten Verhör im Jahre 1462 und in dem Geständnis des William Bull, eines Schnitters aus Dewsbury, im Jahre 1543.[158] Genaugenommen war dies keine Ketzerei, sondern Ablehnung eines kanonischen Brauchs. Von einer regelrechten Verwerfung der Taufe können wir erst bei jener ostanglischen Gruppe, die immer zu den radikalsten gehörte, sprechen: sie behauptete, ein Kind sei auf jeden Fall durch Christi Blut erlöst.[159] Die aphoristische Botschaft der Sekte bestand in der Verwerfung der Sakramente oder der kirchlichen Zeremonien. Sie war in Ausdrucksformen gekleidet, die Arbeiter in der Stadt und auf dem Lande verstanden: für einen Schafscherer aus Dewsbury war das Taufbecken ein »stinkender Tümpel«;[160] im Jahre 1488 behauptete ein Lollarde in Steeple Ashton (Wiltshire), es wäre besser, mit Wasser aus einem See benetzt zu werden als mit geweihtem Wasser, wenn der Priester ein Sünder sei;[161] ein anderer in Kevill (Keevil) meinte im Jahre 1506, der Zimmermann Ball könne ebenso gute Bildwerke schnitzen wie die, welche in der Kirche verehrt würden.[162] Das »besser als« oder »ebenso gut wie« in diesen Vergleichen ist charakteristisch für die verzerrte, sardonische Gleichmacherei in religiösen Dingen, wie sie der typische Ketzer zeigt.

Der Appell an die Vernunft konnte seltsame Auswüchse hervorbringen. Neben den üblichen Ansichten begegnen uns hier und da eigenartige Glaubensformen: John Edward aus der Gegend von Newbury glaubte, die Jungfrau Maria habe nach Christi Himmelfahrt noch einen Sohn empfangen und geboren; John Wodeward aus Wiggington bei Tamworth war gegen die Taufe eingestellt, weil es vor der Zeit Christi so etwas nicht gegeben habe.[163] Solche Gedanken waren den Leuten wohl kaum in den Lesestunden der Bewegung eingeschärft worden. Manchmal führte die Zugänglichkeit der Heiligen Schrift für jedermann zu seltsamen persönlichen Ansichten. Manchmal fühlte sich ein exzentrisches Gemeindeglied vom Kreise der Lollarden angezogen. Es kam vor, daß die Kirchenbehörde aus Besorgnis über die Ketzerei auf dogmatische Abweichungen aufmerksam wurde, die zwar im Untergrund schwelten, aber dennoch mit dem Lollardenglauben nichts zu tun hatten. Schon vor dem Lollardentum gab es in England Ketzerei. Zwischen 1300 und 1370 veröffentlichte Berichte deckten etwa zwölf Fälle von Skeptizismus und idiosynkratischem Glauben auf, der vielleicht auf Geistesgestörtheit zurückging, aber von einer organisierten Glaubensform unbeeinflußt war.[164] Ihretwegen brauchte man nicht um die reine Lehre besorgt zu sein; seitdem man nach Wyclifs Zeit zur aktiven Verfolgung übergegangen war, konnten noch mehr von solchen Fällen ans Licht geraten.

Der in der Lollardenbewegung vorherrschende skeptisch-ironische Ton, der hochgradig empfindlich gegenüber Emotionen war, bewahrte die Gemeindeglieder vor übertriebenen eschatologischen Ansichten.[165] Anders als die protestantischen Pioniere im amerikanischen Mittleren Westen lasen die Lollarden ihre Bibel in einer orthodoxen Umgebung, wie sehr sie sich auch gegen diese wehren mochten. Ihnen ging es nicht so wie jenen, die nur die Bibel und keinen anderen kulturellen Hintergrund kannten. Deshalb neigten sie nicht wie jene dazu, die Rechte und Pflichten des Mose und der alttestamentlichen Propheten für sich in Anspruch zu nehmen.[166] Es gibt kein Anzeichen dafür, daß sich Handwerker um einen Lehrer geschart hätten, der sich im Besitz einer besonderen göttlichen Erleuchtung wähnte.[167] Auch fehlt bei ihnen jenes unbändige Gebaren, das infolge eines besessenen Festhaltens am Wortlaut der Bibel die Presbyterianer von Halmadary bei Strathnaver im Schottischen Hochland um 1470 offenbar fast bis zum Menschenopfer trieb, weil sie Abraham und Isaak nachahmen wollten.[168] Die Verfolgung brachte sie nicht in jenen Zustand von Exaltiertheit, den Manselli für Olivis Anhänger im letzten Stadium der gegen sie gerichteten Maßnahmen zu Recht als typisch bezeichnet.[169] Auch Anklagen wegen sexueller Unmoral, wie sie häufig gegen Ketzer auf dem Kontinent erhoben wurden, gab es in England kaum.

Die Lollarden waren gegen den orthodoxen Pfarrbetrieb mit seinen Zeremonien – denen sich dennoch viele von ihnen nicht zu entziehen wagten – aufgebracht, und es fehlte ihnen eine starke geistige Führung. Deshalb war es verständlich, daß sie im 15. Jahrhundert ihre religiösen Gefühle in Form von aufbrausender Ablehnung zum Ausdruck brachten. Von ihren eigenen Riten hören wir sehr wenig: hin und wieder feierte man die Eucharistie, wobei einige ihre Sünden voreinander beichteten. Vielleicht verbirgt sich hinter der Losung von Coventry: »Denn wir sollen alle aus einem Kelch trinken« eine Zeremonie.[170] Sofern es bei den Lollarden überhaupt Riten gab, waren sie jedenfalls nicht von Wichtigkeit. Der am stärksten ausgeprägte Zug ihrer Frömmigkeit war die gemeinsame Bibellektüre, die gegenseitige Ermahnung und die ernsthafte Befolgung eines tugendsamen Lebens. Im wesentlichen bestand ihr Glaube im unmittelbaren Kontakt des betenden und in der Schrift lesenden Gläubigen mit Gott, unbehindert durch jegliche Art von Vermittlern. Es war eine schlichte, radikale Art von Glauben mit einer vergeistigten Ansicht von den Sakramenten.

Der Antiklerikalismus nahm immer mehr zu. Ein Rückgriff auf die Kirchenväter ließ sich immer schwerer durchführen; bisweilen wurden sie sogar angegriffen. Die strenger akademischen und dogmatischen Anliegen wurden aufgegeben. *Scriptura sola* wurde die Norm. Die sittlichen Belange, die stets wichtig waren, wurden vorherrschend. Das Lollardentum hatte sich den Lebensumständen seiner Anhänger angepaßt. Der Meinungsumschwung in der Lollardenbewegung, die sich mit der Zeit von ihrem Gründer immer weiter entfernte, ließ die Ähnlichkeit mit den Waldensern, besonders mit den entschiedeneren unter ihnen, deutlicher hervortreten, obwohl man mit ihnen nicht in Berührung kam und die Ursprünge verschieden waren. Zwar hatten die Lollarden der Kirche eine weniger ausgeprägte eigene Lehre entgegenzusetzen als irgendeine andere Bewegung, und sie kannten keine formale Unterscheidung zwischen dem Prediger und dem normalen Gläubigen, wie etwa die Auferlegung besonderer Pflichten und des Zölibats. Dennoch betonten sie wie die Waldenser mehr das Ethos und das Wort der Heiligen Schrift als die Sakramente und hatten ferner mit ihnen die Übersetzung der Bibel und den Anklang bei der Handwerkerschaft gemeinsam. Beide Bewegungen besaßen die Kraft, eine Reihe von hingebungsvollen Evangelisten und Pastoren zu inspirieren, die eher gewillt waren, sich in die Tatsache zu fügen, daß sie verfolgt wurden, damit sie für den Kampf in einer späteren Zeit überlebten, anstatt, wie viele der katharischen Vollkommenen, der Kirche offen Trotz zu bieten, obwohl sie genauso hartnäckig waren wie diese. In der Hauptsache beruhten beide Bewegungen auf diesen wenigen Männern. Als weitere Gründe für das Überleben lassen sich die relative Milde der englischen Verfolgungstradition nach der Reaktion auf den Aufstand Oldcastles und der sporadische Charakter der waldensischen Verfolgung anführen. Möglicherweise spielte auch die Tatsache eine Rolle, daß die Waldenser Eid und Blutvergießen ablehnten und ihnen mithin der Aufstieg in die Führungsschichten der mittelalterlichen Gesellschaft verwehrt war. Deshalb hatte der Adel keinen Grund, auf sie eifersüchtig zu sein oder nach ihrem Landbesitz zu trachten; denn dieser konnte ihnen ja, nachdem sie der Ketzerei überführt waren, genommen werden.

Vieles spricht allerdings für die Ansicht, daß sowohl das späte Lollardentum als auch das Waldensertum in der Richtung der Armen Lombarden die Ketzereien des Mittelalters schlechthin waren – die durchgängige Religion des Laien aus den unteren Klassen, der sich mühsam einiges Buchwissen aneignete oder Abschnitte der Heiligen Schrift auswendig lernte und seine antiklerikalen, donatistischen und mit einem derben Skeptizismus gegenüber verschiedenen Zügen des Katholizismus vermischten Anschauungen von Mund zu Mund weitergab. Selbst im radikalen Hussitentum, dessen Geschichte, wie wir noch sehen werden, sich um vieles kürzer und dynamischer als die der Lollarden oder Waldenser gestaltet, begegnen uns ähnlich verzerrte Gedankenansätze. Vielleicht war die Langlebigkeit sowohl der englischen als auch der festländischen Ketzerei letztlich darauf zurückzuführen, daß sie diese im Untergrund räsonierende Frömmigkeit ansprach, diesen Glauben von Laien, die ihre eigenen Vorstellungen von einem frommen Leben und ihre Zweifel über etliche Punkte der Kirchenlehre hatten. Männer wie Waldes und Wyclif und ihre Anhänger konnten an solche Gefühle appellieren. Aber sie riefen sie nicht erstmalig ins Leben, sondern unter den mannigfaltigen Beweggründen des

Ketzertums war dieser Komplex verborgenen Gefühls eine der unterschätzten Kräfte in der Geschichte der mittelalterlichen Kirche.

Anmerkungen:

[1] *Chronicon Henrici Knighton,* Hrsg. Lumby, J. R., *RS,* II, 1895, S. 183; Fines, *Studies,* S. 33 (»quasi germinantes multiplicati sunt nimis«).

[2] Workman, *Wyclif,* II, S. 131–137, Deanesly, *Lollard Bible,* S. 232–236, 276, 377 (aber ohne hinreichende Bezeugung des Kanonikats von Leicester), McFarlane, *Wycliffe,* S. 102, 107–112, 115, 118, 126–129, 137.

[3] Einige der MSS der EV brechen bei Baruch 3.20 ab; das Bodl. MS Douce 369, part. I gibt Hereford als Übersetzer bis zu dieser Stelle an, das MS der Camb. Univ. Lib. Ee. i. 10 (auf Seite 344 abgebildet) stellt fest: »Here endith the translacioun of Her. and now begynneth the translacioun of J. and of othere men« (Schreibweise leicht modernisiert; »Hier endet die Übersetzung von Her. und nun beginnt die Übersetzung von J. und anderen Männern.«). Siehe Lindberg, MS Bodley 959, V, S. 90–97: er behauptet, das Abbrechen sei durch Herefords endgültigen Widerruf, nicht durch seine Flucht nach Rom im Jahre 1382 verursacht worden; vgl. demgegenüber Deanesly, *Lollard Bible,* S. 254. MS. Bodley 959 bricht an derselben Stelle ohne Kommentar ab. Fristedt (*Wycliffe Bible,* II S. xlvii) bemerkt, das Abbrechen »bezeichnet einfach die Stelle am Fuß der letzten Spalte auf der rechten Seite des Buches . . ., wo der Schreiber wartete, bis die Tinte trocken war«.

[4] Workman, II, S. 138, 162–163, 252, 282–288, 335–336; Deanesly, S. 121–123, McFarlane, S. 102–103, 108–115, Archer, M.: Philip Repington, Bishop of Lincoln, and his Cathedral Chapter, *UBHJ,* IV, 1954, S. 81–97

[5] Workman, II, S. 138, 162–163, 252–289, 335–336; Deanesly, S. 135–136, 276, 445; McFarlane, S. 102, 109–111, 113–114, 122, 126–128

[6] Akademisch im Vergleich zu den einfachen Lollarden von der Art eines Smith und Swinderby; dennoch gibt es kein direktes Zeugnis dafür, daß Purvey in Oxford war.

[7] Ansprechende Darstellung bei Deanesly, S. 233–238 und Kap. 10, 11 *passim* (Beurteilung des Widerrufs, S. 283–285, Hypothese über die Autorschaft des General Prologue und der LV, S. 376–381).McFarlane, S. 119–120, 149, 152–153, Workman, II, S. 137, 162–170 (bedarf der Korrektur hinsichtlich der angeblichen letzten Gefangenschaft) 177–178, 390–395. Leff, *Heresy,* II, S. 578–583 analysiert Lavenhams Kompilation seiner häretischen Thesen.

[8] Matthew, F. D.: The Trial of Richard Wyche, *EHR,* V, 1890, S. 530–544; Snape, M. G.: Some Evidence of Lollard Activity in the Diocese of Durham in the Early Fifteenth Century, *Archeologia Aeliana,* 4th ser., XXXIX, 1961, S. 335–361; Thomson, J. A. F.: *The Later Lollards,* 1414–1520, Oxford 1965 (maßgebender Bericht über die Lollardenverhöre, s. u. S. 391, A. 89), S. 15, 148–150, 177, 192; Mc Farlane, S. 162; Brief an Hus in *The Letters of John Hus,* übers. v. Workman, H. B. und Pope, R. M., London 1904, S. 30–34; *Responsio,* in: *FZ,* S. 370–382.

[9] Wortlaut von Thorpes Bericht über sein Verhör bei Pollard, A. W.: *Fifteenth-Century Prose,* S. 107–167; J. Fines, in: *History Today,* XVIII, 1968, S. 495–503, bes. S. 497

[10] Emden, A. B.: *A Biographical Register of the University of Oxford to A. D. 1500,* Oxford 1957–1959, s. v.; Fines, *Studies,* S. 22

[11] Hudson, A.: A Lollard Compilation and the Dissemination of Wyclifite Thought, *JTS,* XXIII, 1972, S. 65–81

[12] Talbot, E. W.: A Fifteenth-Century Lollard Sermon Cycle, in: *University of Texas Studies in English,* XIX, 1939, S. 5–30. Ich konnte dieses Werk persönlich nicht konsultieren.

[13] *Studies,* S. 32

[14] Bezeichnend hierfür ist die Trennung von höherem und niederem Klerus bei Synoden während der zweiten Hälfte des 14. Jahrhunderts. Die Einstellung zur Besteuerung war verschieden. Dr. J. R. L. Highfield, dem ich zu Dank verpflichtet bin, sagt mir, daß »die obere Priesterschaft gewöhnlich auf Seiten des Königs stand, wenn es darum ging, den niederen Klerus zu schikanieren«, und daß Courtenays Intervention als Bischof von London zugunsten des niederen Klerus eine Ausnahme war.

[15] Deanesly, S. 189

[16] Auf den Synoden bediente man sich in den siebziger Jahren der Volkssprache. (Highfield, J. R. L.: A Note on the Introduction of English into the Proceedings of the Convocation of Canterbury, *MA*, XLX, 1950, S. 60–63). Waren Kleriker, die auf Englisch angeredet werden mußten, eher bereit, eine Sekte, die auf die Volkssprache Wert legte, zu tolerieren? (Dr. Highfield in einem privaten Schreiben) Die antilollardische Arbeit der Akademiker wird in Knowles, *Religious Orders*, II erörtert (s. im Stichwortverzeichnis unter Wyclif). Volkstümliche Gegengifte waren seltener; s. Fines, *Studies*, S. 41, A. 3, S. 119; über antilollardische Predigten zur Regierungszeit Heinrichs V. s. Haines, R. M.: »Wild Wittes and Wilfulnes«: John Swetstock's Attack on those »Poyswunmongeres«, the Lollards, in: *SCH*, VIII, S. 143–153.

[17] McFarlane, S. 103–105, 121–125, 127–136, 150, 174

[18] S. o. S. 83–91

[19] Swinderbys Abschwörung findet sich in: *FZ*, S. 337–339; McFarlane (S. 124) stellt fest, daß eine spezielle Zurücknahme seiner Ablehnung der Transsubstantiationslehre fehlt, und zwar trotz der Tatsache, daß dies einst ein Anklagepunkt gegen ihn war.

[20] McFarlane, S. 173, 178

[21] Ebd., S. 174–175, 178

[22] Ebd., S. 150–152

[23] Hudson, A.: A Lollard Mass, *JTS*, xxiii, 1972, S. 407–419; über die Geist-Freien s. bes. den gegen Ramsbury gerichteten Artikel 14 und die aus einer Verbindung der Artikel 7, 10, 13, 14 gewonnene Behauptung des Schreibers, Ramsbury sei von der »zeitgenössischen Sekte« des Freien Geistes beeinflußt worden. Ich glaube nicht, daß diese Sekte existierte (s. S. 262–266); allerdings zogen Einzelne aus mystischen Erlebnissen irrige Folgerungen (wie dieser auf englischen Texten basierende Artikel feststellt), und ich vermute, der Ausgangspunkt für Ramsburys Anschauungen ist in seinem Mißfallen am Zölibat der Geistlichen und Mönche zu sehen (beachte Artikel 9), und sie hatten eher einen praktischen als mystischen Grundton (beachte die Betonung der Zeugung in Artikel 10). Es mag tatsächlich Promiskuität vorgekommen sein (Artikel 14), oder aber er wurde durch Anklagen verleumdet, die aus eines Predigers anprangernder Übertreibung gleich eine Ketzerei machten. *A. d. Ü.:* »Sarum« war der Name des ältesten Bischofssitzes von Salisbury. Die Bewohner verließen 1220 die dortige Festung wegen Wassermangel und gründeten in der Flußniederung New Sarum, das spätere Salisbury, einige km südlich von Old Sarum.

[24] McFarlane, S. 140

[25] Ebd., S. 124, 131, 133

[26] Ebd., S. 136–138

[27] Ebd., S. 140–144, Zitat aus McFarlanes Übersetzung des Originals.

[28] Ebd., S. 141, 143, 178

[29] Thomson, *Later Lollards*, S. 140–142

[30] McFarlane, S. 163, 166

[31] Ebd., S. 180

[32] Waugh, W. T.: The Lollard Knights, *SHR*, XI, 1913, S. 55–92 (eine Pionierarbeit); McFarlane, K. B.: *Lancastrian Kings and Lollard Knights*, Oxford 1972, S. 139–232 (Vorlesungen, Hrsg. Highfield, J. R. L., die alle bisherige Arbeit übertreffen). Beachte den Unterschied im Ton (bes. S. 139, 221–226) gegenüber seinem *Wycliffe*, was die

Kraftreserven des Lollardentums betrifft (Weitere Forschungsarbeit führte einen angesehenen Historiker dazu, seine Auffassung zu ändern. Änderte er sie etwa zu weitgehend?).

[33] Knighton, II S. 181; *Thomae Walsingham historia Anglicana*, Hrsg. Riley, H. T., *RS*, II, 1864, S. 159, 216; s. a. *Chronicon Angliae, RS*, S. 377

[34] *Lancastrian Kings*, S. 199

[35] Scattergood, V. J.: »The Two Ways«: an Unpublished Religious Treatise by Sir John Clanvowe, *English Philological Studies*, X, 1967, S. 33–56; s. den Abschnitt über Christi Leiden (S. 53–54). Dr. V. J. Scattergood und Dr. A. B. Cottle verdanke ich Informationen. Vgl. demgegenüber McFarlanes Charakterisierung (*Lancastrian Kings*, S. 200–206, bes. S. 201).

[36] McFarlane, *Lancastrian Kings*, S. 190–192

[37] The Authorship of »The Boke of Cupide«, *Anglia*, LXXXII, 1964, S. 137–149. Über Clanvow, Clifford und Sturry vgl. *Chaucer Life-records*, Hrsg. Crow, M. M. und Olson, C. C., Oxford 1966, Stichwortverzeichnis s. v.

[38] S. u. S. 428–443

[39] Die Annahme geht auf Waugh zurück (Lollard Knights, S. 63, 72, 86, 88); genauere Analyse von McFarlane (*Lancastrian Kings*, S. 207–220)

[40] Deanesly, S. 269; s. die Kopie des Lollardentraktats (S. 452)

[41] Ebd., S. 278

[42] Hinsichtlich der Datierung und Autorschaft der LV schließe ich mich Deaneslys Ansichten an (a. a. O. S. 252–267). Vgl. Fristedt, *Wycliffe Bible*, II, S. lxiv: »probably . . . halfway between 1388 and 1396«.

[43] Siehe Fines, J., in *JEH*, XIV, 1963, S. 165

[44] Manning, B. L.: *The People's Faith in the Time of Wyclif*, Cambridge 1919, S. 7–9 (veraltet, was die Predigt und Bibelübersetzungen betrifft, doch immer noch von Wert wegen der Zitate aus der zeitgenössischen Erbauungsliteratur). Siehe Wordsworth, C. und Littlehales, H.: *The Old Service-books of the English Church*, London 1904, S. 284–286

[45] McFarlane, *Wycliffe*, S. 140

[46] Pollard, S. 133–137; allgemeiner Kommentar bei Jacob, E. F.: *The Fifteenth Century*, Oxford 1961, S. 282–283

[47] *EHR*, V, 1890, S. 532

[48] *FZ*, S. 360–369, über Unkeuschheit s. Nr. 3 (S. 361)

[49] Deanesly, S. 274

[50] McFarlane, *Wycliffe*, S. 133

[51] *The Lanterne of Light*, Hrsg. Swinburne, L. M., London 1917, (*EETS*, o. s., CLI), das Werk entstand in der Ära von Oldcastles Aufstand. Kap. 13 ist ein Neudruck der Ausgabe von 1831 in: *Medieval Culture and Society*, Hrsg. Herlihy, D., London u. New York 1968, S. 404–410. Die Ketzerei besteht darin, daß an Stelle des Papsttums und der Hierarchie die Gemeinschaft der Erwählten treten soll, und in der Einstellung zur Heiligen Schrift (S. 15, 16, 25, 31); der Autor verwirft wie die Lollarden Heiligenbilder und Pilgerfahrten (S. 37–38, 84–85) und beansprucht das Recht auf freie Predigt (S. 11–12). Doch er erkennt die Priesterschaft an (S. 34) und erweist den Sakramenten Ehrerbietung (S. 59), und es gibt keine Anzeichen von Donatismus oder Verwerfung der Transsubstantiationslehre in seinem Werk. In ethischer Hinsicht beachte man, daß er die Unterdrückung durch die Reichen (S. 69–71), die Grundsätze der Sabbatarier (S. 91), die Einstellung zur Bestechung (S. 112–114) und das Feilbieten von Fürbitten (wie er es sieht) für Geld verurteilt (S. 93). Kap. 12 ist ein Kommentar zu den Zehn Geboten.

[52] Owst, Z. B. G. R.: *Preaching in Medieval England*, Cambridge 1926, S. 292–294; Fines, *Studies*, S. 21

[53] McFarlane, *Wycliffe*, S. 124–125

⁵⁴ Thomae Waldensis Carmelitae Anglici doctrinale antiquitatum fidei catholicae ecclesiae, Hrsg. Blanciotti, F. Bonaventura, I, Venedig 1757, Sp. 20–21; Fines, *Studies*, S. 34, A. 2

⁵⁵ Owst, S. 292–294. *A. d. Ü.:* Wortlaut des mittelengl. Zitats: »in as myche as he techith goddis law.«

⁵⁶ Manning, *People's Faith*, S. 101. *Dives and Pauper* (STC 19212–14) wurde zwischen 1405 und 1410 vollendet. P. H. Barnum plant eine neue Ausgabe im Rahmen der Veröffentlichungen der EETS, o. s., CCLXXV.

⁵⁷ Deanesly, S. 304; Colledge, E.: »The Recluse« – a Lollard Interpolated Version of the »Ancren Riwle«, *Review of English Studies*, XV, 1939, S. 1–15, 129–145; Allen, H. E.: *Writings ascribed to Richard Rolle*, New York u. London, 1927. *A. d. Ü.:* Die Ancren Riwle oder Anchoress Rule ist eine Regel für Einsiedlerinnen; sie lebten entweder in einer Zelle, die mit einer Kirche in Verbindung stand, oder unter einer religiösen Regel in ihrem eigenen Haus.

⁵⁸ Hrsg. Simmons, T. F., Nolloth, H. E., London 1901, *EETS*, o. s., CXVIII (s. bes. S. 102, 103, 106); Workman, II, S. 158–160, berichtigt Nolloth. Siehe Wordsworth und Littlehales, *Servicebooks*, S. 262.

⁵⁹ S. o. S. 387, A. 12

⁶⁰ Thesenauszüge hieraus von dem Karmeliter Lavenham, in: *FZ*, S. 383–399; s. Workman, II, S. 165–167, Leff, *Heresy*, S. 578–583 betr. Analyse seiner Beziehung zu Wyclifs Denken. Beachte jedoch, daß Leff von Lavenham, nicht von Purveys Geständnis ausgeht.

⁶¹ *FZ*, S. 400–407; die ersten fünf Punkte in Lavenhams Kompilation erscheinen als Punkte aus der Abschwörung.

⁶² Wortlaut bei Deanesly, S. 462–467; Datierung nach Deaneslys Hypothese (S. 461–462; Erörterung auf S. 284–485). Beachte den Unterschied zwischen den Anschauungen über das Priestertum in Lavenhams Abhandlung, S. 387–389 (Leff, II, S. 580, unterscheidet sie von denen Wyclifs) und denen in den Sechzehn Punkten (Deanesly, S. 465).

⁶³ S. *FZ*, S. 366–367, Erörterung der Texte in Workman, II, S. 391, A. 2; Cronin, H. S.: The Twelve Conclusions of the Lollards, *EHR*, XXII, 1907, S. 292–304

⁶⁴ Hrsg. Swinburn, S. 99

⁶⁵ Ebd., S. XV (Einl.) S. 59

⁶⁶ *FZ*, S. 410, 411; Foxe, *Acts and Monuments*, Hrsg. Cattley, S. R. III, London 1837, S. 221–229, bes. S. 222 (Sawtry); S. 235–239 (Badby); McFarlane, *Wycliffe*, S. 150–152, 154–155. Über Foxe s. Thomson, J. A. F.: John Foxe and some Sources for Lollard History: Notes for a Critical Appraisal, in: *SCH*, II, S. 251–257

⁶⁷ S. o. A. 51

⁶⁸ S. Leffs Kommentar zu den Fünfundzwanzig Punkten: *Heresy*, II, S. 576

⁶⁹ S. Thomson, *Later Lollards*, S. 29, 145

⁷⁰ Aston, in: *PP*, XXX, 1965, S. 37–38; auch ihr Lollardy and the Reformation: Survival or Revival, *History*, XLIX, 1964, S. 149–170

⁷¹ Courtenays entscheidende Rolle wurde zuerst von McFarlane in seinem *Wycliffe* bemerkt: Courtenay, nicht Wyclif ist die eigentliche Hauptgestalt des Buches.

⁷² S. o. S. 333

⁷³ Der hilfreichste Artikel zu diesem Thema ist Aston, M. E., Lollardy and Sedition, ich verdanke ihm sehr viel. S. a. Richardson, H. G.: Heresy and the Lay Power under Richard II, *EHR*, LI, 1936, S. 1–28.

⁷⁴ Workman, II, S. 282; McFarlane, *Wycliffe*, S. 110

⁷⁵ Ebd., S. 121–124, 135–137. Über den Mangel an Eifer, den Wakefield von Worcester zeigte, s. *SCH*, XI, S. 143–144.

⁷⁶ McFarlane, *Lancastrian Kings*, S. 225–226. Betr. Buckingham s. *SCH*, IX, S. 131–145

[77] Wyches eigene Darstellung findet man in: *EHR*, V, 1890, S. 530–544; über Folterung beachte den dunklen Satz über Hereford und Purvey, der bei Pollard, S. 165, Arundel zugeschrieben wird. Es gibt jedoch keine allgemeine Bezeugung von Folterungen; s. Thomson, *Later Lollards*, S. 230.

[78] Fines, *Studies*, S. 40

[79] Thomson, *Later Lollards*, S. 24–26

[80] Aston, Lollardy and Sedition, S. 32–33

[81] Deanesly, S. 215–216

[82] Über Wyclifs Einstellung s. Leff, II, S. 543–545

[83] Berichtigung Deaneslys (*Lollard Bible*, S. 283) über die Episode des Jahres 1395 bei McFarlane, *Wycliffe*, S. 147; s. Aston, Lollardy and Sedition, S. 17

[84] Aston, a. a. O.

[85] Über das Folgende s. Waugh, W. T.: Sir John Oldcastle, *EHR*, xx, 1905, S. 434–456, 637–658; und in knapper Form, mit weiteren Belegen zu Oldcastles Aufstand, in McFarlane, *Wycliffe*, S. 160–183.

[86] S. o. S. 352; McFarlane: The Origins of the Lollard Movement, in: *Relazioni*, VII, S. 216–217 (früheres Stadium seiner Forschungen über die Lollardenritter).

[87] Sie ist eng an McFarlanes *Wycliffe*, S. 172–180, orientiert.

[88] Siehe Aston, Lollardy and Sedition, S. 35

[89] Einen zusammenfassenden Überblick, der auf bischöflichen Strafregistern und anderen Zeugnissen beruht, gibt Thomson, *Later Lollards*, Karten S. 52, 118, 172; (Besprechungen von Deanesly, M. in: *JEH*, XVII, 1966, S. 265–266; Thomson, S. H., in: *Speculum*, XLI, 1966, S. 774–775, McKisack, M., in: *JTS*, XVII, 1966, S. 505–506, Dobson, R. B., in: *SHR*, XLVI, 1967, S. 63–64. Zum intensiven Studium ausgewählter Diözesen siehe Fines, *Studies*; es werden insbesondere ausgewertet das Westminster Cathedral MS über die Verfolgungen in Norwich im Jahre 1428, das von Fines entdeckte Ketzergerichtsbuch von Lichfield über die dortigen Verfolgungen der Jahre 1511–12; Karten S. 160, 167; Analyse des Westminster Cathedral MS im Anhang 2; Einblicke im abschließenden Kap. mit Schlußfolgerungen. Die beste Kurzdarstellung der Lollardenverhöre ist Fines, J.: Heresy Trials in the Diocese of Coventry and Lichfield, 1511–1512, *JEH*, XIV, 1963, S. 160–174; über Verfolgungsberichte s. a. sein The Post-mortem Condemnation for Heresy of Richard Hunne, *EHR*, LXXVIII, 1963, S. 528–531, und Thomson, *Later Lollards*, S. 223–224. Dokumente, in: *EHD*, IV, Hrsg. Myers, A. R., London 1969, S. 837–878. Dr. Thomson und Dr. Fines verdanke ich großzügige Hilfe. Über die Lollarden der Tudorzeit s. Dickens, A. G.: *Lollards and Protestants in the Diocese of York*, Oxford 1959 (sehr wertvoll, was die volkstümliche Einstellung in religiösen Dingen betrifft, weniger überzeugend, was das eigentliche Lollardentum im Norden angeht) und seine Gesamtübersicht in: Heresy and the Origin of English Protestantism, in: *Britain and the Netherlands*, II, Hrsg. Bromley, J. S., Kossmann, E. H., Groningen 1964, S. 47–66. Die Zeugnisse aus den Predigten und der Literatur müssen erst noch vollständig ausgewertet werden, s. jedoch Jacob, E. F.: Reynold Pecock, Bishop of Chichester, *PBA*, XXXVII, 1953, S. 121–153, und Green, V. H. H.: *Bishop Reginald Pecock*, Cambridge 1945.

[90] Thomson, *Later Lollards*, S. 8–18, Aston, Lollardy and Sedition, S. 20–23

[91] Thomson, *Later Lollards*, S. 195, wörtl.: »Brennith this fals heretyk« = verbrennt diese falschen Ketzer (A. d. Ü.)

[92] Fines, *Studies*, Anhang 2, und *EHR*, LXXVIII, 1963, S. 528–531

[93] Über das Vorkommen von Verfolgungen s. die Aufstellung bei Thomson, *Later Lollards*, S. 237–238.

[94] Fines, *Studies*, S. 245

[95] Vollständigste Darstellung bei Aston, Lollardy and Sedition, S. 24–30 (beachte die wertvollen Anmerkungen); Mrs Aston teilt mir freundlicherweise mit, sie werde jetzt

einige der in ihrem Artikel geäußerten Ansichten modifizieren. Ich habe mich der Sichtweite Thomsons angeschlossen (*Later Lollards*, S. 58–62, 102, 146–148), er mißt der Angelegenheit weniger Bedeutung bei. Beachte die Zweifel an einer Beteiligung von Lollarden (S. 61) und vgl. sein A Lollard Rising in Kent, 1431 or 1438, *BIHR*, XXXVII, 1964, S. 100–102. Humphrey, der Herzog von Gloucester, stellte nach dem Aufruhr in Leicester und Coventry Nachforschungen an. Nachforschungen verschiedener Art gab es auch in Wilts,.Som., Cambs., Kent und in Hertford, und Sir John Cheyne aus Drayton Beauchamp (Bucks.) und sein Bruder Thomas wurden verhaftet.

[96] Fines, in: *JEH*, XIV, 1963, S. 161

[97] Zu dieser Schätzung und zu anderen Ziffern vgl. Fines *Studies*, S. 245.

[98] Dickens, A. G., *Lollards and Protestants*, S. 8, und in seiner Übersicht Heresy and Origins, S. 55–56; vgl. Thomson, *Later Lollards*, S. 137–138, 170–171

[99] Hypothese von Fines *JEH*, XIV, S. 160; eine vergleichbare Ansicht wird unterstützt bei Davis, J. F.: Lollards, Reformers and St Thomas of Canterbury, *UBHJ*, IX 1963, S. 1–15, auf S. 6; Thomson, *Later Lollards*, S. 3, erhebt Einspruch, da »nicht bewiesen«.

[100] Fines, *Studies*, S. 74–79, 83–86, Thomson, *Later Lollards*, S. 131–132

[101] Fines, in: *JEH*, XIV, 1963, S. 161; Thomson (*Later Lollards*, S. 109) zeigt, daß es mehr Schuldige gab als diese.

[102] Davis, J. F., a. a. O.

[103] Thomson, *Later Lollards*, S. 190; über Generalvikare und Ketzerei s. Davis, ebd., S. 3

[104] Fines, ebd., S. 166

[105] Thomson, *Later Lollards*, S. 130

[106] Fines' Hypothese (ebd., S. 167)

[107] Fines, ebd., 163

[108] Ist dies vielleicht eine Erklärung für das Vorherrschen von Facharbeitern in Untergrundbewegungen? Siehe Davis, J. F.: Lollard Survival and the Textile Industry in the South-East of England, in: *SCH*, III, S. 191–201; auf S. 196 führt er den analogen Fall an, daß im Österreich des achtzehnten Jahrhunderts Facharbeiter an radikalen Volksbewegungen beteiligt waren.

[109] Fines, *Studies*, S. 54.

[110] Thomson, *Later Lollards*, S. 34, 68–71, 152, 236 A., 242. Am Ende, als für ihn keine Hoffnung mehr bestand, daß er dadurch sein Leben retten könnte, schwor er ab.

[111] Ebd., S. 90–91

[112] Ebd., S. 110; Fines, in: *JEH*, XIV, 1963, S. 165–167, 171

[113] »Kalte Würstchen« ist Fines' Übersetzung (*Studies*, S. 54); Aphorismen als didaktische Hilfsmittel werden erwähnt in: *JEH*, XIV, 1963, S. 166–167

[114] Thomson, *Later Lollards*, S. 170–171, Dickens, Heresy and Origins, S. 58

[115] Eine Statistik nimmt am entschiedensten Davis in: *SCH*, III, S. 191–201 in Angriff. Mr. H. B. Caark verdanke ich Ratschläge. Spezialhandwerker in Ostanglien 1428–1431 bei Fines, *Studies*, S. 60; in Coventry 1511–1512, Fines, in: *JEH*, XIV, 1963, S. 162. Die Berufe werden in den Quellen nicht unbedingt angegeben.

[116] Dies ist eine Erklärung für das Überleben der Lollarden, die Davis, *SCH*, III erörtert: s. bes. S. 198–201.

[117] Dickens läßt die Bedeutung der Mitglieder aus Handwerkerkreisen erkennen: s. Einl. zu seinem *Lollards and Protestants*. In dem Kapitel Heresy and Origins befaßt sich sein Kommentar mit »seltsamen Käuzen und Individualisten« (S. 48), der Mobilität der Handwerker (S. 57), »der zunehmenden . . . geistigen Unabhängigkeit« (S. 64).

[118] S. u. S. 478, Emden, *Biographical Register*, Oxford. Betts, R. R., *Essays in Czech History*, London 1969, S. 236–246

[119] Thomson, *Later Lollards*, S. 143–145

[120] Ebd., S. 148–150

[121] Historische Perspektive gibt Aston, M. E.: Lollardy and the Reformation, über das »Wicket« s. ihre Bemerkungen in: *PP, XXX*, 1965, S. 37–38, über Whites Traktate s. Fines, *Studies*, S. 52.

[122] In England zumindest nicht. In Kyle and Cunningham, Ayrshire wurden im späten 15. Jahrhundert etwa dreißig Personen, darunter Landadlige und Leute aus Hofkreisen, des Lollardenglaubens bezichtigt (Thomson, *Later Lollards*, S. 204–207). Schottland blieb die Erfahrung von Oldcastles Aufstand erspart. Doch waren die Beschuldigungen gerechtfertigt? In Schottland ist die frühe Geschichte der Lollarden dunkel. Es gab zwar Sprachbarrieren, aber Einflüsse von England hätten über die Häfen der Ostküste und die Universitäten eindringen können. Ich verdanke Mr. Murdoch Auskunft.

[123] Dickens, Heresy and Origins, S. 54–56; über frühere Fälle in London s. Thomson, *Later Lollards*, S. 85–86, 156–157; ich ziehe »reich« als Übersetzung von *locupletes* vor (S. 85 A.); die Hintergründe werden angeführt bei Thomson, J. A. F.: Tithe Disputes in later medieval London, *EHR*, LXXVII, 1963, S. 1–17.

[124] Luxton, I.: The Lickfield Court Book: a Postscript, *BIHR*, XLIV, 1971, S. 120–125. Diesen Hinweis verdanke ich Dr. J. A. F. Thomson. Siehe auch Cross, C., in: *SCH* XI (u. S. 391).

[125] Snape, M. G.: Some Evidence of Lollard Activity in the Diocese of Durham in the Early Fifteenth Century, *Archeologica Aeliana*, 4th, ser. XXXIX (1961) S. 355–361.

[126] Mc Farlane, *Wycliffe*, S. 173

[127] Fines, *Studies*, S. 102–109, 157–205, Thomson, *Later Lollards*, Kap. 3.

[128] Thomson, ebd., S. 139, 155, 236.

[129] Ebd., S. 22, 25, 26, 28, 33, 34 (s. auch 35), 39, 44, 46, 47; vgl. die Eintragungen für 1448 und 1511–1512 (eine Gruppe, die bis etwa 1505–1506 aktiv war) und beachte die Bezeugung einer über ein halbes Jahrhundert fortgesetzten Tätigkeit in der Gegend von Redcliffe; beachte auch, daß die längste Verfolgungslücke zwischen 1457 und 1476 liegt, einer Zeit, in der in England allgemein die Verfolgung nachließ. Die soziale Zusammensetzung in Bristol ist (nach Thomson) folgendermaßen: 1420 2 Priester; 1423 einer von denselben Priestern (William Taylor); 1448 Weber (Name nicht genannt), Schmied; 1476 drei Männer (keine Einzelheiten); 1511–1512 (eine Gruppe, die bis um 1505–1506 aktiv war) Teppichmacher, Drahtzieher und andere, keine Information über 1429, 1441, 1448 (der Fall des William Fuer von Gloucester), 1457, 1499.

[130] Ebd., S. 173, 174, 175–176, 178 (etwas provisorisch), 180, 187–189

[131] Ebd., S. 101 (John Grace wird »falscher Prophet«, aber nicht Lollarde genannt): s. Aston, Lollardy and Sedition, S. 14 und A. 70, 104–106, 107–116, über die Verfolgung von 1489 s. Fines, *Studies*, S. 129 und über die Jahre zwischen 1511–1512 s. *JEH*, XIV, 1963, S. 160–174.

[132] Über Einzelfälle von Ketzerei im 14. Jahrhundert s. u. S. 384

[133] Thomson, *Lollards*, S. 44–45, der Priester war Ire.

[134] Ebd., S. 31–32, 48

[135] Morgan, W. T., The Prosecution of Nonconformists in the Consistory Courts of St. Davids, 1661–1688, *Journal of the Historical Society of the Church in Wales*, xii, 1962, S. 28–53; über Pfarreien in Herefordshire S. 30–31; beachte, daß Nonkonformisten, wie früher die Lollarden (Thomson, *Lollards*, S. 1–2) nahe den Grenzen der Gerichtsbarkeit zu wohnen pflegten. Ich verdanke Mr. W. T. Morgan Auskunft.

[136] Siehe Anhang D, Teil 3. Den Gedanken, den Vergleich anzustellen, verdanke ich Mr. D. Bethell und die Arbeit der Zusammenstellung meiner Frau. Dr. D. M. Loades verdanke ich Auskunft.

[137] Über die Einzelheiten der Verbrennungen und die Verfahrensweise s. Blunt, J. H.: *The Reformation of the Church of England 1547–1662*, II, London 1882, Kap. 5, moderne Analyse bei Dickens, A. G.: *The English Reformation*, London 1964, S. 264–272

[138] P. Collinson, *The Elizabethan Puritan Movement*, London 1967, S. 24
[139] Vgl. Davis, in: *SCH* III, S. 200; Thomson, *Later Lollards*, S. 240–241 (Thomson, a. a. O., S. 78; beachte den Hinweis auf eine Prophezeiung des Siegs der Lollarden in einem in Ostanglien bekannten Buch, S. 131.
[141] Ebd., S. 36
[142] Diesen Kommentar verdanke ich Professor M. Deanesly in einem privaten Schreiben; s. auch ihre Ansicht in: *JEH*, XVII, 1966, S. 266.
[143] Thomson, *Lollards*, S. 224–226, 228–229; über Coventry, einen typischen Fall, s. Fines, in: *JEH*, XIV, 1963, S. 169–171. Über Berichte von den Verhören s. Hudson, A.: The Examination of Lollards, *BIHR*, XLVII, 1973, S. 145–159.
[144] Thomson, a. a. O. S. 91 (beachte den Kommentar S. 126)
[145] Ebd., S. 91, Schreibweise modernisiert, wie in späteren Zitaten
[146] Fines, in: *JEH*, XIV, 1963, S. 166
[147] Falsche Götter, von Priestern gegessen, die hernach »emittunt eosdem per posteriores in sepibus turpibus sedentes« (Fines, *Studies*, S. 67, A. 3).
[148] Thomson, *Lollards*, S. 91
[149] Ebd., S. 126
[150] Fines, *Studies*, S. 63, s. o. S. 33
[151] Thomson, *Lollards*, S. 104, 112
[152] Ebd., S. 126. A. d. Ü.: canker = Krebsschaden, der »Wurm«.
[153] Ebd., S. 69, Fines, *Studies*, S. 63
[154] Siehe den Kommentar von Fines (*Studies*, S. 250)
[155] Thomson, *Lollards*, S. 127, 159. Liegt hier ein analoger Fall zu dem von Ramsbury vor? (s. o. S. 348)
[156] Ebd., S. 183
[157] Ebd. S. 41
[158] Ebd., S. 69; Dickens, *Lollards and Protestants*, S. 48
[159] Thomson, *Lollards*, S. 127; Fines, *Studies*, S. 66
[160] Dickens, *Lollards and Protestants*, S. 69
[161] Thomson, *Lollards*, S. 45
[162] Ebd., S. 83
[163] Ebd., S. 76–77, 104. Kommentar bei Thomas, K.: *Religion and the Decline of Magic*, London 1961, S. 168
[164] J. Fines' Vermutung (*Studies*, S. 8–16). Makower, F.: *The Constitutional History and Constitution of the Church of England*, London 1895, S. 183-194. Siehe die Fälle von Margaret Syward bei Churchill, I. J.: *Canterbury Administration*, London 1933, I, S. 313–314, Ralph Tremur, in: *Exeter Episcopal Registers: Register John de Grandisson*, Hrsg. Hingeston-Randolph, F. C., II, London 1897, S. 1147–1149, 1179–1181; Zusammenfassung in Manning, S. 70
[165] Thomson, *Lollards*, S. 249. Es gehört zu Thomsons Verdiensten, diesen Punkt aufgeklärt zu haben.
[166] Diesen Vergleich verdanke ich Prof. M. Deanesly. Beachte jedoch den Kontrast zwischen den stetigen Bibellesekreisen der Lollarden und den Auswirkungen, die die Heilige Schrift bei der Taboriten-Bewegung hatte (s. S. 446–448, 457, 466–468)
[167] S. o. S. 91
[168] McInnes, J., *The Evangelical Movement in the Highlands of Scotland*, 1688 to 1800, Aberdeen 1951, S. 103–104. Den Hinweis verdanke ich Mrs. T. Maley.
[169] S. o. S. 294
[170] Aston, Lollardy and Sedition, S. 13 und Anmerkungen; Fines, (*Studies*, S. 251) behauptet, die meisten hätten an die Priesterschaft aller Gläubigen geglaubt. Über eucharistische Glaubensformen s. Thomson, *Lollards*, S. 82, A. S. 112, 246–247; Fines, in: *JEH*, XIV, 1963, S. 167.

Die böhmische Reformbewegung

Einleitung

Fast zur gleichen Zeit, als die englische Lollardenbewegung durch Oldcastles Aufstand als politische Kraft dem Untergang geweiht war, erschütterte eine vergleichbare Bewegung religiösen Abweichlertums, die zum Teil durch Wyclifs Schriften ins Leben gerufen worden war, die Einheit des fernen Königreichs Böhmen. Die dramatische, aber hoffnungslose Auflehnung Oldcastles war das letzte Ringen der einheimischen englischen Bewegung. Danach lebte, wie wir gesehen haben, ein Rest der Lollarden im Untergrund weiter, vermöge ihrer eigenen Zähigkeit und dank des Mangels an Entschlossenheit zur Verfolgung, den einige Mitglieder des Episkopates an den Tag legten. In Böhmen waren Reform und Ketzerei wesentlich tiefgreifender. Dispute, in denen Wyclifs Name immer wieder herausgehoben wurde, erschütterten die Prager Universität. Die Agitation drang bis an den böhmischen Hof und in den Kreis der internationalen Kirchenvertreter vor, die beim Konzil zu Konstanz vereinigt waren. Zu derselben Zeit, als Heinrichs V. Soldaten die Verschwörer Oldcastles zusammentrieben, erklärten sich viele böhmische Adlige solidarisch mit der Sache des Jan Hus, des Führers der einheimischen Reformbewegung. Vier bis fünf Jahre später, als die Lollardenbewegung in England auf wenige Geistliche und ein paar wagemutige Gruppen von Handwerkern reduziert war und ihr Rückhalt im Adel und in den Kaufmannsschichten fast gänzlich dahinschwand, versetzten die Anhänger der Hussiten ihre Gegner in Schrecken und schickten sich an, für ihren Glauben zu kämpfen.

Nicht alles an der böhmischen Bewegung ging auf Wyclif zurück – es wäre einfach falsch, wollte man das Hussitentum als seines Geistes Kind bezeichnen. Nichtsdestoweniger waren seine Gedanken ein wesentlicher Teil jener mannigfachen Faktoren, die der Hussitenbewegung zugrunde lagen; und einige der religiösen Schwärmer, die bei den zur Revolution führenden Ereignissen ihren Gedanken freien Lauf ließen, teilten die Vorstellungen der englischen Lollarden.

Das Bemerkenswerteste am Hussitentum war, daß es die strenge Kontrolle des Papsttums in dogmatischer Hinsicht verwarf und – wenngleich kurz und unvollkommen – ein gewisses Maß an religiöser Toleranz gelten ließ.

Innerhalb eines Zeitraums von etwa siebzehn Jahren – vom 1. Prager Fenstersturz bis zur Anerkennung Sigismunds in Iglau im Jahre 1436 und in gewissem Umfang auch schon in den Jahren der Auseinandersetzung vor 1419 – zerbrach in ebendiesem Land die alte Einheit der Lehre und des kanonischen Rechts, wie sie in der westlichen Kirche unter dem Papsttum bestanden hatte, zuerst in der Praxis, dann in offener Auflehnung, und es tat sich eine beachtliche Vielfalt von Möglichkeiten im Bereich des Glaubens auf.

Bei ihrer Lösung von der alten Ordnung gingen die Hussiten und ihre Anhänger weiter als jede andere religiöse Volksbewegung, die vor der Reformation als Ketzerei bezeichnet wurde. Aus diesem Grunde erfordern sie ein besonders aufmerksames Studium. Die Geschichte ihres Kampfes, der zwar am Ende scheitern sollte, doch relativ gesehen, von allen der erfolgreichste war, bildet einen natürlichen Abschluß einer Untersuchung der bedeutenderen Ketzerbewegungen des Mittelalters.

Der Schauplatz der Ereignisse im historischen Zusammenhang[1]

Böhmen hatte sich erst spät dem Kreise der fortgeschrittenen Nationen angeschlossen. Unter den Herrschern aus dem Geschlecht der Přemysliden war es kaum mehr als eine Grenzprovinz am Rande des Heiligen Römischen Reiches gewesen. Unter den letzten Herrschern dieser Dynastie entwickelte es sich dann rascher durch das Einströmen von Kolonisten und das Wachstum der einheimischen Bevölkerung, bis es unter den Luxemburgern, vor allem unter Karl IV. (1346–1378), eine beachtliche Blüte des wirtschaftlichen, kulturellen und politischen Lebens erreichte. Karl hatte das Land in Abwesenheit seines Vaters Johann zunächst kommissarisch verwaltet. Von 1346 an regierte er dann sowohl als König in Böhmen wie auch als Kaiser des Heiligen Römischen Reiches bis zu seinem Tode im Jahre 1378. Während dieser Zeit trachtete er danach, Böhmen zum Kernland seiner revidierten Form des alten Reichsgedankens zu machen. In Zusammenarbeit mit seinem Vater gelang es ihm, die Erhebung des Bistums Prag zum Sitz eines Erzbischofs sicherzustellen. Im Jahre 1348 gründete er die Universität Prag als geistiges Zentrum und Ausbildungsstätte für die Verwaltungsbeamten des Reiches. Dadurch, daß er seiner Hauptstadt die Prager Neustadt angliederte, trug er wesentlich zu deren Vergrößerung und wirtschaftlichen Bedeutung bei. Ferner ließ er an den österreichischen Augustiner-Chorherrn Waldhauser die Aufforderung ergehen, in seinen Ländern zu predigen, und schuf damit den Anlaß zu einer einheimischen Kirchenreformbewegung, aus der nach Jahrzehnten der Agitation die hussitische Revolution des 15. Jahrhunderts hervorgehen sollte.[2]

Es ist unklar, wieweit er selbst zur Förderung der Reform beitrug und dem Hussitentum den Weg freimachte. Einerseits gingen viele Züge des kirchlichen und geistigen Lebens in Böhmen, die der Bewegung zum Fortschritt verhalfen, auf die politische Ausrichtung seiner glanzvollen Herrschaft zurück. Andererseits blieb seine eigene Frömmigkeit zwar aufrichtig, aber relativ konventionell. Weder er selbst noch die Vorläufer des Hussitentums, die er zuweilen förderte, begünstigten die Ketzerei: er war der Verfasser von strengen Dekreten, die sich gegen die Begarden richteten und sich für die Inquisition aussprachen. Sein religiöses Gefühl und sein wirtschaftliches Interesse machten ihn zu einem der großen Reliquiensammler und Prag zu einem Zentrum der Heiligenverehrung mit reichen Kirchen – Umstände, gegen die sich die heftigen Angriffe der frühen Reformprediger wegen der damit verbundenen Mißbräuche richteten. Die Erschließung Böhmens zu einem Mittelpunkt des Reiches brachte es auch mit sich, daß die in Avignon betriebene Finanzpolitik in die böhmische Kirche eindrang: die Ernennung hoher geistlicher Würdenträger geschah im Einverständnis zwischen ihm und den Päpsten.[3] Im allgemeinen verfuhr er bei der Besetzung der Bistümer besonnen, begünstigte jedoch seine Freunde und Untergebenen. Auf diese Weise sicherte er sich die Leute, die seinen Wünschen entsprachen, während sich dem Papsttum außergewöhnliche Chancen eröffneten, vom Königtum Geld und Benefizien zu erlangen.

Der Adel hatte bei solchen Übereinkommen das Nachsehen. Er war Nutznießer der traditionellen Eigenkirche mit ihrer massiven Laienkontrolle; in dieser entlegenen Gegend dauerte die Kirchenregierung in Form der Eigenkirche noch lange an, nachdem sie in fortgeschrittenen Ländern bereits abgeschafft worden war. Reformgedanken im Sinne der gregorianischen Reform begannen im 13. Jahrhundert gerade erst sich auszuwirken, als den Bistümern Prag und Olmütz freie Wahl zugesichert wurde und Andreas von Prag seinen Kampf zur Befreiung von der Laienkontrolle ausfocht. Lange Zeit hindurch war die päpstliche Intervention nur schwach und zögernd: für die ganze Zeitspanne von 1221 bis 1316 hat Jaroslav Eršil nur zwölfmal päpstliche Vorbehalte in bezug auf Böhmen entdeckt.[4]

Dadurch, daß der Bischof von Prag, Johann von Draschitz, sich zwischen 1318 und 1329 ständig an der Kurie aufhielt, war die Bahn frei zum Geltendmachen päpstlicher Vorbehalte in großem Ausmaß. Diese Einmischung geschah überfallartig. Während Karls Regierungszeit fielen alle Bistümer und eine wachsende Zahl von Abteien – zumindest theoretisch – dem päpstlichen Besitzrecht anheim; in den zehn Jahren des Pontifikats Clemens' VI. befaßten sich 300 nach Böhmen gesandte Bullen mit unbedeutenden Benefizien.[5] Viele dieser Vorbehalte betrafen die Ernennung von Ausländern, besonders Deutschen. Die zeitliche Lücke zwischen der alten, von Laien kontrollierten Eigenkirche und dem spätmittelalterlichen Typus des formlosen

Konkordats zwischen Papst und Herrscher hinsichtlich der Ämterbesetzung war verhältnismäßig klein. Dies hatte wichtige Konsequenzen; denn der Adel behielt seine Rechte, die er zur Zeit der Eigenkirchen besessen hatte, sehr gut im Gedächtnis und neigte nicht ganz zu Unrecht dazu, in den päpstlichen Vorbehalten ein System zur Belohnung von Ausländern zu sehen. Im Lauf der Zeit bildete sich eine natürliche Interessengruppe, die zahlenmäßig stärker als die entsprechenden Leute in England war. Wer zu ihr gehörte, hatte mehr praktische Erfahrung mit der finanziellen Seite des mittelalterlichen Papsttums als mit der gregorianischen Reform und war bereit, eine Bewegung zu unterstützen, welche die Enteignung der Kirche und damit eine Rückkehr zu den Rechten des Laienpatronats befürwortete.[6] Kompliziert wurde das ganze Problem wie die meisten in Böhmen dadurch, daß sich die deutsche und die tschechische Volksgruppe hinsichtlich Sprache und Kultur voneinander zu trennen begannen.[7]

Die frühe Entwicklung Böhmens war in der Hauptsache dem Zustrom von deutschen Siedlern zu verdanken. In den ersten böhmischen Städten bildeten die Deutschen den beherrschenden Teil der Bevölkerung, und die Bergbaugebiete, besonders die um Kuttenberg und Iglau, die so viel zum Reichtum der böhmischen Krone beitrugen, befanden sich weitgehend in den Händen deutscher Einwanderer. Die slawischen Völkerschaften schlossen sich zunächst einer deutschen Führung an; dann machten sich die grundhörigen Bauern die Siedlungsrechte (eine Art »Kaufrecht« auf ähnlicher Basis wie das Erbpachtrecht, *A. d. Ü.*) der Deutschen zu eigen, weil diese so erfolgreich waren, und der einheimische Adel nahm auf dem Wege über den Klerus die ritterliche Kultur der deutschsprachigen Gebiete an. Um die Wende des 14. Jahrhunderts jedoch begann der Strom deutscher Einwanderer abzuebben[8], und bei dem tschechischen Teil der Bevölkerung Böhmens machte sich ein zunehmendes Selbstbewußtsein mit einem wachsenden Interesse an der eigenen Sprache bemerkbar. Die Zahl der Übersetzungen stieg sprunghaft an: die höfische Literatur der voraufgegangenen Epoche wurde aus dem Deutschen übersetzt, am Ende des 13. Jahrhunderts gab es eine vollständige tschechische Psalmenübersetzung, ferner Glaubensbekenntnisse und Gebete in tschechischer Sprache und im Laufe des 14. Jahrhunderts entstand eine tschechische Übersetzung der *Historia scholastica* des Petrus Comestor und eine tschechische Darstellung des Lebens Christi, die von einem Dominikaner aus den *Meditationes vitae Christi* zusammengestellt wurde.[9] Der Klerus war sich zum ersten Mal seiner nationalen und sprachlichen Eigenart bewußt. Dieser Prozeß wurde dadurch kompliziert, daß sich ein Lokalpatriotismus entwickelte, der den Landeskindern,

Tschechen wie Deutschen, den Vorzug gab und das Eindringen von Ausländern ablehnte.

Jedoch, wo immer es im 14. Jahrhundert in Böhmen soziale Spannungen gab, konnten diese leicht mit den Sprachunterschieden zwischen Menschen tschechischer und deutscher Zunge in Verbindung gebracht werden. So wirkte sich zum Beispiel die allmähliche Durchdringung der Städte mit Tschechen dahingehend aus, daß tschechisch Sprechende sich über die Vorherrschaft der wohlhabenden Deutschen in der Ortsverwaltung ärgerten; oder in den Beziehungen zwischen den tschechischen Adligen und den in ihrer Nähe gelegenen Städten trug der nationale Unterschied dazu bei, daß sich der Antagonismus zwischen den Klassen verschärfte. Was das kirchliche Leben anbetraf, so stieg der niedere tschechische Adel infolge seines wachsenden Bildungsstandes immer häufiger in die Reihen des Klerus auf; dies schuf wiederum Ressentiments bei den Deutschen, die sich in höheren Positionen verschanzt hatten, was die unvermeidliche Folge ihrer älteren kulturellen Führungsposition war. Unter den Luxemburgern versuchte man das Gleichgewicht wiederherzustellen, indem man zum Beispiel in Raudnitz ein Stift von Augustiner-Chorherren für die Söhne von tschechisch sprechenden Eltern gründete, welches zu einem Zentrum der volkssprachlichen religiösen Tradition wurde, oder indem Karl IV. in dem alten Kaiserpalast zu Ingelheim inmitten einer deutschen Kulturzone ein Stift für tschechische Kanoniker gründete.[10] Karl strebte in Böhmen ein Gleichgewicht zwischen den verschiedenen Rassen und Sprachen an. Es gelang ihm indessen nicht ganz, ein solches herzustellen. Die unterschwelligen Gegensätze bestanden auch weiterhin, wie uns der Abt Ludolf aus Sagan, der um 1370 in Prag studierte, bestätigt; er verglich die Feindseligkeit zwischen Deutschen und Tschechen mit der zwischen Juden und Samaritern.[11] Nach 1378 war es schwieriger, das Gleichgewicht aufrechtzuerhalten. Damals wurde Karls starke zentrale Führung durch die Herrschaft seines Sohnes, Wenzels IV. (1378–1419), abgelöst. Dieser war wegen großer politischer Schwierigkeiten nicht imstande, es seinem Vater beim Meistern dieses oder irgendeines anderen Problems gleichzutun.

Ein dritter charakteristischer Zug des böhmischen Königtums war etwa ab 1350 eine Bewegung, die Eduard Winter, der Haupthistoriker dieser Epoche, als »Frühhumanismus« bezeichnet. Oberflächlich betrachtet war seine auffallendste Eigenart das Briefeschreiben in dem neuen humanistischen Stil und die Pflege literarischer Kontakte Prags mit Petrarca und Cola di Rienzo. Noch nachhaltiger wirkte sich die neue Frömmigkeit aus, in der Winter eine Parallele, ja sogar einen Vorläufer der bekannteren *devotio moderna* in den Niederlanden sieht. In Böhmen war sie hauptsächlich mit der Verbreitung von Augustiner-Chorherrenstiften verbunden. Die Kanoniker trafen im Jahre 1350 in Böhmen ein und wurden von zwei Prager Erzbischöfen sowie von Karl IV. und einer Anzahl adliger Schutzherren begünstigt. Bei ihrer geistlichen Wirksamkeit betonten sie das Studium von Büchern, besonders Augustins und der Kirchenväter, die individualistische Verinnerlichung des religiösen Lebens, wie sie zum Beispiel bei den einflußreichen Statuten von Raudnitz in der Aufteilung des Dormitoriums in Einzelheiten zum Ausdruck kommt; ihr Anliegen war ausgesprochen seelsorgerischer Natur. Andere Ordenshäuser trugen hierzu das Ihre bei: die Zisterzienserabtei Königsaal brachte das *Malogranatum,* ein Meisterwerk der Frömmigkeit, hervor, das noch während desselben Jahrhunderts sowohl ins Deutsche als auch ins Tschechische übersetzt wurde; die Prämonstratenserabtei Tepl spielte eine Rolle in der Geschichte der biblischen Übersetzung. Wie Seibt hervorhebt[12], beschränkten sich die geistigen Auswirkungen dieser neuen Gedanken nur auf eine dünne Oberschicht; die Augustiner-Chorherren waren keine direkten Vorkämpfer der hussitischen Bewegung, sondern eher deren Gegner und nach der Revolution oft deren Opfer. Zumindest jedoch trug die *devotio moderna* Böhmens dazu bei, daß in einigen einflußreichen Kreisen jene Atmosphäre sittlichen Ernstes sowie eine gewisse Zurückhaltung gegenüber dem förmlichen, äußerlichen Apparat des traditionellen religiösen Lebens entstand, die das Meinungsklima im Sinne des Hussitentums beeinflußten.

Die Anfänge der böhmischen Reformbewegung

Einige dieser Merkmale lassen sich an der Predigttätigkeit Konrad Waldhausers erkennen.[13] Im Besitz einer geistlichen Pfründe wirkte er als freier Prediger von 1363 an in Leitmeritz, dann von der Hauptkirche der Prager Altstadt aus. Von Anfang an verlieh ihm die von Karl ausgesprochene Einladung zum Predigen sowie seine Stellung als dessen Beichtvater und Hofkaplan einen offiziellen Status. Der Grundton seiner Predigten war auf das Anprangern von Mißbräuchen im Klerus, insbesondere den der Simonie, abgestimmt. Sein besonderes Angriffsziel waren die geistlichen Orden wegen ihrer Habgier und Schlampigkeit. Eltern wurden sogar davor gewarnt, ihre Kinder bei den Bettelorden novizieren zu lassen, weil diese sittlich versagten. Waldhauser wandte sich gegen den Mißbrauch von Reliquien: insbesondere fand er es abstoßend, daß eine Reliquie der hl. Barbara bei einer Prozession in Prag als echt ausgegeben wurde, obgleich nach seiner Meinung das Original sich nur im Lande der Preußen befinden konnte. Mit dem Anprangern klerikalen Mißbrauchs, einer starken Betonung des sittlichen Verhaltens und einer radikalen Sozialkritik verband er apokalyptische Verurteilungen von falschen Propheten, die das Volk irreführten. Alsbald beklagten sich seine Gegner aus den Reihen des Klerus über ihn, und er mußte sich vor ihnen in Avignon verantworten, wo er im Jahre 1369 starb. Doch bevor seine Laufbahn auf diese Weise endete, hatte er sich unter der Prager Stadtbevölkerung und den dortigen Studenten einen Hörerkreis geschaffen und so auf seine Weise die künftigen Ereignisse mitbestimmt.

Sein Nachfolger, den er selbst bekehrt hatte, war Jan Milič aus Kremsier. Er war einst als Notar in der kaiserlichen Kanzlei tätig gewesen und wurde dann Kanonikus am Prager Dom. Durch Bibellektüre und durch Waldhausers Predigten war er dazu gebracht worden, sich von seinem früheren Leben abzuwenden. Nachdem er ein Jahr in der Einsamkeit gelebt hatte, wurde er im Jahre 1364 ein armer Bußprediger an der Pfarrkirche St. Ägidius in Prag.[14] Sein Predigtstil erinnerte an den der orthodoxen Wanderprediger des 12. Jahrhunderts:[15] was wir bei ihm wiedererkennen, ist die gleiche schwärmerische Askese, die Ablehnung des Fleisch- und Weingenusses, das Schlafen auf der harten Erde, lange Gebete und rastlose Tätigkeit. Dabei hatte er eine gewisse Neigung zum Exzentrischen; sie zeigt sich daran, daß er von dem Gedanken besessen war, der Antichrist sei erschienen, und daß Karl IV. dessen Verkörperung sei, ferner an den Reisen, die er unternahm, um dem Papst die Augen zu öffnen für die Übel, denen die Kirche seiner Meinung nach ausgesetzt war, und endlich an seinem besonderen sittlichen Anliegen sowie seinem Interesse an der Bekehrung von Prostituierten, das uns an die Tätigkeit Heinrichs des Mönchs erinnert. Der Erfolg bei seinen Hörern ermöglichte es ihm, neunundzwanzig Häuser im Dirnenviertel der Stadt zu übernehmen; es wurde von ihm in »das neue Jerusalem« umbenannt, und er richtete dort ein Haus für bekehrte Dirnen mitsamt einer Predigergemeinschaft in freier urkirchlicher Brüderlichkeit ein. Seine Predigterfolge, die Einrichtung einer neuartigen Pfarrgemeinde in Prag, die Tatsache, daß er im Stile Waldhausers die Sünden des Klerus geißelte, vielleicht auch ein Hinweis darauf, daß in seinem Jerusalem der verdächtige Lebensstil der Beginen gepflegt wurde – all dies führte dazu, daß er sich 1373 wegen der gegen ihn erhobenen Anklagen verantworten mußte und gezwungen wurde, zu diesem Zweck nach Avignon zu reisen. Nachdem er sich gerechtfertigt hatte, starb er, bevor er nach Prag zurückkehren konnte. Seine Feinde aber machten sich daran, das Experiment mit dem neuen Jerusalem zu zerstören.

De Vooght nennt ihn zu Recht den Vater der tschechischen Reformation;[16] denn in ihm schlug die Bewegung erstmals in einem eingeborenen Böhmen Wurzel. Er hielt seine Predigten in St. Ägidius, dann in der Altstädter Hauptkirche am Teinhof zu Prag in lateinischer und tschechischer Sprache – die deutsche mußte er erst erlernen, um einen weiteren Hörerkreis zu erreichen. Wenn das neue Jerusalem auch noch so kurzlebig war, so leitete er mit dieser Gründung dennoch einen Prozeß ein, in dessen Verlauf sich ein Kern von Reformgesinnten um eine Einrichtung innerhalb der Hauptstadt sammelte; und nach den zwölf Anklagepunkten, die man gegen ihn geltend machte, zu urteilen, wies er den Weg für die künftige Entwicklung; denn man legte ihm unter anderem zur Last, er empfehle den Insassen Jerusalems die tägliche Kommunion und bediene sich der Formel *Sanctus est sacerdos*.[17]

XII Ansicht von Prag

Der dritte in der Reihe der Prager Reformatoren war Matthias von Janow; er war der Theoretiker der Bewegung.[18] Milič war kein Intellektueller, doch sein Schüler Matthias hatte von 1375 bis 1381 in Paris studiert und es bis zum *magister artium* gebracht. Von seinem Patron Adalbertus Ranconis unterstützt, lebte er als Titulardomherr ohne Pfründe in Prag und danach während seiner letzten fünf Lebensjahre, seit 1389 durch eine Pfründe in Nova Ves versorgt, außerhalb der Stadt. Durch Matthias erhielt die Reformbewegung ihr wichtigstes Schriftzeugnis, die *Regulae veteris et novi testamenti,* zwölf Verhaltensregeln, von denen sich vier aus dem Alten und acht aus dem Neuen Testament ableiteten. Sie waren dazu bestimmt, die Gläubigen vor den heimtückischen Angriffen des Antichrist, dessen Anhänger für Matthias in Gestalt der sichtbaren Kirche allgegenwärtig waren, zu schützen. Das Werk bestand aus einer frei gegliederten Reihe von Traktaten, mit denen er die Notlage, in der sich die Kirche nach seiner Ansicht befand, meistern wollte: durch eine Rückkehr zum Gesetz des Evangeliums, wie es vorzugsweise in der Schrift gefunden werde, und durch den häufigen Empfang der Kommunion könne sich der Christ gegen die Heuchelei und den Formalismus des kirchlichen Lebens seiner Zeit geistig wappnen. Damit setzte Matthias die Tradition fort, indem er wie seine Vorgänger die Sünden des Klerus und der geistlichen Orden geißelte und die Menschen auf die Endzeit vorbereitete.

Das Werk entstand unter dem Eindruck der Ereignisse im Gefolge des Großen Schismas, als die Geißeln des Antichrist innerhalb der Kirche sich bis zu einem nie gekannten Ausmaß zu steigern schienen. Im westlichen Europa waren die Angriffe gegen den Klerus bereits seit langem an der Tagesordnung gewesen; in anderen Ländern, wie Böhmen, verstanden die Gemeinden zwar, wogegen sich diese Angriffe richteten, unternahmen aber nichts. Als sich ihnen jedoch das erschütternde Schauspiel zweier rivalisierender Päpste in Rom und Avignon bot, die einander mitsamt den Anhängern ihres Gegners exkommunizierten, und die Christenheit infolge dieses Streites der Päpste in zwei feindliche Lager aufgespalten war, die noch dazu durch nationale Streitigkeiten gegeneinander aufgebracht wurden – da begann man die Lage der Kirche dringlicher als je zuvor zu überdenken. Da sich das Schisma allzu lange hinzog und die Kirche offensichtlich weit größeren Schaden nahm als bei früheren derartigen Zwistigkeiten unter Päpsten, wurden die Menschen immer mehr von der Notwendigkeit überzeugt, nicht nur den Konflikt zu beenden, indem die Einheit des Papsttums wiederhergestellt wurde, sondern auch dafür zu sorgen, daß die Mißbräuche in der Kirche abgestellt wurden. Durch die Umstände bedingt, konzentrierte sich die Aufmerksamkeit auf die Päpste als die Quelle der Unruhen; denn vor die Notwendigkeit gestellt, Anhänger und Geld zu gewinnen und zu bewahren, begünstigten beide Seiten eindeutig den Mißbrauch.

Will man den Ablauf der böhmischen Reformbewegung verstehen, muß man sie vor diesem Hintergrund sehen: der Ausbruch des Schismas und sein langes Anhalten forderten den Kampf um eine Änderung der Verhältnisse geradezu heraus und zwangen die Vertreter der Kirche, sich ernsthaftere Gedanken über das Wesen dieser Institution und die Stellung des Papstes darin zu machen. Die Schwächung seiner Autorität wirkte sich vor allem aus, als es darum ging, mit abweichenden Lehrmeinungen fertig zu werden, und die Reform in Böhmen gar in Ketzerei auszuarten begann.

Noch problematischer gestaltete sich die Lage nach 1378, als Wenzel die Königsherrschaft übernahm.[19] Seine Thronbesteigung fiel mit dem Ausbruch des Schismas zusammen; aufgrund seines Charakters und seiner persönlichen Verhältnisse war auf ihn niemals Verlaß, wenn es in seinem Königreich darum ging, der Unterdrückung der Ketzerei (oder was man als solche erklärte) den nötigen Rückhalt zu geben. Karl hatte das luxemburgische Erbe unter vier Verwandte aufgeteilt. Obwohl Wenzel mit dem Königreich Böhmen den Löwenanteil bekommen hatte und gleichzeitig noch designierter römischer Kaiser war, geriet er infolge der Streitigkeiten und Ansprüche seiner Miterben häufig in Schwierigkeiten und konnte weder Böhmen als festen Stützpunkt zur Durchsetzung seiner Reichspolitik gebrauchen, noch sich auf seine Machtstützen in Deutschland verlassen; denn diese waren durch eine lange Entwicklung außerhalb seiner Kontrolle allzu geschwächt, als daß sie ihm wiederum in Böhmen hätten helfen können. In seinem Königreich hatte er mit dem Adel mancherlei Schwierigkeiten, die noch durch seine eigenen Verwandten, besonders seinen Bruder Sigismund, verschärft wurden; seine eigenen Untertanen hielten ihn sogar gefangen. Seine Kaiserkrönung erlangte er nie. Im Jahre 1400 wurde er als römischer König abgesetzt und durch seinen Rivalen Ruprecht von der Pfalz ersetzt. Alle diese Umstände mitsamt dem Wirrwarr, den das Große Schisma in der Politik hervorrief, lenkten ihn von den kirchlichen Angelegenheiten in Böhmen ab: er hatte weder Zeit noch Lust dazu, entweder selbst mit der Reformbewegung in seinem Lande zusammenzuarbeiten oder aber andere Kirchenvertreter bei deren Unterdrückung zu unterstützen. Wenzels Probleme waren zwar zu der Zeit, als Matthias seine *Regulae* niederschrieb, noch nicht voll zur Auswirkung gelangt, aber man kann sie nicht ohne Zusammenhang mit diesem Werk sehen. Sowohl in der Kirche als auch in Böhmen war eine unruhevolle Zeit angebrochen. Dies spiegelt sich in der Eindringlichkeit, mit der Matthias schreibt, wider.

Eine Reihe von Zügen waren zugegebenermaßen nicht gänzlich neu: wenn er die Ausweitung der Regeln des kanonischen Gesetzes angreift, wenn er sich wieder nach Einfachheit sehnt und dabei an ein früheres, urkirchliches Stadium denkt, wenn ihm daran gelegen ist, innerhalb der sichtbaren Kirche die wahren Christen von den Anhängern des Antichrist zu unterscheiden, so findet dies seine Entsprechungen in einem früheren Jahrhundert des Lebens der Kirche, als sie sich Problemen gegenübergestellt sah, die ein theologisches Denken dieser Art herausforderten. Am auffallendsten an Matthias von Janow ist jedoch sein Insistieren auf der Wertschätzung der Eucharistie. Ihr widmete er den Hauptteil der beiden ersten Bücher und das ganze fünfte eines aus fünf Büchern bestehenden umfangreichen Werkes, und durch sie wurde er zu einigen höchst ausdrucksvollen Stellen inspiriert.[20] Wie der Rückgriff auf die Bibel die Gläubigen dazu befähigt, sich in der erstickenden Fülle der auf menschlicher Erfindung beruhenden Regeln zurechtzufinden, so verhilft ihnen der häufige, möglichst tägliche Empfang der Kommunion dazu, die Ablenkungen eines nutzlosen Formalismus im Gottesdienst, falscher Reliquien und Wunder zu vermeiden. Hierin unterscheidet sich Matthias von anderen zeitgenössischen Reformern.[21]

Seine Befürwortung einer häufigen Kommunion für die Laien zog die argwöhnische Aufmerksamkeit der Kirchenbehörde auf sich. Die Dekrete der Prager Synode in den Jahren 1388 und 1389 richteten sich gegen die Angriffe auf die Bilderverehrung und ferner dagegen, daß die Laien mehr als einmal im Monat die Kommunion empfingen. Damit richteten sie sich unter anderem auch gegen Matthias' Lehren. Beide Punkte widerrief er zwar, befand sich jedoch 1392, zwei Jahre vor seinem Tode, erneut in Schwierigkeiten. Solche Störungen verminderten seinen Einfluß kaum; obgleich man ihn mit einem sechsmonatigen Entzug seiner geistlichen Funktionen bestrafte, erlitt er keine nennenswerten Benachteiligungen. Obwohl sein Werk nicht das eines Ketzers war, enthielt es dennoch in schriftlicher Formulierung einige der wesentlichen Anschauungen der böhmischen Reformatoren. Es war die Studie eines Predigers, in der es mehr um christliches Verhalten als um dogmatische Aspekte ging. Wenn sie auch theologisch korrekt war, so tendierte sie doch insgesamt zu einer Kritik am Verhalten der Geistlichen, und aus der Betonung der persönlichen geistigen Untadeligkeit des Einzelnen ließ sich das Rohmaterial für die Angriffe gegen die Kirche und ihre Führung entnehmen. Die heftigen Angriffe gegen Mißbräuche waren nun in geschriebener Form verfügbar und übten sowohl zu Matthias' Lebzeiten als auch nach seinem Tode ihren Einfluß aus.

Jede dieser Hauptgestalten – Waldhauser, Milič und Matthias von Janow – mußte mit dem fest eingewurzelten klerikalen Widerstand rechnen. Doch keiner von ihnen ließ sich dadurch von seinem Wege abbringen. Einen Beweis dafür, welchen Einfluß sie bei manchen Leuten ausübten, liefert Thomas von Štítný, jener böhmische Landedelmann, der an der Prager Universität Vorlesungen besuchte und eine Anzahl von religiösen Handbüchern für den Familiengebrauch in der Volkssprache herausgab. Sie waren völlig orthodox und herkömmlicher Art; doch sie schärften den Leuten die gleiche Wachsamkeit gegenüber Formalitäten und Aberglauben im religiösen Leben ein, lehrten sie genauso auf der Hut zu sein vor der klösterlichen Lebensweise und legten ebenso großen Wert auf die Bibel und die häufige Laienkommunion.[22]

Der Einfluß der neuen Ideen wurde verstärkt durch die Gründung der Bethlehemskapelle in Prag. Sie wurde im Jahre 1394 für Predigten in der tschechischen Mundart eröffnet und faßte dreitausend Menschen.[23] Zu ihren Patronen zählte zwar auch ein deutscher Ritter, Hans von Mühlheim, doch im wesentlichen handelte es sich hierbei um eine tschechische Unternehmung: zusammen mit dem Bürgermeister der Altstadt hatten drei Magister der böhmischen Universitätsnation die Predigerpfründe zu besetzen. Auf diese Weise wurde Bethlehem als Zentrum der Reformbewegung zur Nachfolgeeinrichtung des neuen Jerusalems von Milič. Der Zweck, zu dem sie eingerichtet worden war – die Predigt in der Sprache des Volkes –, unterstrich den tschechischen Aspekt der Bewegung.

Die Reformgedanken blieben jedoch nicht auf Bethlehem und die Hörerschaft der Volksprediger beschränkt. Sie drangen auch in das Universitätsmilieu vor[24], und zwar in Form von Beschwerden, wie sie der Dominikaner Johannes von Dambach, ein Schüler von Meister Eckhart und Lehrer der Theologie in der Anfangszeit der Prager Universität, erhob. Er kontrastierte die unheilvolle Auswirkung des Interdikts auf das kirchliche Leben in Deutschland mit Karls häuslicher Reliquiensammlung – solch ein Thema war charakteristisch für die Abneigung, welche die böhmischen Reformer gegen Formalismus auf Kosten echter Seelsorge hegten. Später machten sich die Reformgedanken auch in den Thesen des Heinrich Totting von Oyta und seines Schülers Konrad von Soltau bemerkbar. Letzterer zog im Jahre 1377 die Sakramentenspendung von Konkubinariern in Zweifel. Der deutsche Dominikaner Heinrich von Bitterfeld, der einen Lehrstuhl in Prag innehatte, erhob seine Stimme zugunsten der häufigen Kommunion und gab seinem Unwillen über den Ablaßhandel Ausdruck. Das leitete in Prag eine Tradition ein, auf der die eigentlichen Hussiten eines Tages weiterbauen sollten.

So gab es gegen Ende des Jahrhunderts eine breite Basis für die Reformbewegung der Prager Prediger: sie wurde durch die Existenz der Bethlehemskapelle und den Widerhall, den sie beim Volke fand, sowie durch eine gewisse Verbreiterung von neuen Ideen an der Universität unterstützt. Dem Hauptziel der Bewegung – der Reform des böhmischen Klerus – war jedoch kein entsprechender Erfolg beschieden.[25]

Der Reichtum der böhmischen Kirche nährte die Mißstände. Ein Überfluß an Dotationen lockte unwürdige Kandidaten für die Priesterweihe an und flößte den Laien ein ungesundes Interesse an kirchlichen Gütern ein. Auch hat es anscheinend zu viele Geistliche gegeben: Tomek schätzte, daß gegen Ende des Jahrhunderts in Prag, einer Stadt mit 35000 bis 40000 Einwohnern 1200 Geistliche waren, davon allein 200 am Dom.[26] Sie hatten nicht genug zu tun. Eine zeitgenössische Abhandlung klagt über die Notlage der Kleriker, die von einem Prager Groschen Meßgeld kaum zu leben wußten. So trug Böhmen zusätzlich zu den Gefahren, die mit überreichlichen Dotationen verbunden waren, auch noch die Bürde eines geistlichen Proletariats – eine Brutstätte für abweichende Meinungen innerhalb des Klerus und eine Quelle des Ärgernisses für die Laien. Mitverantwortlich für diese Lage war der noch vorhandene Einfluß der Aristokratie. Der Prager Bischof Johann von Draschitz, der Gründer von Raudnitz, führte einen Kampf gegen die Ausnutzung der *mercenarii,* jener Priester, die nur einen Teil ihrer Stipendien ausgezahlt bekamen, während ihre adligen Patrone den Rest für ihren eigenen Gebrauch konfiszierten. Sowohl der erste Erzbischof von Prag, Ernst von Pardubitz, der Nachfolger des Johannes, als auch nach ihm Erzbischof Johann Očko von Vlaším waren in der Lage, in Zusammenarbeit mit der weltlichen Obrigkeit Verwaltungsreformen durchzuführen; aber keiner von beiden konnte eine wesentliche Veränderung der Lage herbeiführen. Zwischen dem Zentralismus des Papsttums in Avignon und der Kontrolle durch die königliche Macht blieb für das kirchliche Oberhaupt Böhmens wenig eigener Spielraum, und obwohl Karl IV. gegenüber Reformen nicht unzugänglich war, war er doch nicht bereit, sie so weit zu treiben, daß sie einem königlichen Patronatssystem zum Nachteil gereichten; denn dies kam eher seiner eigenen Bürokratie als den kirchlichen Belangen zugute.

Unter Wenzels Regierung schwanden die Hoffnungen dahin. Sein Erzbischof, Johann von Jenstein, war von tiefer persönlicher Frömmigkeit und hatte selbst ein Interesse an Reformen, aber er war politisch nicht gewitzt genug. Während seines Episkopats kamen die freundlichen Beziehungen zum Herrscher unter dem Druck der Schismapolitik zum Erliegen, da Johann fest zu Rom stand, während Wenzel aus eigenem Interesse nach Avignon umschwenkte. Es kam häufig zu Streitigkeiten, da Wenzel im Jahre 1393 eine Rückkehr zum alten Eigentümersystem befürwortete, wie es ein Autor unserer Zeit genannt hat.[27] Auf personaler Ebene erreichte der Konflikt seinen Höhepunkt, als der erzbischöfliche Generalvikar Johann von Nepomuk ermordet wurde. Der Erzbischof gab schießlich nach. Es gehörte zur Tragödie seiner Generation, daß Johann von Jenstein sich in diesen Konflikten nicht zurechtfinden konnte; denn er hatte Kontakt zu Matthias von Janow, verfaßte selbst Abhandlungen und stand den zeitgenössischen Frömmigkeitsbestrebungen nahe.[28] Schließlich schloß er sich, wenn auch vielleicht nicht ganz freiwillig, der Opposition an, indem er deren Angriff auf Matthias' Befürwortung häufiger Laienkommunion unterstützte. Sein eigener Versuch, bei der Prager Visitation von 1379–1380 eine Verwaltungsreform herbeizuführen, wurde durch gerichtliches Einschreiten unterbunden und nicht wiederaufgenommen. Jenstein konnte für sich in Anspruch nehmen, daß dies die erste derartige Visitation größeren Stils war und daß sie in nicht weniger als sechzehn von neununddreißig Kirchen die Tatsache aufdeckte, daß die Pfründeninhaber zum Ärgernis Anlaß gaben.[29] Nach Jenstein zeigte sich keiner seiner Nachfolger, weder sein Neffe Wolfram von Skworetz (1396–1402) noch Zbyněk Zajíc von Hasenburg (1402 bis 1411), den Anforderungen seines Amtes gewachsen.

So setzten sich die Mißstände fort. Sie wurden nur noch vergröbert durch solch skandalöse Machenschaften wie die zwischen Wenzel und dem römischen Papst Bonifatius IX. im Jahre 1393 getroffene Vereinbarung, wonach Pilgern, die vier Prager Kirchen besucht hatten, ein Jubiläumsablaß gewährt wurde, als ob sie Rom besucht hätten, und die Hälfte ihrer Opfergelder an die Kirche des hl. Petrus auf Wyschehrad dem König zufloß.[30] Infolge des Scheiterns der Reform machte sich bei einem Teil der Bevölkerung eine wachsende Ungeduld mit den Geistlichen bemerkbar. Dies führte dazu, daß die Reformer aufs neue und um so eindringlicher ihre Stimme erhoben. Die frühen Prediger hatten den Ton auf die Frömmigkeit des Einzelnen und die Wiederkunft Christi gelegt: eine Reform hatte man durch geistliche Erneuerung von heiligmäßigen Männern erwartet. Matthias hatte das Schisma beklagt, jedoch keine konstitutionelle Maßnahme vorgeschlagen, um es zu beenden, wie es die Mitglieder der Konzilsbewegung taten.[31] Jetzt trat ein Wandel ein: das Volk gab seinem Unwillen über das kirchliche Versagen immer stärkeren Ausdruck, und es wurde immer klarer, daß man Gewalt würde anwenden müssen, um die nötige Reform herbeizuführen.

Der Einfluß Wyclifs

Als ein weiterer, völlig neuer Faktor kam hinzu, daß sich Wyclifs Gedankengut an der Prager Karls-Universität ausbreitete. Obgleich auch seine Theologie bereits in der Anfangszeit hier nicht gänzlich unbekannt war – denn der Prager Professor Nikolaus Biceps machte noch zu Wyclifs Lebzeiten seine Argumente gegen dessen eucharistische Lehren geltend[32] –, waren es doch die philosophischen Arbeiten, die zuerst allgemeine Aufmerksamkeit erregten. Das geistige Klima, in welchem dies Interesse an wyclifitischer Philosophie aufkam, läßt sich aus Randglossen in den Manuskripten seiner philosophischen Werke ermessen, die zufällig von dem jungen Hus abgeschrieben wurden – er verdiente sich damit als Student seinen Lebensunterhalt. Eine dieser Glossen warnt den Leser, die Abhandlung *De ideis* den *non intelligentibus* zu empfehlen; in einer anderen klingt eine Bewunderung an, bei der es dem Schreiber etwas unbehaglich war: »O Wycleff, Wycleff, du hast mehr als einem den Kopf verdreht.«[33] Diese beiden Kommentare zeigen, daß Universitätsangehörige in einer ähnlichen Weise reagierten wie die Oxforder Gelehrten, die zuerst mit Wyclifs ultrarealistischer Philosophie konfrontiert wurden. Sie war schwierig, manchmal beunruhigend und konnte mit ihren kühnen Behauptungen die Leute aus der Fassung bringen.

Das Interesse an den philosophischen Abhandlungen weckte alsbald auch das an den theologischen. Nicht zuletzt dank der Besuche böhmischer Gelehrter in England gelangten nach und nach Wyclifs gefährlichere Schriften nach Böhmen. Zwei von jenen Gelehrten, Bakkalaurei der Universität, scheinen direkten Kontakt mit englischen Lollarden aufgenommen und sich auf Latimers Landsitz in Braybrooke aufgehalten zu haben. Nebst den Abhandlungen nahmen sie ein Stück von Wyclifs Grabstein mit zurück. Danach blieben die beiden Bewegungen in England und Böhmen miteinander in Verbindung, bis die Lollarden endgültig in den Untergrund verdrängt wurden.[34]

Wyclifs Gedanken machten die Lage noch komplizierter.[35] Einerseits gaben seine Werke den seit langem im Umlauf befindlichen Reformideen in Böhmen ein viel festeres geistiges Gerüst und machten diejenigen, die Wyclifs Anregung akzeptierten, noch aggressiver in ihrem Reformbestreben. An der Universität beendete die Verbreitung seines Denkens die Phase unvereinbarer, ja sogar etwas opportunistischer Reformideen, die in den letzten drei Jahrzehnten des Jahrhunderts in den vorwiegend moralischen Erweckungspredigten eines Waldhauser, Milič, Matthias von Janow und der Priester der Bethlehemskapelle nebeneinander geäußert wurden. Andererseits stieß diese Denkweise einige urteilsfähige Männer, die an sich der Reform gegenüber durchaus aufgeschlossen waren, zurück, so daß seine Gegner innerhalb Böhmens eine neue Handhabe bekamen, die Reformer mit dem Makel von Wyclifs Häresie zu belegen.

Im Gegensatz zu der Lage in England lieferten die besonderen Verhältnisse in Böhmen einen zusätzlichen Grund für die Beliebtheit der Schriften Wyclifs: die tschechischen Magister hegten gegenüber den Deutschen an der Prager Universität feindselige, mit Neid vermischte Gefühle. In einem wyclifitischen Manuskript findet sich folgende von anderer Hand hinzugefügte Randglosse: »Haha, raus mit den Deutschen, raus!«[36] Es handelt sich um die Handschrift eines philosophischen Werkes: der Kommentar drückt die Freude eines Tschechen darüber aus, daß er gegen den vorherrschenden Nominalismus der deutschen Magister eine philosophische Waffe gefunden hat. Der Ultrarealismus konnte in Prag deswegen gedeihen, weil er auf die ockhamistischen Anschauungen einer vermutlich überwiegenden Zahl der Lehrkräfte in der theologischen Fakultät, die aus deutschsprachigen Ländern kamen oder von Deutschen innerhalb Böhmens abstammten, eine Antwort zu geben schien.

In den Gründerjahren der Universität hatte die Zahl der tschechischen Studenten nur einen geringen Anteil ausgemacht. Zur Zeit ihrer Gründung durch Karl IV. war die Universität nach dem Pariser Modell den Himmelsrichtungen entsprechend in vier Nationen gegliedert – die böhmische, die polnische (was praktisch oft die deutsche bedeutete), die sächsische und die bayrische.[37] Anfangs bildeten die Tschechen (die ja nur einen Teil der böhmischen »Nation« ausmachten) eine unbedeutende Minderheit. Im Laufe der Zeit führten die internen Auseinandersetzungen an der Universität sowie die Gründung neuer Universitäten in Ländern deutscher Sprache dazu, daß der Anteil der Deutschen im Verhältnis zu den Tschechen im ganzen geringer wurde. In der artistischen Fakultät entstammten in den achtziger Jahren des 14. Jahrhunderts 25% aller Graduierten der böhmischen Universitätsnation. Um die Jahrhundertwende war ihr Anteil aber bereits auf 36% gestiegen. Während in der Anfangszeit kaum 10% der Dekane in der Fakultät der böhmischen Universitätsnation angehört hatten – dieses Amt wurde aufgrund einer Wahl besetzt –, stellten sie von 1391 bis 1408 fast 40%. Was die Theologie anbetraf, so hatten ihre Magister zuerst nicht gerade zu den führenden Köpfen gezählt. Insgesamt neigten sie zu einer etwas konservativ realistischen Tradition, die sich von Augustin herleitete und hatten Minderwertigkeitskomplexe. Solche Leute konnten sich wohl von Wyclifs Ultrarealismus und seinen kühnen Entgegnungen auf den Ockhamismus angesprochen fühlen, weil dadurch ihre eigene Geisteshaltung gegenüber den Deutschen aufgewertet wurde. Als Antwort darauf griffen die Deutschen zumeist die orthodoxe Interpretation Wyclifs und diejenigen, die sie vertraten, an. Dies war allerdings nicht immer der Fall; denn es gab Gegentendenzen, weil nicht alle Deutschen Nominalisten waren und einige Tschechen im Gegensatz zum Ultrarealismus der Wyclifiten eine gemäßigt realistische Position einnahmen. Dennoch verlieh die Trennung zwischen Tschechen und Deutschen dem Studium Wyclifs und der sich daraus ergebenden Kontroverse eine neue Dimension.

Jan Hus

Gerade zu der Zeit, als Wyclifs Lehre sich in der Universität ernstlich auszuwirken begann, wurde Jan Hus zum Rektor der Bethlehemskapelle ernannt. In ihm vereinigten sich alle Strömungen, die damals in der böhmischen Reformbewegung erkennbar waren: der Wyclifismus, die Betonung einer tschechischen Nationalreform und die erneute Dringlichkeit der Kritik an den sittlichen Mißständen. Seine akademische Ausbildung führte ihn dem Wyclifismus zu: er gehörte zu der neuen, radikalen Generation tschechischer Magister, die sich sofort von Wyclif angesprochen fühlten, aus deren Reihen er allerdings keineswegs hervorragte.[38] Die Schrittmacher waren andere, tiefgründiger veranlagte tschechische Magister. Hus war in erster Linie Prediger, Agitator und Verfasser geistlichen Schrifttums. Damit stand er eher in der älteren Tradition der Reformer des 14. Jahrhunderts. Einige Zeit vor seiner Priesterweihe im Jahre 1400 erlebte er seine Bekehrung und machte, wie er später bekannte, Schluß mit der konventionellen Karriere eines Geistlichen.[39] An der Bethlehemskapelle fand er zu sich selbst. Flajšhans, der Herausgeber seiner Predigten, schätzt, daß er während seines zwölfjährigen Dienstes in Bethlehem mehr als dreitausendmal predigte, normalerweise zweimal an jedem Sonntag und an jedem Festtag eines Heiligen, immer in einer überfüllten Kirche.[40] Unter ihm wurde die Bethlehemskapelle zum Zentrum der Volksbewegung, was sie unter seinen beiden Vorgängern nicht gewesen war, denn diese waren von anderen Pflichten abgelenkt. Wie es dort zuging, können wir uns lebhaft vorstellen, denn wir besitzen manche seiner Predigten im Wortlaut, ja sogar seine Notizen über deren Ausführung. Sie verraten uns etwas von seinem unmittelbaren emotionalen Kontakt mit seiner Zuhörerschaft[41]: »Und wenn die Zuhörer dann reagieren, gegen den Götzendienst sprechen«; soweit geht die Beurteilung des Wortlauts. »Daraufhin weiter ausmalen, wenn die Haltung der Leute es rechtfertigt.«

Die Kapelle war ein weiträumiges, schlichtes Gebäude, eine Predigtkirche, deren Stil etwas an den der Franziskanerkirchen erinnert. An den Wänden waren paarweise Bilder angebracht: der Papst zu Pferde in vollem Ornat, kontrastiert mit einem Christus in offenkundiger Armut, der sein Kreuz trägt; Konstantin, wie er dem Papst seine Schenkung macht, kontrastiert mit dem dorngekrönten Christus vor Pilatus.[42] Die Predigten entsprachen den Bildern – sie waren zwar orthodox, gingen aber scharf mit den Mißständen der modernen Kirche ins Gericht und hoben den Kontrast zu der Armut und Schlichtheit der Urkirche hervor. Niemals verfiel Hus in die donatistische Ansicht, die Gültigkeit der von einem unwürdigen Priester verabreichten Sakramente zu bestreiten.[43] Als ein zutiefst emotionaler Mann und leidenschaftlicher Reformer war er von den Mißständen, die er um sich herum erblickte, bis ins Innerste getroffen und vermittelte diese Entrüstung seiner Gemeinde.[44] Die Wirkung seiner Worte wurde durch seine eigene untadelige Lebensführung und seinen offensichtlichen Mangel an persönlichem Ehrgeiz verstärkt – er strebte nie nach einem höheren Amt als dem des Rektors von Bethlehem, und durch seine Predigten und Briefe zieht sich als roter Faden sein alle Schichten der Prager Gesellschaft betreffendes seelsorgerisches Anliegen.[45]

Die Muttersprache der Gemeinde in der Bethlehemskapelle war tschechisch. Hus predigte nicht mehr, wie es bei den früheren Reformern üblich war, sowohl in tschechischer als auch in deutscher Sprache, sondern nur noch tschechisch. Er war unter kleinen Freibauern in einem stark mit deutschen Siedlern durchsetzten Gebiet Südböhmens aufgewachsen. So war er sich der nationalen und sprachlichen Unterschiede, die in einer völkisch gemischten Gegend so sehr hervortraten, bewußt. Er war der Ansicht, die Tschechen sollten in den Ämtern des Königreiches *Bohemia* die erste Rolle spielen, »so wie es bei den Franzosen in Frankreich und bei den Deutschen in ihren eigenen Landen der Fall ist«. Neben seiner tschechischen Volkszugehörigkeit war er sich auch dessen bewußt, daß seine Nation eine besondere religiöse Verantwortung trage. Das Wort *Bohemia* leitete er von dem slawischen *Bóh* (»Gott«) ab, nannte das Königreich *christianissimum* und sprach von den *verny Chechy,* den getreuen Tschechen.[46] In Bethlehem erweiterte er den Kreis seiner Gemeinde, indem er sich sowohl an Handwerker als auch an Leute aus der tschechischen Mittelschicht wandte. Er erreichte jedoch nicht die deutschsprachige Mittelschicht der Hauptstadt. Deshalb trug die Zeit seines Rektorats in Bethlehem zu dem Polarisierungsprozeß bei, der sich zu Anfang des 15. Jahrhunderts zwischen den tschechischen Reformern und der deutschen Opposition vollzog.

Der Angriff auf die Wyclifiten

Beschleunigt wurde diese Polarisierung durch eine von deutschen Magistern durchgeführte Kampagne auf die Wyclifanhänger. Sie begann im Jahre 1403 mit einem von Elias Hübner[47], einem Angehörigen der schlesischen Universitätsnation, an die Prager Diözesanbehörden gerichteten Aufruf, gegen Wyclifs Werke vorzugehen; fortgesetzt wurde sie von Johann Štěkna, einem Emigranten aus Prag, durch einen Angriff gegen die Schriften des tschechischen Wyclifiten Stanislaus von Znaim; und ihren Höhepunkt fand sie im Jahre 1408, als Ludolf Meistermann, ein Angehöriger der sächsischen Universitätsnation, an die Kurie appellierte. Das Interesse an Wyclifs Philosophie war oft mit einer Zugehörigkeit zur Reformbewegung gekoppelt, und gegen Wyclif gerichtete Angriffe betrachteten die Reformer als verschleierte Versuche, ihre Bewegung im Keime zu ersticken. Die bloße Tatsache, daß für diese Angriffe Deutsche die Verantwortung trugen, veranlaßte die Tschechen, sich in einer Abwehrhaltung zusammenzuscharen, nicht unbedingt, um den Kern der Wyclifschen Lehren zu verteidigen, sondern um auf ihrem Recht zu bestehen, ihn zu lesen und zu lehren, ohne Rücksicht darauf, ob sie als Einzelne alle seine Ansichten teilten oder nicht. Dies war bei einigen sicher nicht der Fall. Die Auffassungen waren nämlich breit gefächert – es gab sehr gemäßigte Lehrer, die der Meinung waren, man könne Wyclif durchaus heranziehen, und solche wie Stefan Páleč und Stanislaus von Znaim, der geradezu die eucharistische Remanenzlehre der Wyclifiten vertrat und so in seinem *De corpore Christi* die Transsubstantiationslehre leugnete. Beide brachten Werke hervor, die so stark von Wyclif beeinflußt waren, daß die Wyclifgesellschaft im 19. Jahrhundert annahm, sie stammten von ihm selbst.[48] Es gab aber auch Tschechen wie Andreas von Brod, der die Lehre Wyclifs in dessen letzter Phase nicht verteidigte, und dem der Gedanke, daß sich die Remanenzlehre in Böhmen ausbreitete, unbehaglich war.[49]

Die für Wyclif eingenommene Gruppe von Tschechen befand sich in der glücklichen Lage, daß damals das Episkopat in den Händen von Zbyněk lag, einem ehemaligen Soldaten aus vornehmer Familie, der in der Theologie zwar wenig bewandert, aber der Reform gegenüber aufgeschlossen war; er verhielt sich den Wyclifiten gegenüber nachsichtig, und erst 1408 faßte er den Beschluß, es sei notwendig, energische Schritte zu unternehmen, um die Verbreitung wyclifitischer Ansichten zu unterbinden. Es ist offenkundig, wie sehr sich Courtenays entschlossenes Verhalten gegenüber den Lollarden hiervon unterscheidet.[50] Durch Zbyněks wohlwollende Einstellung wurde ein Verdammungsurteil hinausgeschoben. Denn obgleich die deutschen Magister stark genug waren, um einen Universitätsbeschluß gegen Wyclif herbeizuführen, bedurften sie der Unterstützung durch den Erzbischof, um die Wyclifiten niederzuzwingen. Die hinausgezögerte Debatte über diese Frage kam jedoch auf dem Wege über die tschechischen Studenten an der Universität auch der Bevölkerung zu Ohren. Dadurch wurden die radikalen Glaubenssätze Wyclifs (oder vielmehr seine angeblichen Glaubenssätze) in einem Maße volkstümlich, wie es durch keine andere Maßnahme möglich gewesen wäre.

Die Auszüge, die Hübner seinerseits zusammengestellt hatte, waren schon älteren Datums – unter den fünfundvierzig Thesen waren vierundzwanzig von Wyclif stammende Sätze, die 1382 auf der Dominikaner-Synode in London verurteilt worden waren, die übrigen einundzwanzig stammten wahrscheinlich von einer früheren Verurteilung[51] –, und er stellte die Behauptung auf, Wyclif sei schon offiziell verdammt worden, und solche Urteile sollten automatisch auch in Böhmen in Kraft treten. Dies machte damals allerdings nicht viel Eindruck. Die Auszüge hingegen fanden über Jahre hin eine Verbreitung, wie sie Hübner und seine Kollegen niemals erwartet hatten. Man riß sie aus ihrem Zusammenhang heraus und zitierte sie in knappen, beißend scharfen Sätzen, die aufs beste geeignet waren, einer Volksbewegung als Schlagworte zu dienen.[52] So löste man das Problem, Wyclifs Gedanken ohne den schwierigen Kontext der weitschweifigen lateinischen Abhandlungen des Magisters verständlich zu machen.

Sätze wie Artikel 10 (»Es verstößt gegen die Heilige Schrift, daß
Geistliche Besitztümer haben«), Artikel 16 (»Weltliche Herren können
der Kirche und Pfründeninhabern, die fortgesetzt Anstoß erregen,
nach freiem Ermessen ihre weltlichen Güter entziehen«) oder Artikel
14 (»Jeder Diakon oder Priester kann ohne Ermächtigung von seiten
des apostolischen Stuhls und des katholischen Bischofs das Wort Gottes predigen«) lösten eine unmittelbar subversive Wirkung aus. In der
Tat waren die Auszüge in einer solchen Zusammenstellung geeignet,
das hierarchische und sakramentale Gerüst der Kirche auszuhöhlen,
eine Rückkehr zur apostolischen Armut zu ermöglichen und sie der
Gewalt des Königs und der weltlichen Herren auszusetzen. Sie enthielten massive Häresien: Artikel 4 leugnete die Gültigkeit der Amtshandlungen eines Bischofs oder Priesters, der sich im Stande der Todsünde
befand – das war reiner Donatismus; Artikel 5 bestritt, daß Christus
die Messe eingesetzt habe; Artikel 37 besagte, daß die römische Kirche
eine Synagoge Satans sei. Zwei Exzerpte, nämlich Artikel 7 und 11,
schwächten erheblich die Stellung der Priesterschaft und des Episkopats, indem sie sowohl die Absolution als auch die Exkommunikation
untergruben. Da die Artikel, die solche Meinungen enthielten, stets in
aller Munde geführt wurden, gelangten sie aus Universitätskreisen
hinaus in breitere Volksschichten.

Indessen blieb Wyclif in der Universität ein zentrales Thema der gelehrten Debatten. Immer wieder tauchten Fragen auf wie diese: Wie
viele der Gedanken Wyclifs sollte man sich aneignen? Sollte man sich
auf seine Philosophie beschränken? Sollte man seine Reformgedanken
und politischen Ideen übernehmen, die Remanenzlehre und die Lehre
von der Kirche? Die Tschechen an der Universität bildeten trotz individuell abweichender Meinungen eine gemeinsame Front. Als Zbyněk sie im Jahre 1408 zum ersten Mal wirklich unter Druck setzte, reagierten sie so, daß sie durch gemeinsamen Beschluß jegliche Verteidigung der fünfundvierzig Artikel »in ihrem häretischen, irrigen und anstößigen Sinn«[53] untersagten. Durch diese Maßnahme behielten sie
sich stillschweigend das Recht vor, Wyclif zu lesen; ausdrücklich verwarfen sie lediglich diese bestimmten Artikel, wobei sie die Frage offenließen, ob sie zu Recht Wyclif zugeschrieben werden konnten.

Das Unheil nahm seinen Lauf, doch die Würfel waren bereits gefallen, als zehn Tage zuvor der Magister Matthäus von Knín vor das erzbischöfliche Gericht gestellt wurde und anschließend der Remanenzlehre abschwören mußte. Es besteht kaum Zweifel, das der Wyclifismus in Böhmen noch vollständig hätte ausgerottet werden können,
wenn Zbyněk in der Lage gewesen wäre, seine ersten Maßnahmen, die
er im Frühjahr 1408 traf, konsequent weiterzuverfolgen. Die Kurie
hatte hinter Meistermann gestanden, als er seinen Vorstoß unternahm:

dies verlieh der Angelegenheit die nötige Aufmerksamkeit und veranlaßte den Erzbischof, sich für ihn einzusetzen. Die Zeiten waren vorbei, als man mit Synodalbeschlüssen gegen Mißstände anging und Hus zum Predigen einlud.[54] Der Druck von außerhalb entfremdete Stanislaus von Znaim und Páleč ihrer böhmischen Heimat; sie ließen Wyclif fallen und wurden zu Feinden einer Bewegung, die sie einst unterstützt hatten.[55] Waren die tschechischen Magister auch noch so sehr in den späten Wyclifismus hineingezogen, sie hätten durchaus noch davon abgebracht werden können, Wyclif zu verteidigen, wie diese Ereignisse zeigen, und die Verbreitung der Ketzerei im Volk hätte aufgehalten werden können, wenn Zbyněk in der Lage gewesen wäre, seine Gegenmaßnahmen weiterzuverfolgen.

Was jedoch unerwarteterweise hinzukam, waren die politischen Ereignisse und Wenzels Anteilnahme an der emotionellen Seite der Angelegenheit. Dadurch konnte sich eine Partei zur Verteidigung der Reform des Jan Hus und der radikalen Glaubenssätze Wyclifs bilden, und es entstand eine neue Situation, für die sich in der Geschichte des englischen Lollardentums keine Parallele findet.

Anmerkungen:

[1] Seibt, F.: Die Zeit der Luxemburger und der hussitischen Revolution in: *Handbuch der Geschichte der böhmischen Länder,* Hrsg. Bosl, K., I, Stuttgart 1967, S. 351–536 (umfassend, mit Bibliographie; in England nicht genügend bekannt); Seibt, F.: Bohemica, Probleme und Literatur seit 1945, in: HZ, Sonderheft IV, 1970, bes. S. 49–99 (Einführung in die nach dem Kriege erschienenen Arbeiten über Böhmen mit Kommentaren; bes. wertvoll betr. tschechische Literatur). Ich verdanke Prof. F. Seibt Kommentare und Informationen. Auf englisch: Krofta, K.: Bohemia in the Fourteenth Century, in: *CMH,* VII, S. 155–581 (jetzt veraltet); Thomson, S. H.: Learning at the Court of Charles IV, *Speculum,* xxv, 1950, S. 1–20; Betts, R. R.: *Essays in Czech History,* London 1969, außer Kap. 3, S. 29–41 (hierzu vgl. Leff, *Heresy,* II, S. 632 A.), Kaminsky, H.: *A History of the Hussite Revolution,* Berkeley u. Los Angeles 1967 (grundlegende und ins Einzelne gehende Untersuchung der Geschichte der Ideen in bezug auf die politische Entwicklung bis 1424 mit ausgezeichneter Kenntnis der dogmatischen Quellen); Bibliographie S. 551–553; über Karl IV., S. 7–8. *A. d. Ü.:* In dieser Übersetzung werden die Namen in der Form angegeben, die dem Leser aus der deutschsprachigen Literatur geläufig ist.

[2] Seibt, F.: Karl IV., Ein Kaiser in Europa, 1346–1378, München 1978.

[3] Eršil, J.: Les Rapports administratifs et financiers de la Papauté avignonaise avec les Pays de la Couronne de Bohême entre 1352 et 1378, *Rospravy Československá Akademie Věd,* LXIX, 1959, S. 130 (Zusammenfassung des tschechischen Artikels); Weltsch, R. E.: *Archbishop John of Jenstein (1348–1400),* Den Haag u. Paris 1968, S. 40–49

[4] Eršil, Rapports, S. 131; über die allgemeinen Zusammenhänge s. Richter, K.: Die böhmischen Länder im Früh- und Hochmittelalter, Bosl, *Handbuch,* I, S. 165–347.

[5] Ebd., S. 132. Dr. A. V. Antonovics bemerkt hierzu in einem privaten Schreiben, daß es Belegschwierigkeiten gebe.

[6] Seibt, Die Zeit d. L., S. 440

[7] Bittner, K.: *Deutsche und Tschechen. Zur Geistesgeschichte des böhmischen Raumes,* Brünn etc. 1936

[8] Seibt, Die Zeit d. L., S. 416

⁹ Ebd., S. 458–460, Winter, E.: *Frühhumanismus. Seine Entwicklung in Böhmen*, Berlin 1964
¹⁰ Seibt, F.: *Hussitica. Zur Struktur einer Revolution*, Köln 1965 (die scharfsinnigen und anregenden Aufsätze beruhen auf Textanalysen; zum Nationalitätenproblem s. S. 62 (Raudnitz), 63–64 (Ingelheim); Besprechung von Borst A., in: *ZFK*, i/ii, 1967, S. 176–177; Kalivoda, R.: Seibts »Hussitica« und die hussitische Revolution, *Historica*, XIV, 1967, S. 225–246. Lemberg, E.: *Geschichte des Nationalismus in Europa*, Stuttgart 1950, S. 135–144
¹¹ Bittner, *Deutsche und Tschechen*, S. 11; s. *Speculum*, XLIV, 1969, S. 310–311
¹² Seibt, Die Zeit d. L., S. 447; beachte den Abschnitt über die Klöster S. 444–449. Die Kenntnis der Zusammenhänge in Böhmen verdanke ich insbesondere Seibts Überblick. Zur Bibel allgemein s. Kadlec, J.: Die Bibel im mittelalterlichen Böhmen, *AHDLMA*, XXXVI, 1964, S. 89–109, eine Deaneslys *Lollard Bible* vergleichbare Arbeit; über die Auswirkung der Heiligen Schrift bei den Taboriten s. jedoch bes. S. 446–448, 457, 466–468.
¹³ Leff, *Heresy*, II, S. 610–611; Seibt, Die Zeit d. L., S. 466–468
¹⁴ De Voogt, P.: *L'Hérésie de Jean Huss*, Louvain 1960 (über die Theologie der Hussiten und ihrer Gegner bis 1415 von grundlegender Bedeutung); s. auch seine mehr ins einzelne gehende Studie *Hussiana*, Louvain 1960, S. 7–21 (beide Arbeiten besprochen von Miccoli, G., *SM*, 3e sér. III, 1962, S. 189–196). Kaminsky, *Revolution*, S. 5–55, lohnt ein genaueres Studium.
¹⁵ S. o. Kap. 4
¹⁶ Hérésie: vgl. S. 14, 20–21
¹⁷ Seibt, Die Zeit d. L., S. 468 behandelt die Kontroverse über das, was er wirklich gesagt hat. – A. d. Ü.: nach seiner Übersetzung »nur der Heiligmäßige ist Priester«.
¹⁸ Leff, *Heresy*, II, S. 612–619 ist von Nutzen; s. De Voogt, *Hérésie*, S. 21–35, Kaminsky, *Revolution*, S. 14–23 (bringt Zitate, aber eine fragwürdige psychologische Interpretation).
¹⁹ Seibt, Die Zeit d. L., S. 473–494
²⁰ Leff, II, S. 616
²¹ Wie Kaminsky bemerkt (*Revolution*, S. 21–22).
²² Spinka, M.: *John Hus: a Biography*, Princeton 1968, S. 19–20 (von einem begeisterten Anhänger des Hus, wertvoll, was die Einzeltatsachen anbetrifft); Bespr. von De Voogt, P. in: *RHE*, LXV, 1970, S. 183–185
²³ Ebd., S. 47–51, Seibt, Die Zeit d. L., S. 501; s. seinen Gesamtüberblick über Hus (S. 500–506).
²⁴ Ebd., S. 462–465
²⁵ Ebd., S. 436–444; Weltsch, *Jenstein*
²⁶ Zitat nach Seibt, Die Zeit d. L., S. 439; s. De Voogt, *Hérésie*, S. 99–101
²⁷ Weltsch, *Jenstein*, S. 72; s. allgemein sein Kap. 2 (S. 40–78)
²⁸ Ebd., S. 154–179
²⁹ Ebd., S. 162
³⁰ Ebd., S. 71
³¹ Eine Erörterung dieses Punktes verdanke ich Prof. Seibt.
³² Trapp, D.: Clm 27034. Unchristened Nominalism and Wycliffite Realism at Prague in 1381, *RTAM*, 1957, S. 320–360; Hintergrund bei Šmahel, F.: »Doctor evangelicus super omnes evangelistas«: Wyclif's fortune in Hussite Bohemia, in: *BIHR*, XLIII, 1970, S. 16–34 (knapp und aufschlußreich). Diesen Hinweis verdanke ich Dr. C. D. Ross.
³³ Ebd., S. 18–19 A. 2; unkorrekte Quellenangabe durch Spinka (*Hus*, S. 38)
³⁴ Šmahel, »Doctor evangelicus«, S. 20, 25, über Besuche von Gelehrten; Betts, *Essays*, S. 132–159, allgemein über Kontakte zwischen Engländern und Böhmen.

[35] Seibt, Die Zeit d. L., S. 501–502; geistige Gesamtsituation in Šmahel, a. a. O.
[36] Zitat von Šmahel, (S. 20)
[37] Über diesen Punkt und die folgenden Einzelheiten s. Seibt, Die Zeit d. L., S. 449–457; auch Bittner, *Deutsche und Tschechen,* S. 102–106; über die Universität mit neuesten bibliographischen Angaben s. Betts, S. 13–28.
[38] Anfänge seiner Universitätslaufbahn bei Spinka, *Hus,* S. 24–53; frühe theologische Arbeiten in De Vooght, *Hérésie,* S. 54–64; beachte den Gegensatz zwischen der Beurteilung durch den Letzteren *(CV,* VIII, 1965, S. 236) und derjenigen durch Bartoš, F. M. (*CV,* IX, 1966, S. 176–177)
[39] Spinka, S. 28, 43–46
[40] Ebd., S. 51
[41] Kaminsky, *Revolution,* S. 40 A. 124
[42] Spinka, S. 48–49
[43] Leff, II, S. 659–662; auch sein Wyclif and Hus: a doctrinal comparison, *BJRL,* LX, 1968, S. 387–410
[44] Siehe De Vooghts Kommentar (*Hérésie,* S. 71–74); auch Kaminsky, *Revolution,* S. 40 und seinen Kommentar zu De Vooght (ebd., S. 35–37).
[45] *The Letters of John Hus,* übers. von Spinka, M., Manchester 1972, und *John Hus at the Council of Constance,* New York und London 1965, Spinkas Übers. des Berichts über das Verhör des Hus durch Peter von Mladoňovice, mit Einleitung (Briefe des Hus S. 237–298); über die Lebensumstände der Geistlichen und die sozialen Verhältnisse s. Brock P.: *The Political and Social Doctrines of the Unity of Czech Brethren in the Fifteenth and Sixteenth Centuries,* Den Haag 1957, S. 11–34; Weltsch, *Jenstein,* S. 130–140.
[46] Über das Hussitentum und den Nationalismus findet sich ein scharfsinniges Kapitel bei Seibt, *Hussitica,* S. 58–124; über Hus s. S. 87–89, 100.
[47] Über Lehrstreitigkeiten s. De Vooght, *Hérésie,* S. 75–118; Spinka, *Hus,* S. 47–85
[48] Über den wechselnden Einfluß Wyclifs s. De Vooght, a. a. O., S. 85–92; über die Aufrichtigkeit, mit der Hus die Remanenzlehre verwarf, s. ebd., S. 60–63, 96–97, 365–366, 473–474; *Hussiana,* S. 263–291.
[49] Kaminsky, *Revolution,* S. 38, 113, A. 54; Spinka, *Hus,* S. 71
[50] S. o. S. 358–359. *A. d. Ü.:* Laut Seibt, Die Zeit d. L., war das Zahlenverhältnis umgekehrt: auf der Dominikanersynode waren 21 von Wyclif stammende Sätze verurteilt worden, 24 waren älteren Datums.
[52] Šmahel, Doctor evangelicus, S. 22, s. S. 24–26. Wortlaut der 45 Artikel bei Spinka, M.: *John Hus' Concept of the Church,* Princeton 1966 (nützliche Zusammenfassung im pro-hussitischen Sinne; Bespr. von Nemek, L., in *CHR,* LV, 1969, S. 78–80, S. 397–400; Analyse in De Vooght, *Hérésie,* S. 80–83).
[53] Übers. von Spinka, *Hus,* S. 83
[54] Über Zbyněks anfängliche Begünstigung der Reformer und seinen Gesinnungswandel s. Spinka, *Hus,* S. 66–67, 69–71, 83–87; und über seine Einstellung zur vorgesetzten Kirchenbehörde s. De Vooght, *Hérésie,* S. 95–96, 101; s. u. S. 418
[55] Die Ereignisse werden in De Vooght (S. 105–106) skizziert; über ihre Ansichten in der Folgezeit s. u. S. 421–422, 426

Die Politik und das Hussitentum
1409—1419

Das Kuttenberger Dekret

Infolge der schismatischen Politik wurden Zbyněks Maßnahmen unterbrochen, und schließlich konnte er als Erzbischof überhaupt nichts mehr bewirken. Des Streites zwischen den rivalisierenden Päpsten müde, versagte eine Gruppe von Kardinälen ihren Herren die Gefolgschaft und schlug die Wahl eines kompromißbereiten Kandidaten vor, der die Kirchenvertreter beider Seiten einigen und so dem Schisma ein Ende setzen sollte. Aber ihr Kandidat, der Konzilspapst Alexander V., war dazu nicht in der Lage; daher führte dieser Schritt lediglich dazu, daß es nunmehr drei statt zwei Päpste gab.

Zunächst jedoch wurde der Konzilsvorschlag von Wenzel günstig aufgenommen. Dieser rege, aber unschlüssige Politiker[1] erblickte darin eine Chance, die Würde des römischen Königtums, die er im Jahre 1400 verloren hatte, wiederzugewinnen und seinem Rivalen Ruprecht von der Pfalz die Stirn zu bieten, indem er die römische zugunsten der konziliaren Lösung aufgab und als Preis dafür die Unterstützung seines Anspruchs gegen Ruprecht forderte. Dies berührte den Fall Wyclif insofern, als es dadurch zu einem Bruch zwischen ihm und Zbyněk kam, der es in seiner soldatischen Pflichttreue ablehnte, sein Gelübde dem römischen Papst gegenüber zu brechen[2], und die tschechische Gruppe der böhmischen Universitätsnation plötzlich zu einem wertvollen Bundesgenossen für ihn zu werden schien. Um zur Konzilspartei umschwenken zu können, mußte Wenzel die Universität auf seine Seite bringen. Es stellte sich heraus, daß die von Deutschen geführten Nationen an der Karlsuniversität – Bayern, Sachsen und Polen, die Zbyněk gehorsam waren, es ablehnten, ihre Bindungen aufzugeben, weil sie an die Pfründe dachten, die vielleicht eines Tages in den deutschsprachigen Ländern römischer Obödienz auf sie warteten; die Tschechen hingegen waren allgemein bereit, dem Plane ihres Königs Folge zu leisten, weil sie hofften, das Konzil werde ihre Reform unterstützen, und weil sie an den romhörigen Ländern außerhalb Böhmens weniger interessiert waren. Um sich die Stimmen der Universität den ihm feindlich gesinnten Nationen zum Trotz zu sichern, änderte Wenzel kurzerhand durch das Dekret von Kuttenberg am 18. Januar 1409 das Stimmrecht der Universitätsnationen: fortan hatte die böhmische Nation drei Stimmen statt einer, und die Stimmen der drei ausländischen Nationen wurden auf ein Viertel der Gesamtstimmen reduziert.[3] Damals bildeten die Tschechen die Mehrheit in der böhmischen Nation; so verschaffte sich Wenzel die neue Anhängerschaft, die er brauchte. Nach dem Kuttenberger Dekret versuchte man zwar noch einmal Wenzels Entscheidung rückgängig zu machen. Da dies jedoch mißlang, zogen die ausländischen Magister und Studenten in Stärke von sieben- bis achthundert Mann ab: dadurch wurde die Karlsuniversität in eine Landesuniversität neuen Stils verwandelt und außerdem das Gleichgewicht der Kräfte entscheidend zum Vorteil der Reformpartei verändert. Hatten die Reformer auch noch nicht auf der ganzen Linie gesiegt, so hatten sie doch von nun an mit weniger Opposition zu rechnen, da ihnen die ausländischen Nationen nicht mehr ihren geballten Widerstand entgegensetzen konnten. In der geisteswissenschaftlichen Fakultät schienen die Wyclifanhänger jetzt in der Überzahl zu sein; in der theologischen war die Lage komplizierter, weil einige ältere Magister tschechischer Prägung mit der philosophischen Grundlage von Wyclifs Denken nicht einverstanden waren;[4] vor allem gehörten zur böhmischen Nation noch immer die einheimischen deutschen Magister, die gegen die Partei der Reformer eingestellt waren. Aber immerhin hatten letztere an Boden gewonnen.

Am wichtigsten war die Neugliederung der politischen Kräfte nach Kuttenberg. Sie war zum Teil das Ergebnis einer geschickten Agitation unter Leitung des Rechtsgelehrten Johann von Jesenic[5] und des »politischen Intellektuellen« Hieronymus von Prag, einer seltsam ruhelosen Gestalt der Bewegung, eines Laien, der gleichzeitig Lehrer der Theologie und heftig engagierter Realist war.[6] Unter der Führung dieser Männer kam es zu einer unauflöslichen Verbindung zwischen den Reformgedanken und den höheren Rechten der eingeborenen Bevölkerung des Königreichs. Die Verknüpfung dieses Grundgefühls mit den Ideen Wyclifs und der Reform kennzeichnete die besondere Lage in Böhmen, die dann trotz schicksalhafter Rückschläge weiterbestand und immer mehr an Einfluß gewann, bis ältere Autoritäten vor ihr weichen mußten. Die Notwendigkeit, das Kuttenberger Dekret durchzusetzen, machte die böhmischen Reformer zu einer sowohl politischen als auch kirchlichen Partei, die sich mit einflußreichen Kreisen in der Hauptstadt verband und eine Propaganda betrieb, welche die einheimischen Führungskräfte ansprach. Johann von Jesenic trug dazu bei, indem er eine teilweise von Wyclif übernommene Theorie aufstellte, wonach das Supremat der königlichen Macht in Böhmen gerechtfertigt wurde. Mit diesem Werk, der *Defensio mandatii,* beeinflußte er den König, wenn dieser unsicher war, ob er zu seinem Entschluß stehen sollte.[7] Der Gedanke einer von Gott auserwählten böhmischen Nation, die ihren Idealen treu blieb, wurde durch die Kuttenberger Agitation ins Leben gerufen.

Kurz gesagt, es gab jetzt ein funktionierendes Bündnis zwischen dem König und den Reformern, welches ausreichte, um jegliches von außen angestrengte rechtliche Vorgehen gegen die Verfechter Wyclifscher Gedanken wirkungslos zu machen. Dem König war es kaum ernsthaft um die Sache der Reform zu tun – ihm ging es lediglich darum, jedwedes ausländische Einschreiten in Lehrangelegenheiten zu blockieren, sofern es den Frieden in seinem Königreich stören könnte; und zu jener Zeit neigte er dazu, in Zbyněk den Urheber solcher Störungen zu sehen. Die gegen die kirchliche Autorität gerichteten Forderungen nach apostolischer Armut fanden er und seine Magnaten zwar nützlich, aber weiter reichte sein wirkliches Interesse an der Sache der Reform kaum. Wenn er auch auf die Dauer gesehen ein unsicherer Bundesgenosse der Hussiten war, so reichte doch seine Haltung zusammen mit der Entwicklung der Volksmeinung vollkommen aus, um Zbyněks fortgesetzte Aktion gegen die Wyclifanhänger zu untergraben.

Zwar zog der Erzbischof Wyclifs Werke ein, exkommunizierte diejenigen, die sie behalten hatten, und verhängte ein Interdikt; aber im Grunde änderte das nichts an der Situation.[8] Als er den Versuch machte, die Angelegenheit im Schnellverfahren zu beenden, indem er Wyclifs Werke im Jahre 1410 verbrannte, bekam er es mit einer Volksagitation von seiten der Universitätsstudenten und der Prager Bürger zu tun, die ihre Dienste aufkündigten, Priester bedrohten und ein sarkastisches Spottlied auf die Bücherverbrennung und Zbyněks Mangel an theologischer Bildung dichteten. Die Volksmeinung wurde in beiderlei Sinne beeinflußt, und der alte Theologenstreit um Wyclif wurde in die Gassen getragen. Dabei wurde die Opposition gegen Wyclif auch von den Kanzeln herab getrieben; die Anhänger der Reformpartei bekamen den Namen Wyclifiten[9], und die Masse der Reformer wurde gehörig parodiert. Auf der einen Seite entstand eine Partei, die das Ketzerverfahren gegen Wyclif verhindern wollte; in ihr vermischten sich die Ansicht der Universitätsgelehrten – ihre Forderungen nach unbehindertem Studium Wyclifs sowie ihre verschiedenen Verbindungen wyclifitischer Lehre und einheimischer Reform – mit politischen Kräften, die an der Unabhängigkeit Böhmens sowie der Macht des Königs interessiert waren und durch Straßenpropaganda auf einem sehr viel niedrigeren Niveau ausgetragen wurden. Auf der anderen Seite standen deren Gegner, Tschechen wie Deutsche; auch sie waren durchaus befähigt, eine Propaganda aufzuziehen, die der Mann auf der Straße verstand; sie wurde zwar auch in der Hauptstadt betrieben, wirkte sich aber viel stärker in den Provinzen aus.

Infolge der Feindseligkeit, die man seinem Interdikt entgegenbrachte, mußte Zbyněk im Juli 1410 sein Amt aufgeben; nicht lange danach starb er in der Verbannung. Er war der letzte Erzbischof, der dazu bereit war, den ganzen kanonischen Apparat in Bewegung zu setzen, um Wyclifs Anhänger niederzuwerfen. Sein unmittelbarer Nachfolger, der Leibarzt des Königs Albík von Uničov, zeigte keinen Eifer bei der Verfolgung; Konrad von Vechta, der von 1413 an das erzbischöfliche Amt innehatte, tat es ihm gleich. Praktisch wurde Böhmen vor der herkömmlichen Verfolgung der Ketzerei durch eine Art gallikanische Landeskirche[10] bewahrt, die durch Wenzels Politik – die Schwächung der kirchlichen Zentralgewalt – sowie durch das Eintreten der Hussiten für das Recht des Königtums, seine Angelegenheiten selbst zu regeln, begünstigt wurde. Die Partei der Wyclifanhänger sah eine nicht gerade leichte Aufgabe darin, den König auf diese gallikanische Richtung festzulegen.

Jan Hus und Nikolaus von Dresden

Erst nach Kuttenberg erlangte Hus seine Bedeutung als symbolische Hauptgestalt an der Spitze der Bewegung, die er bis zu seinem Tode beibehielt.[11] Zunächst hatte er keineswegs eine führende Stellung eingenommen, war jedoch zum Ziel des gesetzlichen Vorgehens gegen die Wyclifanhänger geworden. Bei den Konservativen war er wegen der Schärfe seiner Angriffe gegen die Mißstände im Klerus berüchtigt. Obgleich er seinen Ruhm hauptsächlich seiner volkstümlichen Redekunst verdankte, stieg er auch in den Kreisen der wyclifitischen Intellektuellen auf, als Páleč und Stanislaus von Znaim abtrünnig wurden und die tschechischen Gelehrten sich nach dem Weggang der ausländischen deutschen entfalten konnten. Im Jahre 1409 wählte man ihn zum Rektor der Universität. Im Jahre 1410 gewann er durch seinen Protest gegen Zbyněks Bücherverbrennung noch größeres Ansehen.

Dennoch war er keineswegs der radikalste unter den Reformtheologen. Die gegen ihn erhobenen Anklagen bestanden zum Teil darin, daß er Prediger und Agitatoren beschirmte, die viel eindeutiger ketzerisch waren als er selbst. Diesen radikalen Flügel hatte es sicherlich schon seit einigen Jahren gegeben. Aber infolge der Ereignisse des Jahres 1412 machte sich seine Existenz deutlicher bemerkbar.[12] Im Mai begann ein Beauftragter Johannes' XXIII. in Prag den Kreuzzug gegen Ladislaus von Neapel zu predigen und denen, die das Kreuz nahmen, einen Ablaß zu gewähren. Der Kreuzzug war ein bloßes Instrument der Schismenpolitik, und von Ablässen machte man mit ungewöhnlichem Zynismus Gebrauch. Der König begünstigte sie jedoch und heimste einen Teil der Einnahmen ein. Als Hus die bei dem Ablaßhandel angewandten Praktiken brandmarkte, war er gekränkt. So wurde das Bündnis mit der königlichen Macht gebrochen.

Im Jahre 1412 tauchte gleichzeitig der waldensische Typ der Volkshäresie wieder auf und gab dem Radikalismus neue Nahrung. Charakteristisch für die das Volk ansprechenden Demonstrationen war ein von Voksa von Waldstein angeführter Umzug, bei dem ein Student sich als Prostituierte verkleidet hatte, deren nackte Brüste mit einer nachgemachten päpstlichen Bulle behängt waren – er verhöhnte das Feilbieten von Ablässen. Truhen, in denen das Ablaßgeld gesammelt werden sollte, wurden mit Kot beschmiert, und im Dom wurde vor der Schatztruhe eine zynische Rede gehalten, die gegen Belial und Mammon, die Schüler des bösen Dämons Asmodeus, gerichtet war. Hieronymus von Prag war in seinem Element: wenn wir seinen Feinden Glauben schenken können, verfaßte er Gassenhauer in tschechischer Sprache, ohrfeigte einen Franziskaner, der mit ihm nicht einer Meinung war, griff in eine Auseinandersetzung ein zwischen einem Aussteller von Reliquien in der Kirche Maria Schnee und einem hussitischen Zuschauer und riß sein Schwert heraus, um Bettelbrüder in die Flucht zu jagen.[13] Im Juli wurden Ablaßprediger bei ihren Predigten im Dom, in der Theinkirche und in der St.-Jakobs-Kirche von jungen Leuten unterbrochen. Die Agitation gegen den Ablaß erregte den Zorn des Königs, und die städtischen Behörden ließen drei Schuldige enthaupten. Eine riesige Menschenmenge folgte ihrem Leichenzug zur Bethlehemskapelle, und die Leute tränkten ihre Kleider mit dem Blut der Opfer. Auf diese Weise bekam die Hussitenbewegung ihre ersten Märtyrer.

Die Zunahme von Gewalttaten auf hussitischer Seite löste Gewalttaten auf Seiten der Konservativen aus. Im Dom schlugen Priester auf Menschen, die Protest erhoben, im Altarraum ein; in den benachbarten Pfarrgemeinden sammelte sich eine Menschenmenge, um die Bethlehemskapelle zu stürmen; Páleč hielt in der St.-Gallus-Kirche Predigten in tschechischer Sprache, in denen er Wyclif als den größten und listigsten aller Ketzer anprangerte.[14]

Naturgemäß trug die erbitterte Stimmung dazu bei, daß die Debattenredner angesichts des Spannungsdrucks der akademischen Politik und der Massen von Zuhörern höchst übertriebene Meinungen zum Ausdruck brachten. Znaim und Páleč entwickelten den Gedanken vom *ecclesiasticum et misticum compositum* mit dem Papst als Haupt und den Kardinälen als Körper, wodurch die Kirche auf den Papst und die Kardinäle zusammenzuschrumpfen schien. Was Hus besonders aufbrachte, war jene Definition, nach der die Heilige Schrift *res inanimata* sei, solange sie nicht durch die Entscheidungen der Kirche mit Leben erfüllt würde. Die hussitischen Ansichten über die Kirche waren zum Teil eine Antwort auf eine extreme Lehrmeinung ihrer Gegner. Beide Seiten reagierten aufeinander.

Gegen Ende des Jahres 1411 oder Anfang 1412 bekamen die radikalen Hussiten durch das Eintreffen einer Gruppe von Deutschen aus Dresden Verstärkung. Es handelte sich um frühere Lehrer, die mit den üblichen Sieben Freien Künsten eine radikale Theologie vermischt hatten: wie einer ihrer Schüler später gestand, hatten sie in ihrer Dresdener Schule folgende Lehren verbreitet: die Verwerfung von Eiden, das Recht aller Priester, ohne weitere Erlaubnis frei zu predigen, die Enteignung der Kirche, die Ablehnung des Gehorsams gegenüber der römischen Hierarchie mit dem Papst an der Spitze; und ihre Lehre schloß ein, daß alles, was glaubensnotwendig sei, innerhalb der Bibel gefunden werden könne.[15] Das klingt waldensisch, und es bleibt strittig, ob die Glaubensansichten dieser Gruppe eine autonome Äußerung waldensischen Glaubens in intellektueller Umgebung darstellen oder lediglich einen Fall von deutschem Wyclifismus, der möglicherweise unter deutschen Studenten entstanden war, bevor sie Prag nach dem Kuttenberger Dekret verließen.

Nachdem sich die Dresdener Gruppe einmal in Prag festgesetzt hatte, übte sie einen radikalen Einfluß aus. Ihr wichtigster Mann war der Magister Nikolaus von Dresden, der einige Zeit vor dem Oktober des Jahres 1412 die *Tabule veteris et novi coloris* zusammenstellte. Sie lassen sich sehr leicht in Verbindung bringen mit der Phase der Straßenpropaganda zur Zeit der Ablaßkrise; denn sie eigneten sich vorzüglich als Tafeln, wie sie bei Umzügen mitgetragen wurden, da sie mit überzeugender Deutlichkeit den Gegensatz zwischen der Kirche der Päpste und derjenigen der Apostel sichtbar machten. Es waren auf ihnen die unterschiedlichen Autoritäten einander konfrontiert: auf der einen Seite die Tafeln der »Alten Couleur« – der Urkirche; auf der anderen die Tafeln der »Neuen Couleur« mit Texten und Autoritätspersonen, die das wahre Leben der Papstkirche – so wie Nikolaus es interpretierte – augenfällig machten. Das Ganze war ein unmißverständlicher, hemmungsloser Angriff gegen den gesamten Apparat von kanonischem Recht, Hierarchie und Dotationen.

In den Straßen der Stadt Prag muß die Identifizierung des Dargestellten noch eindrucksvoller gewesen sein. Auf einer späten tschechischen Version der *Tabule* ist der Text mit Bildern illustriert, und höchstwahrscheinlich sollte das Original eine gelehrte Anleitung für eine Reihe von Propagandabildern abgeben. Sie begannen mit einer paarweisen Anordnung, bei welcher der sein Kreuz tragende Christus mit dem hoch zu Pferde reitenden Papst kontrastiert wurde[16] oder der die Füße seiner Jünger waschende Christus mit dem Papst, der sich in der Kurie die Füße waschen läßt[17], und fanden ihren Höhepunkt in der Darstellung des Antichrist der Offenbarung mit den päpstlichen Amtsinsignien und von Huren umgeben.[18] Bei Nikolaus läßt sich beobachten, wie die hussitische Bewegung vom Thema einer noch so radikalen Reform innerhalb der bestehenden Kirche zu deren ausdrücklicher Verwerfung als eines Werkes des Antichrist übergeht.

Das damalige Prag war ein besonderes Betätigungsfeld für Leute mit einer Begabung für Straßenpropaganda. Schon vor dem Ende des Jahrhunderts hatte es die höchste Bevölkerungszahl aller Städte in Mitteleuropa erreicht.[19] Zudem gab es in der Neustadt Karls IV. eine ungewöhnliche Konzentration von Handarbeitern. Diese Leute bildeten die Zuhörerschaft von Agitatoren wie Nikolaus von Dresden und später Jan Želivský. Die von F. Graus angestellten Berechnungen lassen einen hohen Grad von Verarmung in Prag erkennen: 40% der Bevölkerung werden von ihm als mittellos eingestuft.[20] Die Einwanderung von Bauern verstärkte beständig die *chudina,* die von Gelegenheitsarbeit abhängigen Armen der Stadt. Neben dieser Armut herrschte im Adel und im Patriziertum großer Reichtum, und die Klassentrennung verschärfte den Appell der radikalen Prediger. Die Hungrigen und Unterbeschäftigten fühlten sich von den wiederholten Anprangerungen einer überreich dotierten Kirche und der Inhaber käuflich erworbener Pfründen aus den Reihen des Patriziertums besonders angesprochen. Für die Prediger blieben diese Probleme zweifellos theologischer Natur; bei ihren Hörern jedoch traten soziale und ökonomische Faktoren machtvoll in den Vordergrund.

Auch hinsichtlich ihrer Verwaltung nahm die Neustadt eine ungewöhnliche Stellung ein. Der Kampf um einen Platz in der Stadtverwaltung, den die Werkleute gegen die Patrizier führten – in der zweiten Hälfte des 14. Jahrhunderts eine allgemeine Erscheinung in den böhmischen Städten –, ging in der Prager Neustadt ohne Schwierigkeit zugunsten der in ihren Zünften zusammengefaßten Handwerker aus, weil diese in der Überzahl waren. Die Zünfte unterstützten die hussitische Bewegung. Ihre Bedeutung wurde schon von dem deutschen Chronisten Andreas von Regensburg bemerkt. Doch die neustädtischen Gilden konnten nur zusammenhalten, solange der Konflikt mit den Patriziern ihre Einigkeit erforderte. Ein früheres gemeinsames Bestreben, sich für die Reform einzusetzen, ließ sich auf die Dauer nicht durchführen, und sobald das, was zuerst eine gemäßigte Bewegung gewesen war, sich als eine revolutionäre Lehre herausstellte, ging ein Teil von denen, die sie in der Neustadt unterstützt hatten, zu den Konservativen über.[21] Als hauptsächlicher Anhang der radikalen Prediger blieben die Angehörigen des unteren Mittelstands und die eigentlichen Armen übrig.

Inzwischen malten die bis zur Kurie vordringenden Nachrichten aus Prag die Lage in den schwärzesten Farben und lösten weitere Maßnahmen aus. Im Juli des Jahres 1412 sprach Kardinal Stefaneschi eine

Hauptexkommunikation gegen Hus aus. Diese Maßnahme gegen den bekanntesten Unterstützer der Reform erfolgte als Teil der gegen ihn vorgebrachten Anklagen eigentlich deswegen, weil er der Vorladung nicht Folge geleistet hatte. Als über Prag das Interdikt verhängt wurde, mußte Hus aus der Stadt weichen.

Seine Verbannung aus Prag, die solange andauerte, bis er Böhmen verließ, um nach Konstanz zu gehen, ermöglichte es ihm, seinen Gedanken eine festere theoretische Grundlage zu geben. Die Kontroverse, die Hus mit seinen Gegnern über wyclifitische Thesen führte, bewegte sich hauptsächlich um die Frage nach dem Wesen der Kirche. Politisch gesehen, drohte die Sache der böhmischen Reform in einen gefährlichen Engpaß zu geraten.[22] Konservative und Reformer waren nach wie vor unversöhnlich ineinander verkeilt, die Kirchenvertreter des Auslands waren über die böhmische Ketzerei besorgt, und der König, der vergeblich eine Kommission einberief, um Differenzen auszugleichen, war nicht in der Lage, die Kluft zwischen den Parteien zu überbrücken. Als Hus sich gegenüber der sichtbaren Kirche auf Christus berief, waren dies zwar wirkungsvolle Worte, aber an der Lage änderte sich nichts.[23] Unterdessen setzten die rivalisierenden Vorkämpfer – Stanislaus von Znaim und Páleč auf der einen, Hus auf der anderen Seite – ihre leidenschaftliche Debatte über die Kirche fort. Der bedeutendste Beitrag hierzu war Hus' Schrift *De ecclesia;* sie wurde zuerst Anfang Juni 1413 durch ihre Verlesung in der Bethlehemskapelle veröffentlicht.[24] Sie war eine vollwertige Entgegnung auf die Lehre von der Kirche, die in dem *consilium* der konservativen Theologen auf der Februarsynode enthalten war. Im Gegensatz zu Páleč' und Znaims Konzeption des *ecclesiasticum et misticum compositum* bezog Hus als Ausgangsposition Wyclifs Definition der Kirche als »die Gemeinde der Vorherbestimmten«. Vor vielen Jahren schon hat Loserth die frühromantische Tradition tschechischer Gelehrter in Frage gestellt, indem er durch einfachen Textvergleich nachwies, wie weitgehend Hus Wyclifs Schriften plagiierte;[25] er zog damals den Schluß, Hus sei eine Marionette Wyclifs. Heutzutage, wo wir die mittelalterlichen Denkmethoden besser verstehen und Hus' Geisteskräfte realistischer einschätzen können, stört uns die Entdeckung ausgiebiger Entlehnungen nicht mehr. Hus' Beziehung zu Wyclif war durchaus subtiler Art. Im Sinne einer gemäßigten und sehr weitgehend orthodoxen Theologie verwendete er Wyclifs Terminologie geschickt in einem neuen Zusammenhang.[26] Er schätzte Wyclif als Reformer, brachte jedoch die volle Bedeutung seines Denkens nicht zur Sprache.[27]

Natürlich erfolgte ein solches Vorgehen auf Kosten einer völlig systematischen Denkweise. Aber Hus war nun einmal keine hervorragende theologische Leuchte.[28] Schon der Aufbau der Schrift *De ecclesia* läßt dies erkennen. Der erste Teil befaßt sich mit dem Wesen der Kirche und erörtert Wyclifs Definition; der zweite Teil handelt von praktischen Fragen. Im ersten Teil legt sich Hus auf die Wyclifsche Definition der Kirche als Gesamtheit aller Prädestinierten fest, was bekanntlich, nach Wyclifs Verständnis interpretiert, Häresie war. Im zweiten Teil jedoch versäumt er es, die Folgerungen aus der Definition zu ziehen. In Wyclifs Schriften führte die Konzeption der Kirche mit ihrer wichtigen Unterscheidung zwischen den *presciti*[29], den Verworfenen, und den Erwählten logischerweise zu einer Leugnung des orthodoxen Glaubens über das Priestertum: niemand, der zu den *presciti* gehörte, konnte ein wahrer Priester sein. In der Tat kommen die Priester in Wyclifs späten Schriften offensichtlich nicht vor. Wenden wir uns dem zweiten Teil von Hus' *De ecclesia* zu, so finden wir, daß er hier nicht mehr in Wyclifs Spuren wandelt: da er sich in der die praktischen Fragen betreffenden Diskussion mit der Kirche besser auskennt, schwenkt er auf die ältere, orthodoxe Tradition bei Matthias von Janow um, der innerhalb der Kirche zwischen der Gemeinschaft der Erwählten und der Masse der Gläubigen unterscheidet. Die Priester bleiben übrig, auch wenn dies nicht gerade logisch ist. Die Hinwendung zu Matthias ist charakteristisch: sie zeigt, daß Hus letzten Endes doch eher ein Nachfahre der frühen tschechischen Reformer war als ein Erbe Wyclifs, den er so sehr verehrte.[30]

In einem Punkt hatte sich seine Denkweise während seiner Laufbahn geändert. In *De ecclesia* verwarf er das Papsttum als Institution göttlichen Ursprungs. Die bekannten Petrusworte bezögen sich lediglich auf dessen Glaubensbekenntnis zu dem Sohn Gottes. Das Papsttum, so glaubte er, habe mit Konstantin begonnen und sei entbehrlich. In seiner Lehre von der Kirche war es Hus deshalb unmöglich, das Meisterstück, das ihm anderswo gelungen war, fertigzubringen und Wyclifs Worte innerhalb eines orthodoxen Rahmens zu bewahren: hier brach er, von seiner unmittelbaren Erfahrung des Schismas getrieben, ganz eindeutig mit der Orthodoxie.[31]

Unterdessen war er während seiner Verbannung des Schutzes durch die Aristokratie sicher und führte von seiner Basis in Südböhmen aus eine ausgedehnte Predigttätigkeit durch, wobei er die Unterstützung des ländlichen Adels ausbaute. Als im Jahre 1415 452 Adlige und Edelherren aus Böhmen und Mähren ihre Siegel an ein Protestschreiben hefteten, das beim Konstanzer Konzil gegen die Hinrichtung des Hus Einspruch erhob, kam nach T. Č. Zelinkas Berechnungen ein großer Teil von ihnen aus jener Gegend, in der Hus während seiner Verbannung tätig war.[32] In dieser Zeit war er am radikalsten: »Er hielt Gottesdienste ab und predigte zu Kozi Hradek in einer Scheune ... – er zog über den Papst, die Bischöfe und Kanoniker her und überschüttete die Ordensgeistlichen mit Beschimpfungen.« Der tschechische Chronist beschreibt im Folgenden noch heftigere Ausschreitungen in Kozi Hradek (unmittelbar südlich von Tabor gelegen, s. Karte Nr. 11). »Hier«, so heißt es, »begann der Priester Věněk Kinder in einem Fischteich zu taufen und das Chrisam, das geweihte Öl, und das Weihwasser zu schmähen.«[33] So beschrieb er die Anfänge des taboritischen Radikalismus auf dem Lande, einer Bewegung, die Hus zwar nicht hat billigen können, die er jedoch vielleicht durch seine ländlichen Predigten mithalf anzustacheln.

Das Auftauchen der Radikalen

Im zweiten Jahrzehnt des 15. Jahrhunderts nahm die Bewegung auf dem Lande schnell radikale Züge an: besonders nach dem Tode des Hus und der Einführung des Utraquismus im Jahre 1415, als sich eine hussitische Kirche herausbildete, wurden die Pfarrgemeinden auf dem Lande von Reformanhängern übernommen, und von der hussitischen Reform in Prag angefeuerte radikale Priester zogen hinaus aufs Land, um dort zu missionieren. Einige von ihnen lehnten jegliche Pfründen ab und verachteten solche, die sie annahmen, als »Priester Pharaos«.[34] Großtuerisch verschmähten diese Priester sämtliche Formen der spätmittelalterlichen Kirche, zerstörten Heiligenbilder, tauften wie Věněk in Weihern und Bächen und feierten die Messe nach einer »gereinigten«, verstümmelten Liturgie in Ställen und Scheunen. Sie verbreiteten donatistische und gegen das Pfaffentum gerichtete Ansichten.

Ganz von selbst näherte sich diese radikale Bewegung dem Lollardentum nach 1414, insbesondere der Schule des William White von Norwich[35], oder dem Flügel der Armen Lombarden in der Waldenserbewegung.[36] Es ist immer noch ungewiß, in welchem Ausmaß die radikalen Hussiten in den Landstrichen des südlichen Böhmen durch einen schon vorhandenen waldensischen Untergrund verstärkt wurden, der sich dann Luft machte, als die Autorität und die gesellschaftlichen Bindungen durch die hussitische Bewegung erschüttert wurden.[37] Das Beweismaterial ist häufig fehlerhaft. Nach einer Mutmaßung wurde das Waldensertum mit den Wellen der deutschen Kolonisierung nach Böhmen hineingetragen.

Wie der Passauer Anonymus berichtet, lagen in Österreich von zweiundvierzig Ortschaften, in denen bei einer 1266 abgehaltenen Inquisition Waldenser entdeckt wurden, sechs in der Nähe der Grenze von Böhmen und Mähren. Im Jahre 1315 wurden in Prag vierzehn Ketzer verbrannt: die Anschauungen, die man ihnen zur Last legte, klingen wie eine Mischung aus katharischen und waldensischen Glaubenssätzen; unsere Quellen können allerdings auch durch Verleumdung und Verwechslung beeinflußt sein. Im Jahre 1335 wurden von Benedikt XII. Inquisitoren ernannt. Der Prager Inquisitor ging um 1339 gegen einen Ausbruch vor, dessen Mittelpunkt in Neuhaus (Jindřichouv Hradec) nahe der österreichischen Grenze lag; hier griffen offenbar rückfällige Ketzer das Herrenschloß der Gegend an und setzten Dörfer in Brand. Es ist jedoch vermutet worden, der Aufruhr sei durch die Ausschreitungen des Schloßherrn ausgelöst worden, und er habe die Anklage wegen Ketzerei erfunden oder übertrieben, um die Inquisitoren herbeizuholen. Gelegentliche Hinweise auf eine Tätigkeit der Inquisition nach dieser Affäre zeigen zwar, daß es in Böhmen fortwährend Ketzerei gab, jedoch lassen sie nicht unbedingt auf deren zahlenmäßige Stärke schließen. Im übrigen scheinen die Ketzer, falls sie überhaupt als solche erkennbar wurden, im allgemeinen Deutsche gewesen zu sein, und es ist nicht klar, wie weit die Ketzerei die Sprachbarriere überspringen konnte.[38] Das Beweismaterial bleibt dürftig und unsicher; jedenfalls reicht es nicht aus, um eine Hypothese zu stützen, wonach das Waldensertum bei der Entwicklung der Volkshäresie in Böhmen eine bedeutende Rolle gespielt habe.

Während der Verbannung des Hus erwies die Kontroverse eindeutig, daß es unmöglich war, eine Form zu finden, ihn mit seinen Gegnern zu versöhnen. Vom König war Hus isoliert worden. In der Hauptstadt gestaltete sich die Lage für ihn immer ungünstiger. Vielleicht stellte das 1412 verhängte Interdikt den ersten Erfolg dar, den die Konservativen seit 1403 in der öffentlichen Meinung erlangt hatten. Als Hus sich im April 1413 bei einem seiner Besuche wieder einmal in Prag aufhielt, und die Pfarrgeistlichen das Interdikt beachteten, gab es beunruhigende Anzeichen dafür, daß die öffentliche Meinung gegen ihn aufgebracht wurde.[39] Der König ersuchte Hus, die Stadt zu verlassen, damit Störungen vermieden würden. Seine leibliche Sicherheit war zwar noch immer nicht in Frage gestellt, aber der König stand weiterhin unter Druck von außerhalb.

Hus in Konstanz

Durch eine Initiative, die sich aus den Familienangelegenheiten der Luxemburger ergab, schien sich ein Ausweg aus der verfahrenen Situation zu eröffnen. Im Jahre 1410 war Sigismund, Wenzels Bruder und häufig sein Feind, zum römischen König gewählt worden, und zwar als Folge seiner Rivalität mit Wenzel, der nicht akzeptieren wollte, daß man ihm diese Würde aberkannt hatte. Im Jahre 1411 legten die beiden Brüder ihren Streit bei. Sigismund versprach, er werde sich zu Lebzeiten Wenzels nicht zum Kaiser krönen lassen. Dann schlossen die Brüder im Jahre 1414, wenn wir Bartošs Deutung annehmen dürfen, noch einmal einen Handel miteinander ab.[40] Unter der Bedingung, daß Sigismund sein Problem mit Hus bereinige, gab Wenzel seine Zustimmung zur Krönung Sigismunds. Das Konzil, das hauptsächlich auf Sigismunds Initiative hin nach Konstanz einberufen worden war, um das Schisma zu beseitigen, bot eine Möglichkeit, den Streitfall Hus zu klären. Hus sollte Böhmen verlassen, um vor den Konzilsvätern zu erscheinen und damit gleichzeitig Wenzel von dem äußeren Druck auf das Königtum, das ihm so sehr mißfiel, befreien.[41]

Wahrscheinlich verstand keiner dieser beiden weltlichen Herrscher etwas von der Tiefe des Gefühls, mit dem sich die Wyclifiten engagierten. Hus erhoffte vom Konzil mehr als vom Papst, in optimistischen Augenblicken glaubte er sogar, dessen Mitglieder würden sich seinen Reformplänen anschließen. In Konstanz hatte er eine fertig geschriebene, aber nie gehaltene Predigt bereit, in der er das Konzil aufrufen wollte, den Mißständen ein Ende zu setzen.[42] Der ihm von Sigismund angebotenen Zusicherung des freien Geleits schenkte er nie ganz Vertrauen – er schrieb über die Todesgefahr und machte vor seinem Aufbruch sein Testament –, gleichzeitig jedoch war er sich der Gefahren für Böhmen bewußt, falls er sich von Konstanz fernhielt. Wenn er ging, bot sich ihm die Chance, daß die böhmische Bewegung legitimiert und über die ganze Kirche verbreitet wurde; tapfer und ein wenig optimistisch ergriff er sie schließlich.[43]

Als Hus im Oktober 1414 Böhmen verließ und sich auf den Weg nach Konstanz machte, trat die Reformbewegung in eine neue Phase ein. Jahrelange Debatten innerhalb des Königreichs hatten bewirkt, daß Hus, der sich – wie schon Waldhauser und Milič vor ihm – zur Beurteilung an die Kurie wandte, eine viel breitere Anhängerschaft und eine viel tiefer aufgewühlte öffentliche Meinung hinter sich wußte.[44] Eine Versammlung von Geistlichen, geschickten Organisatoren, Hofbeamten und Adligen verfolgte mit leidenschaftlicher Anteilnahme die Drehungen und Wendungen einer theologischen Befragung, die vom Jahresende, da Hus zuerst als unabhängiger Theologe auftrat, der aus freien Stücken zu einer gelehrten Erörterung gekommen war, bis zum Juli des Jahres 1415 andauerte, da man ihn als Ketzer verbrannte.[45] Drei Wochen nach seinem Eintreffen verschlechterte sich seine Lage, als man ihn unter Mißachtung des sicheren Geleits festnahm. Dies geschah trotz des anfänglichen Kompromisses, bei dem Johannes XXIII. ihm auf sein Versprechen hin, nicht zu predigen und den förmlichen Zeremonien des Konzils fernzubleiben, Bewegungsfreiheit gelassen hatte. Im März, nachdem Johannes aus Konstanz geflohen war, wurde Hus dann in Einzelhaft ins bischöfliche Schloß Gottlieben überführt, von wo er schließlich zurückgebracht wurde, um tumultuarischen öffentlichen Verhören unterzogen und

XIII Johannes Hus bei der Entkleidung
und auf dem Weg zum Scheiterhaufen

verurteilt zu werden. Wochenlang setzte man ihn unter wohlmeinenden Druck, um seine Widerrufung zu erreichen. Er weigerte sich jedoch stets standhaft und wurde schließlich aus dem geistlichen Stand ausgestoßen und öffentlich verbrannt.

Diese finstere Geschichte wurde in der *relatio* des Peter von Mladoňovice, dem Sekretär von Hussens adligem Gönner Johann von Chlum beschrieben; letzterer war Augenzeuge der Ereignisse in Konstanz.[46] Das Werk beschrieb den Leidensweg eines Märtyrers und schuf das klassische Bild der öffentlichen Meinung in Böhmen; die Schilderung seines Todes im 5. Kapitel wurde zu einem feststehenden Text, der am Nationalfeiertag seines Leidens, dem 6. Juli, verlesen wurde. Sigismund, der seine Zusage des sicheren Geleits nicht eingehalten hatte, wurde dabei belauscht, wie er der Verbrennung des Hus beipflichtete, und spielte so die Rolle des Judas. Eine Reihe von einheimischen Böhmen, die angeführt wurden von seinem tschechischen Erzfeind Páleč, dem Rechtsexperten Michael de Causis, Johann Nas, dem Prager Kanonikus deutscher Abstammung, und Bischof Johann dem Eisernen von Leitomischl, nahmen den Platz der Schriftgelehrten und Pharisäer beim Verhör Jesu ein und verlangten nach einem feindlichen Urteilsspruch. Hus, von dem man als »dem Meister« sprach, ertrug sein Martyrium mit geduldiger Würde. Wenn die Darstellung auch mit Voreingenommenheit von einem seiner Anhänger geschrieben wurde, so hielt sie sich doch an die Tatsachen, führte Dokumente an und zitierte die Teilnehmer mit der beißenden Schärfe eines Augenzeugen. Hus selbst wurde, abgesehen von seinem Aufenthalt in Gottlieben, nie so isoliert gehalten, daß er keine Besucher hätte empfangen und Briefe schreiben können. Die schlichten Briefe aus Konstanz, mit denen er seine Freunde aufrichtete, wurden zum Bestandteil der Erbauungsliteratur eines Heiligen; sie waren geeignet, den Glauben einfacherer Anhänger, die den verzwickten Debatten während des Verfahrens nicht folgen konnten, in ihrem Glauben zu bestärken. In den Augen der Adligen sowie der Anhänger aus dem Volke wurde die Frage des Treubruchs, dessen sich Sigismund schuldig gemacht hatte, zum Angelpunkt; denn dies war etwas, was sie unmittelbar verstehen konnten, während theologische Spitzfindigkeiten über ihr Begriffsvermögen hinausgingen. Hus selbst und seine Anhänger hatten geglaubt, er solle die Gelegenheit bekommen, auf dem Konzil die Prinzipien der böhmischen Reform zu erklären. Die Konzilsväter zu Konstanz hingegen beabsichtigten dies keineswegs; sie wollten gegen Hus wie gegen jeden anderen Ketzer Ermittlungen einleiten. Als sich herausstellte, daß Hus keine andere Behandlung als jeder normale Ketzer zu gewärtigen haben werde, fühlten sich die Menschen in Böhmen in wachsendem Maße empört und verraten.

Im Oktober des Jahres 1414 hatten einige führende Adlige in einem Schreiben die Aufmerksamkeit Sigismunds auf Konrad von Vechtas Bestätigung der Rechtgläubigkeit des Hus gelenkt und ihn dringend gebeten sicherzustellen, daß Hus nicht »hinterhältig mißhandelt werde zur Schande unserer Zunge und des böhmischen Landes«.[47] Dieser Ton, der sich auf die Entehrung Böhmens durch das Konzil bezog, wurde auch weiterhin angeschlagen. Die daheim gebliebenen Adligen, die von Johann von Chlum und seinen Leuten unterrichtet und von einem Kern eingeschworener Hussiten angestachelt worden waren, richteten an Sigismund Protestschreiben.[48] Sigismund mußte auf die öffentliche Meinung in Böhmen Rücksicht nehmen. Durch Wenzels Kinderlosigkeit war es praktisch sicher, daß er der Thronerbe sein würde, falls Wenzel infolge irgendeines Ereignisses entthront wurde. Er war nicht dazu bereit, Hus bis zum äußersten gegen ein Konzil zu verteidigen, das auf die Verfolgung der Ketzerei aus war. Er machte jedoch seinen Einfluß dahin geltend, daß Hus eine öffentliche Anhörung gewährt wurde;[49] d'Ailly und die tonangebenden Männer des Konzils bewilligten dann auch Hus solche Anhörungen, um Sigismund Genüge zu tun, obwohl sie sich am 7. Juni bereits gegen jenen entschieden hatten.

Die Anhörungen trugen Hus und seiner Sache praktisch nichts ein – die Anhörung vom 7. Juni mußte wegen Ordnungswidrigkeiten vertagt werden, und in den beiden folgenden Anhörungen wurde Hus allzu häufig unterbrochen, als daß er in der Lage gewesen wäre, ein wirkungsvolles Plädoyer zu halten. Statt dessen bildeten sie einen Teil seines Martyriums: in seiner *relatio* gab Peter seinem diesbezüglichen Kapitel die Überschrift: »Hier folgen die sogenannten Anhörungen; in Wirklichkeit keine Anhörungen, sondern Verhöhnungen und Verleumdungen.«[50] Am Ende war Sigismund davon überzeugt, daß Hus ein Ketzer sei. Ohne der theologischen Erörterung auch nur die geringste Aufmerksamkeit zu schenken, war er von nun an lediglich daran interessiert, Hus zum Widerruf zu veranlassen. Es ist eindeutig, daß Sigismund die Gewissensnot des Hus und seine mangelnde Bereitschaft, etwas zu widerrufen, was er gar nicht geschrieben hatte, überhaupt nicht verstand. Als dann die Tragödie mit der Verbrennung des Hus zu Ende ging, bemächtigte sich der Böhmen eine solche Erregung, daß sie das Konzil als eine akzeptable Lehrautorität mitsamt Sigismund als ehrenhaftem Herrscher in den Schmutz zogen und die Partei der einheimischen Böhmen unter Bischof Johann von Leitomischl, der die Verurteilung betrieben hatte und die Hussiten daheim zugrunde richten wollte, auf vernichtende Weise in Verruf brachten«.

Der Protest des Adels gipfelte in dem Brief an das Konzil vom 2. September 1415. In ihm wurde kühn behauptet, Hus sei auf rechtswi-

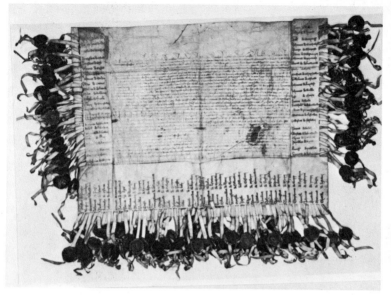

XIV Das Protestschreiben des hussitischen Adels, 1415

drige Weise verbrannt worden;[51] dies kam einer glatten Mißachtung der Konzilsbeschlüsse gleich. 452 Adlige aus Böhmen und Mähren hatten ihre Siegel diesem Dokument des Trotzes angeheftet, das in acht Exemplaren das Konzil erreichte.[52] Eine derartige Verwerfung einer kirchlichen Entscheidung in Glaubensdingen hatte in der Vergangenheit keine Parallele, weder in der patriotischen Unterstützung einer alten Kirche im rückständigen Bosnien, der man nachsagte, sie sei von Ketzerei verseucht gewesen[53], noch in der Mobilisierung des Patriotismus und gewisser religiöser Gefühle für die Katharer unter den südfranzösischen Baronen des Languedoc, die zum Teil Gönner, zum Teil echte Anhänger waren.[54] Die Verfahrensweise des Konzils im Jahre 1415 hatte in der Geschichte des mittelalterlichen Ketzertums etwas gänzlich Neues ausgelöst. Eine zutiefst emotionale Frage, die für jedermann unmittelbar verständlich war, und in der sich das religiöse Gefühl mit der Verteidigung der Ehre Böhmens mischte, hatte einen großen Teil des Adels zur Verteidigung einer Sache, die nunmehr als Ketzerei galt, zusammengeführt.

Eine solche Mobilisierung der Volksmeinung in seinem Heimatland wäre wohlgemerkt nicht möglich gewesen, wenn man Hus zum Abschwören hätte bewegen können. Seine Prager Gesinnungsfreunde waren sich dessen bewußt, daß Hus *non convictus et non confessus* starb.[55] Wäre dies nicht der Fall gewesen, wären viele von denen, die keine unmittelbaren Vertreter der Reform waren, nicht dazu veranlaßt worden, sich dem Protest vom 2. September anzuschließen, und damit wäre die Partei des Hus der Verwirrung überlassen gewesen.

Für Kardinal d'Ailly war der Fall Hus nichts anderes als ein neuer Fall von Ketzerei.[56] Als Nominalist glaubte er, daß der Realismus die eucharistische Ketzerei der Remanenzlehre zur Folge habe, und war deshalb nicht beeindruckt, als Hus dies abstritt. Für die Mehrheit der Konzilsteilnehmer war der Ruf, den Hus in Böhmen genoß, entscheidend; und wenn sie in diesem Punkt noch schwankten, waren Páleč, Johann von Leitomischl und die übrigen da, um sie sicher zu machen.[57] Daher hinterließ die Reihe der doppelten Dementis des Hus *nec tenui nec teneo,* mit denen er die alten fünfundvierzig Artikel Wyclifs abstritt, zwar einen gewissen Eindruck, und seine Bemühungen um Klarstellung hatten zur Folge, daß die entstellenden zweiundvierzig Artikel des Páleč auf elf beschnitten wurden; aber dennoch wurde er die Tatsache nicht los, daß er früher Wyclif verteidigt hatte. Der Eindruck des Konzils war gewissermaßen mit dem von Inquisitoren vergleichbar, die angesichts eines einfachen Falles von Ketzerei die Leugnungen des Angeklagten für durchtriebene Ausflüchte hielten: wiederholt äußerten Konzilsmitglieder die Ansicht, Hus halte in seinem Herzen ketzerische Meinungen für wahr, obgleich er sophistische Lossagungen ausspreche. Er durfte die gegen ihn vorgebrachten Zeugenaussagen nicht prüfen. Während die Auszüge von Artikeln aus seinen Werken durch die Untersuchungskommission sorgfältig überwacht wurden und man ihm darin sowohl gerechter- als auch ungerechterweise bestimmte Lehren zuschrieb, wurden durch die Zeugenaussagen Hus' Ansichten ganz offensichtlich entstellt.[58] Zu viele von denen, die vor dem Konzil erschienen, glaubten an seine Schuld, und die Vielfalt der Aussagen trug auch nicht gerade dazu bei, daß sie ihr Vorurteil loswurden.

Am Ende weigerte sich Hus, abzuschwören, obwohl ihm ein solcher Schritt das Leben gerettet hätte. Er weigerte sich deshalb, weil es ihm zutiefst widerstrebte, aus seinen Werken herausgezogenen Artikeln, die er für wahr hielt, abzuschwören und solche, von denen er behauptete, daß sie nicht von ihm stammten, zu widerrufen.[59] Seine Standhaftigkeit trug dazu bei, daß die böhmische Bewegung nicht unterging. Als Johann von Leitomischl am 31. August, bald nach der Verbrennung, dazu ermächtigt wurde, gegen die Hussiten einzuschreiten, mußte er feststellen, daß sich in Böhmen eine gewaltige Mauer von Haß gegen die Konzilsbeschlüsse aufgerichtet hatte.

Der Laienkelch

Fast zu gleicher Zeit hatte die Bewegung ein Symbol für ihren Bruch mit der in Konstanz versammelten Hierarchie erhalten.[60] Im Herbst

1414 begannen einige Hussiten den Kelch an Laien auszuteilen; dieser Brauch breitete sich aus. Johann führte beim Konzil Klage über Regelwidrigkeiten bei der Austeilung des Laienkelchs: geweihter Wein wurde in Feldflaschen im Lande umhergetragen, und eine Frau, die das Recht der Laien auf Utraquismus beanspruchte, riß einem Priester den Kelch aus den Händen.[61] Am 15. Juni 1415 untersagte das Konzil die Austeilung des Kelches an die Laien. Man gab zwar die Tatsache zu, daß Christus das Abendmahl in beiderlei Gestalt gestiftet habe und daß die Urkirche auch danach verfahren habe, vertrat jedoch die Meinung, daß man sowohl vom Empfang des Laienkelches als auch von dem der Eucharistie nach dem Abendessen aus gutem Grunde abgewichen sei.[62] Hus hatte mit der Austeilung des Kelches nicht begonnen – »Überstürz es nicht, Kubo!«[63] soll er zu seinem Freund Jakobellus vor seinem Aufbruch gesagt haben – aber im Prinzip hatte er der Sache bereits zugestimmt und verwarf den Konzilsbeschluß, weil eine solche Entscheidung der Schrift zuwider sei.

Jakobellus, einer der ersten Verfechter des Laienkelchs, sagte, er habe diese Idee aufgrund einer *revelatio* empfangen, worunter er jene Erleuchtung verstand, die einem nach langer ernsthafter Erwägung und Prüfung kommt. Wer den Gedanken eigentlich als erster aufbrachte, ist immer noch unklar. Immerhin ergab er sich ganz natürlich aus den Studien des Matthias von Janow, der die Wichtigkeit einer häufigen Kommunion so sehr betonte und dem Jakob von Mies (Jakobellus) und andere so viel verdankten. Jahrhundertelang waren die Laien vom Empfang des geweihten Weines aufgrund einer spontanen Entwicklung der Liturgie ausgeschlossen gewesen, ohne daß irgend jemand Einspruch erhoben hätte oder der Ausschluß gar bemerkt worden wäre. Fehlendes Interesse an dieser Frage war eine selbstverständliche Begleiterscheinung eines Zustandes, in dem die Laien nicht mehr als einmal im Jahr die Kommunion empfingen.[64] Andernorts führte im 14. Jahrhundert die Forderung nach häufiger Kommunion, wie sie zum Beispiel in der Bewegung der deutschen Mystiker erhoben wurde, nicht zu einer Propaganda für die Wiedereinführung des Laienkelchs. Die böhmische Reformbewegung jedoch wurde von einer Woge des Antiklerikalismus getragen, die zu Anfang des 15. Jahrhunderts immer mehr anschwoll: aus einer solchen Grundstimmung heraus erklärt es sich, daß die Entziehung des Kelchs schließlich als eine ungerechtfertigte Verweigerung angesehen wurde, für die der Klerus verantwortlich gemacht wurde.

Paradoxerweise förderte der Konzilsbeschluß gegen den Laienkelch geradezu dessen Verbreitung. Auf das Dekret vom 15. Juni folgte am 6. Juli die Verbrennung des Hus: in der Vorstellung der Bevölkerung

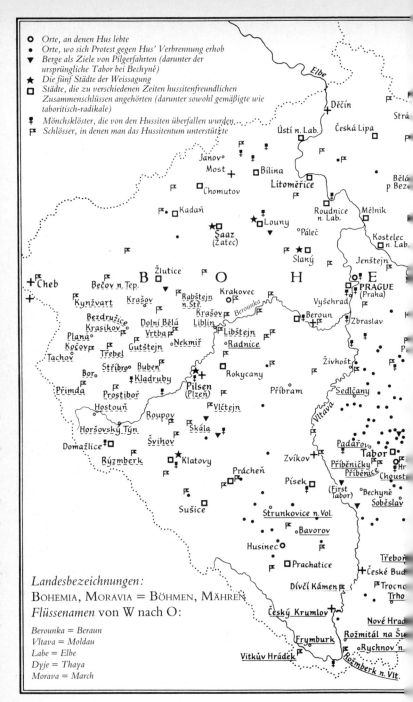

Karte 11 Die hussitische Bewegung in Böhmen und Mähren

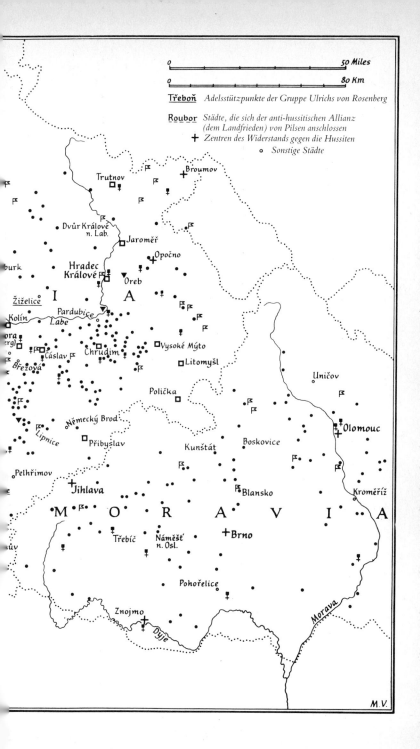

Ortsnamen zu Karte 11 in alphabetischer Reihenfolge

Bavorov = Barau
Bechyne = Bechin
Bečov n. Tep = Petschau a. Tepl
Bělá p. Bezd. = Weißwasser
Beroun = Beraun
Bezdružice = Weseritz
Bilina = Bilin
Blansko = Blansko
Bor = Haid
Boskovice = Boskowitz
Březová
Brno = Brünn
Broumov = Braunau
Buben = Schloß Buben
Časlav = Tschaslau
Černovice = Černowitz
Česka Lipá = Böhmisch Leipa
České Budějovice = Budweis
Český Brod = Böhmisch Brod
Český Krumlov = Krumau
Cheb = Eger
Chomutov = Komotau
Choustnik = Chausnik
Chrudim = Chrudim
Děčín = Tetschen
Dívčí Kámen
Dolní Bělá
Domažlice = Taůs
Dvůr Králové n. Lab. = Königinhof
Frymburk = Friedberg
Horaž d'ovice = Horažd'owitz
Horšovký Týn = Bischofteinitz
Hostouň = Hostau
Hradek = Erdberg
Hradec Králové = Königgrätz
Husinec = Husinetz
Janov (bei Most) = Janov (bei Brüx)
Janov (bei Tabor)
Jaromiř = Jaromiř
Jenštejn = Jenstein
Jihlava = Iglau
Jindřihuv Hradec = Neuhaus
Kadaň = Kaaden
Kladruby = Kladrau
Klatovy = Klattau
Kočov = Gottschau
Kolín = Kolin
Kostelec n. Labe = Elbe Kosteletz
Kouřim = Kaurim
Kozí = Koschitz
Kroměřiž = Kremsier
Kunštát = Kunstadt
Kutná Hora = Kuttenberg
Krakovec = Potrowitz
Krasikov
Krašov = Kraschow

Kynžvart = Königswart
Liblin = Liblin
Libštejn = Libstein
Lipany
Lipnice = Lipnitz
Litoměřice = Leitmeritz
Litomišl = Leitomischl
Louny = Laun
Malešov = Maleschau
Mělnik = Melnik
Mladá Boleslav = Jung Bunzlau
Most = Brüx
Náměšt n. Osl. = Namiest a. d. Oslawa
Německý Brod = Deutsch Brod
Nové Hrady = Gratzen
Olomouc = Olmütz
Opočno = Opočno
Oreb = Horeb
Padařov
Páleč
Pardubice = Pardubitz
Pelhřimov = Pilgram
Pirkštejn = Pirkstein
Písek = Pisek
Planá = Plan
Plzeň = Pilsen
Pohořelice = Pohrlitz
Polička = Politschka
Prachatice = Prachatitz
Prácheň
Práha = Prag
Přiběnice
Příběničky
Příbram = Přibram
Přibyslav
Přimda = Pfraumberg
Prostibor = Prostibor
Rabštejn n. Str. = Rabenstein a. d. Strela
Radnice = Radnitz
Rokycany = Rokitzan
Roudnice = Raudnitz
Roupov = Ruppau
Rožmberk n. Vlt. = Rosenberg a. d. Moldau
Rožmitál na Šum = Rosenthal
Rychnov n. Mal. = Reichenau a. d. Maltsch
Ryzmberk
Sedlčany = Selčan
Slaný = Schlan
Soběslav = Soběslau
Štitné = Studein
Stráž p. Ral
Stříbro = Mies
Strunkovice n. Vol. = Strakonitz a. d. Wattawa
Sužice = Schüttenhofen
Švihov = Schwihau
Tabor = Tabor (First Tabor = Erstes Tabor)

Tachov = Tachau
Třebíč = Trebitsch
Třeboň = Wittingau
Trhové Sviny = Schweinitz
Trocnov
Trutnov = Trautenau
Uničov = Mährisch Neustadt
Ústí n. Lab. = Aussig
Vitkov = Witkowitz
Vitkův Hrádek
Vlčtejn = Nezwiestitz

Vrtba
Vyšehrad = Vyšehrad (Wyschehrad)
Vysoké Mýto = Hohenmauth
Žatec = Saaz
Zbraslav = Königsaal
Želiv = Seelau
Živhošt = Žiwohouscht
Žiželice = Žiželitz
Zlutiče = Luditz
Znojmo = Znaim
Zvíkov

Böhmens und Mährens gehörten diese beiden Entscheidungen eng zusammen, und die gefühlsmäßige Reaktion auf die eine stützte nur die andere.

Nachdem der Gedanke einmal unter die Leute gebracht worden war, wurde die schon seit langem im Schwange befindliche hussitische Denkweise über die Kirche zu seiner Verteidigung ins Feld geführt. Der Laienkelch, dem im eucharistischen Brauchtum zunächst nur geringe Bedeutung zukam, ließ die Debatte über das wahre Wesen der Kirche und ihr *magisterium,* die sich im Abschluß an Hus' Schrift *De ecclesia* entzündet und in Konstanz eine wichtige Rolle gespielt hatte[65], wieder aufleben. Beide Seiten stimmten darin überein, daß Leib und Blut Christi nach der Wandlung sowohl im Wein als auch im Brot ganz enthalten seien; doch die gewohnheitsmäßige Entziehung des ersteren, die entgegen den Einsetzungsworten Christi beim Letzten Abendmahl erfolgte, warf die Frage auf: wieweit war die Kirche ermächtigt, über Präzedenzfälle aus der Schrift zu entscheiden? Die Konservativen vertraten die Meinung, die Kirche habe, nachdem sie die segensreiche Wirkung der Kommunion in nur einer Form erlebt habe, das Recht, sich gegen das frühere Verfahren zu entscheiden. In den Augen der Hussiten war eine derartige Anschauung ungeheuerlich; denn die Kirche, die solche Veränderungen ihres ursprünglichen Brauchtums dekretierte, war die befleckte Kirche, welche die Verantwortung für den Übelstand des christlichen Lebens in der Gegenwart trug. Sie gingen dabei von Schriftstellen aus wie von den Worten des Johannesevangeliums: »Wenn ihr nicht das Fleisch des Menschensohnes esset und sein Blut trinket, habt ihr das Leben nicht in euch.«[66]

Die Einführung des Laienkelchs bekam entscheidendes Gewicht, als Angehörige des niederen Klerus, die Mitglieder der Hussitenpartei waren, sich Jakob von Mies' Führung anschlossen, hussitische Aristokraten sich für den Laienkelch einsetzten und einzelne Gemeinden eifrig darauf reagierten. Jetzt tobten die Leidenschaften. In Prag, wo die Bewegung ihren Anfang nahm, spaltete sich die Bevölkerung in reformierte Gemeinden auf, in denen der Kelch ausgeteilt wurde, und in traditionsgebundene, in denen dies nicht der Fall war. Im April des

Jahres 1415 erließen die Stadträte ein Verbot, wonach keine Seite die andere Ketzer nennen durfte.[67] Der Utraquismus betraf jeden Meßbesucher in umittelbarer Weise. Nun war der einfache Mann gezwungen, über sein Verhältnis zur Hussitenbewegung nachzudenken, bevor er sich dazu entschloß, einer Gemeinde beizutreten, in der der Kelch ausgeteilt wurde. Das Nachlassen der Disziplin, das mit den früheren Konflikten über Wyclifs Lehre begonnen hatte, schwächte jetzt die Versuche, die Bewegung zu unterdrücken.

Im November 1415 hatte ein weiterer Versuch, Zwang anzuwenden, den Erfolg, daß er dem Utraquismus zum Siege verhalf. Konrad von Vechta, der vorsichtige und opportunistische Diener des Königs, wurde dazu veranlaßt, über Prag ein Interdikt zu verhängen mit der Begründung, daß die Stadt Johann von Jesenic, der seit langem exkommuniziert war, Unterschlupf gewähre. Da die Unterstützung des Laienkelchs, von Christian von Prachatitz abgesehen, in den Händen des nicht bepfründeten Klerus lag, ermöglichte das Interdikt eine Machtübernahme, die einer Revolution gleichkam.[68] Wer sich weigerte, den Kelch zu empfangen, war auf die Kirchen der Vorstädte angewiesen, über die das Interdikt nicht verhängt worden war. Eine Aufhebung des Interdikts brachte den Erzbischof nur in Schwierigkeiten mit dem Konzil, welches noch immer in Konstanz tagte. Als es im Jahre 1416 erneut verhängt wurde, war der Sache der Konservativen bereits entscheidender Schaden zugefügt worden.

Die Gewährung des Laienkelchs bedeutete mehr als eine bloße liturgische Veränderung. Dort, wo die Menge den Laienkelch verlangte, wie es in Prag der Fall war, oder wo er bei den adligen Herren der Pfründen erwünscht war wie andernorts im Lande, wurden die Inhaber der geistlichen Pfründen vor ein Ultimatum gestellt, welches darauf hinauslief, daß sie entweder den Laienkelch akzeptierten oder aber ihr Amt aufgaben.[69] Dieser Vorgang spielte sich in Mähren ab, wo die Kanoniker von Olmütz sich beim Konzil über die Barone beklagten, die utraquistischen Priestern den Vorzug gaben.[70] Ein solches Verhalten führte notwendigerweise zu einem Zusammenbruch des Rechtssystems, das den Klerus in den Genuß ihrer Pfründen kommen ließ, ihnen den Anspruch auf den Zehnten und die Almosenspenden verlieh und die Entscheidung über ihr disziplinarisches Verhalten den Bischöfen und den Verfahrensbestimmungen des kanonischen Gesetzes anheimstellte. Die gewaltsame Einführung des Laienkelchs war eine direkte Demonstration, mit der die Laien ihre Überlegenheit über den Klerus bekundeten, gleichgültig, ob sie im Namen der weltlichen Schutzherrn erfolgte oder im Auftrag einer örtlichen Gemeinde, die womöglich durch eine Ansammlung von Utraquisten nur lose repräsentiert wurde. Auf diese Weise konnte der Utraquismus bei den Adligen, sofern sie Patrone waren, Anklang finden; denn diese Adligen hofften ihre weitergehende Patronatsgewalt, die sie im System der Eigenkirche innegehabt hatten, wiederzuerlangen.[71] Wyclif, Hus und die tschechische Reformpartei hatten gelehrt, es sei notwendig, daß die Kirche zur Armut zurückfände, und Hus hatte in seinem tschechischen Werk über die Simonie von den Rechten der weltlichen Patrone gesprochen sowie von ihrer Pflicht, die geistliche Betreuung einer Pfründe sicherzustellen.[72] Der Utraquismus bot die Gelegenheit, daß alles dies gewährleistet würde.

Als die Utraquisten mit ihrem Bestreben, in den Pfarrkirchen ihren Willen durchzusetzen, scheiterten, beeinflußte auch dies die Lage. Es konnte leicht zur Entstehung von eigens zu diesem Zweck gebildeten Gemeinden kommen, für die hussitische Priester die Messe zelebrierten, und zwar – wie es in einer Beschwerde heißt – »auf freiem Felde und auf Fässern, in Scheunen, wo es keinen geweihten Altar gibt«.[73] Solche Vorkehrungen mochten zu Anfang ein Notbehelf sein, weil man ihnen für utraquistische Messen einen geweihten Altar verweigert hatte; der radikale Flügel der Bewegung benutzte sie jedoch zur Demonstration dafür, daß er das materielle Rüstzeug der Frömmigkeit und die traditionellen Zeremonien der mittelalterlichen Kirche verworfen hatte. Für die Gemeinden gehörte der Utraquismus zusammen mit einer Reihe von Dingen, die sie verwarfen, wie zum Beispiel die Notwendigkeit der Beichte, die Erfordernis fester Gottesdienstformen und Gesetze sowie gar das mit besonderer Vollmacht ausgestattete Priestertum.

Nicht der gesamte Adel wünschte alle diese Begleiterscheinungen des Utraquismus. Als nahezu die gleiche Gruppe von achtundfünfzig Adligen, die das erste Protestschreiben gegen Hus' Verbrennung abgeschickt hatten, am 5. September 1415 die Hussitenliga zur Verteidigung des Hussitentums bildeten, war in den Artikeln, in denen sie übereinstimmten, gar keine Rede vom Laienkelch.[74] Die Liga trat für die freie Predigt nach den Vorstellungen der Hussiten ein, ohne daß irgendwelche ins einzelne gehende Vorschriften erwogen oder gar festgesetzt wurden. Die Autorität der Bischöfe wurde nicht an und für sich ausgeschlossen: der Vertrag sah vor, daß, wenn gegen einen Priester Anklagen wegen eines Irrtums erhoben wurden, dieser zwecks Beurteilung zu seinem Bischof gebracht werden solle; diese Klausel war jedoch dem wichtigen Vorbehalt unterworfen, daß der Irrtum durch die Heilige Schrift nachzuweisen sein mußte, und daß in dem Falle, da der Bischof den Versuch machte, einen Priester »auf unpassende Weise, nach eigenem Gutdünken und ohne Nachweis aufgrund der Heiligen Schrift« zu bestrafen, die Entscheidung der Universität anheimgestellt werden solle.

In Wirklichkeit errichtete die Liga eine Schranke zwischen dem Königtum und den Maßnahmen sowohl des Konzils als auch der Kirchenbehörden, die innerhalb des königlichen Machtbereichs dem Konzil gehorsam waren. Die Lehrautorität der internationalen Kirche wurde durch die der Universität ersetzt[75], und der Zuständigkeitsbereich der Bischöfe wurde in einer Weise, die von nun an für das hussitische Vorgehen charakteristisch war, von dem persönlichen Gewissen der einzelnen Ligamitglieder abhängig gemacht.

Nichtsdestoweniger schirmte die Liga in den entscheidenden Jahren 1415–1416 die Verbreitung des Laienkelchs ab und verhinderte die Ausführung zuwiderlaufender Dekrete aus Konstanz. Vorladungen sämtlicher 452 Adliger, die für den Protest vom September 1415 ihre Namen hergegeben hatten, sowie Verfahren gegen die Stadträte und Hofbeamten, die dafür verantwortlich gemacht wurden, daß sie die Verbreitung des Utraquismus bewilligt hatten, waren ohne jede Wirkung; denn die Mitgliedschaft in der Liga war von solchem Gewicht, daß jegliche katholische Maßnahme innerhalb Böhmens, durch die man gegenüber diesen Vorladungen Gehorsam erzwingen wollte, unterbunden wurde.[76]

Der König verhielt sich passiv. Er trieb seine Neutralität gegenüber dem Konzil fast bis an die Grenzen des Möglichen. Als einziger König Westeuropas entsandte er keine Botschafter nach Konstanz. Wahrscheinlich war die Königin durch den Tod des Hus tiefer bewegt als er selbst. Die ihn beherrschenden Gefühle waren wohl eher gekränkter Stolz über die Schmach, die man seiner Macht zugefügt hatte, und Argwohn gegen die Pläne seines Bruders. Obwohl er selbst sich am Protest nicht beteiligte, unternahm er nichts, um zu verhindern, daß die Protestbriefe seines Adels abgeschickt wurden. Seine Stellung gegenüber dem Adel war insgesamt schwach. Die Macht der Aristokratie war in Böhmen seit jeher ein Problem.[77]

Vom Standpunkt des Königs aus gesehen, war die Aufsplitterung des Landes in Parteien, die auf religiösen Differenzen beruhte, nichts anderes als eine Fortsetzung der alten Meinungsverschiedenheiten der Barone[78], und Wenzels Antwort darauf – seine Tatenlosigkeit und seine Beteuerung, es gebe in Böhmen keine Ketzerei – entsprach der natürlichen Verhaltensweise eines Herrschers, dem es an wirksamen Waffen gegen seinen Adel fehlte. Das Konzil hatte jedoch kein Verständnis für Wenzels Probleme und drohte mit einem Kreuzzug – eine Tatsache, die wahrscheinlich Wenzels Versuch gegen Ende des Jahres 1416, gegen die Hussiten vorzugehen, beeinflußte. Durch diese Reaktion wurde nicht viel erreicht[79]: weder verminderte sie den Gebrauch des Laienkelchs, noch führte sie zur Rückgabe des schon früher konfiszierten kirchlichen Eigentums, und der König resignierte alsbald.

Auf dem Lande trat Čeněk von Vartemberk der Gefahr entgegen, daß infolge der Weigerung der Hierarchie, Männer mit utraquistischen Ansichten zu ordinieren, die utraquistische Priesterschaft auf die Dauer abgewürgt wurde. Er zwang einen Weihbischof in der Prager Diözese, seine eigenen Kandidaten, die alle Hussiten und in ihren theologischen Ansichten radikal eingestellt waren, auf seinem Schloß Lipnic zu Priestern zu weihen.[80] Die Universität, die noch im Winter unter Bedrohung gestanden hatte, trat aus der angespannten Situation als die aktive Lehrautorität einer hussitischen Kirche hervor, wie es die Liga vom September 1415 vorgesehen hatte.[81] Ihre internen Streitigkeiten legten die Magister dadurch bei, daß sie am 10. März 1417 erklärten, der Kelch sei für das Heil aller förderlich.

Radikale und Gemäßigte innerhalb der hussitischen Bewegung

Zu Anfang des Jahres 1417 waren die Universitätslehrer davon in Anspruch genommen, daß sie ihre Position ebenso gegenüber den radikalen Hussiten aus den eigenen Reihen wie gegenüber dem Konzil und ihren katholischen Gegnern klärten. Schon bestand eine weite Kluft zwischen den Gemäßigten vom Schlage eines Christian von Prachatitz oder eines Johann von Jesenic und den Radikalen aus der Provinz. Die Extremisten, besonders die in der Provinz, strebten drastische Veränderungen an, die darauf hinausliefen, daß der gewohnte Gottesdienst in Unordnung gebracht wurde. Die Ablehnung des Fegfeuers bedeutete die Abschaffung der Seelenmessen und der herkömmlichen Messen für Verwandte und Vorfahren. Schon war eine tschechische Form der Messe im Umlauf; sie wurde von Jakobellus gefördert.[82] Radikale aus der Provinz wollten noch darüber hinausgehen und die Messe verstümmeln, indem sie aus ihr einen einfachen Abendmahlsgottesdienst machten mit einer Predigt, die sich eng an die Worte der Heiligen Schrift hielt. Sie wollten die Fürsprache der Heiligen verwerfen. In einem Brief an Wenzel Koranda, einen Provinzprediger, erörtert Christian von Prachatitz die Haltung der Radikalen, die sich dafür einsetzten, daß »zweifelhafte Reliquien von Heiligen auf den Misthaufen geworfen werden sollten«.[83] Koranda beteiligte sich selbst an der Zerstörung von Heiligenbildern. Falls die Radikalen ihren Willen bekamen, mußten die gemäßigten Utraquisten damit rechnen, daß die gewohnten Formen kirchlichen Lebens vollkommen durcheinander gebracht wurden. Darüber hinaus gab es in der Bewegung auf dem Lande ein Element des Widerstands gegen die Obrigkeit: die treibende Kraft bildeten Angehörige des unteren Klerus, doch Christian bezog sich in seinem Schreiben auch auf ungebildete Laien beiderlei Geschlechts, die hinter deren Ansichten standen.

Die Radikalen verwarfen jegliche Autorität in der Kirche, sei es die des Bischofs, sei es die der Universitätslehrer, und beriefen sich allein auf den Wortlaut der Heiligen Schrift. Ihr Ideal war die um den Abendmahlskelch versammelte Gemeinde, welche sich der Macht der Behörden bediente, um Gottes Gesetz zum Durchbruch zu verhelfen. Von einem Angriff gegen die Autorität der hussitischen Kirche war es nur ein kleiner Schritt bis zum Angriff gegen die weltliche Obrigkeit, das Recht auf Eigentum und die Stellung des Adels. Die gemäßigten Hussiten, deren Ziele sich zusammenfassen lassen in dem Bestreben nach einer gewissen Autonomie gegenüber der römischen Kirche sowie in der Forderung des Kelchs für die Laien, hatten allen Grund, verwirrt zu sein. Im Jahre 1417 war das Problem keineswegs neu. Es ergab sich aus der Art der Hussitenpredigt vor 1415, die sich auf das Gesetz Gottes berief, welches ungerechte Dekrete der Kirche außer Kraft setzen könne.[84]

Die Thesen der Hussiten machten den Weg dafür frei, daß das persönliche Urteil die Norm wurde. Als die Bewegung Teile der Bevölkerung mobil zu machen begann, bestand das eigentliche Problem darin zu wissen, wo man aufhören mußte. Zunächst hatten die Radikalen, Nikolaus von Dresden und Jakobellus, für die Einführung des Laienkelchs zusammengearbeitet. Wahrscheinlich kam im Herbst des Jahres 1415 eine Spaltung zwischen ihnen auf, und zwar anfänglich über der Frage des Fegfeuers. Im folgenden Jahr verließ Nikolaus Prag, um nach Meißen zu gehen; dort wurde er hingerichtet. Želivský, der in den Jahren 1418–1419 seinen Platz als radikaler Prediger der Bewegung in Prag einnahm, glaubte, sein Vorgänger sei von den Universitätslehrern vertrieben worden. In seiner Predigtsammlung *Querite primum regnum* verfocht Nikolaus eigentlich waldensische Thesen: er verwarf jegliche Art des Tötens und der Eidesleistung, und seine Erörterung der priesterlichen Gewalt hob praktisch das Amt des Bischofs auf. Dies ging den meisten hussitischen Lehrern, auch Jakobellus, zu weit.[85]

Jakobellus selbst nahm eine ungewöhnliche Stellung ein. Als der führende Radikale unter den Magistern und als derjenige, der den Laienkelch eingeführt hatte, trug er eine gewisse Verantwortung für die extremen Haltungen, die in der Provinz aufkamen.[86] Von ihm beeinflußte Geistliche verließen Prag, um auf dem Lande zu predigen. Ihre gewalttätige Zerstörung von Heiligenbildern, die für die Einigkeit eine Gefahr darstellte, konnte durch seine Schriften gestützt werden. 1414 hatte er in seinem *Sermo de confessione* behauptet, es sei unwesentlich, daß man die Beichte gegenüber einem Priester ablege. Ein puritanischer Zug in seinem Charakter, der ihn dazu bewog, das Singen und Tanzen zu verurteilen, näherte ihn den Radikalen mehr als der gemäßigten Prager Führung.

Gleichzeitig gehörte Jakobellus dem Lehrkörper an, der mit Hilfe von Diskussionen die oft einander widersprechenden Flügel der Bewegung zusammenzuhalten versuchte. Da er den Laienkelch beim Volke verbreitet hatte, ein schlichtes, frommes Leben führte und auf eine lange Verbindung mit der Reformpartei an der Universität zurückblicken konnte, nahm er eine führende Stellung ein und trug wohl mehr als jeder andere dazu bei, daß die auseinanderstrebenden Flügel in einem kritischen Stadium zusammenblieben.

Auf der St.-Wenzel-Synode am 28. September 1418 machte man einen erneuten Versuch, eine Einheitsformel zu finden – diesmal ging man sogar noch weiter und öffnete sich mehr zum Radikalismus hin.[87] Eine Versammlung von Universitätslehrern und Priestern einigte sich auf zweiundzwanzig Artikel und setzte fest, daß in Zukunft niemand etwas Neues lehren dürfe, ohne es vorher der Prüfung »durch die Gemeinschaft der Brüder« vorgelegt zu haben. In den Artikeln wurden einige Thesen verworfen, die ihrem Inhalt nach Hauptthesen der Waldenser hätten sein können: die Leugnung des Fegfeuers, die Ablehnung der Todesstrafe, der Donatismus und das Recht der Laien, bei der Messe die Wandlungsworte zu sprechen. Das diesen Punkten zugrunde liegende Prinzip der Extremisten, wonach die klaren Schriftaussagen alles, was zu glauben sei, festlegten, wurde nicht zugelassen; gleichzeitig jedoch hielt man an dem Grundsatz der Berufung auf die Urkirche fest, und wenn auch manches herkömmliche römische Brauchtum noch zugelassen war, so wurde es doch nur mit Einschränkungen geduldet, die in Wirklichkeit seine Abschaffung ermöglichten, falls die Gemeinde es wünschte. Die Verwendung von Heiligenbildern zum Beispiel war nur erlaubt, wenn diese »nicht auf wollüstige oder gekünstelte Weise verschönt waren, so daß sie die Blicke der Kommunikanten ablenkten«[88] sowie unter der Voraussetzung, daß sie nicht äußerliche Gesten der Frömmigkeit wie den Kniefall oder das Anzünden von Kerzen nach sich zögen. Was die Messe anbetraf, so blieb man beim Gebrauch des Lateinischen, für die Verlesung der Epistel und des Evangeliums jedoch war die tschechische Sprache vorgeschrieben; im übrigen behielt man sich hinsichtlich aller Bestimmungen künftige Veränderungen vor; Zeremonien, die dem Gesetz Gottes dienlich seien, sollten beibehalten werden, »sofern nicht etwas Besseres gefunden wird«.[89] Die von Johann von Jesenic und Simon von Tišnov heftig umstrittene Kindertaufe war zugelassen. Man hatte offensichtlich die Absicht, die Entwicklung in einigen Punkten zu bremsen und die Extremisten unter die Autorität einer hussitischen Synode zu bringen.

Durch das starre Verhalten des Konzils wurde den Hussiten in den Jahren 1415 bis 1418 die Einigkeit erleichtert. Nachdem sie sich durch

Cum in nonnullis festgelegt hatten, ließen die Konzilsväter bis zum Ende des Konzils im April 1418 nicht mehr erkennen, daß sie bereit seien, über jene Art von Kompromiß über den Laienkelch zu verhandeln, der womöglich die gemäßigten Hussiten von den Extremisten getrennt hätte.[90] Leuten wie Simon von Tišnov, denen das eingeschlagene Tempo zu forsch war, wurde keinerlei Kompromiß vorgeschlagen zwischen dem Hussitentum, wie es in der Entwicklung begriffen war, und einer vollständigen Unterwerfung unter die Gegenseite. Die Wahl Martins V. zum Papst im November 1417 – eines Mannes, der schon früher unliebsame Erfahrungen mit dem Fall Hus gesammelt hatte[91], stellte sicher, daß gegenüber Böhmen eine klare Linie fortgesetzt wurde. Der Plan eines Kreuzzugs wurde wieder aufgegriffen.[92] Zu Anfang des Jahres 1419 entschloß sich der König zu der einzig möglichen Antwort – das Hussitentum sollte unterdrückt werden. Dieser Schritt, die letzte katholische Maßnahme während seiner Regierungszeit, löste die Revolution aus.

Tabor und die Revolution

Die Hauptmaßnahme des Königs bestand darin, daß er die Unterdrückung des Utraquismus in Prag und in den ihm unterstehenden, von seinen Beamten kontrollierten Städten verfügte. In der Hauptstadt gab er dem Drängen der Stadträte und des Bürgermeisters soweit nach, daß er die Austeilung des Laienkelchs in drei Abteikirchen gestattete. Alle anderen Kirchen jedoch – mit Ausnahme derjenigen des Christian von Prachatitz – wurden wieder mit katholischen Amtsinhabern besetzt.

Die Katholiken feierten ihren Sieg auf provozierende Weise. Kirchen und Altäre wurden in feierlichen Zeremonien wiedergeweiht; der hussitische Klerus durfte nicht einmal die Seitenaltäre benutzen; die Utraquisten wurden ihres Amtes enthoben, und den Kranken, die nicht auf den Kelch verzichten wollten, verweigerte man die Absolution. In der Hauptstadt erhob sich ein Streit über die Frage der Pfarrschulen. Die Utraquisten gaben sie nicht auf: daraufhin richteten die in ihre Ämter zurückgekehrten Gegner des Laienkelchs ihre eigenen Schulen in Glockentürmen und zu ihrem Pfarrbezirk gehörigen Gebäuden ein. Es gab Schlägereien zwischen den Schülern der rivalisierenden Schulen, und sobald sich Erwachsene einmischten, entstanden Krawalle, bei denen sogar Menschen getötet wurden. Die Streitkräfte der gemäßigten Hussiten fühlten sich nicht in der Lage, gegen ihren verzweifelten König vorzugehen. Es blieb den Radikalen überlassen, gegen die Unterdrückungsmaßnahmen anzukämpfen und so die ganze Bewegung vor dem Untergang zu retten.

Die Politik und das Hussitentum

In der Provinz rief das plötzliche Verbot des Utraquismus in den Kirchen die fanatischen Gemeinden auf den Plan, wo immer man dem königlichen Befehl Folge leistete. Automatisch übernahm der radikale Klerus die Initiative. Die Chroniken beschreiben, wie sich in Südböhmen, dem angestammten Gebiet der Radikalen, die ihrer Kirchen beraubten Utraquisten zur Osterzeit versammelten, wenn nach alter Gewohnheit die jährliche Kommunion der Laien fällig war.[93] Ein Berg – wahrscheinlich war es der Nemějice in der Nähe des Schlosses Bechyně – wurde zum Versammlungsort, wo die utraquistischen Gemeinden den Kelch empfingen und den Predigten lauschten; er wurde in Tabor umbenannt nach jener Stätte in Galiläa, wohin Christus seine Jünger zu seiner Verklärung führte.[94] Bald wurde er zum Mittelpunkt einer dramatischen Entwicklung des radikalen Hussitentums. In diesem späten Stadium führte die Verfolgung die verstreuten Gemeinden zusammen und beschleunigte den Umwandlungsprozeß.

XV   Ansicht von Tabor

Aus einem gelegentlichen Versammlungsort wurde Tabor zu einer Siedlung, zu der Bauern, die ihr Hab und Gut verlassen hatten, von weither strömten, um an Gottesdiensten teilzunehmen und Predigten zu hören. Die Versuche ihrer Grundherren, sie an der Teilnahme zu hindern, beschleunigten nur ihre Flucht. Andere Berge im südlichen Böhmen wurden ebenfalls zu Versammlungsstätten und bekamen biblische Namen wie Horeb[95] und Ölberg[96]. In großen Scharen strömten die Gemeinden zusammen zu einer Art Zyklus mit liturgischen Feiern und Missionspredigten unter freiem Himmel; den Höhepunkt bildete ein Treffen am 22. Juli, von dem die Chronisten tief beeindruckt waren. Sie schätzten die Zahl der Anwesenden auf etwa vierzig- bis fünfzigtausend und führten an, daß die Teilnehmer aus den Gegenden von Pilsen, Taus, Königgrätz, Kralovitz und Prag gekommen seien.[97]

Die Predigt angesichts des unmittelbar bevorstehenden Endes der Laienkelchbewegung und eine Verfolgung, die für die Menge zu diesem Zeitpunkt jenen Verfolgungen zu ähneln schien, die die Letzten Dinge ankündigen, trug zur Verbreitung chiliastischer Erwartungen bei. Die Umbenennung böhmischer Berge nach den in der Heiligen Schrift erwähnten Bergen fand, wie Molnár darlegt, in den Köpfen der versammelten Gemeinden ein machtvolles Echo – man fühlte sich erinnert an die Aushändigung des Gesetzes an Mose auf einem Berge, an die Bergpredigt Jesu Christi sowie an die Vereinigung von Gott und Mensch bei der Verklärung Christi auf dem Berge Tabor.[98] Auf die Predigt und Kommunion folgte eine Mahlzeit, die dem Liebesmahl der Urchristen ähnelte. Man veranstaltete Kollekten, um die Unkosten der Feldeigentümer zu decken, die durch die Versammlungen Schaden erlitten hatten.[99] Die Nahrung wurde gleichmäßig verteilt, sogar Eier und Brotkrusten. In den Predigten wurde der Klerus wütend angeprangert.[100] Die Besteigung der Berge verstärkte das Gefühl, daß man einer verdorbenen Welt entronnen sei. In einem Lied der Taboriten wurde die Flucht in die Berge besonders betont; es hieß darin: »Darum widerstrebet nicht dem Übel, sondern gehet hinauf auf den Berg und lernet dort die Wahrheit; denn dies hat Christus befohlen, als er auf dem Berge weissagte und über die Zerstörung des Tempels predigte.«[101] In gleicher Weise unterstrich der schlichte Kommunismus der Eßgewohnheiten für die armen Bauern den Gegensatz zwischen der auf dem Berge geübten Caritas und den Verpflichtungen gegenüber ihren Grundherren in der herrschaftlichen Welt dort drunten, aus der sie gekommen waren.[102]

In Prag fanden die ländlichen Demonstrationen der Taboriten ihre Parallele in langen Prozessionen der Utraquisten, die zu den Kirchen hinführten, in denen der Kelch für die Laien noch erlaubt war. Der König sah sich auf seinem Wege zur Messe plötzlich von einer Menge unter der Führung eines Nikolaus von Hus, eines kleinen Adligen der radikalen Partei, umgeben, die von ihm verlangte, daß er wieder eine allgemeine Erlaubnis für den Laienkelch und die Kinderkommunion erteile;[103] er ließ Nikolaus festnehmen. Als sich die utraquistischen Stadträte der Neustadt ins Mittel legten, willigte er in seine Verbannung ein. Nikolaus scheint daraufhin unter den Taboriten Agitation betrieben zu haben. Am 6. Juli entließ Wenzel die utraquistischen Ratsmitglieder der Neustadt und ersetzte sie durch Katholiken, die unter Gewaltanwendung die noch bestehenden Pfarrschulen der Utraquisten übernahmen, ihre Prozessionen untersagten und wahrscheinlich viele von ihnen einkerkerten.

In diesem Augenblick nahm Jan Želivský, ein ehemaliger Prämonstratenser, der seinen Orden verlassen und sich in Prag den Talar des Nikolaus von Dresden angezogen hatte, die Dinge in die Hand.[104] In der Stadt hatte sich die Spannung gesteigert, als der König, charakteristischerweise auf einen persönlichen Zwischenfall hin, durch den er sich in seiner Machtvollkommenheit getroffen fühlte, endlich beschlossen zu haben schien, die Utraquistenbewegung auszurotten. Er hatte Angst vor den Taboriten: es waren Gerüchte im Umlauf, wonach sie planten, ihn zugunsten des Nikolaus von Hus abzusetzen. Želivský war etwa im Jahre 1418 in Prag eingetroffen und hatte damals, als der Utraquismus noch voll im Schwange war, an der Neustädter Kirche St. Stephan seine Laufbahn als Prediger der Radikalen begonnen. Im Zuge der katholischen Reaktion zu Anfang des Jahres 1419 verlor er diese Pfarrstelle, ging jedoch als Prediger an eine der für die Utraquisten reservierten Kirchen, nämlich die Kirche Maria Schnee. In diesem großräumigen Gebäude fand eine Gemeinde kleiner Handwerker und armer Leute aus der Prager Neustadt Platz. Želivský betrachtete sich als ihren Sprecher: in Abschriften seiner dortigen Predigten bezeichnet er sich als »Z, Prediger der Armen, Unglücklichen, Elenden und Unterdrückten«.[105] Die Gewalt seines Redeflusses verband ihn aufs engste mit seiner armen Zuhörerschaft. Von seinen in der Volkssprache gehaltenen Predigten vom April bis November des Jahres 1419 sind uns die lateinischen Zusammenfassungen erhalten: mit seiner krassen Kontrastierung der römischen Praxis mit dem Leben der Urkirche, wodurch er die erstere mit kräftigen Worten bloßstellte, reiht er sich in die radikale Tradition des Jakobellus ein. Von Natur aus extremistisch gesinnt, verachtete er die Universitätslehrer, die sich dem Willen des Königs gebeugt hatten. Die Armen aus seiner Gemeinde stellten viele Teilnehmer der demonstrativen Utraquistenumzüge in der Hauptstadt; zweifellos waren sie es, die jene Hohngesänge auf die reichen Herren und den Klerus anstimmten, welche uns überliefert sind. In den Predigten wird mit Nachdruck das Leiden des wahren Christenmenschen betont, allerdings nicht im passiven Sinne: sein Leiden ist mit Kampf verbunden.

Am 30. Juli rief er seine Gemeinde zu einer gewalttätigen Demonstration auf, mit der die neue Unterdrückungspolitik des Königs gegen die Utraquisten zum Scheitern gebracht werden sollte.[106] Nach einer Predigt in der Kirche Maria Schnee ergriff er die Monstranz mit der geweihten Hostie und führte seine Anhänger, von denen einige mit Spießen, Schwertern und Keulen bewaffnet waren, zu seiner früheren Kirche St. Stephan. Als man feststellte, daß der katholische Priester die Türen vor ihnen verschlossen hatte, zertrümmerte die Gemeinde sie, besetzte das Gebäude und benutzte es unmittelbar darauf zu einem utraquistischen Abendmahlsgottesdienst. Von St. Stephan aus zogen Želivský und die übrigen zum Neustädter Rathaus, wo sie eine Anzahl von katholischen tschechischen Stadträten, die der König ernannt hatte, antrafen. Sie forderten die Freigabe der von ihnen gefangengehaltenen Utraquisten. Als die Stadträte dies verweigerten, stürmte die aufgebrachte Menge das Gebäude und warf etwa dreizehn von ihnen aus den Fenstern, so daß sie auf die Straße fielen, wo diejenigen, die den Sturz überlebt hatten, getötet wurden. Dann übernahmen Želivskýs Leute das Neustädter Rathaus und riefen die Einwohner zu den Waffen. Sie erwählten vier Männer zu militärischen Anführern und ernannten später neue Stadträte, die ihre Opfer ersetzen sollten. Eine Streitmacht unter der Führung des Unterstadtkämmerers zog vor das Rathaus, war jedoch zahlenmäßig zu schwach, um den vorherigen Zustand wiederherzustellen. Der König war zwar empört, aber von der Notwendigkeit eines Kompromisses überzeugt: er war gezwungen, die auf solche Weise zu Amt und Würden gekommenen Ratsmitglieder der Neustadt in ihrem Amt zu bestätigen. Etwa vierzehn Tage danach starb er an einem Schlaganfall.

Flammende Predigten, die sich auf die Gemüter der ärmsten Teile der Prager Bevölkerung auswirkten, hatten zum Erfolg geführt. Želivský war jedoch nicht nur ein höchst kraftvoller Bibelprediger – er war auch ein praktischer Organisator und Politiker. Kaminsky hat einleuchtende Gründe angeführt, wonach wir annehmen können, daß die Revolution vom 30. Juli ein geplanter Staatsstreich Želivskýs war, der die Politik des Königs zu Fall bringen sollte. Wenn seine Anhänger auch ganz spontan die Geduld verloren, als die Stadträte zögerten, die Gefangenen freizusetzen, so hatten sie sich doch noch soweit unter Kontrolle, daß sie die Leichname ihrer Opfer nicht ausplünderten[107]: die Amtsketten ließen sie unangetastet. Die Aufrührer machten sich sogleich daran, Hauptleute zu wählen und die Aufsicht über die Neustadt zu übernehmen. Wahrscheinlich stand Želivský nicht allein, sondern war Mitglied einer Verschwörung von Taboritenanführern.[108]

Durch das, was ihnen im Verlaufe eines Vormittags gelungen war, hatten die Radikalen einen großen Schritt getan, um die Stadt Prag für ihre Ideen einzunehmen. Wenzels Tod verdarb zwar ihr Konzept, konnte jedoch ihrer Sache keinen Einhalt gebieten. Durch den Fenstersturz hatten sie einen erfolgreichen Aufstand gegen ihren König ausgelöst und die für sie höchst gefährliche Reaktion der Katholiken zum Scheitern gebracht. Die böhmische Reform, die mit der Inkraftsetzung des Kuttenberger Dekrets im Jahre 1409 in eine neue Phase getreten war, erreichte 1419 ihren Höhepunkt in einer Revolution gegen die etablierte Ordnung im Namen der Religion.

Anmerkungen:

[1] Charakterisierung mit neuer Einschätzung bei Seibt, Die Zeit d. L., S. 477.

[2] Das Gelübde ist von grundlegender Bedeutung im Hinblick auf Zbynéks Gegnerschaft gegen Wenzels Entscheidung für die Konzilspartei im Januar 1409; es ist eine gute Hypothese, wenn man davon ausgeht, daß es auch eine Rolle spielte, als Zbynék sich im Jahre 1408 gegen die Reformer kehrte. S. u. S. 414

[3] Seibt, Die Zeit d. L., S. 490–491; Kaminsky, *Revolution*, S. 56–75 (Kuttenberg und seine Auswirkungen, mit Einblick in die politischen Motive); Seibt, F.: Johannes Hus und der Abzug der deutschen Studenten aus Prag 1409, *AKG*, XXXIX, 1957, S. 63–80; Analyse des Dekrets bei Seibt, *Hussitica*, S. 65–67

[4] S. den Fall Blasius Vlk (Spinka, *Hus*, S. 92–93)

[5] Kaminsky, *Revolution*, erläutert dies

[6] Betts, *Essays in: Czech History*, S. 195–235; interessante Untersuchung des Nationalismus bei Seibt, *Hussitica*, S. 77–86; beachte die Zusammenfassung auf S. 86. Siehe Šmahel, F.: The Idea of the "Nation" in Hussite Bohemia, *Historica*, XVI, 1969, S. 143–247; XVII, 1969, S. 93–197.

[7] Kaminsky, S. 67–70. Leffs Ausführungen über Kuttenberg, in: *Heresy* II, S. 628–629 bedürfen einer Erweiterung.

[8] Die Ereignisse bis zum Tode Zbynéks werden in Spinka, *Hus*, S. 100–120, 122–129 beschrieben; De Vooght: *Hérésie*, S. 115–123, 128–143, 148–151; und die Motive bei Kaminsky, S. 70–75.

[9] Seibt, *Hussitica*, S. 10–14. Der Ausdruck *Hussitae* wurde zuerst zur Zeit des Konstanzer Konzils benutzt (ebd., S. 11, A. 23). Es war ein verächtlicher Ausdruck.

[10] Siehe Kaminsky, S. 74

[11] Überblick von Seibt. Die Zeit d. L., S. 500–506. S. den Wortlaut der vom Prager Klerus geführten Beschwerden über ihn in Palacký, *Documenta*, S. 153–155; interessanter Kommentar bei Leff, II, S. 627.

[12] Die Ereignisse werden bei Spinka, *Hus*, S. 130–164 beschrieben, die Theologie des Hus und seiner Gegner bei De Vooght, *Hérésie*, S. 183–204; *Hussiana*, S. 303–362.

[13] Betts, *Essays*, S. 216–218; Kaminsky, S. 88–89, bes. A. 129

[14] De Vooght, *Hérésie*, S. 219

[15] Kaminsky, H.: Nicholas of Dresden and the Dresden School in Hussite Prague, in: *Master Nicholas of Dresden: the Old Color and the New*, Hrsg. Kaminsky, H. u. a. (*TAPS*, n. s., LV, i), Philadelphia 1965, S. 5–28, bes. 6–7.

[16] Tafel Nr. 1 (ebd. S. 38); Kaminsky, *Revolution*, S. 40–49

[17] Tafel Nr. 8 (ebd. S. 60–61)

[18] Tafel Nr. 9 (ebd. S. 62); s. die Überschrift (»Was über den Antichrist gesagt wird, gilt für den Papst«).

[19] Seibt, Die Zeit d. L., S. 431

[20] Eine tschechische Arbeit, zitiert bei Macek, J.: Villes et Campagnes dans le Hussitisme, *HS*, S. 243–256; auf S. 245, 250, Anm. 12, 13; Seibt, F., in: *HZ*, Sonderheft IV, Hrsg. Kienast, W., S. 65–67; allgemeiner Hintergrund Malowist, M.: The Problems of the Inequality of Economic Development in Europe and the Later Middle Ages, *Ec. HR*,

2nd ser., XIX, 1966, S. 15–28, bes. S. 21. Diesen Hinw. verdanke ich Dr. A. V. Antonovics.
[21] Heymann, F. G.: *John Žižka and the Hussite Revolution*, Princeton 1955, (ins einzelne gehende pro-tschechische Darstellung ab 1419) S. 47–48.
[22] Seibt, Die Zeit d. L., S. 503
[23] De Vooght, *Hérésie*, S. 224–229, Erörterung seiner Berufung in Konstanz S. 395, Übers. des Textes bei Spinka, *John Hus at the Council*, S. 237–240
[24] Nähere Umstände in De Vooght, *Hérésie*, S. 245–288, über Hus' Lehre von der Kirche s. *Hussiana*, S. 124–169; eingehendste Darstellung bei Spinka, *Hus's Concept*; über Hus als Denker und über sein Schicksal s. Leff, *Heresy*, II, S. 657–685, und seine genaue Beobachtung in *BJRL*, L, 1968, S. 387–410, welche die moralische und praktische Seite seines Werkes betont. Die genannte Schrift betreffend s. *Magistri Johannis Hus tractatus De Ecclesia*, Hrsg. Thomson, S. H., Cambridge 1956. Eine immer noch brauchbare Übers. ist die von Schaff, D. S.: *De Ecclesia. The Church, by John Huss*, Westport, Conn. 1915.
[25] Loserth, J.: *Hus und Wiclif*, München u. Berlin 1884, [2]1925; in sechs Wochen geschrieben (Thomson, in: *Speculum*, XXXVIII, 1963, S. 118); s. Kaminsky, S. 36–37, Šmahel, in *BIHR*, XLIII, 1970, S. 26–27.
[26] Ein Hauptthema von De Vooght, *Hérésie*: s. bes. Kap. 12 (Bespr. von Thomson, S. H., *Speculum*, XXXVIII, 1963, S. 116–121); Bartoš, F. M.: Apologie de M. Jean Huss contre son Apologiste, *CV*, VIII, 1965, S. 65–74, Debatte ebd., S. 235–238, IX, 1966, S. 175–180; Werner, E.: Der Kirchenbegriff bei Jan Hus, Jakoubek von Mies, Jan Želivský und den linken Taboriten, *SDAB*, Klasse für Philosophie, Jhrg. 1967, X, S. 5–73; über Hus, S. 9–26.
[27] Leff (*BJRL*, L, 1968, S. 387–410) führt eine klare Sprache.
[28] Zu diesem Punkt habe ich Leff und De Voogt gegenüber Bartoš, F. M. (mit seiner Darstellung in *CV*, VIII, 1965, S. 65–74) den Vorzug gegeben.
[29] Siehe Thomsons Kritik von De Vooghts Gebrauch dieses Ausdrucks (*Speculum*, XXXVIII, 1963, S. 116–121).
[30] Leff, in: *BJRL*, L, 1968, S. 406
[31] De Voogt, *Hérésie*, S. 466–468
[32] Spinka, *Hus*, S. 180
[33] Übers. von Kaminsky, *Revolution*, S. 165; über den Chronisten s. ebd., A. 78
[34] Ebd., S. 201; allgemeine Schilderung auf S. 132, 141–170 (die Aufhellung der Ursprünge der Radikalen ist ein Hauptverdienst Kaminskys; s. a. sein Hussite Radicalism and the Origins of Tabor, 1415–1418, *MH*, X, 1956, S. 102–130).
[35] Vgl. die Ausdrucksweise der Radikalen (Kaminsky, *Revolution*, S. 166–167) mit den Aussprüchen der Lollarden (s. o. S. 382–384).
[36] S. o. S. 125–127, 147–149
[37] Molnár, A.: Les Vaudois en Bohême avant la Révolution hussite, *CV*, LXXXV, 1964, cxvi, S. 3–17, ersetzt Thomson, S. H.: Pre-Hussite Heresy in Bohemia, *EHR*, XLVIII, 1933, S. 23–42. S. die Erörterungen Kaminskys über das Waldensertum, die positiver als diejenigen Molnárs sind, in: *Revolution*, S. 171–179. War Nikolaus von Dresden und seine Schule waldensischem Einfluß ausgesetzt gewesen? S. neuerdings Gonnet und Molnár, *Vaudois*, Kap. 5.
[38] Siehe des Hieronymus von Prag Anfang 1409 getroffene Feststellung, daß in Prag noch zu seinen Lebzeiten Ketzer verbrannt worden seien – jedoch keine reinen Böhmen (Seibt, *Hussitica*, S. 80). Waren es Deutsche? Kaminsky erörtert die Zweisprachigkeit (S. 178, A. 114). Weitere Arbeiten über das böhmische Waldensertum sind von Dr. A. Patschovsky zu erwarten – er ist im Begriff, ein Handbuch des böhmischen Inquisitors herauszugeben (Wolfenbüttel, MS. Helmstedt 311).
[39] De Voogt, *Hérésie*, S. 262–263

[40] Über alle diese Verwicklungen s. Seibt, Die Zeit d. L., S. 476–493
[41] *CV*, VIII, 1965, S. 69–70; Spinka, S. 222
[42] Ebd., S. 226
[43] Seibt, Die Zeit d. L., S. 505–506, über das freie Geleit S. 504 und A. 40; Testament in *Letters of John Hus*★, übers. Workman, H. B. und Pope, R. M., S. 149–151; s. De Vooght, *Hérésie*, S. 316. ★*A. d. Ü.:* Der Originaltitel dürfte etwa »Die Briefe des Johannes Hus« sein.
[44] Seibts Kommentar in »Die Zeit«, S. 504.
[45] Die beste neue Darstellung ist die von De Vooght, *Hérésie*, S. 325–459; s. a. Spinka, S. 219–290, Kommentar bei Kaminsky, S. 52–55, 125, 133, 136–161; Berichtigung bei De Vooght, P.: Jean Huss et ses Juges, in: *Das Konzil von Konstanz*, Hrsg. Franzen, A. und Müller, W., Freiburg 1964, S. 152–173.
[46] Wortlaut bei Spinka, *John Hus at the Council*, S. 89–234
[47] Übers. nach Seibt, *Hussitica*, S. 102–117; über die Bedeutung des Wortes »Zunge« im Sinne von »Nation, Nationalität« s. ebd.
[48] Spinka, *Hus at the Council*, S. 153–154, 158–161; über den in Briefen erkennbaren emotionalen Unterton s. Seibt, *Hussitica*, S. 102–117, über die Organisation der Prager Selbstverwaltungskörper s. S. 138–140.
[49] De Vooght, *Hérésie*, S. 335, 385–386
[50] Spinka, *John Hus at the Council*, S. 163
[51] Kaminsky, S. 143, 144, A. 9
[52] Vgl. die geographische Verteilung der Protestierenden auf Karte Nr. 11. Wortlaut und Namensliste bei Palacký, F.: *Documenta J. Hus vitam illustrantia*, Prag 1869, S. 580–590. Die Edinburgher Handschrift (P.C. 42) (s. Abb. Nr. 8) enthält 100 Namen; eines der Siegel fehlt jedoch. Die Information verdanke ich Mr. C. P. Finlayson, dem Handschriftenbewahrer der Edinburgh University Library.
[53] S. o., S. 209–210
[54] S. o., S. 152–154
[55] Seibt, Die Zeit d. L., S. 505–506
[56] Bartoš, in: *CV*, IX, 1966, S. 175–176, s. a. *CV*, VIII, 1965, S. 72, 236; De Vooght, *Hérésie*, S. 389
[57] Kaminsky, S. 37–40, 52, Leff, II, S. 648
[58] De Vooght, *Hérésie*, S. 334, 363, 388–390, 410–411, 420–422
[59] S. Kommentare bei Creighton, M.: *A History of the Papacy from the Great Schism to the Sack of Rome*, II, London 1899, Kap. 5. Übers. der 30 Artikel, auf die hin Hus verurteilt wurde, bei Spinka, *John Hus, at . . . Constance*.
[60] Über die Einführung des Laienkelchs und die diesbezügliche Auseinandersetzung s. Kaminsky, S. 98–126; Seibt, F.: Die Revelatio des Jacobellus von Mies über die Kelchkommunion, *DA*, XXII, 1967, S. 618–624. Über Jakobellus allgemein s. neuerdings De Vooght, P.: *Jacobellus de Stříbro († 1429), premier Théologien du Hussitisme*, Louvain 1972
[61] Kaminsky, S. 132, und sein Abschnitt über »The Utraquist Victory« (S. 126–136)
[62] Ebd., S. 116
[63] Ebd., S. 133–134
[64] Girgensohn, D.: *Peter von Pulkau und die Wiedereinführung des Laienkelches*, Göttingen 1964 (besprochen von Kaminsky, H., in: *Speculum*, XLI, 1966, S. 132–134).
[65] Kaminsky, S. 108–126 *passim*
[66] Johannes 6, 53
[67] Kaminsky, S. 156–157
[68] Ebd., S. 157–161; beachte den allgemeinen Kommentar von Seibt (*Hussitica*, S. 129)
[69] Kaminsky, S. 160

[70] Ebd., S. 163
[71] Seibt, Die Zeit d. L., S. 512–513, anfängliche geographische Verteilung der Utraquisten, S. 514; Kaminsky, S. 151–156
[72] Ebd., S. 152–153
[73] Aus einem Brief der Olmützer Chorherren (ebd., S. 163)
[74] Übers. ebd., S. 144–145; über die Hintergründe s. S. 141–161; s. ferner Denis, E.: *Huss et la Guerre des Hussites,* Paris 1878, 1930 (basiert auf der Pionierarbeit des großen F. Palacký, bietet noch immer einen reizvollen Ausblick und wird für die Zeit nach 1415 immer wertvoller), S. 177–179; Kejř, J.: Zur Entstehungsgeschichte des Hussitentums, in: *Die Welt zur Zeit des Konstanzer Konzils. Reichenau-Vorträge im Herbst 1964: Vorträge und Forschungen,* IX, Konstanz u. Stuttgart 1965, S. 147–161.
[75] Siehe Kejř, *Die Welt,* S. 53
[76] Kaminsky, *Revolution,* S. 149, 222–223; Denis, *Huss,* S. 184–185
[77] Seibt, Die Zeit d. L., S. 476–477, Heymann, Žižka, S. 24–28, 37
[78] Kaminsky, S. 147–148. Sigismund, der das Erbe Böhmens anzutreten hoffte, meinte es zu jener Zeit wahrscheinlich ernst mit seinen Aufrufen zur Einigkeit.
[79] Ebd., S. 223–227
[80] Ebd., S. 242
[81] Vollständiger Zusammenhang ebd., Kap. 5: ein Bericht, der die bisherigen Darstellungen der Ereignisse in den Jahren 1417–18 übertrifft.
[82] Ebd., S. 198, 257; vgl. S. 194
[83] Übers. ebd., S. 169. Beachte Kaminskys Rekonstruktion der wahrscheinlichen Einstellung der hussitischen Edelherren zu solchen Aktionen (ebd., S. 228–229)
[84] Siehe Werner, Der Kirchenbegriff, S. 14–15, 21; Molnár, A.: Hus et son appel à Jésus-Christ, *CV,* Viii, 1965, S. 95–104, De Vooght, *Hérésie,* S. 151–153, 173, 176, 208–209, 226–227, 395, *lex Christi* in Prag 1408, S. 89–92; über Jesenic zu diesem Thema s. Kaminsky, *Revolution,* S. 63–64. Über die Verwendung des Ausdrucks *lex evangelica* im vorhussitischen Böhmen s. Thomson, S. H., in: *Speculum* xxxviii, 1963, S. 116–121.
[85] Želivskýs Aussage bei Kaminsky, *Revolution,* S. 219; *Querite,* ebd., S. 207–213, Nikolaus' Tod in Meißen s. Kaminsky, Nicholas of Dresden, S. 12.
[86] Hierüber und allgemein über Jakoubek ist Kaminsky, *Revolution,* von grundlegender Bedeutung: s. bes. S. 180–204; Überblick in seinem Hussite Radicalism and the Origins of Tabor, 1415–1418, *MH,* X, 1956, S. 102–130; Kommentare von De Vooght in *RHE,* LXIII, 1968, S. 543–547; das Werk wird von mir gebührend anerkannt, ich gebe jedoch zu bedenken, ob Kaminsky nicht manchmal die theologische Anschauung zu sehr auf die Zeitereignisse und die Politik zurückführt.
[87] Kaminsky, *Revolution,* S. 259–264
[88] Kaminskys Übers. (ebd., S. 261)
[89] Aus Kaminskys Zusammenfassung (ebd. S. 260)
[90] Über die Haltung des Konzils s. Kejř, J., *Die Welt,* S. 60
[91] Spinka, *Hus,* S. 114
[92] Zu diesen und den folgenden Ereignissen ist Denis, *Huss,* S. 198–209, immer noch zweckdienlich. Kaminsky, *Revolution,* S. 266–296, verbindet seine Darstellung mit einer Analyse der Motive Želivskýs und der ersten Taboriten; sein The Prague Insurrection of 30 July 1419, *MH,* XVII, 1966, S. 106–126, ist der beste Bericht über den Fenstersturz.
[93] Übersetzung der Quellen bei Kaminsky, *Revolution,* S. 278–280
[94] Kaminsky, S. 280–283 und Anmerkungen. Grundlegende tschechische Arbeit über Tabor von J. Macek (marxistisch) (besprochen bei Seibt, *Bohemica,* S. 96 [und Stichwortverzeichnis s. v. Macek]; erörtert bei Kaminsky, S. 149 A., 172 A., 285 A., 287–288, 320 A., 341–342, 352 A., 393, 398, 403–404, 422).

[95] Heymann, Žižka, S. 131–133
[96] Kaminsky, Revolution, S. 288, A. 84
[97] Ebd., S. 290–292
[98] Übers. aus dem Tschechischen ebd., S. 283, A. 63. Über A. Molnárs Arbeit s. Seibt, Bohemica, S. 86, 91, 96, 97, 105. Die ursprüngliche tschechische Form ist Tábor.
[99] Denis, Hus, S. 203
[100] Bezeugt von Laurentius von Březová (Kaminsky, Revolution, S. 284)
[101] Übers. bei Kaminsky, S. 286
[102] Maceks Überlegung ebd. zitiert, S. 285
[103] Denis, Huss, S. 203–204; zur Entwicklung der Meinung über Nikolaus vgl. Denis, S. 224, Kaminsky, S. 410–412, Heymann, S. 198
[104] Über Želivský als Theologe s. Molnár, in: CV, II, 1959, S. 324–334; als Politiker und militärischer Anführer s. Kaminsky, Revolution, Heymann, Žižka (s. Stichwortverzeichnis). Kaminsky benutzt Molnárs Predigtausgabe, um die Ereignisse des Jahres 1419 zu rekonstruieren.
[105] Molnár, in: CV, II, 1959, S. 327
[106] Kaminsky, Hussite Radicalism, S. 106–126; Revolution, S. 289–296; Seibt (Die Zeit d. L., S. 515) bemerkt, dies sei ein Streit zwischen Tschechen, Hussiten und Katholiken gewesen.
[107] Kaminsky, Hussite Radicalism, S. 113
[108] Kaminskys Haupthypothese, die zwar attraktiv, jedoch nicht unwiderleglich bewiesen ist. Vgl. a. seinen Versuch, den Fenstersturz auf Želivskýs Predigt zurückzuführen (ebd., S. 120–126: Revolution, S. 292–293).

Erfolg und Scheitern:
Vom Prager Fenstersturz
bis zum Iglauer Vergleich

Die Lage nach Želivskýs Staatsstreich

Mit Wenzels Tod begann die Feuerprobe für das Hussitentum.[1] Sein Bruder Sigismund, der rechtmäßige Thronerbe, war für die Radikalen unannehmbar, weil er in dem Rufe stand, an den Konstanzer Beschlüssen mitschuldig zu sein. Die Gemäßigten indessen schlossen ihn immer noch nicht gänzlich aus. In den Reihen der gemäßigten Hussiten gab es viele, die an dem Prinzip der Legitimität festhielten; so hätten es beispielsweise die Universitätslehrer und der Adel für schwierig befunden, Sigismund zurückzuweisen, wenn er ihnen Garantien für eine weitere Zulassung des Laienkelchs gegeben hätte. Wahrscheinlich hatte Ernest Denis nicht unrecht mit seiner Behauptung, daß ihm das Königreich sicher gewesen wäre, wenn er sofort einen entsprechenden Schritt unternommen hätte. Aber da er anderweitig in Anspruch genommen war, ging die Gelegenheit ungenutzt vorüber.

Die Hussiten einigten sich über einem Programm. Bei einer Versammlung gegen Ende August oder September legten die Barone und die Vertreter der Städte ihre Bedingungen fest[2]: es waren praktisch die Annahmebedingungen für Sigismund. Obwohl der Utraquismus nicht als notwendige Vorbedingung für alle angesehen wurde, so sollte der Laienkelch doch genehmigt werden und daneben, wenn nötig sogar in derselben Kirche, das herkömmliche Vorbehaltsrecht des Kelches für den Priester bestehen bleiben. Die großzügig ausgelegte Simonie sollte abgeschafft werden, und Priester sollten kein weltliches Amt bekleiden dürfen. Bei der Ordination für das geistliche Amt sollten die Bischöfe weder Katholiken noch Utraquisten vorziehen, und keine Seite sollte die andere Ketzer nennen dürfen. Es ging den Utraquisten nicht um den Sieg, sondern um friedliche Koexistenz. Sie wollten das einmal Erreichte festhalten: die Universität sollte die oberste Lehrinstanz bleiben; freie Predigt sollte garantiert werden; päpstliche Entscheidungen sollten in Böhmen nur mit Willen des Königs, des Konzils und der Barone in Kraft treten. Dennoch wünschte man immer noch innerhalb der internationalen Kirche anerkannt zu werden.

In nationaler Hinsicht gingen die Forderungen darüber hinaus. Die Tschechen sollten im Königreich den Ton angeben. Gerichtliche Verfahren sollten in tschechischer Sprache abgehalten werden; Ausländer sollten weder weltliche noch geistliche Ämter bekleiden dürfen, sofern unter den Tschechen fähige Leute zu finden waren, die sie einnehmen konnten. Auf diese Weise kamen die nationalistischen Forderungen, die sich in Böhmen gleichzeitig und im Zusammenhang mit den religiösen herausgebildet hatten, im Augenblick der Krise am klarsten zum Ausdruck. Weitere Klauseln spiegelten die Interessen kleinerer Gruppen wider. So nahm Prag für sich besondere Rechte in Anspruch. Auch die Adligen hatten ihre Sonderinteressen: die königlichen Rechte auf Konfiszierung sollten beschnitten werden; Wenzels Schatz sollte im Interesse des Königreiches Verwendung finden – eine Anspielung darauf, daß das Geld nicht zur Entlohnung von Ausländern, wie der den Einheimischen vorgezogenen Deutschen und Ungarn in Sigismunds Umgebung, verwandt werden sollte. Die Städte wünschten eine Amnestie, die Zusicherung ihrer Privilegien sowie Gesetze gegen Wucherer und Juden.

Das Emporkommen der kriegerischen Taboriten

Um die Gruppe der Radikalen kümmerte sich kaum jemand. Nach dem Tode Wenzels hatte es Unruhen in Prag und in anderen Städten gegeben, wo sie viele Anhänger hatten. Eine von Jan Žižka, einem Berufssoldaten in königlichen Diensten, angeführte Menge plünderte das Kartäuserkloster in Smichow vor den Toren der Hauptstadt.[3] Die Insassen, hauptsächlich Deutsche, mußten zu ihrer eigenen Sicherheit im alten Rathaus in Gewahrsam genommen werden. In der Stadt selbst wurden Bordelle von Fanatikern zerstört. Auf den Bergen in der Provinz kamen die Menschen weiterhin in riesigen Scharen zusammen, um das Abendmahl zu feiern und Predigten zu hören. Ohne Unterstützung nahmen die Radikalen der Prager Neustadt unter Žižka und Želivský die Festung Wyschehrad ein; im November stürmte eine Gruppe, in der auch Pilger aus der Provinz waren, königliche Stellungen auf der Kleinseite.

Entgegen ihren Beteuerungen stellten die Versammlungen eine politische Macht dar; denn sie nahmen einen kämpferischen Charakter an. Königin Sophie und der an der Spitze des Regentschaftsrates stehende Čeněk von Wartenberg erkannten die Gefahr und ergriffen Gegenmaßnahmen. Im November fand die erste offene Feldschlacht zwischen den gegnerischen Lagern bei Žiwohoušct statt[4], als eine Streitmacht von royalistischen Adligen einer Gruppe aus dem Süden, die zur Novemberkundgebung nach Prag wollte, den Weg abschnitt. In der Hauptstadt bestand unmittelbare Gefahr, daß die Radikalen die Macht übernahmen; doch die vereinigten Streitkräfte der Neustadt und der Fanatiker aus der Provinz waren nicht in der Lage, sich die Gunst des Volkes zu erhalten. Die Festung Wyschehrad wurde wieder von den königlichen Truppen übernommen, und enttäuscht verließen die Leute aus der Provinz Prag: sie waren in einer Stimmung, die leicht in Gewaltanwendung umschlagen konnte.[5] Schon bei der Versammlung am 30. September außerhalb Prags hatte Wenzel Koranda, der Anführer des Pilsener Truppenkontingents, gesagt: »Die Zeit der Wanderschaft mit dem Pilgerstab in der Hand ist vorüber. Jetzt müssen wir mit dem Schwert in der Hand marschieren.«[6] Zusammen mit Nikolaus von Hus gehörte Koranda zu einer kleinen Führungsgruppe, die die Pilgerscharen auf bestimmte Ziele hinlenkte, zuerst auf politische, dann auf militärische.

Wie die Waldenser hielten es die Radikalen zu Anfang mit der wörtlichen Befolgung der Evangeliumstexte, die das Blutvergießen untersagten. Aber selbst die Waldenser griffen unter besonderen Umständen zum Schwert, zum Beispiel dann, wenn ihre Zufluchtsstätten im Gebirge von Truppen im Auftrag der Inquisition angegriffen wurden.[7] Psychologisch war der Übergang von gewalttätigen Demonstrationen, wie der seit langem unter Radikalen üblichen Bilderzerstörung sowie der Zerstörung von Klöstern und Bordellen, bis zum eigentlichen Blutvergießen leicht verständlich.

Die Predigt beschleunigte diesen Prozeß. Im Winter 1419-1420 trösteten die Anführer die Enttäuschten mit der Aussicht auf das unmittelbar bevorstehende Weltende. Bei der Wiederkunft Christi würden ihre Feinde vernichtet werden; der gerettete Rest – der natürlich aus den Reihen der Radikalen kam – sollte in fünf böhmische Städte fliehen[8], wo man vor dem künftigen Zorn sicher sein würde. Jakobellus und die meisten Universitätslehrer sprachen sich gegen die Schriftauslegung der Radikalen aus, insbesondere gegen die Notwendigkeit, in die schützenden Städte zu fliehen. Peter von Cheltschitz, ein Landedelmann mit waldensischen Ansichten, distanzierte sich auf seine Weise von dieser Entwicklung; später schrieb er, er glaube, der Teufel habe sie zu der Annahme verleitet, sie seien »Engel, die alle Schandtaten von Christi Reich fernhalten müßten«.[9] In allen Wechselfällen des Schicksals hielt er an einem buchstabengetreuen Pazifismus fest und lehnte jede Berührung mit weltlicher Macht ab. Nichtsdestoweniger setzten sich die Propheten durch. Lorenz von Březová beschreibt, wie die Bauern ihr Hab und Gut selbst zu Schleuderpreisen verkauften und mit ihren Familien zu den Sammelpunkten der Radikalen zogen, wo sie ihr Geld in einen gemeinsamen Topf warfen.[10] Das Weltende blieb aus, und die Naherwartungsstimmung ging vorüber; doch sie hatte sich bereits soweit ausgewirkt, daß sich die radikalen Gemeinden zusammenschlossen.

Die fünf Städte der Prophezeiung waren allesamt Orte, in denen die Radikalen schon früh Einfluß gewonnen hatten; sie lagen alle im westlichen Böhmen: Pilsen, Saaz, Laun, Schlan, Klattau. Pilsen stand unter dem Befehl des kämpferischen Priesters Koranda und wurde alsbald von Žižka verstärkt, der eine bemerkenswerte militärische Sachkenntnis mitbrachte, wodurch er den Einsatzwillen der aufopferungsbereiten Leute in eine Bahn lenkte. Weitere Zufluchtsstätten lagen in Südböhmen, wo Pisek seit langem als extremistisch galt. Königgrätz bildete wieder ein anderes Zentrum: in der Nähe lag der umgetaufte Berg Horeb mit den Horebiten unter ihrem Priester Ambrosius.[11] Sowohl die südlichen als auch die westlichen Zentren wurden bald angegriffen. Dies vertiefte die religiöse Stimmung bei den radikalen Erwählten, brachte aber auch die ersten Verluste. Bei einem Scharmützel bewies Žižka zum ersten Mal seine militärische Geschicklichkeit durch den Einsatz von Geschützen und Kriegsfahrzeugen. Aber Koranda stieß in Pilsen auf Widerstand und Enttäuschung, als das angekündigte Datum des Weltendes Mitte Februar 1420 vorüberging. Im März verließ Žižka mit einer Gruppe seiner entschlossensten Anhänger nach einem Waffenstillstand Pilsen, um sich dem Widerstandszentrum in Südböhmen anzuschließen. Dort scheint Pisek, vermutlich im Februar, in die Hände der Königlichen gefallen zu sein. Aber die Eiferer, die die Stadt hatten verlassen müssen, machten am Aschermittwoch vor Tagesanbruch einen Überraschungsangriff auf die nahegelegene Stadt Sezímovo Usti an der Luznitz und nahmen sie ein.[12]

Schließlich gaben sie unter dem Zwang, sich verteidigen zu müssen, Usti auf und zogen sich in die verlassene Festung Hradiště zurück, die auf einer fast uneinnehmbaren Halbinsel lag, auf drei Seiten von den Flüssen Luznitz und Tismenitz geschützt. Usti wurde niedergebrannt, und die Verbindung zu dem früheren, normalen Leben wurde abgebrochen. Bei der streng kommunistischen Lebensform, die man von nun an einhielt, galt der Besitz von Privateigentum als Todsünde. In großer Eile errichtete man Befestigungsanlagen und teilte die Bevölkerung zu militärischen und politischen Zwecken in vier Gruppen ein, die jeweils von einem Hauptmann befehligt wurden. Von der Festung aus unternahm man Ausfälle, um sich das umliegende Land zu unterwerfen. Dieser Gemeinschaft führte Žižka seine Soldaten und sein militärisches Talent zu. Die Festung wurde in Tabor umbenannt: das frühere Pilgerziel Tabor bei Bechin war durch ein neues wehrhaftes Tabor ersetzt worden.

Ganz ähnlich wie Cromwell seine militärischen Neuerungen in der religiös angespannten Atmosphäre seiner New Model Army zur Entfaltung bringen konnte, nützte Žižka die religiöse Begeisterung der Einwohner von Tabor aus, um sie zu einer außergewöhnlich gut disziplinierten Kampftruppe auszubilden. Bei den Taboriten führte das Ausbleiben des vorausgesagten Weltendes nicht zu einem Nachlassen des Eifers, sondern an die Stelle der Voraussage des drohenden katastrophalen Endes trat der Gedanke, daß Christus bereits gekommen sei, und zwar heimlich wie ein Dieb in der Nacht[13] – seine offenbare Wiederkunft stehe noch bevor. Unterdessen sei die Zeit der Rache angebrochen. Nach dem Kampf würde der Lohn nicht auf sich warten lassen: die auf die Berge geflohenen Erwählten würden die Güter der Verworfenen in Besitz nehmen. Die Art dieses neuen Tabor konnte selbstverständlich nur die hingebungsvollsten unter den Radikalen aus ihren Heimstätten herbeilocken und sie von ihrer normalen Lebensweise abbringen. In einer Atmosphäre fieberhafter religiöser Betriebsamkeit kamen sehr rasch gänzlich neue Ideen auf. Ein gegnerisch eingestellter Zeuge beschreibt, wie die Priester ihren Anhängern von dem Reichtum erzählten, dessen sie beim Anbruch des Tausendjährigen Reiches teilhaftig würden: dann würden sie alles im Überfluß haben und ihren Herren keinen Pachtzins mehr zu bezahlen brauchen.[14]

Die Gewaltsamkeit, mit der man in Tabor vorging, hatte zwar ihre religiösen Wurzeln, aber sie hatte auch einen praktischen Grund: es war schwierig, die Fanatiker und ihre Familien zu unterhalten. Sie benötigten einfach die Beute, die sie bei den Feldzügen gegen ihre Feinde machten. Als die finanzielle Notlage fühlbar wurde, waren sie dazu gezwungen, den Bauern der Umgebung die Pachtforderungen ihrer früheren Herren aufzubürden. Dies führte eine gewisse Ernüchterung herbei. Aber das Gefühl, zu den Erwählten zu gehören, die Begeisterung, von der jedermann in der Festungsgemeinschaft erfüllt war, die Predigten und die schlichten Abendmahlsfeiern in beiderlei Gestalt ohne den vorgeschriebenen Altar, die Meßgewänder und das Ritual – dies alles gab Tabor eine lang anhaltende Schwungkraft, durch die man kleine Rückschläge verkraften konnte.[15]

Žižka stand vor der Aufgabe, ein Heer auszurüsten mit Waffen, wie sie Bauern zur Verfügung stehen.[16] Anfangs mußten Dreschflegel, deren Klöppel mit eisernen Spitzen besetzt waren, an Stelle konventioneller Waffen herhalten; als sich herausstellte, welche Vorteile sie boten, wurden sie eigens zu diesem Zweck hergestellt. Bauernkarren dienten zunächst als Transportmittel; doch alsbald benutzte Žižka sie als Kriegsfahrzeuge. Zu Verteidigungszwecken wurden sie mit weiteren Brettern ausgestattet, die sowohl die Besatzung als auch die Räder schützten, und sie bekamen Ständer für schwere Handfeuerwaffen. Es wurden besondere Schilde hergestellt, mit denen man die Lücken zwischen den Wagen schließen konnte. Žižka brachte einige Kriegserfahrung mit aus einem Feldzug gegen die Deutschordensritter im Dienste des polnischen Königs und hatte vielleicht bei dieser Gelegenheit etwas über die Verwendung von Kriegsfahrzeugen gelernt; aber die Ausweitung ihres Gebrauchs vom bloßen Transportmittel zu einem vollständigen Verteidigungssystem auf Rädern scheint eine von ihm erfundene Neuerung gewesen zu sein. Der große Vorzug von Žižkas Kriegswagen bestand darin, daß bewegliche Kolonnen rasch und wirksam eine Verteidigungsstellung gegen Reiterangriffe einnehmen konnten.

Sigismund und die Schlacht am Veitsberg

Unterdessen wurden die Verhandlungen fortgesetzt, vorangetrieben von der Furcht der gemäßigten Utraquisten vor den Ausschreitungen der Taboriten.[17] Auf einem Reichstag zu Brünn im Dezember 1419 leisteten die Reichsstände Sigismund den Gehorsamseid, und Prag bat wegen seiner rebellischen Haltung um Vergebung. Es schien, als wolle er hinsichtlich des Laienkelchs eine Politik der Toleranz einschlagen, vorausgesetzt, seine andersweitigen Wünsche würden respektiert. Ohne Aufhebens ernannte er zwei katholische Adlige zum Haushofmeister und Kammerherrn, denen die königlichen Schlösser und Städte unterstanden: auf diese Weise hoffte er, Čeněk von Wartenberg unter seine Kontrolle zu bringen. Und wieder einmal schien sich ihm eine hervorragende Möglichkeit zu bieten, erfolgreich als Herrscher in Böhmen einzuziehen. Sigismund jedoch verdarb seine Chancen, indem er die Maske des Kompromisses fallen ließ.

Auf einem weiteren Reichstag zu Breslau versammelten sich die Großen des Reiches. In der dort herrschenden Atmosphäre der Macht schien sich eine sofortige militärische Lösung des böhmischen Problems anzubieten. Es gab im Lande immer noch Gebiete, in denen die Katholiken vorherrschten. In Kuttenberg war die deutsche Bevölkerung dabei, den Hussiten völlig den Garaus zu machen: da der städtische Scharfrichter überlastet war, warf man sie einfach in die verlassenen Schächte der Silberbergwerke. In Südböhmen hatten die Hussiten den Widerstand Ulrichs von Rosenberg nicht beseitigen können. Im Februar entschloß sich Sigismund zu einem Feldzug, der von Martin V. zum Kreuzzug erklärt wurde. In Breslau bekundete er seine neue Einstellung gegenüber dem böhmischen Ketzertum, indem er zur Verbrennung eines hussitischen Kaufmanns aus Prag seine Einwilligung gab. Den widerspenstigen Städten gegenüber machte er den Unterschied zwischen sich und seinem schwankenden Bruder dadurch deutlich, daß er Wenzels milde Reaktion auf einen Aufstand der Handwerkergilden gegen den Breslauer Stadtrat außer Kraft setzte.

Den Winter und das Frühjahr 1419/1420 hindurch debattierten die Universitätslehrer über Krieg und Frieden.[18] Im Februar hatte Žižka diese Frage der Universität vorgelegt – ein interessanter Beweis dafür, daß die Bande zwischen den verschiedenen Flügeln der Bewegung, wie sehr sie auch geschwächt waren, noch immer hielten. Ein wenig vorher hatten zwei Priester – der eine im Sinne der Radikalen, der andere mehr konservativ eingestellt – öffentlich über das Recht, Krieg zu führen, debattiert: über diesen Disput sollten Jakobellus und Christian ihr Gutachten abgeben. Die Folgerungen, welche die Radikalen vom Lande aus dem bevorstehenden Weltende ableiteten, mißfielen ihnen zwar, doch sie gestanden den utraquistischen Gemeinden ein Recht auf Widerstand, auch gegen den Willen der Obrigkeit, zu.

Die Zeitereignisse zwangen Universitätslehrer wie Taboriten zur Rechtfertigung der Revolution gegen die bestehende Ordnung. In ihren Diskussionen nahmen sie Schritt für Schritt Abstand von der herkömmlichen, stark eingeschränkten Befürwortung christlicher Kriegführung, wie sie bei Wyclif zu finden war, der sie seinerseits von Thomas von Aquin abgeleitet hatte, und sie bejahten den heiligen Krieg, zu dem sie sich sogar verpflichtet fühlten um der Böhmen willen, die am Laienkelch festhielten. Nach Wyclifs Darstellung war der Widerstand gegen einen rechtmäßigen Herrscher nicht erlaubt – die Magister erklärten unmittelbar vor dem Angriff des ersten Kreuzzugsheeres den erlaubten zum verpflichtenden Krieg. »Dennoch scheint es angemessen«, wie Seibt erklärt, »die Bemühungen hochzuschätzen, mit denen die Magister die Stimmen ihres Gewissens den politischen Kräften entgegenhielten«.[19]

Durch den Kreuzzug wurde das erreicht, was sonst nicht möglich gewesen wäre: die auseinanderstrebenden Kräfte der Hussiten fanden zu einer vorläufigen Einigkeit.[20] Die Vertreter der Prager Alt- und Neustadt kamen am 3. April 1420 zusammen und einigten sich auf eine Art Militärregierung unter der Führung von Hauptleuten, wonach die provisorische Gewalt den Vorrang vor den Magistratsbehörden haben, sie jedoch nicht ersetzen sollte.[21] Želivský, der während der Verhandlungen mit Sigismund etwas isoliert worden war, gewann seinen Einfluß zurück. Die Bürger erließen ein Manifest, in dem ein nationaler Ton angeschlagen wurde. Sigismund sollte zurückgewiesen werden, da er zu einem Kreuzzug aufgerufen und die Deutschen, »unsere natürlichen Feinde«, ins Land geholt hatte. Für die Kirchenspaltung seien nicht die Tschechen verantwortlich, sondern die Kirche, die sie wie eine boshafte Stiefmutter behandle, habe sie von sich gewiesen, obwohl sie doch nur Christi Gesetz befolgen wollten.[22] Bei seiner Rückkehr von Sigismund schloß sich Čeněk, der wetterwendische Hussit, den Prager Bürgern bei ihrer Trotzaktion an, übernahm den Hradschin und rief den Adel zusammen. Am 20. April gaben die Vertreter des Adels ihr Manifest heraus: eine gegen Sigismund gerichtete förmliche *diffidatio* (Mißtrauenserklärung), die alle seine Vergehen aufzählt – von seiner Komplizenschaft bei der Verbrennung des Hus bis zur Veräußerung der Markgrafschaft Brandenburg und der Ernennung eines »Feindes der slavischen Rasse« zum Bischof von Mähren.[23]

In beiden Manifesten ging es gleichermaßen um Ehre und Nationalbewußtsein, wie sich aus dem Sprachgebrauch erkennen läßt. Das tschechische Schlüsselwort *jazyk* übersetzt man am besten mit »Zunge«.[24] Seine Verwendung stellt eine Verbindung her zwischen den Manifesten des Jahres 1420 und dem Protestschreiben des böhmischen und mährischen Adels im Jahre 1415. Die späteren, eine Reihe von rhetorischen Kunstwerken der zwanziger Jahre, stammen mit ziemlicher Sicherheit von der gleichen Hand und spiegeln die Anteilnahme des Prager Patriziertums wider, dessen Mitglieder eine Universitätserziehung genossen hatten, vom humanistischen Geiste erfüllt und weniger religiös als weltlich orientiert waren. In seiner sprachlichen Ausprägung war der Nationalismus eine verhältnismäßig intellektuelle Angelegenheit; aber man rechnete immerhin damit, daß er auch die Gemüter von Tschechen, die mit Akademikerkreisen nichts zu tun hatten, aufrütteln würde.[25]

Beim Einmarsch des Kreuzzugsheeres entzündete sich das Nationalgefühl im Lande von neuem an den Erzählungen vom Martyrium einfacher Hussiten. Die bekannteste von ihnen berichtet, wie im Juli 1420 ein Pfarrgeistlicher mit Bauern und Kindern gemeinsam in Arnoštovice den Scheiterhaufen bestieg, den die Truppen des Herzogs von Österreich errichtet hatten, weil sie sich weigerten zu widerrufen.[26]

Das Manifest vom 3. April enthielt unter anderem eine Formel, welche die religiöse Einigkeit der miteinander streitenden hussitischen Gruppen bekundete. In abgewandelter Form tauchte sie am 20. April und wiederum am 27. Mai auf. Reichlich mit Zitaten aus der Heiligen Schrift und von anerkannten Autoritäten ausgestattet, wurde sie übersetzt und dem Heer Sigismunds und anderen Städten übergeben. Die Formel erschien unter der Bezeichnung die »Vier Prager Artikel«[27] und enthielt die Minimalforderungen der Hussiten. Die Artikel proklamierten das Abendmahl in beiderlei Gestalt sowie die »rechte, freie Predigt von Gottes Wort«; alle Priester, vom Papst an abwärts, stellten sie vor die Notwendigkeit, »ihren Prunk, ihre Habsucht und ihr unpassendes herrschaftliches Gebaren aufzugeben«, und an das Königreich und Volk von Böhmen erging die Forderung, sich sowohl öffentlicher Todsünden als auch der Verleumdung zu enthalten. Die verschiedenen Gruppen konnten dem verschiedene Bedeutung unterlegen. Am 20. April ließ der Adel den Hinweis auf die öffentlichen Todsünden weg; die Radikalen hingegen betrachteten denselben vierten Artikel als Aufforderung zur revolutionären Erhebung im Lande. Aber die Forderung des Laienkelchs hielt alle zusammen.

Für viele Radikale jedoch war dies lediglich eine vorbereitende Maßnahme, die auf eine Gesamtrevision der Meßordnung abzielte: sie reduzierte diese auf den entscheidenden Wortlaut der Heiligen Schrift, der insgesamt ins Tschechische zu übersetzen war, und verwandelte sie in einen Abendmahlsgottesdienst ohne die traditionellen Gewänder und Zeremonien.[28] Während die am meisten Gemäßigten sich mit der Zusicherung des Laienkelchs zufriedengaben, wozu vielleicht noch die Übersetzung von Epistel und Evangelium in die Volkssprache kam, gingen andere darüber hinaus und verstanden den ersten Artikel so, als ob er ihnen das Recht gebe, auch unmündigen Kindern den Kelch zu reichen. Die Abwandlung der Artikel in den verschiedenen Versionen spiegelte die unter der Oberfläche herrschende Spannung wider. Trotzdem erreichten die Artikel ihren Zweck: sie waren unter dem Druck der Invasion zustandegekommen und hielten Gemäßigte und Radikale bei der Verteidigung der gemeinsamen Sache zusammen. Sie stellten ein Minimum dessen dar, was alle angenommen hätten, und waren von langer Dauer, weil man keine bessere Formel finden konnte, um das Unvereinbare auf einen Nenner zu bringen.

Die neuen gemeinsamen Aktionen in den Monaten April und Mai sowie das Gewicht, welches die Manifeste auf die nationalen Belange der Tschechen legten, führten in der Stadt Prag zu einer Auswanderung größeren Stils von Deutschen und Katholiken, die nie mehr rückgängig zu machen war.[29] Indem man im Namen der Gemeinschaft Häuser, Gärten und andere Besitztümer konfiszierte und neu verteilte, beanspruchte das Volk ein ganz und gar revolutionäres Verfügungsrecht. So wurde der Appell an einen sprachlich begründeten Nationalismus rasch in Taten umgesetzt, und die Flucht der Deutschen sowie der mit der Machtübernahme durch die Tschechen erfolgende Zusammenbruch des katholisch-deutschen Patriziertums schuf Interessengruppen, die auf unversöhnliche Weise zum Widerstand entschlossen waren. Für die Auswanderungswelle im späten Frühjahr und zu Anfang des Sommers konnte man wohl auch anderswo Parallelbeispiele finden – die Bedeutung der Reform ging immer noch über lediglich völkische Belange hinaus, und ein Zusammenschluß deutscher Katholiken innerhalb und außerhalb des Königreiches gegen die hussitischen Tschechen war noch keineswegs zwangsläufig. Unter den Städten stand Pilsen, im Unterschied zu vielen böhmischen Städten, ausschließlich unter tschechischer Verwaltung und hielt sich – abgesehen von einer kurzen Episode unter Wenzel Korandas radikaler Herrschaft – treu zur konservativen Seite, wohingegen Saaz, eine zweisprachige Stadt mit einem starken deutschen Bevölkerungsanteil, auf seiten der Taboriten stand.[30] Trotzdem hatten die Ereignisse des Jahres 1420 in starkem Maße dazu beigetragen, das tschechische Nationalinteresse mit der Frage des Laienkelchs zu verknüpfen. Selbst in diesem vorgeschrittenen Stadium versuchten die gemäßigten Hussiten und der Adel abermals mit Sigismund zu verhandeln. Da sie jedoch zurückgewiesen wurden, vereinigten sie sich mit den Taboriten, die im Mai Prag besetzten.

Die Stadt hatte nicht viel Aussicht, eine Belagerung zu überstehen, denn Sigismund verfügte über ein starkes Heer, und die Königstreuen hatten die Festungen Hradschin und Wyschehrad auf beiden Seiten der Moldau in der Hand.[31] Die Schwäche der royalistischen Positionen lag einmal in der Schwierigkeit, eine solche Armee zu versorgen, mehr allerdings noch in dem Problem der Kampfesmoral, da ja einheimische böhmische Katholiken mit zwiespältigen Gefühlen Seite an Seite mit Sigismunds ausländischen Untertanen aus Deutschland und Ungarn kämpften. Die Schlacht am Vítkov (Veitsberg) brachte die Entscheidung. Der Kampf entbrannte nicht in voller Stärke, daher waren die Verluste im Heere Sigismunds nicht hoch; um Haaresbreite mißglückte Sigismunds Heer die Eroberung des strategisch wichtigen Bergrückens im Nordosten der Stadt. Die Entscheidung wurde herbeigeführt durch Žižkas Blick für strategisch wichtige Positionen und den Kampfgeist seiner Taboriten.

Nach seiner Niederlage hörte Sigismund auf den Rat seiner böhmischen Adligen, ließ sich in der Kathedrale krönen und zog dann aus der Stadt heraus in die sichere Umgebung von Kuttenberg. Dort zauderte er den Rest des Sommers und den Frühherbst hindurch. Bei längeren militärischen Unternehmungen fehlte es ihm stets am vollen Einsatzwillen, und er scheint geglaubt zu haben, seine bloße Anwesenheit im Königreich werde ihm als dem rechtmäßigen Herrscher schließlich die notwendige Unterstützung zuführen und die Einigkeit der Hussiten werde infolge ihrer internen Streitigkeiten zerbrechen. Damit unterschätzte er jedoch auf sträfliche Weise sowohl den allgemeinen Argwohn gegen ihn als den Verräter des Hus als auch den nationalen Stolz, der die Tschechen gegen die Deutschen und Ungarn in seiner Umgebung erfüllte. Im November kehrte er zu spät zurück, als daß er die Festung Wyschehrad hätte davor bewahren können, daß sie dem Ansturm der Prager erlag; und im März 1421 verließ er ziemlich unverrichteter Dinge nach weiteren Kämpfen Böhmen vollends. Sein Zögern und schließlich seine Abreise kamen der Sache der Hussiten sehr zustatten, denn dadurch war es Žižka im weiteren Verlauf des Jahres 1420 sowie im Jahre 1421 möglich, so viele Städte und Festungen der Katholiken und Königstreuen zu erobern, daß Böhmen, obwohl es nie ganz für den Laienkelch gewonnen wurde, eine solide Bastion des Hussitentums bildete.[32]

Húska, die Adamiten und das Ende Želivskýs

Unter dem Eindruck des militärischen Erfolges fanden Aussprachen statt, und es wurden organisatorische Maßnahmen ergriffen: in ihnen klärten die hussitischen Parteien ihre verschiedenen Positionen und distanzierten sich von den Extremisten in ihren Reihen. Die Taboriten versuchten in ihrem Siegesrausch nach der Schlacht am Vítkov die Prager auf ihre Seite zu ziehen, indem sie der Bürgerschaft ein Zwölf-Punkte-Programm vorlegten. Darin verlangten sie entweder die sofortige Ausführung von bestimmten Klauseln aus den Vier Artikeln, wie zum Beispiel die Enteignung der Priester, oder aber eine Ausdeutung der Klausel über die »öffentlichen Todsünden«, die der Stadt ein puritanisches Regime aufgezwungen hätte.[33] Das Ansinnen, das sie an die Universitätslehrer stellten, sich dem »göttlichen Gesetz« zu unterwerfen, welches für die Taboriten allein in der Heiligen Schrift bestand, hätte die Stellung der Universität als oberster Lehrinstanz der Utraquisten untergraben, und ihre Forderung nach Zerstörung der Klöster, »unnötiger« Kirchen, Meßgewänder sowie goldener und silberner Kelche ging weit über die Ansichten der gemäßigten Mehrheit in der Stadt hinaus. Die Zerstörung der südlich der Stadt gelegenen Zisterzienserabtei Königsaal und die Schändung der Königsgräber durch eine betrunkene Soldateska rief bei den Gemäßigten außer der Furcht vor den Taboriten auch noch Abscheu hervor.[34] Die zurückgewiesenen Taboriten verließen die Stadt und besiegelten ihren dogmatischen Bruch mit dem Prager Hussitentum damit, daß sie einen ihrer Prediger, nämlich Nikolaus von Pilgram, zum Bischof wählten. Man brauchte ihn, um Priester zu ordinieren, der taboritischen Predigt Prestige zu verleihen und ihr eine feste Form zu geben. Mit dieser Bischofswahl nahm Tabor eine klare Abgrenzung sowohl in den eigenen Reihen als auch gegenüber Prag vor: die unberechenbaren Vorgänge der chiliastischen Vergangenheit machten festgelegten Formen Platz, wie sie für einen Stadtstaat mit abhängigen Städten, aufblühenden Handwerksbetrieben und ihre Abgaben zahlenden Bauern selbstverständlich sind. Durch seine Ablehnung der apostolischen Nachfolge versagte sich Tabor auch eine Aussöhnung mit den Utraquisten.[35]

In dem Maße, wie man in den Städten des taboritischen Herrschaftsbereichs und der von ihnen abhängigen Bevölkerung ein starres Kirchensystem aufbaute, wuchsen die disziplinarischen Probleme. Martin Húska, ein höchst redegewandter Taborit und bischöflicher »Ordinator« des Nikolaus, war der Anführer einer Gruppe innerhalb Tabors, die eine Realpräsenz bei der Feier der Eucharistie leugnete und lehrte, Brot und Wein sollten nicht kniend genommen werden, sondern formlos, und in größeren Mengen als beim Sakramentempfang, und zwar bei Agapefeiern, die an den Brauch der Urkirche erinnerten.[36] Die Eucharistie wurde so zu einem Erinnerungsmahl. In ihrem Eifer, die Messe auf ihre durch die Heilige Schrift bezeugten Bestandteile zurückzuführen, schafften die Taboriten jeglichen Prunk, Meßgewänder und liturgisches Beiwerk ab, wobei sie gegenüber ihren gemäßigten Gegnern unter den Utraquisten geltend machten, Christus habe kein Meßgewand getragen – aber sie waren nicht bereit, Húskas Vernunftgründen und seinen Rückschlüssen aus der Heiligen Schrift zu folgen. In der Frage der Eucharistie waren alle Hussiten höchst empfindlich, auch die Taboriten blieben trotz ihrer radikalen Art immerhin die Nachfahren des Matthias von Janow und der Reform des 14. Jahrhunderts: wenn sie auch von der Transsubstantiationslehre Abstand genommen hatten, glaubten sie dennoch weiterhin an eine Realpräsenz, und dieser Glaube war ihnen gefühlsmäßig äußerst wichtig. Martin brachte das rationalistische Argument vor, der physische Leib Christi sei im Himmel und könne daher in der Eucharistie nicht zugegen sein;[37] indem er sich auf das analoge Schriftbeispiel von der Speisung der Fünftausend berief, welche die Leute auf dem Boden sitzend entgegengenommen hätten, kontrastierte er die sakramentale Dosis von Wein und Brot mit dem üppigen Festmahl der Agapefeier, die er einzuführen wünschte. Seine Anhänger aber gingen in ihrer ungestümen Art, die für Taboriten so charakteristisch ist, dazu über, zum Zeichen ihres Protestes gegen die herkömmliche Lehre von den Sakramenten und das sakramentale Brauchtum Monstranzen zu entleeren und auf den Hostien herumzutrampeln.

Daraufhin machte Tabor von seiner Autorität Gebrauch, um Húskas Anhänger mit Gewalt niederzuhalten. Während die neuen Ansichten in der Entwicklung begriffen waren, befanden sich die Führer der Taboriten in einem Gespräch über die liturgische Praxis mit den gemäßigten Utraquisten aus Prag. Letztere mußten sie warnen vor einer Verbreitung der Häresie, die man Pikartismus nannte, nach Pikart, einer Entstellung des Wortes Begarde, und ein Ausdruck, den man im kränkenden Sinne für einen Ketzer gebrauchte.[38] Húska wurde eingekerkert, dann wieder befreit, im Sommer 1421 endgültig in Haft genommen und im August unter Mitwirkung beider Flügel der hussitischen Bewegung verbrannt.

Kaminsky hat die Ketzerei Húskas auf einleuchtende Weise erklärt als eine Weiterentwicklung aus der chiliastischen Phase der gesamten Taboritenbewegung: dort, wo die einstigen Gefährten einander Halt geboten, scheute sich Húskas Gruppe nicht, weiter voranzuschreiten. Das unmittelbare Problem, ob die Laien berechtigt sein sollten, geweihte Hostien untereinander auszuteilen – eine Frage, über der es zur ersten Gefangennahme Húskas zu Beginn des Jahres 1421 gekommen war, bildete nur die äußerste Konsequenz einer Auffassung von christlichem Leben, mit der sich Tabor nicht einverstanden erklärte: dahinter verbarg sich eine Ketzerei, welche noch tiefer reichte als die eucharistischen Glaubenssätze. Fragmentarische Hinweise ermöglichen eine Rekonstruktion von Húskas Lehre, wonach sie sich auf einen Glauben an die Verwirklichung des Reiches Gottes in seiner taboritischen Gruppe gründete, und zwar in einer Weise, die das Gesetz der Gnade *(A. d. Ü.:* das »Gesetz Christi« nach I. Kor. 9, 21) (vgl. auch 10, 11) überflüssig machte. Die scharfe Kritik des Paulus an der Verwechslung der Eucharistiefeier mit üppigen Mahlzeiten, wie die Korinther sie begingen, war nach Húskas Meinung unangebracht. Seine Leute glaubten, es sei richtig, aus der Eucharistiefeier ein Fest der Agape zu machen. Nach Peter von Cheltschitz' Beschreibung »kommen sie am heiligen Tage in brüderlicher Liebe zusammen, hören mit Fleiß Gottes Wort und lassen sich's dabei wohl sein, indem sie sich satt essen . . ., anstatt bei dem Stückchen Brot, das sie bei dem papistischen und ketzerischen Abendmahl bekommen, abzumagern«.[39] Cheltschitz fand Húskas Ansichten drastisch und beunruhigend. Er sagte, Martin sei »nicht demütig oder gar gewillt, für Christus zu leiden«.[40] Nach dem zu urteilen, was er von ihm zitiert, glaubte Húska an ein neues Reich der Heiligen auf Erden, in welchem die Guten nicht zu leiden hätten, und sagte: »Wenn Christen immer so zu leiden hätten, möchte ich kein Diener Gottes sein.«

Anscheinend kamen einige Mitglieder der Gruppe zu der Auffassung, die normalen Gesetze seien für sie nicht mehr gültig, da das Reich Gottes in ihnen verwirklicht worden sei. Ihre Gegner unterschoben ihnen folgenden ketzerischen Anfang des Vaterunsers: »Unser Vater, der du bist in uns.«[41] Einige unter Húskas Anhängern benahmen sich sogar so, als lebten sie im Stande der Unschuld vor dem Sündenfall: Männer und Frauen gingen nackt umher mit der Begründung, die Bekleidung des Menschen sei eine Folge des Sündenfalls, und sie trieben nach Belieben Geschlechtsverkehr miteinander, denn das sei nach ihrer Auffassung keine Sünde.[42] Diese extreme Form ihres Verhaltens entwickelte sich, nachdem sie aus der Gemeinschaft von Tabor ausgestoßen worden waren – die Adamiten, wie man sie nannte, bildeten eine seltsame Gemeinschaft für sich, die sich gegen den Angriff der Hauptgruppe verteidigte; Žižka mußte sie in einer Schlacht besiegen und eine Anzahl von ihnen verbrennen lassen. Húska selbst verwarf die Ansichten dieser Gruppe. Žižka, der eine Aufstellung ihrer Übeltaten nach Prag sandte[43], glaubte, die Gemeinschaft begehe noch weit Schlimmeres, darunter Mord und Sodomie.

Wir haben keine Möglichkeit mehr, diese Aussage zu überprüfen; man kann nur auf die Möglichkeit einer Verleumdung hinweisen und auf die unbestreitbare Tatsache, daß die Gruppe Žižkas ganzen Zorn erregt hatte, sowie auf die außerordentlich überreizte Atmosphäre in dem Tabor der Anfangszeit, als es trotz seiner stärkeren wirtschaftli-

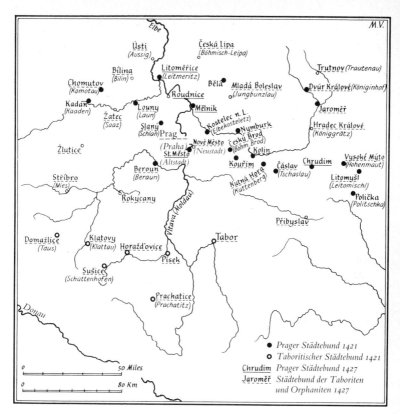

Karte 12
Hussitische Städtebünde in den Jahren 1421 und 1427

chen Verankerung doch vom normalen Leben relativ abgeschlossen und von der intensiven Predigttätigkeit seiner Priester und der unermüdlichen Beschäftigung mit der Heiligen Schrift beherrscht war. In einer solchen Umgebung konnten alle möglichen neuartigen ketzerischen Glaubensformen mit Leichtigkeit entstehen. Der Chronist Lorenz von Březová führte das Aufkommen der gut bezeugten eucharistischen Häresie Húskas auf den Einfluß einer Gruppe von Pikarden, möglicherweise in Wirklichkeit Waldenser, zurück, die mit ihren Familien zuerst im Jahre 1418 als Flüchtlinge aus Prag gekommen waren.[44] Die Tatsache mag zutreffen, sie ist jedoch keine notwendige Voraussetzung für das Aufkommen einer neuen Ketzerei unter den Radikalen in den Jahren 1420–1421. Der eigentliche Nährboden für die Ketzerei war das Taboritentum selbst.[45]

In den Monaten nach dem Fall der Festung Wyschehrad im November 1420 trat die Stadt Prag in den Vordergrund des Geschehens.[46] Als der eigentliche Ausgangspunkt der Reform und der Revolution gewann es noch an Ansehen durch den militärischen Erfolg seiner eigenen Streitkräfte; denn die Taboriten waren bei der Erstürmung nur spärlich vertreten. Im Frühjahr brachte es unter seiner Führung einen Städtebund in Mittel- und Westböhmen zustande. Auch die Tatsache, daß sich Konrad von Vechta nach langem Schwanken im April 1421 zu den Vier Artikeln bekannte, war für Prag ein ebensolcher Gewinn wie für die Sache der Hussiten insgesamt.[47] Durch seine Anhänglichkeit war eine ausreichende Zahl von Kandidaten für die Ordination sichergestellt, so daß die Gefahr, daß in Böhmen der Priesternachwuchs allmählich aussterben würde, gebannt war. Außerdem gab sie dem Hussitentum ein Ansehen von Legitimität, wie wenig dies auch von Sigismund und den Kirchenvertretern in der Außenwelt anerkannt werden mochte. Der im Juni 1421 zu Tschaslau abgehaltene Landtag sprach sich für die Vier Artikel aus, verweigerte Sigismund nochmals seine Anerkennung, versuchte Schlesien und die Lausitz für die Bewegung zu gewinnen und übertrug die tatsächliche Regierungsgewalt einem Konsortium von 20 Direktoren, die als eine Art oligarchischer Ersatz für einen Herrscher aufgestellt wurden. An der Tatsache, daß nur vier Prager Vertreter unter ihnen waren, zeigte sich allerdings, daß die Hauptstadt mit ihrem Führungsanspruch keinen Erfolg haben würde.[48] Dennoch mußte eine vollständige Einnahme der Stadt durch die radikalen Kräfte eine grundsätzliche Veränderung des Gleichgewichts innerhalb Böhmens herbeiführen; daher war das Jahr, in dem Prag seine Hegemonieansprüche als Stadt stellte, auch das Jahr, in welchem Želivský alles daransetzte, sowohl die Alt- als auch die Neustadt unter seine Diktatorengewalt zu bringen.[49]

Durch den plötzlichen Tod des Nikolaus von Hus gegen Ende des Jahres 1420 bekam er die Möglichkeit, die Führung an sich zu reißen; außerdem wurde der Stimmenanteil zugunsten der Radikalen verändert, als im Frühjahr 1421 Želivskýs Anhänger nach der Auswanderung der Deutschen und Katholiken sich deren Häuser aneigneten. Nach Tschaslau fühlte er sich stark genug, um den Verwaltungsbeamten der Altstadt den Laufpaß zu geben und die Vereinigung von Alt- und Neustadt zu verfügen. Einige Monate lang stand die Stadt unter der Diktatur eines seiner radikalen Anhänger. Dies war jedoch ein höchst prekärer Erfolg: Želivský konnte zwar immer mit der Masse rechnen, um seine Maßnahmen durchzusetzen; auf die Dauer jedoch wirkte sich die Opposition der gegen ihn arbeitenden Klasse der Besitzenden – der gemäßigten Utraquisten und des Prager Patriziats – bei seinen Verwaltungsbeamten so aus, daß von ihm ernannte politische

Radikale angesichts des konservativen Drucks ihren Eifer verloren. Was ihn schließlich zu Fall bringen sollte, war die Niederlage der Prager Streitkräfte bei Brüx: es blieb ihm versagt, mit der städtischen Streitmacht den Sieg auf dem Schlachtfeld zu erringen, was Žižka mit den Taboriten gelungen war. Im Februar 1422 verlor sein Diktator, Johann Hvězda, seinen Posten; im März ließ dessen mehr konservativ eingestellter Nachfolger Hvězda hinrichten. Zwar ging er tapfer in den Tod, so daß die Rückwirkung auf das Verhalten der Handwerkerschaft, die seinen Anhang gebildet hatte, nicht ausblieb; aber seine Partei wurde dadurch entscheidend geschwächt: von nun an konnte Prag in religiöser und politischer Hinsicht als Pfeiler der gemäßigten Partei angesehen werden.

Das Aufeinanderprallen der Klasseninteressen sowie der Umstand, daß die Handwerker und Armen sich gegen die wohlhabenden Leute in Prag nicht durchsetzen konnten, waren die Hauptgründe für den Sturz Želivskýs. Auch religiöse Fragen spielten dabei eine Rolle: Želivský sah in der Heiligen Schrift die alleinige Autorität *(scriptura sola)* des Hussitentums und versuchte fortwährend, die Stellung der Universitätslehrkräfte als oberster Lehrinstanz zu untergraben und sie dem »göttlichen Gesetz« zu unterwerfen, worauf es auch den Taboriten ankam; die Anhänger seiner Partei behandelten schließlich in der Weise Tabors die Messe als einen reinen Abendmahlsgottesdienst. Jakobellus und die Universitätslehrkräfte blieben Želivský gegenüber standhaft. »Seid auf der Hut. Gebietet ihm Halt!«[50] waren die Worte, die Jakobellus zwei Tage vor Želivskýs Ermordung an den Magistrat richtete.

Die beiden Hauptparteien

Wenngleich man auf diese Weise in Prag und Tabor die Dissidenten mundtot machte, so ging doch die Auseinandersetzung zwischen dem Zentrum der gemäßigten Utraquisten in der Hauptstadt und den radikalen Kräften des Taboritentums weiter. Während sie in dem Bestreben, sich zu einigen, miteinander im Gespräch blieben, schälten sich ihre Unterschiede immer klarer heraus.[51] In ihren Debatten über die Lehre vom Abendmahl einigten sich die Taboriten auf die gemeinsame Doktrin, in Brot und Wein seien Christi Fleisch und Blut »in einem sakramentalen oder übertragenen Sinne enthalten«.[52] Dies schied sie von den gemäßigten Utraquisten, die an die Transsubstantiation oder Konsubstantiation glaubten. Die Kontroverse über Meßgewänder wurde fortgesetzt. Wie es bei solchen Konflikten üblich ist, konzentrierte sich die Aufmerksamkeit hauptsächlich auf das sichtbare Zeichen des Unterschieds; diese Tendenz wurde noch verstärkt durch die Tatsache, daß für alle Hussiten die Eucharistie im Mittelpunkt stand, was die natürliche Folgerung aus ihrer Überlieferung und dem Empfang des Laienkelchs war. Der taboritische Ritus war nunmehr äußerst schlicht: er bestand in einem gemeinsam gesprochenen Vaterunser, worauf die Einsetzungsworte Christi beim Letzten Abendmahl folgten – sie wurden in der Landessprache über einem ungeweihten Altar, etwa einem Tisch, gesprochen; die eucharistischen Gefäße waren normale Tassen und Teller, und die Kirche entbehrte jeglicher Ausschmückung. Die Priester trugen keine besonderen Gewänder – sie unterschieden sich äußerlich nicht von den Laien. Alle empfingen die Kommunion. Predigten, Lieder in der Muttersprache und Lesungen aus dem Evangelium bildeten einen Teil des Gemeindegottesdienstes, bei dem das Gewicht auf ganz andere Dinge gelegt wurde als bei der herkömmlichen Messe. Wenn die Taboriten über die Abendmahlsfeiern der Utraquisten sprachen, pflegten sie zu betonen, diese seien für die Leute eigentlich nutzlos. Der Nutzen für die Gemeinde stand also im Vordergrund. Feste Formen widerstrebten taboritischer Lebensart – auf Lesungen von bestimmten Abschnitten aus der Heiligen Schrift verzichtete man zum Beispiel, weil sie die Geistlichen daran hinderten, über das zu predigen, »was den augenblicklichen Bedürfnissen der Leute entsprach«.[53]

Die Unterschiede zwischen dem Brauchtum der Utraquisten und Taboriten gingen so weit, daß man sich schwerlich eine Kompromißformel vorstellen konnte, obwohl ihre Vertreter ernsthaft um eine solche rangen. In den liturgischen Differenzen machte sich eben eine grundverschiedene Sichtweise bemerkbar, die bei allen Fragen, welche die Parteien voneinander unterschied, in Erscheinung trat. Die Utraquisten wünschten als Reformer nur dort Veränderungen, wo sie solche für notwendig hielten; wenn es keinen positiven Grund zur Veränderung bisheriger Formen gab, zogen sie es im allgemeinen vor, diese zu bewahren. Die Taboriten hingegen bestanden als Revolutionäre darauf, daß der Glaube und jegliches Brauchtum überprüft werden müsse an der Heiligen Schrift, am Brauchtum der Urgemeinde sowie dem Nutzen für die Allgemeinheit. Hier herrschte der Grundsatz *scriptura sola* in seiner krassesten Form, eingebettet in das Leben unabhängiger Gemeinden von Bauern und Handwerkern, die ihre politische und militärische Gewalt selbst ausübten. Unter diesem Zeichen entfiel eine Reihe von Bestandteilen des traditionellen Katholizismus, wie das Fegfeuer, die Vermittlerrolle Marias und der Heiligen sowie das Meßopfer; was übrigblieb, war eine Religion der krassen Gegensätze zwischen Himmel und Hölle, Gott und dem Antichrist, der Heiligen Schrift und dem römischen Babylon.

Ein weiterer Grundzug ihres Glaubens, der sich aus dem ergab, was von der anfänglichen eschatologischen Erwartung übriggeblieben war, bestand für die Taboriten – wie Kaminsky dankenswerterweise herausstellt – in der Überzeugung, daß sie nicht bloß in den Spuren der Urkirche wandelten, sondern gewissermaßen jene Kirche aufs neue verkörperten und deren ganze Kraft besäßen. Dieses Bekenntnis zu einer souveränen Entscheidungsgewalt über alles Vorangegangene und Überlieferte war eine Konsequenz aus der Tatsache, daß Nikolaus von Pilgram die Verläßlichkeit der Vier Doktoren und der Vier Ratschläge – einer für die Utraquisten verbindlichen Norm – in Frage stellte. »Wenn Gott durch eine Offenbarung . . . aus der Heiligen Schrift heute jemandem ein vollkommeneres Verständnis gewähren sollte«, so sagte er, »dann müßte man diesem Manne mehr Glauben schenken als jenen Doktoren.«[54] Der Grundsatz *scriptura sola,* die politische Unabhängigkeit und militärische Gewalt der taboritischen Gemeinden sowie ihr Glaube, daß ihnen Gottes unmittelbare Führung zuteil werde – dies alles machte die Taboriten zur kraftvollsten Sekte des Mittelalters. Aber es machte auch jegliche Form einer gütlichen Einigung mit ihnen äußerst schwierig.

Im Verlaufe der Debatten gerieten die beiden Hauptparteien trotz aller Bemühungen um einen Kompromiß immer weiter auseinander. Die Auswirkungen der Definitionen lassen sich an den Beschlüssen zweier Synoden ablesen, von denen die eine nach dem Landtag zu Tschaslau im Jahre 1421 und die andere fast ein Jahr später, 1422, abgehalten wurde. Die erste Synode, auf der die Abendmahlslehre im Sinne der Realpräsenz definiert wurde, ließ die Möglichkeit eines Kompromisses mit den Taboriten offen; die zweite schloß durch die Verwendung des Ausdrucks »körperliche Substanz« deren Glaubensbekenntnis aus.[55] Dadurch, daß sich Žižka den Horebiten anschloß, wurde innerhalb der taboritischen Richtung eine Bereitschaft zur Zurückhaltung in Glaubensdingen beseitigt: Tabor konnte nun radikaler werden, und ein Kompromiß wurde noch schwieriger.[56] Bei den Utraquisten wurde die Abspaltung von den Taboriten durch den Aufstieg des Jan Příbram, eines Anhängers des Jakobellus, verschärft.

Er hielt zwar weiterhin am Laienkelch fest, doch im Rahmen einer Aussöhnung mit Rom; und er war dazu bereit, auf die anderen Neuerungen der Hussiten um einer gütlichen Einigung mit Rom willen zu verzichten.[57] In den Jahren 1422 und 1423 kam es sogar zu vereinzelten Gefechten zwischen beiden Seiten. Die Suche nach einem Stellvertreter Sigismunds wirkte sich zugunsten der Konservativen aus; denn der in Böhmen eintreffende Kandidat, Sigmund Korybut, ein Neffe Witolds von Litauen, begrüßte – zunächst als Generalgouverneur für seinen Onkel und später als Thronanwärter in eigener Sache – eine Mäßigung in der Reformbewegung.[58] Er erkannte, daß er nur dann eine Chance haben würde, in Europa als König an Sigismunds Statt anerkannt zu werden, wenn er sich mit dem Papsttum aussöhnte; daher machte er seinen ganzen Einfluß auf der Seite von Příbrams Partei geltend. Jedenfalls war er der Kandidat der Gemäßigten, der Adligen und Bürger, die sich unbehaglich fühlten, wenn sie keinen Monarchen hatten. Auf der Gegenseite ließ Žižka anfangs Korybut gelten. Insgesamt war den Taboriten und den anderen Radikalen die Monarchie, sofern sie ihr nicht feindlich gesinnt waren, gleichgültig.

Es zeigt sich, daß fast alle Faktoren – die religiöse Spaltung, der hinter ihr verborgene Klassenkampf und die Meinungsverschiedenheiten in nationalpolitischer Hinsicht – dazu beitrugen, Utraquisten und Taboriten auseinanderzuhalten. Für die Einheit sprach das Bewußtsein des gemeinsamen Ursprungs der böhmischen Reformbewegung, das Symbol des Laienkelchs und bei vielen Menschen beider Parteien der Glaube an den Wert von Gesprächen. Die Führer der Taboriten waren gelehrte Männer, die sowohl in der Lage als auch bereit waren, in ein Gespräch einzutreten. Man machte Ansätze zur gegenseitigen Duldung; doch obwohl sich die Utraquisten auch bei beträchtlichen Meinungsunterschieden immer noch offen zeigten, konnten sie letzten Endes zwei so verschiedenartige Glaubensrichtungen innerhalb Böhmens nicht akzeptieren, solange es bei den Taboriten allzuviel Unvereinbares gab. Der Zwiespalt klaffte unübersehbar.

Von einem Bürgerkrieg wurden die beiden Parteien vor allem durch den unablässigen Druck von außen zurückgehalten. König Sigismund hatte den Kampf nicht aufgegeben, als er sich im März 1421 zurückzog. Gegen Jahresende kam er mit einer gewaltigen Streitmacht wieder: er verpaßte zwar die Gelegenheit, einen Zangenangriff auf sein Königreich zu führen, war aber seinen Feinden immerhin zahlenmäßig überlegen. Da bereitete ihm Žižka zu Anfang des Jahres 1422 bei Deutsch-Brod eine vernichtende Niederlage.[59] Nachdem er besiegt war, unternahm er zwar noch diplomatische Schritte gegen die Hussiten, wurde aber dann von seinen östlichen Projekten und dem Türkenproblem abgelenkt. Außerdem stand er mit den kaiserlichen Prinzen nicht immer auf gutem Fuß, so daß er vierzehn Jahre lang böhmischen Boden nicht betrat. Dennoch fanden weitere Feldzüge statt, und der Druck hörte auch jetzt nicht auf, obschon er nicht mehr so ernst zu nehmen war: Martin V. blieb ein unnachgiebiger Feind, und unter den Adligen stützte Ulrich von Rosenbergs Partei das konservative Lager.[60]

Nachdem der Ablaß für die Teilnahme an Kreuzzügen erteilt worden war, fanden solche Unternehmungen in den Jahren 1420, 1421, 1422, 1427 und 1431 sowie weitere Feldzüge von geringerer Bedeutung statt. – Aber durch alle diese Kreuzzüge schlossen sich die Parteien nur enger zusammen, damit sie die Eindringlinge abweisen konnten. Böhmen glich einer belagerten Festung. Auf sich allein gestellt, konnten sich die Gemäßigten bei ihrer Verteidigung nicht sicher fühlen: sie mußten ihre Streitigkeiten mit den Radikalen beilegen, um ihre nationale Unabhängigkeit und den Gebrauch des Laienkelchs zu bewahren. Und dennoch wurde durch die kriegerische Tat – mochte sie noch so wichtig sein – das Problem der Zukunft des Hussitentums nur hinausgeschoben. Was sollte danach kommen? Sowohl die Taboriten als auch die Gemäßigten wünschten, beide in ihrem eigenen Sinne, ihre Anschauungen auch in ihrer Umwelt zu verbreiten. Gemeinsam waren sie in der Lage, die Festung Böhmen gegen jede Armee zu verteidigen, welche die Katholiken gegen sie aufzustellen vermochten, wobei die hussitischen Truppen allmählich einen solchen Ruf bekamen, daß feindliche Streitkräfte manchmal bei deren bloßem Anblick auseinanderliefen. Aber bei der friedlichen Verbreitung ihres Glaubens hatten sie auch nicht annähernd vergleichbaren Erfolg. Spätestens seit etwa 1423 war die Unterstützung des Hussitentums in Böhmen ausreichend gesichert, und die Hauptparteien kamen trotz ihrer Spaltungen zur Ruhe. Ihre durch den Zwang zur Verteidigung geförderte grundsätzliche Einigkeit hatte einen, wenn auch unsicheren Halt. Doch nach diesem Datum wurde weder in der Sache des Laienkelches noch für eine der beiden Parteien ein wesentlicher Fortschritt erzielt.

Versuche zur Ausbreitung des Hussitentums

Ein gescheiterter Plan entsprang der Absicht der Gemäßigten, unter Bedingungen, bei denen der Laienkelch und ihre eigene Reform gewahrt geblieben wäre, eine Aussöhnung mit der Kirche herbeizuführen. Ein Bündnis mit slawischen Mächten im Osten auf der Grundlage des Widerstandes gegen die Deutschen schien die Gelegenheit zu bieten, Sigismund abzulösen, ein diplomatisches Gegengewicht gegen den Kaiser aufzubringen und vielleicht gar das Hussitentum zu verbreiten. Deshalb boten Gesandtschaften den slawischen Herrschern Ladislaus Jagiello, dem König von Polen, und seinem Vetter Witold, dem Großherzog von Litauen, die Krone an. Dieser Plan ging unter anderem auf die slawische Erhebung zurück, die im Jahre 1410 zur Niederlage des Deutschen Ordens bei Tannenberg geführt hatte. Damals hatten die Tschechen den Polen geholfen, daher konnte man mit panslawistischen Gefühlen rechnen. Außerdem hatten polnische Studenten, welche die Karls-Universität besuchten, Funken des Hussitentums in ihr Heimatland getragen; Hieronymus von Prag hatte sich einst am Hofe Witolds aufgehalten; die Reaktionen Sigismunds und die Befürchtungen polnischer Bischöfe lassen vermuten, daß diese slawischen Länder wirklich ein Betätigungsfeld für Missionare waren.⁶¹ Ladislaus jedoch hatte durch ein Eingehen auf das Angebot zuviel zu verlieren, obgleich er an sich die Gelegenheit, Sigismund zu schlagen, begrüßt hätte. Witold hingegen war ein stärker engagierter Gegner Sigismunds, denn er war bestrebt, eine Krone zu gewinnen und zuweilen von der Vision eines großen panslawistischen Reiches berauscht – daher war sein Interesse von längerer Dauer. Aber das Papsttum machte hartnäckig seinen Einfluß geltend, so daß er sich im Jahre 1423 von seinem Plan distanzierte. Sein Neffe Sigmund Korybut, der ursprünglich nur sein Abgesandter war, kandidierte im Jahre 1424 selbst, und in der Tat fiel ihm nach dem Tode Žižkas die Führung im Lande zu. Alles, was er zu bieten hatte, war seine eigene Person und eine Handvoll Getreuer, nicht jedoch die Unterstützung eines anderen Staates, denn Witold enteignete ihn. Als er an der Macht war, blieb allerdings der militärische Erfolg eines Žižka meistens aus; so trat er denn in geheime Verhandlungen mit Martin V. ein. Als dies entdeckt wurde, nahm man ihn 1427 gefangen und schickte ihn im Jahre darauf nach Hause.⁶² Jan Příbram und seine Partei gerieten durch diese Affäre für einige Zeit in Mißkredit. Der Plan eines slawischen Bündnisses war jedenfalls gescheitert.

Ein anderes Mittel zur Ausbreitung des Hussitentums war das friedliche Missionieren in deutschsprachigen Ländern. Es schlug zwar ein paar Funken, entfachte aber kein religiöses Feuer. Außerdem änderte sich dadurch nichts an den Aussichten für die Sache Böhmens. Es fanden keine Bekehrungen größeren Maßstabs statt, wodurch vielleicht ein Herrscher oder ein ganzes Gebiet für den Laienkelch hätte gewonnen werden können. Lediglich einzelne Männer trieben nach Art der Waldenser eine unauffällige Missionsarbeit im Untergrund. Sie sind uns erst dadurch bekannt geworden, daß sie durch Zufall in die Hände der Inquisition gerieten.⁶³ Der bekannteste von ihnen war wohl Friedrich Reiser aus Donauwörth. Er empfing in Tabor die Bischofsweihe und war lange in Süddeutschland und im Elsaß tätig, bis er im Jahre 1458 verbrannt wurde. Zehn Jahre lang lag danach noch das Bischofsamt in den Händen Stephans von Basel. Aus dessen Tätigkeit ging jedoch nichts sehr Bedeutendes hervor. Die Hussiten waren bemüht, ihre Anschauungen durch volkstümliche Propaganda zu verbreiten: die Vier Artikel wurden eilends übersetzt und verteilt; außerdem verschickte man in der Volkssprache abgefaßte Manifeste, in denen der Zweck der Bewegung erläutert wurde. Besonders aktiv auf dem Gebiete der schriftlichen Propaganda war die deutschsprachige Gegend um Saaz im nördlichen Böhmen, wo man sich zum Hussitenglauben bekannte. Doch ohne die schnelle und wirksame Verbreitung von Anschauungen, wie sie erst durch die Buchdruckerkunst im 16. Jahrhundert möglich wurde, blieb das ganze Unternehmen zwangsläufig begrenzt. Luther verkaufte zwischen 1517 und 1520 etwa 30000 Exemplare seiner früheren Werke – den Hussiten stand kein vergleichbares Mittel zur Verfügung. Außerdem vertrug sich das friedliche Missionieren nicht gut mit militärischer Gewalt, und gerade das, was der Bewegung in Böhmen zum Erfolg verholfen hatte, wirkte sich außerhalb des Landes gegenteilig aus.[64] Das Kuttenberger Dekret, das zur Flucht der deutschen Magister geführt hatte, schuf an den benachbarten Universitäten einen Interessenblock gegen die hussitischen Thesen. Später wirkte sich die Flucht deutscher Katholiken in der gleichen Weise aus. Die Verknüpfung der religiösen Reform mit dem tschechischen Sprachnationalismus schwächte natürlich das internationale Potential des Hussitentums.

Die offensiven Unternehmungen

Friedliche Missionsarbeit brachte also der Bewegung nicht den Sieg und konnte ihn vielleicht auch nicht erbringen. Es blieb die Anwendung militärischer Gewalt und das Mittel der Verhandlung mit der kirchlichen Autorität auf höchster Ebene, um der böhmischen Bewegung die Anerkennung zu sichern, die sie zunächst vor Angriffen im eigenen Land schützte und ihr später die Möglichkeit gab, sich in Europa auszubreiten. Von 1426 bis 1433 unternahmen die Hussiten Feldzüge in die benachbarten Länder unter Führung Prokops des Kahlen, eines taboritischen Priesters aus Südböhmen, der etwas von der militärischen Geschicklichkeit Žižkas zu haben schien, obwohl er ihm nicht ganz gleichkam. Ihr Ziel war dabei, die offizielle Anerkennung durch die Kirche mit Gewalt zu erpressen.[65] Die von Prokop angeführten Streitkräfte setzten sich aus Radikalen zusammen. Ein weiteres Ziel war daher, solche Gruppen, die zwar in religiöser Hinsicht immer noch radikal waren, doch auf sozialem Gebiet ihren revolutionären Eifer verloren hatten, in Schwung zu halten; denn sie waren der Gefahr ausgesetzt, daß sie sich wegen ihrer unerbittlichen Forderungen den Haß der Bauern zuzogen. Ihre Raubzüge im Ausland trugen ihnen Beute und Ansehen ein, ohne daß Böhmen dadurch Schaden litt. Die uralte Faszination des Kampfes wirkte sich noch immer aus, und Prokop errang bedeutende Siege: er eroberte Schlesien, kassierte von den Deutschen ringsum Tributzahlungen ein und führte sein Heer zur Unterstützung Polens bis an die Ostsee. Seine Unternehmungen und die Leiden, welche die Länder rings um Böhmen zu erdulden hatten, sowie die Befürchtung der Kirchenmänner, das Hussitentum könne sich ausbreiten, wenn die Lage nicht entschärft würde, führten zu Verhandlungen.

Verhandlung und Beilegung des Streits

Ein weiteres Kreuzzugsheer wurde zusammengestellt, dann aber im Jahre 1431 bei Taus zurückgeschlagen. Nach langen Vorverhandlungen traf im Jahre 1433 eine böhmische Delegation in Basel ein, um unter annehmbaren Bedingungen mit den Konzilsvätern zu verhandeln. Sie setzte sich aus Vertretern aller Hauptparteien zusammen: Prokop selbst, Jan Rokyčana, der geschickte und gelehrte Vertreter der mittleren Utraquistengruppe, wenn man so sagen darf, die darauf bedacht war, von der Kirche anerkannt zu werden, jedoch nur unter der Bedingung, daß ihre wesentlichen Wünsche erfüllt würden; Nikolaus von Pilgram als Vertreter der Taboriten sowie Peter Payne als Vertreter der Horebiten, jener anderen radikalen Gruppe, die sich wegen des Verlustes, den sie durch Žižkas Tod erlitten hatten, die Waisen nannte.[66] Die Einigkeit blieb für die Dauer der Verhandlung bestehen. Der führende Geist auf der Gegenseite war Kardinal Cesarini: er war bei Taus mit knapper Not dem Tode entronnen und hatte am eigenen Leibe erlebt, welche Bedrohung von der hussitischen Macht ausging. Er war daher von der Notwendigkeit, zu verhandeln und in der Kirche Reformen durchzuführen, überzeugt – mehr jedenfalls als der zögernde Papst Eugen IV., mit dem das Konzil uneins war.

Aber weder Cesarini noch seine Kollegen, die auf diesem Konzil so dachten wie er, beabsichtigten, im Westen Veränderungen einzuführen, nicht einmal solche, wie die gemäßigten Hussiten sie sich erwünschten. Sie waren wohl gewillt, Reformen nach ihren eigenen Vorstellungen durchzuführen. Am meisten war ihnen jedoch daran gelegen, die irrenden Schafe in Böhmen durch vorsichtige, aber auch vorläufige Ausgleichsversuche zur Kirche zurückzuführen. Die Hussiten gaben sich noch immer der Illusion hin, daß, wenn man sie nur sprechen ließe, die Kirchenvertreter schon einsehen würden, wie wohlbegründet ihre Sache sei und wie notwendig die Einführung des Laienkelchs wäre. Diese Idee hatte bereits Hus gehabt in seinem nicht gehaltenen Sermon über die Mißstände in der Kirche, der für die Konstanzer Konzilsväter bestimmt war, und den nun bemerkenswerterweise Prokop der Kahle in Basel hielt. Diese Illusion wurde ihnen genommen. Dennoch machten die Unterhändler, die so realistisch waren, daß sie auf einem absolut sicheren Geleit für ihre Delegation bestanden hatten, den ernsthaften Versuch, eine Einführung des Laienkelchs bei allen Böhmen – Katholiken wie Utraquisten – sicherzustellen, um so der Gefahr eines Bürgerkrieges vorzubeugen.

Was sie schwächte, war einmal ihr zutiefst empfundener Wunsch nach Frieden für Böhmen, weil sie einfach kriegsmüde waren, sodann das aufrichtige Verlangen nach Aussöhnung, welches die Utraquisten, die keine Revolutionäre waren, erfüllte, und ferner waren es die Differenzen, die hinter der einheitlichen Front der Unterhändler bestanden. Den katholischen Legaten, die nach Prag zurückkehrten, um die Verhandlungen fortzusetzen, waren diese Spaltungen bekannt, und sie hatten Anweisung, sie auszuspielen. Im Lande selbst hatte der Adel – und zwar sowohl auf katholischer wie auf utraquistischer Seite – von der Enteignung der Kirchen und Klöster stark profitiert und wünschte deshalb, daß der Krieg unter Bedingungen beendet würde, durch die ihm dieser Landbesitz erhalten bliebe; und die Kaufleute, die ihrem verlorenen Reichtum nachtrauerten, hatten den Wunsch, daß das Land seine normalen internationalen Beziehungen wieder aufnähme: sie drängten nach Frieden. Je länger sich die Verhandlungen hinzogen, desto mehr fühlten sich die hussitischen Unterhändler verpflichtet, klein beizugeben, und um so mehr verschärften sich die Spannungen zwischen Radikalen und Gemäßigten innerhalb Böhmens. Der Adel mißtraute den Militärstreitkräften der Radikalen; denn diese hatten nach den langen Kämpfen jetzt zu viele Abenteurer und Söldner in ihren Reihen. Während der Verhandlungen hatten sie ihre Feldzüge weitergeführt, hatten in den Jahren 1431, 1432 und 1433 Siege errungen und ließen nun Anzeichen von Disziplinlosigkeit erkennen. Im Jahre 1433 versuchten die Radikalen, die Stadt Pilsen und das südwestliche Böhmen, den letzten größeren Stützpunkt des Katholizismus, zu verheeren. Trotz langer Blockade konnten sie die Stadt nicht einnehmen, im Heer brachen Unruhen aus, worauf Prokop, den einige Soldaten beleidigt hatten, den Oberbefehl niederlegte. Kurz darauf, im Jahre 1434, stieß ein vereinigtes Heer aus konservativen Kräften, zu denen hussitische, mährische und katholische Adlige sowie Leute aus der Prager Altstadt gehörten, auf die Radikalen – Taboriten, Orphaniten und Bewohner der Neustadt unter Prokop – in der Schlacht bei Lipan und bereiteten ihnen eine vernichtende Niederlage. Dadurch war das Ende der militärischen Macht der Radikalen besiegelt und der Weg zur Annahme der kirchlichen Bedingungen frei. Aus dem Bericht der Abgesandten des Konzils war hervorgegangen, daß der Laienkelch diejenige Forderung sei, die im Lande weithin Unterstützung finde, und daß das Konzil ein weitgehendes Zugeständnis würde machen müssen. Im November 1433 nahmen Vertreter beider Seiten in einer verworrenen Szene zu Prag eine Version der Vier Artikel an, die unter der Bezeichnung Basler Kompaktaten bekannt wurde.[67] Als Folge der Schlacht bei Lipan konnten diese zur Grundlage einer endgültigen Regelung werden, die nach weiteren Verhandlungen im Jahre 1436 zu Iglau getroffen wurde: dort versprachen die Böhmen, Frieden zu halten, und söhnten sich mit der Kirche aus.

Durch diese Regelung wurde genehmigt, daß alle Laien, die es wünschten, den Kelch empfangen durften; es wurde jedoch nicht darin erklärt, daß dies ein heiliger und heilsnotwendiger Vorgang sei, auch nicht, daß er für das Land verbindlich sei. Auf diese Weise blieb in Böhmen die Trennung zwischen den Utraquisten und Katholiken bestehen. Das Konzil hatte lediglich die Zulassung des Laienkelches gewährt: es hatte damit aber keine Genehmigung für die Verbreitung dieses Brauchtums in der Kirche erteilt. Die Kinderkommunion, ein Brauch, auf den die Hussiten Wert legten, wurde nicht behandelt. Die Bestrafung von Todsünden wurde denen überlassen, »deren Amt es ist«; die Predigten sollten von »den Priestern des Herrn und von würdigen Diakonen« gehalten werden.[68] An alledem war nicht mehr viel zu merken von dem Eifer der Radikalen für die Rechtschaffenheit im Reiche Gottes und von der Predigtfreiheit, die sie Männern und Frauen aus dem Laienstand gewährten. Priester sollten keinerlei Landbesitz haben dürfen, und sie sollten das Eigentum der Kirche getreulich verwalten. Die letzte Klausel kam der wesentlichsten Auswirkung der hussitischen Revolution am nächsten: die weitverbreitete Übertragung von Ländereien der Kirche und der Klöster an die Laien, deren gesichertes Eigentumsrecht zwei Wochen nach der feierlichen Iglauer Erklärung von Sigismund garantiert wurde.

Die Aussöhnung mit der Kirche hatte auch die Rückkehr des rechtmäßigen Herrschers zur Folge. In den letzten Jahren der Verhandlungszeit hatte Sigismund geschickt seine Rolle gespielt: er hatte den Hussiten *privatim* mehr versprochen, als die Basler Vertreter zugestanden hätten, bis sie schließlich auf Sigismunds Wort hin eine vage Vereinbarung annahmen. Man hatte sie getäuscht: sobald er wieder an der Macht war, leitete Sigismund in der kurzen Zeit vor seinem Tode im Jahre 1427 eine katholische Reaktion ein. Der böhmische Landtag hatte im Jahre 1435 Rokyčana zum Erzbischof von Prag gewählt, und zwar im Hinblick darauf, daß ein Utraquist das Episkopat innehaben sollte, damit er durch seine Anwesenheit die Einhaltung der Kompaktaten garantiere. Er wurde jedoch nie in seinem Amt bestätigt, und die Kirchenprovinz wurde bis ins 16. Jahrhundert hinein administrativ regiert.[69] In der von einem katholischen Domkapitel besetzten Kathedrale auf der Burgseite der Moldau wurde er niemals empfangen. Denn nach Auffassung des Papsttums war der Sitz des Erzbischofs seit dem Tode Konrads von Vechta vakant.

Das Scheitern Rokyčanas konnte als Symbol dafür gelten, daß das Hussitentum erledigt war. Es hieß, die Erlaubnis des Laienkelchs sei lediglich ein Zugeständnis auf Zeit, welches man der Generation, die den Abschluß der Kompaktaten erlebt hatte, gemacht habe, welches jedoch keine dauernde Gültigkeit behalten solle. In jedem Falle waren die Kompaktaten das Werk des Basler Konzils, nicht das des Papstes, und das Papsttum bestritt, es jemals akzeptiert zu haben. Wieder einmal mußten die Utraquisten um ihren Laienkelch kämpfen, und sie errangen in Wirklichkeit niemals eine dauernde, sichere Anerkennung dessen, wofür sie gekämpft und verhandelt hatten; auch gelang es ihnen nicht, ihre Reform außerhalb der Länder der böhmischen Krone zu verbreiten.

In der Zeit zwischen 1415 und 1436 hatten die Hussiten der Kirche Trotz geboten und waren die ersten zu Ketzern erklärten Häretiker, die einen Kreuzzug der Katholiken zurückschlugen. Während dieser Jahre veränderten sie die Grundlage des wirtschaftlichen Lebens der Kirche in Böhmen völlig und zwangen die obere Kirchenbehörde dazu, mit ihnen auf der Grundlage der Gleichberechtigung zu verhandeln. Im Bereich ihres Landes untergruben sie die zentralistische Gewalt der Luxemburger Monarchie und stellten eine Kampftruppe auf, die Europa in Schrecken hielt. Obwohl unter ihnen niemand war, der mit seinem Verstand dem kraftvollen, wenn auch anfechtbaren Geist Wyclifs gleichkam, so entfalteten sie doch eine Fülle von Aufgeschlossenheit und Begabung und brachten eine Reihe bemerkenswerter Persönlichkeiten hervor: von Hus bis Jakobellus, der für den Laienkelch eintrat und eine führende Rolle in der Universität übernahm, Nikolaus von Dresden als volkstümlicher Agitator, Želivský als politischer Priester, Žižka und Prokop als Feldherrn. Verhängnisvoll wirkte sich die Kluft zwischen dem radikalen und dem gemäßigten Flügel der Hussiten aus. Ausgelöst wurde die Revolution von den Radikalen unter Želivský; verteidigt wurde sie von Žižka und den Taboriten. Die Gemäßigten konnten zwar nicht ohne sie auskommen, doch zusammenleben konnten sie auf die Dauer nicht mit ihnen. Abgesehen von den Kämpfen gab es auch gänzlich neuartige Zeiten der Toleranz, in denen sich auf beiden Seiten der Wille bemerkbar machte, die Grenzen der Diskussion weniger eng zu gestalten, sowie der beständige, bisweilen naive, doch immerhin erfrischende Glaube an die Kraft, die von einer Aussprache über religiöse Dinge ausging.[70] Letzten Endes wurde durch die Aufspaltung der Parteien vieles von den Zielen der Bewegung zunichte gemacht. Infolge der allgemeinen Kriegsmüdigkeit und dank der Geschicklichkeit Sigismunds und der katholischen Vertreter kam es zu einer Einigung, die für die Böhmen unbefriedigend und unsicher war.

Die weitere Entwicklung

In den Jahren nach Iglau bewiesen die Utraquisten, daß sie zwar fähig waren, gegen den Druck des Katholizismus sowohl im Inneren als auch außerhalb ihres Landes für ihre Reform zu kämpfen, aber ebenso, daß sie ihre religiöse Glut nicht bewahren konnten.[71] Nachdem die Hussiten sich erfolgreich unter der Führung Georgs von Podiebrad und danach unter der Herrschaft Ladislaus' II. sowohl gegen Kreuzfahrerheere als auch gegen die Zwistigkeiten im Inneren behauptet hatten, kamen die Utraquisten und die Katholiken überein, daß sie innerhalb ihres Landes in Frieden miteinander leben wollten. Auf dem Landtag zu Kuttenberg erreichte man ein gewisses Maß von Stabilisierung im Lande: den in einigen Landesteilen angestellten Versuchen, mit dem Papsttum Ränke zu schmieden, wurde Einhalt geboten, und die Kompaktaten wurden anerkannt. Auf einem Landtag im Jahre 1512 wurde die Gleichberechtigung der beiden religiösen Gruppen proklamiert, und nach dem Tode Ladislaus' im Jahre 1516 legte man die Regierungsgewalt praktisch in die Hände von sechs Direktoren, von denen drei Utraquisten und drei Katholiken waren. Die militärische Bedrohung, die von Tabor ausging, hatte durch die Niederlage bei Lipan einen nicht wiedergutzumachenden Schaden erlitten und wurde endgültig beseitigt, als Podiebrad die Stadt im Jahre 1452 eroberte. Auf diese Weise setzten sich die gemäßigten Hussiten gegen die Versuche des Papsttums und seiner Verbündeten, die Basler Kompaktaten zu annullieren und ganz Böhmen wieder unter römische Obödienz zu bringen, mit Waffengewalt durch. Sie gewährleisteten, daß die Radikalen sie nie wieder militärisch herausfordern konnten, und schlossen auf friedlichem Wege einen tragfähigen Kompromiß mit der großen Zahl der verbliebenen Katholiken. Es war dies ein Ergebnis, das zu einem hohen Preise erkauft worden war.

Es erwies sich, daß der Laienkelch, der zwar noch immer ein kraftvolles Symbol war, und die eigentümliche Abendmahlstheologie Rokyčanas[72] allzu unzureichend waren, als daß die Utraquisten angesichts der gefühlsmäßigen und geistigen Herausforderung des neuen Protestantismus im 16. Jahrhundert an ihrer heimischen Tradition hätten festhalten können. In den Anschauungen der gemäßigten Hussiten gab es nichts, was der die Kirche verändernden Kraft gleichkam, welche von der Lehre von der Rechtfertigung allein aus dem Glauben ausging. Eine Zeit langer Kriege und Wirren sowie die Auswirkungen der Adelsherrschaft – die am längsten anhaltende Nachwirkung der hussitischen Revolution – hinterließen bei den Utraquisten einen Klerus, der nicht mehr das von den Gründern dieser Bewegung erwünschte Niveau hatte. Vielleicht lag es auch daran, daß der Utraquismus allzu gemäßigt war, Rom zu nahe stand, als daß er genügend Standfestigkeit hätte haben können zu einer Zeit, als der äußere Druck aufgehört hatte und die Glut der heroischen Epoche der böhmischen Unabhängigkeitsbewegung erloschen war.

Ernest Denis sah im Utraquismus eine Kompromißreligion, die letztlich deshalb unbefriedigend war, weil sie die Prinzipien vom Supremat der Heiligen Schrift und dem Gewissen des Einzelnen nicht zu

Ende dachte, obwohl diese nach seiner Meinung im Standpunkt der frühen Hussiten vertreten gewesen waren. Als die Ideen der protestantischen Reformatoren des 16. Jahrhunderts in die Länder der böhmischen Krone hineindrangen, wurde die hussitische Kirche zerrüttet. Der äußerste Flügel der gemäßigten Utraquisten wandte sich angesichts der viel einschneidenderen Veränderungen der Reformationszeit dem Katholizismus zu; andere gingen zu den Protestanten über. Schon 1520 waren die Protestanten beim Landtag zahlreich vertreten; 1523 bildeten sie bereits eine Majorität. Vor der neuen, kraftvolleren Theologie, die aus Deutschland stammte, schrumpfte das typisch Hussitische zusammen. Das auf dem Landtag des Jahres 1575 durch Abstimmung festgelegte Bekenntnis war unmittelbar durch das Augsburger Bekenntnis beeinflußt; der Kampf um die böhmische Unabhängigkeit, der unter veränderten Umständen noch immer weiterging, wurde nun von den Protestanten geführt. Die Zahl der utraquistischen Priester nahm ab – zu Beginn des 17. Jahrhunderts war sie bis auf einen bloßen Überrest auf den Gütern einiger Adliger zusammengeschmolzen.

Nach einer so langen Kriegführung, nach so vielen diplomatischen und staatlichen Eingriffen auf höchster Ebene, die alle im Namen der Religion erfolgten, war es kaum überraschend, daß lange nach dem Verlöschen der utraquistischen Kirche eine pazifistische Gruppe die Gemüter der Menschen beherrschte: sie entsagte feierlich jeglicher Machtausübung und glaubte wie die österreichischen Waldenser des 14. Jahrhunderts, daß die Kirche seit Konstantins Zeiten vergiftet sei. Peter von Cheltschitz, der neuerdings mit dem Landedelmann Peter von Záhorka identifizierte Laientheologe und Verfasser eines umfangreichen Schrifttums, distanzierte sich von diesen Leuten, weil sie Blutvergießen für gerechtfertigt hielten; er selbst hatte allerdings vieles mit den Taboriten gemeinsam, unter anderem eine Abendmahlslehre, die der ihren ganz nahe kam.[73] »Wenn im Namen des christlichen Glaubens durch Kampf und Strafmaßnahmen Gewalt ausgeübt werden dürfte«, so fragte er, ». . . warum sollte Christus dann wohl das jüdische Gesetz abgeschafft und an seiner Statt ein neues, geistliches eingesetzt haben?«[74] Záhorka war so kompromißlos, daß er damit sogar die Gewalt zurückwies, die von einem hussitischen König hätte ausgeübt werden können.[75] Während er seinen Kontakt mit den religiösen Führern der Hussiten aufrechthielt, distanzierte er sich von allen entscheidenden Ereignissen. Rokyčana bewunderte ihn und empfahl ihn seinem Neffen Gregor und anderen frommen Männern, die im Jahre 1458 in Kunwald, einem Dorf im nordöstlichen Böhmen, zu einer Gemeinde zusammenfanden. In strenger Lebensführung verwirklichten sie Armut und Gütergemeinschaft. Im Jahre 1467 konstituierten sie sich als eine selbständige Sekte und unternahmen Schritte, um sowohl von katholischer wie von waldensischer Seite die Priesterweihe zu empfangen. Sogar diejenigen, die von den Utraquisten zu ihnen übertraten, mußten sich erneut taufen lassen. Sie nannten sich zunächst Brüder vom Evangelium Christi und später Unitas Fratrum.

Die Bewegung blieb klein wegen der strengen Zucht, die sie übte, und ihrer kompromißlosen Verwerfung der Gewalt. Sie fand Unterstützung in den Reihen der früheren Taboriten und nahm Verbindungen zu den Waldensern auf. Es entstanden weitere Gemeinden nach dem Muster von Kunwald. Im Laufe der Zeit gingen einige dazu über, die Weltabgeschlossenheit der ersten Gemeinde von Kunwald zu verwerfen; sie gestatteten ihren Mitgliedern zum Beispiel bürgerliche Ämter zu übernehmen und Eide abzulegen. So entstand eine Spaltung zwischen den Gemäßigten und den Strengen – letztere nannten sich Amositen. Dennoch hatte die Bewegung Bestand. Obgleich die Unität genauso wie die Utraquisten den Einfluß der neuen protestantischen Theologie im 16. Jahrhundert zu spüren bekamen, ließen sie sich nicht von ihr überwältigen, sondern bewahrten unter den protestantischen Kirchen ihre Eigenart – in der Neuzeit wurden sie als die Böhmischen Brüder (oder die Herrnhuter Brüdergemeinde) bekannt. Von all den durch die hussitische Revolution freigesetzten Kräften stellten sie die bemerkenswerteste und zukunftsträchtigste dar.

Alphabetische Liste der *tschechischen Personennamen,* soweit sie mehr oder weniger von der deutschen Schreibweise abweichen. Die Übersetzung benutzt i. a. die in der deutschsprachigen Literatur gebräuchliche deutsche Schreibweise. In jedem Falle ist die Verwendete Form *kursiv gesetzt:*
Jakubek = *Jakob von Mies / Jakobellus*
Jan Hus = *Johann Hus*
Jan Příbram = *Jan von Příbram*
Jan Rokyčana = *Jan Rokyczana*
Johann von Dražice = *Johann von Draschitz*
Nikolaus von Pelhřimov = *Nikolaus von Pilgram*
Peter von Chelčicky = Peter von *Cheltschitz,* alias *Peter von Záhorka*
Sigismund (Kaiser) = Sigmund; aber:
Sigmund Korybut (Statthalter und später König von Böhmen)
Wolfram že Škworce = *Wolfram von Skworetz*

Anmerkungen:
[1] Denis, *Huss,* S. 212; eine immer noch wohl ausgewogene Darstellung der Ereignisse von 1419–1436, ebd., S. 211–454; über die Zeit bis zum Tode Žižkas (1424), bes. was den politischen und militärischen Aspekt betrifft, vgl. Heymann, *Žižka* (mit einem abschließenden Überblick von 1424–1436, S. 456–483); klare Zusammenfassung bei Creighton, *Papacy,* II. Seibt, Die Zeit d. L., S. 494–536, gibt einen Überblick bis 1436 mit vollständiger Literaturangabe. Kaminsky, *Revolution,* S. 296–494 (von mir häufig benutzt) ist bes. nützlich hins. Tabor und seiner Ideologie, geht jedoch nur bis zum Jahre

1424; eine kurze Analyse findet sich in seinem The Religion of Hussite Tabor, in: *The Czechoslovak Contribution to World Culture*, Hrsg. Reichigl, M., Den Haag 1964, S. 210–223. Betr. Gedanken und Begriffe s. Seibt, *Hussitica* (Abschnitte über den gerechten Krieg, *jazyk-linguagium, obec-communitas*); einordnender Überblick bei Seibt, F.: Die Hussitenzeit als Kulturepoche, *HZ*, CXCVI, 1962, S. 21–62, Übers. der Quellen (bes. über Radikale, Taboriten) S. 253–329; Peter Cheltschitzkys Lehre, S. 333–443, in: *Das hussitische Denken im Lichte seiner Quellen*, Hrsg. Kalivoda, R., und Kolesnyk, A., Berlin 1969, Einleitg. von Kalivoda mit neuester marxistischer Interpretation und Literaturangabe; breit angelegter Vergleich bei Heymann, F. G.: The Hussite Revolution and the German Peasants' War: an Historical Comparison, *MH*, n. s. I, 1971, S. 141–159.

[2] Kaminsky, *Revolution*, S. 296–298; über das allgemeine Problem der Gemeinden und Stände s. Seibt, *Hussitica*, S. 125–182, und vgl. Hrubý, K.: Senior Communitas – eine revolutionäre Institution der Prager hussitischen Bürgerschaft, *Bohemia*, XIII, 1972, S. 19–43 (aus soziologischer Sicht).

[3] Heymann, *Žižka*, S. 69; Hintergrund in Kap. 4 insgesamt

[4] Kaminsky, S. 307

[5] Am besten beschrieben ebd., Kap. 7

[6] Heymann, *Žižka*, S. 80; betr. Analyse der politischen Lage in den Monaten September–Oktober 1419 s. Kaminsky, S. 301–306.

[7] Lea, *Inquisition*, II, S. 259–260, 267

[8] Kaminsky, S. 311 ff.; Jes. 19, 18

[9] Ebd., S. 321, (übers. lt. Seibt, Die Zeit d. L., S. 533)

[10] Ebd., S. 331

[11] Über diese und alle hussitischen Gruppierungen mit Bezug auf ihren geographischen Hintergrund s. Seibt, Die Zeit d. L., S. 518–527.

[12] Ereignisse bei Kaminsky, S. 329–336; militärischer Aspekt bei Heymann, Kap. 6

[13] Kaminsky, S. 345

[14] Übers. ebd., S. 340 – sicherlich von Bedeutung für die wirtschaftliche Motivierung.

[15] Die Atmosphäre wird von Kaminsky anschaulich wiedergegeben in: *The Czechoslovak Contribution*, Hrsg. Reichigl, S. 210–223.

[16] Heymann, S. 97–101

[17] Ebd., Kap. 7; Denis, *Huss*, S. 233–237; Kaminsky, *Revolution*, S. 361–365

[18] Kaminsky, S. 317–329; Seibt, *Hussitica*, Kap. 2 (nützlich hins. der geistigen Ursachen der Erörterung).

[19] Seibt, *Hussitica*, S. 55; beachte den Kommentar S. 53, 57

[20] Ebd., S. 17; beachte die Erörterung der Tatsache, daß die Hussiten keinen gemeinsamen Namen für alle Mitglieder der Bewegung gebrauchten (S. 14).

[21] Kaminsky, *Revolution*, S. 368

[22] Denis, *Huss*, S. 238–239

[23] Ebd., S. 239

[24] Seibt, *Hussitica*, S. 102–109

[25] In diesem und den vorhergehenden Sätzen schließe ich mich Seibts Forschungen an (*Hussitica*, Kap. 3 [s. S. 117]; *HZ*, CXCVI, 1962, S. 21–62).

[26] Denis, *Huss*, S. 248

[27] Kaminsky, S. 369–375, Heymann, Kap. 10

[28] Erörtert bei Kaminsky, S. 375–383

[29] Denis, *Huss*, S. 261

[30] Seibt, in: *HZ*, CXCVI, 1962, S. 21–62; *Hussitica*, S. 95–96

[31] Heymann, Kap. 9, über militärische Einzelheiten

[32] Dieser Punkt wird von Heymann geklärt (S. 170–172, 174–175, 181–182, 199–208, 217–219).

[33] S. die Übers. bei Kaminsky, *Revolution*, S. 376–377
[34] Heymann, S. 168
[35] Kaminsky, S. 385–391
[36] Scharfsinnige Darstellung mit vollständiger Übers. der Quellen, ebd., S. 397–433
[37] Jakobellus' Version (ebd., S. 424). Vgl. die rationalistischen Argumente zur Transsubstantiationslehre (s. o., S. 101, 354, 382
[38] Kaminsky, S. 407–418. Über die Begarden s. o., S. 256, Lerner, *Free Spirit*, S. 36–44.
A. d. Ü.: Seibt, Die Zeit d. L., S. 519, führt den Namen auf »eine kleine Gruppe pantheisierender nordfranzösischer Emigranten aus der Pikardie, den ›Pikarden‹«, zurück.
[39] Übers. bei Kaminsky, S. 424. Ich folge Kaminskys Rekonstruktion der Entwicklung von Húskas Anschauungen. Beachte die Kritik Maceks (ebd., S. 403–404).
[40] Ebd., S. 400
[41] Ebd., S. 427. Beachte die seltsame Parallele zu den Amalrikanern (s. o., S. 154).
[42] Bericht des Lorenz von Březová, übers. von Kaminsky (*Revolution*, S. 430; *FRB*, V, S. 475)
[43] *FRB*, V, S. 517–520; übers. von Kalivoda, *Das hussitische Denken*, S. 327–329. Erörterung der Episode von Lerner (*Free Spirit*, S. 119–124)
[44] *FRB*, V, S. 431; erörtert v. Lerner, *Free Spirit*, S. 121–123
[45] Meine Ansicht. Lerner (a. a. O.) ist hinsichtlich sexueller Ausschreitungen skeptischer; ich glaube, sie haben sich wohl spontan entwickelt.
[46] Seibt, F.: Communitas primogenita. Zur Prager Hegemonialpolitik in der hussitischen Revolution, *HJB*, LXXXI, 1962, S. 80–100
[47] Heymann, S. 220–221
[48] Ebd., Kap. 14; ders.: The National assembly of Čáslav, *MH*, VIII, 1954, S. 32–55
[49] Kaminsky, *Revolution*, S. 451–460; Heymann, S. 241–253, 266–267, 272–273, 278–280, 307–318
[50] Kaminsky, S. 460
[51] Kaminsky, S. 436–452, 460–481. Hins. der Taboriten fand ich seine Erörterung in: *The Czechoslovak Contribution*, S. 210–223, bes. nützlich.
[52] Ebd., S. 455
[53] Ebd., S. 470. S. die Beschreibung der taboritischen Abendmahlsfeier (ebd., S. 444–445)
[54] Ebd., S. 469
[55] Ebd., S. 462–463
[56] Heymann, S. 354–356, 361–373
[57] Kaminsky, *Revolution*, S. 461
[58] Heymann, Kap. 20, Kaminsky, *Revolution*, S. 460–462; s. u. S. 475–477; über den slawischen Hintergrund s. Denis, *Huss*, S. 308–325; über die spätere Laufbahn Korybuts s. Heymann und Denis.
[59] Heymann, S. 302–303
[60] Darstellung bei Denis, *Huss*, Kap. 9, 10. Ich war nicht in der Lage, von Bezold, F.: *König Sigmund und die Reichskriege gegen die Hussiten*, München 1872–1878, 3 Bd., zu benutzen. Siehe Seibt, Die Zeit d. L., S. 518–531; Aufzählung der Kreuzzüge S. 525. Siehe Karte Nr. 11 betr. Anhänger Ulrichs von Rosenberg.
[61] Heymann, S. 30–31, Seibt, ebd., S. 532; Betts, *Essays*, S. 219–220; Denis, *Huss*, S. 309. Seibt, *Hussitica*, S. 82–83, ist sehr interessant . . . zur Frage des slawischen Führungsanspruchs *(A. d. Ü.).*
[62] Heymann, S. 456–457, 460–461
[63] Seibt, Die Zeit d. L., S. 532; *Hussitica*, S. 94–95; Köpstein, H.: Zu den Auswirkungen der hussitisch-revolutionären Bewegung in Franken, *Aus 500 Jahren deutschtschechoslowakischer Geschichte*, Hrsg. Obermann, K., Polisnesky, J., Berlin 1958, S.

16–20; ders.: Über den deutschen Hussiten Friedrich Reiser, ZG, VII, 1959, S. 1068–1082. Diese Hinw. verdanke ich Prof. R. E. Lerner.

[64] Diese Feststellung dürfte allgemein immer noch zutreffen trotz des Nachweises von deutschem Hussitentum durch Seibt, Die Zeit d. L., S. 524–525, 529–530 (mit ausführlichen Literaturhinweisen).

[65] Heymann, S. 457–463

[66] Denis, *Huss*, Kap. 11; Jacob, E. F.: The Bohemians at the Council of Basel, 1433, in: *Prague Essays*, Hrsg. Seton-Watson, R. W., Oxford 1948, S. 81–123, Creighton, *Papacy*, II, Kap. 5, 6; über Rokyčana s. Heymann: John Rokycana: Church Reformer between Hus and Luther, *CH*, XXVIII, 1959, S. 3–43, über Payne s. o. S. 478, Betts, *Essays*, S. 236–246

[67] Textauszüge bei Denis, S. 495–498

[68] Heymann, S. 471

[69] Williams, G. H.: *The Radical Reformation*, London 1962, S. 209–210

[70] Siehe Seibt, in: *HZ*, CXCVI, 1962, S. 21–62

[71] Über die Geschichte der Hussiten nach Iglau s. Denis, *Huss*, S. 455–486; Zusammenfassungen über den Utraquismus und die *Unitas Fratrum* bei Williams, *Radical Reformation*, S. 207–218; Seibt, Die Zeit d. L., S. 537–568; Heymann, F. G.: *George of Bohemia, King of Heretics*, Princeton 1965

[72] Heymann, in: *CH*, XXVIII, 1959, S. 3–43

[73] Brock, *Political and Social Doctrines*, Kap. 1; Seibt, Die Zeit d. L., S. 533–534, 556–557

[74] Kaminsky, *Hussite Revolution*, S. 322 (über die Beziehung zu den Taboriten s. S. 321–323, 391–397)

[75] Eine Überlegung von Williams (a. a. O., S. 210)

Nachwort

Das mittelalterliche Ketzertum und die Reformation[1]

Die hussitische Herausforderung stellte die letzte bedeutende Glaubenskrise vor Luthers Feldzug gegen den Ablaßhandel dar. Die Autorität, und zwar die weltliche sowohl wie die geistliche, wurde dadurch erschüttert, aber die Krise ging vorüber, und während der sieben Jahrzehnte, die zwischen der Anerkennung Sigismunds durch die Hussiten im Jahre 1436 zu Iglau und Luthers Thesenanschlag zu Wittenberg im Jahre 1517 liegen, geriet die westliche Kirche in keine größere dogmatische Krise. Das Hussitentum bewirkte bei den Waldensern, die bis dahin in der Stille überlebt hatten, neuen Auftrieb. Aber die neue Bewegung konnte nicht die Folgen beseitigen, welche das Leben im Untergrund bei der älteren Sekte hinterlassen hatte. Der neue Protestantismus übte einen ähnlichen Einfluß auf die überlebenden Volkshäresien – das Waldensertum und das englische Lollardentum aus. Die Anhänger dieser Häresien hatten zuviel erlitten, und sie hatten entweder nie eine kraftvolle geistige Unterstützung erfahren oder – wie im Falle Wyclifs und des Lollardentums – die Verbindung zu derjenigen, die sie einst besessen hatten, verloren. Es gibt wohl einzelne interessante Beispiele für die Wiederanknüpfung einer neuen an eine alte Bewegung; doch die neuen übertrafen die alten an Kraft und Bedeutung, und außerdem verdankten die neuen Bewegungen den alten nicht sehr viel.

Joachimitische Ideen blieben auch während der Umwälzungen des 16. Jahrhunderts im Schwange. Auf die Päpste bezogene Weissagungen, besonders solche, welche die Missetaten von Päpsten hervorhoben, fanden bei einigen Reformgesinnten Anklang. Die Katholiken reagierten darauf so, daß sie das Werk Joachims dazu benutzten, um solche Weissagungen ins Licht zu rücken, die sich auf heiligmäßige Päpste bezogen, welche in der Zukunft die Einheit der Kirche wiederherstellen würden.[2] Einzelne Jesuiten fühlten sich von der Rolle der »neuen geistlichen Männer« eines neuen Zeitalters angezogen, ähnlich, wie es den Bettelorden einst ergangen war, obgleich sie die Überspanntheit der Franziskaner-Spiritualen vermieden.[3] Der häretisch joachimitische Gedanke des Dritten Zeitalters fand bei den Revolutionären der Reformationszeit einen natürlichen Widerhall. Thomas Müntzer griff auf die joachimitische Schrift *Super Heremiam* zurück und gab sich als Initiator des kurz bevorstehenden neuen Zeitalters aus. Er sagte: »Der Zeuge des Abtes Joachim hat bestimmt sehr auf einen Mann wie mich gezählt . . . Aber«, so fuhr er in seiner charakteristischen Art fort, »meine Lehre ist um vieles erhabener als die seine.«[4]

Den Einfluß des älteren Ketzertums kann man nur insoweit geltend machen, als es die Volksmeinung auf die Veränderung vorbereitete oder als Nährboden für neue Sekten diente, aber nicht darüber hinaus. Es ist eine Tatsache, daß die mittelalterliche Kirche die meisten der von ihr abgefallenen Ketzerbewegungen besiegt hatte: durch Verfolgung, durch Isolierung der Ketzereianhänger vom geistigen Leben, durch den Zeitablauf sowie durch eine Veränderung des religiösen Klimas bedingt, wurden sie entweder beseitigt oder an den Rand der Gesellschaft gedrängt. Spätmittelalterliche Gedankenströmungen übten natürlich einen tiefen Einfluß auf die protestantischen Reformatoren aus: die Forschung hat erwiesen, wieviel Luther der mittelalterlichen Vergangenheit verdankte, und in dem, was die Protestanten des 16. Jahrhunderts brandmarkten, lassen sich viele von den Anklagen wiedererkennen, die uns aus den mündlichen und schriftlichen Äußerungen der im Mittelalter verurteilten Ketzer vertraut sind. Die Mißstände blieben die gleichen, besonders in den Ländern, deren Herrscher mit den einheimischen Reformbewegungen nicht zusammenarbeiten wollten. Doch die nunmehr vorgeschlagene Abhilfe unterschied sich von der, welche die Anhänger der mittelalterlichen Ketzerbewegungen anboten, und sie war auch überzeugender als diese.

Die Waldenser bekamen durch die Ereignisse in Böhmen neue Impulse: Sie fühlten sich zu den Taboriten hingezogen, weil ihr Glaube vieles mit dem ihren gemeinsam hatte. Eine in der Dauphiné sitzende Gruppe veranstaltete im Jahre 1431 sogar eine Kollekte zu ihren Gunsten.[5] In Zeiten der Verfolgung trösteten sich Anhänger der älteren Häresie mit der Aussicht auf Rettung durch die Macht der Hussiten. Bei einer Ketzerbefragung, die 1510 in Paesana stattfand, sagten sie aus, »ein König der Böhmen werde an der Spitze eines großen Heeres kommen . . . er werde alle Geistlichen töten, ihnen ihre weltlichen Besitztümer abnehmen und Tribute sowie jegliche Art von Ausbeutung abschaffen . . .«[6] In der zweiten Hälfte des 15. Jahrhunderts gewann das Waldensertum eine neue Vitalität, die höchstwahrscheinlich durch den Anreiz, der von den Bewegungen in den Ländern der böhmischen Krone ausging, angeregt wurde.[7] Hussiten verschiedener Prägung hatten ein Bedürfnis danach, mit ihnen Kontakt aufzunehmen, weil sie lebendige Zeugen dafür waren, daß es eine Opposition gegen Rom lange vor dem Beginn der böhmischen Revolution gegeben hatte. Cheltschitz erwähnt Waldes im Zusammenhang mit Papst Sylvester, als habe sich dieser vor Konstantin verborgen: offensichtlich hatte er diese Geschichte aus einer waldensischen Quelle.[8] Jakobellus kannte Waldenser[9], und die Brüderunität versuchte von ihnen

Anleitungen zu bekommen.[10] Lukas aus Prag, ein Mitglied ihres gemäßigten Flügels – der Hauptpartei – nahm auf der Suche nach einer wahren apostolischen Kirche Kontakte mit den italienischen Waldensern auf.[11] In Deutschland versuchten die Prediger der Hussiten die übriggebliebenen Waldensergemeinden als Stützpunkte für ihre missionarischen Unternehmungen zu benutzen.[12]

Aber die lange Existenz im Untergrund hatte bei den Waldensern tiefe Spuren hinterlassen. Als die Brüder der Unität mit den Genossen in Italien in Berührung kamen, waren sie verstört über deren Geschicklichkeit im Täuschen, wozu sie bei ihrem Geheimdasein gezwungen waren. Lukas von Prag zog daraus den Schluß, daß sie des Unterrichts bedürften. Angesichts der blutigen Strafexpeditionen, denen sie in ihren alpinen Schlupfwinkeln ausgesetzt waren, hielten sich die Gemeinden nicht mehr an ihr eigenes Tötungsverbot gebunden.[13] Die Anwesenheit von Verrätern und Spitzeln stellte ihr sittliches Verhalten auf eine harte Probe. Den *barbi* fehlte es notgedrungen an geistigen Kontakten; daher umgaben sie sich mit einer Aura von Magie und Geheimniskrämerei, die manche Beobachter beunruhigte.[14] Doch sie waren die letzten Überlebenden eines langen Widerstandes gegen Rom, der nach dem Glauben ihrer Zeitgenossen im 16. Jahrhundert bis in die Zeit Konstantins zurückreichte. Ihr bloßes Dasein zeigte, daß die gegen Rom Protestierenden auf eine eigene Geschichte zurückblicken konnten und lange vor Luther und Calvin ihre Vorläufer und Märtyrer hatten. Als sich der protestantische Einfluß bei den überlebenden Waldensern bemerkbar machte, hatten deshalb beide Seiten einander etwas anzubieten: die Protestanten ihre Theologie und den Schutz religiöser Gruppen, die ihre Unabhängigkeit gewonnen hatten – die Waldenser ihre Geschichte.

Auf waldensischer Seite entstanden durch die neuen Einflüsse Gruppierungen, die der Brüderunität zuneigten, oder solche, die für protestantische Einflüsse aus Sachsen, für Zwingli oder für die Gemeinden in der französischen Schweiz offen waren. Die entscheidenden Schritte tat Guillaume Farel:[15] Er predigte 1523 nach Zwinglis Art in seinem Heimatland Dauphiné. Die Kunde von seiner Tätigkeit drang bis in die benachbarten Cottischen Alpen vor; *barbi* besuchten ihn, und alsbald bekam er unter den Waldenserführern eine Reihe von Anhängern. Es wurden Kontakte zu den Reformatoren Ökolampad und Bucer hergestellt. Im Jahre 1532 versammelte sich eine große Anzahl von *barbi* zu Chanforans im Val d'Angrogna, wohin sie auch Farel und andere Protestanten eingeladen hatten. Sie faßten den Beschluß, im wesentlichen die Theologie Farels anzunehmen und die meisten ihrer typisch waldensischen Züge aufzugeben – allerdings hielten sie an der Stellung der *barbi,* an einigen ihrer Bräuche und am Pazifismus fest. Eine Geldsumme wurde für den Druck einer Bibel bestimmt: sie sollte nicht im waldensischen Dialekt, sondern auf Französisch abgefaßt sein – sie wurde die erste Bibel der französischen evangelischen Kirche. Eine Minderheit widersetzte sich dem Beschluß einer Vereinigung mit den Protestanten und appellierte an die Unterstützung der Brüderunität. Andere Gruppen in Italien – solche, die im Tal des Po, in Kalabrien und Apulien lebten – blieben ebenfalls fern von der Union. Sie waren nur lose organisiert und stärkerem Druck ausgesetzt als jene in den Alpentälern, daher waren sie vielfachen Einflüssen erlegen. Man hat die Vermutung aufgestellt, daß sie den Nährboden für die Entwicklung eines antitrinitarischen Wiedertäufertums in Italien bildeten.[16] In ähnlicher Weise sollen sich überlebende Gemeinden in Deutschland und Österreich als Anreiz für die Entwicklung der bekannten Wiedertäufergruppen im frühen 16. Jahrhundert ausgewirkt haben:[17] sie hatten eine ganze Reihe von Zügen gemeinsam – die Verwerfung des Eides, die Verweigerung der Kriegsteilnahme, die Ablehnung von bürgerlichen Ämtern und eine kompromißlose Weltfeindlichkeit. Die Verwerfung der Kindertaufe und der Brauch der Predigerweihe hat sich wohl, wie es heißt, so ausgewirkt, daß sich diese Sekten dem Wiedertäufertum annäherten. Aber das sind nur Hypothesen; über die Waldenser des 16. Jahrhunderts ist noch viel gründliche Forschungsarbeit zu leisten. Die Gemeinden Kalabriens und Apuliens, welche der Union ferngeblieben waren, wurden jedenfalls bei einer Verfolgung im Jahre 1560 stark dezimiert. Unterdessen wurde in den Alpentälern der zu Chanforans gefaßte Beschluß, besonders dank der Tätigkeit französischer Pastoren aus Lausanne, allmählich über Jahre hinweg in die Tat umgesetzt. Danach vermischt sich die Geschichte des Waldensertums mit derjenigen der protestantischen Reformation.

In England weist die Begegnung der alten Lollarden mit den neuen Protestanten Verwandtschaft auf mit der Beziehung zwischen den Reformatoren auf dem Kontinent und den Waldensern. Typisch hierfür ist jene Episode, bei der Lollarden aus Steeple Bumstead sich nach London begaben, um dort ihre altehrwürdigen Exemplare der Heiligen Schrift in der Sprache des Volkes vorzuzeigen, woraufhin ihnen Friar Barnes ein Exemplar der neuen Ausgabe verkaufte.[18] Zwangsläufig besaß die neue theologische Gelehrsamkeit vom Kontinent eine Kraft, die den alten Traditionen und Texten der Lollarden im Untergrund fehlte.[19] Die Sekte hatte eine große Leistung vollbracht: ihre Missionare hatten während der Zeit im Untergrund der Ausrottung widerstanden und hatten es fast so weit gebracht, daß das Lollardentum wieder neu erstand.[20] Ihre Mitglieder hatten eine lange Zeit des Drucks und der Isolierung ausgehalten, wobei sie sich eine gewisse

Nüchternheit im Glauben bewahrten. Sie zeigten kaum Spuren von jener Verschrobenheit oder gesteigerten eschatologischen Erwartung, wie sie die Schule Morghens und Mansellis als eine charakteristische Auswirkung der Verfolgung festgestellt hat. Auch waren sie wenig von anderen unterdrückten Glaubensrichtungen berührt: nur selten kam es vor, daß die Anhänger des Lollardenglaubens sich magischen Praktiken ergaben oder daß zumindest ein und derselbe Verdächtige sie zu verschiedenen Zeiten trieb.[21]

Allerdings hinterließ der bloße Drang zu überleben, wie bei den Waldensern, in anderer Weise seine Spuren insofern, als die Sekte dadurch in der Hauptsache auf Leute von begrenztem Wissensstand und sozialem Hintergrund beschränkt blieb. Vor Beginn der Reformation hatte sie sich trotz des nachgewiesenen Anstiegs ihrer Mitgliederzahl und eines gewissen Anklangs in den Kreisen der Londoner Mittelklasse nicht aus ihren beschränkten Verhältnissen gelöst. Da sie allzulange im Untergrund gelebt hatte, »ermangelte sie der Kraft zu geistlicher Erneuerung«.[22] Der Dienst, den sie dem neuen Protestantismus leistete, bestand, abgesehen von ihren Bibellesekreisen, in der Verbreitung ihrer negativen Seiten, indem sie zu dem im Volke bestehenden Verlangen nach Unabhängigkeit des Laientums beitrug und sich von den kleinlichen Forderungen der Kirche losgesagt hatte – was natürlich der beste Nährboden für das Gedeihen der neuen Theologie war. A. G. Dickens macht uns darauf aufmerksam, daß bloßer von den Lollarden ausgehender Skeptizismus eine Rolle spielte.[23]

Jedoch ist diese These von »verbreitetem Lollardentum« mit Vorsicht zu behandeln. Die Lollarden bildeten sozusagen nur die äußerste Randzone des allgemein antiklerikalen Meinungsstroms im 16. Jahrhundert; sie unterschieden sich immer vom eigentlichen Antiklerikalismus durch ihre Bibellektüre und ihre Leugnung der Transsubstantiation, gewannen aber immer neue Anhänger aus jenem sehr viel breiter gefächerten Meinungsspektrum. Hauptverantwortlich für das allgemein verbreitete Meinungsklima waren wohl eher antiklerikale als ketzerische Stimmen, obwohl kaum Zweifel herrscht, daß die Lollarden ihren Beitrag leisteten. Im Norden Englands, der von Dickens eingehend untersucht wurde, gibt es kein sehr typisches Zeugnis von einem Wiederaufleben des Lollardentums, abgesehen von sechs Fällen, die sich in den Berichten der Diözese York zwischen 1511 und 1534 finden: von diesen ist einer zu schwach bezeugt, als daß man damit eine Hypothese stützen könnte, in einem anderen Fall brachte ein Lollarde seine Ketzerei aus Lincoln mit, ein weiterer ist der eines Seemanns aus Hull, der Kontakte zu Lutheranern in Übersee hatte, und bei dreien handelt es sich um Holländer. Sie hören sich zwar wirklich eher nach Lollarden als nach kontinentalen Ketzern an; aber gerade so wie die auf der Bulle *Ad nostrum* basierenden Verhöre von Anhängern des Freien Geistes Verdächtige hervorbrachten[24], ließen die normalen englischen Verhöre, die sich auf die Erfahrung mit den Lollarden gründeten, die Befragten wie Lollarden erscheinen. Auf einer gesicherten Grundlage befindet man sich, wenn man von einer Verbreitung negativer Gefühle der Lollarden in London und im Süden des Landes spricht. Noch sicherer ist es allerdings, wenn man sich auf die Vermittlerrolle der Lollarden konzentriert, welche das protestantische Schrifttum vom Kontinent ins Land hineinschmuggelten, sowie auf die Rolle, welche die Geschichte der Lollarden und ihre Leiden in den Propagandaschriften spielte: sie lieferten Foxe ein Martyrologium für Protestanten, ganz wie die Waldenser dies für die Genfer reformierte Kirche besorgten.[25]

So war die Rolle der Waldenser und Lollarden bei der Reformation sekundärer Natur – sie waren Vorläufer, Zeugen der langen Geschichte dogmatischer Abweichungen und machten als eine Kraft im Hintergrund die Gedanken normaler Menschen für den Protestantismus bereit oder eröffneten, wie im Falle der Waldenser, den Weg zu den Wiedertäufern. Zur Frage des sekundären Einflusses hat die Forschung noch nicht das letzte Wort gesprochen. Nur eine detaillierte Analyse, die jeden einzelnen Fall und jede Gegend besonders untersucht, kann die Fäden entwirren, den Unterschied zwischen altem und neuem Ketzertum herausfinden und darüber hinaus andere, weniger typische religiöse Einflüsse auf die englische Reformation und die verschiedenen Arten des kontinentalen Protestantismus aufdecken. Weder die Waldenser noch die Lollarden waren für die Entwicklung der Reformation von großer Bedeutung. Der Utraquismus ging, wie wir gesehen haben, in der veränderten Atmosphäre des 16. Jahrhunderts unter. Die anderen als ketzerisch verdammten Bewegungen des Mittelalters wurden entweder abgetötet oder schwanden schon vor der Reformation dahin.

Anmerkungen:

[1] Eine genaue Darstellung des Verhältnisses der mittelalterlichen Ketzerei zur Reformation geht über den Rahmen dieses Buches hinaus: Hier ist lediglich eine Andeutung des Problems beabsichtigt. Williams gibt Zusammenfassungen über die Waldenser in den Alpentälern und in Italien (*Radical Reformation*, S. 520–529). Über alles, was die Waldenser betrifft, s. Böhmer, in: *RPTK*, XX, Sp. 830–837; über das Lollardentum s. Dickens, Heresy and Origins, S. 47–66; Aston, M. E.: Lollardy and the Reformation, S. 149–170; und über wiederauftretende joachimitische Gedanken und Themen s. Reeves, *Prophecy*, S. 274–290, 429–504.

[2] Reeves, S. 453–562

[3] Ebd., S. 274–290

[4] Ebd., S. 490–491; Williams, *Radical Reformation*, S. 51 und Anm., zitiert bei Dikkens, A. G.: *Reformation and Society in Sixteenth-Century Europe*, London 1966, S. 143

⁵ Selge, in: *TR*, 33. Jhrg., IV, 1968, S. 339
⁶ Williams, S. 520
⁷ Böhmer, a.a.O., Sp. 831
⁸ Kaminsky, *Revolution*, S. 392
⁹ Ebd., S. 321
¹⁰ Williams, S. 211
¹¹ Molnár, A.: Luc de Prague et les Vaudois d'Italie, *BSSV*, LXX, X, 1949, S. 40–64
¹² Seibt, Die Zeit d. L., S. 532; Böhmer, Sp. 831–832
¹³ Über die Verfolgungen im späten 15. Jahrhundert s. Lea, *Inquisition*, II, S. 265–269: Die Ausführungen sind immer noch gültig
¹⁴ Miolo, G.: *Historia breve e vera degl'affari dei Valdesi delle Valli*, Hrsg. Balmas, E., Turin 1971
¹⁵ Diese Darstellung folgt Williams (mit Literaturangabe) und Böhmer (s. o. A. 1).
¹⁶ Formulierung und Theorie bei Williams, *Radical Reformation*, S. 528; allgemeine Überlegungen hins. Italien finden sich bei Delio Cantimori: The Problem of Heresy, in: *The Late Italian Renaissance*, 1525–1630, Hrsg. Cochrane, E., London 1970, S. 211–225. (Übers. des Art., in: *BSSV*, LXXVI, 1957, S. 29–387) mit Kommentar über die Beziehungen zwischen der italienischen Reform und dem mittelalterlichen Ketzertum; »das Gebiet ist immer noch fast gänzlich unerforscht« (S. 216).
¹⁷ Böhmer, in: *RPTK*, XX, Sp. 832 stellt einen dogmatischen Vergleich an.
¹⁸ Thomson, *Later Lollards*, S. 138
¹⁹ Dickens, Heresy and Origins, S. 63–64
²⁰ S. Fines, *Studies*, passim
²¹ Thomson, *Later Lollards*, S. 71, 83, 179; möglicherweise 67; Thomas, K.: *Religion and the Decline of Magic*, London 1971
²² Aston, Lollardy and the Reformation, S. 169. Ich finde diesen Ausblick überzeugend.
²³ Dickens, A. G.: *Lollards and Protestants in the Diocese of York*, Oxford 1959, S. 13; über das Hauptthema vom verbreiteten Lollardentum s. die Zusammenfassung S. 243–245.

Inzwischen habe ich Prof. Dickens um einen Kommentar zu diesen kritischen Ausführungen gebeten. Er teilte mit freundlicherweise folgendes mit:
»1. Nach der Mitte der zwanziger Jahre des 16. Jahrhunderts kann es in England nur wenige ›reine Lollarden‹ gegeben haben, d. h. solche, die von Ketzereien auf dem Kontinent überhaupt nichts wußten. Anderseits liegen sehr viele Zeugnisse dafür vor, daß auf volkstümlicher Ebene die Ketzerei immer noch weithin von unserer heimischen Tradition beherrscht war: sie war gegen den Klerus, gegen das Bischofsamt, gegen die Zeremonien, gegen die Transsubstantiation eingestellt – also biblisch, jedoch ohne die von Luther und Zwingli gesetzten Schwerpunkte. Diese Zeugnisse könnte man nur durch den Nachweis widerlegen, die kirchlichen Gerichtshöfe seien darin übereingekommen, gerichtliche Verfügungen und Anklagen so zu formulieren, daß die Angeklagten wie Lollarden erschienen. Warum aber hätten sie dies tun sollen? War nicht Luther selbst ein Ketzer? Und falls sie es dennoch taten, warum stellten sie dann einen Anhänger Luthers so oft als einen Lutheraner hin? Ist es nicht weitaus sinnvoller anzunehmen, daß viele Angeklagte aus der Arbeiterklasse die hier so deutlich beschriebenen, ausgesprochen lollardischen Züge tatsächlich beibehielten? Ist es nicht wahrscheinlicher, daß viele Menschen in jenen sozialen Schichten sich eher die überlieferten Schlagworte der Lollarden zu eigen machten als eine komplizierte paulinisch-augustinische Theologie, zu der sie Bücher und/oder ausgebildete Lehrer benötigt hätten?
2. Was die Angeklagten aus dem Volke in der Diözese York anbelangt, erkläre ich mich außerstande, Ihre Behandlung dieser Frage auf S. 491–493 Ihres sonst mit solch bewundernswerter und peinlicher Genauigkeit verfaßten Buches zu verstehen. Bei Ihrer

Erörterung von sechs Fällen in den Jahren 1511 bis 1534 weisen Sie (richtig) darauf hin, es sei selbst unter diesen wenigen Beispielen in einigen Fällen sehr zweifelhaft, daß es sich um Lollarden gehandelt habe. Sie hätten jedoch bei Ihrer Untersuchung weitere 64 Angeklagte berücksichtigen sollen, deren Fälle in späteren Kapiteln behandelt werden: S. 23–25, 27, 30, 33, 35–37, 44, 46–48, 50, 223–227, 230–233 sowie die Bemerkungen auf S. 235, 243–245. In Wirklichkeit fußt meine Zusammenfassung nicht auf sechs, sondern auf etwa 70 Fällen, von denen ungefähr die Hälfte in der Lollardentradition stehen; viele stellen geradezu gute Beispiele aus dem Lehrbuch dar, einige sogar noch in den fünfziger Jahren des 16. Jahrhunderts. Ohne all diese Zeugnisse hätte ich gewiß keine so allgemeinen Folgerungen ziehen können. Ferner ist mir inzwischen eine weit umfangreichere Sammlung ähnlicher Fälle in anderen Gegenden Englands bekannt geworden; und ich bin weiterhin von der Richtigkeit dieser Kritik überzeugt. Ich wiederhole jedoch, daß sie auf der Untersuchung konkreter Anklagepunkte und Äußerungen beruht und nicht etwa auf der Entdeckung bloß vereinzelter Lollarden oder erstarrter Gruppen, die sich genauso verhielten wie in den ersten zwei Jahrzehnten des Jahrhunderts.
PS: Zwei weitere Punkte zur allgemeinen Information: 1. Auf der Karte entsprechen protestantische Gruppen und Fälle bis etwa 1550 und darüber hinaus fast genau den Gegenden der Lollarden um 1490–1520.
3. Ich habe weitere Fälle entdeckt, in denen die marianischen Gerichtshöfe Angeklagte speziell des *crimen Lollardiae* oder eines ähnlich benannten Vergehens beschuldigen, was ziemlich eindeutig eine pointiertere Formulierung als die allgemeine Bezeichnung ›loller‹ = Ketzer beinhaltet. Es liegen zahlreiche Zeugnisse dafür vor, daß die damaligen Katholiken sehr wohl wußten, daß sie sich sowohl mit der lollardischen Tradition als auch mit neuen Häresien auseinanderzusetzen hatten.«
Ich muß gestehen, daß ich diesen letztgenannten, von Professor Dickens angeführten Beispielen wohl nicht genügend Gewicht beigemessen habe. Auch war mir die Verwendung des Ausdrucks *crimen Lollardiae* an den marianischen Gerichtshöfen unbekannt. Ich war hauptsächlich bestrebt, den positiven Nachweis zu erbringen, daß die Lollarden im Norden überlebten und von der alten Lollardenbewegung an, die nach unserer Kenntnis in der dortigen Gegend vertreten war (s. z. B. die Laufbahn des Wyche), bis ins Tudorzeitalter fortbestanden; ferner ging es mir um klare Unterscheidungsmerkmale zwischen spontanem Antiklerikalismus oder Skeptizismus (s. meine allgemeine Ansicht hierzu auf S. 385/86) und einem spezifisch lollardischen Einfluß. Die Abweichung in Fragen der Eucharistie dürfte wohl einer der Hauptgesichtspunkte sein. Wo immer sie in den Aussagen der Angeklagten erkennbar wird, sollten wir uns die Frage vorlegen, ob es sich um spontanen Skeptizismus handelt oder um eine Äußerung lollardischen Glaubens.
Das Zitat aus Richard Flynte im Jahre 1542 spricht für sich. Ich bewundere das Buch, distanziere mich jedoch von der Hypothese, die das nördliche Lollardentum betrifft; vgl. Thomson, *Later Lollards,* S. 200.

[24] S. o., S. 264–266
[25] Aston, Lollardy and the Reformation, sollte im Zusammenhang mit Crompton, *JEH,* XII, 1961, S. 35–45, 155–165 gelesen werden, Über Foxe s. Mozley, J. F.: *John Foxe and his Book,* London 1940; über seinen Quellenwert s. Dickens, Heresy and Origins, S. 49–53; Thomson, John Foxe.

Anhang A

Quellen über die Ketzerei des 11. Jahrhunderts

1. Orléans 1022

Zwölf Quellen berichten über die Episode, sieben von ihnen geben Auskunft über die Lehren der Sektierer. Nur mit diesen letzteren haben wir es hier zu tun. Es sind:
I *Gesta synodi Aurelianensis*, Auszug aus dem Vetus Agano des Saint-Père de Chartres (Bouquet, X, S. 536–539);
II *Johannis monachi Floriac ad Olibam Abbatem . . . epistola* (ebd., S. 498);
III *Ex Historiae Francicae fragmento* (ebd., S. 211–212);
IV Andreas von Fleury, *Vita Gauzlini abbatis Floriacensis,* bei dems., *Vie de Gauzlin, Abbé de Fleury,* Hrsg. Bautier, R. H., und Labory, G., Paris 1969, S. 96–98 (mit Übers.).
V Adémar von Chabannes, *Chronique,* III, 59, Hrsg. Chavanon, J., Paris 1897, S. 184–185;
VI Raoul Glaber, *Les cinq livres de ses histoires* (900–1044), Hrsg. Prou, M., III, viii, Paris 1886, S. 74–81;
VII Balduin von Thérouanne, bei J. Malbrancq Audomarensis, *De Morinis et Morinorum rebus,* II, Tournai 1647, S. 661–663.

Quelle I hatte Zugang zu den Erinnerungen des zeitgenössischen Augenzeugen Aréfast[1], sie bringt konkrete Einzelheiten und scheint manchmal die Worte der Ketzer bei ihrem Verhör wiederzugeben.[2] In allen Punkten, die auf Aréfast oder das Verhör zurückgehen, kann die Quelle als genau angesehen werden. Die Geschichte von den nächtlichen Orgien und der Zubereitung einer als Viatikum zu benutzenden Substanz aus der Asche toter Säuglinge geht offensichtlich nicht darauf zurück.[3] Der Autor gibt hierfür keine Quelle an, stellt sie auch nicht in einen lebendigen Zusammenhang wie bei den anderen Lehren in seinem Bericht. Sie sollte als eine Abschweifung, die auf einer literarischen Vorlage oder auf volkstümlichem Klatsch beruht, weggelassen werden.

Die Quellen II und III fassen die Lehren in anderen Worten als jenen, die die Ketzer selbst gebrauchten, zusammen. Sie erscheinen zuverlässig.

Quelle IV wurde um 1042 geschrieben;[4] sie gibt auch eine Zusammenfassung. Als Anhang hat sie eine Ermahnung Gauzlins, die sich eng an das Glaubensbekenntnis Gerberts von Aurillac anlehnt. Hier besteht die Schwierigkeit darin, daß dort, wo diese Quelle über den Umriß von II und III hinausgeht (Leugnung der Trinität?; Leugnung der Inkarnation?; Häresie über die Jungfrau [oder Hinweis auf innere Erleuchtung]), die Formulierung recht vage ist. Die Erwähnung Marias (»Filii Dei genetricem se habere similem et per omnia jactabant, cum nec similis visa sit nec habere sequentem«) ist besonders dunkel. Bautier und Labory übersetzen: »Ils se vantaient d'avoir une mère en tous points semblable à celle du Fils de Dieu, alors que celle-ci ne peut être tenue pour semblable à aucune autre femme et qu'elle ne peut avoir d'émule.« In diesem Punkt gibt der lateinische Text die Liturgie wieder;[5] es ist schwer zu sagen, ob dies eine Anspielung auf irgendeine Maria betreffende Häresie ist oder auf die himmlische Führung, die die Häretiker für sich in Anspruch nahmen (wenn man das »une mère« der Übersetzer metaphorisch verstehen will); die Sache bedarf jedenfalls der näheren Untersuchung. Indessen können wir auf die literarische Form der Sätze über die Trinität, die Inkarnation und Maria hinweisen sowie auf die Art, in der der ganze Abschnitt, der die häretische Lehre zusammenfaßt, mit der Trinität beginnt, auf den Sohn Gottes, dann auf den Heiligen Geist übergeht und mit einer Anspielung auf Maria abgerundet wird.

I	II	III	IV	V	VI	VII
Paul von Saint-Père de Chartres	Johannes von Fleury	Historiae Francicae Fragmentum	Andreas von Fleury	Adémar von Chabannes	Raoul Glaber	Balduin von Thérouanne
Verwerfung der Messe	Verwerfung der Messe		Leugnung der Trinität (?)		Leugnung der Trinität	
Leugnung der Schöpfung durch den Vater (?)			Leugnung der Inkarnation (?)	Geheime Verwerfung Christi	Ewigkeit der Welt	
Doketismus			Häresie über die Jungfrau (oder Hinweis auf innere Erleuchtung) (?)		Keine Bestrafung für Fleischeslust	
	Verwerfung der Buße	Verwerfung der Buße	Verwerfung der Buße		Leugnung guter Werke	
Handauflegung zur Aufnahme in die Sekte		Verwerfung der Handauflegung durch die katholische Kirche	Verwerfung der Handauflegung durch die katholische Kirche			
			Verwerfung der Kirche			

Quellen über die Ketzerei des 11. Jahrhunderts

I	II	III	IV	V	VI	VII
Paul von Saint-Père de Chartres	Johannes von Fleury	Historiae Francicae Fragmentum	Andreas von Fleury	Adémar von Chabannes	Raoul Glaber	Balduin von Thérouanne
Direkte Erleuchtung durch den Heiligen Geist für Eingeweihte	Verwerfung der Ehe	Verwerfung der Ehe	Verwerfung der Ehe			
			Verwerfung von Bischöfen			Verwerfung der Heiligen
Verwerfung der Gebete an Heilige		Verwerfung der Ordination	Verwerfung der Ordination			
Verwerfung der Taufe	Verwerfung der Taufe	Verwerfung der Taufe				Verwerfung der Taufe
	Verwerfung des Fleischgenusses					Fleischgenuß zu jeder Zeit erlaubt
				Anbetung des Teufels		Verwerfung des Kreuzes
Viaticum von einem toten Kind				Viaticum von einem toten Kind		

Quelle V hat legendäre Untertöne, sie erwähnt einen *rusticus*[6] als Gründer der Sekte in Orléans und den Gebrauch einer aus toten Knaben hergestellten Asche (man vergleiche das Viatikum in Quelle I).

Quelle VI faßt auf verschwommene Weise Lehren in vier Sätzen zusammen und verwechselt Héribert, den Enthusiasten aus Nordfrankreich, mit Stephan, dem einheimischen Führer in Orléans. Es gibt keinen Beweis für E. Sackurs Vermutung, daß der Verfasser auf der Synode war.[7]

Quelle VII, Balduin von Thérouanne, in der Zusammenstellung durch Malbrancq, einen Jesuiten des 17. Jahrhunderts, ist keine Originalquelle. Malbrancq übernimmt zum Teil wortwörtlich Glabers Darstellung über Orléans, beschreibt die Ausbreitung der Häresie in Aquitanien und in der Auvergne sowie Balduins Furcht, sie könne seine eigene Diözese erreichen. Nebenher charakterisiert er die Häresie in drei Sätzen; aber Malbrancq gibt seine Quelle dafür nicht an.

I ist die Hauptquelle. Die Geschichte mit der Orgie kann man ohne weiteres streichen; ohne sie gibt die Quelle einen guten Bericht. II und III sind Quellen von geringerer Bedeutung, aber nicht unglaubwürdig; das gleiche gilt für IV, aber sie ist durch die Unklarheit des Ausdrucks beeinträchtigt. V–VII sind zu unsicher, als daß ihr Zeugnis den Vorzug gegenüber I–III verdiente.

Die der Gruppe zugeschriebenen Lehren können listenmäßig erfaßt werden (s. S. 498/99).

Die ersten drei Quellen, die die Erzählung von der Orgie auslassen, geben uns, zusammengenommen, folgendes Bild. Es sind zwei Grundzüge zu verzeichnen: der eine ist eine Verwerfung der Riten und Ordnungen der katholischen Kirche, der Messe, Buße, Taufe, Gebete an die Heiligen, wie sie vielen Sekten gemeinsam ist und sich leicht aus dem Boden des kirchlichen Lebens im Westen spontan entwickeln kann. Der andere gliedert sich in eine Anzahl von Zügen auf, die man nicht einfach als »westliche Reformabweichung« einordnen kann, weil es sich bei ihnen nämlich um Züge der gleichzeitigen bogomilistischen Häresie auf byzantinischem Boden handelt; es sind dies die Verwerfung der Ehe, der Doketismus, die Handauflegung bei der Aufnahme in die Sekte und die Verwerfung des Fleischgenusses.

J. B. Russell glaubt, der Quellenwirrwarr mache eine dualistische Deutung unwahrscheinlich.[8] Er kann nicht akzeptieren, daß Johannes von Fleury den Ketzern eine Verwerfung des Fleischgenusses zuschreibt, und zwar aus dem Grunde, weil Balduin von Thérouanne dem widerspricht.[9] Balduin ist als Quelle zu schwach, um in dieser Weise benutzt zu werden. Johannes von Fleury sagt in der Tat von den Ketzern: »A cibis quos Deus creavit, et adipe quam ab immunditiis abstinebant.«[10] Der erste Satzteil impliziert eine Enthaltung von einer bestimmten Nahrungssorte insgesamt, der zweite fügt als weiteren Punkt hinzu, daß sie sich tierischen Fettes enthielten, als ob es sich dabei um Unreines handle. Das scheinen Echos auf bogomilistische Einflüsse zu sein. Die Bogomilen verwarfen Fleisch als einen Teil der bösen Schöpfung; wenn Johannes von Fleury betont, daß Speisen von Gott geschaffen seien, so ist dies sicherlich bezeichnend. Aber das ist genaugenommen noch kein direkter Beweis für eine Verwerfung des Fleischgenusses als solchem, obgleich dies eine naheliegende Deutung ist. Verwerfung des Fleischgenusses wird auf der Übersichtstafel über die Lehren oben auf Seite 498–499 der Kürze halber zur Kenntnis benutzt.

Zweitens argumentiert Russell, wenn die Ketzer ihre Verwerfung der Jungfrauengeburt und der Auferstehung mit rationalistischen Gründen verteidigten, weil sie nämlich der Vernunft widersprächen oder weil sie sie mit ihren eigenen Augen nicht gesehen hätten, so zeige dies, daß die Wurzel ihrer Ketzerei eher in einem auf westlichem Boden entstandenen intellektuellen Skeptizismus liege als in einem importierten Dualismus.[11] Das läßt geradezu vermuten, ein solcher Skeptizismus habe nicht in Ost und West als Stachel für das Ketzertum gewirkt. Er ist jedoch ein Faktor des von Kosmas beschriebenen Bogomilismus.¹² Bei einer Befragung der Ketzer pflegte man zu erwarten, daß sie, wenn sie vom Dualismus beeinflußt waren, ihre Anschauungen auf diese Weise im Licht der Vernunft verteidigten. Wir kommen zu dem Schluß, daß es, obgleich noch weitere Forschung erforderlich ist, eine brauchbare Arbeitshypothese ist, wenn wir davon ausgehen, daß uns die Quellen von Orléans mit entsprechender Auswahl und Analyse eine zuverlässige Zusammenstellung der von den dortigen Sektierern im Jahre 1022 vertretenen Lehren liefern.

Anmerkungen zu Anhang A, Teil 1: Orléans 1022

¹ Über den Autor s. die Einführung zu Cartulaire de l'Abbaye de Saint-Père de Chartres, in: Collection des Cartulaires de France, I, in: Collection de Documents inédits sur l'Histoire de France, sér. I: Histoire Politique, Paris 1840, I, CCLXVII–CCLXXV.

² z. B. »die Erfindungen fleischlich gesinnter Menschen . . . auf die Häute von Tieren geritzt« (s. o. S. 50).

³ Bouquet, X, S. 538, Abs. V

⁴ Siehe DTC, s. v., André, moine de Fleury; Delisle, L., Vie de Gauzlin, abbé de Fleuri, (Mémoires de la société archéologique de l'Orléanais, II, 1853, S. 257–322) und P. Ewalds Ausg. in: Neues Archiv, III, 1877, S. 369–370 sind durch Bautier und Labory überholt. Über die Beziehung zu Miracula s. diese Ausg. (S. 11–13).

⁵ Auskunft hierüber verdanke ich Dr. P. Meyvaert und hoffe, später ausführlicher über die Häresie in Orléans zu schreiben.

⁶ Die Hinzufügung »aus dem Périgord« (Petragoricensi) erscheint nur in einer HS. des 12. Jahrhunderts von Adémar, und Borst (Katharer, S. 75, A. 10) vermutet, sie sei interpoliert. S. a. WEH, S. 666.

⁷ Studien über Rodulfus Glaber, Neues Archiv, XIV, 1889, S. 395

⁸ Dissent, S. 32. Vgl. Manselli, Eresia, S. 128–129

⁹ Dissent, S. 32–33

¹⁰ Bouquet, X, S. 498

¹¹ Dissent, S. 34

¹² Puech-Vaillant, Traité; Wortlaut: S. 58 (Einstellung zu Reliquien), 59 (über die Verehrung des Kreuzes), 70 (über Bilder), 75 (über den Ursprung des Bösen); s. a. S. 72 (möglicherweise ein Echo auf Verhöhnungen Rechtgläubiger, weil sie bloßen Staub im Grabe verehren) und S. 83 (über die Wundertaten Christi. Vgl. Thouzellier, Un Traité inédit, S. 73 (über den Vernunftgebrauch der Katharer).

2. St. Gerhard von Csanád

Die betreffende Textstelle lautet in der von Silagi emendierten Form wie folgt:¹³

1 pro dolor, vero nunc multi pullulant in ecclesia, immo iam totum occupant orbem, et nemo est, qui talium ineptiis contradicat. o quantos sentio diaboli filios, quibus loqui non patior. hoc tempore omnes maledixerunt [apud nos] concitati zelo non solum divinis ritibus et aecclesie, et sacerdotibus,
5 quin etiam ipsi dei filio Jesu Christo, domino nostro. omnibus inaudita saeculi haereses repetere helemosinas pro animabus defunctorum Christianorum more expansas. non estimes, frater carissime, minorem persequutionem et heresem antiquioribus hanc esse. in fide et veritate fateor, quod vi compellabantur intolerabilia mendatia in dei expendere sacerdotes. diaboli autem iniquitas unum,
10 quod potuit, facit, nimirum quicquid ex lege dei noviter venientes ad beatissimam illuminationem docuimus, abstulit. omnes uno pene simul ore carnis negant resurrectionem, qua iniquitate nulla umquam in mundo maior iniquitas arbitranda. prohibemur iam loqui, et episcopi nominamur constituti etiam sub tributo, quibus totus committitur divino imperio mundus. nam quorundam,
15 nisi fallor, intentio est, quo ecclesiastica virtus, suffragantibus Methodianistis, atque dignita apud nos circa hereticorum libitum tota quandoque infirmetur.

quare hoc? nimirum dixi, quia filii diaboli, qui potestates sunt tenebrarum, ubique regnant et dominantur: Italia non consuevit hereses nutrire–ad praesens in quibusdam partibus heresium fomentis habundare auditur. Gallia vero felix, que
20 his munda peribetur, [Frantia] in multis claudicat, Gretia infelix, sine quibus numquam vivere voluit. Verona, urbium Italie nobilissima, his gravida redditur. illustris Ravenna et beata Venetia, que numquam inimicos dei passe sunt, ferre.[14]

Übersetzung:[15]
Zu unserem Schmerz (sei es geklagt) – es wimmelt jetzt geradezu von ihnen (scil. den Ketzern) in der Kirche, ja, sie okkupieren bereits den ganzen Erdkreis, und es gibt niemand, der den Albernheiten solcher Leute widerspricht. O, bei wie vielen spüre ich, daß sie Söhne des Teufels sind – mit ihnen zu reden ertrage ich nicht! Von Eifer entflammt, haben sie allesamt (bei uns) heutzutage nicht nur die gottesdienstlichen Riten, die Kirche und die Priester geschmäht, sondern selbst Jesus Christus, den Sohn Gottes, unseren Herrn. Es ist doch für jedermann eine unerhörte Ketzerei des Zeitgeistes, wenn man die – wie es Brauch ist – für die Seelen der abgeschiedenen Christen bezahlten (Messe-)Gelder zurückfordert. Man kann doch wohl nicht glauben, lieber Bruder, daß diese Verfolgung und Ketzerei unbedeutender sei als die früheren. Ich bekenne im Glauben und in der Wahrheit, daß sie die Macht (des Teufels) gezwungen hat, unerträgliche Lügen gegen Gottes Priester zu verbreiten.[16] Des Teufels Bosheit aber tut das (Eine), was er (seit je) vermochte, nämlich das, was wir aus Gottes Gebot den neu Hinzukommenden zu ihrer seligsten Erleuchtung weitergegeben haben, wieder fortzunehmen. Alle leugnen fast wie aus einem Munde gleichzeitig die Auferstehung des Fleisches – eine größere Anmaßung als diese läßt sich in der Welt nimmer finden. Schon hindert man uns daran, zu sprechen, und wir, denen die ganze Welt auf Gottes Weisung anvertraut ist, obwohl wir sogar unter Tribut stehen, werden zu Bischöfen ernannt.[17] Denn, wenn ich mich nicht irre, liegt es in der Absicht gewisser Leute, daß dadurch – unter Beistimmung der Methodianisten – die kirchliche Kraft und die uns verliehene Würde sozusagen nach dem Belieben der Ketzer gänzlich und so oft wie möglich geschwächt werde. Und warum das Ganze? – Freilich habe ich es schon gesagt: Die Söhne des Teufels, welche die Mächte der Finsternis sind, regieren allenthalben und spielen sich als Herren auf: Italien ist bisher nicht gewohnt gewesen, Häresien zu nähren – vorderhand allerdings hört man, daß es in gewissen Gegenden überreichlich Zündstoff für Häresien gebe. Das »glückliche« Gallien, das von jenen für frei gehalten wird, das »Frankenreich«, steht in Wirklichkeit in mancher Hinsicht auf schwachen Füßen. Griechenland ist in einer unglücklichen Lage, weil es niemals ohne sie leben wollte. Verona, die vornehmste der Städte Italiens, soll voll von ihnen sein. Das berühmte Ravenna und das glückliche Venedig, Städte, die niemals die Feinde Gottes geduldet haben, sollen sie nun ertragen.

Das »apud nos« (Z. 3) ist eine Hinzufügung am Rand der vorliegenden Handschrift, die im Original nicht unbedingt vorhanden ist. Die Handschrift ist nach »Gallia« (Z. 19) kommentiert worden: »claudicat« ist eingesetzt worden, und eine zweite Hand hat »Frantia« hinzugefügt, um die Bedeutung klarzumachen. Am Schluß sollte man nach »ferre« (Z. 23) »redditur« ergänzen.

Gerhards Text hat homiletischen Charakter. Er beschreibt die Kräfte des Teufels im Gegensatz zu den Kräften Gottes. Kurz vor diesem Textabschnitt schreibt er: »itaque omnes, qui Christo et sue ecclesie adversantur, diabolice virtutes dicendi.«[18] Es liegt nicht in seiner Absicht, die Form, die diese *diabolice virtutes* haben, klar herauszuarbeiten.

Vor diesem Abschnitt bezieht sich Gerhard auf frühere Häresien; dann wendet er sich gegenwärtigen Bedrohungen für die Kirche zu. Der Ausdruck *haereses* wird viermal gebraucht, *heretici* aber nur einmal. Leider gebraucht Gerhard diese Ausdrücke in ungenauer Weise. Geld, das für Totenmessen ausgegeben wurde, zurückzuverlangen, ist »inaudita . . . haereses« (Z. 5–6), *haereses* wird im Zusammenhang mit *persequutio* (Z. 7) genannt, dieser Gedanke bringt ihn auf die gegen die Priester gerichteten Lügen. *Haereses* ist ein Ausdruck, der in einem allgemeinen Zusammenhang von gegen die Kirche gerichteten Angriffen, wie Verfolgung und Verleumdung, benutzt wird. Die in diesen ersten Zeilen erwähnten Bedrohungen und *haereses* scheinen in Ungarn vorgekommen zu sein, denn er leidet unter ihnen als Bischof – d. h. während seines Episkopats in Csanád, 1030–1046. Dies ergibt sich aus der Zeile 13 (»prohibemur iam loqui et episcopi nominamur«) und aus dem Hinweis auf die Neubekehrten (Z. 10–11): »noviter venientes ad beatissimam illuminationem«. Seine Beschreibung der *haereses* könnte auf den Bogomilismus zutreffen, denn er spricht von Ansichten, die die Kirche, ihre Priesterschaft und ihre Riten, ja sogar Jesus Christus verurteilten, die Fürbitten für die Toten verwarfen und die Auferstehung des Leibes leugneten, das letztere war ein bogomilischer Glaubenssatz. Der Angriff gegen Jesus Christus (»maledixerunt« Z. 3) ist allzu vage umschrieben, als daß man daraus sicheren Aufschluß bekäme, er könnte allerdings mit einer doketischen Christologie in Zusammenhang stehen.

Andererseits kann das Zurückfordern des für Messen ausgegebenen Geldes mit Plünderungen nach einer heidnischen Reaktion zusammenhängen und braucht keineswegs mit Häresie im engeren Sinne verknüpft zu sein; *persequutio* legt einen heidnischen Gegenschlag ebenso nahe wie eine Häresie; das gleiche gilt für die finanziellen Erpressungen (Z. 13–14: »sub tributo«). Die Verleugnung der Auferstehung könnte ein bogomilischer Glaubenssatz sein; sie ist aber auch jener Inbegriff orthodoxer Lehre, der Heiden abzuschrecken vermag.[19]

Haereses, das in den letzten vier Sätzen wiederum in Beziehung auf Frankreich, Griechenland, Italien und bestimmte Städte gebraucht wird, kann in diesem Kontext nicht heidnische Reaktion bedeuten. Aber die Verwendung des Wortes ist trotzdem ungenau. Wir müssen feststellen, daß erstens keine notwendige Verbindung besteht zwischen *haereses,* die offenbar in Ungarn lokalisiert werden, und jenen in Griechenland und Westeuropa, zweitens, daß in Gerhards Vorstellung der Ausdruck eher Kirchenverfolgung oder Antiklerikalismus bedeuten könnte als Abweichung in der Lehre. Wir können wegen Gerhards Ansässigkeit in Ungarn nicht ausschließen, daß er über Westeuropa Bescheid wußte. Er wurde in Venedig geboren, studierte in Frankreich und besuchte im Auftrag Stefans von Ungarn Rom und Ravenna. Seine Bemerkungen über Italien und Frankreich klingen aktuell und nicht nach Bücherwissen. Die dogmatische Beschreibung im Hinblick auf Ungarn, die Möglichkeit, daß sich bogomilischer Einfluß von Byzanz und dem Balkan bis nach Ungarn ausbreitete, der Hinweis auf Häresie in Griechenland (Z. 20), all dies ist faszinierend. Bogomilismus als *haereses* in Ungarn und Westeuropa ist eine mögliche Hypothese, doch nicht mehr. Die Quelle ist schwieriger und schwerer faßbar als Döllinger glaubte, und es ist unwahrscheinlich, daß wir jemals genauere Information aus ihr bekommen können.

Anmerkungen zu Anhang A, Teil 2: Gerhard von Csanád

[13] Die Ausgaben sind auf S. 35, A. 40 angeführt. Ich danke Dr. Silagi für seine Beratung. Über Gerhards Leben s. Silagi, *Untersuchungen,* S. 1–13.

[14] *Anmerkung des Übersetzers* zur sprachlichen Form des Textes:
1. zur *Orthographie:*
Die Vokale *a, ae* und *e* werden leicht miteinander verwechselt, die Singularendung *-is* erscheint oft als *-es.* Zum Beispiel neben *ecclesia* (Z. 1) – *aecclesie* (Z. 6) etc., *haereses* (Z. 6) statt *haeresis.* In einigen Fällen wird dadurch sogar der Wortsinn verändert bzw. bis zur Unverständlichkeit entstellt oder in

Frage gestellt, z. B. durch Vertauschung der Verben *expendere* (= bezahlen, beurteilen, abwägen) mit *expandere* (Z. 9) (= verbreiten): vgl. Z. 7 in Batthyánis Textausgabe (= Lamb.), wo noch *expansas* statt *expensas* steht; oder *compellare* (Z. 8) (= anklagen) mit *compellere* (= zwingen) in der in den Textvarianten ang. Stelle. Nimmt man die Möglichkeit hinzu, daß durch den Irrtum eines Kopisten die Verbendung *-antur* mit der Endung *-amur* vertauscht werden konnte, so ergäbe sich in Z. 8 f. die abweichende Lesart: »quod vi compellebamur intolerabilia mendatia in dei expendere sacerdotes« (= daß wir durch die Macht(-einwirkung des Teufels) gezwungen wurden, unerträgliche Lügen gegen Gottes Priester zu beurteilen (d. h. darüber zu richten). – Gegen eine Form des Verbs *compellare* spricht m. E. der Umstand, daß ansonsten kein Beleg für *compellare* + *Inf.* zu finden ist.

2. zur *Grammatik* und zum *Sprachgebrauch:*

Z. 3: *loqui alicui* statt *cum aliquo* schon im 1. Jahrhundert n. Chr.

Z. 6: *animabus:* die ungewöhnliche Form wird, wie auch im klassischen Latein *deabus, filiabus* gebraucht, um masc. und fem. zu unterscheiden, vgl. auch den Messetext.

Z. 8: *fateor quod* statt mit dem klass. a.c.i. oft in der Volkssprache; vgl. Z. 17: *dixi quia,* wie oft bei den Kirchenvätern.

Z. 16: *circa* . . . *libitum* ungewöhnlich, aber durchaus verständlich, statt des sonst üblichen *ad libita.*

Z. 18 f.: *consuevit* ist trotz der allgemein präsentischen Bedeutung hier, dem Sinn entsprechend, ähnlich dem engl. present perfect zu verstehen.

[15] nach G. Windfuhr

[16] *Anm. d. Übers.:* vgl. die in A. 14 erwähnte abweichende Lesart.

[17] *Anm. d. Übers.:* bzw. »werden zu Bischöfen ernannt, obwohl wir sogar tributpflichtig sind.« Nach Silagi: »Wir werden nur noch Bischöfe *genannt,* da wir sogar tributpflichtig gemacht worden sind.«

[18] Batthyány, S. 97 (codex, ff. 45v–46r)

[19] Silagi, S., *Untersuchungen,* S. 31, A. 48, über die Titel ungarischer Artikel von 1956 bis 1965; der erstere behauptet, Gerhard spreche von Bogomilismus, der letztere mit *heretici* bezeichne Gerhard Christen, die zum Heidentum zurückgekehrt seien.

Anhang B

Johannes von Walter und die Pauperes Christi

Die Haupthypothese in Walters *Die ersten Wanderprediger Frankreichs* war, daß mit dem Erscheinen der Wanderprediger in Frankreich eine neue Verständnisweise der *apostolica vita* aufkam, die letztlich zum Entstehen sowohl der Waldenser- wie der Franziskanerbewegung führte. Mit dieser These war eine Nebenthese verknüpft: Als sich diese neuartige Lebensform entwickelte, bekam der alte Ausdruck *pauperes Christi,* der bis dahin auf das traditionelle Mönchtum und die Armen, denen die Gläubigen Almosen geben sollten, angewandt worden war, eine neue Bedeutung. Er wurde fast zu einer Art terminus technicus für die Wanderprediger und ihre Anhänger. Diese zweite These nahm keine sehr große Bedeutung in Walters Werk ein; ihre Widerlegung würde deshalb seine Haupthypothese kaum schwächen. Dennoch ist es eine falsche These: Das Verständnis des Ausdrucks *pauperes Christi* in den schriftlichen Zeugnissen der damaligen Zeit als eine Art Kriterium für das Vorhandensein von Wanderpredigern anzusehen, kann den Historiker irreführen.

Welchen Schaden sie anrichten kann, zeigen zwei Beispiele aus jüngster Zeit: das Werk von K. Bosl über Regensburg[1] und das von K. V. Selge über die ersten Waldenser.[2] Im erstgenannten wird ein Hinweis auf *pauperes Christi* in einer Regensburger Schenkungsurkunde als Beweis für die Anwesenheit von Wanderpredigern in der Stadt in einem Zeitraum zwischen 1080 und 1088 angesehen; im zweiten wird eine Erwähnung von *pauperes Christi* bei Durandus von Huesca in seinem *Liber antiheresis* für eine ausdrückliche Weisung angesehen, gegenüber den Waldensermissionaren Nächstenliebe zu üben. In keinem der beiden Fälle ist die Folgerung gerechtfertigt. Die *pauperes Christi* von Regensburg sind einfach im überlieferten Sinne fromm. Der Ausdruck hat seine alte monastische Nebenbedeutung, und es gibt keinen Beweis dafür, daß in Regensburg jemals Wanderprediger tätig waren. Im *Liber antiheresis* hat *pauperes Christi* seine Grundbedeutung »die Armen«. Die armen Wanderprediger der Waldenserbewegung hätten unter dieser Bezeichnung zusammengefaßt werden können; es gibt jedoch keinen Beweis, daß dies der Fall war, und kein Anzeichen dafür, daß Durandus etwas Spezifischeres im Sinn gehabt hat als eine Ermahnung zur Nächstenliebe gegenüber den Armen im allgemeinen, die Pflicht aller Gläubigen ist.

Solche Irrtümer entstehen, wenn man voreilig annimmt, der Ausdruck *pauperes Christi* habe im 12. Jahrhundert eine bestimmte Bedeutung angenommen, er sei nämlich auf Wanderprediger und ihr Gefolge bezogen. Walter war allzu kühn in seinen Ansichten über die *pauperes Christi,* und die meisten Zeugnisse, die er für diese neue Bedeutung anführt, geben ihm nicht recht. *Pauperes Christi* bedeutete weiterhin vor allem »die Armen«, und zwar freiwillige sowohl wie unfreiwillige. Im folgenden soll die Beweisführung Walters und die Anwendung seiner Hypothese durch spätere Historiker nachgeprüft werden.

Den Satz »quos alio nolebat censeri vocabulo, nisi pauperes Christi« in der *Vita* des Robert von Arbrissel von Baldrich von Dol[3], in welchem gezeigt wird, daß Robert seine Anhänger *pauperes Christi* nannte, benutzte Walter, um zu zeigen, daß der Ausdruck eine besondere Bedeutung bekommen hatte. Indem er noch andere Beispiele anführte, kommentierte er: »Dieser Name scheint geradezu eine offizielle Giltigkeit erlangt zu haben, denn er in mehreren Urkunden vorkommt: pauperes Christi . . ., pauperes Dei . . . und pauperes Fontis Ebraldi . . .«[4] Im Zusammenhang mit Bernhard von Thiron ging er mit dem Ausdruck *conversatio inter pauperes Christi* vorsichtiger um und kommentierte: »Zu schließen, daß Bernhard wie Robert von Arbrissel seine Anhänger *pauperes Chri-*

sti genannt hat, wäre doch gewagt.«[5] Spätere Historiker verstanden aufgrund des Hinweises Walters in seinem Kommentar zur *Vita* des Robert von Arbrissel unter dem Ausdruck *pauperes Christi* die Gefährten auf den Predigtreisen, jene, die mit den Predigern zusammenlebten, indem sie wandernd, predigend und von den Almosen ihrer Hörer lebend, die Weisungen Christi bei der Aussendung der Siebzig befolgten. H. Grundmann kommentierte in seinem klassischen Werk *Religiöse Bewegungen:* »(Zu derselben Zeit . . .) zieht in Nordfrankreich der Wanderprediger Robert von Arbrissel durch das Land, barfuß, mit wallendem Bart und Haar und in ärmlicher Kleidung, und sammelt um sich durch seine Predigten die ›Armen Christi‹, die verzichtet haben auf alle Güter der Welt und mit ihrem Meister unstet und in Entbehrung herumziehen.«[6]

E. Werner machte *Pauperes Christi* zum Titel seines Buches über die religiösen Volksbewegungen der Zeit des Investiturstreits und zeigte in der Überschrift zu seinem zweiten Kapitel, daß er den Ausdruck als die neue Form der *apostolica vita* im Sinne der Wanderpredigt in Armut verstand, »Pauperes Christi: eine erneuerte religiöse Lebensform um die Wende vom 11. zum 12. Jahrhundert«.[7]

Walter hatte ganz recht mit seiner Annahme, daß in Baldrichs *Vita* Robert von Arbrissel seine Anhänger *pauperes Christi* nennt; aber eine Untersuchung des Kontextes zeigt, daß er sich dabei nicht auf die Gefährten seiner Predigtreisen bezog, sondern auf die früheren Gefährten, die in dem steten monastischen Leben seiner Gemeinschaft in Fontévrault untergebracht worden waren. Der Kontext zeigt, wem dieser Titel zuteil wurde; die *Vita* beschreibt, wie die Scharen in Fontévrault anschwollen und dann, beiläufig, wie der Gründer sie nennen wollte:

> Ipsius delibutum sermonibus, intantum peccatis abrenuntiantium crevit examen, ut numerus pene fuerit innumerus: quos alio nolebat censeri vocabulo, nisi pauperes Christi. Multi confluebant homines cujuslibet conditionis . . . Nec jam innumeram copiositatem praeparata capiebant tuguriola[8]

Da sie in *tuguriola* (»Hüttchen«) untergebracht werden sollten, waren sie eindeutig Mitglieder der seßhaft gewordenen Gemeinschaft. *Pauperes Christi* ist ein Ausdruck, den Robert aus Liebe zur Demut in der Gemeinschaft benutzt. Dem entspricht genau seine eigene Bevorzugung des Titels *magister* an Stelle von *abbas;* sie entspringt einem Verlangen nach Abwandlung des herkömmlichen benediktinischen Mönchtums seiner Zeit. Das Argument, *pauperes Christi* habe eine offizielle Bedeutung für Roberts Anhänger bekommen, sei es in Fontévrault oder anderswo, wird durch die Beispiele, die Walter anführt, kaum bekräftigt. Der Ausdruck erscheint in zwei, höchstens drei von den bei Migne veröffentlichten dreiundsechzig Schenkungsurkunden für Fontévrault. Auch ist an der Art, wie er verwendet wird, nichts Ungewöhnliches. Eine der diesbezüglichen Stellen lautet: »Eleemosynas de nostris Christi pauperibus, ut ipsos apud summum judicem intercessores habeamus, erogemus«[9], und eine andere: ». . . ego . . . cogitavi quidpiam misericordiae pauperibus Dei impendere.«[10] Eine dritte beschreibt die Nonnen von Fontévrault einfach als die *pauperes fontis Ebraldi.*[11] Ein wesentlicher Unterschied von den Quellen des 9. und 10. Jahrhunderts, die Mönche und Nonnen allgemein als *pauperes* bezeichnen, ist hier nicht festzustellen.[12]

In der *Vita* des Bernhard von Thiron, dem zweiten der bei Walter erörterten Wanderprediger, werden *pauperes Christi* zweimal erwähnt. Die eine Stelle preist Bernhards Umgang mit den Armen: »Sed ego, fratres charissimi, quidquid sentiant alii, amplius admiror hujus gloriosissimi viri humilem inter pauperes Christi conversationem, quam sibi divinitus datam virtutem . . .«[13]

Die *pauperes Christi* sind die unfreiwilligen Armen; die Quelle scheint zu loben, daß Bernhard sich in einer Weise, die uns an das franziskanische Zeitalter erinnert, mit den Armen gleichstellt. Die Gleichsetzung wird drei Sätze später noch klarer; hier preist die *Vita* Bernhards Liebe zu den Kranken: »Sed quid non extorqueret a visceribus charitatis eius, infirmorum et dolentium compassio?« An den anderen Bezugsstellen preist der

Verfasser des Heiligenlebens in einem Abschnitt über Bernhards Tod ihn selbst als *pauper Christi*. »... membra, felici annositate confracta et incredibili parcimonia penitus emortua, quia charius pauper Christi non habuit, hereditario jure Tironensi ecclesiae credidit, coelitus sibi creditum, coelo spiritum reddidit ...«[14] Bernhard ist so arm, daß er nur Leib und Seele als Vermächtnis hinterlassen kann – seinen Leib der Kirche von Thiron, seine Seele dem Himmel. Er ist ebenso arm wie die unfreiwilligen Armen, die von Almosen abhängig sind; so ist er also ein *pauper Christi*.

Nur diese zweite Bezugsstelle kann für Walters Interpretation herangezogen werden. Sie bezieht sich nicht speziell auf Bernhards Leben als Wanderprediger; denn der Lobpreis seiner Armut in der *Vita* bezieht sich auf seine gesamte spätere Lebenszeit, ob er sie nun auf der Straße verbrachte oder in der relativen Ortsgebundenheit der Einsiedlerbehausung.

Über Girald von Salles und Vitalis von Savigny, die beiden anderen bei Walter erwähnten Wanderprediger, haben wir nur spärliche Quellen. Aus denjenigen über Girald können wir überhaupt keinen Hinweis auf *pauperes Christi* entnehmen. Über Vitalis haben wir nur ein paar Gedichtzeilen aus seinem Nachruf, in denen sowohl seine Armut als auch seine Sorge für die Armen gerühmt wird.

Pauper, mendicus sibi vixit, largus egenis,
Pupillos, viduas, veste ciboque fovens ...

Elf Zeilen weiter heißt es:

Nam, dum vixisti, Christo servire fuisti
Promptus, pauperibusque Dei victum tribuisti.[15]

Pauperes Christi sind hier lediglich die unfreiwilligen Armen, denen er diente.

In den bei Walter zitierten Quellen über Norbert von Xanten und seine Anhänger kommt der Ausdruck jedoch häufiger vor. Die *Vita Norberti* (eine Version, die als *Vita A* bekannt ist), in welcher das Verhalten jenes Engländers geschildert wird, der sich Norberts Gemeinschaft anschloß und Almosen stahl, erwähnt *pauperes Christi* unter Norberts Anhängern: »Sic ille plenus fraude pauperibus Christi, nichil mali suspiciantibus, paupertatem adauxit, intantum ut non remaneret eis, unde sumptus procurari posset diei unius.«[16]

Doch der Kontext zeigt, daß sie so zu einer Zeit genannt werden, als sie in einer festen Gemeinschaft zu Prémontré seßhaft geworden waren. Es ist klar, daß die Sätze, die Norberts Dienstleistungen an seinen Anhängern in der *Fundatio* beschreiben, »Ibi ergo pauper pauperibus Christi serviebat ...«[17], und die in seiner *Vita* erwähnten Stiftungen des Grafen von Kappenberg, »Ipse quoque ... castrum suum Cappenberg et omnia sua Deo fideliter offerens ... usibus ea pauperum Christi delegavit, tria videlicet exstruens coenobia ...«[18], eine ähnliche Bedeutung haben. Interessanter ist eine Erwähnung in den *Gesta archiepiscoporum Magdeburgensium,* weil sie von Norberts Anhängern als *pauperes Christi* in eben jenem Augenblick sprechen, da sie aufhörten, Gefährten der Predigtreise zu sein, und sich in eine feste Niederlassung begaben. »Factum est autem, ut post multorum circuitus laborum deveniret cum discipulis suis pauperibus Christi in quoddam desertum Francia ...«[19]

Eine eindeutige Erwähnung von nicht seßhaften Wanderpredigern als *pauperes Christi* enthält die Beschreibung der Predigtreise Norberts und Hugos um 1118 in der *Vita Norberti* (*Vita* B). Beide Versionen der *Vita* beschreiben diese Reise, aber nur die *Vita* B hat den Ausdruck *pauperes Christi*.

»Erant enim veri pauperes Christi, laborem suum aliis gratuito impendentes, nihil a quoquam vel etiam in victu seu vestitu expetentes vel accipientes, nisi forte an missam eis oblatum fuisset: et hoc totum, quidquid illud erat, pauperibus erogabant ...«[20]

Dazu können wir die Version in der *Vita* A vergleichen:

»Stupori erat novum in eo genus vitae, videlicet in terra degere et nil de terra quaerere. Iuxta mandatum namque evangelii neque peram neque calciamenta neque duas tunicas portebat, paucis solummodo libris et idumentis missae contentus . . . nichil a quoquam expetebat, sed si qua oblata fuissent, pauperibus et leprosis erogabat.«[21]

Eine erneute Überprüfung der Sachlage liefert uns also nur einen Fall, nämlich den aus der *Vita* B, der sich auf Norbert und Hugo um 1118 bezieht, und in dem *pauperes Christi* auf Wanderprediger während ihrer Missionsreise angewandt wird. Möglicherweise könnte man noch die Erwähnung Norberts und seiner Anhänger in den *Gesta archiepiscoporum Magdeburgensium* hinzunehmen. Auf das ganze Quellenmaterial über die bei Walter erörterten Wanderprediger bezogen, ist das nicht sehr viel, was man vorzeigen kann. Jedenfalls ist es gänzlich unzureichend, wenn man damit eine Ansicht stützen will, welche die Verwendung des Ausdrucks *pauperes Christi* zum Kriterium für das Vorhandensein von Wanderpredigern machen will.

Sicher ist es bezeichnend, daß beide Quellen über die Predigtmission Norberts und seines Gefährten ihn als etwas Neues erwähnen. *Vita* A spricht von »veri pauperes Christi«, *Vita* B von einem »novum genus vitae«. Diese Ausdrücke sollten bei der Beschreibung der Kölner Katharer im vierten Jahrzehnt des 12. Jahrhunderts durch Everwin von Steinfeld ein Echo hervorrufen:

»Dicunt apud se tantum ecclesiam esse, eo quod ipsi soli vestigiis Christi inhaerant; et apostolicae vitae veri sectatores permaneant . . . De se dicunt: Nos pauperes Christi, instabiles, de civitate in civitatem fugientes . . .«[22]

Hier erheben häretische Wanderprediger den Anspruch, *apostolicae vitae veri sectatores* und *pauperes Christi* zu sein. Wenn wir die Beschreibung der *Vita* A und B des Norbert und jene die Kölner Katharer betreffende Everwins von Steinfeld zusammen betrachten, können sie uns über das, was geschah, Aufschluß geben.

Altüberlieferte Ehrentitel wie *pauperes Christi, pauperes, sectatores apostolicae vitae*, waren im 12. Jahrhundert populär. *Pauperes Christi* nannte man weiterhin die unfreiwilligen Armen, die des Schutzes der Gläubigen bedurften, sowie Mönche und Nonnen.[23] Kanoniker beanspruchten die Bezeichnung für sich[24] ebenso wie Zisterzienser.[25] Sie wurde für die Anhänger eines Wanderpredigers gebraucht, nachdem diese seßhaft geworden waren, um Mönche zu werden.[26] Man erhob den Anspruch, daß Wanderprediger, gleichgültig, ob sie häretisch oder orthodox waren, die »wahren« *pauperes* oder die wahren »*sectatores vitae apostolicae*« seien.[27] Die Entblößung, die mit einem unsteten Wanderleben in Armut verbunden war, zog in besonderem Maße die Verehrung des Volkes auf sich. Aber die Bezeichnung *pauperes Christi* beanspruchten oder erhielten verschiedenartige Gruppen, und keine von ihnen hatte das alleinige Anrecht auf sie. Sie blieb ein volkstümlicher Ausdruck, der in mannigfachen Schattierungen Verwendung fand.

Anmerkungen zu Anhang B

[1] Bosl, K.: *Die Sozialstruktur der mittelalterlichen Residenz- und Fernhandelsstadt Regensburg*, München 1966, S. 34–35.
[2] Selge, K. V.: *Die ersten Waldenser*, I, Berlin 1967, S. 124–125
[3] *PL*, CLXII, Sp. 1035, Abs. 19.
[4] V. Walter, J.: *Die ersten Wanderprediger Frankreichs*, I, Leipzig 1903, S. 125, A. 4.
[5] a. a. O., II, 1906, S. 47, A. 2.
[6] *RB*, S. 17; vgl. S. 40, A. 57. *Anm. d. Übers.*: An der letztgenannten Stelle heißt es: »Von Robert von Arbrissel ist nicht ausdrücklich bezeugt, daß er sich zur Nachahmung der *vita apostolica* bekannt habe, aber sein Auftreten als barfuß, bärtig, in rauher Kutte herumwandernder Prediger (v. Walter, I, S. 128) verrät dieses apostolische Vorbild, ebenso die Bezeichnung seiner Anhänger als *pauperes Christi* (MPL 162 Sp. 1053; v. Walter, I, S. 125). Der mit ihm in engster Beziehung stehende Bern-

hard von Thiron soll 1101 durch Paschalis II. geradezu zum vicarius apostolorum ernannt und ermächtigt worden sein, von den Gaben derer zu leben, denen er predigte.«
   [7] Werner, E.: *Pauperes Christi,* Leipzig 1956, S. 19
   [8] *PL,* CLXII, Sp. 1053, Abs. 19. *Anm. d. Übers.:* Die Übersetzung dieser lateinischen Stelle lautet: »Die von seinen Predigten trunkene *(delibutum)* Schar derer, die ihren Sünden entsagten, schwoll so sehr an, daß ihre Zahl fast unzählbar wurde: diese wollte er mit keinem anderen Ausdruck benennen außer *pauperes Christi.* Viele Menschen aus allen möglichen Berufen strömten zusammen . . . und bald konnten die vorbereiteten Hüttchen die unzählbare Menge nicht mehr aufnehmen.«
   [9] Ebd., Sp. 1113, Dok. xlv
   [10] Ebd., Sp. 1099, Dok. x
   [11] Ebd., Sp. 1113–1114, Dok. xlvii
   [12] V. Dmitrewski, M.: *Die christliche freiwillige Armut vom Ursprung der Kirche bis zum 12. Jahrhundert,* Berlin u. Leipzig 1913, S. 75; zitiert bei Werner, *Pauperes Christi,* S. 19
   [13] *PL,* CLXII, Sp. 1443, Abs. 134
   [14] Ebd., Sp. 1438
   [15] *Rouleaux des morts du IXe au XVe siècle,* Hrsg. Delisle L., Paris 1866, S. 308
   [16] *MGH, Scriptores,* XII, S. 684
   [17] *MGH, Scriptores,* XX, S. 686
   [18] *MGH, Scriptores,* XII, S. 516
   [19] *MGH, Scriptores,* XIV, Sp. 142
   [20] *Acta Sanctorum,* Juni, 1, S. 816, Sp. 27
   [21] *MGH, Scriptores,* XII, S. 675
   [22] *PL,* CLXXXII, Sp. 676
   [23] Was das 11. Jahrhundert betrifft, dürfen wir anmerken, daß Gregors VII. Bezug auf die *pauperes Christi* in seinem Register (MGH, Epistola selectae II, Hrsg. Caspar, E., Berlin 1920, II, S. 188) eindeutig diesen herkömmlichen Sinn hat. Eine weitere Bemerkung (ebd., IX, S. 602) scheint den Klerus allgemein zu bezeichnen. Diese und andere von Werner (Pauperes Christi, S. 17, A. 42) gegebenen Hinweise auf die epistolae selectae stützen nicht seine Ansicht, nämlich: »Gregor gebraucht den Begriff in seinen Briefen und knüpft damit an die revolutionären Richtungen der Kirchenreform, wie Pataria und Hirsau, an.«
   [24] Anselm von Havelberg, *Epistola apologetica* (*PL,* CLXXXVIII, Sp. 1119, 1129, 1138); Mois, J.: *Das Stift Rottenbuch,* München 1953, S. 272; *Lotharii III Diplomata* (*MGH,* VIII), Nr. 27, S. 43
   [25] St. Bernardus, *Epistolae* (*PL* CLXXXII) Sp. 160–161
   [26] *Chronicon Affligemense, MGH, Scriptores,* IX, S. 409. Die Gründung des Klosters fand im Jahre 1083 statt. Der Chronist schrieb nach 1122. Der Gebrauch des Ausdrucks *pauperes Dei* für die Mönche wird dem Bischof von Cambrai zugeschrieben. Diesen Hinweis verdanke ich Prof. H. Grundmann.
   [27] In dem Maße wie neue Gruppen den Anspruch erhoben, *pauperes Christi* zu sein, wurden die Mönche, die schon früher diesen Titel beanspruchten, in die Defensive gedrängt. Man vergleiche mit den *veri pauperes* aus der *Vita* des Norbert und den *veri sectatores* Everwins den Titel des Werkes, das Rupert von Deutz zugeschrieben wird: *De vita vere apostolica.* Das Problem wird erörtert von Chenu, M. D.: Moines, Clercs, Laics au Carrefour de la Vie évangélique (XIII Siècle), *RHE,* XLIX, 1954, S. 59–89.

Anhang C

K. V. Selges Darstellung der Anfänge der Waldenserbewegung

Die jüngste Untersuchung der frühen Waldenser ist die von K. V. Selge: *Die ersten Waldenser*, Berlin 1967, in zwei Bänden, von denen der erste eine Darstellung enthält und der zweite eine Ausgabe des *Liber antiheresis* des Durandus von Huesca. Der Autor hat seine Hypothese in französischer Sprache zusammengefaßt in: *CF*, II, S. 110–142, die Auseinandersetzungen über die Apostolizität zwischen Katharern, Waldensern und Katholiken auf S. 143–162 und seine eigene Ansicht über die *pauperes catholici* und *pauperes reconciliati* auf S. 227–243. Selges Hauptargument ist, daß die Mehrheit der Historiker, bis auf gewisse frühe Ausnahmen, der Armut zu großes Gewicht beigemessen haben. Im Waldensertum, sagt er, ist »die Predigt der eigentliche Kern und die Armut die Lebensform der apostolischen Prediger«.[1]

Selge stützt seine neue Hypothese hauptsächlich auf seine Schlußfolgerungen aus dem, was Durandus in dem Kapitel *De labore* des *Liber*[2] verschweigt und ausläßt. Dieser verteidigt darin den Gedanken, daß Waldenserprediger keine Handarbeit leisten sollten, und zwar nicht aus dem Gedanken heraus, daß die *apostolica vita* als ein Mittel verstanden würde, mit dessen Hilfe der Einzelne Vollkommenheit erlangen könne, sondern aufgrund der Notwendigkeit, daß der Prediger von irdischen Sorgen befreit sein müsse, und des im ganzen Werk wiederholten Aufrufs, daß die Kirche Prediger brauche, wie er in den Schriftworten von der Aussendung der Arbeiter in die Ernte ergeht;[3] waldensische Predigt will aber zuerst das Heil des Hörers – »sie ist Auftrag, und die *vita apostolica* mit ihrem Vollkommenheitswert tritt in den Dienst dieses primären Auftrags«.[4]

Um zu zeigen, daß dies die ursprüngliche Anschauung war und nicht etwa eine Entwicklung, die den Waldensern dadurch aufgezwungen wurde, daß die Kirche der Gruppe ein allgemeines Predigtrecht veweigerte, versucht Selge dann, die Quellen für die Waldensergeschichte[5] vor dem *Liber antiheresis* neu zu interpretieren – es handelt sich um Waldes' Glaubensbekenntnis vor Henri de Marcy, das sein *propositum* genannt wird, und die Erzählungen über seine Bekehrung im Anonymus von Laon und von Stefan von Bourbon. Das *propositum,* bemerkt Selge, erwähnt die Predigt nicht ausdrücklich; die Sätze am Schluß, welche die Lebensweise der Waldenser betreffen, beziehen sich hauptsächlich auf die Armut, und Gottfried von Auxerre, der bei der Zusammenkunft, als Waldes das *propositum* annahm, zugegen war, schrieb später, Waldes habe damals geschworen, er wolle nicht predigen.[6] Selge weist Gottfrieds Zeugnis zurück, weil es nicht im Einklang stehe mit dem Tenor des *propositum* und mit dem Gewicht, das Waldes auf die Predigt gelegt haben müsse. Er sieht Hinweise auf das Predigen in den letzten Sätzen des *propositum* impliziert, wo Waldes verspricht, die evangelischen Ratschläge als Gebote zu befolgen, und in seiner abschließenden Erklärung über herumschweifende falsche Mitglieder seiner Gruppe (»si forte contigerit aliquos venire ad vestras partes«).[7]

In seiner Erörterung der Bekehrungserzählungen verwirft er eine Deutung, wonach Waldes, bevor er seine Predigtmission erkannte, ein jahrelanges Leben in Armut geführt haben müsse. Er zieht entschieden Stefan von Bourbon dem Anonymus von Laon vor und folgert, daß der Vertrag zur Übersetzung von Schrift und Vätersentenzen, den Stefan an den Anfang seiner Bekehrung zu stellen scheint, nur bedeuten könne, daß er seine Predigtaufgabe bereits erkannt hatte und »sich das Hilfsmittel für die gründliche selbständige Belehrung und für die spätere Predigt und die Unterweisung der Brüder schuf«.[8] Wie es Durandus erging, so sei es auch mit Waldes: Predigen sei sein eigentliches Ziel, die Armut lediglich die notwendige Begleiterscheinung.

Nicht alle Schlüsse, die er aus den Quellen zieht, sind überzeugend. Das Argument von der Aufgabe der irdischen Sorge ist alt und verträgt sich durchaus mit der Auffassung von der *apostolica vita,* wie sie für das 12. Jahrhundert typisch war. Die Bezugnahme im *propositum* auf Waldenser, die in *vestras partes* kommen, könnte sich aus zufälligem Reisen ergeben; sie enthält nicht notwendig einen Hinweis auf das Wanderpredigen. Übersetzungsverträge schließt man nicht notwendig ab, um sich aufs Predigen vorzubereiten. Wie Stefan von Bourbon die Handlungsweise des Waldes beschreibt, war der Wunsch zu lernen ein ausschlaggebendes Motiv: »audiens evangelia, cum non esset multum litteratus, curiosus intelligere quid dicerent, fecit pactum cum dictis sacerdotibus.«[9]

Besonders anzuzweifeln ist die Behandlung des Anonymus von Laon, der Bekehrungsgeschichte, die am stärksten das Streben nach Armut betont. Selge möchte den Anonymus herabsetzen, indem er Stefan zur Hauptquelle macht und den Anonymus nur so weit gelten läßt, als er die Angaben Stefans und anderer Quellen bestätigt.[10] Als legendäre *topoi* verwirft er die Episode des Spielmanns mit der Alexiuslegende, Waldes' Zuflucht zum Magister der Theologie, den er um Rat fragt, den Appell, den Waldes' Frau vor den Augen des Bischofs an ihn richtet in der sprachlichen Fassung des Anonymus, sowie wahrscheinlich auch die Tatsache, daß Waldes ein bekehrter Wucherer war. Sein positivster Punkt ist aufschlußreich: daß nämlich der Bericht des Anonymus die Bruchstücke eines Heiligenlebens darstelle, das wegen Waldes' Konflikt mit der Kirche nicht vollendet werden konnte.

Aber die Verwerfung der angeblichen *topoi* hat keine sehr klare Grundlage, es sei denn, der Autor befindet sich von vornherein in einem Konflikt mit seinem Verständnis des frühen Waldensertums. Er behauptet zum Beispiel, die Alexiuslegende habe keinen Platz in der Vorgeschichte des Waldensertums. Das Gegenteil ist der Fall: ein Heiligenleben, das beschreibt, wie ein Mann einseitig um des Evangeliums willen mit seiner Frau bricht, und wie sich ein reicher Erbe zu einem Leben von Betteln und Almosengeben bekehrt, paßt sehr wohl zu jenen Tatsachen aus Waldes' Leben, die auch Selge anerkennt;[11] die Alexiuslegende mit ihrer Billigung eines gewaltsamen Bruchs mit einer Ehefrau war später Gegenstand einer Kontroverse zwischen katholischen Theologen; das übrige aus dem Anonymus-Bericht, besonders der Umstand, daß Waldes seine Töchter ohne Wissen seiner Frau nach Fontévrault schickte, scheint den Schluß nahezulegen, daß Waldes' Bruch mit seiner Frau in der Tat einseitig war und nicht von ihr gebilligt wurde. Die Tatsache, daß die mundartliche Fassung der Alexiuslegende, die Waldes wahrscheinlich zu Ohren kam, mehr zur Unterhaltung als zur Erbauung diente, ändert nichts daran, daß sie die Geschichte eines reichen Mannes blieb, der da hinging und bettelte und es ertrug, sich um des Evangeliums willen lächerlich zu machen; und der Umstand, daß man damals solche Spielleute häufig hören konnte, macht die Geschichte gewiß nicht weniger wahrscheinlich, sondern umgekehrt.[12] Die Zuflucht zum Magister der Theologie ist als solche nicht unwahrscheinlich; sie ist damit vereinbar, daß er wegen Übersetzungen zu Priestern seine Zuflucht nimmt, was ein Hauptthema bei Stefan von Bourbon ist.

Den Appell der Ehefrau, die Waldes beim Gewand packt und ihn zu erwägen bittet, ob es nicht besser sei, daß sie an ihm durch Almosengeben ihre Sünden sühne, d. h., daß er besser bei ihr äße, anstatt seine Nahrung von einem Freund zu erbetteln, sieht Selge auch als einen frommen *topos* an. Aber man kann doch wohl erwarten, daß eine Frau, sei es aus zurückgewiesener Anhänglichkeit heraus, sei es, weil sie ihren Ruf nicht schädigen lassen will, ihren Mann zu überreden versucht, er solle lieber in ihrem Hause essen, als betteln gehen; und man kann auch erwarten, daß sie ihre Bitte in einer frommen Redeweise vorbringt, wenn sie zu einem Mann spricht, der offensichtlich von einer frommen Leidenschaft ergriffen war. Die Zurückweisung unrecht erworbenen Gutes gehörte zu den normalen Begleitumständen einer Bekehrung (man vergleiche die frühe Erzählung von den Rittern, die »sua omnia qua iniuste acquisierant« aufgaben, als sie im 11. Jahrhundert von dem Wanderprediger Wedericus bekehrt wurden).[13] Selge impliziert, daß die durch den Anonymus verbreitete Überlieferung aus Waldes einen Wucherer machte, um seinen Charakter vor der Bekehrung zu diffamieren, damit diese Bekehrung dadurch um so dramatischer wurde. Es gibt jedoch keinen Beweis dafür, daß dies geschah, und in Anbetracht der Tatsache, daß Waldes ein reicher Geschäftsmann war und daß zwischen den geschäftlichen Realitäten und der Entwicklung einer volkstümlichen Moraltheologie, die das Zinsnehmen erlaubte, eine gewisse Zeitspanne lag, ist es eher unwahrscheinlich, daß Waldes das, was er für Wucher hielt, getrieben hatte und nun bereute.

Die Betonung der Armut im Anonymus wird von anderen Elementen in den ursprünglichen Dokumenten bestätigt. Das Kapitel »*De usuris*« im *Liber antiheresis* betont immer wieder, wie notwendig es sei, daß Wucherer ihren unrechten Gewinn an denen, die sie betrogen, wiedergutmachten; die Lebensgemeinschaft, zu der sich die *Pauperes Catholici* in Elne später in Übereinstimmung mit den Zielen der frühen Waldenser zusammenschlossen, zeigt uns die Auswirkungen, welche die Predigt bei einem Reichen haben konnte. Es ist genau das Denkmuster, das man bei einer Bewegung zu erwarten hat, die von einem bekehrten Wucherer gegründet wurde. Wie wichtig die Armut war, zeigt sich ferner an den Vorwürfen, die Durandus gegen die Katharer richtete, die sie um *terrena negotia* willen aufgegeben hatten. Wenn Selge kühn behauptet, das Waldensertum sei »keine Armutsbewegung« gewesen[14], bezieht er sich tatsächlich ganz einfach auf das Verhältnis zwischen Armut und Predigt in seiner Hypothese; aber wie er es ausdrückt, ergibt sich eine irreführende Beschreibung. Nur ein abgemilderter Schluß auf die Armutsfrage ist hier akzeptabel – daß nämlich die Franziskaner und die Waldenser allzuoft locker miteinander verglichen werden, und daß sie, obwohl beide Bewegungen zum Teil durch dieselben Textstellen beeinflußt wurden, unterschiedliche Folgerungen aus ihnen zogen, was die Art des Bettelns und der Handarbeit sowie die Notwendigkeit der Predigt anbetrifft.[15]

Endlich man kann bezweifeln, ob die Unterscheidungen, die Selge zu machen versucht, Waldes offenkundig gewesen sein können oder ob die Suche nach einem eigentlichen Kern der Bewegung berechtigt ist.[16] Selbst für Durandus ist das Zeugnis etwas heikel. Es ist einfacher, an dem traditionellen Vergleich der Waldenser mit den Armuts- und Predigtbewegungen des 12. Jahrhunderts festzuhalten. Wie andere wurden die Waldenser durch die Schriftstellen von der Aussendung der Siebzig zu einer wörtlichen Nachahmung bewogen: den Beweis dafür gibt Waldes, wenn er, selbst auf die Gefahr einer Spaltung in seiner Bewegung hin, darauf besteht, daß die Prediger von den Gaben ihrer Hörer leben sollen, so wie Christus es den Siebzig einschärfte, und das Tragen von Sandalen als eine Art offizielles Kennzeichen des Predigers in Übereinstimmung mit der Heiligen Schrift erwählt.

Die traditionelle Sicht, gegen die Selge im wesentlichen zu Felde zieht, behauptet nach wie vor die Stellung. Doch, obwohl die zentrale Hypothese von Selges Buch unhaltbar ist, gibt die Erörterung, die es mit sich bringt, gelegentlich sogar erhellende Aufschlüsse; und das Buch ist durch seine neue Analyse früher Quellen, die Darlegung des Inhalts des *Liber antiheresis* und die Zusammenstellung der Waldensergeschichte nach 1184 ein beachtlicher Beitrag.

Anmerkungen zu Anhang C
 [1] Selge, *Waldenser*, I, S. 11; siehe auch S. 17
 [2] Ebd., II, S. 77–89
 [3] Matth. 9, 37f.; Lk. 10, 2

⁴ *Waldenser*, I, S. 65
⁵ Siehe oben, S. 108–109
⁶ *EFV*, S. 46–47; *Waldenser*, I, S. 26–29
⁷ *Waldenser*, II, S. 5
⁸ Ebd., I, S. 230
⁹ Übers. und Ausgabe s. o. (S. 139, A. 4)
¹⁰ *Waldenser*, I, S. 233, A. 19; vgl. Mohr, W.: Waldes und das frühe Waldensertum, *Zeitschrift für Religions- und Geistesgeschichte*, IX, 1957, S. 337–363. Gelinde Kritik des Anonymus übt Gonnet in: *CF*, II, S. 93
¹¹ *Waldenser*, I, S. 239
¹² Ebd., S. 234, A. 23
¹³ *MGH, Scriptores*, IX, S. 407. Den Hinweis verdanke ich Prof. H. Grundmann. S. seinen Artikel über die Bekehrung von Adligen: Adelsbekehrungen im Hochmittelalter, *Adel und Kirche*, Hrsg. Fleckenstein, J., und Schmid, K., Freiburg etc. 1968, S. 325–345
¹⁴ *CF*, II, S. 114, *TR*, Neue Folge, 23. Jahrgang, Nr. 4, 1968, S. 330
¹⁵ Beachte den aufschlußreichen Kontrast zwischen Franziskus und den Waldensern in: *Waldenser*, I, S. 11
¹⁶ S. die geforderte Entscheidung, ebd., S. 229

Anhang D

Ortsnamenverzeichnis und Anmerkungen zu den Karten

1. Westliche Häretiker und östliche Dualisten

Ort	Zeit	Quelle	Typus der Häresie	soziale Zusammensetzung	Bemerkungen
Acmonia	vor 1025	Euthymios von Peribleptos	bogomilisch	unbekannt	Diözese im Byzantinischen Reich, Schauplatz der Verurteilung, vermutlich auch der Bekehrungstätigkeit des Johannes Zurillas (Obolenskij, S. 174).
Aǰovania	11. Jahrhundert	Gregorij Magistros Aristakes von Lastivert	paulikianisch	(s. Anmerkungen)	Gebiet an der Nordgrenze Armeniens mit einem paulikianischen Bevölkerungsteil (T'ondrakeçi), vermutlich dem adoptianistischen, nicht dem dualistischen Flügel zugehörig, der jedoch Bilder und Kreuz verwarf. Armenischer Fürst Vrver von Širi durch Aǰovanischen Mönch um 1000 zur Häresie bekehrt (Garsoïan, S. 143–145).
Aquitanien	um 1018	Adémar von Chabannes	unsicher	plebs	»Exorti sunt per Aquitaniam Manichei, seducentes plebem« (Adémar). Ausdruck »Manichei« zu unbestimmt, als daß er als Beweis für Dualismus angesehen werden könnte. Konzil von Charroux von Herzog Wilhelm 1027–1028 einberufen, um von »Manichei« verbreitete Häresien zu unterdrücken (Borst, S. 74; Russell, S. 35, 197).
Arras	1025	Brief des Gerhard, Bischofs von Cambrai (Gesta synodi Attrebatensis)	proto-dualistisch (s. Text)	Ungebildete, möglicherweise Handwerker	Ursprünge in Italien, aber auf dem Wege über Lüttich. Hohe Bewertung der Handarbeit, möglicherweise weil sie Arbeiter waren (Manselli, Eresia, S. 132, A. 26; Borst, S. 76–77; Russell, S. 21–27; auch betr. Datierung, in: RHE, LVII, 1962, S. 66–87).

Ort	Zeit	Quelle	Typus der Häresie	soziale Zusammensetzung	Bemerkungen
Belyatowo	1085–1086	Anna Komnena	paulikianisch	Krieger	Schloß wahrscheinlich in den Bergen nördlich von Philippopolis, von wo aus der Paulikianer Traulos, ein früherer Sklave des Alexius, den Aufruhr fortsetzte.
Bulgarien	10. und 11. Jahrhundert	Kósmas der Priester	bogomilisch	Bauern, Geistliche	Frühere Ausdehnung von der Adria bis zum Westufer des Schwarzen Meeres; östliche Landesteile 972 von Byzanz einverleibt, der verbleibende westliche Teil 1018. Ursprungsland der Häresie mutmaßlich Makedonien und Westbulgarien (Obolenskij, S. 82, 151–167; Angelov D.: *Byzantinoslavica*, X, 1949, S. 303–312; neues Quellenmaterial von Solovjev A., in: *Godišnjak istoriskog društva Bosne i Hercegovine*, V, 1953, S. 100–103; Dujcev, I. *Medioevo bizantino-slavo*, I, S. 2, gibt den makedonischen Ursprung als »reine Hypothese« auf).
Châlons-sur-Marne, Dorf Vertus	um 1000	Raoul Glaber	proto-dualistisch (s. Text)	Anführer: Bauern, wahrscheinlich bäuerliche Anhänger	»... quibus etiam ipse persuasit, sicut sunt rustici mente labiles«; »ad se traxit partem non modicam vulgi« (Glaber). (Borst, S. 73; Russell, S. 111–113).
Teil der Diözese	um 1046 bis 1048	Anselm, *Gesta episcoporum Tungrensium* etc.	unsicher	*rustici*	Information aus dritter Hand durch die Einleitung Anselms zu einem Brief des Lütticher Bischofs Wazo, der über einen Brief von Roger, Bischof von Châlons berichtet, in welchem dieser um Rat fragt. Lehren dualistischen Typs, Identifizierung infolge literarischer Verderbtheit beeinträchtigt (d. h. »Manichaei«, Mani der Heilige Geist). (Borst, S. 79; Russell, S. 38–41, 278–279).

1. Westliche Häretiker und östliche Dualisten

Ort	Zeit	Quelle	Typus der Häresie	soziale Zusammensetzung	Bemerkungen
Csanád	1030–1046	Gerhard von Csanád	möglicherweise bogomilisch (s. Text)	unbekannt	Missionsbistum in Ungarn. Datierung anhand der Worte »prohibemur iam loqui et episcopi nominamur« (*Deliberatio* des Gerhard), die Berührung mit Ketzerei während des Episkopats nahelegen (Silagi, G. *Untersuchungen zur Deliberatio ... des Gerhard von Csanád*, Kap. 1. S. Ravenna, Venedig, Verona und Anhang A, Teil 2).
Kčaw	Ende des 10. Jahrhunderts	Gregorij von Narek	paulikianisch	Abt	Armenisches Kloster, dessen Lage in Wirklichkeit nicht identifiziert ist, auf der Karte einfachheitshalber nach Gutdünken eingezeichnet. Der Abt wurde Paulikianer (einer von den T'ondrakeçi), vermutlich vom adoptianistischen, nicht von dualistischen Flügel, der jedoch Bilder- und Kreuzesverehrung verwarf (Garsoïan, S. 96–97, 143).
Thema Kibyrrhaeot	erste Hälfte des 11. Jahrhunderts	Euthymios von Peribleptos	bogomilisch	unbekannt	Verwaltungsgebiet des Byzantinerreiches in Südwestkleinasien, in der Nähe des Golfes von Antalya. Euthymios gebraucht als erster den Ausdruck »Bogomilen« von Häretikern, die dort zur Zeit der Abfassung der *Epistola invectiva* (um 1050) saßen (Obolenskij, S. 177; Puech-Vaillant, S. 140–142).
Konstantinopel, Kloster Peribleptos	(s. Ficker, o. S. 44, A. 63)	Euthymios von Peribleptos	bogomilisch	Mönche	Besonders zu erwähnen ist der Mönch, der die Kirche des Stenon entweihte (Obolenskij, S. 176–177; Puech-Vaillant, S. 140–142).

Ort	Zeit	Quelle	Typus der Häresie	soziale Zusammensetzung	Bemerkungen
Stadt Konstantinopel allgemein	um 1110	Anna Komnena Euthymios Zigabenos	bogomilisch	Anführer: der Gelehrte Basilios; Anhänger in aristokratischen Familien.	»Eine riesige Wolke von Häretikern« (Anna Komnena). Basilios hatte zweiundfünfzig Jahre lang Häresie gelehrt (Zigabenos); das Ausmaß der Organisation deutet auf Aktivität in Konstantinopel lange vor 1110 (Obolenskij, S. 197–205; 275–276; Puech-Vaillant, S. 136, 142–143).
Diözese Lüttich	1010–1024	Ekbert von Lüttich	unsicher	unbekannt	Ekberts Dichtung, 1010–1024 entstanden, deutet auf Vorhandensein von Ketzerei, die aus Frankreich eingeführt wurde; keine Einzelheiten (Russell, S. 183–184, 303 [er entdeckte die Dichtung als erster]).
Diözese	1025	Brief Gerhards, des Bischofs von Cambrai	proto-dualistisch (s. Text unter Arras)	Ungebildete, möglicherweise Handwerker	In Arras ergriffene Ketzer kamen auf dem Wege von Italien über Lüttich dorthin (Hypothese von Russell, in: RHE, LVII, 1962, S. 66–87).
Diözese	um 1048 bis 1050	Brief des Theoduin, Bischofs von Lüttich	proto-dualistisch	unbekannt	Von Theoduin für Berengars Anhänger gehalten. Doketismus mit Verwerfung der Ehe (vorausgesetzt, sie gilt für alle Gläubigen oder alle Mitglieder der Ketzerorganisation) zu deutlich, als daß er spontan hätte entwickeln können. Bogomilischer Einfluß angenommen, mit westlicher Ketzerei (Zweifel betr. Kindertaufe). (S. Russell, in: BSAHDL, XLIV, 1961, S. 6–7, außer, was die Verwerfung seiner Hypothese über eine andere Quelle betrifft [Brief der Gläubigen von Lüttich an Papst »L«], die auch in diesem Artikel vorgebracht wird, s. o. S. 106. A. 56. Russell, S. 41, 307, beachte jedoch, daß die Verwerfung von Russells Datierung des Briefes an Papst »L« seine Beschreibung der Lehren verändern muß.)

1. Westliche Häretiker und östliche Dualisten

Ort	Zeit	Quelle	Typus der Häresie	soziale Zusammensetzung	Bemerkungen
Makedonien	10. und 11. Jahrhundert	s. Bulgarien	bogomilisch	s. Bulgarien	Westbulgarien. Zu Obolenskijs Hypothese, es sei die Wiege des Bogomilentums gewesen, s. unter Bulgarien. Über den Gebrauch der Namen Makedonien, Bulgarien, Thrakien als geographische Bezeichnungen s. Obolenskij, S. 160 und A. 5.
Mananaži	frühes 11. Jahrhundert	Aristakes von Lastivert	paulikianisch	–	Westarmenisches Grenzgebiet in den Händen des armenischen Fürsten Vrver von Širi, der von einem alovanischen Mönch zum Paulikianismus bekehrt wurde (T'ondrakeçi), vermutlich vom adoptianistischen, nicht vom dualistischen Flügel, aber mit Verwerfung der Bilder- und Kreuzesverehrung. »Eine Brutstätte der Häresie« (Garsoïan, S. 71, A. 165; S. 143-144).
Monforte	um 1028	Landulf d. Ältere Raoul Glaber	proto-dualistisch (s. Text)	Gräfin, Adel, Predigt an *rustici* gerichtet, die von Mailand aufs Land kamen.	Schloß in Piemont, Lage nicht bekannt; Diözese Asti (Glaber). Datiert nach Glabers Erwähnung der Krönung Konrads (Borst, S. 77-78; Russell, S. 35-38. 197-198, 201-202, 207-215).
Nevers	1075	*Annales Nivernenses*	unsicher	unbekannt	»1075. Hoc anno Belinus interfectus est hereticus, sociique eius morti traditi fuerunt« (*Annales* – Chronik des Cluniazenserklosters St. Stephan von Nevers). Keine weiteren Einzelheiten. Belinus könnte ein verfolgter Reformer wie Ramihrdus von Cambrai gewesen sein; *socii* machen eine wirkliche Häresie wahrscheinlicher. Russells Entdeckung (S. 182).

Ort	Zeit	Quelle	Typus der Häresie	soziale Zusammensetzung	Bemerkungen
Niš	1078	–	paulikianisch	Krieger, Bevölkerung insgesamt	S. Sofia. Stadt im Osten des unabhängigen Bulgarien, der 972 Byzanz einverleibt wurde; Schauplatz des von Lekos, einem griechischen Paulikianer aus Philippopolis, angeführten Aufstands (Obolenskij, S. 189).
Oberlothringen	1051	Lampert von Hersfeld	unsicher	unbekannt	Von Herzog Gottfried II. von Oberlothringen entdeckte Ketzer, die zur Verurteilung nach Goslar gebracht wurden. Länge der Reise kein Hinderungsgrund, den Ursprung in Lothringen als zutreffend anzusehen; s. die Analogie der Häresie Arnolds von Brescia, die 1146 aus Böhmen bis zum Papst in Viterbo gelangte. Zu geringe Bezeugung, um Ketzerei zu identifizieren (Borst, S. 75; Russell, S. 42).
Thema Opsikion	vor 1025	Euthymios von Periblepros	bogomilisch	die meisten Bewohner des Dorfes Chilioi Kapnoi gehörten zu den Bekehrten	Verwaltungsgebiet des Byzantinerreiches im Südwesten Kleinasiens; Schauplatz der Bekehrungstätigkeit des Johannes Zurillas, wo die Ketzer als Phundagiagitai bekannt waren. Obolenskij, S. 177, Schüler von Mani, Puech-Vaillant, S. 281, A. 3, s. S. 140–142 (Obolenskij, S. 175, 177).
Orléans	1022	Paul von St. Père de Chartres; Johannes von Fleury; *Historiae Franciae fragmentum*; Andreas von Fleury; Raoul Glaber; Adémar von Chabannes; Balduin von Thérouanne	proto-dualistisch (s. Text und Anhang A, Teil 1)	Kanoniker, Adlige, ein Geistlicher, eine Nonne	Zu fünf weiteren Quellen, die keine Lehren beschreiben, s. Ilarino da Milano, in: *Studi Gregoriani*, Hrsg. Borino G., II, S. 52, A. 25 (Borst, S. 74–76, Russell S. 27–35, 197 und interessante Anmerkungen auf S. 276–277).

1. Westliche Häretiker und östliche Dualisten

Ort	Zeit	Quelle	Typus der Häresie	soziale Zusammensetzung	Bemerkungen
Pelagonien	1096	Gesta Francorum; Petrus Tudebodus; Robert der Mönch; Wilhelm von Tyrus	paulikianisch	unbekannt	Gebiet in Makedonien um die Städte Bitolj und Prilep, wo Bohemund und seine Normannen auf dem Wege zum ersten Kreuzzug eine befestigte Stadt (*castrum*), die von Ketzern, mutmaßlich Paulikianern, bewohnt war, niederbrannten. »Publicani« (Wilhelm von Tyrus). (Garsoïan, S. 15, A. 9; Obolenskij, S. 163, A. 2).
Philippopolis	spätes 10. und 11. Jahrhundert	Johannes Zonaras; Georg Kedrenos; Anna Komnena	paulikianisch	unbekannt	Stadt in Thrakien (Plovdiv im heutigen Bulgarien); Schauplatz einer Deportation von Paulikianern aus Syrien im Jahre 978 durch Johannes I. Zimiskes auf Bitten des Patriarchen von Antiochia. Im Jahre 1081 kämpften Paulikianer von dort für Alexius I. gegen die Normannen. Im 12. Jahrhundert waren die Ketzer in der Überzahl (Anna Komnena, die Bogomilen an diesem Ort erwähnt). (Garsoïan, S. 130; Obolenskij, S. 146-147; 189, 190; Puech-Vaillant, S. 317-318).
Ravenna	1030-1046	Gerhard von Csanád	möglicherweise bogomilisch (s. Anhang A, T. 2)	unbekannt	s. Csanád. Zur Zeit der *Deliberatio* können eine Verbindung zwischen Ravenna, Verona, Venedig, der Häresie in Griechenland und möglicherweise der bogomilischen Häresie in Ungarn beinhalten. Gerhard hatte als früherer Mönch von San Giorgio, Venedig, Kenntnis von Italien.

Ort	Zeit	Quelle	Typus der Häresie	soziale Zusammensetzung	Bemerkungen
Sardinien	spätes 10. Jahrhundert	Raoul Glaber	unsicher	Bauern	Der Grammatiker Vilgard gewann beim Volke Anhänger wegen seiner abgöttischen Begeisterung für Klassiker (Glaber). »Klassische« Häresie muß in Abrede gestellt werden, aber eine Lokalisierung der volkstümlichen Ketzerei in Sardinien, ursprünglich in Italien und zeitweise bis nach Spanien ausgebreitet, kann zutreffend sein (Borst, S. 74, A. 6; Russell, S. 110–111).
Smyrna	vor 1025	Euthymios von Peribleptos	bogomilisch	unbekannt	Byzantinischer Hafen; Schauplatz der Bekehrungstätigkeit des Johannes Zurillas (Puech-Vaillant, S. 140–142, Obolenskij, S. 175, 177).
Sredec	1078	–	paulikianisch	Krieger; Bevölkerung insgesamt	S. Niš. Stadt im Osten des unabhängigen Bulgarien, der 972 von Byzanz einverleibt wurde (Sofia im heutigen Bulgarien); Schauplatz eines von Lekos, einem griechischen Paulikianer aus Philippopolis, angeführten Aufstands (Obolenskij, S. 189).
Thrakien	Mitte des 11. Jahrhunderts	Michael Psellos	unsicher	unbekannt	Gebiet im Byzantinerreich, mutmaßlich Sitz der Häresie der Euchiten mit bogomilischen und messalianischen Elementen. Lokalisierung der Häresie anerkannt (nach Obolenskij, S. 184, A. 1), nicht jedoch die Beschreibung des Psellos infolge ihrer literarischen Verderbtheit (nach Angelov D. in bulgarischer Sprache – s. Werner E., *Studi Medievali*, Ser. 3, III, 1962). (Dujčev, *Medioevo Bizantinoslavo*, I, S. 2, gegen Obolenskij, S. 183–188 und Werner, a. a. O.; Puech-Vaillant, S. 139–140.) Betr. Berichtigung der Lokalisierung von Zurillas' Bekehrungstätigkeit aus Thrakien ins Thrakische Thema, s. o.

1. Westliche Häretiker und östliche Dualisten

Ort	Zeit	Quelle	Typus der Häresie	soziale Zusammensetzung	Bemerkungen
Thrakisches Thema	vor 1025	Euthymios von Peribleptos	bogomilisch	unbekannt	Verwaltungsgebiet des Byzantinerreichs. Ficker berichtigt Euthymios, *Epistola invectiva*, wonach die Bekehrungstätigkeit des Zurillas eher hier als in Thrakien anzunehmen ist (Obolenskij, S. 175–176; Puech-Vaillant, S. 141).
T'ondrak	Mitte des 11. Jahrhunderts	Gregorij Magistros	paulikianisch	unbekannt	Gebiet in Armenien, nach dem die T'ondrakçi, ein armenischer Zweig der Paulikianer etwa Anfang des 9. Jahrhunderts, benannt sind mit vermutlich adoptianistischen, nicht dualistischen Anschauungen, die aber Bilder und Kreuzesverehrung verwarfen. Hier wie in anderen Gebieten des alten Mesopotamien, dem benachbarten Vaspurakan und Taron, verfolgte Gregorij Magistros, ein armenischer Adliger und Kollaborateur von Byzanz, die T'ondrakçi (Garsoïan, S. 97–98, 144, 161, 227).
Toulouse	um 1022	Adémar von Chabannes	unsicher	unbekannt	»Manichei« in Toulouse ausgemerzt. Datierung durch Verbindung mit den Ketzern von Orléans. Adémar erwähnt die Ausbreitung der Ketzerei: »... et per diversas Occidentis partes nuntii Antichristi exorti.« Der verwendete Ausdruck »Manichei« ist zu unbestimmt, als daß er ein Beweis für Dualismus sein könnte (Borst, S. 74; Russell, S. 35, 197).
Venedig	1030–1046	Gerhard von Csanád	möglicherweise bogomilisch	unbekannt	S. Ravenna, Csanád
Verona	1030–1046	Gerhard von Csanád	möglicherweise bogomilisch	unbekannt	S. Ravenna, Csanád

2. Die Lollarden im Untergrund
(Karte 9)

Das nachstehende Ortsnamenverzeichnis soll weitere Auskunft geben über Ketzerverfolgungen während der Zeit, als das englische Lollardentum im Untergrund weiterlebte.

Die Daten geben das Jahr an, in welchem die Straffälligen vor Gericht erschienen. Die Ortsnamen bezeichnen normalerweise den Wohnort des Straffälligen zur Zeit der Verfolgung, folglich also den Ort, an dem er eine ketzerische Gesinnung äußerte oder verdächtige Bücher las. Falls sich jedoch die Angabe lediglich auf die Diözese bezieht, in welcher der Straffällige vernommen wurde, ist der Jahreszahl ein x hinzugefügt, z. B. Well 1476 x. Besondere Probleme ergeben sich in London: es läßt sich nicht immer sagen, ob die Straffälligen aus der Stadt selbst kamen oder aus einem anderen Teil der Diözese, oder ob sie gar in Englands größter Stadt Zuflucht suchten, nachdem sie anderswo Verdacht auf sich gelenkt hatten.

Die Informationen stammen von Thomson, J. A. F.: *The Later Lollards*, 1414–1520, Oxford 1965, und Fines, J.: Studies in the Lollard Heresy, unveröffentlichte Dissertation, University of Sheffield 1964; aber der zeitliche Maßstab ist leicht verändert worden. Es soll das Lollardentum gezeigt werden, welches nach der Niederlage von Oldcastles Aufstand im Untergrund überlebte. Nicht aufgenommen sind die Strafverfolgungen wegen Teilnahme am Aufstand, ebensowenig jene Ketzerverfahren gegen Nichtteilnehmer, welche unmittelbar danach erfolgten und sich in erster Linie mit Vergehen befaßten, die vor 1414 begangen wurden. Die Herkunftsorte der Teilnehmer an den Aufständen von 1414 und 1431 sind auf den Karten Nr. 7 und 8 verzeichnet. 1522 ist der *terminus ad quem*. Nach dieser Zeit wird es schwierig, zwischen dem Lollardentum und den neuen Ketzereien vom Kontinent mit Sicherheit zu unterscheiden. Verfolgungen aus den Jahren 1521–1522, die von Thomson nebenher erwähnt werden, sind mit aufgenommen worden, sofern er die Herkunftsorte der Straffälligen angibt. Ein (F) neben einem Ort oder einer Jahreszahl zeigt an, daß die Angabe nur aus Fines entnommen ist.

Die von Thomson und Fines aufgeführten Orte, in denen Ketzer entdeckt und vor Gericht gestellt wurden, sind in drei Kategorien aufgeteilt. Die erste Kategorie, bei der die mutmaßliche Ketzerei auf den ersten Blick lediglich in Antiklerikalismus oder losem Geschwätz ohne jegliche dogmatische Grundlage zu bestehen scheint, wurde in die Karte nicht aufgenommen. Eine zweite Kategorie besteht aus solchen Fällen, in denen die Straffälligen wegen des Besitzes von verdächtigen englischen Büchern angeklagt wurden; Orte, in denen Ketzer mit solchen Büchern entdeckt wurden, sind auf der Karte unterstrichen, die Daten ihrer Prozesse erscheinen im Verzeichnis im Kursivdruck. Der Besitz von Büchern liefert uns einen objektiven, wenn auch nicht völlig sicheren Maßstab dafür, daß es sich um Lollarden handelte und nicht nur um spontane Ketzerei oder Antiklerikalismus. Eine dritte Kategorie erfaßt Orte, in denen Ketzer entdeckt und vor Gericht gestellt wurden, ohne daß beim Verfahren englische Bücher erwähnt wurden; bei einigen dieser Fälle gibt es andere klare Anzeichen für das Vorhandensein von Lollardenglauben, so z. B. Ausdrücke von Ehrerbietung gegenüber Wyclif oder Beweise von Kontakten zu bekannten Lollardenmissionaren wie William White oder James Willis; in anderen Fällen verhinderte die Kürze der zur Verfügung stehenden Informationsizeit ausreichende Gewißheit, so daß sich lediglich sagen läßt, daß nach sorgfältiger Abwägung eher das Vorhandensein von Ketzerei als bloßer Antiklerikalismus anzunehmen ist. Ein vermuteter Zusammenhang mit der Lollardenbewegung ließe sich bei einigen dieser Fälle durch eine nähere Untersuchung der Umstände mit Sicherheit nachweisen – in anderen wird dies immer ungewiß bleiben.

2. Die Lollarden im Untergrund

Das Ausmaß der Ketzerei dürfte aufgrund der Liste eher unter- als überschätzt sein. Mit voller Absicht wurde die Aufstellung von den beiden Autoritäten in zweiter Instanz, Thomson und Fines, übernommen. In ihr sind lediglich Fälle aufgeführt, die zur Verhandlung kamen. Gelegentliche Hinweise zeigen, daß noch andere Verhöre stattfanden, von denen wir keine Kenntnis haben, und daß Ketzer den Gerichten entkommen konnten. Ferner gab es Ausbrüche von Ketzerei, die sich nicht datieren lassen und die daher nicht aufgenommen worden sind.

Addington	1426	Buscot	1499
Aldburgh	*1428*★	Byfield	1416
Alcester	1428		
Aldborough	s. Aldburgh	Cambridge	1457
Almeley	*1433*	Canterbury	1469 1498 1511
Amersham	1464 1511 1521	(F) Chalvey	1521
(F) Ankerwick	1521	Chelmsford	1430 1521
Ashbourne	1488	Chesham	? 1428 1464
Ashford	1511		1521(F)
(F) Ashley Green	1521	(F) Chesham Bois	1464
(F) Asthall	1521	Chesterton	1457
Aylburton	1470 1472	Chiddingfold	1440
		Chinnor	1464
Barnet	*1427*	Chirton	1514 1517
Bath	*1418*	(F) Clippesby	1428
(F) Beaconsfield	1521	Colchester	*1428*(F) 1511
Beccles	*1430*		1518 1521
Beckington	1476	Cookham	*1443* 1521
(F) Bedingham	1428	Corby	1417
(F) Beighton	1428	(F) Costessy	1428
Benenden	1425 1511(F)	Coventry	1424–5 *1486*
(F) Bergholt	1428		1489(F) *1511*
Birmingham	1511		*1520* 1522
Bisham	*1433* 1502	Coxwell	1499
Bisley	1514	Cranbrook	1425 1511(F)
Bobbingworth	1468	(F) Creake	1428
Boxley	1511	Crondall	1440
Bradford-on			
Avon	1518	(F) Denham	1521
Bray	1507	Devizes	*1434* 1437
Brenchley	1431	(F) Ditchingham	*1424* 1428
Bridge	1497	Dogmersfield	*1513*
(F) Brightwell	1521	(F) Dorney	1521
Bristol	1420 1423 1429x	Eardisley	*1505*
	1441 *1448* 1476	Earsham	1424(F) 1431
	1499	East Hendred	1491 1521(F)
Broughton		East Sutton	1454
Gifford	1518	(F) Eye	1428
Bungay	1428(F) 1511		
Burford	1521	Faringdon	
(F) Burnham		(Chipping	
Abbey	1521	Faringdon)	*1499*
Bury St		Farnham	1440
Edmunds	*1428*	Fifield	1504

(F) Flixton	1428	London	1496 1499 1501
(F) Framlingham	1428		1508 *1509 1511*
			1512 1518 1521
Gloucester	*1448*	Lydney	1470 *1472*
Great Chart	1511		um 1499
Great Marlow	1464	Maidenhead	1508
		Maidstone	1495 um 1499
Hackington	1470		*1511*
Hadlow	*1431*	Malden	1513
Halden	1425	Maldon	1430
(F) Hambleden	1464 1521	Manuden	1431
Hanwell	1477	Marden	1514
(F) Harleston	1428	*Marlow*	s. Great Marlow
Harrow	*c.* 1513 1521(F)	Marston Bigot	1475
Hasleton	1425	Martham	1428
Hedgerley	1428	Meonstoke	1496
Henley	1462 1464 1521	*Merston Bicott*	s. Marston Bigot
Hinton	1476 1486	Micheldean	1511
Holcombe	1518	(F) Missenden	1521 (s. Little
Hughenden	1464 1521(F)		Missenden)
Hungerford	*1505* 1521(F)	(F) Mundham	1428
Ipswich	1428(F) 1521	(F) Nayland	1428
Iver	*1521*	Needham	1428–31
			Verfolgung
Keevil	1506 (wahr-		(Thomson,
	scheinliche		S. 125)
	Identifi-	Netheravon	*1440*
	zierung)	Newbury	*1491* um 1502
Kelby	1416		*1504* 1521
Kevil	s. Keevil	Norton St Philip	1460
Kidlington	1416	Norton Underhill	1420
(F) Kings Langley	1521	Norwich	*1428 (William*
(F) Kings Lynn	1428		*White)* 1510
Kingston	um 1513		
		Odiham	1440
(F) Lechlade	1521		
Leicester	*1511*	Pembroke	1486 1488 (nicht
Leigh	1476		auf der Karte)
(F) Leiston	1428	(F) Penn	1521
Letcombe Basset	1499 *1508*	Pewsey	1514
Letcombe Regis	1508	Portishead	1457
Little Missenden	1511 1521	Princes	
Lincoln	*1420–1431*	Risborough	1464
	1428x	(F) Reach	1457
Loddon	1424 1428	Reading	1416 1499 1508
London	*1415 1417 1418*		1521(F)
	1421–2 1428	Ringwold	1473
	1430 1433 1438	River	1511
	1440 1448	Rochester	1425
	um *1450–6*	(F) Rockland	1428
	1476 1482 1494	Rode	1491

2. Die Lollarden im Untergrund 527

Rogate	1470	(F) Turville	1464
Rolvenden	1425 1511(F)		
Romney	1425	(F) Uxbridge	1521
Roode	s. Rode	Walden	1467
Salehurst	*1438*	Walford	1472 1474
Salisbury	1479x um 1504x 1518x	Wallingford	*1443*
St Albans	1427	Waltham Abbey	1493 1513
St Osyth	1506	Walton-on-	
(F) Seething	1428	Thames	1521
(F) Shelton	1424	Wantage	1521
(F) Shipmeadow	1428	Ware	1477 1521(F)
(F) Shotesham	1428	Wells	1476x *1491*x 1501
Snave	1425	West Hendred	1499(F) 1521
Snodland	1516	West Malling	1425
Somersham	1457	West Wycombe	1464 1521(F)
Speen	1491	Whaplode	1501
(F) Staines	1521	Wigginton	1454
Standon	1453	Willesborough	1472
Staplehurst	1425 1512	Willian	1489
(F) Staunton	1464	Wilsford (Lincs)	*1416*
Steeple Ashton	1488	Wilsford (Wilts)	1514
Steventon	*1428* 1464 1491 1521	Winchester	1428x 1454x 1491x(F)
(F) Stokenchurch	1464	(F) Windrush	1521
Strood	1436	Windsor	1502 1521(F)
Swaffham Priory	1457	Witney	1521
Taunton	*1441*	Wittersham	1428 *1431* 1455
Tenterden	1422 1425 1428 1438 1450 *1511*	Wrington	1476
		Woodchurch	1425
		Woodhay	1491
Thame	1464	Woolaston	1472 1511
(F) Thorpe	1428	Worcester	1422 1448x
Thursley	1440	Wycombe	1464 um 1502
Tonbridge	*1496*	(F) Wymondham	1428
(F) Tunstall	*1428*		
Turleigh	1518	Yardley Hastings	um *1452*

* (»Aldborough«, Thomson, der mutmaßliche Kontakt mit Hugh Pie macht das Vorhandensein verdächtiger Bücher wahrscheinlich.)

3. Die Märtyrer zur Zeit Marias der Katholischen in England (Karte 10)

Nach Foxe wurden während der Regierungszeit Marias 285[1] Menschen wegen Ketzerei verbrannt, und zwar 233 Männer und 52 Frauen; darunter waren 7[2] verheiratete Paare, die allerdings selten zusammen verbrannt wurden. Darüber hinaus starben 34[3] Personen im Gefängnis, 3 weitere an den Folgen ihrer Leiden während der Verfolgung; einer wurde erhängt, gestreckt und geviertelt. In 151 Fällen sind die Berufe der Verbrannten angegeben.

Es werden 60 Orte genannt, in denen Verbrennungen stattfanden, wobei in den vier Hauptzentren – London (dem in diesem Falle Southwark hinzuzurechnen ist), Canterbury, Colchester und Lewes – allein 143 Exekutionen stattfanden, d. h. etwas mehr als die Hälfte der Hinrichtungen durch Verbrennung. In oder bei London wurde Smithfield Augenzeuge von 43 Hinrichtungen, in Stratford-le-Bow von 16, in Southwark von 3 und in Westminster von einer.

Bei 200 Verbrannten wird in 96[4] Fällen der Ort ihrer Herkunft oder Gefangennahme angegeben, hinzu kommen 3 weitere von Menschen, die im Gefängnis starben, nämlich in Horsley (Essex), Wotton-under-Edge (Glos.) und Stone (Kent). Unter diesen 96 gab es nur an drei Orten mehr als sieben Todesopfer, nämlich in London (19), Islington (18) und Colchester (11).

Will man die Ausbreitung der Ketzerei einschätzen, so ist zu bemerken, daß die Verfolgungen der marianischen Märtyrer sich in der Zeitspanne einer kurzen Regierung zusammendrängten, wohingegen die Verfolgungen der Lollarden sich nach der Karte über mehr als ein Jahrhundert erstreckten. Wie Dr. D. M. Loades mir mitteilte, hing das Auftreten von Verfolgungen während Marias Regierungszeit stark vom Willen bestimmter Bischöfe und Adliger ab, die besonders darauf aus waren. Ähnlich war das Vorkommen von Lollardenverfolgungen sehr vom Eifer einzelner Bischöfe beeinflußt. Die beiden Karten, sowohl diejenige über die Lollarden als auch die über die marianischen Märtyrer, erfassen nur einen Teil der jeweiligen Anhänger; dennoch darf man wohl aufgrund der größeren Intensität der Verfolgungstätigkeit annehmen, daß die Gesamtzahl der marianischen Märtyrer der wirklichen Gesamtzahl der Protestanten eher entspricht. Es ist dabei zu beachten, daß ungefähr 800 Menschen mit protestantischen Anschauungen emigrierten, um der Verfolgung zu Beginn der Regierungszeit zu entgehen. Diese gehörten gehobenen Gesellschaftsschichten an. Eine andere Aufstellung von Verbrennungen, die nach Grafschaften geordnete Zahlen mit insgesamt 288 Fällen anführt, findet sich bei Strype, J.: *Ecclesiastical Memorials*, III, ii, Oxford 1822, S. 554–556. A. G. Dikkens bemerkt in *The English Reformation*, London 1964, S. 264–272, 1967[2], S. 362–372, daß einige Fälle weder in der Aufstellung von Foxe noch in der von Strype enthalten sind. Eine Karte über Verbrennungen findet sich bei Hughes, P.: *Reformation in England*, London 1963[5], II, S. 263.

Anmerkungen zu Anhang D, Teil 3

[1] Foxe vermutete, daß John Fortune, ein Hufschmied aus Hintlesham, Suffolk, der in dem Strafregister von Norwich als Verurteilter aufgeführt wird (Acts, VIII, S. 160, 163), und Richard Lush, der in demjenigen von Bath und Wells erscheint (S. 377–378), verbrannt wurden; sie sind deshalb in dieser Gesamtzahl mit eingeschlossen.

[2] Barbara Final war vielleicht Nicholas Finals Witwe; vgl. VIII, S. 300, 326. Joan Bradbridge war sehr wahrscheinlich Matthew Bradbridges Witwe (ebd.); sie sind jedoch in dieser Gesamtzahl nicht enthalten.

[3] Drei von diesen waren Frauen.

[4] In sieben Fällen werden nur die Gegenden, aus denen sie stammten, angegeben: Essex (VII, S. 97, 781); Somerset (S. 381); Wiltshire (VIII, S. 250); Erzdiakonat Lewes (S. 430); Diözese London (S. 433); Diözese Winchester (S. 490).

3. Die Märtyrer zur Zeit Marias der Katholischen

Orte, in denen Verbrennungen stattfanden

- 2 Ashford (Kent)
- 1 Banbury (Oxon.)
- 1 Barnet (Herts.)
- 3 Beccles (Suff.)
- 1 Braintree (Essex)
- 6 Brentford (Middx.)
- 1 Brentwood (Essex)
- 5 Bristol
- 12 Bury St Edmunds (Suff.)
- 1 Cambridge
- 40 Canterbury
- 1 Cardiff
- 1 Carmarthen
- 1 Chelmsford (Essex)
- 2 Chester*
- 2 Chichester
- 1 Coggeshall (Essex)
- 23 Colchester
- 3 Coventry
- 2 Dartford (Kent)
- 1 Derby
- 2 Ely
- 1 Exeter
- 3 East Grinstead (Sussex)
- 3 Gloucester
- 1 Hadleigh
- 1 Harwich
- 1 Haverfordwest (Pemb.)
- 1 Horndon-on-the-Hill (Essex)
- 4 Ipswich
- 6 Islington
- 1 Laxfield (Suff.)
- 2 Leicester
- 17 Lewes (Sussex)
- 3 Lichfield
- 60 London (mit Smithfield (43), Stratford-le-Bow (16), Westminster (1); s. a. Southwark (3)
- 7 Maidstone
- 1 Maldon (Essex)
- 1 Manningtree (Essex)
- 4 Mayfield (Sussex)
- 3 Newbury
- 2 Northampton
- 9 Norwich
- 3 Oxford
- 2 Rayleigh (Essex)
- 5 Rochester
- 1 Rochford (Essex)
- 1 Saffron Walden (Essex)
- 1 St Albans
- 3 Salisbury
- 3 Southwark
- Spittle Boughton, s. Chester
- 1 Steyning (Sussex)
- 1 Stratford
- 1 Thetford (Suff.)
- 3 Uxbridge (Middx.)
- 1 Walsingham (Norf.)
- 1 Ware (Herts.)
- 2 Wotton-under-Edge (Glos.)
- 2 Wye (Kent)
- 1 Yoxford (Suff.)

* von diesen ereignete sich die eine in Spittle-Boughton unmittelbar außerhalb der Stadt

---

Ort der Herkunft oder Gefangennahme

- 1 Adisham (Kent)
- 1 Ardingly (Sussex)
- 4 Ashford (Kent)
- 1 Aylsham (Norf.)
- 3 Barking (Essex)
- 1 Bedfield (Suff.) (Foxe, VIII, S. 160, s. S. 548)
- 1 Bergholt (Suff.)
- 2 Biddenden (Kent)
- 2 Billericay (Essex)
- 6 Bocking (Essex)
- Bourne (Sussex). s. Eastbourne *(wahrscheinliche Identifizierung)*
- 1 Brenchley (Kent)
- 2 Brighton
- 2 Bristol
- 1 *Broomfield (Kent) (Identifizierung ungewiß)*
- 1 Buxted (Sussex)
- 1 Cardiff
- 1 Cattesfield (Sussex)
- 1 Chipping Ongar (Essex)
- 1 Coddenham (Suff.)
- 3 Coggeshall (Essex)
- 11 Colchester
- 1 Coventry
- 2 Cranbrook (Kent)
- 1 *Deane* (Lancs.) *Identifizierung ungewiß)*
- 1 Dagenham (Essex)

- 2 Dartford (Kent)
- 1 Derby
- 1 [East]bourne (Sussex)
- 4 East Grinstead (Sussex)
- 1 Framsden (Suff.)
- 2 Frittenden (Kent)
- 2 Godstone (Surrey)
- 1 Great Burstead (Essex)
- 1 Grundisburgh (Suff.)
- 3 Hadleigh (Suff.)
- 1 Haverhill (Suff.)
- 2 Heathfield (Sussex)
- 1 Hellingly (Sussex)
- 1 Hintlesham (Suff.)
- 1 Hockley (Essex)
- 1 Hoddesdon (Herts.)
- 1 Horndon-on-the-Hill (Essex)
- 1 Horton (Kent)
- 4 Hythe (Kent)
- 1 Ipswich
- 18 Islington
- 3 Keevil (Wilts.)
- 2 Kings Lynn (Norf.)
- 1 Lambeth
- 1 Langham (Essex)
- 1 Launceston (Corn.)
- 1 Laxfield (Suff.)
- 1 Leicester
- 19 London (mit Shoreditch 1)
- Lynn. s. Kings Lynn
- 7 Maidstone (Kent)
- 2 *Mancetter* (in der Gegend zwischen Cov. und Lichfield)
- 1 Melford (Suff.)
- 2 Mendlesham (Suff.)
- 5 Much Bentley (Essex)
- 1 Much Dunmow (Essex)
- 1 *Norgate (Kent) (nicht identifiziert)*
- 3 Norwich
- 2 Oxford
- 1 Reading
- 1 Rettenden (Essex)
- 1 Rolvenden (Kent)
- 1 Rye (Sussex)
- 1 St Davids (Pemb.)
- 1 Selling (Kent)
- 1 Smarden (Kent)
- 1 Stanford-le-Hope (Essex)
- 2 Staplehurst (Kent)
- 1 Stoke by Nayland (Suff.) (Foxe, VII, 382, s. jedoch A. 3)
- 1 Syresham (Northants)
- 4 Tenterden (Kent)
- 1 Thanet, Isle of, 'Calete', VII, S. 383, A. 1.)
- 1 Thornham (Kent)
- 2 Thorp(e) (Essex)
- 2 Thundersley (Essex)
- 2 Tonbridge (Kent)
- 1 Waltham (Holy) Cross (Herts.)
- 1 Warbleton (Sussex)
- 1 Wells (Som.)
- 2 *West Barefold (Essex) (nicht identifiziert)*
- 1 White Notley (Essex?)
- 2 Wigborough the Great (Essex)
- 1 Winchester
- 1 Windsor
- 1 Winston (Suff.)
- 2 Wisbech (Cambs.)
- 1 Wix (Essex)
- 2 Withyham (Sussex)
- 1 Woodbridge (Suff.)
- 2 Woodmancote (Sussex)
- 1 Wrotham (Kent)
- 1 Wymondham (Norf.)

Berufe (angegebene Gesamtzahl 151; unbekannt 134)

Apotheker	1	Konstabler	1
Kunsthandwerker	2	Flickschuster (u. Frau)	1
Barbier	1	Koch	1
Tochter des Barbiers	1	Höfling	1
Brauer	3	Lederzubereiter	1
Frau eines Brauers	1	Frau eines Messerschmieds	1
Maurer	2	Tochter eines Messerschmieds	1
Metzger	2	Tuchhändler	1
Barettmacher	1	Fischer	1
Zimmermann	3	Walkmüller	4
Kleriker	25	Freimaurer	1
Witwe eines Priesters	1	Kammerdiener	8

3. Die Märtyrer zur Zeit Marias der Katholischen

Kammerzofe	1	Dienstpersonal	
Glaser	1	(darunter 2 Dienerinnen)	7
Handschuhmacher	1	Scherer	3
Ackersmann	7	Schuhmacher	5
Frau eines Ackersmanns	1	Frau eines Schuhmachers	1
Strumpfwirker	2	Schmied	3
Landwirt	9	Spinner	2
Frau eines Landwirts	2	Schneider	3
Eisengießer	1	Wachszieher	1
Kaufmann und Pfandleiher	1	Lehrling	1
Stoffhändler und Schneider	1	Gerber	2
Müller (und Frau)	1	Drechsler	1
Frau eines Müllers	1	Tapezierer (mit Frau)	1
Maler	2	Weber	12
Zinngießer	1	Lehrling	1
Frau des Zinngießers	1	Frau eines Webers	2
Brettschneider	3	Stellmacher	1
Schulmeister	1		

Unter den Klerikern befanden sich:
1 Erzbischof   1 Archidiakon
4 Bischöfe   1 ehem. Franziskaner
1 ehem. Mönch

Anhang E

Das Testament des Gost Radin

Übersetzung und Anmerkungen nach der englischen Übersetzung von Yvonne Burns nach der bosnischen HS des 15. Jahrhunderts

Einleitung

Dies Testament ist auf den letzten vier Seiten des Testamentbandes für das Jahr 1466 im Archiv zu Dubrovnik zu finden. Es wurde dort zuerst im Jahre 1910 von Dr. Ćiro Truhelka bemerkt. Er veröffentlichte es als Faksimile mit einer Transkription in der Sarajevoer Zeitschrift *Glasnik zemaljskog muzeja u Bosni i Hercegovini*, XXIII, 1911. Weitere Dokumente in dem Archiv zeigen, daß Radin als Gesandter des Woiwoden Radosav Pavlović in den Jahren 1422, 1423 und 1432 in der Hafenstadt fungierte (dieser regierte die eine Hälfte des Gaues Konavlje, dessen andere Hälfte zu Dubrovnik gehörte); damals wurde er als *Krstjanin* Radin bezeichnet. Im Jahre 1437 jedoch (als sein Name zum ersten Mal wieder in den Annalen erscheint) war er *Starac* Radin, Gesandter des Woiwoden Stephan Vukčić; dasselbe Amt mit dem gleichen Titel hatte er noch 1445 inne. 1450 bekam er (obwohl noch immer im Dienst desselben Woiwoden) den Titel *gost,* den er bis zu seinem Tode im Jahre 1467 behielt (S. Truhelka, ebd.).

Diese drei Titel hatten Mitglieder der Bosnischen Kirche inne, welche sie offenbar vorzog, für diese Ämter mundartliche Ausdrücke zu benutzen. Die Wörter sind auch in anderen Gegenden zu finden: *krstjanin* war eine allgemein gebräuchliche Form des Wortes Christ im westlichen Teil Jugoslawiens – es kommt dort neben *krščanin* vor, während man *starac* (wö.»Alter«) häufig als Titel in Beschriftungen serbisch orthodoxer Handschriften findet. Es ist eine Übersetzung des Wortes *presbyter* in den altslawischen Evangelien-Kodizes des Marianus und Miroslav usw. Beide findet man in der in glagolitischer Schriftform geschriebenen altkirchenslawischen Handschrift Clozianus. *Gost* ist allgemein slawischen Ursprungs und verwandt mit *guest, gast, hostis;* es bezeichnet ursprünglich »eine Person, die im Hause eines anderen oder in einem fremden Lande weilt«. In altrussischen Texten wurde das Wort mit »Kaufmann« wiedergegeben, obwohl »Abgesandter« im Kontext ebenso zuträfe. Bezeichnend ist, daß Gost Radin als der bevollmächtigte Abgesandte des Woiwoden Stephan fungiert, während die Inschrift auf dem Grabstein des Gost Milutin (s. S. 211) feststellt, daß er Geschenke von großen Herren und Herrschern und von griechischen Herren empfing. Sehr wahrscheinlich übte er eine ähnliche Funktion wie Gost Radin aus.

Andere Dokumente im Archiv geben wiederum Einzelheiten darüber an, wie die Vermächtnisse von den Nutznießern in Empfang genommen wurden. In einem von ihnen ist davon die Rede, Radins vollständiger Name sei Radin Butković, d. h. Radin, Sohn des Butko, gewesen (A. d. Ü.: bei Truhelka, S. 65, heißt der Name Rutko bzw. Rutković).

Gost Radin war nicht nur der bevollmächtigte Gesandte des Stephan Vukčić, sondern auch ein Freund der Stadt Dubrovnik: als solcher übte er seinen Einfluß beim Woiwoden zugunsten der Stadt aus. Dubrovnik erzeigte sich dankbar und versprach ihm im Jahr 1455 ein Haus, eine Altersrente sowie eine Unterstützung bei der Ausführung alles dessen, was er wünsche, wann auch immer er kommen wolle – ein Angebot, das er gern annahm, als der Woiwode starb. Er selbst starb zwei Jahre später, noch bevor er von der Einladung Gebrauch machen konnte, seinen Wohnsitz nach Venedig zu verlegen, wo er für sich und seinen Anhang vor den heranrückenden Türken um Asyl nachgesucht hatte.

Das Testament des Gost Radin 533

Die nachstehende Übersetzung wurde zunächst nach Truhelkas Faksimile angefertigt, später jedoch wurden die Originalmanuskripte im Archiv zu Dubrovnik untersucht, was aufschlußreiche Ergebnisse hervorbrachte. Das wichtigste war die Entdeckung, daß das von Truhelka mit *mrsni* (»Fleisch essend«) transkribierte Wort in Wirklichkeit *mrski* (»unansehnlich«) heißt (s. Anm. 23). Als ebenso wichtig erwies sich die Existenz eines weiteren Manuskripts, in welchem vom Kerzenanzünden am St.-Nedelja-Tag die Rede ist (s. Anm. 18).

Während der Übersetzung und der nachfolgenden Untersuchung wurde in dem Testament nichts gefunden, was gegen die Annahme spräche, der Gost sei Mitglied einer unabhängigen östlich-orthodoxen Kirche, vergleichbar mit der Serbischen Kirche, gewesen. Sollte es zu seiner Zeit unter den Mitgliedern der Bosnischen Kirche Ketzer gegeben haben, muß der Nachweis hierfür anhand anderer Quellen als des Testaments von Gost Radin erbracht werden.

Übersetzung des Testaments

Im 1467sten Jahr nach der Geburt Christi . . .
Dies ist das Testament des Gost Radin, welches . . .[1] zwei Neffen[2] des Gost Radin, Vladisav Jurjević und Trvtko Brajanović[3], zwei von den Erben des besagten Gost, die das Testament in allem bestätigten und versprachen, daß alles, was darin enthalten ist, soweit es sowohl sie selbst als auch die anderen Erben betrifft, einem jeden von ihnen fest und unverbrüchlich und ohne Widerruf gehören solle.[4]

Möge es dem Allmächtigen Herrgott gefallen und dem autokratischen und gottesfürchtigen Fürstentum Dubrovnik kund und zu wissen sein[5], daß ich, Gost Radin, der ich durch Gottes Gnade im Vollbesitz meiner geistigen Kräfte[6] und der Hoffnung bin, daß sie mir sowohl während meiner Lebenszeit als auch danach erhalten bleiben mögen, beim Fürsten Tadioko Marojević und seinem Neffen Maroje Naoković das, was in den schriftlichen Feststellungen enthalten und bestimmt ist, niedergelegt habe (eine Abschrift davon befindet sich bei den Notaren des Fürstentums Dubrovnik, die andere bei mir, Gost Radin); es wurde eigenhändig von besagtem Fürsten Tadioko Marojević geschrieben und mit seinem rechtskräftigen Siegel für eben dies Treuhandvermögen versehen.

Falls ich, Gost Radin, sterben sollte, sei es (durch . . .)[7] oder aufgrund irgendeiner anderen Ursache, so verbleibt (und befindet sich) dieses Dokument, welches in den oben erwähnten schriftlichen Feststellungen enthalten und benannt[9] ist (bei . . .[8]). Was diese eidesstattliche Verfügung anbetrifft, so habe ich nunmehr verfügt, wie meine Angelegenheiten in einer besseren und korrekteren Weise geordnet werden sollen, als dies in dem ersten Dokument vorgesehen wurde. Diese Neufassung des ersten Dokuments verfertigen wir nunmehr so, daß es alles Bisherige enthält, damit mein besagtes Eigentum (welches in dem oben erwähnten ersten Dokument angegeben ist) gemäß den Anweisungen in diesem meinem, Gost Radins, Dokument geregelt und verwendet werden soll und muß, so daß meine Hinterlassenschaft vollständig und in gemünztem Geld an jeden meiner Verwandten, Diener und Freunde ausgezahlt werde.

Zuvörderst lasse man um meiner Seele, der Seele Gost Radins willen 600 Golddukaten für den Gottesdienst[10] austeilen. Diese 600 Dukaten sollen umsichtig auf folgende Weise verteilt werden:

300 Dukaten müssen und sollen meinem Neffen[11], Gost Radin von Seonica, ausgehändigt werden, damit er diese Summe mit treuem Herzen und in rechter Weise an Getaufte[12], die dem wahren apostolischen Glauben anhängen[13], austeile, an wahre christliche[14] Landarbeiter[15] (beiderlei Geschlechts[16]), damit sie an jedem Hauptfeiertage[17] sowie am Tage der hl. Nedelja und Petka[18] bis zum Boden niederkniend[19] ein heiliges Gebet für meine Seele sprechen, auf daß uns Gott der Herr erlöse von unseren Sünden und begnadige am Tage des Jüngsten Gerichts in alle Ewigkeit. Insbesondere soll es an solche

älteren Bauersleute (beiderlei Geschlechts) ausgeteilt werden, die zwar arme, aber gute Menschen sind[20], welche die Sünde nicht lieben – welches Geschlechts sie auch immer sein mögen[21] (ob Christen oder Christinnen). Mein besagter Neffe Radin muß und soll es an sie austeilen, an jeden, den er nach unserer Glaubensnorm für geeignet ansieht und hält[22], ob er blind, verkrüppelt, schwach oder arm sei, und zwar an einige 3 Perpere, an einige 4, an einige 5, an einige 6, an einige 7 und an einige 8, wie er es für passend befindet, und auch an die unansehnlichen[23] Leprakranken[24] und an die Blinden und an die Krüppel und an die Hungernden und an die Dürstenden und an die alten Männer und Frauen muß und soll es ausgeteilt werden, je nachdem wie es geeignet erscheint, an Hauptfeiertagen und am Tage der hl. Nedelja und am Tage der hl. Petka und insbesondere am Tage der heiligen Geburt Christi und am heiligen Tage der Verkündigung und am heiligen Tage der Auferstehung des Herrn und am Tage des hl. Georg, meines *slava*[25], und am Tage der heiligen Himmelfahrt unseres Herrn und am Tage des hl. Petrus und am Tage des hl. Paulus[26] und am Tage des hl. Stephan, des ersten Märtyrers, und am Tage des hl. Erzengels Michael, am Tage der Hl. Jungfrau Maria[27], am Tage Allerheiligen.[28] Alles, was oben aufgeführt ist, weil und wie es in diesem Dokument enthalten ist, diese 300 Dukaten – fühle sich Fürst Tadioko Marojević und sein Neffe Maroje Naoković verpflichtet, an besagten Gost Radin auszuhändigen um des Glaubens willen, den er bekennt, und um des Fastens willen, das er einhält[29], auf daß er keinesfalls weniger[30] als die oben schriftlich erwähnten 300 Dukaten weder übergeben könne noch wolle, sondern weil und wie es oben verfügt ist, alles rechtmäßig, vollständig und treulich um meiner Seele willen aufteile und zuteile werde, falls er sich nicht auf die Seite dessen stellen will, der Gott ungehorsam war[31], und falls er nicht wünscht, daß seine Seele nach dem Tode[32] vor dem Allerhöchsten Herrgott und vor der Heiligen unteilbaren Dreifaltigkeit sei. Hierdurch möge er meiner Seele wahren Frieden geben, sofern der Allmächtige Herrgott dies ebenso wünscht.

Und in gleicher Weise (Wort für Wort und Buchstabe für Buchstabe) stelle ich auch in frommer Erwartung von diesen erstgenannten 600 Dukaten weitere 300 Dukaten unter die Verfügungsgewalt und Aufsicht des Fürsten Andruško Sorkočević[33] und des Tadioko Marojević, auf daß sie als die einzigen Schiedsrichter in dieser Sache meine, Gost Radins, besagte Stiftung nach getreuem Grundsatz aufteilen und austeilen an die Elenden und Armen, an die Blinden und Krüppel, an die Witwen und Waisen. Ich habe deshalb meine besagte Stiftung aufgeteilt und sie ihnen wegen ihres Glaubens und der Tugendhaftigkeit ihres Adels anvertraut, damit sie das Geld nach ihrem Gutdünken Alten oder Armen oder Elenden zuteilen, und zwar einigen 3 Dinare, einigen 4 Dinare, einigen 5, einigen 6, einigen 7 und einigen sogar 8 Dinare, auf daß Kerzen angezündet werden für meine, Gost Radins, Seele in Gottes Kirchen an jenen heiligen großen Feiertagen, die oben erwähnt sind, und an jedem Tage der hl. Nedelja und der hl. Petka.[34]

Über diese Stiftung hinaus, die für den Gottesdienst und für die Verehrung aller Heiligen bestimmt ist, und abgesehen von ihr, habe ich, Gost Radin, der ich nicht weiß, wann, wo, noch in welcher Jahreszeit mein Leben beendet sein wird, über den Rest meines gesamten Vermögens so verfügt, ihn so eingeteilt und diese Einteilung schriftlich niedergelegt, daß mein besagtes Vermögen in seiner Gesamtheit vollständig und als das meinige für mich in jeder Weise und in jeder Hinsicht vollkommen und unbedingt zur Verfügung steht. Und im Falle meines Todes hinterlasse und verfüge ich, Gost Radin, über den Rest meines Eigentums wie folgt:

Zunächst bekommt Vukava, die Christin[35] (meine Base und Trvtkos Nichte[36]), 150 Dukaten;[37] und Gost Radin von Seonica, mein Neffe, 100 Dukaten;[38] und die zweite Vukava, ebenfalls eine Christin (Vuknas jüngste Dienerin), 100 Dukaten;[39] Stoisava, meine jüngste Dienerin[40], 600 Dukaten;[41] Vukna, meine Schwester, 60 Dukaten; Vukna, meine Schwester, 300 Dukaten;[41] Vučica, meine Nichte, 200 Dukaten;[42] und von den drei Christinnen in meinem Gefolge soll zunächst Vukša 60 Dukaten bekommen und

Das Testament des Gost Radin 535

Radoje 50 Dukaten . . .[43] Milisava, die Christin, soll 20 Dukaten bekommen;[44] und Radan, der Christ, soll 60 Dukaten bekommen.[45]

Und von den übrigen soll zunächst Pava, meine Schwägerin[46], mit ihren drei Söhnen 2000 Dukaten bekommen;[47] und meine Nichte Alinka 100 Dukaten;[48] und mein Neffe Vladisav mit seinen zwei Söhnen 1000 Dukaten;[49] und meine Schwägerin Ktava 100 Dukaten.[50]

Und was die Diener in meinem Gefolge betrifft, so soll zunächst mein Kammerherr Vukas 100 Dukaten bekommen;[50] Radosav und sein Bruder Vukić Radilović 60 Dukaten;[50] Radovan Ostojić 30 Dukaten;[51] und die vier Gojtanovići, Radivoj, Mihoje, Radosav und Obrad, zusammen 70 Dukaten, und zwar so, daß Mihoje 30 Dukaten bekommt und die drei anderen zusammen 40 Dukaten;[52] Radona Vukotić 40 Dukaten;[53] Vukić Vukašinović 30 Dukaten;[54] Obrad und Milica, Pavas Bedienstete, 10 Dukaten;[55] und Gjuren und Ilija 10 Dukaten.[56]

Und mein Freund, Fürst Tadioko Marojević, soll 200 Dukaten bekommen[57], dazu meinen roten pelzgefütterten Mantel aus sechsfädiger Seide, der mit Zobelfell verbrämt ist (A. d. Ü.: bei Truhelka »meine mit Zobelfell besetzte Schaube aus rotem Axamit«), den der Herr König Matijaš[58] mir schenkte; und Fürst Andruško 100 Dukaten;[59] und für die Kirche und das Grabmal, in dem meine Gebeine liegen werden, stifte ich 140 Dukaten.[60]

Und die folgende Verfügung treffe ich, Gost Radin, im Hinblick auf die bei mir hinterlegten Treuhandvermögen; sie dürfen bekanntgemacht werden, so daß niemand ihrer verlustig geht oder geschmälert wird: Zunächst sollen die 270 Dukaten meines Vetters Gost Radivoj ihm zurückgegeben werden;[61] und dem Kinde, dem Sohn des Božićko Milošević aus Sěrčanica, sollen 160 Dukaten ausgehändigt werden[62], und Vuk, dem Gost von Uskoplje, 110 Dukaten.[63]

Und was den Rest meines Eigentums anbetrifft, ob Tafelgeschirr oder anderer Art, so sollen meine vier Neffen Vladisav, Trvtko, Juraj und Radić sich darin teilen.[64] Und der Rest meines Hausrats und Eigentums ist für Vukna, Vučica, Mihna, Trvtko, Jurje und Radič bestimmt, soweit es sich um Pferde, meine Kleidung und Taschen oder irgendwelche Webwaren handelt, außer dem pelzgefütterten Umhang mit Gold, der ist für Trvtko bestimmt.

All das oben Beschriebene und in der Hoffnung auf Gott Bezeichnete haben wir so aufgeteilt und angeordnet, damit die oben erwähnten ehrenwerten Männer sowie die oben genannten Herrscher, Fürst Andruško Sorkočević und Fürst Tadioko Marojević, und mit ihnen meine beiden Neffen Vladisav und Trvtko dafür Sorge tragen, daß dies alles in der rechten Weise und Aufteilung ausgeführt wird.

Geschrieben im Jahre unseres Herrn 1466, im Monat Januar, am 5. Tag, zu Dubrovnik.

Anmerkungen der englischen Übersetzerin des Testaments von Gost Radin zu Anhang E

[1] An dieser Stelle und in der darüberstehenden Zeile sind die Wörter nicht zu entziffern.
[2] Söhne seines Bruders
[3] An dieser Stelle ist das Pergament stark beschädigt. Da wir jedoch die Namen der beiden Neffen aus anderen Dokumenten im Archiv kennen, dürfen wir feststellen, daß die ausgerissenen Stellen mit dieser Lesart übereinstimmen.
[4] Ähnliche Ausdrücke findet man in anderen Texten, die von Ljub. Stojanović in *Stare Srpske povelje i pisma*, Belgrad 1929, I, S. 296, 305, II, S. 33 veröffentlicht wurden und im folgenden als *Lj. S.* bezeichnet werden.
[5] Viele andere Texte in *Lj. S.* enthalten feststehende Ausdrücke, welche die hier benutzten Wörter variieren. Man darf von der Vermutung ausgehen, daß die gleiche Bedeutung beabsichtigt war.
[6] Vgl. das Testament des Woiwoden Stephan: »a u pameti moioi na punu krěpakb«. Gost Radin war zugegen, als das Testament des Woiwoden von David, dem Metropoliten von Mileševo, niedergeschrieben wurde. Radin und David waren die Geistlichen am Sitz des Woiwoden und scheinen gleichen Status gehabt zu haben.

⁷ Obgleich hier keine Lücke ist, macht der Sinn es wahrscheinlich, daß der Kopist hier eine oder mehrere mögliche Todesursachen ausgelassen hat.

⁸ Hier scheint der Text entstellt zu sein.

⁹ In einer Anzahl von Texten fehlt der erste Buchstabe eines Wortes, wenn er mit dem letzten des vorhergehenden Wortes identisch ist. Hier geht die Übersetzung davon aus, daß so verfahren wurde.

¹⁰ Dies ist der für die Liturgie in der östlich-orthodoxen Kirche gebräuchliche Ausdruck im Unterschied zu misa (Messe) in den slawischsprachigen Teilen der westlichen Kirche.

¹¹ Sohn der Schwester. Er empfing das Geld am 15. Juli 1467.

¹² *kršteniemb*: das normale Wort für »getauft« (hier im Dativ Pluralis).

¹³ Dies ist der normale Ausdruck für »orthodoxe Christenheit«. Er wurde z. B. von Justinian verwandt (*Corpus iuris civilis,* Nov. 132).

¹⁴ *krstjanin* ist die in Bosnien anzutreffende Form, welche dem heutigen *kršćanin* in Kroatien und dem *hrišćanin* in Serbien entspricht. Obwohl Autoren, die über die Bosnische Kirche gearbeitet haben, die Auffassung vertreten haben, dieses Wort impliziere die Mitgliedschaft einer häretischen Kirche, gibt es viele linguistische Beweise dafür, daß dieses Wort lediglich eine frühe Form von *kršćanin* ist, in welcher die Palatalisierung des *st* noch nicht stattgefunden hat. Dies ist unbemerkt geblieben, solange der Zusammenhang mit Bosnien nicht berücksichtigt wurde. Ein verwandtes Wort ist das Adjektiv *krstjanski*. S. (a) Verfassung von Poljica aus den Jahren 1620 und 1688. Nr. 74: »u svakoi crkvi ima se zvonit zdrava m(aria) za mrtvih na uru noći, u ko vrime virni *krstěani* imaju molit boga za iste mrtve.« Nr. 103: »da iz nih na *krstěnski* puknemudan.« (b) Matija Divković (1563–1631), ein Franziskaner, schrieb 1609 in Sarajevo »Nauk krstjanski za narod slovinski« (Christliche Unterweisung für Slawen). Das Werk wurde 1617 in Venedig gedruckt. (c) JAZU Wörterbuch, s. v. »*počelo*« »Dužan je svaki *krstjanin* misu slišati u svaku svetkovinu od počela do svrhe.« ned. 124. (»Jeder Christ ist verpflichtet, an jedem Tage eines Heiligen die Messe von Anfang bis Ende zu hören«). Im vorliegenden Testament zeigt sich die gleiche fehlende Palatalisierung in den Wörtern *neti* (Neffe), Genitiv *netja,* Dativ *netju.* Die heutige Form ist *nećak,* worin *tj* zu *ć* wurde.

¹⁵ *kmet* war der Name eines Landarbeiters, der das Land seines Grundherrn bestellte. In dieser Bedeutung wurde es in türkischer Zeit und danach in Bosnien gebraucht. In Serbien wiederum wird das Wort für das gewählte Oberhaupt eines Dorfes gebraucht.

¹⁶ Die Wörter »Christ« und »Landarbeiter« haben beide weibliche Formen, wie es in der Sprache üblich ist, wenn Lebewesen gemeint sind.

¹⁷ Sowohl die westliche als auch die östlich-orthodoxe Kirche kennt gewisse Festtage, die als Hauptfeiertage bekannt sind.

¹⁸ Dies ist bisher so aufgefaßt worden, als ob es Heiliger Sonntag und Heiliger Freitag hieße. Es ist behauptet worden (Truhelka, in: *Wissenschaftliche Mitteilungen aus Bosnien und Herzegowina,* XIII, 1916, S. 69), die Form und St. Nedelja und St. Petka, und die grammatische Form *svetu petku* (Akkusativ von *sveta petka*) sei eine falsche Form statt *sveti petak* (Akkusativ von *sveti petak*). Der Ausdruck kommt jedoch dreimal im Text vor, und jedesmal heißt die Form svetu petku. Es scheint unmöglich, daß ein solcher Fehler bei einem so gebräuchlichen Wort wie dem Namen eines Wochentages dreimal gemacht wurde. Diese beiden Heiligen erscheinen oft in Verbindung miteinander; in Sofia sind ihnen zwei benachbarte Kirchen geweiht, dasselbe gilt für zwei Dörfer bei Ohrid. Ihre Verehrung breitete sich von Serbien her bis zur Adria aus, wahrscheinlich seit der Zeit, 1398, als die Gebeine Petkas von Vidin nach Belgrad gebracht wurden. Vorher waren sie in Trnovo in Bulgarien gewesen. Diese Heiligen erscheinen nicht im römischen Kalender, und als die Serben über gewisse Gebiete nicht mehr ihre Herrschaft ausübten, änderten die Missionare aus Rom die Namen der Kirchen, um auf diese Weise zu erschweren, daß man die Verbreitung ihres Kultes erkenne. Das Vermächtnis des Frančesko in *Lj. S.* I ii, S. 473–474, der für die Kirchen in Ston und Dubrovnik im Jahre 1485 Geld hinterließ, bestätigt die obige Deutung. Er schrieb: »Ich stifte 2 Perpere zu Ehren des hl. Michaels, damit 10 Messen gelesen werden, und ich stifte 2 Perpere zu Ehren der hl. Nedelja, damit 10 Messen gelesen werden, und ich stifte 2 Perpere zu Ehren aller Heiligen (sowohl männlicher als auch weiblicher) . . .« Da die verwendeten Ausdrücke in allen drei Fällen die gleichen sind und der erste und dritte Tage von Heiligen sind, folgt daraus, daß der zweite auch der Tag eines Heiligen sein muß. Die Gegend von Ston war serbisches Gebiet gewesen, dann aber in die Hände der Stadt Dubrovnik übergegangen.

¹⁹ In den östlich-orthodoxen Kirchen Serbiens und anderswo sind die zwei großen Sandkästen, in die man beim Betreten des Raumes die Kerzen steckt, übereinander angeordnet – der obere ist für die Lebenden bestimmt und der dem Boden nahe für die Toten. Wenn man daher eine Kerze für die Toten anzündet, ist es nötig, daß man niederkniet. Der Ausdruck dürfte also auf diesen Brauch anspielen.

²⁰ *dobri mužbje* soll nach einigen Deutungen soviel bedeuten wie die *boni homines* der Ketzersekten im Westen. Der Ausdruck ist jedoch, genau wie *krstjanin*, in vielen Texten gut bezeugt, und zwar in Zusammenhängen, bei denen bisher niemand Ketzerei vermutet hat. A. d. Ü.: Zum Ausdruck *Christiani* und *boni homines* als Selbstbezeichnung der Katharer vgl. Borst, Katharer, S. 242.

²¹ Wörtlich: »von welcher Art auch immer«.

²² Der Ausdruck »unserer Glaubensnorm« wird normalerweise gleichermaßen von Mitgliedern der östlichen wie der westlichen orthodoxen Kirche gebraucht, wenn sie von einem Mitglied ihrer eigenen Kirche sprechen, während »seiner Glaubensnorm« anzeigt, daß diejenigen, von denen die Rede ist, der anderen angehören. Im Falle des Gost Radin muß sich »unsere Glaubensnorm« auf die der östlich-orthodoxen Kirche beziehen, da seine Glaubensnorm eindeutig nicht diejenige Dubrovniks oder Venedigs war und uns bekannt ist, daß diese zum westlich-orthodoxen Bereich gehörten. Dies erhellt aus zwei Dokumenten: das eine in Dubrovnik bietet Gost Radin ein Haus, eine Rente sowie die Zusicherung an, daß man keinen Druck ausüben werde, um ihn von dem »Glauben, zu dem er sich bekennt«, abzubringen (*Liber Privilegorum,* S. 115); das andere in Venedig gibt seinem Ersuchen um Asyl für sich und fünfzig oder sechzig Angehörige seiner Glaubensnorm statt (Archivio di Stato, Venezia, Senato, Terra V, 151, 10. März 1466). Der Text des letzteren lautet folgendermaßen (Šunjić, Marko: Jedan novi podatak o gostu Radinu i njegovoj sekti, *Godišnjak Istorijskog društva Bosne i Hercegovine,* XI, 1950):

Quidam gost Radin principalis baronus et consiliarius domini duci(s) Stefani sancti Save cum maxima instantia petit a nostro dominio literas patentes et salvum conductum nostrum quo ei lecitum sit et valeat cum personis L in LX *ex suis legis et secte sue* cum facultatibus et bonis eorum se reducere sub umbram nostram et securi liberique ab omni molestia quae quoquomodo illis inferri possit stare, ire et redire ... De parte 60. De non 7. Non sinceri 15.

Man wird bemerken, daß von Stephan als dem Fürsten von St. Sava die Rede ist. Der hl. Sava war der Gründer der selbständigen Serbischen Kirche, die zwar unabhängig, aber dennoch orthodox war. Die Tatsache, daß die beiden Geistlichen Stephans Radin und David waren (letzterer war der Metropolit von Mileševo, wo sich St. Savas Grab befand), legt den Gedanken nahe, daß zwischen der Serbischen und der Bosnischen Kirche Parität bestand. Die Wörter »ex suis legis et secte sue« können heißen »von seinem Teil der östlich-orthodoxen Kirche«, d. h. der Bosnischen Kirche.

²³ Historiker, die das Testament als Nachweis für die häretische Natur der Bosnischen Kirche benutzt haben, sehen in *mrsni* eines der Schlüsselwörter: Es soll »Fleisch essend« bedeuten (nach heutigem Sprachgebrauch wird das Wort in dieser Bedeutung allgemein gebraucht). So las und übersetzte Truhelka, und auf keinen anderen Beleg als dieses Wort in diesem einzigen Dokument haben Historiker ihre Behauptung gegründet, die Bosnische Kirche habe aus zwei Kategorien von Mitgliedern bestanden (wenngleich sie auch noch weiter aufgegliedert gewesen sei), nämlich jenen, die Fleisch aßen und jenen, die es ablehnten. »Fleisch essend« ist jedoch nicht die einzige Bedeutung von *mrsni*. Es bedeutet auch unrein, und im Hinblick auf die Tatsache, daß es in diesem Testament ein auf Leprakranke bezogenes Adjektiv war, schien das eine sinnvollere Übersetzung. Mittlerweile ist es unnötig geworden, sich zwischen diesen beiden Bedeutungen zu entscheiden, weil nämlich ein Besuch des Dubrovniker Archivs im darauffolgenden Jahr ergab, daß das fragliche Wort von Truhelka unkorrekt transkribiert worden war und in Wirklichkeit *mrski* heißt. Der von Truhelka als »n« transkribierte Buchstabe besteht aus zwei ganz leicht gekrümmten vertikalen Strichen, die genauso aussehen wie die Buchstaben, die er in anderen Teilen des Testaments als »k« transkribiert hat. Hätte es ein »n« sein sollen, so hätte ein dritter Strich die beiden vertikalen Striche miteinander verbinden müssen. Die Handschrift wurde mit Hilfe eines Vergrößerungsglases und später unter dem starken Licht, das in der Dunkelkammer des Archivs zum Ablichten von Handschriften benutzt wird, sehr gründlich untersucht. Das Pergament ist an jener Stelle ganz sauber und weiß, und es ist völlig sicher, daß niemals eine horizontale Linie eingezeichnet wurde, um die beiden senkrechten Linien miteinander zu verbinden. *Mrski* ist die Form des Nominativ Pluralis von *mrzak,* und das Wörterbuch der Akademie, Zagreb 1911, S. 96—97 führt unter fünf Stichpunkten viele Beispiele über seinen Gebrauch an. Unter dem ersten werden aus verschiedenen Wörterbüchern als gleichbedeutend angegeben *exosus, odiosus, odio dignus, abbominato, abborrito, odiato, molestus,* während unter dem zweiten Beispiele in der Verwendung »unangenehm« aufgezählt sind. Die dritte Bedeutungsvariante zitiert *horridus, incultus, turpis, deformis, brutto, nauseabile, abbominevole, hässlich, garstig,* während die vierte unter anderen Beispielen einen Satz, in dem es *injucundum esse aliquid alicui, pigere* entspricht. Der fünfte Stichpunkt enthält nur ein Beispiel, in welchem die Bedeutung »abgeneigt« ist. Wenn sich das Adjektiv allein auf Leprakranke bezieht, dann ist wahrscheinlich »unansehnlich« die passendste Übersetzung. Andererseits würde die Übersetzung »unglücklich« oder »unglückselig« auf alle die Leute passen, die an dieser Stelle des Testaments aufgezählt werden; die Stelle könnte dann den Beispielen hinzugefügt wer-

den, die im Wörterbuch unter dem vierten Stichpunkt angegeben sind. Wenn man jedoch alles erwägt und berücksichtigt, daß das Wort *i* vorangeht, ist die erstere Übersetzung vorzuziehen. Eins ist indessen gewiß: Gost Radin hat ganz bestimmt nicht Fleisch essende Leute gemeint, sondern jegliche Art von benachteiligten Menschen, die nicht in der Lage waren, für sich zu sorgen. Folgerungen, zu denen man auf der Grundlage von Truhelkas Transkription *mrsni* gelangt ist, müssen daher verworfen werden.

[24] Das verwendete Wort ist dasjenige, das man in altslawischen Evangelien-Kodizes wie dem Evangelium des Marianus und des Miroslav findet, wo es das griechische Wort für Leprakranker übersetzt.

[25] Jeder Serbe hat sein *slava*. Es ist der nach dem jeweiligen Heiligen benannte Tag, an dem seine Vorfahren den Christenglauben annahmen.

[26] Truhelka machte darauf aufmerksam, daß die westliche Kirche für die Heiligen Petrus und Paulus nur einen einzigen Festtag hatte, während die östliche Kirche getrennte Festtage gefeiert habe.

[27] Der Schreiber schrieb ursprünglich »am Tage der hl. Nedelja«, aber *nedelja* wurde vor den Wörtern »Jungfrau Maria« durchgestrichen. Vielleicht war dies auf die Auslassung mehrerer Wörter zurückzuführen, was wiederum zur Folge hatte, daß man noch ein weiteres auslassen mußte, um einen verständlichen Satz zu erhalten. Andererseits kann es auch auf eine irrtümliche Interpolation des Namens »Maria« zurückzuführen sein, nachdem er ein Original »am Tage der hl. Nedelja, der Jungfrau« abgeschrieben hatte. In jedem Fall bestätigt es die Vermutung, daß in diesem Testament die Wörter *sveta nedelja* hl. Nedelja bedeuten und nicht etwa »Heiliger Sonntag«.

[28] Alle erwähnten Tage gehören zu den wichtigsten im byzantinischen Kalender.

[29] Diese ausdrückliche Verfügung wird für Gost Radin getroffen, auf dessen Glaube und Fasten Bezug genommen wird.

[30] Vgl. das Testament des Woiwoden Stephan, *Lj.* S. I, ii, S. 89

[31] D. h. Judas Ischariot. Vgl. *Lj.* S. I, i, S. 301

[32] Zwei Adjektive mit der Bedeutung »ruhig« und »friedvoll« bestimmen das Wort »Seele« mit euphemistischem Bezug auf die Seele des Fürsten Tadioko nach seinem Tode.

[33] Fürst Andruško gehörte einer sehr bekannten Dubrovniker Familie an. Es ist interessant, festzustellen, daß sich Mitglieder dieser Familie noch immer als Serben betrachten, obgleich sie als Katholiken im katholischen Dubrovnik leben. Das bedeutet, daß ihre Herkunft von Generation zu Generation weitergegeben wurde. Dadurch erklärt sich das Vertrauen, das Gost Radin zu diesen besonderen Freunden in Dubrovnik hatte.

[34] Am 23. Juli 1472 bezeugte Fürst Andruško, daß die an ihn ausgezahlten 100 Dukaten Gost Radins Wünschen entsprechend an die Armen verteilt worden seien, und am 11. April 1477 bestätigte er, daß weitere 50 Dukaten verteilt worden seien. Über die verbleibenden 150 Dukaten ist nichts bekannt.

[35] Hier wird die weibliche Form *krstjanica*, also »Christin«, gebraucht.

[36] Das Wort *kćerša* wurde von Truhelka unkorrekt mit »Tochter« übersetzt. In Poljica kommt es in der Form ćerša (»Nichte«) vor (Ivanišević, Franco: *Poljica. Narodni život i običaji, Zbornik za narodni život i običaje južnih slavena*, Zagreb 1904, IX, S. 245). Die Bevölkerung von Poljica berichtet, ihr Land sei zuerst von den drei Söhnen des Fürsten Miroslav von Bosnien besiedelt worden, und später seien Leute aus Ungarn und Bosnien aus Furcht vor den Türken ins Land gekommen (ebd., X, S. 302). In Poljica überlieferte Wörter können sich deshalb als nützlich erweisen, wenn man Bosnien betreffende Dokumente studiert.

[37] An Gost Radin von Seonica zu ihren Gunsten am 15. Juli 1467 ausgezahlt.

[38] Am 15. Juli 1467 ausgezahlt.

[39] *Mlajša* (»jüngste Dienerin«) kommt in Zlatarićs Dichtung vor.

[40] An Gost Radin von Seonica zu ihren Gunsten am 15. Juli 1467 ausgezahlt.

[41] Eigenartigerweise werden zwei Geldbeträge ein und derselben Person vermacht; es liegt wahrscheinlich ein Schreibfehler vor.

[42] Über die Auszahlung dieses Geldes gibt es keinen Vermerk.

[43] Da nur zwei Namen angeführt werden, könnte es so aussehen, als ob der Schreiber die dritte Christin ausgelassen hätte. Hier ist ein Loch im Pergament. Diese Teile des Vermächtnisses wurden nicht unter denen geführt, die eingelöst wurden.

[44] An Gost Radin von Seonica zu ihren Gunsten am 15. Juli 1467 ausgezahlt.

[45] Über die Auszahlung dieses Geldes gibt es keinen Vermerk.

[46] *Nevěsta* hat verschiedene Bedeutungen, sogar in benachbarten Dörfern. In diesem Fall bedeutet es »Frau des Bruders« wie in Poljica (ebd., IX, S. 246). Truhelka glaubte, es bedeute »Schwiegertochter«, wie es in einigen anderen Landesteilen der Fall ist.

⁴⁷ An ihren Sohn Tvrtko Brajanović zu ihren Gunsten am 16. Juni 1470 ausgezahlt.
⁴⁸ Alinka, die Frau des Dragiša Vukšić und Schwester des Tvrtko Brajanović, nahm mit deren Einverständnis ihr Erbteil am 27. November 1469 in Empfang.
⁴⁹ An Vladisav Djurdjević am 16. Juni 1470 ausgezahlt.
⁵⁰ Über die Auszahlung dieses Geldes gibt es keinen Vermerk.
⁵¹ Am 15. Juli 1467 ausgezahlt.
⁵² Über die Auszahlung dieses Geldes gibt es keinen Vermerk.
⁵³ Am 16. Juni 1470 ausgezahlt.
⁵⁴ Über die Auszahlung dieses Geldes gibt es keinen Vermerk.
⁵⁵ Obwohl diese Hinterlassenschaften nicht besonders als ausgezahlt erwähnt werden, kann Tvrtkos Feststellung vom 16. Juni 1470, daß alles aufgrund des Testaments fällige Geld an ihn ausgezahlt worden sei, sie mit einbeschlossen haben, da die Legatare Bedienstete seiner Mutter waren, die er vertrat.
⁵⁶ Über die Auszahlung dieses Geldes gibt es keinen Vermerk.
⁵⁷ Die Auszahlung dieser Summe wurde am 15. Juli 1467 bestätigt.
⁵⁸ Matthias Corvinus, der König von Ungarn; er schenkte dem Woiwoden Stephan Vukčić einen ähnlichen Mantel. Dieser wird im Testament des Woiwoden erwähnt.
⁵⁹ Die Auszahlung dieser Summe wurde am 15. Juli 1467 bestätigt.
⁶⁰ Am 23. Juli 1472 bestätigte Tvrtko Brajanović, daß er dieses Geld empfangen habe.
⁶¹ Am 23. Februar 1470 erteilte Radivoj Priljubović, Gost in Bijela, Tvrtko Brajanović und Cvjetko, einem Christen, Vollmacht, dies in Empfang zu nehmen, was am 18. März 1470 geschah.
⁶² Dieser Betrag wurde Vukić Milošević aus Dračevica zugunsten des Nicola, des Sohnes Božićkos von Dračevica, am 15. Juli 1467 ausgehändigt.
⁶³ Ausgezahlt an Tvrtko Brajanović zugunsten des Gost Vuk Radivojević am 18. März 1470.
⁶⁴ Die Versicherung, daß dies ausgeführt worden sei, wurde am 16. Juni 1470 abgegeben.

Anmerkung

Kursiv gedrucktes *b* kennzeichnet den altslawischen reduzierten Vokal. Er wäre in dieser Stellung nicht ausgesprochen worden.

Herzlichen Dank schulde ich der jugoslawischen Regierung, dem Hayter Fund und dem Central Research Fund der Universität London für ihren Beitrag zur Deckung der Reiseunkosten sowie Professor Svetozar Marković von der Universität Sarajevo und insbesondere dem Direktor und den Mitarbeitern des Historischen Archivs in Dubrovnik, ohne deren Hilfe und Zusammenarbeit diese Arbeit nicht hätte fertiggestellt werden können.

Ketzerglossar

Adamiten   Häretische Sekte, welche die Nacktheit Adams imitierte, zuerst von Epiphanius und Augustinus beschrieben, dann von Isidor von Sevilla; möglicherweise ursprünglich mit der unzüchtigen gnostischen Sekte der Karpokratianer identifiziert, doch als organisierte, im Mittelalter fortbestehende Sekte nur in der Vorstellung existierend. Verächtlicher Ausdruck für eine hussitische Gruppe (s. S. 468).

Albigenser   Name für die Sekte der Katharer in Südfrankreich, ursprünglich auf die Anhänger in der Umgebung von Albi, dem Albigeois (Südfrankreich), bezogen.

Amalrikaner   Pantheisten; verworrene Anhänger Amalrichs von Bena (1210 verdammt).

Apostolische, apostolische Brüder   Übersteigerte Nachahmung der Franziskaner, mit häretischen Anschauungen betr. Armut und Vollkommenheit, gegründet von Gerardo Segarelli in Parma im Jahre 1260; zettelten unter Dolcino di Novara (1307 verbrannt) einen Aufstand an (S. 280–285).

Arme Lombarden   Anfangs in Norditalien beheimatete Waldenser, die von der lombardischen Denkweise beeinflußt, eine radikalere und antikirchliche Haltung einnahmen; unter dem Einfluß der Humiliaten schlossen sie sich zu Gemeinden zusammen, deren Mitglieder sich von ihrer Hände Arbeit ernährten und sich im Jahre 1205 von den Lyonesern trennten; rege Missionstätigkeit bes. in deutschsprachigen Ländern (s. S. 108–162).

Arnoldisten   Anhänger Arnolds von Brescia (1155 hingerichtet) mit donatistischen und antiklerikalen Anschauungen, machten den Versuch, die apostolische Armut in der Kirche als verpflichtend einzuführen; eine Bewegung oder Gedankenströmung in Norditalien (s. S. 94–96).

Begarden   Sg. der *beginus*. Männer mit einer mönchischen Lebensführung ohne Regel oder Gelübde, ähnlich derjenigen der Beginen, ihrer weiblichen Entsprechung, doch beweglicher – manchmal erhielten sie sich durch Betteln am Leben; Anfang des 14. Jahrhunderts der Ketzerei des Freien Geistes angeklagt (s. a. Beginen, Beguins, Geist-Freie bzw. Sekte des Geistes der Freiheit).

Beginen   Fromme Frauen, die, als einzelne oder in Klöstern zusammengefaßt, ein klösterliches Leben ohne Regeln oder Gelübde führten, oftmals mit dem Bettelorden in Verbindung stehend; vom frühen 13. Jahrhundert an beim Volke beliebt, doch im 14. Jahrhundert durch Vorurteile der Ketzerei des Freien Geistes angeklagt. Name ursprünglich eine volkstümliche, pejorative Ableitung von Albigenser (s. S. 256–266; s. a. Begarden, Beguins, Geist-Freie).

Beguins   Pejorativer Ausdruck aus der gleichen Wurzel wie Begine; angewandt auf Tertiarier und andere Menschen beiderlei Geschlechts, die mit Olivi und anderen Franziskaner-Spiritualen in Verbindung standen, hauptsächlich in der franziskanischen Ordensprovinz Provence, mit übersteigerten Ansichten hinsichtlich der Armut; nach Veröffentlichung der Bulle *Quorumdam exigit* von Papst Johannes XXII. im Jahre 1318 unterdrückt; der Name schreibt sich mit großem Anfangsbuchstaben und ohne »e« am Schluß. In diesem Buch wird meist zur leichteren Unterscheidung von den Beginen der Ausdruck Begarde verwandt, nur gelegentlich, auf die südfranzösischen Ketzer bezogen, die französische Pluralform »Beguins« (s. a. Beginen, Fraticelli, Franziskaner-Spirituale).

Böhmische Brüder   Siehe Unitas Fratrum.

Bogomilen   Ketzerbewegung, benannt nach dem Namen (möglicherweise dem Pseudonym) eines bulgarischen Dorfpriesters aus dem 10. Jahrhundert, der den Widerspruch zur griechisch-orthodoxen Kirche predigte und lehrte, daß alles Stoffliche böse sei; Aktivität in Byzanz und auf dem Balkan; Ausbreitung nach Westeuropa, wo aus ihnen die Katharersekte hervorging (s. S. 22–41).

Calixtiner Siehe Utraquisten.

Flagellanten Geißler. Geißelbrüder. Volkstümliche Bewegungen, bei denen die Menschen, zumeist Laien, sich geißelnd in großen Scharen umherzogen, um Buße zu leisten; in ihrem Ursprung orthodox, wurden sie im Jahre 1260 in Italien durch die verbreitete joachimitische Endzeiterwartung ausgelöst; im Jahre 1349 durch den Schwarzen Tod (ein Ausdruck, der meist auf die an dieser Episode Beteiligten angewandt wird) besonders in Deutschland und den benachbarten Ländern; von Papst Clemens VI. verdammt (s. S. 311–312).

Franziskaner-Spirituale Besonders strenge Angehörige des Franziskanerordens, die sich für eine strikte Observanz der Ordensregel, besonders in der Frage der Armut, einsetzten und sich dabei auf das Testament des Franziskus beriefen; Extremisten unter ihnen leisteten Vorschub für das Aufkommen der *fraticelli* und anderer Ketzer, die von Papst Johannes XXII. im Jahre 1317 und den darauffolgenden Jahren verdammt wurden (s. S. 270–299).

Fraticelli (auch fraticelli, fraterculi) Franziskaner-Spirituale in Italien, die sich von ihrem Orden lösten, um eine wörtliche Observanz zu befolgen; sie gaben der Armut im mönchischen Leben eine übertrieben starke Bedeutung; im Jahre 1317 von Papst Johannes XXII. verdammt; der Ausdruck (aus dem italienischen *frate*) kann in freier Form auch auf orthodoxe Ordensmitglieder oder Eremiten angewandt werden (s. S. 270 ff.).

Geist-Freie Sekte des Geistes der Freiheit, des Freien Geistes. Anhänger einer mutmaßlichen Sekte von häretischen Mystikern, bes. unter Beginen und Begarden verbreitet, die nach Erscheinen der von Papst Clemens V. im Jahre 1312 erlassenen Bulle *Ad nostrum* des Libertinismus und Autotheismus bezichtigt wurden; in Wirklichkeit gab es keine organisierte ketzerische Gruppe, und die Anschuldigungen beruhten oft auf Einbildung, bes. wenn sie gegen Beginen gerichtet waren (s. S. 265–266).

Henricianer Anhänger Heinrichs des Mönchs, der zuerst ein Bußprediger war, dann ein von Peter von Bruis (s. a. Petrobrusianer) beeinflußter Ketzer, der in der ersten Hälfte des 12. Jahrhunderts in Ländern französischer Sprache tätig war; er verwarf die Sakramente und die Lehre von der Erbsünde (s. S. 83–86).

Horebiten Radikale Hussiten aus Königgrätz in Ostböhmen; unter dem Priester Ambrosius bildeten sie eine Tabor vergleichbare Gemeinschaft für sich und stellten eine Kampftruppe auf; ihre Stadt benannten sie nach dem aus der Heiligen Schrift bekannten Berge Horeb (s. S. 459, 473).

Humiliaten Locker organisierte Gemeinden in Norditalien, die ein bußfertiges Leben mit manueller Arbeit und Predigttätigkeit führten; Papst Alexanders III. Weigerung, den Laien unter ihnen das Predigtrecht zu erteilen, führte, wie bei den Waldensern, zur Ketzerei; Papst Innozenz III. stellte die Humiliaten, die gewillt waren, zur Kirche zurückzukehren, im Jahre 1201 unter Regeln (s. S. 112–113; s. a. Arme Lombarden).

Hussiten Allgemeine Bezeichnung für die böhmische Reformbewegung, die im 15. Jahrhundert das Papsttum herausforderte; der ursprünglich verächtliche Ausdruck kann, dem Usus entsprechend, für die gemäßigteren Anhänger der Bewegung verwendet werden (s. S. 395–484; s. a. Taboriten, Unitas Fratrum, Utraquisten).

Joachimiten Der in diesem Buch verwendete Ausdruck für sowohl orthodoxe als auch häretische Verfasser von Schriften und andere Häretiker, die von Gedanken und Symbolen beeinflußt waren, welche letztlich (jedoch häufig in verfälschter und verzerrter Form) aus den exegetischen, prophetischen Werken Joachims von Fiore hervorgingen (s. S. 145–162, 270–299).

Katharer Dualistische Ketzer: Sie lehrten, alles Stoffliche sei böse. Ursprünglich leiteten sie sich von bogomilischen Einflüssen und (möglicherweise) von Paulikianern in Westeuropa her; erste Anzeichen in der westlichen Ketzerei des 11. Jahrhunderts; Aktivität vom 12. bis ins späte 13. oder frühe 14. Jahrhundert, besonders in Teilen der Lombardei und in Südfrankreich. Der Name (griechisch = »die Reinen«) sollte eigentlich auf ihre führende Klasse, die *perfecti*, beschränkt werden, wird jedoch allgemein auf die ganze Bewegung angewandt (s. S. 47–62, 83–104, 108–138).

Lollarden (i) In deutschsprachigen Ländern geläufiger, ungenauer, volkstümlicher Ausdruck, der im Ursprung pejorative Bedeutung hat und von *lollen, lullen* (singen) abgeleitet und auf Menschen angewandt wird, die ein frommes Leben ohne Regeln oder Gelübde führten; Synonym von Begarde.
(ii) In England bezieht er sich auf Anhänger einer am Evangelium orientierten Volkshäresie, die ihren Anstoß von der Lehre John Wyclifs erhielt: sie gründet sich auf den Glauben des einzelnen und den Supremat der Heiligen Schrift; zuerst offenbar im Jahre 1380 auf Oxforder Anhänger von Wyclifs Lehre (aus seiner späten Lebenszeit) in Oxford angewandt (s. S. 319–387; s. a. Begarden).

Lyoneser Leonisten. Der gemäßigte Flügel der Waldenserbewegung, so benannt nach seinem ursprünglichen Zentrum in Lyon, wo man der Tradition des Waldes und seiner ersten Anhänger treu blieb; seit 1205 von den Armen Lombarden getrennt; überlebten in Frankreich und seinen Grenzgebieten (s. S. 108–162, 227–240; zum Namen s. bes. S. 242, A. 20).

Orebiten Siehe Horebiten.

Passaginer Eine kleine, vielleicht nur in der Lombardei auftretende Gruppe, welche die Vorschriften des Alten Testaments mitsamt der Beschneidung buchstabengetreu einhielt; von Papst Lucius III. im Jahre 1184 verdammt (s. S. 115).

Patareni Italienischer Ausdruck für Ketzer, bes. Katharer, der seit dem dritten Lateranskonzil von 1179 geläufig war.

Pataria Eine vom Papsttum unterstützte Reformbewegung des 11. Jahrhunderts in Mailand; der Name leitet sich wahrscheinlich vom Mailänder Lumpenmarkt her (s. S. 69–80).

Paulikianer Eine häretische Sekte, die bis in die ersten Jahrhunderte der Kirchengeschichte zurückreicht; im 9. Jahrhundert dualistisch und in Opposition zur Byzantinischen Kirche; möglicherweise ein Faktor, der mit zum Aufkommen des Bogomilen- und Katharertums beitrug (s. S. 22–41).

Petrobrusianer Anhänger des Peter von Bruis, eines Dorfpriesters, der aus der Gebirgsregion von Embrun stammte und etwa zwischen 1119 und 1140 in Südwestfrankreich predigte: sie verwarfen alle äußerlichen Formen des Gottesdienstes (s. S. 83–104).

Pikarten Verächtlicher Ausdruck für Ketzer, von Begarde abgeleitet (s. S. 467).

Speronisten Eine kleinere Sekte von Anhängern des Ugo Speroni aus Piacenza; sie verbreiteten eine ketzerische Prädestinationslehre und verwarfen den Gebrauch der Sakramente ebenso wie den Glauben an die Erbsünde; von Lucius III. im Jahre 1184 verdammt (s. S. 125–127).

Taboriten Radikale Hussiten, die zu Anfang eine religiöse Bewegung mit eschatologischen Erwartungen waren und sich später zu einer politischen und militärischen Organisation entwickelten, deren Kampfkraft für den Erfolg der Hussiten von entscheidender Bedeutung war; sie waren hauptsächlich verantwortlich für die einschneidenden religiösen Veränderungen in den von Hussiten beherrschten Ländern; nach dem Namen des in der Heiligen Schrift erwähnten Berges Tabor benannten sie 1420 eine Festung südlich von Prag, welche danach ihre Ausgangsbasis wurde (s. S. 418–484).

Unitas Fratrum   Brüderunität (oder Böhmische Brüder). Eine kleine, besonders strenge Gruppe innerhalb der hussitischen Bewegung, welche von pazifistischen Ideen des Peter von Cheltschitz beeinflußt wurde und sich im Jahre 1467 in aller Form von der utraquistischen Kirche trennte; Vorgänger der Herrnhuter Brüdergemeinde (s. S. 484).

Utraquisten   Anhänger des Laienkelchs: sie bestanden darauf, das Abendmahl müsse den Laien in beiderlei Gestalt *(sub utraque specie)*, d. h. in Gestalt von Brot und Wein gereicht werden; dieser zuerst im Jahre 1414 in Prag gepflegte Brauch wurde 1415 vom Konstanzer Konzil verdammt. Der Laienkelch wurde zum Symbol der Hussitenbewegung (s. S. 418–484).

Vaudois   Siehe Waldenser.

Waldenser   Eine am Evangelium orientierte Häresie des späten 12. Jahrhunderts, die sich aus einer orthodoxen, von Waldes – einem früheren Geschäftsmann aus Lyon – ins Leben gerufenen Armuts- und Predigtbewegung entwickelte; sie verfiel in Ketzerei, als ihr im Jahre 1184 von Papst Lucius III. das Predigtrecht verweigert und sie nachfolgend verdammt wurde; sie spaltete sich auf in den Flügel der Lyoneser (oder Leonisten) und den der Armen Lombarden, bestand jedoch weiterhin in Frankreich, Deutschland, Teilen Osteuropas und Italien und überlebte bis in die Gegenwart (s. S. 108–162).

»*Waldo*, Petrus«   Andere Form des Namens Waldes (lat. Valdesius), der bes. von älteren Historikern gebraucht wird; obwohl der Name Petrus von waldensischen Kontroverstheologen im 14. Jahrhundert benutzt wird, läßt er sich historisch nicht als Waldes' Vorname belegen (s. Waldenser, S. 108–162).

Abkürzungen

ABAW	Abhandlungen der königlichen bayerischen Akademie der Wissenschaften (Historische Klasse)
Act. Fel.	Les Actes du Concile Albigeoise de Saint Félix de Caraman. ed. A. Dondaine, Miscellanea Giovanni Mercati, v (Studi e Testi, CXXV) Rom 1946, S. 324–355
ADRSP	Archivio della Deputazione Romana di Storia Patria
AFH	Archivum Franciscanum Historicum
AFP	Archivum Fratrum Praedicatorum
AHDLMA	Archives d'Histoire doctrinale et Littéraire du Moyen Âge
AKG	Archiv für Kulturgeschichte
ALKG	Archiv für Literatur- und Kirchengeschichte des Mittelalters. Hrsg. Denifle, H. und Ehrle, F.
AM	Annales du Midi
ARBB	Académie royale de Belgique, Bulletin de la Classe des Lettres et des Sciences morales et politiques
BF	Bullarium Franciscanum. v, Hrsg. Eubel, C., Rom 1898. Epitome, Hrsg. Eubel, C., Ad Claras Aquas 1908
BIHR	Bulletin of the Institute of Historical Research
BISIAM	Bullettino dell'Istituto Storico Italiano per il Medio Evo e Archivio Muratoriano
BJRL	Bulletin of the John Rylands Library
Bouquet	Receuil des Historiens des Gaules et de la France, Hrsg. Bouquet, M.
BS	Balkan Studies
BSAHDL	Bulletin de la Société d'Art et d'Histoire du Diocèse de Liège
BSSV	Bollettino della Società di Studi Valdesi
CCM	Cahiers de Civilisation médiévale
CEC	Cahiers des Études Cathares
CF	Cahiers de Fanjeaux (Toulouse): I Saint Dominique en Languedoc. (1966) II Vaudois Languedociens et Pauvres Catholiques (1967) III Cathares en Languedoc (1968) IV Paix de Dieu et Guerre sainte en Languedoc au XIII Siècle (1969) V Les Universités du Languedoc au XIII Siècle (1970) VI Le Credo, la Morale et l'Inquisition (1971)
CH	Church History
CHR	Catholic Historical Review
CMH	Cambridge Medieval History, Hrsg. Tanner, J. R., Previté-Orton, C. W. und Brooke, Z. N., Cambridge 1911–1936, 8 Bde.
CV	Communio Viatorum
DA	Deutsches Archiv
DHC	De Heresi Catharorum in Lombardia. Hrsg. Dondaine, A., in: La Hiérarchie Cathare en Italie, AFP, XIX, 1949, S. 280–312
DHGE	Dictionnaire d'Histoire et de Géographie ecclésiastiques
DLZ	Deutsche Literaturzeitung
DTC	Dictionnaire de Théologie Catholique
DZG	Deutsche Zeitschrift für Geschichtswissenschaft
EC	Études Carmelitaines
EcHR	Economic History Review

EEQ	*Eastern European Quarterly*
EETS	*Early English Text Society*, London 1864–; fortlaufend, Originalserie (o.s.)
EFV	*Enchiridion Fontium Valdensium*, I, Hrsg. Gonnet, G., Torre Pellice 1958
EHD	*English Historical Documents*, Hrsg. Douglas, D. C., London 1953–; fortlaufend 13 Bde.
EHR	*English Historical Review*
EV	Early Version: Erste Ausgabe von Wyclifs Bibelübersetzung (s. S. 335)
FF	*Forschungen und Fortschritte*
FRB	*Fontes Rerum Bohemicarum*, Hrsg. Goll J., v, Prag 1893
FS	*Franciscan Studies*
FZ	*Fasciculi Zizaniorum*, Hrsg. Shirley, W. W.(RS, 1858)
HJ	*Hibbert Journal*
HJB	*Historisches Jahrbuch*
HS	*Hérésies et Sociétés dans l'Europe pré-industrielle, 11ᵉ–18ᵉ Siècles*, Hrsg. Goff, J. Le, Paris u. Den Haag 1968
HZ	*Historische Zeitschrift*
IP	*Istoričeski Pregled*
JEH	*Journal of Ecclesiastical History*
JGMO	*Jahrbuch für die Geschichte Mittel- und Ostdeutschlands*
JMRS	*Journal of Medieval and Renaissance Studies*
JTS	*Journal of Theological Studies*
JWCI	*Journal of the Warburg and Courtauld Institutes*
LMA	*Le Moyen Age*
LV	Late Version: Zweite Ausgabe von Wyclifs Bibelübersetzung (s. S. 353)
MA	*Medium Aevum*
Mansi	Mansi, J. D.: *Sacrorum conciliorum nova et amplissima collectio* (Florenz und Venedig 1759–98), 31 Bde.
MBPH	Moore, R. I.: *The Birth of Popular Heresy*, London 1975
MGH	*Monumenta Germaniae Historica*
MH	*Medievalia et Humanistica*
MOPH	*Monumenta Ordinis Praedicatorum Historica*
MRS	*Medieval and Renaissance Studies*
MS	*Medieval Studies*
NMS	*Nottingham Medieval Studies*
NT	Neues Testament
OT	Altes Testament
PBA	*Proceedings of the British Academy*
PL	Migne, J. P., *Patrologia Latina*, Paris 1844–64
PP	*Past and Present*
RB	Grundmann, H.: *Religiöse Bewegungen im Mittelalter*, 1935, Hildesheim 1961², Darmstadt 1970³ mit Anhang »Neue Beiträge . . .«
RBPH	*Revue belge de Philologie et d'Histoire*
Relazioni	*Relazioni del X Congresso internazionale di Scienze storiche*, Florenz 1955
RES	*Revue des Études slaves*
RHE	*Revue d'Histoire ecclésiastique*
RHL	*Revue historique et littéraire du Languedoc*
RHPR	*Revue d'Histoire et de Philosophie religieuse*
RHR	*Revue de l'Histoire des Religions*
RPTK	*Realencyklopädie für protestantische Theologie und Kirche*, Leipzig 1908³
RQH	*Revue des Questions historiques*
RR	*Ricerche Religiose*

RS	Chronicles and Memorials of Great Britain and Ireland during the Middle Ages, London 1858–97 (The Rolls Series)
RSCI	Rivista di storia della chiesa in Italia
RSI	Rivista storica italiana
RSLR	Rivista di storia e letteratura religiosa
RSPT	Revue des Sciences philosophiques et théologiques
RTAM	Recherches de Théologie ancienne et médiévale
SCH	Studies in Church History
	I Hrsg. Dugmore, C. W. und Duggan, C., London 1964
	II Hrsg. Cuming, G. J., London 1965
	III Hrsg. Cuming, G. J., Leiden 1966
	IV *The Province of York*, Hrsg. Cuming, G. J., Leiden 1967
	V Hrsg. Cuming, G. J., Leiden 1969
	VI *The Mission of the Church and the Propagation of the Faith*, Hrsg. Cuming, G. J., Cambridge 1970
	VII *Councils and Assemblies*, Hrsg. Cuming, G. J. und Baker, D., Cambridge 1971
	VIII *Popular Belief and Practice*, Hrsg. Cuming, G. J. und Baker, D., Cambridge 1972
	IX *Schism, Heresy and Religious Protest*, Hrsg. Baker, D., Cambridge 1972
	X *Sanctity and Secularity: the Church and the World*, Hrsg. Baker, D., Oxford 1973
	XI *The Materials, Sources and Methods of Ecclesiastical History*, Hrsg. Baker, D., Oxford 1975
SDAB	Sitzungsberichte der deutschen Akademie der Wissenschaften zu Berlin
SHF	Sociéte de l'Histoire de France
SHR	Scottish Historical Review
SM	Studi medievali
SSAWL	Sitzungsberichte der sächsischen Akademie der Wissenschaften zu Leipzig
STC	A. W. Pollard und G. R. Redgrave, *A Short-title Catalogue of Books printed in England, Scotland & Ireland, 1475–1640*, London 1926
TAPS	Transactions of the American Philosophical Society
TDH	*Tractatus de hereticis*, Hrsg. Dondaine, A., s. in: La Hiérarchie cathare en Italie, AFP, XX, 1950, S. 234–324
TR	Theologische Rundschau
TRHS	Transactions of the Royal Historical Society
TLZ	Theologische Literaturzeitung
UBHJ	University of Birmingham Historical Journal
WEH	Hrsg. Wakefield, W. L. und Evans, A. P., *Heresies of the High Middle Ages*, New York u. London 1969
WS	Wyclif Society
ZFB	Zbornik Filozofskog fakulteta u Beogradu
ZFK	Zeitschrift für Kirchengeschichte
ZFZ	Zbornik Filozofskog fakulteta u Zagrebu
ZG	Zeitschrift für Geschichtswissenschaft
ZRG	Zeitschrift für Religions- und Geistesgeschichte

Literatur

Diese Aufstellung beschränkt sich auf Bibliographien und auf empfehlenswerte englischsprachige Literatur zur Einführung.

Bibliographien

Armand-Hugon, A., und Gonnet, G.: *Bibliografia valdese,* in: *BSSV,* XCIII, Torre Pellice 1953
de Berne-Lagarde, P.: *Bibliographie du Catharisme languedocien,* Toulouse 1957
Grundmann, H.: *Bibliographie zur Ketzergeschichte des Mittelalters,* in: *Sussidi eruditi,* XX, Rom 1967; Neudruck in: *Hérésies et Societés dans l'Europe pré-industrielle, 11e–18e siecles,* Hrsg. Le Goff, J., Paris u. Den Haag 1968, S. 411–467
Ders. *Ketzergeschichte des Mittelalters. Die Kirche in ihrer Geschichte: Ein Handbuch,* Hrsg. Schmidt, K.D., und Wolf, E., II, G. i., Göttingen 1963 (Kurzgefaßte Darstellung mit ausführlicher Bibliographie)
Kulcsár, Z.: *Eretnekmozgalmak a XI–XIV században,* Budapest 1964
Leff, G.: *Heresy in the Later Middle Ages* (Manchester 1967), II, S. 741–777
Van der Vekené, E.: *Bibliographie der Inquisition: ein Versuch,* Hildesheim, 1963, *WEH,* S. 820–846

Englischsprachige Werke zur Einführung

Texte in englischer Übesetzung

Brooke, R. B.: *The Coming of the Friars,* London 1975, S. 140–159 (s. a. Einleitg., Kap. 3, 4, 5)
Moore, R. J.: *The Birth of Popular Heresy,* London 1975
Russell, J. B.: *Religious Dissent in the Middle Ages,* New York u. London 1971 (Kurze Auszüge).
WEH, (Die zur Zeit umfangreichste und mannigfaltigste Textsammlung)

Allgemeines

Evans, A. P.: »Social Aspects of Medieval Heresy« in *Persecution and Liberty: Essays in Honour of George Lincoln Burr,* New York 1931, S. 3–20
Knox, P.: *Enthusiasm,* Oxford 1951. (Die mittelalterliche Abteilung ist der schwächste Teil des Buches, doch die Darstellung ist anregend und ansprechend.)
Leff, G.: *Heresy in the Later Middle Ages,* Manchester 1967, I, Einleitung S. 1–47, ersetzt sein Heresy and the Decline of the Medieval Church, *PP,* XX, 1961, S. 36–51.
Moore, R. I.: *The Birth of Popular Heresy,* London 1976, Einführung. (Der zeitgenössische Vergleich der Ketzerei mit einer Krankheit ist beachtenswert.)
Nelson, J. L.: Society, Theodicy and the Origins of Heresy; towards a reassessment of the medieval evidence, *SCH,* IX, S. 65–77
Russell, J. B.: Interpretations of the Origins of Medieval Heresy, *MS,* XXV, 1963, S. 26–53. *Religious Dissent in the Middle Ages,* New York u. London 1971. (Enthält auch Material von modernen Historikern.)
WEH, S. 1–55. (Ein genaues, sachliches Verzeichnis von Wakefield, W. L.)
Mundy, J. H.: *Europe in the High Middle Ages 1150–1309,* London 1973, Kap. 14. (Eindrucksvoll und interessant wegen seiner Untersuchung der Beziehungen zwischen Ketzertum und Gesellschaft)

Bogomilen und Paulikianer

Garsoïan, N. G.: *The Paulician Heresy,* Den Haag u. Paris 1967
Garsoïan, N. G.: Byzantine Heresy: a Reinterpretation, *Dumbarton Oaks Papers,* XXV, 1971, S. 101–112.(Stand mir nicht zur Verfügung, als ich über dieses Thema schrieb.)
Obolensky, D.: *The Bogomils,* Cambridge 1948.

Westliches Ketzertum im 11. Jahrhundert

Brooke, C. N. L.: Heresy and Religious Sentiment, 1000–1250, *Bulletin of the Institute of Historical Research* xli, 1968, S. 115–131; Neudruck in seinem *Medieval Church and Society,* London 1971, S. 139–161
Moore, R. I.: The Origins of Medieval Heresy, *History,* LV, 1970, S. 21–36
Russell, J. B.: *Dissent and Reform in the Early Middle Ages,* Berkeley u. Los Angeles 1965

Unbedeutendere Ketzereien des 12. Jahrhunderts

Greenaway, G. W.: *Arnold of Brescia,* Cambridge 1931
Cohn, N.: *The Pursuit of the Millenium,* London 1957
(Anregender Versuch einer psychologischen Deutung von Millenniumserwartungen in Volksbewegungen vom 11. bis zum 16. Jahrhundert. Muß mit großer Vorsicht gelesen werden; am besten sind die Ausführungen über Abirrungen an der Grenze zur Ketzerei, die mit der Kreuzzugsbewegung zusammenhängen. Weiteres s. o. S. 79–80.)
Russell, J. B.: *Dissent and Reform in the Early Middle Ages,* Berkeley u. Los Angeles 1965
WEH, S. 1–55. (Historische Skizze von Wakefield, W. L.)

Waldenser

Comba, E.: Storia dei Valdesi, Florenz 1893, Torre Pellice 1923, 1950[4], übers. v. Comba, T. E, *History of the Waldenses of Italy from their Origin to the Reformation,* London 1889, ferner ins Französische übers.: *Histoire des Vaudois, P. I.: De Valdo à la Réforme,* Paris–Florenz 1901. (Alt und romantisch, hat aber einige historiographische Bedeutung.)
Deanesly, M.: *The Lollard Bible,* Cambridge 1920, Kap. 1–3. (Abriß der Waldenserbewegung hinsichtlich ihres Gebrauches von volkssprachlichen Bibelübersetzungen.)
Leff, G.: *Heresy in the Later Middle Ages,* Manchester 1967, II, S. 448–471. (Überblick mit Einführung in weniger bekannte ausländische Literatur. Der Vergleich zwischen Waldensern und Katharern [S. 453–454] wird dem verschiedenen Intensitätsgrad der gegen sie gerichteten Verfolgungen nicht gerecht und ist hinsichtlich der geographischen Ausdehnung der Katharerbewegung irreführend. Es ist auch zweifelhaft, ob das Durchhaltevermögen der Waldenser ihrer Organisation zu verdanken ist.)
Marthaler, B.: Forerunners of the Franciscans: the Waldenses, *Franciscan Studies,* n. S., xviii, 1958, 133–142
WEH, S. 1–55. Historische Skizze von Wakefield, W. L. (Es fehlen detaillierte Studien über die Waldenser in englischer Sprache, die auf dem neuesten Stand sind.)

Katharer

Hamilton, B.: *The Albigensian Crusade,* London 1974. (Historical Association pamphlet, G 85)
Loos, M.: *Dualist Heresy in the Middle Ages,* Prag 1974. (Erreichte mich erst nach Fertigstellung dieses Buches, bedarf einer genaueren Untersuchung, als sie mir hier möglich ist. Breit angelegte Darstellung, hebt besonders die Kontinuität zwischen dem östlichen Dualismus und dem Katharertum hervor. Für den englischen Leser von besonderem Wert wegen seiner Kenntnis der Sekundärliteratur, bes. über die Bogomilen, die Paulikianer und die Bosnische Kirche, und ist wegen seines kurzen Überblicks über das Ka-

tharertum in Frankreich und in Italien von Nutzen. Im ersten Teil beeinträchtigt durch eine Hypothese marcionitischen Einflusses auf die Paulikianer [Garsoïan ist vorzuziehen], ferner durch gelegentlichen Mangel an Exaktheit bei der Auswertung der Quellen sowie durch eine unangebrachte Milde bei der Behandlung der internen Geschichte der Katharer. Kap. 19 über Bosnien und die allgemeine Kritik Borsts sind beachtenswert.)
Runciman, S.: *The Medieval Manichee*, Cambridge 1947, französ. Übers.: *Le manichéisme médiéval. L'hérésie dualiste dans le Christianisme* (Bibliothèque scientifique), Paris 1949. (Breite Übersicht über die nichtwestliche dualistische Häresie; beeinträchtigt durch die Hypothese einer Abstammung der Katharer von Mani.)
Stephens, J. N.: Heresy in Medieval and Renaissance Florence, *PP* liv, 1972, S. 25–60. (Interessanter Versuch, die Ketzerei – Katharer und andere Formen – in einer Stadt aufzuspüren.)
Strayer, J. R.: *The Albigensian Crusades*, New York 1971. (Klar, was den Kreuzzug und das Languedoc betrifft, sollte jedoch über die Ketzerei selbst nicht benutzt werden, es sei denn als allgemeiner Hintergrund.)
Wakefield, W. L.: *Heresy, Crusade and Inquisition in Southern France, 1100–1250*, London 1974. (Knappe Analyse mit guter Bibliographie, auf dem neuesten Stand.)
Warner, H. J.: *The Albigensian Heresy*, London, I, 1922, II, 1928. (Zwar stark veraltet, doch durch seine Benutzung von Originaltexten noch immer von Wert.)
WEH ist besonders reichhaltig, was Kathartexte betrifft (mit Einführungen).

Verfolgung und Reaktion von seiten der Kirche

Blötzer, J.: Inquisition, in: *Catholic Encyclopedia*, VIII, New York 1910. (Geht hart mit H. C. Lea ins Gericht, trifft jedoch interessante Feststellungen.)
Bolton, B.: Tradition and Temerity. Papal Attitudes to Deviants, 1159–1216, *SCH*, IX, S. 79–91.
Evans, A. P.: Hunting Subversion in the Middle Ages, *Speculum*, XXXIII 1958, S. 1–22.
Lea, H. C.: *A History of the Inquisition of the Middle Ages*, New York 1888, 1963 Nachdruck; französ. Übers. von Reinach, S.: *Histoire de l'Inquisition au moyen âge. Précédé de l'historiographie de l'Inquisition par P. Frédéricq*, Paris 1900–1902, 3 Bde. Übers. von H. Wieck und M. Rachel, hrsg. von Hansen, J.: *Geschichte der Inquisition im Mittelalter*, Bonn 1905–1913, 3 Bde. (Ein alter Klassiker, der, soweit er das Ketzertum selbst betrifft, stark veraltet ist, dessen Wert jedoch immer noch darin besteht, daß man viele Tatsachen darin nachschlagen kann und eine Darstellung des Verfolgungsmechanismus in ihm findet. Die protestantische Voreingenommenheit bei Leas Überlegungen ist offenkundig, beeinträchtigt jedoch nicht notwendig die Genauigkeit, mit der die Tatsachen dargestellt sind.)
Nelson, E. W.: The Theory of Persecution, *Persecution and Liberty: Essays in Honor of George Lincoln Burr*, New York 1931, S. 3–20
Pierron, J. B.: *Die Katholischen Armen. Ein Beitrag zur Entstehungsgeschichte der Bettelorden mit Berücksichtigung der Humiliaten und der wiedervereinigten Lombarden* (Theol. Diss. Freiburg/Schweiz), Freiburg i. Brsg. 1911, xvi, S. 182
Shannon, A. C.: *The Popes and Heresy in the Thirteenth Century*, Villanova (Pa.) 1949

Geist-Freie

Bolton, B.: Mulieres sanctae, *SCH*, X, S. 77–95. (Hintergrund.)
Lerner, R. E.: *The Heresy of the Free Spirit in the later Middle Ages*, Berkeley 1972. (Maßgebende Darstellung der Bewegung in den nördlichen Ländern.)
Southern, R. W.: *Western Society and the Church in the Middle Ages*, Harmondsworth 1970, S. 7: Fringe Orders and Anti-orders. (Über den Hintergrund der Beginen)

Joachim von Fiore und der Joachimismus

Reeves, M. E.: The *Liber Figurarum* of Joachim of Fiore, *MRS*, II, 1950, S. 57–81. (Ungewöhnlich aufschlußreich.) Ders.: *The Influence of Prophecy in the Later Middle Ages: a Study in Joachimism*, Oxford 1969. (Maßgebende Darstellung und größeres Werk, das betr. Joachim oder einzelne joachimitische Episoden am brauchbarsten ist.)
Southern, R. W.: Aspects of the European Tradition of Historical Writing. 3. History as Prophecy, *TRHS*, 5. Folge; XXII, 1972, S. 159–180

Franziskaner-Spirituale

Douie, D. L.: *The Nature and the Effect of the Heresy of the Fraticelli*, Manchester 1932
Lambert, M. D.: *Franciscan Poverty*, London 1961
Leff, G.: *Heresy in the Later Middle Ages*, Manchester 1967, I, S. 51–255
Knowles, D.: *The Religious Orders in England*, I, Cambridge 1948, Kap. 11. (Als kurze Einführung in die Geschichte der Franziskaner)

Flagellanten

Kieckhefer, R.: Radical Tendencies in the Flagellant Movement of the mid-Fourteenth Century, *JMRS*, IV, 1974, S. 157–176
Leff, G.: *Heresy in the Later Middle Ages*, Manchester 1967, II, S. 485–493

Wyclif

Leff, G.: *Heresy in the Later Middle Ages*, Manchester 1967, II, Kap. 7. (Aufschlußreicher Überblick über die Grundlagen von Wyclifs Denken)
McFarlane, K. B.: *John Wycliffe and the Beginnings of English Nonconformity*, London 1952; neu hrsg. als *The Origins of Religious Dissent in England*, New York 1966. (Wyclif und seine Gegner vom politischen Standpunkt aus betrachtet)
Smalley, B.: The Bible and Eternity: John Wyclif's Dilemma, *JWCI*, XXVII, 1964, S. 73–89. (Erklärt Wyclifs philosophische Haltung und seine emotionale Bedeutung)

Die englischen Lollarden

Aston, M.: Lollardy and Sedition, 1381–1431, *PP*, xvii, 1960, S. 1–44
Deanesly, M.: *The Lollard Bible*, Cambridge 1920. (Bemerkenswert aktuell trotz seines Alters und sowohl im Hinblick auf das Lollardentum wie die Ketzerei im allgemeinen von Wert)
Dickens, A. G.: Heresy and the Origins of English Protestantism, in: *Britain and the Netherlands*, II, Hrsg. Bromley, J. S., Kossmann, E. H., Groningen 1964, S. 47–66
Fines, J.: Heresy Trials in the Diocese of Coventry and Lichfield, 1511–1512, *JEH*, XIV, 1963, S. 160–174

Hussiten

Betts, R. R.: *Essays in Czech History*, London 1969. (Kap. 3 über den philosophischen Hintergrund des Hussitentums sollte man nicht lesen.)
Creighton, M.: *A History of the Papacy from the Great Schism to the Sack of Rome*, II, London 1899
Jacob, E. F.: The Bohemians at the Council of Basel, 1433, in: *Prague Essays*, Hrsg. Seton-Watson, R. W., Oxford 1948, S. 81–123
Kaminsky, H.: The Prague insurrection of 30 July 1419, *MH*, XVII, 1966, S. 102–126. Ders.: The religion of Hussite Tabor, in: *The Czechoslovak Contribution to World Culture*, Hrsg. Reichigl, M., Den Haag 1964, S. 210–223. Ders.: *A History of the Hussite Revolution*, Berkeley u. Los Angeles 1967. (Dies in die Einzelheiten gehende, tiefschürfende

Werk ist alles andere als Einführungslektüre, auch behandelt es nicht die Geschichte der ganzen Bewegung. Zur Einführung siehe jedoch Kap. 1. Es kann insgesamt mit Gewinn benutzt werden.)

Leff, G.: Wyclif and Hus: a Doctrinal Comparison, *BJRL*, L, 1968, S. 387–410
Šmahel, F.: "Doctor Evangelicus super omnes Evangelistas": Wyclif's Fortune in Hussite Bohemia, *BIHR*, XLIII, 1970, S. 16–34
Spinka, M.: *John Hus: a Biography*, Princeton 1968

Mittelalterliches Ketzertum und die Reformation

Aston, M. E.: Lollardy and the Reformation: Survival or Revival, *History* XLIX, 1964, S. 149–170
Dickens, A. G.: *Lollards and Protestants in the Diocese of York*, Oxford 1960
Williams, G. H.: *The Radical Reformation*, London 1962. (Im Register sind kurze Zusammenfassungen über das mittelalterliche Ketzertum angegeben.)

Anmerkung

Wilks, M. J.: Misleading Manuscripts: Wyclif and the non-Wycliffite Bibel, *SCH*, XI, S. 147–161, erreichte mich erst, als dies Buch bereits im Druck war. Seine Benutzung empfiehlt sich wegen der Zusammenfassung der Forschungsergebnisse über die wyclifitische Bibel und der Hypothese des Autors, Wyclif sei daran nicht beteiligt gewesen. Er plädiert für »... die Übernahme eines ursprünglich unabhängigen englischen Bibelentwurfs durch die wyclifitische Bewegung ...« (S. 160). Aber zeigt er denn, daß der erste Anstoß zur Übersetzung der Heiligen Schrift von einer anderen Quelle als Wyclif ausging? Cross, C.: Popular Piety and the Records of the unestablished Churches 1460–1660, *SCH*, XI, S. 269–292, vermutet eine Überarbeitung des Lollardenglaubens und ihrer Anhängerklasse im frühen 16. Jahrhundert (s. bes. S. 278).

Anmerkung des Übersetzers

Für deutschsprachige Leser sei auf folgende Werke besonders hingewiesen, die zum Teil in den Fußnoten erwähnt sind, zum Teil seit der Drucklegung des Buches erschienen sind:

Gesamtdarstellungen

Grundmann, H.: *Religiöse Bewegungen im Mittelalter*, Darmstadt 1970³, mit Anhang »Neue Beiträge ...«
Ders., *Ketzergeschichte des Mittelalters*, in: Die Kirche in ihrer Geschichte, ein Handbuch, Hrsg. Schmidt, K. D., und Wolf, E., Bd. 2, G (1. T.), Göttingen 1963

Bogomilen und Paulikianer

Loos, M.: Zur Frage des Paulikianismus und Bogomilismus. Byzantinische Beiträge, Berlin 1964, S. 323–332
Anguélov, D.: *Le bogomilisme en Bulgarie*, Sofia 1969, Toulouse 1972

Westliche Ketzerei im 12. Jahrhundert

v. Walter, J.: *Die ersten Wanderprediger Frankreichs; Studien zur Geschichte des Mönchtums*, Teil I+II, Leipzig 1903–1906, Neudruck: Aalen 1972
Cohn, N.: Das Ringen um das Tausendjährige Reich. Revolutionärer Messianismus im Mittelalter und sein Fortleben in den modernen totalitären Bewegungen, Bern, München 1961; bespr. v. Grundmann, H., in: HZ 196, 1963, S. 661–666

Waldenser

Böhmer, H.: Die Waldenser, in: *RPTK*, XX, Leipzig 1908³
Selge, K.-V.: *Die Ersten Waldenser*. I: Untersuchung und Darstellung, II: Der Liber Antiheresis des Durandus von Osca, Berlin 1967

Katharer

Borst, A.: *Die Katharer*, Stuttgart 1953, in: Schriften MGH, 12

Franziskaner

Elm, K.: *Franziskus und Dominikus, Wirkungen und Antriebskräfte zweier Ordensstifter*, in: SAECULUM XXIII, Heft 2, Freiburg, München 1972
Ders., *Franz von Assisi: Bußpredigt oder Heidenmission?* Estratto dagli Atti del VI Convegno della Società Internazionale di Studi Francescani sul tema: Espansione del Francescanesimo tra occidente ed oriente nel secolo XIII, Assisi 1979

Verfolgung und Reaktion von seiten der Kirche

Ders., Kanoniker und Ritter vom Heiligen Grab, ein Beitrag zur Entstehung und Frühgeschichte der palästinensischen Ritterorden, in: Die geistlichen Ritterorden Europas: Vorträge und Forschungen XXVI, hrsg. v. Konstanzer Arbeitskreis für mittelalterliche Geschichte, Sigmaringen 1980
Le Roy Ladurie, E.: *Montaillou, ein Dorf vor dem Inquisitor*, Paris 1975/dt. Frankfurt a. Main 1980, mit ausführlichen Literaturangaben

Hussiten

Seibt, F.: Die Zeit der Luxemburger und der hussitischen Revolution, in: Handbuch der Geschichte der böhmischen Länder, Hrsg. Bosl, K., I, Stuttgart 1967
Ders., *Hussitica*, Zur Struktur einer Revolution, Köln 1965

Dank für Rat und Hilfe

Den Gedanken, ein Buch über das Ketzertum im Mittelalter zu schreiben, verdanke ich Prof. N. Cantor. Für die Möglichkeit, im Rahmen des Instituts Monumenta Germaniae Historica meine Studien durchzuführen, bin ich der Alexander-von-Humboldt-Stiftung zu Dank verpflichtet, deren Großzügigkeit gegenüber ihren Nutznießern über die rein akademischen Belange hinausgeht. Dem verstorbenen Professor H. Grundmann bin ich dankbar für seine gastfreundliche Aufnahme und Beratung; für seinen bibliographischen Rat bin ich Dr. H. Lietzmann zu Dank verpflichtet und für ihre Hilfe Dr. M. Polock sowie den Professoren J. M. Bak, S. Čirković, J. Šidak und Herrn Dr. Bethell. Anregung selbst dann, wenn ich anderer Meinung war, verdanke ich auch den Seminaren von Prof. E. Werner in Leipzig und Prof. B. Töpfer in Ostberlin, sowie Ermunterung Prof. D. C. Douglas und Mr. W. K. Ford. Vom Colston Research Fund erhielt ich willkommene Unterstützung, und die Mitarbeiter der Universitätsbibliothek Bristol, besonders Mr. J. Edwards und die Bearbeiter des Universitätsleihverkehrs, haben mir wertvolle Hilfe zuteil werden lassen.

Miss S. Rainey hat die Korrekturbögen und das Stichwortverzeichnis bearbeitet; Dr. J. V. Fearns und Dr. J. Fines haben mir in ihre Dissertationen Einblick gewährt; Mrs. Y. Burns trug eine neue Übersetzung des Testaments von Gost Radin mit wichtigen neuen Lesarten bei.

Einer Reihe von Gelehrten bin ich für ihre Kommentare zu einzelnen Kapiteln und die Berichtigung von Irrtümern zu Dank verpflichtet. Im Konzept lasen Prof. J. B. Russell das Kapitel über die Ketzerei des 11. Jahrhunderts, Mr. R. I. Moore das über die Katharer, Miss B. Bolton das über Innozenz III. und über die Sekte des Freien Geistes, Dr. J. A. F. Thomson und Mr. J. W. Sherborne das über die Lollarden, Prof. F. Seibt und Dr. A. V. Antonovics das über die Hussiten, Dr. A. V. Antonovics auch eines über das einführende Material zum späten Mittelalter. Prof. R. E. Lerner las einen ersten Entwurf des gesamten Werkes; Mr. A. Murray und Prof. C. N. L. Brooke lasen eine spätere Version und gaben viele Hinweise. Prof. W. L. Wakefield erteilte reichlich Kommentare zu den ersten sieben Kapiteln und zeigte mir die Stätten der Katharer bei Toulouse. Manche Hinweise und Richtigstellungen verdanke ich dem Übersetzer der deutschen Ausgabe, Herrn G. Windfuhr.

Mein Vater lenkte als erster mein Interesse auf die historische Forschung und begleitete bis zu seinem Lebensende alles, was ich schrieb, mit seinem kritischen Kommentar. Ich bedaure zutiefst, daß er die Veröffentlichung des Werkes nicht mehr erlebt hat.

Die Widmung des Buches an meine Frau ist nur ein geringer Dank für alles, was ich ihr verdanke an Kommentar, Ermunterung und praktischer Hilfe in allen Stadien. Sie war im wörtlichen Sinne mein Co-Autor, und ich glaube nicht, daß ich das Buch ohne ihre Hilfe vollendet hätte.

Universität Bristol   *M.D.L.*

Bildnachweis

Alinari, Florenz   6, 9
Anderson-Giraudon, Rom   4
Archiv für Kunst und Geschichte, Berlin   8, 10, 31, 32; *Text 14*
Archives Nationales de France, Paris   12, 13
Baur-Heinhold, Margarete, München   1, 2
Bayerisches Hauptstaatsarchiv, München   22, 23
Biblioteca Apostolica Vaticana, Rom (MS Vat. Lat. 3822 fol. 5 r.)   *Text 10*
Bosnisch-Herzegowinisches Landesmuseum, Sarajewo   *Text 6*
Corpus Christi College, Oxford (MS 255 A fol. 8 v. und MS 255 A fol. 7 r.)
   Text 8, 9
Crocco, Antonio, Gioacchino Da Fiore e il gioachinismo, Neapel 1976   25
Deutsche Fotothek, Dresden   5, 21, 29, 35
Giraudon, Paris   Umschlag, 30, 36; Text 12 (Bibliothèque Nationale)
Matt, Leonhard von, Buochs/Schweiz   3, 11, 14, 15, 16, 17, 18, 20, 28, 34
Roger-Viollet, Paris   19, 24, 25, 26, 33; *Text 2, 5*
Soprintendenza ai Beni Artistici e Storici, Neapel   7
Théâtre des Martyrs, Schaubühne der Märtyrer, gestochen von Johann
   Luyken, Leyden o. J.   Text 4
Universitätsbibliothek, Cambridge (CUL MS Ee. i. 10 fol. 61 v.)   *Text 11*
Universitätsbibliothek, Edinburgh   Text 13

Register

(Anhang D und E sind nicht im Register aufgenommen)

Verwendete Abkürzungen
A. = Anmerkungen; Bf. = Bischof; Ebf. = Erzbischof; Fst. = Fürst; Gf. = Graf;
Hz. = Herzog; K. = Kaiser; Kg. = König

Abaelard 7, 94
Abel 38
Abendmahl, s. a. Eucharistie 30, 56, 88, 435, 460, 463, 543
Abendmahlslehre, s. a. Eucharistie 148, 473, 483
Abingdon 367
Ablaßhandel 406, 408, 421 ff., 488
Abraham 385
Acmonia 35
Acta sanctorum 141 A.
Actus pontificum Cennomannis 85, 86, 104 A.
Ad abolendam, Bulle 113 ff., 117, 122, 129 ff., 153, 157
Adam 38, 84, 184, 276, 540
Adamiten 465, 468, 540
Adémar von Chabannes 57, 497 ff.
Ademarii, Wilhelm 290
Ad nostrum, Bulle 261 f., 264 f., 298 f., 493, 541
Adoptianismus 25, 29, 58
Ägidius von Rom 331
Agape 466, 467
Agen 175, 191 f., 199, 202
Agenais 176
d'Ailly, Pierre, Kardinal 432, 433
Airoux 200, 201
Akkon 255
Albertus Magnus 258, 259
Albi 101 f., 135, 191 f., 202, 253 f., 540
Albigenser 20, 172, 257, 540
Albigeois 540
Albík von Uničov, Ebf. 421
Aldebert 24, 25, 49, 96
Alexander II., Papst 71
Alexander III., Papst 110, 113, 129, 134, 145, 541
Alexander IV., Papst 157, 250
Alexander V., Papst 308, 418
Alexios Komnenos, K. 36, 208
Alexius, hl. 108, 511
Alfonso II., Kg. v. Aragonien 116
Allen, H. E. 390 A., 393 A.

Almeley 378
Alnwick, Bf. 369, 383
Alpen 124, 148, 160, 206, 229, 240, 298, 310
Alphonse von Poitiers, Gf. 199
Altes Testament 27, 30, 34, 38 f., 52, 55 f., 86, 88 ff., 278, 282, 285, 331, 402, 542
d'Alverny, M. Th. 163 A.
Amalrich von Bène 154, 540
Amalrikaner, Amaurianer 154, 266, 540
Ambrosius, horebitischer Priester 459, 541
Amersham 372
Amositen 484
Anagni 246
Ancona, Mark 272
Anaklet II., Papst 94
Andreas von Brod 413
Andreas von Fleury 497 ff.
Andreas von Prag, Bf. 397
Andreas von Regensburg 424
Angrogna, Val d' 490, 491
Anjou 73, 284
Anna Komnena 36
Anna von Böhmen 335
Anonymus von Laon 109, 139 A., 510 ff.
Anselm von Alessandria 103, 107 A., 189, 192, 194
Antichrist 230, 279 f., 287, 290, 294, 296, 328, 382 f., 401 f., 423 f., 472
Antiklerikalismus 136 f., 158, 204, 260, 297, 299, 310–312, 319, 321, 326 f., 435, 492, 495 A., 540
Antwerpen 14, 79, 92
Apokalypse 40, 80, 183, 192, 275 f., 280, 284, 287–290, 292 ff., 349
Apostel 36, 51, 54, 78, 95, 97 f., 99, 109, 111, 113, 117, 129, 179 f., 182, 233, 270 f., 283, 294
Apostelgeschichte 30, 129, 233
apostolica vita, s. apostolische Lebensweise

Apostolische Brüder 281, 283 f., 296, 540
Apostolische Lebensweise, apostolica vita 77 ff., 86, 90, 94, 112 f., 122, 133, 136, 138, 145 f., 149 f., 283 f., 505, 510
Appelantenpartei 351, 360
Apulien 491
Aquitanien 24, 47, 53, 59, 500
Araber 27
Aragon 116, 132, 290
Archer, M. 387 A.
Ardizzo von Piacenza, Bf. 124
Aréfast 497
Ariald 70, 71
Arianer, Arianismus 17, 23, 97, 100
Arius 97
Arles 86
Arme Christi, s. Pauperes Christi
Arme Katholiken, Pauperes Catholici 117, 147, 149, 510, 512
Arme Lombarden 115, 125, 147, 228, 232 ff., 239, 386, 427, 540, 542
Armenien 26, 27, 31, 41, 58
Armutsideal 77 f., 83, 86, 103, 120, 103–138 passim, 145–159 passim, 165, 207, 230–234, 270–298 passim, 314, 327, 414, 420, 441, 484, 510 ff., 543
Arnold von Brescia 69, 91, 94 ff., 126, 322, 540
Arnoldisten 96, 115, 126, 540
Arnoštovice 463
Arras 47, 50 ff., 54 ff., 58 f., 60 f., 89, 90
Arrufat, Familie 174
Arundel, Ebf. 330, 346, 354, 360 f., 372
Ashford, Richard 371
Askese 27, 31, 34, 36, 54, 57, 74 f., 78, 83, 90, 126 f., 133, 137, 165, 167, 179 ff., 188, 195, 235, 270, 298, 401
Asti 204
Aston, John 343, 345
Aston, M. E. 317 A., 339 A., 340 A., 341 A., 390 A., 391 A., 393 A., 394 A., 493 A., 494 A., 495 A.
Aston-on-Trent 348
Augsburger Bekenntnis 483
Augustiner (philosophische Richtung) 324, 326, 331, 410
Augustiner-Brüder 326, 330
Augustiner-Chorherren, -Kanoniker 76, 150, 343 f., 396 f., 399 f.
Augustinus, hl. 57, 101, 239, 325, 328, 341 A., 400, 410, 540

Auriac 173, 201
Autier, Pierre 203 f.
Autotheismus 541
Auvergne 500
Ave-Maria 238, 311
Avignon 246, 290, 307 f., 315, 326, 329, 332, 397, 401 ff., 407
Avignonet 197, 201, 326, 329, 332
Ax 203

Badby 357, 359
Baethgen, F. 300 A.
Bagnolo 191, 193, 205
Baker, L. G. D. 44 A.
Balduin von Thérouanne 497 ff., 500
Balkan 7, 13, 27, 35, 41, 58, 73, 97, 182, 192, 208, 209, 503, 540
Ball, John 347, 383
baptisma 37, 98, 166
Baraigne 200, 201
Barbara, hl. 400
Barber, M. 267 A.
Barcelona 132
Barelles 200, 201
Barone del Barone 204
Barraclough, G. 247
Barton, William 329
Bartoš, F. M. 417 A., 428, 452 A., 453 A.
Basel 258, Konzil von 309, 478, 480
Basilios, Führer der Bogomilen in Konstantinopel 36, 37
Basilius, Kirchenvater 31
Basilius I., K. 27
Basler Kompaktaten 479, 480, 482
Bauernaufstand (peasants' revolution) 313, 321, 333, 343–347, 360
Bautier, R. H. 497
Baxter, Margery 370, 382
Bayern 235, 410, 418
Beauteville 200, 201
Beauvais 50
Becamel, M. 222 A.
Bech, Giacomo 238, 243 A.
Bechin, Bechyně 447, 459
Becker, Hans 298
Becquet, J. 82 A.
Beeby, Thomas 356
Begarden 229, 256–259, 264 ff., 287 bis 291, 293–299, 312, 397, 467, 540
Beginen 14, 175, 256–259, 261 f., 264 f., 297 ff., 309, 402, 540

Beguins 275, 294 f. 540
Beichte 31 f., 50 f., 123, 150, 232, 237, 312, 349, 385, 428, 441, 444
Belibasta 203
Belperron, P. 163 A.
Benac, A. 226 A.
Benedictus Deus 296
Benedikt XII., Papst 296, 428
Benedikt von Nursia, hl. 278
Benrath, G. A. 338 A., 339 A.
Berengar v. Tour 53, 64 A., 81 A.
Bergamo 148 f., 176, 227 f., 234, 239 f.
Bernard de Castanet, Bf. 253
Bernard de Caux 199, 201
Bernard de Montesquieu 182
Bernhard von Clairvaux, hl. 78, 86, 94, 97 f., 100, 105 A., 106 A., 134, 260
Bernhard von Thiron 75, 76, 81 A., 505–508
Beschneidung 542
Bethlehemskapelle, Prag 405 f., 409 bis 412, 422, 425
Bettelorden, -mönche, -brüder 145, 149, 158, 202, 204, 248, 257 f., 271, 278 f., 293, 319, 321, 330 f., 334, 400, 488
Betts, R. R. 415 A., 416 A., 451 A., 486 A.
Beverly 366
Béziers 102, 134, 176, 290, 291, 292
Bezold, F. 486 A.
Bianchi, U., Le Dualisme en Histoire des Religions 41 A.
Bibel, Bibelübersetzung 78, 121, 229 ff., 238, 330, 334–337, 345, 353, 377, 384 ff., 404 f., 423, 491
Biceps, Nikolaus 408
Biget, J. L. 267 A.
Bihalji-Merin, O. 226 A.
Bilderverehrung 24, 26 f., 31, 41, 49, 51, 64 A., 230, 349, 354 ff., 356, 382 f., 405, 427, 443, 458
Bilino, Polje 210
Biller, P. 241 A., 243 A.
Billericay 372
Birmingham 370
Bittner, K. 415 A., 416 A., 417 A.
Blanche de Laurac 173
Blunt, J. H. 393 A.
Boase, T. S. R. 267 A.
Bock, F. 267 A.
Böhmen 94, 96, 228, 296, 311, 316 f., 395–484 passim, 489, 541

Böhmer 81 A., 82 A., 139 A., 140 A., 141 A., 162 A., 241 A., 242 A., 243 A., 244 A., 299 A., 493 A., 494 A.
Böhmische Brüder, s. Brüdergemeinde
Bogomil 7, 30, 35, 47, 85
Bogomilen, Bogomilismus 7, 10, 28–41, 47 f., 56–62, 73 f., 88–104, 165 ff., 179–195, 208–217, 322, 383, 500, 503, 540
Bohemund 41
Bojaren 33
Bologna 177, 206, 283
Bolton, B. 138 A., 139 A., 140 A., 162 A., 268 A.
Bonacursus v. Mailand, Bonaccorsi 96, 130, 141 A., 242 A.
Bonaventura, hl. 273
Bonenfant, P. 106 A.
Bonifatius, hl. 24
Bonifatius VIII., Papst 246, 248, 253–256, 259
Bonifatius IX., Papst 408
Bonn 78
Bordeaux 83
Boril, Zar von Bulgarien 209
Boris I., Herrscher von Bulgarien 28, 29
Borst, A. 62 A., 63 A., 64 A., 80 A., 81 A., 105 A., 106 A., 107 A., 162 A., 164 A., 196 A., 217 A., 218 A., 219 A., 220 A., 221 A., 222 A., 223 A., 224 A., 267 A., 416 A.
Bosl, K. 505
Bosnien 209 ff., 214 f., 217, 224 A., 433
Bosnische Kirche, dualistische 10, 13, 210, 212 f., 225 A., 433
Bosporus 26
Bourgin, G. 243 A.
Brabant 91
Bradwardine, Thomas, Ebf. 315, 324, 325
Bram 200, 201
Brandenburg 228, 232, 237, 462
Brandt, M. 225 A.
Braybrooke 351, 409
Bremen 152
Brescia 70, 94 f., 176
Breslau 461
Bretagne 69, 73, 96 f.
Brettenham, John 348
Březová, Lorenz 458
Bristol 345, 350, 360, 364, 370 f., 373, 376 f.

Britische Inseln 60
Brock, P. 417 A., 487 A.
Brooke, C. N. L. 64 A., 81 A., 82 A., 107 A., 139 N., 223 A.
Brooke, R. B. 104 A., 163 A., 299 A.
Brown, William (alias Davy) 365
Bru, C. P. 142 A., 219 A.
Brüdergemeinde, böhmische, Brüderunität 7, 229, 484, 489, 490, 540 f., 543
Brüder vom Evangelium Christi 484
Brügge 312
Brüx 471
Bruis 87
Bruno von Olmütz 258
Brute, Walter 349, 359, 378
Bucer 490
Buckingham, Bf. 359
Buckingham, Thomas 324
Buckinghamshire 365, 382
Bucy-le-Long 73, 90, 113
Bulgarien, Bulgaren 7, 28 ff., 30–36, 47, 58, 60, 104, 183, 185, 190, 192 f., 195, 209
Bulgarische Kirche, dualistische 191, 192, 193
Bull, William 383
Bultot, R. 64 A.
Burell, John 383
Burnham 372
Burnley 372
Burns, Y. 213
Buße 50 f., 75, 99, 120, 123, 126, 166, 187, 261, 311 f., 314, 356
Byzantinische Kirche 23, 27 f., 29, 37, 39, 100, 208, 542
Byzantinisches Reich, Byzanz 7, 23–29, 35 f., 41, 47 f., 56, 58, 73, 97 f., 103, 182 f., 190, 208 f., 248, 503, 541

Cabardès 202
Caenegem, R. C. van 164 A.
Cahors 292
Calixtiner, s. Utraquisten
Caltabellotta, Friede von 246
Calvin 490
Cambiac 175, 200, 201
Cambon 200, 201
Cambrai 61, 71, 92, 94, 259
Cambridge 360
Campagna 254
Canterbury 313, 315, 327, 366, 383
Cantimori, D. 494 A.

Capelli, Jacob 167 f., 222 A.
Capistrano, hl. Johannes von 297
Caraman 175
Carcassonne 135, 191 f., 199, 202
Carrières, M. 139 A.
Castelnaudary 174, 200 f.
Caunes 199
Cazeaux-Varagnac, M. 218 A.
Čeněk von Vartemberk (Wartemberg) 443, 457, 461, 462
Cesarini, Kardinal 478
Châlons-sur-Marne 47 ff., 53, 56 f., 59 f., 63 A., 107 A.
Chanforans, Val d'Angrogna 490, 491
Charroux, Konzil 47, 57
Chartularium universitatis Parisiensis 163 A.
Chatelain, E. 163 A.
Chaucer 352
Chedworth, Bf. 368, 376
Chelmsford 372
Cheltschitz, Peter (Chelčický) 468, 483, 489, 543
Chenu, M. D. 82 A.
Cherwell, Fluß 365
Chesham 371, 382
Cheyne, Sir John 350, 352
Cheynes, Familie 365
Chichele, Ebf. 360, 366
Chiliasmus 91 ff., 350, 448, 466 f.
Chilioi Kapnoi 36
Chiltern Hills 368, 371, 373, 376
China 22, 188
Chipping Warden 351
Chlodwig, Kg. d. Franken 34
Chorherren, regulierte 94
Christian von Prachatitz 440, 443, 446, 462
Christmas, H. 340 A.
Christus, Jesus, passim, s. bes. 26–30, 50–58, 121–126, 180–188, 270–299, 411–483
Chronica de Lanercost, s. Lanercost
Chronicon Affligemense 509 A.
Chrysocheir 26
Chrysostomus, Johannes, hl. 31
Churchill, I. J. 394 A.
Ćirković, S. 13, 213, 215, 225 A., 226 A.
Clanvow, Sir John 351, 352
Claudius von Turin, Bf. 24 f., 49, 56
Clay, C. T. 139 A.
Claydon 349

Clédat, L. 218 A., 219 A.
Clemens, Laienprediger 90
Clemens III., Papst 275
Clemens V., Papst 247 f., 255 f., 259, 289, 291 f., 541
Clemens VI., Papst 312, 397
Clemens VII., Papst 308
Clifford, Sir Lewis 352
Cluny, Kloster 53, 75, 85, 89
Cobham 376
Cohn, N. 11, 79, 80, 81 A., 91 A., 105 A., 106 A.
Cola di Rienzo 399
Colchester 348
Col de Tende 203
Colledge, E. 268 A.
Collinson, P. 394 A.
Colmar 258
Colonna, Familie 254
Comba, E. 242 A.
Comestor, Petrus 398
Compworth, Thomas 349, 365
Concorezzo 103, 183, 191, 193, 195 f., 205
Confalonieri, Stefano 178
Conrado da Venosta 178
consolamentum 166 ff., 170–176, 179 bis 182, 185, 187 f., 190, 192 f., 196 f., 202 ff., 218 A., 235
Constance, Gräfin v. Toulouse 102
Contra Manicheos 149
Contra Petrobrusianos, Tractatus 85, 86, 104 A., 105 A.
convenenza 202
Cotswolds 378
Cottische Alpen 229, 490
Cottle, A. B. 389 A.
Courtenay, Ebf. 330, 343 f., 349, 358 ff., 372, 413
Coventry 348, 367–370, 373, 377, 382 f., 385
Cowdrey, H. E. J. 81 A.
Cracco, M. 62 A.
Craon 75
Creighton, M. 484 A.
Cremona 70, 176, 193, 203
Crničan, Familie 211
Crompton, J. 338 A., 339 A., 340 A.
Cromwell 459
Cronin, H. S. 390 A.
Cross, C. 393 A.
Csanád 47, 59 f.

Cum de quibusdam 262, 264, 265
Cum in nonnullis 446
Cum inter nonnullos 302 A.
Cuneo 103, 203

Dämonenglaube 209
Dalmatien 193, 210, 317
Dando, M. 46 A.
Dauphiné 228, 238, 489, 490
David von Augsburg 242 A., 252
David von Dinant 154
Davis, G. W. 267 A.
Davis, J. F. 392 A., 394 A.
Davison, E. S. 139 A.
Dean 373
De Heretico Comburendo 360
De vita et actibus 235
Deanesly, M. 339 A., 340 A., 342 A., 357 A., 387 A.–394 A.
Delaruelle, E. 64 A., 140 A., 142 A., 163 A., 317 A.
Delisle, L. 163 A.
Denis, E. 454 A.–456 A., 482 A. bis 487 A.
Derby 364, 365
Dereine, C. 82 A.
Deschamps 352
Desenzano 191, 194, 195, 205, 206
Desiderius 195, 196
Determinismus 186
Deutsch-Brod 474
Deutscher Orden 475
Deutschland, Deutsche 117, 148, 160, 165, 227 f., 234, 237, 239 f., 257 f., 266, 279, 296 f., 311, 319–415 passim, 465, 483, 490
Deutschordensritter 460
devotio moderna 399, 400
Dewsbury 383 f.
Dick of Dover 379
Dickens, A. G. 392 A., 394 A., 492, 493 A.–495 A.
Die 87
Diego von Osma, Bf. 149, 150
Dinić, M. 225 A., 226 A.
Dives and Pauper 356, 378
Dmitrewski, M. von 509 A.
Döllinger, J. 64 A., 220 A., 221 A., 242 A., 243 A., 503
Doketismus 90, 98, 101, 500
Dolcino di Novara 14, 280, 283 f., 296, 540

Dominikaner 150ff., 156, 202, 204, 206, 210, 231, 278, 284, 312, 398, 406, 413
Dominikus, hl. 145, 150f., 284
Dompierre 76
Donatismus 71, 94, 111, 124f., 147f., 237, 240, 355, 386, 414, 427, 445, 540
Donauwörth 476
Dondaine, A. 64A., 81A., 107A., 139A., 141A., 162A., 164A., 195A., 218A., 220A.-224A., 242A., 267A.
Dossat, Y. 12, 142A., 164A., 195A., 199A., 201A., 218A.-224A., 267A.
Douais, C. 302A.
Douie, D. 302A., 303A.
Dover 320
Doxologie 100, 106A.
Dragowitsa/Dragovitsa oder Drugonthia 190, 192, 221A.
Drayton, Beauchamp 365
Dreifaltigkeit, s. Trinität
Drémil 200, 201
Dresden 421, 423
Drina 215
Dritter Orden, s. Tertiarier
Drittes Zeitalter 153f., 275–280, 286, 488
Drugonthia, dualistische Kirche von 190
Dualismus 10, 13, 22–41 passim, 57–104 passim, 111–167 passim, 181–217 passim, 238, 542
Dubrovnik 210, 212, 217
Dubrovnik, Kirche von 213
Dujčev, J. 43A., 44A., 45A.
Duns Scotus 314
Dunstable 365
Dupont, A. 142A.
Dupré-Theseider, F. 81A., 105A., 107A., 177, 178, 217A., 219A., 223A., 224A.
Durandus von Huesca 122, 140A., 141A., 146f., 149, 162A., 505, 510ff.
Durant, Guillaume 263
Durham, Bf. 346, 355, 359
Dušan, Stephan 209
Dykmans, M. 302A.

Eardisley 379
East Hendred 367
Ebrard 90
Eckbert v. Schönau, Abt 100, 101
Eckhart 265, 266, 406
Ederick, William 348, 365

Edward III., Kg. von England 321
Edward, John 384
Ehe, Einstellung zur 22, 27f., 31, 49, 52, 55, 84, 87, 92, 98f., 100, 120, 123f., 167, 195, 214, 348, 383, 500
Ehrle, F. 243A.
Eidesleistung 102, 112, 114, 123, 146f., 217, 230, 232, 237, 252, 386, 423, 444, 491
Eigenkirche 397, 398, 441
Eingeweihte, Erwählte 28, 32, 36f., 40f., 50, 58, 69, 98, 100f., 104, 194, 280, 294, 328
Elm, K. 300A.
Elne 149, 162A., 512
Elsaß 476
Embrun 85, 87, 542
Emden, A. B. 387A., 392A.
Emery, R. W. 142A., 217A., 219A.
endura 203, 223A., 238
Engel 166f., 169, 182, 184f., 188, 207, 279, 284, 289, 458
England 11, 103, 132, 134, 311, 316, 319, 321, 354, 359, 369, 380, 395, 398, 409, 491f.
Eon de l'Etoile (Eudo de Stella) 59f., 69, 80, 96f., 106A., 125
Ephesus 26
Epiphanius 540
Epistolae Saeculi XIII 243A.
Erastianismus 310, 332
Erastus, Bf. 359
Erbstösser, M. 237, 240, 243A., 268A., 269A., 317A.
Erbsünde 541f.
Eriugena, Johannes Scotus 153
Erlembald 70f.
Ernst von Pardubitz, Ebf. 407
Eršil, Jaroslav 397, 415A.
Eschatologie 73, 207, 275, 384, 472, 542
Esposito, M. 244A.
Esser, K. 299A.
Essex 348, 364, 368, 373, 376
Este 254
Etienne de Bourbon, s. Stefan von Bourbon
Eucharistie 22, 27, 84f., 88, 91, 100, 107, 231, 240, 248, 244A., 404, 413, 435, 439, 466ff., 471f.
Eugen III., Papst 94
Eugen IV., Papst 308, 309, 478
Eulogie 170

Euphrat 26
Euthymios von Peribleptos 35, 36, 183
Euthymios Zigabenos 56, 98, 183, 208
Eva 38, 184
Evangelisation 333, 345 f., 358
Evangelium 30, 49, 51, 69, 86, 88, 101 f., 108, 111 ff., 116 f., 122, 124, 128, 137, 150, 180, 195, 230, 232, 270, 280, 285 ff., 292, 295, 305, 335, 345, 353 f., 403, 445, 464, 472
Evans, A. P. 163 A.
Everwin v. Steinfeld 98 f., 101, 508
Exeter College 346
Ex Historiae Francicae Fragmento, s. Historiae Franciscae Fragmentum
Exivi de Paradiso 292
Ezzelino da Romano 177

Fabri, Bernardo 294
Fanjeaux 150, 174, 200, 201
Fearns, J. V. 12, 64 A., 85, 89, 90, 104 A., 105 A.
Fegfeuer 122, 187, 230, 237, 352 f., 443 ff., 472, 490
Felix von Urgellis 25
Ferrara 176 f., 180, 309
Ficker, G. 44 A.
Fideismus 315, 323
Fine, jr., J. V. A. 163 A., 215, 217, 224 A., 226 A.
Fines, J. 13, 339 A., 340 A., 346, 387 A.–389 A., 391 A., 392 A., 494 A.
Fishburn, Thomas 337
Fisher, William 349
Fitzjames, Bf. 368
Fitzralph, Richard 324, 325, 331
Flagellanten 80, 279, 282, 311 f., 541
Flajšhans 411
Flandern 91, 93, 101 ff., 106, 113, 257, 319
Fletcher, J. M. 338 A., 340 A.
Florenz 70, 130, 176, 178, 191, 193, 204 f., 272, 274, 309 (Konzil)
Folter 157, 162, 238, 252, 255, 359
Fontévrault 77, 109, 506, 511
Foreville, R. 163 A.
Foxe, J. 13, 379, 493
Franche-Comté 228
Franken 312
Frankreich 48, 75, 83, 86, 101 ff., 103, 114, 116, 117, 124, 132 ff., 176, 191, 240, 247, 255, 257, 261, 272, 286, 293, 311, 313, 317, 320, 352, 412, 503, 540

Franziskaner-Konventualen 273, 286, 293
Franziskanerorden 9, 11, 14, 120, 151, 161, 178, 207, 214, 217, 238, 248 f., 257 f., 270–298 passim, 314, 319 f., 332, 348, 356, 411, 422, 505, 512, 540 f.
Franziskanerregel 270–273, 283, 286 f., 292, 295, 541
Franziskaner-Spiritualen 270, 273 ff., 286–293, 295 f., 298, 316, 322, 488, 540 f.
Franziskus von Assisi, hl. 120, 145, 150 f., 248, 270 ff., 279, 284, 286 f., 289, 292, 294 f.
Franziskus, Testament des hl. 271 f., 287, 292
fraticelli 9, 238, 296–299, 319 (Sekte), 540 f.
fraticelli de opinione 295
fraticelli de paupere vita 295
Fredericq, P. 268 A., 269 A.
Freed, J. B. 268
Freiburg i. d. Schweiz 237
Freyra, Giovanni 238
Friar Barnes 491
Friedrich I. Barbarossa, K. 113, 129, 130
Friedrich II., K. 160, 197, 204 f., 245, 254, 284
Friedrich III., Kg. von Sizilien 284
Friedrich v. Köln, Ebf. 92
Fristedt, S. L. 341 A., 342 A., 387 A.
Froissart 352
Frühhumanismus 399
Frugoni, A. 81 A., 105 A.
Fuer, William 380
Fulk von Toulouse, Bf. 133, 257
Fundatio (Norbert von Xanten) 506
Furneria de Mirepoix 176

Gagliarda 294
Gaja-le-Selve 200, 201
Galdinus, hl., Ebf. 130
Galiläa 447
Gallikanischer Ritus, Gallikanismus 111, 421
Gandhi 272
Gap 87
Garattus 191, 193, 223 A.
Gardasee 205
Garibaldi 92
Garsoïan, N. G. 42 A., 43, 46
Garsoïan, S. 46

Register

Gascogne 86, 114, 135, 246
Gaucelin, Bernard, Ebf. 116
Gegenreformation 379
Geißler, s. Flagellanten
Geist-Freie, Anhänger des Freien Geistes 9, 80, 162, 240, 256, 259, 261 ff., 264 ff., 296, 298 f., 348, 493, 541
Genesis 184
Genf 493
Georg von Podiebrad, Kg. von Böhmen 481 f.
Gerard von Fracheto 222 A.
Gerbert von Aurillac 497
Gerhard 51 f., 57
Gerhard von Borgo San Donino 285, 286
Gerhard von Csanád, hl. 60, 500, 502 f.
Germanien 24
Gervasius, Abt 75
Gervasius von Canterbury 143 A.
Geschlechtstrieb, -verkehr, s. Sexualität
Gesta archiepiscoporum Magdeburgensium 507 f.
Gesta Synodi Aurelianensis 63 A., 497
Ghibellinen 129, 204 f., 254, 284
Gibel 200, 201
Gibson, M. 64 A.
Giesztor, A. 62 A.
Gilbert, Walter (alias Kibworth) 364
Gilbert von Tournai 258
Girald von Salles 507
Girgensohn, D. 453 A.
Glaber, Raoul 60, 63 A., 65 A., 497, 500
Gloucester 370, 380
Gnosis, s. Gnostiker
Gnostiker, Gnostizismus 17, 22 f., 28, 32, 39 f., 49, 56, 90, 93, 106 A., 107 A., 179, 188, 540
Godefroy 299 A.
Gonnet, G. G. 139 A., 241 A., 242 A., 243 A., 244 A., 452 A.
Goppelt, L. 21 A.
Gorze 53
Goslar 48, 61, 72
Gost Milutin 211 f.
Gost Radin 212 ff.
Gottesgnadentum 358
Gottfried von Auxerre 510
Gottlieben 429
Goudourville 200 f.
Grammontenserorden 78
Graus, F. 424

Gregor, Neffe von Peter von Cheltschitz 483
Gregor VII., Papst 70 f., 94, 509
Gregor IX., Papst 145, 152, 155, 160, 197, 204, 210, 217, 227, 250, 251
Gregor X., Papst 245, 248
Gregor XI., Papst 329, 332
Gregor von Nazianz, Kirchenvater 31
Gregor v. Tours 93
Gregorianer 83, 92–95, 99
Gregorianische Reform 48, 69–72, 75, 78, 85 f., 91, 93, 104, 137, 397 f.
Gregorij Magistros 41
Grenoble 238
Griechenland, s. a. Byzantinisches Reich 60, 98, 503
Griechische dualistische Kirche 191, 208
Griechisch-orthodoxe Kirche, s. a. Byzantinische Kirche 31, 33, 209, 248, 309, 541
Grosseteste, Robert 19, 257, 325
Grundmann, H. 11, 21 A., 64 A., 80 A.–82. A., 105 A.–107 A., 163 A., 164 A., 217 A., 219 A., 241 A., 243 A., 267 A.–269 A., 300 A., 513 A.
Gualberti, Giovanni, hl. 70
Guarnieri, R. 267 A.
Guelfen 205
Guglielma 280 f.
Gui, Bernard 229, 240, 251, 302 A.
Guibert de Nogent 238, 243 A.
Guillaume-Roger de Mirepoix 176
Guiraud, J. 188, 218 A., 220 A., 223 A., 224 A.
Gundolf 50
Gurmyn, Richard 367
»gute Menschen« 101 f.
Guy, Kardinal 94, 96
Gwynn, A. 338 A., 340 A.

Hadrian IV., Papst 95
Häresie, Häretiker passim, s. bes. S. 17–21, 540–543
Haines, R. M. 388 A.
Haller, J. 223 A.
Halmadary 385
Hamilton, J. B. 163 A., 221 A.
Hampshire 373
Handauflegung 30, 37, 49, 56, 58, 98, 100 f., 172, 500
Hans von Mühlheim 406
Hansen, J. 267 A.

Hargreaves, H. 341 A.
Hartmann, Johann 265
Hauck, A. 241 A., 242 A., 243 A.
Haupt, H. 241 A.
Hautes-Alpes 87
Hay, D. 317 A.
Hazard, H. W. 163 A.
Heiligenverehrung 25, 397, 472
Heilige Schrift passim, s. bes. S. 19–34, 108–138, 230–266, 325–386, 400–484
Heiliger Geist passim, s. bes. S. 50–57, 275–283
Heiliges Land 73, 248, 255
Heinrich I., Kg. von Frankreich 53
Heinrich II., Kg. v. England 109, 319
Heinrich V., Kg. v. England 359, 361, 365, 395
Heinrich VI., K. 280
Heinrich der Mönch 69, 83–87, 89, 100, 104 A., 105 A., 322, 402, 541
Heinrich von Bitterfeld 406
Heinrich von Virneburg, Ebf. 259, 265
Heisig, K. 107 A.
Henley 372
Hennegau 259
Henri de Marcy 111, 134, 147, 153, 510
Henricianer 88, 541
Hereford, Bf. von 344, 350, 359
Hereford, Nicholas 343–346, 351, 358
Herfordshire 348, 349, 361, 364
Herlihy, D. 389 A.
Hermann von Laon, Bf. 77
Herodes, Kg. 280
Herrnhuter Brüdergemeinde 484, 543
Herrschaft und Gnade, Lehre von 331 f.
Herzegowina 215
Hesychasmus 209
Hexerei 9, 250, 252, 267 A.
Heymann, F. G. 452 A., 454 A., 455 A., 484 A., 485 A., 486 A., 487 A.
Hieronymus von Prag 419, 422, 475
Highfield, J. R. L. 388 A.
Hilarion, hl. 208
Hillebrand, E. 302 A.
Hiob, Buch 121
Hirsch-Reich, B. 277, 300 A.
Historiae Franziscae Fragmentum 497
Hohenstaufen 160, 227, 245, 254, 280
Holländer 492
Homosexualität 255
Honorius III., Papst 145, 154, 283
Honorius IV., Papst 283

Horeb 448, 459, 473, 541
Horebiten 459, 473, 478, 541
Hradiště 459
Hradschin 462, 465
Hrubý, K. 485 A.
Hudson, A. 340 A., 341 A., 387 A., 388 A., 394 A.
Hübner, Elias 412, 413
Hugo, Begleiter des hl. Norbert 507 f.
Hugues de Digne 274, 286
Hull 492
Humiliaten 108, 112 f., 115 f., 124, 146 f., 149, 151, 165, 178, 540 f.
Hundertjähriger Krieg 311, 320, 352
Hurley, M. 339 A.
Hus, Jan 8, 317, 352, 395–481 passim
Húska, Martin 465–469
Hussiten 7–20 passim, 229, 315 f., 386, 395–481 passim, 541
Hussiten, gemäßigte 18, 443 f., 446, 456, 464, 466 f., 470 f., 473 ff., 478 f., 481 ff.
Hussiten, radikale 18, 427, 441, 443–450, 456–463, 467, 469 ff., 474 f., 477–482, 542
Hussitenliga 441, 442, 443
Hvězda, Johann 471
Hyde, J. R. 249 A.
Hyères 274

Iglau 8, 395, 398, 456, 479 ff., 488
Ikonen 26, 31, 36
Ikonoklasmus 26, 27
Ilarino da Milano 62 A., 63 A., 104 A., 106 A., 141 A.
Indien 188
Ingelheim 399
Initiationsriten 30, 37, 56
Innozenz II., Papst 94
Innozenz III., Papst 74, 121, 130, 138, 145 ff., 149–154, 159 f., 197, 210, 247, 275, 541
Innozenz IV., Papst 145, 157, 160, 245
Inquisition, Inquisitoren 10, 12 ff., 19, 115, 155–158, 160 f., 165, 169 f., 172, 177, 190, 194, 197–206, 227–231, 237 f., 240, 247, 250–266 passim, 280–284, 290–298, 321, 369, 382, 397, 428, 434, 458, 476
Insabbatati 120, 140 A.
Interregnum 227
Interrogatio Johannis 183 ff., 193, 218 A.

Investiturstreit 70, 128, 319
Irokesen 22
Isaak 385
Isidor von Sevilla 540
Islam 280
Israel 184
Italien 47–51, 60, 86, 90 f., 94, 96, 103 f., 112, 114, 116, 124–135, 138, 149, 157, 160 f., 165, 168, 172, 176–179, 188 ff., 192 f., 195 ff., 202–206, 228 f., 232, 234, 237, 254, 259, 274, 279, 289, 291 f., 296, 301, 490 f.
Ivoy 90

Jacob, E. F. 340 A., 487 A.
Jacquerie 313
Jakob von der Mark, hl. 297
Jakob von Vitry 130, 141 A., 149, 257
Jakobellus (Jakob von Mies) 435, 439, 443 ff., 449, 462, 471, 473, 481, 489
Jakobus, hl., Epistel von 102
James, I. 243 A.
James, William 346
Jedin, H. 62 A., 317 A.
Jehova 27, 30
Jerusalem 73, 78, 135, 255, 402, 406
Jesaja 185, 276
Jesenic, Johann 419, 440, 443, 445
Jesuiten 97, 488, 500
Joachim von Fiore 80, 153 f., 163 A., 207 f., 275–299 passim, 488, 541
Joachimismus, Joachimiten 9, 270–299 passim, 488, 541
Joannes Lotaringius 232
Joannou, P. 45 A.
Johann, Kg. von Böhmen 396
Johann von Chlum 431, 432
Johann von Draschitz, Bf. 397, 407
Johann von Jenstein, Ebf. 407, 408
Johann von Leitomischl, Ebf. 431 f., 434 f.
Johann von Nepomuk 407
Johann von Parma 286
Johannes I., Bf. von Straßburg 297
Johannes XXII., Papst 11, 247, 254, 264 f., 291–298, 307, 314, 540 f.
Johannes XXIII., Papst 308, 421, 429
Johannes Bellus 191
Johannes, Evangelium des 37, 439
Johannes der Exarch 30
Johannes Judaeus 103, 191 ff.
Johannes der Täufer, hl. 24, 90, 98, 347

Johannes von Canterbury, Ebf. 112, 116
Johannes von Dambach 406
Johannes von Fleury 497 ff., 500
Johannes von Lugio 185, 195 f.
Johannes von Ronco 124 f., 147, 148
Johannes von Salisbury 106 A.
Johannes Zigabenos 183
Johannes Zurillas 35 f., 56
John of Gaunt 321, 326, 359
Jonas, H. 41 A., 46 A.
Jonas, Katharer 103
Jonson, John 370
Jordan, E. 162 A.
Jordan von Sachsen 175
Joseph, Katharermissionar 103
Josephiner 115
Judas 431
Juden 27, 73, 134, 183, 230, 280, 313, 399, 457
Julien, M. 163 A.
Justin, K. 23
Justinian, K. 23
Juzes 200, 201

Kadlec, J. 416 A.
Kaeppeli, T. 221 A.
Kain 38
Kalabrien 229, 275, 491
Kalivoda, R. 416 A., 485 A., 486 A.
Kaloian 191, 193
Kalomena 38
Kaminsky, H. 415 A.–417 A., 450, 451 A.–455 A., 467, 473, 484 A. bis 487 A., 494 A.
Kanaan 24
Kanoniker, augustinische 150
Kapetinger 245
Kappenberg, Gf. 507
Karbeas, Führer der Paulikianer 26 f.
Karl IV., K. 396 f., 399 ff., 404, 407, 410, 424
Karl von Anjou 205, 245 f., 248
Karolingisches Reich 25
Karpokratianer 540
Katharer 7–14, 62, 74, 83, 88, 97–104, 108 f., 111, 115, 117, 122 ff., 130, 134, 138, 150 ff., 160 ff., 165–217 passim, 228 f., 234 f., 238 f., 245, 250, 257, 262, 290 f., 293, 316, 319, 386, 433, 510, 540, 542
Katholiken, Katholizismus 23, 69, 74, 122 ff., 161, 174 f., 179, 188, 196 f., 202,

206ff., 232, 379, 382, 386, 446, 449, 451, 456, 461, 464f., 472, 475, 477–483, 488, 510
Kejř, J. 454 A.
Kempe, Margery 366
Kenningham, John 325, 329
Kent 364, 369, 373, 376, 383
Kestenberg-Gladstein, R. 301 A.
Ketzer passim, s. bes. S. 540–543
Kevill (Keevil) 383
Kibworth Harcourt 365
Kibyrrhaeot, Thema 59
Kidlington 349
Kieckhefer, R. 317 A.
Kindertaufe, s. Taufe
Kirchberger, C. 268 A.
Kirchenbann 131
Kirchenväter 17f., 109, 123, 148, 239, 328, 348, 385, 400
Kiselkov, V. S. 224 A.
Klattau 458
Kleinasien 27, 35, 36, 73, 104, 208
Kniewald, D. 218 A., 225 A., 226 A.
Knighton, Henry 336, 343, 350, 389 A.
Knowles, D. 162 A., 299 A., 302 A., 339 A., 389 A.
Koch, G. 140 A., 142 A., 197, 218 A., 219 A., 223 A., 235, 243
Köln 92, 98–102, 104, 106, 259
Königgrätz 448, 459, 541
Königsaal 400, 466
Köpstein, H. 486 A.
Kommunion 402f., 405ff., 447f., 472, 480
Konrad von Marburg 227
Konrad von Soltau 406
Konrad von Vechta, Ebf. 421, 432, 440, 470, 480
Konstantin, K. 17, 233, 283, 334, 411, 426, 483, 489f.
Konstantin V., K. 27, 29
Konstantinische Schenkung 95, 233, 411, 489f.
Konstantinopel 9, 26, 29, 35f., 59, 73, 95, 103f., 183, 189, 190, 193, 208, 351
Konstanz, Konzil von 298, 308, 352, 395, 425, 429, 431–435, 439f., 442f., 445f., 456, 543
Konsubstantiationslehre 354, 358, 471
Konventualen, Franziskaner 273, 286, 293
Koranda, Wenzel 443, 458, 459, 464

Korinther, Brief an die 17, 141 A., 468
Korybut, Sigmund 473, 474, 476
Kosmas 30–34, 183, 190, 208f., 500
Kotor 215
Kozí Hradek 426f.
Kralovitz 448
Krems 236
Kremsier 401
Kreuzesverehrung 25, 28, 31, 33, 41, 49, 51, 53, 56, 58, 86, 88ff., 100, 383
Kreuzzüge 72–75, 81, 92, 131, 133f., 152, 160, 172f., 176, 197, 208, 210, 246, 248, 254, 284, 311, 352f., 421, 422, 446, 461ff., 474, 481f., 478
Krofta, K. 415 A.
Kubo, s. Jakobellus
Kumanen 41
Kunwald 483
Kurze, D. 106 A., 242 A., 243 A., 318 A.
Kuttenberg (Kutná Hora) 398, 418f., 423, 451, 461, 465, 477, 482

Laberge, D. 300 A.
Labory, G. 497
Ladislaus II., Kg. von Böhmen 482
Ladislaus Jagiello, Kg. von Polen 475f.
Ladislaus von Neapel 421
Laienkelch 435f., 440–446, 449, 456, 461ff., 472–476, 478–482
Lambert le Bègue 92
Lambert, M. D. 21 A., 221 A., 299 A. bis 302 A.
Lambethpalast 326, 366
Landulf 70
Landulf der Ältere 57, 63 A., 65 A.
Lanercost, Chronica de 337 A.
Languedoc 14, 86f., 108, 114, 116f., 122f., 127, 131, 135, 138, 147–153, 155, 157, 165f., 171f., 175–179, 181, 184f., 187f., 190, 194–197, 199, 202ff., 206, 228, 234, 290f., 293, 299, 433
Lanta 175, 200, 201
Lantern of Light 356f.
Laon 109, 139 A.
Lateiner, Dualistische Kirche der 191
Laterankonzil, Drittes 109, 130, 146; Viertes 150, 153, 159, 247, 257, 258, 275, 542
Latimer, Sir Thomas 351f., 365, 409
Laudesdale, Familie 371
Laun 458
Laurac 200, 201

Lauraguais (auch Lauragais) 12, 102, 190, 199
Lausanne 83, 491
Lausitz 470
Lavaur 134, 173, 199 ff.
Lavelanet 176, 200 f.
Lay Folk's Catechism 356
Lay Folks Mass Book (Laienvolks-Meßbuch) 354
Lea, H. C. 13, 19, 82 A., 163 A., 164 A., 221 A., 267 A., 485 A., 494 A.
Leclerq, J. 81 A.
Lecoy de la Marche, A. 139 A., 141 A.
Lectura supra Apocalypsim 286 f., 293
Leff, G. 163 A., 164 A., 241 A., 244 A., 249 A., 268 A., 299 A.–303 A., 317 A., 318 A., 337 A.–341 A., 387 A., 390 A., 416 A., 417 A., 451 A., 452 A.
Leicester 344 f., 347–350, 353 f., 356 f., 359, 364
Leicestershire 364 f.
Leitmeritz (Litoměřice) 400
Leitomischl 431
Le Mans 69, 83
Le Mas-Saintes-Puelles 201
Lemberg, E. 416 A.
Lemmens, L. 163 A.
Leo IX., Papst 106 A.
Leonisten, s. Lyoneser 230
Lerner, R. E. 241 A., 260, 266, 267 A. bis 269 A., 303 A., 486 A., 487 A.
Le Roy Ladurie, E. 223 A.
Les Cassés 174, 200 f.
Letzte Ölung 174, 181
Leuthard 49, 53, 96
Libellus de Principiis Ordinis Praedicatorum 219 A.
Liber antiheresis 122, 139 A., 149, 505, 510
Liber de duobus principiis 195
Liber figurarum 275, 280, 285
Libertinismus 18, 92, 194, 261, 265 f., 298, 541
Lichfield 368
Liège, L. 63 A.
Limborch, P. 302 A.
Lincoln 344, 347, 351, 354, 492
Lipan 479, 482
Lipnic 443
Litauen 475
Loddon 371
Lollarden 7 ff., 11, 13 f., 25, 88, 236, 315 f., 321, 330–333, 335 ff., 343–386, 395, 407, 413, 415, 427, 488, 491 ff., 494 A., 495 A., 542
Lollardenritter 350, 351 ff., 361, 365
Lombardei 102 f., 112, 117, 120, 122, 124, 127, 131, 176, 189, 204, 206, 228, 234, 245
Lombarden (Waldenser), s. Arme Lombarden
Lombarden (Katharer) 190, 192, 542
Lombez 101 f.
London 349 f., 365, 367 f., 370, 372 f., 376 f., 379, 383, 413, 491 ff.
Longland 376
Loos, M. 42 A., 43 A., 218 A., 225 A.
Lorenz von Březová 469
Loserth, J. 425, 452 A.
Lotharii III Diplomata 509 A.
Lothringen 116
Lucius III., Papst 108, 115, 145, 275, 542 f.
Ludolf, Abt von Sagan 399
Ludwig VII., Kg. von Frankreich 114, 134
Ludwig IX., Kg. von Frankreich 199, 245
Ludwig der Bayer, K. 247, 254, 296, 298, 322
Ludwig der Fromme, K. 24, 25
Lüttich 47 f., 50, 54 f., 58–61, 92, 100, 257
Lukas, Evangelium des 78, 226 A., 512 A.
Lukas von Prag 490
Luther, Martin 477, 488, 489, 490, 494 A.
Lutheraner 492, 494 A.
Lutterworth 323, 329, 333, 336
Luxemburger 369, 398, 404, 428, 481
Luxton, I. 393 A.
Luziferaner 228
Luznitz 459
Lydney 383
Lyon 13 f., 111 f., 116 f., 121, 125, 138, 161, 231, 257 f., 272, 283, 542 f.
Lyoneser, Leonisten 125, 148, 228, 230, 232, 239, 540, 542 f.

Mabillon, J. 104 A.
Maccarrone, M. 162 A., 164 A.
Macek, J. 451 A., 454 A., 455 A., 486 A.
Mähren 228, 426, 439 f., 462

Märtyrer 98, 99
Magie 209
Maidstone 370
Mailand 51, 70, 75, 92, 96, 103, 116, 130, 149, 167, 176, 178, 193, 204, 206, 232, 254, 280
Maine 73
Mainz 24, 261
Maisonneuve, H. 107, A., 140 A., 163 A., 164 A.
Makedonien 208 f.
Makower, F. 394 A.
Malbrancq Audomarensis, J. 500, 503
Malogranatum 400
Mallorca 293
Malowist, M. 451 A.
Mammon 33, 422
Man, Thomas 371
Mancetter 380
Mandić, O. D. 225 A.
Manfred, Bf. 94, 205
Manfreda 280
Mani 23, 28, 57, 97
Manichäismus 23, 28, 30, 40, 57, 97, 101, 210
Manifestatio haeresis Catharorum 96
Manning, B. L. 389 A., 390 A.
Manselli, R. 42 A., 63 A., 81 A., 104 A., 106 A., 107 A., 140 A., 163 A., 218 A.–220 A., 222 A., 224 A., 287, 299 A.–302 A., 385, 492, 501 A.
Mantua 193
Manuel Komnenos 208
Map, Walter 109, 110, 139 A., 238, 310
Maria die Katholische 379, 380
Maria, hl. 27, 30 f., 39, 50, 52, 92 f., 109, 257, 354, 383 f., 472, 497
Maria-Schnee-Kirche, Prag 422, 449 f.
Maria von Oignies 257
Marienkult 232
Marken 254
Markus der Totengräber 103, 189 f., 192 f.
Marmande 176
Marrou, H. L. 42 A., 45 A.
Marseille 293
Marsilius von Padua 322
Martin V., Papst 308, 446, 461, 474, 476
Martin von Prag 298
Matilda 359
Matthäus de Bosicis 288
Matthäus, Evangelium des 78, 139, 220 A., 512 A.

Matthäus von Knín 414
Matthew, F. D. 387 A.
Matthias von Janow 402–409, 426, 435, 467
Maurand, Pierre 134
Maurini, Bernardo 293
McDonnell, E. W. 267 A., 268 A., 269 A.
McFarlane, K. B. 341 A., 350, 351, 364, 387 A.–391 A., 393 A.
McInnes, J. 394 A.
McKisack, M. 391 A.
Meditationes vitae Christi 398
Meersseman, G. G. 224 A.
Meißen 444
Meistermann, Ludolf 412, 414
melioramentum 169 f., 173 f., 176, 179
Melnik 191
Mende 263
Merlo, G. G. 243 A.
Merton College 346
Messaliäner, Messalianismus 36, 40, 194, 208 f.
Messe 50, 51, 71, 84 f., 88, 99 ff., 126, 229, 231, 255, 274, 348, 355, 382, 414, 427, 441, 443, 445, 466, 472
Metz 116 f., 224, 235, 241
Miccoli, G. 81 A., 416 A.
Michael de Causis 431
Michael von Cesena 296, 314, 322
Midi 102 f., 111, 114, 131, 133 f., 152, 176, 190, 192, 194, 272, 275, 287–290, 296
Midlands 348, 373, 376
Miletić, M. 225 A., 226 A.
Milič, Jan 401 f., 405 f., 409, 429
Millennium 79, 80, 81 A., 105 A., 106 A.
Miolo, G. 494 A.
Mir, Bernard 174
Mirepoix 166, 174
Mittlerer Westen, Amerikanischer 384
Modena 177
Möller, B. 249 A.
Moglena 208
Mohr, W. 93, 105 A., 513 A.
Moissac 62, 110
Moldau 465
Molinier, C. 223 A.
Mollat, G. 302 A.
Mollat, M. 82 A., 244 A., 267 A., 317 A.
Molnar, A. 241 A., 242 A., 244 A., 448 A., 452 A., 454 A., 455 A., 494 A.

Monforte 47, 51, 54–60, 63 A., 65 A.
Montagu, Sir John 351, 352
Mont Aimé 191
Montauriol 200, 201
Montégut 200 f.
Montesquieu-Lauragais 200 f.
Montgiscard 200 f.
Montmaur 174, 200 f.
Montpellier 116
Montségur 176, 198, 203
Moon, Thomas 371
Moore, R. J. 62 A. bis 65 A., 81 A., 221 A.–223 A.
Moormann, J. R. H. 299 A.
Morden, John 371, 382
Morey, A. 107 A.
Morgan, W. T. 393 A.
Morghen, R. 44 A., 65 A., 141 A., 301 A., 492 A.
Mortain 76
Mose 39, 239, 278, 385, 448
Mosio 191, 193
Mozley, J. F. 495 A.
Müller, K. 242 A., 244 A.
München 296, 322
Müntzer, Thomas 488
Muir, L. 341 A.
Mundy, J. H. 142 A., 219 A., 302 A.
Mungyn, Ralph 373
Muratori, L. A. 81 A.
Murray 164 A., 220 A.
Muslime 26, 41, 215, 255
Mystik, Mystiker, Mystizismus 248, 256, 258 f. 259 f., 262, 264 ff., 296 ff., 320, 333, 356, 435, 541

Narbonne 101, 116, 133, 273 f., 290, 291 ff.
Nas, Johann 431
Nassington 360
Natalini, V. 141 A.
Nazarius 183, 191, 193, 196
Neapel, Königreich 204, 245
Nelson, J. L. 14 A.
Nemanja, Stephan 209
Neměijice 447
Nestorianer 109
Netter, Thomas 325, 328, 356
Neues Testament 52, 55, 84 ff., 89, 180, 278, 285, 402
Neuhaus (Jindřichouv Hradec) 428
Neumark 228

Nevers 47 f., 59
Nevill, Sir William 351
Newbury 372, 380, 383
Newcastle 376
Nicäa 26
Nickson, M. 12, 237, 242 A., 243 A.
Niederlande 48, 60, 80, 91, 311 ff., 399
Niketas 183, 189 f., 191 ff., 194, 208, 222 A.
Nikodemus 378
Nikolaus II., Papst 48
Nikolaus von Dresden 423, 424, 444, 449, 481
Nikolaus von Hus 448 f., 458, 470
Nikolaus von der Mark (Treviso) 191 ff.
Nikolaus von Pilgram 466, 473, 478
Niort, Familie 173, 219 A.
Niš 59
Nizza 203, 290
Nobla Leycon 239
Nominalismus 314 f., 323 ff., 330, 410, 434
Norbert von Xanten, hl. 76 f., 507 f.
Norfolk 348, 372
Normandie 133
Normannen 41
Northampton 349 f.
Northamptonshire 351
Northwold 349
Norwich 88, 366, 369, 427
Nottingham Castle 351
Novara 283, 284
Nova Ves 402
Nürnberg 237

Oberlothringen 47 f., 59 ff.
Obolensky 42 A., 44 A.–46 A., 222 A., 224 A.
Obotriten 35
Ockham, Wilhelm von 274, 314 f., 322 f.
Ockhamismus, Ockhamisten 315, 409 f.
Očko von Vlaším, Johann, Ebf. 407
Odars 200 f.
Ökolampad 490
Ölberg 448
Österreich 12, 119, 121, 228, 230, 233, 236 f., 311, 317, 491
Offenbarung, Geheime 220 A., 279, 301
Okiç, T. 215, 226 A.
Oldcastle, Sir John 321, 343, 346,

348ff., 359, 361f., 364–367, 373, 376, 378f., 386, 395, 397, 440
Oliger, L.   268 A., 299 A., 303 A.
Olivi, Petrus Johannis   202, 272–275, 286–290, 292f., 296, 322, 385, 540
Olmütz   397, 440
Opsikion, Thema   35, 59
Orebiten, s. Horebiten
L'Oriente cristiano   44 A.
Orléans   47, 49ff., 54ff., 58–61, 69, 238, 497, 500f.
Orphaniten   479
Orphische Mysterien   188
Ortlieb v. Straßburg   154
Ortlieber   163 A.
Orvieto   130, 176, 204
Osney, Abt   349
Ostanglien   364, 371, 373, 376, 382f.
Ostsee   477
Otto II., Hz. von Bayern   235
Ourliac, P.   142 A.
Owst, G. R.   356, 389 A., 390 A.
Oxford   14, 103, 316, 323f., 330, 333, 343, 358, 372, 409, 542
Oxfordshire   349, 365
Oyta   406

Päpstliche Bullen, s. Ad abolendam, Ad nostrum, Benedictus Deus, Cum de quibusdam, Cum inter nonnullos, Exivi de paradiso, Quia vir reprobus, Quo elongati, Quorumdam exigit, Ratio recta, Unam sanctam, Vergentis in senium
Paesana   489
Pagès   202
Palacký, F.   451 A., 453 A., 454 A.
Palästina   73
Páleč, Stefan   413, 415, 421f., 425, 431, 434
Pamiers   146, 185
Pantheismus   153, 258, 540
Papalisten   309
Papsttum   8, 70, 72, 81, 95f., 99, 108, 113, 125f., 128, 130, 135, 145, 153, 155, 245, 247f., 271, 273, 280, 307f., 316, 328f., 395ff., 403, 407, 426, 474, 476, 480, 482
Parenzo, Pietro   131, 204
Paris   94, 153, 197f., 259f., 314, 402, 410
Parma   206, 282f., 540
Passaginer   115, 140 A., 542

Passauer Anonymus   121, 230f.,233, 236, 267 A., 427
Pastorellen   80
Pásztor, E.   301 A., 302 A.
Patareni, Patarener   71, 115, 130, 141 A., 177, 210, 214, 383, 542
Pataria   70, 72, 75, 90, 94, 383, 542
Paternoster, s. Vaterunser
Paternoster Row, London   349
Patschovsky, A.   241 A., 242 A., 267 A., 268 A., 303 A.
Paul von Saint-Père de Chartres   63 A., 64 A., 238
Paulikianer, Paulikianismus   7, 26–31, 35, 40f., 48, 58f., 62 A., 73, 190, 383, 542
Paulus, hl.   17, 102, 307, 328, 468
Paulus von Samosate   26
Pauperes Catholici   117, 147, 149, 510, 512
Pauperes Christi   81 A., 82 A., 99, 105 A., 106 A., 505–509
Payne, Peter   373, 478
Pazifismus   490
Pearl   338 A.
Peasants' Revolt, s. Bauernaufstand
Pedro II., Kg. v. Aragon   116
Peirotas   294
Pelagianismus   84, 122
Pelagonien   41
Pelavicino, Oberto   177, 205
Pelfort de Rabastens   174, 175
Pembroke   378
Periblepetos, Kloster   35
Périgord   100
Perkins, William   367
Perpignan   290
Pert, John   371
Pest   311–315
Peter, Zar v. Bulgarien   29
Peter, Zar von Rußland   30
Peter der Einsiedler   73
Peter von Bruis   14, 74, 83, 85ff., 89f., 104 A., 383, 541f.
Peter von Florenz   130, 192
Peter von Mladoňovice   431f.
Peter von Sizilien   29
Peter von Záhorka, s. Peter von Cheltschitz
Petrakios   191ff.
Petrarca   399
Petrobrusianer   86, 88ff., 126, 383, 541f.

Petrović, L. P.   225 A.
Petrus, hl.   25, 99, 109, 112, 233 f., 307, 426
Petrus Damiani, hl.   71
Petrus Lombardus   153
Petrus Martyr, hl.   184, 204, 206, 220 A.
Petrus Venerabilis (der Ehrwürdige)   86, 88 f., 104 A., 105 A.
Petschenēgen   41
Pexiora   200 f.
Philipp, Katharerbischof   194
Philipp IV., Kg. von Frankreich   246, 254 f.
Philippopolis   41, 59, 190
Phundagiagitai   35
Piacenza   70, 127, 176, 542
Picardie   311
Pie, Hugh   371
Piemont   51, 235, 237 f.
Pierre de Castelnau   152
Pierre de Gramazie   174
Pierre Raymond de Cuq   173
Pieusse   191, 197
Pikart   467
Pikartismus, Pikarden   467, 469, 542
Pilatus   411
Pilsen   448, 458 f., 464, 479
Piphli   101
Pirenne, H.   93, 105 A.
Pisa, Konzil (1135)   84 ff.,
– Konzil (1409)   308
Písek   459
Pogrome   73
Poitiers   75, 83
Polen   10, 228, 232, 279, 317, 475, 477
Pollard, A. W.   340 A., 342 A., 387 A., 389 A., 391 A.
Pommern   228, 232, 237 f.
Pons, T.   243 A.
Ponsa   210
Pope, R. M.   387 A., 453 A.
Porete, Margarete   259 ff., 264
Po-Tal   178, 491
Pouzet, P.   139 A.
Prädestinationslehre   122, 127 f., 332, 337, 425 f., 542
Prämonstratenser   76, 98, 400, 449
Prag   7, 14, 274, 316, 395–484 passim, 542 f.
Prager Fenstersturz   450, 456
Prager Universität   7, 14, 395 f., 405 f., 408 ff., 418–422, 441 f., 466, 475

Preger, W.   163 A., 242 A., 243 A.
Prémontré   77, 82 A., 505
Přemysliden   396
Presbyterianer von Halmadary   385
presviteri   29
Preußen   400
Příbram, Jan   473 f., 476
Prim (Primus), Bernhard   124, 147, 149
Primov, B.   221 A.
Prokop der Kahle   477, 478, 481
prostasia   33
Protestantismus   227, 368, 378 f., 384, 482 f., 489–493
Prou, M.   497
Prouille   150, 152, 202
Provence   11, 14, 114, 152, 229, 272, 540
Prunet   200, 201
Psalmen   184, 335 f., 356, 398
Psellos, M.   45 A.
Publicani   41
Puech-Vaillant, H. C.   64 A., 218 A., 221 A., 224 A., 501 A.
Pungilupo, Armanno   177, 180
Purvey, John   333, 343, 345, 350, 353, 355, 357, 359, 360
Puylaurens   174, 182
Pyrenäen   104, 116, 203, 176, 198, 290

Quadragesima   28
Quia vir reprobus   302 A.
Quo elongati   299 A.
Quorumdam exigit   292 ff., 540

Ramihrdus von Cambrai   71, 92, 94
Ramsbury, William   337, 348
Ranconis, Albertus   402
Raoul Glaber   497–500
Rapp, F.   317 A., 318 A.
Rasputin   265
Ratio recta   265
Raudnitz   399 f., 407
Ravenna   47, 60, 503
Raymond IV., Gf. von Toulouse   131
Raymond V., Gf. von Toulouse   134
Raymond VI., Gf. von Toulouse   136
Raymond VII., Gf. von Toulouse   197, 198, 199
Raymond de Rabastens, Bf.   175
Razès, Katharerbischof   191, 197, 198
Realismus, Philosophischer   315, 324, 354, 382, 434

Redcliffe, Bristol 377
Reeves, M. E. 81 A., 163 A., 277 f., 300 A., 301 A., 493 A.
Reformation 7, 11, 227, 240, 368, 376, 378, 396, 488, 492
Regensburg 505
Reichert, B. M. 222 A.
Reims, Ebf. von 113
Reims, Konzil 47, 97, 113
Reiser, Friedrich 476
Reitzenstein, R. 218 A., 220 A., 221 A.
Reliquien 379, 400, 405 f., 422, 443
Remanenzlehre 413 f., 434
Rennes 75
Repton, Philip 343, 345, 347, 358
Rhein 104, 117
Rheinland 98, 100, 103, 181, 261
Richard II., Kg. von England 321, 350, 366
Richardson, H. G. 390
Riché, P. 64 A.
Ries 259
Rimini 176
Ringwold 383
Ritual, provenzalisches 170, 171, 172
Robert von Arbrissel 75, 77, 505
Robert von Mortain, Gf. 75
Robson, J. A. 338 A., 340 A.
Roccavione 203
Rodenberg, C. 243 A.
Rokyčana, Jan 478, 480, 482 f.
Rolle, Richard 335 f., 356
Rom 69 ff., 75, 83, 94 ff., 122, 124, 147, 210, 229, 233, 245, 297, 308, 344 f., 489, 490
Romagna 229
Roman de la Rose 352
Roquebert, M. 219 A.
Rosans 87
Roumens 200 f.
Roussillon 149
Rowley, Alice 382
Runciman, S. 42 A., 63 A., 81 A.
Ruprecht von der Pfalz, Kg. 404, 418
Russell, J. B. 13, 42 A., 62 A.–65 A., 81 A., 82 A., 97, 105 A.–107 A., 139 A., 267 A., 269 A., 367, 500
Rußland 28

Saaz 458, 464, 476
Sabellianer 97
Sabellius 97
Sacconi 168, 194, 202, 204 f., 208 f., 218 A.
Sachsen 410, 490
Sagan 399
Saint-Père de Chartres 497 ff.
Sakramente 22, 27, 30 f., 50, 70 f., 84 f., 88, 91, 95 f., 100, 115, 123 f., 135, 137, 147 f., 153, 161, 188, 196, 231, 239, 248, 261, 264, 285, 355, 357, 383 f., 385 f., 411, 414, 467, 541
Saladin 280
Salimbene 282 f.
Salisbury 337, 348, 367 f.
Salomone da Lucca 205
Saltwood 345
Salvo Burci 125, 127, 141 A., 228
Samariter 399
San Giorgio, Kloster, Venedig 60
Šanjek, F. 215, 216, 221 A., 224 A.
Santa Giulia, Kloster, Piacenza 126
Sarazenen 73, 280, 290
Sardinien 47, 59 f.
Sarum 348, 388 A.
Satan, Teufel 18, 25, 27, 30 ff., 37 ff., 166 f., 169, 171 f., 183–188, 197, 203, 206, 252, 414, 502
Satanaël 37 f.
Sava, hl., Ebf. 209, 212
Save 215
Sawtry, William 348, 357, 390 A.
Scaliger 205
Scattergood, V. J. 352, 389 A.
Schaff, D. S. 452 A.
Schaller, H. M. 300 A.
Schisma 129, 248, 308 f., 311, 315 f., 326 f., 329, 403 f., 407, 418, 421, 426, 429
Schlan 458
Schlesien 296, 297, 298, 470, 477
Schmaus, A. 218 A.
Schmidt, C. 217 A.
Schönau 100
Schoenveld, Eylard 298
Scholastik, Scholastiker 150, 157, 258, 273 f., 288, 314, 316
Schottland, Schotten 317, 366, 385, 393 A.
Schwarzer Prinz 326, 350 f., 361
Schwarzer Tod, s. Pest 311
Schweidnitz 298
Schweiz 490

Sclavonia (Sklavonien), Dualistische Kirche von 191, 193, 212f., 222 A.
Scuderi, G. 244 A.
Seealpen 203
Seeland 14, 91, 93
Seelenwanderung 187
Seelsorge 270
Segarelli, Gerardo 281-284, 540
Seibt, F. 300 A., 400, 415 A.-417 A., 451 A.-455 A., 462 A., 484 A.-487 A., 494 A.
Selge, K. V. 10, 138 A.-141 A., 162 A., 241 A., 244 A., 494 A., 505, 510ff.
Sens, Konzil 94
Serbien 209f., 215
Serbische Kirche 209f.
Serbisch-orthodoxe Kirche 215
Sergius, Führer der Paulikianer 26f.
Setton, K. M. 163 A.
Sexualität 31, 38, 52, 55ff., 92, 126, 167ff., 171, 184, 186f., 193ff., 228, 238, 255, 257, 262, 264f., 385, 468
Sežimovo Usti 459
Shannon, A. C. 162 A.
Shenley 351
Sicard de Laurac 173
Sicard de Puylaurens 174
Šidak, J. 224 A.-226 A.
Siebzig, Aussendung der 78, 99, 109, 111, 150, 270, 512
Sigali, G. 500, 503 A., 504 A.
Sigismund, K. 395, 404, 428f., 431f., 456f., 461-465, 470, 473-476, 480f., 488
Silagi, G. 65 A.
Silvestre, H. 106 A.
Simon, Führer von Dualisten 192
Simon de Montfort 152, 173
Simon von Sudbury, Ebf. 313
Simon von Tišnov 445f.
Simonie 70, 71, 75, 79, 94, 400, 441, 456
Sinai 39
Sirmione 205
Sisteron 47f., 62 A.
Sizilien 246, 284
Sizilianische Vesper 246
Skandinavien 60
Skeptizismus 50, 181, 315, 323, 325, 355, 384, 386, 492, 495 A., 500
Slawen 30, 77, 398, 412, 462, 475f.
Slowakei 214

Šmahel, F. 416 A., 417 A., 451 A., 452 A.
Smalley, B. 81 A., 142 A., 303 A., 324 A., 338 A.-340 A.
Smeeton Westerby 365
Smith, Bf. 376
Smith, C. E. 142 A.
Smith, William, Lollarde 347ff., 353f.
Smyrna 35
Smyrna, Engel von 284
Snape, M. G. 387 A., 393 A.
Söderberg, H. 217 A., 218 A., 220 A.
Soissons 24, 90, 113
Solovjev, A. 224 A., 226 A.
Sophie, Kg.in von Böhmen 457
Southern, R. W. 249 A., 300 A., 317 A.
Spanien 10, 47, 60, 160, 228
Speculum Vitae, Übers. Nassington 360
Speroni, Ugo 125ff., 141 A., 542
Speronisten 125ff., 542
Spiegel der einfältigen Seelen 260ff., 264, 268
Spinka, M. 416 A., 417 A., 451 A., 452 A., 454 A.
Spiritualen, s. Franziskaner-Spiritualen
Split 210, 215
Spoleto 193, 205
Sproemberg, H. 64 A., 217 A.
St.-Ägidius-Kirche, Prag 401f.
St. Albans, Kloster 356
Stanislaus von Znaim (Znojmo) 412f., 415, 421f., 425
status coelestis 170
St. Cyprian, Kloster 75
St.-Ebrulf-Kirche, Mortain 75
Stedinger 152
Steeple Ashton (Wiltshire) 384
Steeple Bumstead 491
Stefan (Etienne) de Bourbon 109, 111, 151, 231, 510f.
Stefaneschi, Kardinal 424
Stěkna, Johann 412
Stephan Thomas, Kg. von Bosnien 215
Stephan von Basel 476
Stephan von Ungarn 503
Stephens, J. N. 220 A., 303 A.
St. Félix de Caraman 102, 190f.
St. Germier 200f.
St. Gilles 86f., 131
St. Julia 200f.
St. Martin-la-Lande 174, 200f.

St. Mary-in-the-Fields, Abtei 344, 347
Stocton, Adam 330
Ston 215
St. Paul-Cap-de-Joux 200f.
St. Paulet 200f.
St.-Pauls-Kathedrale, London 326, 330, 361
Straßburg 235, 237, 297
Stratford Langthorne 372
Strathnaver 385
Strayer, J. R. 142 A., 163 A.
St. Sava 212
St. Savin-sur-Gartempe 75
St.-Stephans-Kirche, Prag 449 f.
Sturry, Sir Richard 352
St.-Wenzel-Synode 445
Sudbury, Ebf. 344
Suffolk 372
Super Heremiam 488
Swinderby, William 347–350, 355f., 361, 364, 378
Sylvester, Papst 233, 436
Synagoge 285
Synodicon von Zar Boril 209
Syrien 26, 31, 41
Székely, G. 317 A.

Tabor bei Bechin 14, 427, 446ff., 541f.
Tabor, Neu- 459f., 466ff., 471, 476, 482
Taboriten 80, 229, 427, 448–450, 457, 459, 462, 464–475, 478f., 481, 483f., 489, 541f.
Tadić, J. 225 A.
Talbot, E. W. 387 A.
talea 121, 234
Tamworth 384
Tanchelm 14, 69, 79f., 91–94, 105 A.
Tannenberg 475
Taufe 26f., 30, 36f., 50f., 53f., 58, 71, 84f., 88, 91, 98, 100, 123, 126, 137, 181, 244 A., 383f., 445, 491
Taunton 370
Taus 448, 478
Tausendjähriges Reich, s. Millennium 11, 79, 460
Taylor, William 359
Teinhof 402
teleiosis 37, 39, 58, 98, 166
Tempier, Etienne, Bf. 314
Templerorden 221, 238, 246, 254f., 261
Tenterden 377

Tephrikē 27ff.
Tepl 400
Tertiarier 11, 151, 161, 274f., 287, 289f., 293, 296f., 540
Teufel, s. Satan
Texerant 101
Thaxted 348, 364
Theloe, H. 62 A.
Themsetal 373, 376
Theoduin, Bf. 53, 55, 63 A.
Theophylaktos Lekapenos 29
theotokos 27, 39
Thérouanne 312
Theuda 24f., 49, 96
Thomas, K. 394 A., 494 A.
Thomas von Aquin 314, 462
Thomas von Štítny 405
Thomson, J. A. F. 13, 373, 387 A., 388 A., 390 A.–394 A., 494 A., 495 A.
Thomson, S. H. 338 A., 415 A., 452 A., 454 A.
Thoresby, William, Ebf. 356
Thorpe, William 330, 337, 346, 354, 360
Thouzellier, C. 63 A., 64 A., 81 A., 139 A.–142 A., 162 A., 163 A., 220 A., 222 A., 267 A.
Thrakien 29, 35f., 59, 190
Thrakisches Thema 35, 59, 75
Thüringen 228, 312
Thyatira, Engel von 284
Tibet 212
Tierney, B. 301 A., 302 A.
Tiraboschi, G. 139 A., 162 A.
Tismenitz 459
Titus, Brief an 17
Töpfer, B. 300 A.–302 A.
Toledo 25
Tomek 406
Tondelli 277, 300 A.
Tortur, s. Folter
Toskana 103, 206, 272, 293
Totting, Heinrich 406
Toul 116
Toulouse 47, 59, 83, 86, 100, 114, 131–135, 150, 152, 175, 176, 180, 191f., 197f., 202f., 290
Tournai 93, 312
Tower 349
Transsubstantiationslehre 88, 90, 93, 252, 326, 329, 349, 353, 355, 357, 382, 413, 467, 471, 492, 494 A.
Trapp, D. 416 A.

Trencavel, Pierre 134, 290, 293
Treviso, Mark 103, 178
Trinität 52, 153, 188, 211, 260, 264, 275f., 497
Trogir 215
Tschaslau 470, 473
Tschechen 394-484 passim
Türken 212, 215, 474
Turk, Thomas 346
Turkestan 23

Uberti, Familie 178
Ubertino da Casale 272
Ullmann, W. 164A., 217A.
Ulrich von Rosenberg (Rožmberk) 461, 474
Ultrarealismus 324-327, 330, 409f.
Umbrien 254, 272
Unam Sanctam 246
Ungarn 34, 60, 210, 214, 228, 232, 311, 465, 503
Unitas Fratrum, s. Brüdergemeinde
Universalienstreit 314, 324f., 328
Urban II., Papst 72
Urban III., Papst 275
Urban V., Papst 297
Urban VI., Papst 308, 344
Urkirche 78, 137, 148, 283, 326, 353, 411, 423, 427, 435, 445, 449, 466, 473
usus pauper 273, 288
Utraquismus, Utraquisten 9, 435, 440-443, 446f., 449f., 456, 461f., 466f., 470-474, 478, 480-484, 493, 541, 543
Utrecht 91ff.
Uxbridge 188

Vacarius 125, 141A.
Vaillant, A. 42A.-45A.
Val d'Angrogna 490
Valdesius, s. Waldes 543
Val di Spoleto 191, 205
Vaterunser 32, 34, 36f., 98, 153, 166-170, 172, 181, 220A., 238, 311, 468, 472
Vaterunser-Ketten 181
Vaudois, s. Waldenser
Vego, M. 211, 220A.
Veitsberg, Vítkov 461, 465f.
Vekené, E. van der 267A.
Veltlin 178, 206
Venckeleer, T. 220A.

Venedig 47, 59f., 503
Věněk 427
Vercelli 284
Verfeil 175
Vergentis in senium 152
Vernet, F. 139A.
Verona 47, 59f., 113, 138, 176, 204ff.
Vertus 49, 63A.
Vézelay 103
Vicaire, M. H. 140A., 162A., 163A., 222A.
Vicenza 176, 191, 193, 205
Vidal, H. 142A., 223A.
Vienne 246, 256, 261ff., 274, 289
Villano, Bf. 94
Villeneuve-la-Comtal 200f.
Villepinte 200f.
Villesiscle 200f.
Vindication of the Church of God, A 220A.
Violante, C. 63A., 81A., 106A., 140A., 141A., 219A., 220A., 227A.
Visconti 254
Vita Gauzlini 497
Vita Norberti 507f.
Vitae Fratrum 222A.
Vitae von St. Bernhard von Clairvaux, s. Bernhard von Thiron, Galdinus
Vitalis von Savigny 75
Viterbo 131
Vivet 148
Vlaším 407
Vollkommene 132f., 165f., 167-188, 194-198, 203f., 206, 209, 213, 234f., 239, 291, 386, 542
Volpe, G. 11, 81A., 141A.
De Vooght, P. 339A., 402A., 416A., 417A., 422, 451A., 452A.-454A.
Voska von Waldstein 422
Vukčić, Stefan 212
Vulgata 17, 288, 335

Wakefield, W. L. 63A., 106A., 129A., 141A., 142A., 163A., 164A., 218A., 219A., 223A., 241A., 267A., 302A., 325A., 328
Waldenser 7-12, 12-14, 55, 89, 108-138 passim, 147-150, 160ff., 179, 227-240 passim, 245, 252, 290, 293, 298, 316, 322, 385f., 422f., 427f., 444f., 458, 469, 476, 483f., 488-493, 505, 540, 542f., s. a. Anhang C.

Waldes 14, 104 A., 108 f., 111 f., 117, 122–125, 147 f., 148, 153, 229, 232–235, 322, 338, 386, 489, 543, s. a. Anhang C.
Waldhauser, Konrad 396, 400, 402, 405, 409, 429
Wales 378
Waliser 349, 366
Walsingham 354
Walter, Johannes v. 75, 104 A., 505
Wann 235
Waugh, W. T. 388 A., 391 A.
Waytestathe 347, 354
Wazo, Bf. v. Lüttich 61
Wedericus 512
Weltsch, R. E. 415 A., 416 A., 417 A.
Wenzel, M. 226 A.
Wenzel, Kg. von Böhmen 399, 403 f., 407 f., 415, 418 f., 421, 428 f., 432, 442, 450, 456 f., 461
Werner, E. 44 A., 45 A., 62 A., 64 A., 81 A., 82 A., 97 A., 105 A., 217 A., 220 A., 224 A., 225 A., 268 A., 452 A., 454 A.
West Hythe 345
Westminster Hall 361
White, William 369, 371, 373, 377, 427
Whyte, Thomas 383
Wiedertäufer 491, 493
Wiggington 384
Wikinger 47
Willhelm, Bf. von Albi 101
Wilhelm, Mönch 84, 104 A., 105 A.
Wilhelm VIII., Gf. von Montpellier 116
Wilks, M. J. 338 A., 340 A., 342 A.
William, Priester von Thaxted 348, 364
Williams, G. H. 487 A., 493 A., 494 A.
Willis, James 371, 383
Wiltshire 384
Windfuhr, G. 504 A.
Winkler 237
Winter, E. 81 A., 399, 416 A.
Witold von Litauen 473, 475 f.

Wittenberg 488
Wodeford, William 332
Wodeward, John 384
Wolff, P. 142 A., 317 A.
Wolff, R. L. 163 A.
Wolfram von Skworetz, Ebf. 408
Woodstock 365
Worcester 345, 360, 378
Wordsworth, C. (mit Littlehales, H.) 389 A.
Workman, H. B. 337 A.–342 A., 387 A., 390 A., 453 A.
Worms 72
Wulfila, Bf. 24
Wyche, Richard 346, 355, 359 f., 373, 376
Wyclif, John 7, 14, 315 ff., 319–337 passim, 343, 345 ff., 354–358, 361, 373, 384, 386, 395, 408–415 passim, 418–421, 425 f., 440 f., 462, 481, 542
Wyclifiten, Wyclifismus 410–415 passim, 419 ff., 425, 429
Wyschehrad 457, 465, 470

York 370, 378, 492, 494 A.

Zanoni, L. 139 A.
Zarathustra 23
Zbyněk (Zajíc) von Hasenburg, Ebf. 408, 413 f., 418, 420
Zelinka, T. C. 426
Želivský, Jan 424, 444, 449 f., 456 f., 462, 465, 470 f., 481
Žica 209
Zisterzienser 89, 111, 134, 149 f., 248, 400
Živohouscht 457
Žižka, Jan 457, 459 ff., 461, 465, 468, 471, 473 f., 476 ff., 481
Zölibat 83, 355, 386
Zorzi, D. 142 A.
Zwicker, Peter 228, 240, 298
Zwingli 490, 494 A.